덕의 상실

알래스데어 매킨타이어

이진우 옮김

After Virtue:
A Study
in Moral Theory

■ ● 문예인문클래식

덕의 상실

알래스데어 매킨타이어

이진우 옮김

🜋 문예출판사

나의 아버지와 그의 형제자매들을 기억하며

동이 틀 때까지 *Gus am bris la*

우리는 과연 우리의 자손들에게 들려줄 수 있는 하나의 이야기를 갖고 있는가? 나에게 의미 있는 내용과 아름다운 색깔을 준 이 삶을 너희도 살았으면 좋겠다고 당당하게 말할 수 있는 삶을 우리는 살아왔는가? "어떤 삶을 사는 것이 나와 같은 인간 존재에게 최선의 삶인가?"라고 묻는 젊은이들에게 긍지와 자긍심을 갖고 가르칠 수 있는 전통이 우리에게 과연 살아 숨 쉬고 있는가? 이러한 물음들은《덕의 상실》을 번역하기 시작한 이래 줄곧 나를 괴롭혀온 문제다. 그것들은 물론 우리가 이러한 이야기를 갖고 있지 않다는 인식으로부터 출발해 스스로의 방향 설정을 위해 던져보는 물음들이기도 하다.

물론 이러한 질문들이 매킨타이어가 야기한 인식의 충격으로부터 생겨났음은 두말할 나위도 없다. 여기서도 충격의 근원은 하나의 죽음을 알리는 부음訃音이다. 덕의 상실. 우리는 그동안 신神의 죽음, 역사의 종언, 주체의 죽음과 같이 포스트모더니즘의 물결과 함께 밀려드는 죽음의 소리들을 대수롭게 생각하지 않았는지도 모른다. 신, 역사, 주체는 서양을 구성하는 핵심 관념들이기 때문에 우리는 이러한 부고가 우리와는 전혀 상관없다고 생각했는지도 모른다. 그런데 매킨타이어는 현대 사회에서의 덕의 죽음을 천명하고 있다. 우리에게 익숙하고 또 우리의 정체성을 구성하는 핵심이라고 거리낌 없이 내세우는 덕의 몰락과 종말이 오늘날의 대표적인 서양 철학자에 의해 선고된 것이다.

그러나 충격의 근원은 더욱 깊은 곳에 있다. 그것은 우리에게 친숙하다고 생각했던 '덕'이 결코 친숙하지 않을 뿐만 아니라 그것이 더이상 우리의 정체성을 구성하지 않을 수도 있다는 강한 의혹에서 기인한다. 우리는 서양의 전통에서 유래하는 개념들을 빌려다 도덕적으로 판단한다. '인권', '권리', '공익', '유용성', '자유', '평등', '정의', '민주주의'와 같은 개념들은 아무런 저항 없이 우리의 입에 오르내린다. 우리에게 신성시되는 이런 개념들을 가지고 우리는 전혀 다른 역사적 배경을 갖고 있는 우리 자신과 우리 사회를 평가하고 비판한다. 우리 역시 보편적 권리의 주체로서 모든 사회적 역할을 담당할 수 있다는 하나의 허구적 믿음이 우리의 실존을 지배하고 있는 것이다. 그런데 역사적 시간과 공간을 초월한 보편적 이념에 대한 믿음은 우리의 전통마저 낯설게 만드는 경향이 있다. 우리는 덕이라는 낱말을 그렇게 많이 사용하면서도 그 낱말의 진정한 의미는 어쩌면 알지 못하고 있는지도 모른다. '의리', '덕', '인간됨'과 같은 낱말에 의미를 부여했던 문화적·사회적·역사적 콘텍스트가 이미 사라졌기 때문이다. 서양의 문화만 우리에게 낯선 것이 아니라 동양의 전통 역시 우리의 삶으로부터 소외된 것이다.

물론 매킨타이어가 말하는 덕은 '아리스토텔레스주의'로 명명되는 서양의 고유한 전통이다. 매킨타이어는 그가 현재 서 있는 시간과 장소를 하나의 위기로 진단한다. 이러한 위기는 자기 자신과 타인, 삶과 사회를 도덕적으로 평가하기 위해 사용하는 도덕적 어휘들이 아무런 공통분모도 가지고 있지 않다는 사실에서 기인한다. 그렇기 때문에 모든 도덕적 어휘가 궁극적으로 개인들의 주관적 의지와 기호로 환원된다. 모든 개인은 자신이 좋다고 생각하는 가치를 추구하며, 이 가치에 따라 다른 사람을 평가한다. 이와는 반대로 사회는 주어진 목표를 효율적·성공적으로 실현할 수 있는 관료제적 합리성을 추구한다. 이와 같은 관료제적 합리성은 근본적으로 가치의 문제에 관해서는 침묵하기 때문에 우리가 공동으로 추구할 수 있는 공동선을 도출하지 못한다. 이처럼 개인의 차원에서는 '나에게 좋은 것이 좋은 것이다'라는 심미적 주관주의로, 그리고 사회의 차원에서는 '성공적인 것이 좋은 것이다'라는 관료제적 합리주의로 양극화된 현대 서양 사회는 일종의 "유령적 자아"를 산출한다고 매킨타이어는 비판한다. 그 유령적 자아는 자신이 처해 있는 구체적 시간과 장소로부터 벗어나 모든 것을 가질 수 있다고 믿는다. 그렇지만 본질적으로 시간과 공간에 묶여 있는 유한한 인간이 모든 것을 가질 수 있다는 것은 결국 아무것도 가지지 않는다는 것을 의미하기 때문에 자신의 역사적 콘텍스트를 부정하는 자아는 유령적일 수밖에 없다고 말한다.

그렇다면 우리의 처지는 어떠한가? 우리는 매킨타이어가 유령적이라고 폭로한 서양의 유령과 망령들을 붙잡으려고 혈안이 되어 있지는 않은가? 서양 사회가 다양한 전통들로부터 유래하는 도덕적 개념들의 상대주의에 고통을 당하고 있다면, 우리는 서양에 의한 문화적 오염과 전통의 역사적 단절이라는 이중적 고통을 당하고 있는 것은 아닌가? 선善을 추구하는 덕의 전통이 규칙 준수에 초점을 맞춘 도덕법에 의해 대체됨으로써 서양인의 도덕적 위기가 야기되었다면, 우리의 정체성은 이야기할 전통도, 따라야 할 규칙도 없기 때문에 위협을 받고 있는 것은 아닌가? 이런 질문으로부터 출발하면, 매킨타이어의 《덕의 상실》은 두 가지 관점에서 우리에게 중요한 의미를 준다.

매킨타이어의 서양 현대 사회에 대한 도덕적 진단과 해결은 '덕의 상실'이라는 제목이 말해주듯이 두 방향으로 진행된다. '제2판에 부치는 후기'를 제외하면 총 18장으로 구성되어 있는 이 책은 제9장 '니체인가 아니면 아리스토텔레스인가?'를 중심으로 두 부분으로 나뉜다. 앞부분은 덕에 관한 도덕적 체계가 상실된 이후after의 상태를 역사학·사회학 등을 포함하는 학제 간 연구의 형태로 분석하고 서술한다. 우리는 이 부분을 현대 서양의 자유주의적 개인주의에 대한 비판으로 읽어도 좋을 것이다. 뒷부분은 현대의 개인주의를 근대 계몽주의 시대에 발전한 서양 역사의 한 부분으로 재구성하고, 개인주의를 극복할 수 있는 덕 윤리를 찾아after 서양 전통을 설화적으로 재구성한다. 우리의 정체성을 이해할 수 있게 하는 역사적 맥락으로서 이야기를 가지고 있을 때 비로소 우리는 현대의 위기를 극복할 수 있는 하나의 관점을 획득할 수 있다는 것이다.

오늘날 우리는 분명 도덕적 다원주의의 덫에 걸려 있다. 권리와 자유의 절대화로 말미암아 생겨난 다원주의 자체를 자유와 권리로 착각하는 것이 아마 현대의 병인지도 모른다. 그러나 우리 모두가 추구할 수 있는 공동선을 인정하지 않는다면, 다원주의는 가치와 목적의 문제에 대해 침묵함으로써 궁극적으로는 자유의 토대를 침식시킬지도 모른다. 매킨타이어는 이에 대한 해답을 찾는 데 하버마스와 함께 쌍벽을 이루는 현대의 가장 대표적인 도덕철학자다. 하버마스가 "우리는 어떤 규칙을 따라야 하는가?" 하고 묻는다면, 매킨타이어는 "우리는 어떤 인간이기를 원하는가?" 하고 묻는다. 매킨타이어는 바람직한 인간에 관한 해석이 역사와 전통 속에 퇴적되어 있다고 말하면서, 역사와 전통은 미래의 인간을 키울 수 있는 비옥한 땅이라고 단언한다. 우리가 과거를 돌아보는 것은 미래의 꿈과 희망을 키울 수 있는 땅을 일구기 위해서다. 그런데 우리가 맹목적으로 붙잡으려 하는 서양의 자유 인간, 권리와 유용성만을 외치는 유령적 인간은 정말 바람직한 인간인가? 우리는 지금 여기서 어떤 삶을 살고자 하는가? 오늘날 요청되는 인간성에 관한 경쟁적 탐구와 해석은 우리에게 자신의 이야기를 할 것을 강요하고 있다. 자신의 이야기를 살아가고, 자신의 전통 속에서 내일의 자손들에게 들려줄 이야기를 만들고자 하는 모든 사람에게 이 책이 조그만 자극제가 되기를 바란다.

1997년 《덕의 상실》을 번역할 때 품었던 이러한 기대와 바람은 지금도 충족되지 않은 채 여전히 기대와 바람으로 남아 있다. 우리의 삶과 사회에 도덕적 기준과 정체성을 제공했던 역사적 맥락은 파괴되어 다양한 도덕의 전통들이 서로 경쟁하고 있다. 모든 도덕적 전통들은 각각 자신의 원칙이 참이고 합리적으로 정당하다고 주장하지만, 이 주장을 평가할 수 있는 객관적 기준이 존재하지 않기 때문에 결국 모든 도덕적 주장들은 자신들의 감정과 태도의 표현에 불과하다. 매킨타이어가 덕 상실과 도덕성 위기의 원인으로 지목한 정의주의情意主義의 문제는 해결되기는커녕 오히려 더욱 깊어지고 더 광범위하게 확산되었다. 매킨타이어에 의하면 니체라는 이름으로 대변되는 현대의 정의주의는 허무주의, 상대주의, 주관주의와 같은 이름으로 우리 사회와 문화 속에 깊이 뿌리를 내리고 있다.

이런 맥락에서 매킨타이어가 《덕의 상실》에서 제기한 질문은 여전히 타당하다. "니체인가 아니면 아리스토텔레스인가?" 이 질문은 물론 인류의 역사가 우리에게 제공하는 수많은 도덕 전통 중에서 하나를 선택하면 된다는 의미에서의 양자택일의 문제가 아니다. 매킨타이어가 기대하는 미래의 도덕적 대안이 단순히 고대 그리스와 중세의 덕의 전통으로 반동적으로 회귀하는 것이 아니기 때문이다. 그는 계몽주의 이후의 도덕철학이 직면한 문제와 곤경을 분명하게 보여주기 위한 거울로 덕의 전통을 사용한다. 현대 문화 속에 단단히 자리 잡고 있는 정의주의의 문제와 적극적으로 대결하지 않고서는 새로운 덕의 전통을 복원할 수도 없다. 만약 니체가 후기 현대의 상징이라면, 우리는 니체를 통해서만 아리스토텔레스를 복원할 수 있다.

물론 이러한 복원은 결코 합리적 우월성을 증명하려는 이론 경쟁을 통해서 이루어지지 않는다. 어차피 덕의 전통을 따르는 아리스토텔레스주의자나 개인의 태도와 감정을 중시하는 니체주의자에게 이론적 논쟁은 중요하지 않다. 어떤 도덕적 전통이든 그것이 의미 있게 살아 있다면, 그 전통의 복원과 재생은 언제나 우리의 삶과 실천을 통해 일어난다. 우리에게 중요한 것은 우리가 살아가는 삶의 방식의 합리적 우월성이 아니라 이 삶의 밑바탕에 있는 가치들이다. 이러한 가치들을 평가하고 판단하는 것이 바로 도덕이라면, 우리는 이렇게 물어야 한다. 우리에게 가치 있는 삶은 무엇인가? 이 질문을 진지하게 받아들인다면, 우리는 우리의 삶을 지배하는 형식과 제도에 대해 질문을 던질 수 있어야 한다. 이렇게 질문을 던지는 것만이 매킨타이어처럼 새로운 질서와 제도를 창조할 수 있는 성 베네딕트를 기다리는 방법이다.

　이 책을 번역한 지 4반세기가 지난 지금도 그때의 감동과 문제의
식은 여전히 생생하다. 물론 독특한 문체와 복잡한 문장 때문에 애를
먹었던 시간도 떠오른다. 지금처럼 인터넷이 발전하지 않았던 시절
에 역자의 질문에 꼼꼼하게 답변을 해주신 매킨타이어 선생님께 심
심한 감사의 말을 전한다. 지금은 고인이 되신 전병석 사장님께도 고
마운 마음을 전하고 싶다. 어려운 시절 인문학과 출판문화에 관해 대
화를 나누었던 시간이 더욱 소중하게 느껴진다. 그리고 끝으로 이 책
의 개정판을 결정한 문예출판사 관계자와 원고를 꼼꼼하게 봐주신
편집부 여러분에게 진심으로 감사드린다.

2020년 여름 동탄에서

이진우

차례

14

일러두기

본문 안에 [ ]로 묶은 것은 옮긴이 주다.

《덕의 상실》의 핵심 명제들을 거부할 충분한 이유가 있다면 지금쯤 나는 그것이 어떤 것들인지 확실히 알게 되었을 것이다. 영어, 덴마크 어, 폴란드어, 스페인어, 포르투갈어, 프랑스어, 독일어, 이탈리아어, 터키어뿐만 아니라 중국어와 일본어 등의 아주 다양한 언어들로 매우 다양한 관점에서 이루어진 토론들 덕택에 내가《덕의 상실》(1981) 에서 시작하고《누구의 정의인가? 어떤 합리성인가?*Whose Justice? Which Rationality?*》(1988),《도덕적 탐구의 세 가지 경쟁적 견해*Three Rival Versions of Moral Enquiry*》(1990),《의존적 합리적 동물*Dependent Rational Animals*》(1999)에서 계속 이어갔던 질문들을 재검토하고 확장할 수 있게 되었다. 그렇지만 나는《덕의 상실》의 주요 주장들을 포기할 어떤 이유도 아직 발견하지는 못했다. 비록 내가 상당히 많이 배우고, 그에 따라서 나의 명제와 논증들을 보충하고 수정했더라도, 몇몇은 이렇게 말할 것이다. '어찌할 도리가 없는 고집!'

　내 명제와 논증의 핵심은 후기 현대의 지배적 도덕 문화를 적절히 이해하기란 오직 이 문화 바깥의 관점에서만 가능하다는 주장이었고, 지금도 그렇다. 현대의 도덕 문화는 여전히 해결되지 않았고 또 분명히 해결될 수 없는 도덕적인 또는 다른 충돌 중의 하나다. 이러한 충돌에서는 갈등 당사자들의 외부적인 평가적 발언들이 하나의 해석 문제라는 것을 보여준다. 한편으로는 그것들이 몇 가지 공유된 비인격적 기준과의 연관 관계를 전제하는 것처럼 보이기 때문이다. 이 기준 덕분에 기껏해야 갈등 당사자 중 하나가 옳을 수 있다. 그러나 다른 한편으로 그들의 주장을 뒷받침하기 위해 제시된 논증의 빈약함과 그러한 주장들을 표명함에 있어 특징적으로 날카롭고 단정적이고 감정적인 양식은 오히려 그러한 기준이 없다는 것을 강하게 암시한다. 내 설명은 그때나 지금이나 이렇다. 그렇게 발언된 계율들은 한때는 실천적 믿음의 맥락 그리고 그것을 지지하는 생각과 느낌과 행위의 습관들의 맥락을 고향으로 삼았으며, 이러한 맥락과 관련해서만 이해될 수 있었다. 이 맥락에서 도덕적 판단들은 인간 선善에 관한 공유된 개념에 의해 정당화된 비인격적 기준들의 지배를 받는 것으로 이해되었다. 후기 중세와 초기 근대의 파괴적이고 변형적인 사회적·도덕적 변화의 결과로 이러한 맥락과 정당화가 박탈되면, 도덕 규칙과 계율들은 새로운 방식으로 이해되고 또 새로운 지위와 권위 및 정당화가 부과되어야 했다. 바로 그러한 설명을 제공하는 것이 18세기부터 줄곧 유럽 계몽주의의 도덕철학자들의 과제가 되었다. 그러나 그 철학자들이 실제로 제공한 것은 몇몇의 양립할 수 없는 경쟁적 설명들이었다. 공리주의자들은 칸트주의자들과 경쟁하고, 둘은 다시 사회계약론자들과 경쟁한다. 그래서 지금 이해되고 있는 것과 같은 도덕적 판단들은 본질적으로 다툼의 여지가 있게 되었으며, 그것을 표명하는 사람들의 태도와 감정을 표현하는 것이 되었다. 물론 도덕 판단들은 여전히 마치 도덕 불일치를 합리적으로 해결할 수 있는 비인격적 기준이 있는 것처럼 발언된다. 시작부터 그러한 불일치들은 정당화의 문제뿐만 아니라 도덕의 내용과 관련된 것이었다.

현대 도덕 문화의 가장 두드러진 이 특징은 변하지 않았다. 그리고 나는 여전히 이 특징은 매우 다른 전통의 관점에 의해서만, 즉 그 믿음과 추정들이 아리스토텔레스의 고전 형식으로 서술된 전통의 관점에 의해서만 도덕적 현대의 기원과 곤경 모두를 이해할 수 있다는 논지에 충실하다. 여기서 다음의 사항을 언급하는 것이 중요하다. 나는 아리스토텔레스 도덕 이론이 계몽주의 이후 지배적인 도덕, 철학들의 주창자들에게도 수용될 수 있어서 근대의 무대에서 벌어지는 이론적 경쟁에서 아리스토텔레스주의자들이 칸트주의자와 공리주의자 그리고 사회계약론자들을 물리칠 수도 있다는 측면에서 합리적인 우월성을 보여줄 수 있다고 주장하지 않는다. 이는 명백히 사실이 아닐 뿐만 아니라, 같은 무대에서 아리스토텔레스주의는 단지 하나의 다른 유형의 도덕 이론으로 나타날 가능성이 크며, 또 그렇게 나타난다. 이 도덕 이론의 주창자들은 공리주의자, 칸트주의자 또는 사회계약론자들이 그런 것처럼 경쟁자들을 물리칠 수 있는 희망이 거의 없다.

그렇다면 나는 무엇을 주장했고 또 주장하고 있는 것인가? 아리스토텔레스적 개념들을 통해 알려지고 또 표현된 현재 삶의 방식의 관점에서만 무엇이 도덕적 근대의 곤경인지 이해할 수 있으며 또 왜 도덕적 근대의 문화가 자신의 고유한 도덕적 질문을 계속 제기할 수 있는 자원을 결여하고 있고, 그래서 빈곤과 좌절의 피해를 입었고 그러한 곤경으로부터 해방될 수 없다는 사실을 이해할 수 있다는 것이 내 주장이다. 나는 25년 전보다 지금 유의미한 아리스토텔레스적 책무들의 본질을 훨씬 더 잘 이해한다. 적어도 두 가지 방식에서 그렇다.

내가《덕의 상실》을 썼을 때 나는 이미 아리스토텔레스주의자였다. 그러나 13장 마지막 부분의 토마스 아퀴나스에 관한 설명에서 분명히 밝힌 것처럼 토마스주의자는 아니었다. 나는《덕의 상실》을 쓰고 난 뒤에 토마스주의자가 되었는데, 부분적으로는 내가 아퀴나스가 어떤 점에서는 아리스토텔레스보다 더 나은 아리스토텔레스주의자라는 확신이 들었기 때문이었다. 그는 아리스토텔레스 텍스트의 탁월한 해석자일 뿐만 아니라 아리스토텔레스의 형이상학적 연구와 도덕적 연구를 모두 확장하고 심화시켰다. 그리고 이 점은 내 관점을 적어도 세 가지 방식에서 변화시켰다. 나는《덕의 상실》에서 내가 아리스토텔레스의 형이상학적 생물학이라고 부른 것을 사용하거나 또는 그것에 호소하지 않고 덕에 관한 광의의 아리스토텔레스적 설명에 대한 사례를 제시하려고 노력했다. 그리고 그런 생물학의 대부분을 거부한 것은 물론 옳았다. 그러나 인간 선에 관한 설명을 순전히 사회적 측면에서, 실천과 전통의 측면에서, 즉 인간 삶의 설화적 통일성의 측면에서 제공하려는 내 시도는 형이상학적 근거를 제공하지 않고는 불충분할 수밖에 없음을 나는 이제 아퀴나스로부터 알게 되었다. 그것은 오로지 인간이 그의 특별한 본성인 이성에 따라 지향하는 목적을 지니기 때문이다. 이 본성에 따라 실천, 전통 등은 그대로 기능할 수 있다. 아퀴나스가《신학대전Summa theologie》첫 번째 부분 질문 5에서 제시한 선의 개념에 관한 설명과 매우 가까운 어떤 것이 진리라는 점을 전제했다는 사실을 알게 되었다.

나는 또한 덕이 있거나 악덕할 수 있는 인간에 관한 내 생각이 형이
상학적 근거뿐만 아니라 생물학적 근거도 필요하다는 사실을 깨닫게
되었다. 그것이 비록 특별히 아리스토텔레스적인 것이 아니라도 말
이다. 이 근거를 나는 나중에 《의존적 합리적 동물》에서 상당히 많이
제공했다. 이 책에서 나는 인간의 동물성, 즉 합리적 동물의 도덕적
의미가 돌고래를 포함해 아직 합리적이지 않은 동물들의 몇몇 종과
의 친족 관계가 인정될 때만 이해될 수 있다고 논증했다. 그리고 같은
책에서 나는 내가 인정된 의존의 덕성들이라고 명명한 것을 확인함
으로써 덕성들의 내용을 더 잘 설명할 수 있었다. 그렇게 하면서 나는
'자비misericordia'에 관한 아퀴나스의 논의에 의지했다. 이 논의에서 아
퀴나스는 그가 인지한 것보다 훨씬 더 아리스토텔레스와 충돌한다.

　내 사상의 이러한 발전들은 아퀴나스의 텍스트와 이 텍스트에 대
한 토마스 학자들의 주석을 깊이 연구한 결과다. 그리고 매우 다른
종류의 발전들은 《덕의 상실》에 극단적으로 반대하는 사람들의 비
판의 자극에 기인한 것이었다. 오해에서 기인하기보다는 텍스트를
경솔하게 잘못 읽은 데서 기인한 것처럼 보이는 비판부터 시작해 여
러 비판들을 다루고자 한다. 덕의 전통이 그리스에서, 특히 아테네의
도시국가에서 생겨났고 처음으로 적절하게 서술되었다고 이해했기
때문에, 그리고 이 전통이 유럽의 중세에서 번창한 방식을 강조했기
때문에 나는 과거를 미화하는 향수에 빠져 있다는 비난을 받아왔다.
그러나 내가 생각하기에 이 텍스트에는 그런 흔적이 없다. 거기에 있
는 것은, 현재의 우리 자아와 현재 우리의 도덕적 관계를 전통이 제
공하는 관점에서 이해함으로써 과거의 몇몇 양상으로부터 배울 필
요가 있다는 주장이다. 이 전통은 우리가 현대, 특히 후기 현대가 부

과한 자기인식에 대한 제약을 극복할 수 있게 한다.

우리 모두는 불가피하게 후기 현대의 거주자들로서 이 현대의 사회적·문화적 특징들을 지니고 있다. 그러므로 덕의 전통과 이러한 전통의 거부가 현대에 가져온 결과 및 이 전통을 복원할 수 있는 가능성에 대한 나의 이해는 사실 특별히 현대적 이해이다. 오직 현대의 관점에서 거꾸로 회고하고 현대의 곤경에 대응함으로써만 다양한 문화적 형식으로 구현되고 있는 덕 전통의 연속과 단절을 확인할 수 있다. 내가《덕의 상실》에서 시도한 종류의 역사적 연구는 오직 18세기와 19세기에 가능해졌다. 비코Giambattista Vico는 그러한 종류의 역사적 연구의 예언자적 창시자였다. 이 영역에서 나는 R. G. 콜링우드R. G. Collingwood에게 가장 많이 빚을 지고 있다. 그렇지만 전통의 본성과 복잡성에 관한 나의 이해는 대부분 J. H. 뉴먼J. H. Newman에게서 얻었다.

역사적 연구를 통해 드러난 것은 모든 연구가 특정한 상황에 처해 있다는 것이다. 어떤 것이 진리의 기준으로 간주되는 정도 또 실천의 맥락에서 합리적 정당화의 기준으로 간주되는 정도는 시간과 장소에 따라 다르다. 이러한 폭로에 한 가지를 덧붙인다면, 즉 진리와 정당화의 기준이 무엇이든 어떤 합리적 행위자도 이 기준을 이용할 수 있으며 또 그들에게 호소하는 기준들이 중요한 도덕적, 과학적 또는 형이상학적 논쟁들을 결정적인 방식으로 해결하기에 충분할 수 있다는 주장을, 내가 그랬듯이 부정한다면, 상대주의의 비난을 초래한 것처럼 보일 수도 있다. ('비난'이라는 낱말은 아마 적절하지 않을 수 있다. 내가 포스트모더니스트라고 주장한 사람들은 내가 추정한 상대주의를 축하했기 때문이다. 이에 관해서는 다음의 글을 보라. Peter Watson,

The Modern Mind: An Intellectual History of the Twentieth Century, New York: Harpercollins, 2001, pp. 678~679)《덕의 상실》제2판에 부치는 후기에서 나는 이미 이러한 비난에 대한 답변을 개략적으로 서술했다. 그리고 나는《누구의 정의인가? 어떤 합리성인가?》에서 답변을 더욱 발전시켰다. 그럼에도 비난이 여전히 반복되고 있기 때문에 내가 상대주의를 거부하는 것을 가능하게 하고 또 거부하도록 실제로 요청하는 것이 무엇인지를 다시 한번 확인하고자 한다.

아리스토텔레스적·토마스적 덕 전통은, 다른 모든 도덕 전통이 그런 것은 아니지만, 몇몇 전통과 마찬가지로 전통적 연구에 해당한다. 그들의 핵심적 논제가 진리라고 주장하고 또 그들의 핵심적 논증이 견실하다고 주장하는 것이 이 연구 전통의 특징이다. 이 전통들은 다른 방식으로는 자신들의 연구 목표와 대상의 성격을 규정하거나 결론의 근거를 제시하기 어려울 것이다. 이 전통들은 합리적 정당화의 기준에서 서로 충돌해왔기 때문에 —— 그 기준들이 어떤 것이어야 하는가 하는 질문은 실제로 그들을 원칙적으로 갈라놓은 문제들에 속한다 —— 그리고 각각의 전통은 내부적으로 자신의 고유한 기준을 갖고 있기 때문에 그들 사이의 논쟁은 체계적으로 해결될 수 없다. 경쟁 당사자들이 비록 논리의 필요조건과 핵심, 즉 진리의 최소 개념에 대한 존중을 공유하더라도 그렇다. 이런 방식으로 명백하게 충돌하는 경쟁적 전통들의 사례들은 아리스토텔레스적 토마스적 전통, 나가르주나Nagarjuna라는 위대한 철학적 이름을 가진 종류의 불교, 근대 유럽과 북미의 공리주의다.

어떻게 이러한 전통의 주창자들은 경쟁자들의 주장을 물리칠 수 있다고 희망할 수 있는가? 필요한 첫 번째 단계는 특정한 경쟁 전통에 의해 규정된 용어로 생각하는 것과 그 경쟁 전통을 확신하는 지지자처럼 생각하는 법을 배우는 것이 어떤 것인지를 이해해야만 하는 것이다. 이렇게 하려면 철학적 상상의 능력을 발휘해야 하는데, 이런 상상력이 대체로 없다. 두 번째 단계는 경쟁 전통의 지지자들이 직면하고 있는 이 전통의 중요한 문제가 해결되지 않은 점 때문에 ― 그 전통의 기준에서 해결되지 않은 것 때문에 ― 그쟁점과 문제들을 확인하고, 어떻게 하면 그것을 해결하는 방향으로 나아갈 수 있을까를 경쟁 전통의 지지자들의 관점에서 연구하는 것이다. 체계적 연구에도 불구하고 어떤 전통에서 매우 중요한 쟁점과 문제들이 여전히 해결되지 않았을 때 그에 대한 질문이 생겨난다. 다시 말해 이 영역에서의 진보가 더 이상 이루어지지 않은 것은 무엇 때문인가라는 질문이 생겨난다. 그 전통이 쟁점을 다루고 문제들을 해결할 수 있는 자원을 가지고 있지 않기 때문에 그리고 이 전통의 고유한 기준과 전제조건들을 고수하는 한 이 자원을 획득할 수 없기 때문이 아닐까? 이러한 기준들에 의해 부과되고 전제조건들로부터 유래하는 제약들이 그러한 쟁점과 문제들을 명확하게 말하고 서술하는 것을 방해하여 그것들이 적절히 다뤄지고 해결될 수 없기 때문이 아닐까? 만약 이 두 질문에 대한 답변이 '예'라면, 이러한 곤경은 오직 어떤 경쟁 전통의 관점에서만 이해될 수 있고, 이러한 곤경을 극복할 수 있는 수단도 경쟁 전통의 자원으로부터만 발견될 수 있지 않을까?

어떤 전통의 지지자들이 상상하고 의문시하는 행위를 통해 특정한 경쟁 전통에게 질문할 수 있을 때, 이 경쟁 전통의 어려움들은 오직 자신의 고유한 전통의 관점에서만 적절히 이해되고 극복될 수 있다는 결론을 내리는 것이 언제나 가능하고, 정말로 이러한 결론을 내릴 수밖에 없다. 그들의 고유한 전통의 핵심 논제들이 진리이고 그들의 논증이 견실할 경우에만 이 경쟁 전통이 그 어려움들을 만날 것이라고 예상할 수 있고 또 이러한 어려움들을 다룰 수 있는 개념적·규범적 자원들의 결핍을 설명할 수 있다. 그래서 진리와 합리적 정당화 주장의 적합성과 관련하여 한 전통이 다른 전통을 물리치는 것이 가능하다. 어떤 합리적 행위자가 어떤 전통이 다른 전통보다 우월하다고 결정할 수 있는 그런 중립적 기준을 비록 이용할 수 없을지라도 그렇다.

바로 그러한 중립적 기준이 없기 때문에 패배한 전통의 주창자들은 패배가 일어났다는 사실을 인정하지 않을지도, 또 인정할 수 없을지도 모른다. 그들은 완전히 만족스러운 해결책을 아직 찾지 못한 자신의 문제들과 맞닥뜨리고 있다는 점을 바로 인정할 수도 있다. 그들은 양립할 수 없는 다른 경쟁 전통의 관점을, 상상 속으로라도 채택하라는 권유를 거부할 탁월한 근거를 여전히 가지고 있을 것이다. 그들이 지금 주장하는 기본 원칙들이 그들이 생각하는 것처럼 진리이고 합리적으로 정당화되었다면, 그들 자신의 전통과 양립할 수 없는 경쟁 전통들의 지지자들이 제시한 주장들은 틀림없이 거짓이고 합리적 정당화를 결여하고 있을 것이기 때문이다. 그래서 그들은 아마도 무한히 계속해서 자신의 입장을 방어하고, 자신의 연구를 계속 진행하려 할 것이고, 그 연구들이 실제로는 불모와 좌절에 이를 수밖에 없는 운명이라는 사실을 인정할 수 없을 것이다.

매우 오랜 기간 동안 도덕적 연구의 경쟁 전통들이 공존할 수 있었다는 사실은 물론 중요하다. 토마스적 아리스토텔레스주의, 중관

파 불교, 근대 유럽과 북미의 공리주의가 공존했다. 이 전통들 중 하나에서 다른 전통의 손에 의해 합리적 패배를 당하는 일이 일어날 수도 있는 종류의 연구를 행하는 것은 고사하고, 그들 중 어느 전통도 경쟁자들의 주장을 진지하게 받아들일 기회를 가지지 못했다. 그러므로 그런 연구가 실제로 어떤 결정적 결과에 이를 수 없어서 경쟁 전통들을 갈라놓는 쟁점들이 여전히 미결로 남아 있다는 것도 사실이다. 그러나 가장 중요한 것은 그러한 쟁점들이 때때로 결론이 날 수 있다는 것이다. 이러한 결정은 경쟁 전통의 주장들이 처음부터 상대주의의 거짓을 전제한다는 점을 분명하게 하는 방식으로 이루어질 수 있다. 내가 그런 것처럼 진지한 연구자라면 누구나 그래야만 한다.

이제 매우 다른 비판을 다루려고 한다. 그것은 자유주의 대 공동체주의와 관련해 이의를 제기하는 자유주의적, 개인주의적 근대의 옹호자들의 비판이다. 이들은 나를 공동체주의자라고 추정하는데, 나는 결코 공동체주의자인 적이 없었다. 나는 공동체 자체에서는 어떤 가치도 발견하지 못한다. 많은 유형의 공동체들은 견딜 수 없을 정도로 억압적이고, 애미타이 에치오니Amitai Etzioni와 같은 당대 공동체주의의 미국 대변인들이 이해한 공동체의 가치들은 내가 거부하는 자유주의의 가치들과 양립 가능할 뿐만 아니라 이 가치들을 지지한다. 자유주의에 대한 내 비판은 공동체의 형식들을 구성하고 지속하는 일에 종사하는 사람들만이 최선의 유형의 인간 삶, 즉 그 안에서 덕의 전통이 가장 적절하게 구현되는 인간 삶을 산다는 판단에서 유래한다. 이러한 공동체는 그것 없이는 궁극적 인간 선이 성취될 수 없는 그런 공유된 공동선의 성취를 지향한다. 자유주의 정치 사회들은 그들의 공통된 삶이 인간 선에 대한 그들의 개념에 근거를 두도록 허용하는 것은 고사하고, 인간 선에 대한 결정적 개념이 공공 담론에서 담당할 자리를 부정하는 데 전념하는 특징을 보인다. 지배적인 자유주의 견해에 따르면, 정부는 인간 선에 대한 경쟁적 개념들 사이에서 중립적이어야 한다. 그렇지만 자유주의가 장려하는 것은 실제로 최선의 인간 삶을 위해 요청되는 공동체의 유형을 구성하고 지속하는 데 적대적인 종류의 제도적 질서다.

이러한 자유주의 비판이 당대의 보수주의에 대한 내 공감을 표시하는 것으로 해석되어서는 안 된다. 이 보수주의는 표면상 자유주의를 반대하지만, 너무 많은 방식에서 자유주의를 반영하는 거울 이미지다. 보수주의가 자유시장경제에 의해 조직된 생활 방식에 헌신하는 것은 자유주의만큼 부식성이 있는 개인주의에 헌신하는 것이다. 자유주의가 '허용하는 법률' 제정을 수단으로 사회적 관계를 변형시키기 위해 현대 국가의 권력을 사용하려는 곳에서, 보수주의는 이제 '금지하는 법률' 제정을 수단으로 자신의 강압적인 목적을 위해 동일한 권력을 사용하려고 시도한다. 이러한 보수주의는 자유주의와 마찬가지로《덕의 상실》의 기획에 맞지 않는다. 그리고 오늘날 보수적 도덕주의자들에 의해 과장되고 독선적인 단조로운 수사를 통해 재단된 인물은 내가《덕의 상실》제3장에서 현대의 문화적 드라마에서 주목할 만한 인물로 확인한 인물들과 함께 세워져야 한다. 이들은 지난 20년 동안 생화학적 발견들에 의해 곤혹스러워진 치료사의 인물, 그녀 또는 그가 여전히 자신들의 주장을 전문가의 의견으로 정당화하려고 시도하면서 경영윤리 수업에서 배운 공식들을 큰 소리로 말하는 기업 매니저의 인물, 개념예술에 대한 헌신으로부터 지금 생거나는 탐미주의자의 진부한 레퍼토리 인물이 되었다. 그러나 그런 엘리트들은 결코 최종 결정권을 가지지 않는다.

덕의 전통이 주기적으로 재건될 때, 그것은 언제나 일상생활에서 일어난다. 그것은 항상 평범한 사람들이 가정과 가계, 학교와 병원, 그리고 정치적 공동체의 지역 형태들을 만들고 지속하는 것을 포함해 다양한 실천들에 종사함으로써 이루어진다. 그리고 이러한 재생을 통해 평범한 사람들은 도덕 담론과 사회적 담론의 지배적 양식에 대해, 그리고 이러한 양식 속에 표현되는 제도들에 대해 질문을 제기할 수 있게 된다. 그들이 이 책이 목표로 삼았던 사람들이다.《덕의 상실》의 실질적 독자인 그들은 기분 좋게도 자주 이 책의 핵심 논제에서 그들 자신이 이미 서술하기 시작한 사상의 표현을 발견하고, 또 그들의 감정이 이미 어느 정도 움직인 것으로 인정한다.

첫 장에서 나는 월터 M. 밀러Walter M. Miller의 대단한 소설인《리보위츠를 위한 찬송A Canticle for Leibowitz》을 넌지시 암시했고, 마지막 장의 끝맺는 문장에서 콘스탄티노스 카바피스Konstantinos Kavafis의 멋진 시 〈야만인을 기다리며〉를 암시했다. 나는 이 두 암시들이 널리 인정될 것이라고 지나치게 낙관했다. 사람들이 이 암시들을 잘 알아차리지 못했기 때문에 이제 나는 이러한 상상의 부채를 명시적으로 고백하려고 한다. 텍스트에서 지적인 부채를 인정하는 것만큼 이 상상의 부채를 인정하는 것도 중요하다. 비록《덕의 상실》을 부분적으로는 20세기 역사가 밝혀낸 마르크스주의의 도덕적 부적합성을 인지한 결과로 썼지만, 자본주의의 경제적, 사회적, 문화적 질서에 대한 마르크스의 비판과 이 비판을 계속 발전시킨 후기 마르크스주의자들에 깊이 빚을 졌을 뿐만 아니라 지금도 여전히 빚을 지고 있다는 사실을 나는 분명히 밝힌다.

《덕의 상실》의 마지막 문장에서 나는 우리가 성 베네딕트를 기다리고 있다고 말했다. 베네딕트의 위대함은 더없이 새로운 종류의 제도를 가능하게 한다는 데 있다. 기도, 학습, 노동의 수도원이라는 제도 속에서 공동체들은 사회적, 문화적 암흑 시기에 생존할 수 있었을 뿐만 아니라 번영할 수 있었다. 제도를 창립한 베네딕트의 통찰력의 효과와 이 통찰력으로부터 배운 사람들의 제도적 구현의 효과들은 그들 자신의 시대의 관점에서 보면 예견할 수 없는 것이었다. 내가 1980년 이 마지막 문장을 썼을 때 나의 의도는 우리 시대도 역시 새롭고 예측할 수 없는 재생의 가능성들을 기다리는 시대라는 점을 암시하는 것이었다. 그것은 또한 후기 현대의 지배적인 사회적, 경제적 그리고 정치적 질서에 가능한 한 분별 있고 용감하게, 정의롭고 절제 있게 저항하는 시대이다. 그것이 26년 전의 일이긴 하지만 여전히 그렇다.

머리말

이 책은 도덕철학 분야에서 내가 과거에 행했던 작업의 불충분성에 관한 나의 철저한 반성으로부터, 또 '도덕철학'을 독립적이고 분리될 수 있는 탐구 영역으로 생각하는 표상들에 관해 점점 증대되는 나의 불만족으로부터 탄생했다. 초기 작업(《윤리학 소사*A Short History of Ethics*》, 1966;《세속화와 도덕적 변동*Secularization and Moral Change*》, 1967;《이 시대의 자기표상에 대항하여*Against the Self-Images of the Age*》, 1971) 부분의 핵심 명제는 우리가 역사와 인류학으로부터 다양한 도덕적 실천, 신념, 개념체계에 관해 배워야 한다는 것이었다. 도덕철학자가 자신이나 자신의 주변 사람들이 말하고 행하는 것을 단지 탁상공론의 형식으로 반성함으로써 도덕 개념들을 연구할 수 있다는 생각은 무익하기 짝이 없다. 나는 이 확신을 포기할 수 있는 충분한 근거를 아직 발견하지 못했다. 그리고 미국으로의 이주는 탁상공론이 매사추세츠의 케임브리지 또는 뉴저지의 프린스턴에서 이루어질 때에도 별로 효과가 없었다는 사실을 나에게 가르쳐주었다. 그러나 내가 도덕적 신념, 실천과 개념들의 다양성과 이질성을 확인했을 때, 동시에 내가 상이한 특수 신념, 실천과 개념들을 가치평가하는 데 전념했었다는 사실도 분명해졌다. 예를 들면, 나는 상이한 도덕성들의 등장과 몰락을 서술하거나, 서술하려고 시도했다. 나의 역사적이고 사회학적인 설명들이 특별한 가치평가적 관점으로 가득 차 있고, 또 가득 차 있을 수밖에 없다는 사실이 나에게 그랬던 것처럼 다른 사람들에게도 분명해졌다. 좀 더 정확히 말하자면, 한때 다른 시기와 장소에서는 가능했던 도덕적 기준에 대한 호소가 이제 더 이상 가능하지 않다는 사실이 전형적 현대 사회에서의 도덕적 공동체와 도덕적 판단의 본질을 말해주는 것처럼, **그리고** 이러한 사실이 바로 도덕적 재난이라고 내가 주장하는 것처럼 보였다. 그렇지만 나의 분석이 정확했다면, 나는 **무엇에** 호소할 수 있었단 말인가?

내가 영광스럽게도 매우 주목할 만한 잡지 《뉴 리즈너 *The New Reasoner*》의 기고가가 된 이래, 나는 스탈린주의를 도덕적으로 거부할 수 있는 토대의 문제에 몰두했다. 스탈린주의를 거부한 많은 사람은 자유주의 원리를, 이 원리의 비판이 마르크스주의의 기원이었던 바로 그 자유주의 원리를 새롭게 끌어들였다. 나는 이러한 마르크스주의적 비판의 많은 본질적 관점들을 수용했고 또 수용하기 때문에, 이 대답은 내가 채택할 수 있는 길이 아니었다. 그 당시 레셰크 코와코프스키Leszek Kolakowski가 대변했던 입장에 응답하면서 나는 이렇게 썼다. "단순히 스탈린주의적 관점을 수용하고 거기에다 자유주의적 도덕성을 첨가하는 방법으로는 마르크스주의 내의 도덕적 내용을 결코 재생시킬 수 없다."(*The New Reasoner*, 7, 100) 더욱이 나는 마르크스주의 자체가 폐해를 야기하는 심각한 도덕적 빈곤화를 겪고 있으며, 그것은 마르크스주의가 자유주의적 개인주의로부터 물려받은 것 때문만이 아니라 자유주의로부터의 일탈 때문이라는 사실을 깨닫게 되었다.

내가 도달한 결론, 이 책에 —— 마르크스주의 자체는 비록 주변적으로만 다루어지고 있지만 —— 포함되어 있는 결론은 마르크스주의의 도덕적 결함과 실패는 마르크스주의가 자유주의적 개인주의와 마찬가지로 전형적으로 현대적인, 또 현대화가 진행되고 있는 세계의 에토스를 구현한다는 사실에 기인하며, 바로 이 에토스의 많은 부분을 거부하는 길만이 우리에게 합리적·도덕적으로 방어될 수 있는 판단 및 행위의 관점을 제공하고, 이 관점의 토대 위에서 비로소 우리는 우리에게 복종의무를 경쟁적으로 요구하는 다양한 경쟁적·이질적 도덕체계들을 평가할 수 있다는 것이다. 이 강한 결론은, 내가 덧붙일 필요도 없겠지만, 관대하고 정당하게 나의 초기 작업을 비판함으로써 나로 하여금 잘못된 것의, 비록 전부는 아니라고 할지라도, 많은 부분을 이해하게 만들어준 사람들, 에릭 존, J. M. 캐머런과 앨런 라이언의 탓은 물론 아니다. 여러 해 동안 영향을 받았을 뿐만 아니라 내가 특별히 많은 빚을 지고 있는 친구와 동료들, 하인츠 러바츠와 마크 워토프스키에게 나는 이 결론의 책임을 떠넘겨서도 안 될 것이다.

보스턴 대학의 두 동료는 내 원고의 상당 부분을 읽고 많은 부분을 해명해주는 유익한 제안을 해주었다. 나는 토머스 매카시와 엘리자베스 래파포트에게 진정으로 감사한다. 그 밖에도 이와 비슷한 제안들로 내가 다양한 방식으로 빚을 지고 있는 사람들은 마조리 그린과 리처드 로티다. 이 책의 원고를 타이프로 정서해준 줄리 케이트 콘리에게 심심한 사의를 표한다. 그리고 이 원고를 작성하는 데 여러 가지 도움을 준 로잘리 칼슨과 자라 채핀에게 고마운 마음을 전한다.

나는 또한 보스턴 도서관과 런던 도서관의 직원들에게도 많은 빚을 지고 있다.

이 책의 많은 부분은 다양한 집단 앞에서 발표되었으며, 그들의 포괄적인 비판적 응답들은 나에게 많은 도움이 되었다. 나는 특히 국립인문학기금NEH 장학금의 도움으로 헤이스팅스 센터에서 3년간 공동으로 윤리학의 토대에 관해 연구한 집단의 이름을 언급하고자 한다. 총서《윤리학의 토대와 과학과의 관계*The Foundation of Ethics and its Relationship to the Sciences*》제3권과 제4권에서 이 연구 집단을 위해 제시된 보고서의 몇몇 짧은 절은 이 책의 제9장과 제14장에서 다시 등장한다. 이들을 재수록할 수 있도록 허락해준 '사회, 윤리, 생명과학에 관한 헤이스팅스 연구소'에 감사하게 생각한다. 나는 또한 다른 두 집단에 깊은 감사의 마음을 표하고 싶다. 하나는 노트르담 대학 철학과 동료들과 대학원 학생들로서, 이들은 '관점들 — 강좌' 시리즈에 나를 초청함으로써 이 책의 사상들을 발전시킬 수 있는 가장 중요한 기회를 내게 제공해주었다. 그리고 다른 하나는 1978년 여름 보스턴 대학에서 열린 나의 NEH 세미나의 참석자들로서, 덕에 관한 나의 작업에 대한 그들의 동료적 비판은 나의 사상의 발전 과정에서 지대한 역할을 했다. 그렇기 때문에 나는 국립인문학기금에 다시 한번 깊은 감사를 표하고 싶다.

이 책의 헌정은 내가 받은 더욱 근본적인 은혜를 표현한다. 만약 내가 이 은혜의 근본적인 성격을 조금 더 빨리 인식했더라면, 이 책의 결론에 이르는 길이 훨씬 덜 고통스러웠을 것이다. 내가 이 책에서뿐만 아니라 다른 모든 것에서 필요조건인 나의 아내 린 수미다 조이의 은혜를 입지 않았다면 이런 결론에 도달할 수 없었을 뿐만 아니라 아마 그것을 인식할 수조차 없었을 것이다.

매사추세츠 워터타운에서 A. M.

제1장

우리를 불안하게 하는 실험적 사유

자연과학이 대재난의 결과로 말미암아 고통을 당한다고 상상해보자. 일반 대중은 일련의 환경 재해들이 자연과학자들의 책임이라고 비난한다. 대대적인 폭동이 일어나고, 실험실들은 불타고, 과학자들은 구타를 당하고, 책과 기구들은 파괴된다. 마침내 '아무것도 모른다'는 지식무용론의 정치적 운동이 세력을 얻고, 학교와 대학에서의 과학 수업을 폐지하는 데 성공하고, 남아 있는 과학자들을 투옥하고 처단한다. 한참 후에 이 파괴적 운동에 대한 반동적 움직임이 일어나, 계몽된 사람들은 비록 과학이 어떤 것이었는지를 대부분 잊었지만 과학을 부활시키려 한다. 그렇지만 그들이 가지고 있는 것은 단편들뿐이다. 실험들에 의미를 부여하는 이론적 콘텍스트에 대한 지식으로부터 유리된 몇몇 실험들에 관한 지식, 그들이 소유하거나 실험한 다른 이론의 편린들과 전혀 관계 지을 수 없는 이론의 조각들, 사용법을 잊어버린 도구들, 한 장의 반쪽가량이 날아가버린 책, 논문 중 남아 있는 낱장들, 찢기고 까맣게 타버려 온전히 읽을 수 없는 것들이다. 그럼에도 이 모든 단편들은 물리학, 화학, 생물학이라는 부활된 이름으로 분류되는 일련의 실천체계로 다시 구현된다. 성인들은 비록 지극히 단편적인 지식만을 보유하고 있지만, 상대성 이론, 진화론, 연소 이론이 가지는 각각의 장점에 관해 서로 토론한다. 아이들은 원소주기율표의 남아 있는 부분을 암기하고, 유클리드 기하학의 일반 원리가 부활한 듯 이를 낭송한다. 아무도, 거의 아무도 그들이 행하는 것이 진정한 의미에서의 자연과학이 아니라는 점을 인식하지 못한다. 왜냐하면 그들이 말하고 행하는 모든 것이 일관성과 정합성의 기준에 일치하기는 하지만, 그들이 행하는 것을 이해하는 데 필요한 콘텍스트들이 상실되고, 아마 돌이킬 수 없을 정도로 소실되었기 때문이다.

이런 문화에서 사람들은 '중성자', '질량', '비중', '원자량' 등의 표현들을 체계적이고 종종 상호 연관된 방식으로 사용할 것이다. 이 방식들은 자연과학적 지식이 대부분 상실되기 이전 시대에 그런 표현이 사용되던 방식들과 어느 정도 유사할 것이다. 그렇지만 이 표현들의 사용을 전제로 한 많은 믿음은 이미 상실되어버렸고, 우리에게 매우 놀라워 보이는 그 사용에서도 자의성과 선택의 요소가 있는 것처럼 보인다. 더 이상의 논증이 주어질 수 없는 대립적·경쟁적 전제조건들이 얼마나 많다고 여겨지겠는가? 주관주의적 과학 이론이 나타나게 되고, 이는 자신들이 과학이라고 간주하는 것 속에 구현된 진리 개념은 주관주의와 양립할 수 없다고 주장하는 사람들에 의해 비판받을 것이다.

이 가상적 가능 세계는 몇몇 공상과학 소설가들이 구성하는 세계와 매우 흡사하다. 우리는 이를 자연과학의 언어 또는 적어도 그 언어의 상당 부분이 계속 사용되고 있기는 하지만 예사롭지 않은 무질서 상태에 있는 세계로 서술할 수 있다. 만약 이 가상 세계에서 분석철학이 번성해야 한다면 그것은 이 무질서의 사실을 결코 폭로하지 못할 것이라는 점을 우리는 언급할 수 있을 것이다. 왜냐하면 분석철학의 기법은 본질적으로 서술적이며, 현재 언어를 기술하기 때문이다. 분석철학자는 가상 세계에서 과학적 사유와 담론이라고 여겨지는 것의 개념적 구조들을, 그가 자연과학의 개념 구조들을 있는 그대로 해명하는 방식과 똑같이 해명할 것이다.

현상학이나 실존주의도 어떤 것이 나쁘다고 분명히 식별할 수는 없다. 모든 지향성의 구조들은 그것들이 지금 존재하고 있는 바 그대로일 것이다. 자연과학의 가짜 환영에 대한 인식론적 토대를 제공하는 과제는 현상학적 용어에서 현재 구상 중에 있는 과제와 다르지 않을 것이다. 에드문트 후설Edmund Husserl 또는 모리스 메를로퐁티Maurice Merleau-Ponty와 같은 사람은 피터 스트로슨Peter Strawson 또는 W. V. O. 콰인W. V. O. Quine과 같은 사람과 마찬가지로 기만당할 것이다.

가공의 유사 과학자들과 실제의 순수철학이 거주하는 이 허구 세계를 구성하는 요점은 무엇인가? 내가 여기서 제기하고자 하는 가설은 우리가 살고 있는 실제의 세계에서 도덕성의 언어도 앞서 서술한 가상 세계에서 자연과학의 언어가 처한 것과 같은 심각한 무질서에 처해 있다는 사실이다. 이 견해가 옳다면, 우리가 갖고 있는 것은 어떤 개념적 기구의 단편들, 즉 이들에게 의미를 부여할 수 있는 콘텍스트가 결여되어 있는 조각들이다. 우리는 정말 도덕성의 환영을 가지고 있으며, 계속해서 많은 핵심 표현을 사용하고 있다. 그러나 우리는, 비록 전적으로 그렇지는 않지만 상당히 광범위하게, 우리의 이론적·실천적 이해력 또는 도덕성을 상실했다.

그렇다면 어떻게 해서 이렇게 될 수 있었는가? 이와 같은 암시 전체를 즉각 부정하고자 하는 충동은 틀림없이 강할 것이다. 도덕적 언어를 사용하고, 도덕적 사유에 의해 지도를 받고, 다른 사람과의 교통을 도덕적 용어로 정의할 수 있는 우리의 능력은 자신을 이해하는 데 너무나 핵심적이기 때문에 이 관점에서 우리가 철저하게 무능력할 수 있다는 가능성을 마주한다는 것은 우리의 존재와 행위에 관한 견해에 대전환을 요청하는 것이지만, 이를 성취하는 것은 어려울 것이다. 그렇지만 우리는 이미 이러한 관점의 전환을 성취하려 할 때 가장 중요한 가설에 대해 두 가지 사실을 알고 있다. 하나는 철학적 분석이 우리를 도울 수 없다는 점이다. 현실 세계에서 현재의 주도적인 분석적·현상학적 철학들은 가상 세계에서 과학의 무질서가 발생하기 이전에 그것들이 중요했던 것만큼이나 도덕적 사유와 실천의 무질서를 간파하는 일에 무력할 것이다. 물론 이런 철학의 무력함 때문에 우리가 완전히 속수무책이 되는 것은 아니다. 왜냐하면 가상 세계에서 현재의 무질서 상태를 이해하는 데 필요한 전제조건은 그 역사, 즉 서로 구별되는 세 단계로 쓰여야 하는 역사를 이해하는 것이었기 때문이다. 첫째 단계는 자연과학이 번성했던 단계이고, 둘째 단계는 파국을 맞는 단계이고, 셋째 단계는 자연과학이 복구되기는 하지만 훼손되고 무질서한 형태로 복구되는 단계다. 일종의 퇴보와 몰락의 역사인 이 역사가 특정한 기준에 의해 서술된다는 점에 주목하자. 그것은 가치평가상 중립적인 연대기가 아니다. 기술의 형식, 단계의 구분은 성취와 실패, 질서와 무질서의 기준을 전제한다. 그것은 헤겔G. W. F. Hegel이 철학사라고 명명하고, 콜링우드가 모든 성공적 역사 기술은 그래야 한다고 생각하는 것이다. 내가 제시한 도덕성에 관한 가설이 여러분에게 아무리 기괴하고 개선의 여지가 없는 것처럼 보일지라도, 그것을 탐구할 수 있는 방안을 찾아야 한다면, 헤겔과 콜링우드와 같은 작가들이 — 그들은 실제로 매우 다르다 — 제시한 유형의 철학과 역사에서 우리가 분석철학 또는 현상학적 철학에서 발견할 수 없는 방안들을 찾을 수 있는지 물어야 한다.

그러나 이 전제는 나의 가설에 대한 심각한 난점을 즉각 상기시킨다. 왜냐하면 실재 세계에 대한 나의 견해는 물론이고 내가 구성한 가상 세계의 관점에 제기되는 하나의 이의는, 가상 세계의 거주자들은 그들이 겪었던 파국의 본질을 더 이상 이해할 수 없는 한계점에 도달했다는 사실이기 때문이다. 우리가 그처럼 분명히 세계사적 의미를 지닌 사건을 시야에서 놓쳐버렸다고, 그것이 기억과 역사적 기록으로부터 다시 발견되지 않을 정도로 지워지기야 하겠는가? 가상 세계를 지탱하고 있는 것이 과연 우리의 실재 세계를 더욱 강하게 지탱하고 있는 게 확실한가? 도덕성의 언어와 실천을 엄청난 무질서에 빠뜨리기에 충분한 하나의 파국이 일어났다면, 우리 모두는 확실히 그에 관해 알 것이다. 그것은 정말 우리 역사의 핵심적 사실 중 하나가 될 것이다. 그런데 우리 역사는 누구나 관찰할 수 있도록 열려 있는 까닭에 그와 같은 파국에 관한 어떤 기록도 남아 있지 않다고 사람들은 말할 것이다. 그렇다면 나의 가설은 간단히 포기되어야 한다. 이 점에 대해 나는 적어도 그것이 가능하다면 예전보다 더 믿기 어렵게 전개되어야 한다는 것을 인정해야 한다. 그러나 불행히도 그것은 지금 서술되는 방식으로 우선 전개되었다. 왜냐하면 그 파국은 소수의 사람들을 제외하고는 하나의 파국으로 인정되지 않고 있는 종류의 것이어야 하기 때문이다. 우리는 논쟁의 여지 없이 명백한 성격을 지닌 몇몇 중요 사건들을 보지 말고, 오히려 보다 길고 복합적이며 쉽게 인식될 수 없는 과정을 보아야 할 것이다. 이는 아마 성격상 대립적 해석을 불러일으킬 것이다. 이 부분의 가설에서 납득하기 어려운 점은 아마 다른 전제를 통해 어느 정도 해명될 수 있을 것이다.

지금 우리 문화에서 말하는 역사는 학문적 역사를 의미한다. 그런데 학문적 역사는 채 두 세기도 되지 않았다. 내 가설이 말하는 파국이 이미 오래전에, 즉 학문적 역사가 시작되기 훨씬 전에 일어나서 학문적 역사의 도덕적·규범적 전제조건들이 그 파국에 의해 야기된 무질서의 형식들로부터 유래한다고 가정해보자. 여기서 말하는 학문적 역사의 관점은 그것이 가지고 있는 가치중립적 관점으로부터는 도덕적 무질서가 대부분 보이지 않는 그런 종류의 것이라고 가정해보자. 역사가들이 —— 역사가들에게 참인 것은 사회과학자들에게도 참이라는 것이 특징적이다 —— 그들 학문의 기준과 범주를 통해 이해할 수 있는 것이라고는 하나의 도덕성에서 다른 도덕성으로 이어진다는 사실뿐이다. 17세기의 청교도주의, 18세기의 쾌락주의, 빅토리아 시대의 노동윤리 등등. 그러나 질서와 무질서에 관한 언어 자체는 그들에게 유용하지 않을 것이다. 만약 이것이 사실이라면, 그것은 적어도 내가 실재의 세계와 그 운명으로 생각하는 것이 왜 학문적 교과목에 의해 인정되지 않고 있는가를 설명해줄 수 있을 것이다. 왜냐하면 교과 과정의 여러 형식들 자체가 재난의 징후들 사이에 둘러싸여 있는 것으로 판명되고 있으며, 교과 과정은 이 재난의 현상을 인지하지 못하기 때문이다. 대부분의 학문적 철학이 헤겔과 콜링우드의 철학적 관점으로부터 유리되어 있는 것처럼, 대부분의 학문적 역사와 사회학은 ── 루이스 네이미어Lewis Namier 또는 리처드 호프스태터Richard Hofstadter와 같은 사람들의 역사, 그리고 로버트 머튼Robert Merton 또는 S. M. 립셋S. M. Lipset과 같은 사람들의 사회학 ── 요컨대 헤겔과 콜링우드의 역사적 관점으로부터 멀리 떨어져 있다.

첫 번째 가설을 전개하면서 내가 모든 가능한 논증적 지원으로부터 단계적으로 스스로를 고립시키고 있다는 생각이 들지도 모른다. 그렇지만 이는 가설 자체에 의해 요청되고 있는 것이 아닌가? 만약 가설이 참이라고 한다면, 그것은 필연적으로 설득력이 없어 보일 것이다. 이 가설을 진술하는 한 가지 방식은 바로 거의 아무도 인지하지 못하며 또 아마 아무도 완전히는 이해할 수 없는 상태에 우리가 처해 있다는 사실을 주장해야 하기 때문이다. 만약 나의 가설이 처음부터 믿을 만한 것으로 보인다면, 그것은 확실히 잘못된 것이었을 것이다. 만약 이 가설을 견지하는 것이 적어도 나를 아주 적대적인 입장으로 몰고 간다고 하더라도, 그것은 예컨대 현대 급진주의의 그것과는 아주 다른 적대적 입장일 것이다. 왜냐하면 현대적 급진주의자는 보수주의자가 그런 것처럼 자신의 입장을 도덕적으로 표현하고 도덕성의 수사학을 독단적으로 사용하는 데 확신에 가득 차 있기 때문이다. 그가 우리 문화에서 비난하는 것이 무엇이든 간에 그것을 비난하기 위해 그가 필요로 하는 도덕적 자원을 이 문화가 여전히 소유하고 있다는 사실을 그는 확신한다. 그 밖의 어떠한 것도 그의 눈에는 아마 무질서하게 보일지 모르지만, 도덕의 언어는 늘 그렇듯 질서 상태에 있다. 그 역시 자신이 사용하는 언어에 의해 기만당할지도 모른다는 사실은 꿈에서조차 생각하지 못할 것이다. 급진주의자, 자유주의자, 보수주의자들 모두가 그런 생각을 하게끔 만드는 것이 바로 이 책의 목표다. 그렇지만 나는 그 생각이 입맛에 맞으리라고는 기대하지 않는다. 왜냐하면 그것이 만약 사실이라면, 우리는 이미 어떤 치유책도 있을 수 없는 파국적 상태에 빠져 있기 때문이다.

그렇지만 이로부터 내릴 수 있는 결론이 절망의 일종일 것이라고 가정하지 마라. 불안은 간헐적으로 유행하는 감정이다. 또 몇몇 실존주의적 텍스트들에 대한 오독은 절망을 일종의 심리적 묘책으로 만들어놓았다. 만약 내가 간주하는 정도로 우리가 정말 나쁜 상태에 빠져 있다면, 염세주의 역시 우리가 이 어려운 시대에서 살아남기 위해 삼가야 할 또 하나의 문화적 사치로 판명될 것이다.

나는 물론 나의 가설이 함축하고 있는 바와 같이, 비록 도덕의 통합적 실체가 광범위하게, 또 부분적으로 파괴되었다고 할지라도 도덕의 언어와 현상은 여전히 존속할 것이라는 점을 부정할 수 없다. 바로 이 점 때문에 현재의 도덕적 태도와 논증에 관해 앞으로 간단하게 행하게 될 나의 언술에는 어떤 모순도 없다. 나는 단지 현시대에 관해 말하면서 현시대의 어휘를 사용하는 호의를 베풀고 있을 뿐이다.

제2장 오늘날 도덕적 불일치의 본질과 정의주의의 주장들

오늘날 도덕적 주장의 가장 현저한 특징은 그것이 대체로 의견의 불일치를 표현하는 데 사용되고 있다는 사실이다. 그리고 이 불일치가 표현되는 논의들에서 가장 두드러지는 특징은 그것이 지리하게 계속되고 있다는 점이다. 내가 이로써 말하고자 하는 것은 그 논쟁이 계속해서 진행되고 있다는 점만이 아니라 이 논쟁들이 목적지를 찾지 못하고 있다는 사실이다. 우리 문화에는 도덕적 일치를 보장할 수 있는 어떤 합리적 방법도 없는 것처럼 보인다. 바로 이와 같은 점을 잘 드러내는 현재 도덕적 논의의 세 가지 예를 잘 알려져 있는 도덕적 논쟁의 특징을 통해 살펴보기로 하자.

1. (a) 정의로운 전쟁은 성취되어야 할 선이 전쟁을 치름으로써 얻게 될 악을 능가하고, 생명이 위태로운 전투원과 무구한 비전투원을 명확하게 구별하는 것이 가능한 전쟁이다. 그러나 현대전에서 우리는 미래의 확전을 결코 믿을 만하게 예측할 수 없으며, 전투원과 비전투원의 구별의 실천적 적용도 불가능하다. 그러므로 어떤 현대전도 정의로운 전쟁이 될 수 없는 까닭에 우리 모두는 평화주의자가 되어야 할 의무를 지닌다.

(b) 평화를 소망한다면 전쟁에 대비하라. 평화를 성취할 수 있는 유일한 방법은 잠재적인 침략자를 저지하는 것이다. 그러므로 당신은 군비를 확립해야 하며, 어떤 규모라도 전쟁의 수행을 정책적으로 배제하지 않는다는 점을 분명히 해야 한다. **이 점을** 분명히 한다는 것은 제한된 전쟁을 치를 준비뿐만 아니라 어떤 경우에는 위험한 핵전쟁의 경계선까지 다가가 그를 넘어설 준비도 되어 있어야 한다는 점을 필연적으로 포함한다. 그렇지 않으면 당신은 전쟁을 피할 수 없으며, **그리고** 당신은 패하게 될 것이다.

(c) 대국들 사이의 전쟁들만이 파괴적이다. 그러나 억압된 집단들, 특히 제3세계의 억압된 집단들을 해방하기 위해 수행하는 전쟁은 인류와 행복을 가로막는 착취의 지배를 파괴하기 위해서 필요한 까닭에 정당화된 수단이다.

2. (a) 누구나 자기 자신의 신체를 포함해 자신의 인격에 대한 특정한 권리를 가지고 있다. 이와 같은 권리의 본성으로부터 추론되는 것은, 태아가 본질적으로 엄마 신체의 한 부분인 단계에서 태아에 대한 권리를 갖고 있는 엄마는 낙태를 할 것인가 하지 않을 것인가 하는 문제에 대한 결정을 자유롭게 할 수 있다는 사실이다.

(b) 엄마가 나를 임신했을 때, 태아가 죽었거나 심각하게 훼손된 경우를 제외하고는, 나는 엄마가 낙태했기를 바랄 수 없다. 나의 경우에 이를 바랄 수 없다면, 내가 어떻게 나 자신을 위해 요청하는 삶의 권리를 일관성 있게 다른 사람에게 부정할 수 있겠는가? 엄마가 일반적으로 낙태의 권리를 가지고 있다는 점을 내가 만약 부정하지 않는다면, 나는 이른바 황금률을 깨야 할 것이다. 물론 그렇다고 해서 나는 낙태가 법적으로 금지되어야 한다는 의견에 묶이지는 않는다.

(c) 살인은 나쁘다. 살인은 무구한 생명을 빼앗는 것이다. 태아는 정체성을 확인할 수 있는 개체다. 그것은 갓 태어난 영아와는 달리 성인의 능력에 이르는 긴 여정에서 초기의 단계에 처해 있을 뿐이다. 모든 생명이 무구하다면, 태아의 생명도 무구하다. 유아 살해가 살인이라면, 낙태도 살인이다. 그러므로 낙태는 도덕적으로 악할 뿐만 아니라 법적으로도 금지되어야 한다.

3. (a) 정의는 가능하다면 모든 시민이 자신의 재능과 잠재력을 개발할 수 있는 동등한 기회를 향유해야 한다고 요청한다. 그런데 그와 같이 동등한 기회를 마련하기 위한 필요조건은 의료 서비스와 교육에 대한 동등한 기회를 포함한다. 그러므로 정의는 건강과 교육 서비스에 대한 ── 그 재정이 세금에서 마련되는 ── 정부의 지원을 요청한다. 따라서 정의는 어떤 시민도 그와 같은 서비스의 부당한 몫을 받아서는 안 된다고 요청한다. 이 정의가 다음으로 요청하는 것은 사립 학교와 사립 의료원의 폐지다.

(b) 모든 사람은 자신이 원하는 책무만을 이행하고, 자신이 원하는 계약만을 자유롭게 체결하고, 스스로 자유롭게 선택할 수 있는 권리를 가진다. 그러므로 내과의사는 자신이 원하는 조건으로 진료 행위를 할 자유가 있으며, 환자는 내과의사들 중에서 선택할 자유가 있다. 선생들은 자신들이 선택한 조건으로 가르칠 자유가 있으며, 학생과 학부모는 자신들이 교육받기를 원하는 곳으로 갈 자유가 있다. 그러므로 자유는 사립 병원과 사립 교육기관의 존립을 요청할 뿐만 아니라 대학, 의과대학, 미국의학협회AMA., 국가와 같은 단체들이 허가와 통제를 통해 사립 기관에 강요하는 여러 제약을 폐지할 것을 요청한다.

이 논증들은 우리 사회에 광범위하게 영향을 미치는 것으로 인정되는 것들이다. 물론 이 논증들은 각각 자신들의 입장을 분명하게 대변하는 전문가들을 가지고 있다. 허먼 칸Herman Kahn과 로마 교황, 체 게바라Che Guevara와 밀턴 프리드먼Milton Friedman은 다양한 형태로 이 논증들을 제시한 사람들에 속한다. 그러나 그것들은 신문의 사설, 고등학교의 토론 시간, 라디오의 토크쇼, 하원 의원에게 보내는 편지, 술집, 병영, 중역 회의실에서도 나타난다. 이 논증들을 여기서 중요한 사례로 만드는 것은 바로 이들이 가지고 있는 전형성이다. 이 논쟁과 불일치는 어떤 현저한 특징들을 공유하고 있는가?

그 특징은 세 가지다. 첫째는 내가, 과학철학의 표현을 응용해 표현하자면, 세 논쟁들에서 각각 서로 대립적인 논증들의 개념적 불가공약성이라고 명명하고자 하는 것이다. 모든 논증은 논리적으로 타당하거나 그것이 설득력을 가질 수 있도록 어렵지 않게 전개될 수 있다. 결론들은 실제로 전제로부터 추론된다. 그러나 대립적 전제조건들은 우리가 행한 주장을 다른 주장과 서로 견주어 비교할 수 있는 어떤 합리적 방법도 소유하고 있지 못한 것들이다. 왜냐하면 각각의 전제는 다른 전제들과 전혀 다른 규범적·가치평가적 개념을 사용하는 까닭에 우리에게 제시된 주장들은 전혀 다른 종류의 것들을 요구하기 때문이다. 예를 들면, 첫째 논증에서 정의와 무구를 호소하는 전제들은 성공과 생존을 호소하는 전제들과 불화의 관계에 있다. 둘째 논증에서 권리를 주장하는 전제들은 보편화 가능성을 호소하는 전제들과 일치하지 않는다. 셋째 논증에서 자유의 주장과 대항하는 것은 바로 평등의 주장이다. 도덕적 논증이 우리에게 지리하게 계속될 수밖에 없는 것으로 보이는 까닭은 이 주장들 중 하나를 결정할 수 있는 방법이 우리 사회에 정착되어 있지 않기 때문이다. 우리는 서로 대립하는 결론을 다시 상호 경쟁적인 전제조건으로 환원시켜 논증할 수 있다. 그러나 우리가 전제조건에 도달하게 되면 논증은 중단되고, 다른 전제를 배척하고 특정한 전제를 제시하는 것은 단순히 주장과 반대 주장의 문제가 되어버린다. 아마 그렇기 때문에 그처럼 많은 도덕적 논쟁에서 날카로운 소리가 울리는지 모른다.

그런데 이 불협화음에는 다른 원인이 있는지도 모른다. 우리가 그토록 빨리 주장과 반대 주장의 상태에 빠지게 되는 것은 다른 사람들과의 논증에서만은 아니다. 우리가 우리 자신과 행하는 논증들에서도 역시 그렇다. 어떤 행위자가 공공 토론의 장에 참여할 때마다 그는 아마 명시적으로 또는 암묵적으로 문제되고 있는 사안에 관한 자신의 입장을 이미 정했을 것이다. 우리가 분명한 기준과 반대자를 납득시킬 수 있는 설득력 있는 근거를 아직 가지고 있지 않다면, 마음을 결정하는 과정에서 우리는 그와 같은 기준과 이유에 호소할 수 없었을 것이다. 내가 당신에게 어떤 타당한 근거도 제시할 수 없다면, 나는 어떤 근거도 가지지 않은 것으로 보일 것이다. 그러므로 내 입장의 정당화 과정에는 어떤 비합리적 결정이 작용하고 있음에 틀림없다는 생각이 든다. 우리를 동요시키는 사적 자의성의 현상은 이렇게 끊임없이 계속되는 공적 논쟁의 무한성과 상응한다. 그러므로 우리가 스스로를 방어하며 큰소리를 내는 것이 그렇게 놀라운 일은 아니다.

이 논증들의 두 번째 특징은 그런데도 이 논증들이 비인격적 합리적 논증으로 내세워지고, 대개는 비인격적 논증에 적합한 양식으로 제시된다는 점이다. 이 양식은 도대체 어떤 것인가? 어떤 사람으로부터 특정한 행위를 유도하는 명령에 대한 근거를 제시할 수 있는 두 가지 상이한 방법을 생각해보자. 첫째 경우에 나는 "이러저러하게 행위하시오"라고 말한다. 지시받은 사람은 "왜 내가 이러저러하게 행위해야 합니까" 하고 대답한다. 나는 "내가 그것을 원하기 때문에"라고 대답한다. 여기서 나는 당사자에게 내가 명령하거나 부탁한 것을 행해야 할 이유를 제시하지 않았다. 물론 그는 나의 요구에 응해야 할 특별한 이유가 있을 수 있다. 만약 내가 경찰 또는 군대에서 당신의 상관이라면, 또는 다른 방식으로 당신에게 권력과 권위를 가지고 있다면, 또는 당신이 나를 사랑하거나 두려워하거나 또는 내게서 무엇인가를 원한다면, 나는 "내가 그것을 원하기 때문에"라고 말함으로써 충분치는 않다고 할지라도 당신에게 그렇게 해야 할 이유를 실제로 밝힌 셈이다. 이 경우에 나의 발언이 당신에게 이유를 밝혔는가 아닌가는 듣는 순간 또는 다른 방식으로 알게 되는 순간에 그 발언이 지닌 특정한 특징들에 의존한다는 점에 주목하자. 명령이 가지는 근거-제시의 힘은 이런 방식으로 발언의 개인적 콘텍스트에 의존한다.

이에 반해 (누군가가 "이러저러하게 행위하여라"라고 말한 뒤) "나는 왜 이러저러하게 행위해야만 하는가?"라는 물음에 대해 "내가 그것을 원하기 때문에"가 아니라 "그것이 몇몇 사람들에게 기쁨을 줄 것이기 때문에" 또는 "그것이 너의 의무이기 때문에"라고 대답하는 경우를 대조해보자. 이 경우에 행위 근거는, 누가 그것을 말하든 간에 관계없이 또는 설령 그것이 언급되지 않는다고 할지라도, 문제되고 있는 행위를 수행할 좋은 근거든지 아니든지 둘 중 하나다. 더욱이 이 호소는 화자와 청자 사이의 관계를 고려하지 않는다. 이 호소의 사용은 비인격적 기준의 실존을 전제한다. 이것은 호불호 도덕적 태도와는 관계가 없는, 정의, 관대, 의무와 같은 기준들을 말한다. 발언의 콘텍스트와 근거를 제시해야 하는 강제성 사이의 특별한 관계가 ── 이 관계는 개인의 선호와 욕망을 표현하는 경우에는 항상 존립한다 ── 도덕적 또는 다른 종류의 가치평가적 발언의 경우에는 끊어진다.

오늘날의 도덕적 발언과 논증이 갖고 있는 이 둘째 특성은, 우리가 이를 첫째 특성과 결합시키면, 현재의 도덕적 불일치에 일종의 모순적 색깔을 제공한다. 왜냐하면 우리가 만약 첫째 특성을 견지하면, 즉 첫눈에는 논증처럼 보이던 것이 순식간에 명백한 불일치로 판명되는 방식을 견지하면, 그와 같이 상이한 의견 차이에서 문제되는 것은 다름 아닌 대립적 의지의 충돌이며, 모든 의지는 각각 일련의 자의적 선택 가능성들에 의해 규정된다는 결론을 내릴 수도 있기 때문이다. 그러나 둘째 특성, 즉 우리 언어에서 이른바 객관적 기준에 호소한다고 알려져 있는 것을 구현하는 분명한 기능을 가진 표현들의 사용은 다른 것을 생각하게 만든다. 왜냐하면 논증처럼 보이는 표면적 현상이 비록 하나의 가면에 지나지 않는다고 할지라도, "왜 이 가면인가?"라는 물음은 남기 때문이다. 도덕적 갈등에 관여하는 사람들이 거의 보편적으로 사용하는 합리적 논증에서 그렇게 중요한 것은 과연 무엇인가? 이것은 우리 문화에서의 도덕적 논증의 실천이 적어도 이 삶의 영역에서 합리적이거나 또는 합리적이고자 하는 열망을 표현한다는 점을 시사하는 것은 아닌가?

현재의 도덕적 논의에서 두드러지는 셋째 특성은 처음의 두 특성과 밀접하게 연관되어 있다. 이 논의의 과정에서 전개되는 경쟁적 논증들의 개념적으로 불가공약적인 상이한 전제조건들이 다양한 역사적 기원을 가지고 있다는 것은 쉽게 인식될 수 있다. 처음의 예에서 등장하는 첫째 논증의 정의 개념은 덕에 관한 아리스토텔레스의 고찰을 기원으로 하고 있으며, 둘째 논증의 이념사적 계보는 비스마르크Otto von Bismarck와 클라우제비츠Karl von Clausewitz로부터 마키아벨리Niccolò Machiavelli로까지 거슬러 올라간다. 셋째 논증에서의 해방 개념의 이념적 뿌리는 마르크스에게는 얕게, 피히테J. G. Fichte에게는 깊게 뻗어 있다. 두 번째 논의에서 로크John Locke를 선구자로 하는 법의 개념은 분명히 칸트적인 보편화 가능성의 관점과 토마스적인 도덕법의 호소와 대립한다. 세 번째 논의에서는 토머스 그린Tomas Green과 루소Jean Jacques Rousseau에게 빚지고 있는 논증이 애덤 스미스Adam Smith를 시조로 하는 논증과 경합한다. 이 위대한 이름들의 목록은 많은 것을 말해주지만, 두 가지 방식에서 혼란을 일으킬 수 있다. 개인의 이름을 인용하는 것은 경우에 따라서 우리가 이 사상들의 역사와 기원에 내재하는 복잡성을 과소평가하도록 오도한다. 그리고 그것은 또한 우리가 인간 문화를 —— 철학자와 이론가들은 이 문화의 신념들을 오직 단편적·선택적으로만 표현할 뿐이다 —— 구성하는 이론과 실천의 복잡한 집합 속에서가 아니라 오직 철학자와 이론가들의 저서 속에서만 이 역사와 기원을 찾도록 할 수도 있다. 다른 한편으로, 이 이름들의 목록은 우리가 계승한 도덕적 원천의 다양성이 얼마나 폭넓고 상이한가를 잘 보여준다. 우리 문화의 피상적이고 수사학적인 언어는 이와 관련해 도덕 다원주의를 흡족한 표정으로 말하지만, 다원주의 개념은 너무나 애매하다. 왜냐하면 다원주의는 교차하는 관점들의 질서 있는 대화를 서술할 수도 있고, 잘 분류되지 않은 단편들의 조화롭지 못한 혼합을 말할 수도 있기 때문이다. 우리가 수

습해야 할 문제가 아마 후자일 것이라는 추측은 —— 현재로서는 오직 추측일 수밖에 없다 —— 우리의 도덕적 담론을 이루는 상이한 모든 개념이 본래 이론과 실천의 보다 커다란 총체적 상관관계에 바탕을 두고 있으며, 그 속에서 나름의 역할과 기능을 하지만, 이제는 이 콘텍스트들이 박탈되었다는 인식을 통해 증대된다. 그 밖에도 우리가 사용하는 개념들은 적어도 몇몇의 경우에는 지난 300년 동안 그 본질이 변화되었다. 우리가 사용하는 가치평가적 표현들의 의미도 변화되었다. '덕', '정의', '경건', '의무' 그리고 무엇 무엇을 해야 한다는 '당위'마저도 그들이 본래 탄생했던 콘텍스트로부터 오늘날의 문화로 수용되는 과정에서 예전과는 다른 것이 되어버렸다. 우리는 이 변동의 역사를 어떻게 기술해야만 하는가?

이 물음에 답하려고 시도하면, 현재의 도덕적 논의의 특징들과 내가 출발했던 가설들 사이의 상관관계는 분명해진다. 왜냐하면 도덕의 언어가 질서의 상태에서 무질서의 상태로 전환했다는 나의 가정이 옳다면, 이 전환은 확실히 그와 같은 의미의 변화 속에 반영될 뿐만 아니라, 이와 같은 변화가 부분적으로는 실제로 앞의 전환을 구성하기 때문이다. 더욱이 내가 여기서 확인한 도덕적 논증의 특징들, 무엇보다도 특히 우리가 도덕적 논증을 동시에 그리고 일관성 없게 우리의 합리적 능력의 실행으로도 다루고, 단순한 표현적 주장으로도 다룬다는 사실이 만약 도덕적 무질서의 징후들이라면, 우리는 초기 단계에서는 전혀 다른 종류의 도덕적 논증을 보여주는 하나의 진정한 역사를 구성할 수 있어야 한다. 과연 우리는 그럴 수 있는가?

이 작업에서 우리가 부딪히는 장애들 중 하나는 현대의 철학자들이 이 주제에 관한 저서뿐만 아니라 교육에서도 도덕철학을 고집스럽게 비역사적으로 다룬다는 점이다. 우리 모두는 여전히 너무나 자주 과거의 도덕철학자들을 비교적 똑같은 주제를 가진 단일 논제에 대한 기여자로 생각한다. 우리는 플라톤, 데이비드 흄David Hume과 존 스튜어트 밀John Stuart Mill을 서로에게뿐만 아니라 우리 자신에게도 동시대인인 것처럼 다루는 것이다. 이것은 이 작가들이 살았으며 사유했던 문화적·사회적 환경으로부터 그들을 분리하고 추상화하는 결과를 초래한다. 따라서 그들 사상의 역사는 그릇되게도 나머지 문화로부터의 독립성을 획득한다. 칸트는 프러시아 역사의 한 부분이기를 그만두며, 흄은 더 이상 스코틀랜드인이 아니다. 왜냐하면 우리가 생각하고 있는 것과 같은 도덕적 관점에 따르면 이러한 특징들은 그다지 중요한 것이 아니기 때문이다. 경험적 역사와 철학은 전혀 별개의 것이다. 그러나 **우리가** 관습적으로 행하는 방식대로 학문 분과들의 구분을 이해하는 것이 과연 옳은 것인가? 도덕적 담론의 역사와 학문 교과의 역사 사이의 관계가 다시 한번 가능한 것처럼 보인다.

그러나 사람들은 이 점에서 즉각 내가 말한 것에 대해 반격할지도 모른다. "당신은 계속해서 가능성들, 추측들, 가설들에 관해 말하고 있습니다. 당신은 당신이 넌지시 시사하고 있는 것이 궁극적으로 비개연적으로 보일 수 있다는 점을 용인하고 있습니다. 적어도 이 점에서는 당신이 옳습니다. 왜냐하면 이와 같이 역사에 관한 추측들로 도피하는 것은 불필요하기 때문입니다. 당신이 문제를 서술하고 있는 방식은 오해를 불러일으킵니다. 오늘날의 도덕적 논증은 합리적으로 끝없이 계속되는데, 그것은 모든 도덕적, 즉 가치평가적 논증이 합리적으로 끝없이 계속되고 항상 계속되어야만 하기 때문입니다.

특별한 종류의 도덕적 불일치는 오늘날 해결될 수 없습니다. 왜냐하면 이런 종류의 도덕적 불일치는 과거든 현재든 미래든, 시대를 막론하고 해결될 수 없기 때문입니다. 당신이 지금 우리 문화의 우연적 특성으로서 제시하고 있는 것은 ―― 이것은 특별한, 아마 역사적인 설명을 필요로 할 것입니다 ―― 가치평가적 담론을 소유하고 있는 모든 문화의 필연적 특성입니다." 이것은 이 논증의 초기 단계에서 피할 수 없는 반박이다. 우리는 이 반박을 과연 물리칠 수 있는가?

이 도전으로 말미암아 우리가 특별히 마주치게 되는 하나의 철학 이론은 정의주의다. 정의주의는 모든 가치평가적 판단, 더 정확히 말해 모든 도덕적 판단은 선호의 표현들, 태도 및 감정의 표현들과 ―― 이들이 본질상 도덕적 또는 가치평가적인 한에서 ――**다를 바 없다**는 학설이다. 몇몇 특별한 판단들은 물론 자체 내에 도덕적 요소와 사실적 요소들을 결합시킬 수 있다. "방화는 재산을 파괴하기 때문에 옳지 못하다"는 판단명제는 "방화는 재산을 파괴한다"는 사실적 판단과 "방화는 옳지 못하다"는 도덕적 판단을 결합시킨다. 그러나 이와 같은 판단에서 도덕적 요소는 항상 사실적 요소로부터 엄격하게 분리될 수 있다. 사실적 판단들은 참이거나 거짓이다. 그리고 사실의 영역에는 무엇이 참이고 무엇이 거짓인가에 관해 우리가 의견의 일치를 볼 수 있도록 도와주는 합리적 기준이 있다. 그러나 태도 및 감정의 표현들인 도덕적 판단들은 참도 아니고 거짓도 아니다. 도덕적 판단에서 일치는 합리적 방법에 의해 보장되지 않는다. 왜냐하면 그와 같은 합리적 방법이 이 영역에는 존재하지 않기 때문이다. 만약 일치라는 것이 가능하다면, 그것은 서로 다른 의견을 갖고 있는 사람들의 감정 및 태도에 특정한 비합리적 영향을 행사함으로써만 보장될 수 있을 뿐이다. 우리는 자신의 감정과 태도를 표현하기 위해서뿐만 아니라 다른 사람에게서도 그와 같은 효과를 산출하기 위해 도덕적 판단을 사용하는 것이다.

그러므로 정의주의는 **모든** 가치 판단을 설명하고자 하는 이론이다. 만약 그것이 **옳다면**, **모든** 도덕적 불일치가 합리적으로 끝없이 계속된다는 것은 의심의 여지가 없다. 만약 그것이 참이라면, 내가 앞에서 주의를 집중시킨 현재의 도덕적 논의의 몇 가지 특성들은 특별히 현대적이라고 할 수 없는 것이다. 그러나 이 이론이 정말 옳은가?

정의주의를 대변하는 특별히 뛰어난 이론가들은 이제까지 정의주의를 도덕적 판단에 사용되는 명제의 의미에 관한 이론으로 제시했다. 이 이론의 유일하게 의미 있는 대변인인 C. L. 스티븐슨C. L. Stevenson은 "이것은 좋다"라는 명제가 "나는 이것을 인정한다. 그러니 너도 마찬가지로 그렇게 하여라"와 같은 의미를 가진다고 설명했다. 그는 이와 같은 등식을 통해 화자의 태도를 표현하는 도덕적 판단의 기능뿐만 아니라 청자의 태도에 영향을 주려는 도덕적 판단의 기능을 동시에 포착하려고 시도했다.(Stevenson 1945, 제2장) 다른 정의주의자들은 "이것은 좋다"라는 명제가 "이것 만세!"와 거의 같은 뜻이라고 주장한다. 그러나 특정한 유형의 명제의 의미에 관한 이론인 정의주의는 적어도 세 가지 상이한 이유에서 실패한다.

그 첫 번째 이유는 만약 이 이론이 특정한 유형의 명제의 의미를, 어떤 명제가 발언되면 그것을 감정 및 태도를 표현하는 기능과 연관시킴으로써 해명해야 한다면, 문제되고 있는 감정 및 태도를 확인하고 규정하는 것이 이 이론의 본질적 부분을 이룬다는 사실이다. 정의주의 이론의 대변인들은 이 문제에 관해 대체로 침묵하고 있는데, 그것이 아마 현명할지도 모른다.

왜냐하면 관련된 감정 및 태도들을 규정하려는 모든 시도는 공허한 순환논리를 벗어날 수 없기 때문이다. "도덕적 판단은 감정 및 태도를 표현한다"고 누군가가 말한다면, 우리는 "어떤 종류의 감정 및 태도들인가?" 하고 묻는다. "승인의 감정 및 태도들이다"라는 대답이 나오면 우리는 "어떤 종류의 승인인가?" 하고 물으면서, 아마 승인은 다양한 종류를 포괄한다고 언급할 것이다. 이 물음에 대한 대답에서 모든 정의주의는 그것이 어떤 종류의 것이든 간에 침묵하거나, 아니면 관련된 승인은 도덕적 승인이라고 확인하는 순환논리에 빠질 것이다. 다시 말해, 그것은 도덕적 판단에 의해 표현되는 종류의 승인이라는 것이다.

우리가 다른 두 가지 반박 이유를 고찰하면, 이 이론이 왜 첫 번째 비판을 받을 수 있는가를 쉽게 이해할 수 있다. 그중 하나는 정의주의가 특정한 유형의 명제의 의미에 관한 이론으로서 처음부터 불가능한 과제에 종사하고 있다는 점이다. 왜냐하면 정의주의는 두 종류의 표현 양식을 ── 우리가 앞에서 살펴본 바와 같이, 우리 언어에서의 그들의 특별한 기능을 본질적으로 그들 사이의 대립과 차이로부터 도출하는 ── 의미 면에서 똑같이 가치 있는 것으로 서술하려고 시도하기 때문이다. 개인적 선호의 표현과 (도덕적인 것을 포함한) 가치평가적 표현들을 구분해야 하는 충분한 이유가 있다는 것을 나는 이미 설명한 바 있다. 첫 번째 종류의 표현 방식이 가질 수 있는 설득력이 누가 누구에게 표현하는가에 달려 있다면, 두 번째 종류의 표현 방식의 설득력은 표현의 콘텍스트에 거의 의존하지 않는다. 이것은 두 그룹의 명제들 사이에는 커다란 의미의 차이가 존립한다는 것을 보여주기에 충분한 것처럼 보인다. 그런데 정의주의는 이들의 의미를 등가화한다. 이것은 단순한 오류가 아니다. 이것은 설명되어야 하는 오류다. 우리가 어디에서 이 설명을 찾아야 하는가에 관한 암시는 의미이론으로서 파악된 정의주의 이론의 세 번째 결함에서 발견된다.

정의주의는 우리가 앞에서 설명한 바와 같이 명제의 의미에 관한 이론이고자 하는 목적을 갖고 있다. 그러나 감정 및 태도의 표현은 그 특성상 명제의 의미가 나타나는 기능이 아니라 특별한 기회에 그것이 사용되는 기능을 가진다. 길버트 라일Gilbert Ryle의 예를 사용하자면, 화난 선생은 산수 셈을 잘못한 학생에게 "7 곱하기 7은 49야"라고 소리침으로써 자신의 감정을 발산할지도 모른다. 그러나 감정 및 태도를 표현하기 위한 이 문장의 사용은 이 문장의 의미와 아무런 상관이 없다. 이것은 우리가 정의주의 이론을 반박하기 위해 이 이의에 단순히 의존할 필요가 없다는 것을 분명히 해준다. 우리는 오히려 그것이, 고틀로프 프레게Gottlob Frege가 '뜻sense'과 '의미reference'로서 파악한, 표현들의 의미meaning에 관한 이론으로서보다는 다른 유형의 표현들의 —— 목적 또는 기능으로 이해된 —— 사용에 관한 이론으로서 제시될 수 있는지를 고찰해야 한다.

이제까지의 논증이 보여준 것은 물론, 누군가가 "이것은 옳다" 또는 "이것은 좋다"와 같은 도덕적 판단을 표현하면 그것이 결코 정의주의 이론가들이 주장하는 의미 등가화에 따라 "나는 이것을 인정한다. 그러니 너도 마찬가지로 그렇게 하여라" 또는 "이것 만세!"를 의미하지는 않는다는 사실이다. 그러나 그와 같은 문장들의 의미가 정의주의 이론가들이 설명하는 것과는 전혀 다르다고 할지라도, 그것들이 무엇을 의미하든 간에 무엇인가를 말하기 위해 이 문장들을 사용함으로써 행위자가 실제로 행하는 것은 자신의 감정 및 태도를 표현하는 것이며, 또 그렇게 함으로써 다른 사람들의 감정 및 태도에 영향을 주고자 하는 것이라는 사실이 적절한 논거를 통해 설득력 있게 주장될 수 있다. 이렇게 해석된 정의주의 이론이 만약 옳다면, 도덕적 표현의 의미와 사용은 서로 통합될 수 없을 정도로 상호 모순적이거나, 적어도 어긋나게 되었다는 결론이 도출될 수 있다. 의미와 사용은 아마, 의미가 사용을 은폐하는 경향이 있을 정도로 서로 대립적일 것이다. 누군가가 도덕적 판단을 표현한다면, 우리는 그가 무엇을 행할 것인지를 그가 말하는 것을 단순히 듣기만 해서는 확실히 예견할 수 없을 것이다. 게다가 행위자는 사용을 의미를 통해 은폐하는 사람들에 속할 수도 있을 것이다. 그가 실제로는 다른 사람들을 조작하는 방식으로 자신의 감정을 표현하고 있음에도 불구하고 자신이 독립적이고 비인격적인 기준에 호소하고 있다고 확신할 수 있는 것은 바로 그가 사용하는 낱말들의 의미를 의식하고 있기 때문이다. 어떻게 이런 현상이 일어날 수 있는가?

정의주의의 적용 영역의 보편성에 관한 이 이론의 주장을 잠시 제쳐두고, 그 대신 정의주의를 특정한 역사적 상황에서 발생한 이론으로 고찰해보자. 18세기에 흄은 자신의 포괄적 도덕 이론의 거대하고 복잡한 체계 속에 정의주의적 요소들을 편입시켰다. 그러나 정의주의가 하나의 독자적 이론으로 전개될 수 있었던 것은 우리 세기에 들어와서부터다. 그것은 1903년에서 1939년 사이에 특히 영국에서 번성했던 이론들에 대한 응답이었다. 따라서 우리는 정의주의가 하나의 이론으로서 다음의 두 가지가 아닌가를 검토해야 한다. 즉 그것은 앞에서 언급한 응답이며, 일차적으로 도덕 언어 자체에 관한 설명이 **아니라**, 1903년 이후 영국에서의 도덕 언어에 관한 설명이 아닌 가를 물어야 한다. 이 언어가 당시의 이론적 체계에 따라 해석되었을 때, 정의주의는 주로 이 이론체계를 반박하고자 했다. 이 문제의 이론은 19세기 초부터 '직관주의'라는 이름을 빌려왔으며, 이 이론의 직접적인 선구자는 G. E. 무어G. E. Moore였다.

"나는 성 미카엘 축일(9월 29일)에 케임브리지로 갔다. 그곳에서의 첫해가 끝나갈 무렵 무어의《윤리학 원리*Principia Ethica*》가 출간되었다. (…) 그것은 감동적이고 고무적이었으며, 르네상스의 시작, 새로운 지상에서의 새로운 천국의 개시였다." 존 메이너드 케인스John Maynard Keynes는 이렇게 적고 있다.(Rosenbaum 1975, 52) 리턴 스트레이치Lytton Strachey, 데스몬드 매카시Desmond Maccarthy, 그리고 훗날 1908년《윤리학 원리》를 한 쪽 한 쪽 논의하면서 이와 투쟁한 버지니아 울프Virginia Woolf, 그리고 일련의 케임브리지와 런던의 친구와 친지들은 모두 이와 같은 투의 수사학으로 무어에 관해 쓰고 있다. 새로운 하늘을 열어놓은 것은 수백 년 동안 풀지 못했던 윤리학의 문제를 드디어 해결했다는 1903년 무어의 선언이었다.

다시 말해, 그는 윤리학이 대답해야 할 과제인 물음들의 정확한 본질을 세밀하게 다룬 최초의 철학자였다. 그가 이 물음들의 정확한 본질에 주목함으로써 발견했다고 믿은 것은 다음의 세 가지다.

첫째, '좋다'는 하나의 정의될 수 없는 단순한 특성에 대한 명칭이다. 즉 '유쾌하다' 또는 '진화론적 생존에 기여한다'는 것으로 명명될수 있거나, 또는 다른 종류의 자연적 특성과는 구별되는 특성에 대한명칭이다. 그러므로 무어는 선을 비자연적 특성으로서 말한다. 이것 또는 저것을 좋다고 천명하는 명제를 무어는 '직관들'이라고 부른다.

그것들은 긍정할 수도 부정할 수도 없으며, 그것에 유리하게 또는 불리하게 무엇이 제시될 수 있든 간에 그것들은 증명도 아니고 정당화도 아니다. 무어가 비록 우리의 표상 능력과 비교될 수 있는 직관 능력을 연상시킬 수 있는 직관이라는 낱말의 사용을 거부한다고 할지라도, 그는 특성으로서의 '좋다'를 특성으로서의 '노랗다'와 비교함으로써 특정한 사태가 —— 평범한 시각적 지각의 아주 단순한 판단들과 마찬가지로 —— '좋다' 또는 '좋지 않다'고 판단할 수 있음을 보여준다.

둘째, 무어는 어떤 행위를 옳다고 명명하는 것은 그것이 여러 가능한 행위들 가운데서 실천적으로 가장 많은 선을 산출했거나 산출하는 행위라고 말하는 것이라고 생각한다. 그러므로 무어는 공리주의자다. 모든 행위는 오직 다른 행위 과정의 결과와 비교될 수 있는 결과에 의해서만 평가되어야 한다. 그리고 다른 몇몇 공리주의 이론들에서처럼 어떤 행위도 그 자체로서 옳거나 그르지 않다는 결론이 도출된다. 그것이 무엇이든 간에 모든 것은 특정한 상황에서 허용될 수 있는 것이다.

셋째,《윤리학 원리》의 마지막 장인 제6장에서 "개인적 애착과 심미적 쾌락은 우리가 상상할 수 있는 최대의 선을 포함하고 있다"는 사실이 판명된다. 이것은 "도덕철학의 궁극적·기초적 진리다." 친구 관계를 맺고, 자연 및 예술에서 아름다운 것을 관조하는 것은 곧 모든 인간행위 중에서 유일하고, 아마 유일하게 정당화될 수 있는 목표가 된다.

우리는 여기서 무어의 도덕 이론에 관한 두 가지 결정적 사실을 언급해야만 한다. 하나는 그의 세 핵심적 입장들이 논리적으로 서로 독립되어 있다는 사실이다. 우리가 만약 세 가지 중 하나를 긍정하고 다른 두 가지를 부정한다고 하더라도, 일관성에는 아무런 단절도 없을 것이다. 우리는 공리주의자이지 않고도 직관주의자일 수 있다. 대부분의 영국 직관주의자들은 '선'뿐만 아니라 '정당함'이라는 비자연적 특성이 있다는 견해를 가졌고, 어떤 유형의 행위를 '정당하다'고 지각하는 것은 우리가 적어도 그 결과와는 상관없이 이런 종류의 행위를 행해야 할 명백한 의무를 가진다는 사실의 인식과 다를 바 없다고 생각했다. 공리주의자들은 마찬가지로 반드시 직관주의에 묶여 있을 필요가 없다. 그리고 공리주의자들과 직관주의자들은 모두 무어의 제6장에 서술된 가치들에 반드시 묶여 있을 필요가 없다. 다른 하나의 결정적 사실은 되돌아보면 쉽게 인식될 수 있다. 무어가 말하고 있는 것의 첫째 부분은 완전히 틀리며, 둘째와 셋째 부분은 많은 이론의 여지가 있다. 오늘날 분명히 드러나고 있는 것처럼, 무어의 논증들은 때때로 명백한 결함을 갖고 있으며 —— 그는 예를 들면 '좋다'는 것이 정의될 수 없다는 사실을 증명하고자 시도하면서 '정의定義' 개념에 관한 형편없는 사전적 정의를 끌어낸다 —— 상당히 많은 것들은 증명되었다기보다는 단순히 주장되고 있다. 케인스가 "르네상스의 시작"이라고 찬탄해 마지않은 것, 리턴 스트레이치가 아리스토텔레스와 그리스도로부터 시작해 허버트 스펜서Herbert Spencer와 F. H. 브래들리F. H. Bradley에 이르기까지 "윤리에 관해 쓰인 모든 것을 산산이 부숴버렸다고" 생각한 것, 그리고 "여호와, 그리스도, 바울, 플라톤, 칸트와 헤겔이 우리를 얽혀들게 만든 종교적·철학적 악몽, 오류, 환상들을 건전한 상식의 신선한 공기와 순수한 빛으로 대체했다"고 레너드 울프Leonard Woolf가 서술한 것은(Gadd 1974) 모두 우리의 관점에서는 잘못된, 형편없이 논증된 입장이다.

 이것은 물론 대단히 순진한 생각이다. 그러나 그것은 지극히 지성적이고 예리한 사람들의 위대한 순진함이다. 그렇기 때문에 우리는 왜 그들이 무어의 소박하고 자기만족적인 계시론을 받아들였는가에 관한 단서를 발견할 수 있는가 하고 물을 필요가 있다. 하나는 저절로 생각될 수 있다. 그것은, 무어의 제6장에 서술된 가치들을 이미 수용해 블룸즈버리Bloomsbury 그룹[런던의 한 지구로서 작가, 학자들이 많이 살고 있어서 문학과 학문의 지구로 알려져 있다]을 형성할 집단의 사람들은 이 가치들을 단순히 자신들의 개인적 선호로 내세울 수 없었다는 사실이다. 그들은 개인적 교제와 아름다움을 제외하고는 모든 주장을 거부할 수 있는 객관적이고 비인격적인 정당화의 근거를 발견할 필요를 느꼈다. 그들은 특별히 무엇을 거부했는가? 그들이 거부한 것은 본래 플라톤 또는 바울의 교리, 또는 울프 및 스트레이치의 해방 목록에 들어 있는 다른 위대한 이름들이 아니라, 19세기 후기 문화의 상징이 되었던 이름들이다. 헨리 시지윅Henry Sidgwick과 레슬리 스티븐Leslie Stephen은 스펜서와 브래들리와 마찬가지로 삭제되었다. 과거 전체는 하나의 짐으로 여겨졌으며, 무어는 그들이 이 짐을 벗어버리는 데 도움을 주었던 것이다. 19세기 말의 문화 중에서 무엇이 그들이 도피하고 싶은 짐으로 느껴졌던 것인가? 이것은 우리가 대답을 연기해야 할 물음이다. 왜냐하면 우리는 논증이 진행되는 과정에서 이 물음을 여러 번 제기할 것이며, 이 물음에 답할 수 있는 준비가 나중에 더 잘되어 있을 것이기 때문이다. 그러나 우리는 이와 같은 거부의 주제가 울프, 리턴 스트레이치, 로저 프라이Roger Fry의 삶과 글쓰기를 상당히 지배했다는 사실을 주지할 필요가 있다. 케인스는 벤담적 공리주의와 기독교의 거부를 강조했을 뿐만 아니라 가치 있는 목적으로 파악된 사회적 행위를 위한 모든 주장을 거부하도록 요구했다. 그렇다면 도대체 무엇이 남아 있는가?

이에 대한 대답은 '좋다'는 것이 어떻게 사용되는가에 관한 지극히 형편없는 견해만 남는다는 것이다. 케인스는 무어의 추종자들 사이에서 벌어진 논쟁의 핵심적 내용의 예들을 제시하고 있다. "만약 A가 B에 대한 사랑에 빠져 B가 자신의 감정에 응답할 것이라고 믿지만 B가 그러지 않고 C를 사랑한다면, 사태는 —— 만약 A가 옳다면 —— 있을 수 있는 것보다 더 안 좋다. 그러나 만약 A가 자신의 오류를 인지했다면, 실제로 일어난 것보다 무엇이 더 나빠지거나 더 좋아질 수 있겠는가?" 또는 "만약 A가 B를 사랑하지만 B의 성격에 관해 잘못된 생각을 가지고 있다면, 이것은 과연 A가 사랑에 빠지지 않은 것보다 더 좋은 일인가 아니면 더 나쁜 일인가?" 우리는 어떻게 이런 물음에 답할 수 있는가? 우리는 무어의 규범을 정확하게 따름으로써 이 물음에 답할 수 있다는 것이다. 당신은 선의 비자연적 특성의 존립 또는 비존립을 어느 정도 인식하는가, 아니면 당신은 그것을 인식하지 못하는가? 그리고 만약 두 명의 관찰자가 상이한 견해를 갖고 있다면 어떻게 되는가? 케인스에 따르면, 이에 대한 대답은 다음과 같다. 두 명은 서로 다른 주제에 초점을 맞추면서도 이를 인식하지 못하거나, 아니면 한 사람이 다른 사람보다 우월한 지각을 한다. 그러나 케인스가 우리에게 보고하는 바에 의하면, 실제로 일어난 일은 이와는 전혀 다른 것이다. "실천에서는, 의심의 여지가 없는 분명한 확신의 태도로 말하고, 잘못이라는 것은 있을 수 없다는 절대확실성의 어조를 가장 잘 사용할 수 있는 사람들이 승리한다." 그리고 케인스는 계속해서 숨 막힐 정도로 불신하고 고개를 저어대는 무어, 요지부동으로 침묵하는 스트레이치, 어깨를 움츠리는 로우스 디킨슨Lowes Dickinson의 효과를 기술하고 있다.

발언되고 있는 것의 의미와 목적 그리고 이 표현이 기여하는 사용 —— 정의주의에 관한 우리의 새로운 해석은 이에 대해 주의를 환기시킨 바 있다 —— 사이의 간극이 여기서 분명해진다. 이 시대를 예리하게 관찰한 사람은, 그리고 케인스 자신은 아마 회고하면서 다음과 같이 서술했을지도 모른다. "이 사람들은 그들이 '좋다'고 명명하는 비자연적 특성의 존립을 확인한다고 생각하지만, 그와 같은 특성은 결코 존재하지 않는다. 그리고 그들이 실제로 행하는 것은 자신들의 감정과 태도를 표현하고, 선호와 일시적 기분의 표현을 자신들의 발언과 행동의 해석을 통해 위장하는 것에 지나지 않는다. 이러한 행위는 실제로는 결코 객관성을 소유하고 있지 않은 것에 객관성을 부여한다."

예를 들면, 철학자 F. P. 램지F. P. Ramsey(《수학의 정립The Foundation of Mathematics》, 1931의 '후기'), 오스틴 덩컨-존스Austin Duncan-Jones와 C. L. 스티븐슨과 같은 정의주의의 현대적 창시자 중 가장 예리한 이론가들이 모두 무어의 제자들이었다는 사실은 결코 우연이 아니라고 나는 생각한다. 그들이 1903년 이후 케임브리지에서의, 그리고 유사한 유산을 보유한 다른 곳에서의 도덕적 발언을 도덕적 발전 자체로 혼동했으며, 그렇기 때문에 그들이 본질적으로는 전자의 정확한 설명을 후자에 대한 설명으로 내세웠다는 사실을 어렵지 않게 추정할 수 있다. 무어의 추종자들은 무엇이 선인가에 관한 그들의 의견 불일치가 마치 객관적이고 비인격적인 기준에 호소함으로써 제거될 수 있는 것처럼 행동했다. 그러나 실제로는 보다 강하고 심리적으로 더 교묘한 의지가 관철되었다. 정의주의자들이 지각적인 것을 포함한 사실적 의견 불일치와 스티븐슨이 말하는 "태도에서의 불일치"를 예리하게 구분한 것은 놀라운 일이 아니다. 그러나 정의주의의 주장들은 1903년 이후의 케임브리지와 이를 따르는 런던의 계승자들에게는 모든 시대와 장소에서의 도덕적 표현의 의미에 관한 주장들이라기보다는 도덕적 발언의 사용에 관한 주장들로 이해되었다. 만약 이 주장들이 상당히 설득력 있는 것처럼 보인다면, 그것은 첫눈에 정의주의의 보편적 주장들을 파괴하고, 또 그럼으로써 동시에 나의 처음의 가설들에 대한 정의주의의 위협을 파괴하는 것처럼 보이는 이유들 때문이라는 것이 곧 드러난다.

  정의주의가 1903년 이후 케임브리지에서의 특정한 양식의 도덕적 표현에 관한 명제라는 사실을 설득력 있게 만드는 것은 이 역사적 시기에 속한 몇 가지 특징들이다. 자신들의 가치평가적 발언을 통해 이 발언에 관한 무어의 해석을 구현했던 사람들은 자신들이 의도한 것을 무어 명제의 오류로 말미암아 행할 수 없었을 것이다. 아무튼 일반적으로 도덕적 발언에 관해서는 아무것도 추론될 수 없는 것처럼 보인다. 이런 이유에서 정의주의는 경험적 명제, 더 자세하게 말하면 경험적 명제에 관한 예비적 스케치임이 판명된다. 이 명제는 아마 훗날, 어떤 기준의 이해도 이미 오래전에 상실되었음에도 불구하고 그것들이 마치 객관적이고 비인격적인 기준들에 의해 지배되고 있는 것처럼 도덕적 표현들과 다른 가치평가적 표현들을 여전히 사용하는 사람들에 관한 심리학적·사회학적·역사적 관찰에 의해 충족될 것이다. 그러므로 우리는 특정한 정의주의 이론이 국지적 차원에서 무어 직관주의의 특정한 특징들을 공유하는 특정한 유형의 이론과 실천에 대한 응답으로서 발생할 것이라고 기대해야만 한다. 이렇게 이해하면 정의주의는 잘못된 의미의 이론이라기보다는 사용에 관한 설득력 있는 이론임이 밝혀진다. 그것은 도덕적 발전 또는 도덕적 몰락의 특정한 단계, 즉 우리 문화가 이 세기 초에 진입하게 된 단계와 밀접하게 결합되어 있다.

나는 앞서 정의주의를 1903년 이후 케임브리지의 도덕적 표현에 관한 설명으로서뿐만 아니라 "유사한 유산을 보유한 다른 곳에서의" 도덕적 표현에 관한 설명으로서 서술한 바 있다. 왜냐하면 정의주의는 다양한 시대와 장소, 상이한 여건에서 발전되었으며, 따라서 내가 정의주의의 발전에서 무어의 역할을 강조하는 것은 잘못되었다는 이의가 곧바로 제기될 수 있기 때문이다. 이에 대해 나는 우선 정의주의가 설득력 있고 변호할 수 있는 하나의 명제인 한에서만 정의주의에 관심을 가졌다고 대답해야만 할 것이다. 예를 들면, 루돌프 카르나프Rudolf Carnap의 정의주의 해석은—이 해석에서 도덕적 발언을 감정 및 태도의 표현으로 성격 짓는 것은, 그의 의미 이론과 과학 이론이 도덕적 발언들을 기술할 수 있는 사실의 영역으로부터 배척한 다음에 이 발언들에 **어떤 형태**로든 특정한 지위를 부여하고자 하는 헛된 시도다—정의주의의 특성에 관한 지극히 불충분한 고려에 바탕을 두고 있다. 그리고 나는 둘째로, 옥스퍼드에는 H. A. 프리처드H. A. Prichard의 직관주의로부터 시작하는 다른 하나의 발전이 있었으며, 이는 케임브리지의 무어의 발전과 병행했을 뿐만 아니라, 정의주의와 유사한 것이 발전한 곳에서는 어디서나 그것이 일반적으로 무어 또는 프리처드의 정의주의와 일치하는 견해들을 계승한 이론이라고 응수해야 할 것이다.

이러한 언급들이 전제하는 도덕적 몰락의 초안은, 내가 앞서 서술한 바와 같이, 상이한 세 단계의 구별을 요구한다. 첫째 단계는 가치평가적, 특히 도덕적 이론과 실천이 실제로 객관적이고 비인격적인 규범들을 구현하는 단계다. 이 규범들은 특정한 방법, 행위, 판단들에 대한 합리적 정당화를 제공할 뿐만 아니라 스스로 합리적으로 정당화될 수 있다. 둘째 단계는 도덕적 판단들의 객관성과 비인격적 성격을 유지하고자 시도하지만 실패하는 단계다. 이 단계에서는 규범을 위한, 그리고 규범을 수단으로 하는 합리적 정당화를 모두 제공하고자 하는 기획이 계속해서 실패한다. 그리고 셋째 단계는 정의주의적 유형의 이론들이 함축적으로 광범위하게 수용되는 단계다. 왜냐하면 비록 명시적인 이론에서는 아니라고 할지라도 실천에서는, 객관성과 비인격성에 대한 주장이 충족될 수 없다는 일반적인 함축적 인식이 관철되기 때문이다.

그런데 이와 같은 개략적 서술을 토대로 우리는 사용의 이론으로서 재해석된 정의주의의 일반적 주장들이 간단히 배제될 수 없다고 추론할 수 있다. 왜냐하면 내가 방금 서술한 발전 도식은 실제로 객관적이고 비인격적인 도덕 규범들이, 비록 많은 문화에서는 그와 같은 합리적 정당화의 가능성이 특정한 단계에서 더 이상 주어지지 않는다고 할지라도, 어떤 형식으로든 합리적으로 정당화될 수 있다는 사실을 전제하기 때문이다. 그런데 정의주의는 바로 이 점을 부정한다. 내가 전체적으로 우리 문화에 해당한다고 설명한 것은 —— 즉 도덕적 논증에서 분명한 원리 주장은 오직 개인적 선호의 표현에 대한 위장으로 기능한다는 사실 —— 정의주의가 보편적인 경우라고 생각하는 것이다. 정의주의는 게다가 인류 문화에 대한 어떤 일반 역사적·사회학적 연구도 요구하지 않는 이유들로 인해 그렇게 생각한다. 왜냐하면 정의주의는 객관적이고 비인격적인 도덕적 규범들이 존립한다는 모든 주장에 대한 어떤 타당한 합리적 정당화도 있지 않고, 있을 수 없으며, 따라서 그러한 규범은 존재하지 않는다고 단언하기 때문이다. 이 주장은 그것이 어떤 문화든 간에 마녀가 존재하지 않는다는 사실은 모든 문화에 대해 참이라는 주장과 같은 종류의 것이다. 그러므로 정의주의는 이른바 합리적 정당화가 있을지도 모르지만 실제로는 진정한 합리적 정당화는 결코 있을 수 없으며, 그 이유는 어떤 합리적 정당화도 존재하지 않기 때문이라고 주장한다.

따라서 정의주의는 객관적 도덕성을 합리적으로 정당화하고자 하는 과거 또는 현재의 모든 시도가 실제로 실패했다는 주장을 근거로 한다. 그것은 도덕철학의 전체 역사에 대한 평결이며, 나의 출발 가설에 담겨 있는 현재와 과거의 대립을 지워버린다. 그러나 정의주의가 간과하는 것은, 만약 정의주의가 참일 뿐만 아니라 광범위하게 참으로 여겨진다면, 그것이 가질 수 있는 도덕성에 대한 차이다. 예를 들면, 스티븐슨은 "나는 이것을 승인하지 않는다. 너도 그렇게 하여라!"라고 말하는 것이 "그것은 나쁘다!"라고 말하는 것과 결코 같은 영향력을 갖지 않는다는 것을 명확하게 이해했다. 그러나 그가 인지하지 못했던 것은 — 왜냐하면 그는 정의주의를 의미 이론으로 보았기 때문이다 — "그것은 나쁘다!"라는 말의 사용은 객관적이고 비인격적인 기준에 대한 호소를 포함하고 있는 데 반해 "나는 이것을 승인하지 않는다. 너도 그렇게 하여라!"는 말의 사용은 그렇지 않다는 사실로부터 일종의 특권이 산출된다는 점이다. 그것은 만약 정의주의가 옳다면 도덕적 언어가 심각한 혼란을 일으키며, 만약 정의주의에 대한 믿음이 정당화될 수 있다면 전통적으로 계승된 도덕 언어의 사용을 포기해야만 한다는 것을 의미한다. 어떤 정의주의자들도 이런 결론에 도달하지 못한다. 그리고 정의주의자들은 자신들의 이론을 의미 이론으로 구성하고 있기 때문에 그들이 스티븐슨과 마찬가지로 이런 결론을 내리는 데 실패하리라는 것은 분명하다.

정의주의가 분석적 도덕철학 내에서 세력을 펼칠 수 없었던 것은 물론 이와 같은 사실에 기인한다. 분석철학자들은 일상 언어와 과학 언어에서의 핵심 개념들의 의미를 규정하는 것이 철학의 주요 과제라고 보았다. 그런데 정의주의는 바로 도덕적 표현의 의미에 관한 이론으로서 실패했기 때문에 분석철학자들은 정의주의를 일반적으로 거부했다. 그러나 정의주의는 아직 죽지 않았다. 매우 상이한 현대의 철학적 콘텍스트들 속에서 도덕성을 개인적 선호로 환원시키는 정의주의적 시도와 유사한 것이 얼마나 자주, 그리고 자신을 결코 정의주의자라고 생각하지 않는 사람들의 저서에까지 등장하는가를 확인하는 것은 매우 중요하다. 인식되지 않은 정의주의의 철학적 힘이 정의주의의 문화적 영향력을 이해할 수 있는 하나의 열쇠다. 분석적 도덕철학 내에서 일어나는 정의주의에 대한 저항은 도덕적 추론이 있으며, 또 정의주의 자신이 허용할 수 없었던 종류의 상이한 도덕적 판단들 사이에 논리적 결합이("그렇기 때문에"와 "만약 ……이라면, ……하다"는 감정을 표현하기 위해 사용되지 않는다는 것이 분명하다) 있을 수 있다는 인식에 기인한다. 이와 같은 정의주의의 비판에 대한 응답으로서 생겨난 도덕적 추론에 대한 가장 영향력 있는 설명은 다음과 같은 사실로부터 출발한다. 행위자는 특정한 판단을 그것이 논리적으로 추론될 수 있는 보편적 규칙과 연관시킴으로써만 정당화할 수 있으며, 그는 이 규칙을 다시 더욱 일반적인 규칙 및 원리로부터 추론함으로써 정당화할 수 있다. 그러나 이 관점에 따르면 추론의 연결고리는 유한해야만 하기 때문에 정당화의 추론 과정은 항상 더 이상의 근거가 제시될 수 없는 일반적 규칙 및 원리의 제시와 함께 끝날 수밖에 없다. "따라서 어떤 결정에 대한 완전한 정당화는 그 효과에 대한 완전한 설명과 그것이 고려하는 원리들에 대한 완전한 설명으로 구성된다. (…) 만약 질문자가 계속해서 '나는 왜 그렇게 살아야만 하는가?'라고 묻는다면, 우리는 그에게 더 이상의 대답을 해줄 수가 없다. 왜냐하면 우리는 그 밖의 대답에 포함될 수 있는 모든 것을 이미 가설적으로 말했기 때문이다."(Hare 1952, 69)

정당화의 개념은 이 관점에 의하면 항상 더 이상 정당화될 수 없는 선택이며, 기준에 의해 더 이상 영향을 받지 않는 선택이다. 모든 개인은 함축적으로든 명시적으로든 자신의 기초적 원리들을 그와 같은 선택을 통해 채택해야 한다. 모든 보편적 원리의 발언은 궁극적으로 개인적 의지에 의한 선호의 표현이며, 이 원리들은 이 의지에 의해 선택됨으로써 부여받는 권위만을 이 의지에 대해 가질 뿐이다.

이 점에 대해, 내가 이 결론에 도달할 수 있는 것은 분석적 도덕철학 내에서 취할 수 있는, 그리고 정의주의와 양립할 수 있는 다양한 긍정적 입장들을 고려하지 않을 때만 가능하다는 이의가 제기될 수 있다. 이런 저서들은 합리성의 개념 자체가 도덕성에 하나의 토대를 제공한다는 점, 즉 정의주의적이고 주관주의적인 설명을 거부할 수 있는 충분한 근거를 제시하는 하나의 토대를 제공한다는 점을 증명하려고 애쓴다. 이 점에 대해서는 R. M. 헤어R. M. Hare에 의해 제시된 주장들뿐만 아니라, 존 롤스John Rawls, 앨런 도네건Alan Donegan, 버나드 거트Bernard Gert, 앨런 거워스Alan Gewirth 등에 의해 제시된 주장들을 참작하라고 말할 수 있을 것이다. 이러한 주장들을 지지하기 위해 제시되는 논증들에 관해 나는 특히 두 가지를 지적하고자 한다. 첫째는 그들 중 어느 것도 실제로 설득력이 없다는 것이다. 나는 제6장에서 거워스의 논증을 표본적인 예로 사용할 것이다. 그는 이들 저자들 중에서 시기적으로 가장 최근의 저자이며, 이 논쟁에 대한 분석적 도덕철학자들의 기여를 아주 잘, 그리고 매우 세밀하게 의식하고 있는 까닭에 그의 논증들은 우리의 검토에 이상적인 본보기를 제공한다. 만약 이 논증들이 성공하지 못한다면, 그것은 이들이 한 부분을 이루고 있는 기획이 성공하지 못할 것이라는 결정적 증거가 된다. 그리고 나는 나중에 이 논증들이 성공하지 못한다는 사실을 보여줄 것이다.

둘째로, 이와 같은 저자들은 무엇이 도덕적 합리성의 고유한 성격인가에 관해서뿐만 아니라 이 합리성에 기반을 두어야 할 도덕성의 본질에 관해서도 합의에 이를 수 없다는 사실이 상당히 타당하다는 것이다. 현재 이루어지고 있는 도덕적 논쟁의 다양성과 무한성은 실제로 분석적 도덕철학자들의 논의에 반영되고 있다. 그러나 합리적이고 도덕적인 행위자들이 동의해야만 하는 근본 원리들을 서술할 수 있다고 주장하는 사람들이 만약 이 원리를 서술하는 데 동료들과 어떤 의견의 일치도 볼 수 없다면, 그것은 우리가 그들의 논점과 결론을 일일이 검토하기도 전에 이미 그들의 기획이 실패했음을 다시 한번 분명하게 보여준다. 그들은 모두 자신들의 비판을 통해 동료들의 사상체계의 실패를 증명하는 것이다.

따라서 우리는 분석철학이 정의주의로부터 벗어날 수 있는 설득력 있는 출구를 제공할 수 있다고 믿을 만한 어떤 이유도 가지고 있지 않다. 정의주의가 만약 의미 이론으로서가 아니라 사용 이론으로서 파악된다면, 분석철학은 종종 이 정의주의의 본질을 인정한다. 그러나 이것은 단지 분석철학에만 해당하는 것은 아니다. 그것은 표면적으로는 매우 상이한 독일과 프랑스의 특정한 도덕철학들에 대해서도 타당하다. 니체Friedrich Nietzsche와 사르트르Jean Paul Sartre는 상당 부분 영어권 철학계에 낯선 철학적 어휘들을 발전시킨다. 양식과 수사학뿐만 아니라 어휘에서도 그들은 분석철학과 구별되는 것만큼이나 서로 많은 차이가 있다. 그렇지만 니체가 이른바 객관적인 도덕 판단들이 자신들을 태곳적·귀족적인 숭고함으로 관철시키기에는 너무나 약하고 노예적인 사람들의 권력의지가 씌운 가면에 불과하다고 고발했을 때, 그리고 사르트르가 제3공화국의 시민적·민족주의적 도덕은 자신들의 선택을 도덕적 판단의 유일한 원천으로서 인정할 수 없는 사람들의 잘못된 믿음을 적용한 것에 지나지 않는다는 사실을 폭로하고자 시도했을 때, 두 사람은 모두 정의주의가 옹호하기 위해 싸운 것의 본질을 인정했다. 두 사람이 모두 자신들의 분석을 통해 전통 도덕을 비난하고 있다고 생각했다면, 대부분의 영·미 정의주의자들은 자신들은 그런 일을 하지 않는다고 믿었다. 두 사람은 자신들의 과제가 부분적으로는 새로운 도덕을 정당화하는 데 있다고 믿었다. 그러나 두 사상가의 저서에서 그들의 수사학은 ── 그것이 서로 매우 다르다고 할지라도 ── 이 점에서는 애매하고 불명료하며, 비유적인 주장이 논증을 대체한다. 초인과 사르트르적 실존주의자 겸 마르크스주의자는 진지한 토론에 속하기보다는 오히려 철학적 동물 우화의 장에 속한다. 두 사람은 그들이 행한 비판의 부정적 부분에서 가장 인상적이고 설득력이 있다.

다양한 형태의 철학적 위장을 하고 나타나는 정의주의의 등장은 나 자신의 명제가 정의주의와의 대결이라는 의미에서 정의되어야 한다는 것을 강력히 시사한다. 왜냐하면 도덕성이 예전과 같지 않다는 나의 주장을 표현하는 한 가지 방식은 사람들이 오늘날 상당한 정도로 ── 그들이 천명한 이론적 관점이 무엇이든 간에 ── 정의주의가 **마치** 참인 **것처럼** 생각하고, 말하고, 행위한다는 것을 설명하는 데 있기 때문이다. 정의주의는 우리 문화에 구현되어 있다. 그러나 이렇게 말함으로써 나는 도덕이 더 이상 예전의 도덕이 아니라는 사실을 주장할 뿐만 아니라, 한때 도덕이었던 것의 대부분이 사라졌으며, 또 이것은 하나의 퇴보와 심각한 문화적 상실을 서술한다고 주장하는 것이다. 그렇기 때문에 나는 두 가지 상이하지만 서로 연관된 과제를 다루려 한다.

첫째 과제는 상실된 과거의 도덕성을 확인하고, 기술하며, 객관성과 권위에 대한 이 도덕의 주장을 평가하는 것이다. 이것은 부분적으로는 역사적이고, 부분적으로는 철학적인 과제다. 둘째 과제는 근대의 특수한 성격에 관한 나의 주장을 증명하는 것이다. 왜냐하면 나는 우리가 특별히 정의주의적인 문화 속에서 살고 있다고 설명했기 때문이다. 만약 그렇다면, 우리는 우리의 명시적 도덕 논쟁과 판단들뿐만 아니라 우리가 사용하는 개념과 행동 방식들의 상당 부분이 정의주의의 진리를 전제한다는 것을, 설령 자기의식적인 이론화 작업의 차원에서는 아니라고 하더라도 일상적 삶 속에서 발견해야만 한다. 그런데 정말 그러한가? 나는 이 물음을 즉각 다루고자 한다.

제3장 정의주의:
사회적 내용과 사회적 맥락

도덕철학은 특이하게도 특정한 사회학을 전제한다. 왜냐하면 모든 도덕철학은 명시적이든 묵시적이든 간에 적어도 행위자와 그의 이유, 동기, 의도와 행위 사이의 관계에 대한 개념적 분석을 부분적으로 제시하기 때문이다. 이 점에서 정의주의도 예외가 아니다. 그런데 이러한 작업에서 전제되는 주장은 이러한 개념들이 구체화되어 있거나, 적어도 현실 사회세계에 존재할 수 있어야 한다는 점이다. 때때로 도덕적 동인을 예지적 직관의 대상이 될 수 있는 내면적 영역에 제한하고 있는 듯이 보이는 칸트조차도 법, 역사, 정치에 관한 저서에서는 달리 해석될 수 있는 것을 함축하고 있다. 그러므로 도덕적 동인이 사태 자체의 내재적 이유 때문에 결코 사회적으로 구체화될 수 없다는 사실을 보여주는 것은 일반적으로 도덕철학에 대한 결정적 반박이 될 수 있다. 따라서 우리는 그 사회적 구체화가 어떤 것인가를 상세히 설명하기 전에는 어떤 도덕철학의 주장도 충분히 이해했다고 할 수 없는 것이다. 과거의 몇몇 도덕철학자들, 아마도 대부분의 도덕철학자들은 도덕적 동인의 사회적 구체화에 대한 상세한 설명을 도덕철학이 담당해야 할 과제의 일부로 인식했다. 플라톤과 아리스토텔레스는 말할 나위도 없고, 흄과 애덤 스미스 역시 그랬다. 그런데 적어도 무어 이후에 주도적인 좁은 개념의 도덕철학은 도덕철학자들이 이러한 과제를 무시할 수 있다는 것을 보증해주었다. 특히 정의주의의 철학적 지지자들이 그러했다. 그러므로 우리는 여기서 그들을 대신해 이 과제를 수행해야 한다.

정의주의의 사회적 내용에 이르는 첩경은 무엇인가? 그것은 정의주의가 조작 가능한 사회적 관계와 조작 가능하지 않은 사회적 관계 사이의 어떤 순수한 구별도 필연적으로 제거한다는 사실이다. 한 예로 칸트 윤리학과 정의주의의 차이를 대조해보자. 칸트에게 —— 예전의 많은 도덕철학자들에게서도 유사점을 찾아낼 수 있다 —— 도덕성에 의해 교화되지 않은 인간관계와 도덕성에 의해 교화된 인간관계 사이의 차이는, 타인을 일차적으로 자신의 목적을 성취하기 위한 수단으로 다루는 인간관계와 타인을 그 자체로 목적으로서 다루는 인간관계 사이의 차이와 같은 것이다. 어떤 사람을 목적으로 대한다는 것은, 다른 방식이 아니라 바로 이런 방식으로 행위하는 것이 좋다고 내가 생각하는 이유를 그들에게 제시하지만, 동시에 이 이유들을 그들이 평가하도록 내버려두는 것이다. 그것은 그들이 좋다고 생각하는 정당한 근거 이외에는 그 어떤 것으로도 다른 사람에게 영향을 주지 않으려고 하는 것이다. 그것은 또한 모든 합리적 행위자가 그 타당성을 스스로 판단해야 하는 비인격적 기준에 대한 호소를 의미한다. 반대로 어떤 사람을 수단으로 대한다는 것은, 힘과 동기가 어떤 것이든 간에 이런저런 상황에 실제로 효과적일 수 있는 것을 제시함으로써 그를 나의 목적의 도구로 만들려고 노력하는 것이다. 설득의 사회학과 심리학을 일반화하는 것은 나 자신을 인도하기 위해 필요한 것일 수는 있으나, 규범적 합리성의 기준은 아니다.

만약 정의주의가 옳다면, 이러한 구분은 착각이다. 왜냐하면 가치 평가적 발언은 궁극적으로 나 자신의 감정 혹은 태도의 표현과 다른 사람의 감정과 태도의 변화 이외에는 아무런 의미와 유용성이 없기 때문이다. 나는 순전히 비인격적인 기준에 호소할 수는 없다. 왜냐하면 비인격적 기준이란 존재하지 않기 때문이다. 나는 객관적 기준에 호소하고 있다고 생각할 수 있으며, 다른 사람도 내가 그렇게 호소하고 있다고 생각할 수도 있다. 그러나 이러한 생각들은 항상 오류일 것이다. 도덕적인 담론에 특징적인 유일한 현실은 다른 사람의 태도, 감정, 선호와 선택들을 자기 자신의 것과 제휴시키려는 시도다. 타인은 수단이지 결코 목적이 아니다.

만약 정의주의자들의 눈으로 보았다면 사회세계는 어떤 것으로 **보였을** 것인가? 그리고 정의주의가 광범위하게 진리로 전제된다면 이 사회세계는 어떤 모습으로 **존재할** 것인가? 이러한 질문에 대한 대답의 일반적 형식은 지금은 분명하다. 그러나 사회의 세부적 내용은 부분적으로 특수한 사회적 맥락의 성격에 의존한다. 어떠한 사회적 환경에서, 그리고 어떤 특수 이해에 따라서 조작될 수 있는 사회관계와 조작될 수 없는 사회관계 사이의 구별이 제거되어 왔는가 하는 것이 중요하다. 윌리엄 개스William Gass는《여인의 초상*The Portrait of a Lady*》에서 이러한 구별의 제거가 특별한 종류의 유럽 부유층의 생활 속에서 어떤 필연적 결과를 야기하는가를 조사하는 것이 헨리 제임스Henry James의 주요 관심이었다고 주장했다.(Gass 1971, 181~190) 그리고 이 소설은 개스의 말에 의하면 "사람들의 소비자가 되는 것이 무엇을 의미하며, 소비되는 사람으로 존재한다는 것이 무엇을 의미하는가"에 대한 탐구임이 판명된다. 소비의 은유는 그 시대 배경에 적합하다. 제임스는 권태와 같은 것을 막는 데 관심이 있는 부유한 탐미주의자들에게 주의를 기울인다. 그런데 권태는 타인에게서 그들의 소원에 부합하고, 또 그들에게 싫증 날 정도로 물린 욕망을 충족해주는 계획적 행동으로 말미암아 현대 여가 생활에 특징적이다. 그들의 소원은 호의적인 것일 수도 있고, 그렇지 않을 수도 있다. 어쨌든 타인의 선을 기꺼이 추구함으로써 기뻐하는 인물들과 자신의 선 이외에는 어떤 선에 대해서도 관심이 없이 자기 욕망의 충족을 추구하는 인물들 사이의 차이는 ── 소설에서는 랠프 터치트와 길버트 오즈먼드의 차이다 ── 제임스에게는 도덕적 도구주의의 조작 가능한 양식이 승리하고 있는 전체 사회 환경과, 이것이 사실이 아닌,《유럽 사람들The Europeans》의 '뉴잉글랜드'와 같은 사회적 환경 사이의 차이만큼 중요하지는 않다. 제임스는 물론, 적어도 그의《여인의 초상》에서는, 특정한 시간과 공간에서 특정한 종류의 부유한 사람들로 구성된 아주 제한되고 정확하게 규정할 수 있는 사회 환경에 관심이 있다. 그러나 이러한 사실이 우리의 탐구에서 그의 업적이 지니고 있는 중요성을 결코 경감하지는 않는다. 사실《여인의 초상》은 도덕적 주석의 오랜 전통 안에서 핵심적인 자리를 차지하고 있는 것으로 드러날 것이다. 이 전통의 옛 예들은 드니 디드로Denis Diderot의《라모의 조카Le Neveu de Rameau》와 키르케고르Søren Kierkegaard의《이것이냐 저것이냐Enten-Eller》다. 이 전통을 구속력 있게 사용하는 것은 사회세계를 오직 자기 자신의 태도와 선호체계를 가진 개인 의지들이 만나는 장소로밖에 보지 않는 사람들, 이 세계를 오직 자신들의 욕구를 충족하기 위한 경쟁의 무대로 이해하는 사람들, 또 현실을 그들이 즐길 수 있는 쾌락의 기회의 연속으로 해석하는 까닭에 권태를 최대의 적으로 간주하는 사람들의 전제조건이다. 청년 라모, 키르케고르의 'A', 랠프 터치트는 이와 같은 심미주의적 태도를 각각 아주 상이한 환경에서 실현한다. 그러나 이 태도가 같다는 것은 쉽게 인식할 수 있으며, 환경조차도 몇 가지 공통점을 갖고 있다. 그것은 즐거운 시간을 보내겠다는 오락의 문제가 여가와의 상관관계에서 발생하며, 또 많은 돈이 노동해야 할 필연성에 대해 사회적으로 거리를 두게 만드는 환경들이다. 랠프 터치트는 부유하고, A는 쾌적하게 살고 있으며, 라모는 그의 부유한 보호자와 의뢰인들에 빌붙어 기생하고 있다. 이것은 키르케고르가 심미적이라고 명명한 영역이 부자들과 그 측근들에게만 국한되어 있다는 것을 의미하지는 않는다. 그 밖의 사람들도 환상과 동경 속에서 종종 부자들의 태도를 공유한다. 그리고 이것은 부유한 사람들이 모두 터치트, 오즈먼드 또는 A라는 것을 의미하지 않는다. 이것은 우리가 조작 가능한 사회관계와 비조작적인 사회관계의 구별을 제거하는 사회적 콘텍스트를 완전히 이해하기 위해서는 다른 몇몇 사회적 맥락들을 같이 고려해야 한다는 것을 시사한다.

명백하게 중요한 하나의 콘텍스트는 유기체적 조직의 실존, 즉 그것이 사적인 법인체든 국가 기관이든 간에 수많은 우리 동시대인들의 직업적 과제를 규정하는 관료제적 구성체들의 실존으로 말미암아 생성된다. 심미적 부자들의 삶과의 분명한 대조가 곧 우리의 주의를 끈다. 재산을 과다하게 갖고 있는 부유한 심미주의자들은 이 재산을 사용할 수 있는 목표를 끊임없이 찾는다. 이와는 반대로 조직은 미리 결정된 목표를 위해 사용될 수 있는 희소 자원을 쟁취하기 위한 경쟁에 몰두한다는 특징이 있다. 그렇기 때문에 경영자들의 주요 과제 중 하나는 그들의 조직이 보유하고 있는 인적·물적 가용 자원들을 목표를 위해 가능한 한 효율적으로 관리하고 조정하는 것이다. 모든 관료제적 조직은 어떤 형태로든 비용과 이익에 관한 명시적 또는 함축적 정의를 구현한다. 이 정의로부터 효율성의 기준이 도출된다. 관료제적 합리성은 수단과 목적을 경제적·효율적으로 결합시키는 합리성이다.

이 친숙한 —— 그동안 우리는 아마 너무 친숙하다고 생각하는 경향이 있었는지도 모른다 —— 통찰은 우리가 본래 막스 베버Max Weber에 빚지고 있는 사상이다. 그런데 베버의 사상은 바로 정의주의가 구현하고 있는 분열들을 함축하고 있으며, 정의주의가 보지 못하는 구별들을 제거한다는 사실이 곧 명백해진다. 목표에 관한 물음들은 가치에 관한 물음들이다. 그런데 이성은 가치에 관해 침묵하고 있는 것이다. 경쟁적 가치들 사이의 갈등은 합리적으로 해결될 수 없다. 우리는 그 대신에 간단히 선택해야 한다. 정당들, 계급들, 민족들, 원인들, 이상들 사이에서. 베버의 사상에서 **결정**Entscheidung은 헤어 및 사르트르에게서 원리들의 선택이 하는 역할을 담당한다. 레이몽 아롱Raymond Aron은 베버의 관점에 관한 서술에서 "가치들은 인간의 결정에 의해 창조된다"고 적으면서, 다음의 관점 역시 베버에게 고유한 것이라고 말한다. "모든 사람의 양심은 반박할 수 없으며", 가치들이 기반을 두고 있는 "선택의 정당화는 순전히 주관적인 것이다."(Aron 1967, 192, 206~210) 가치에 관한 베버의 이해가 주로 니체에 빚지고 있으며, D. G. 머크레이D. G. Macrae가 베버에 관한 자신의 저서에서 베버를 실존주의자라고 명명한 것은 전혀 놀라운 일이 아니다. 왜냐하면 베버는 행위자가 자신의 가치에 따라 행위하면서도 어느 정도 합리적일 수 있으며, 특정한 가치평가적 태도 및 책무의 선택이 다른 어떤 것보다 더 합리적일 수는 없다고 생각하기 때문이다. 모든 신념과 평가들은 똑같이 비합리적이다. 모든 것은 정서와 감정에 주어진 주관적 지침들이다. 베버는 우리가 이해하고 있는 이 용어의 포괄적 의미에서 정의주의자이며, 관료제적 권위에 관한 그의 그림은 정의주의적 그림이다. 베버의 정의주의의 결과는 권력과 권위의 대립이 —— 그가 비록 말로는 고백하고 있지만 —— 그의 사유에서 효과적으로 삭제되고 있다는 사실이다. 이것은 조작 가능한 사회관계와 비조작적인 사회관계의 대립이 사라지고 있음을 보여주는 특별한 예다. 베버는 물론 권력과 권위의 차이로부터 출발한다. 그것은 권위가 바로 목표와 신념들에 기여하기 때문이다. 그러나 필립 리프Philip Rieff가 정확하게 지적하고 있는 것처럼, "베버의 목표들, 즉 본래 기여의 대상이 되어야 할 원인들은 행위의 수단들이며, 그것들은 권력에 종사하는 것에서 벗어날 수 없다."(Rieff 1975, 22) 왜냐하면 베버의 견해에 의하면, 정확하게 자신의 **효율성**에 호소하는 관료제적 권위를 제외하고는 어떤 종류의 권위도 스스로를 관철시키기 위해 합리적 기준에 호소할 수 없기 때문이다. 그리고 이러한 호소는 관료제적 권위가 성공적 권력과 다를 바 없다는 사실을 폭로한다.

관료제적 조직에 관한 베버의 설명은 실제로 존립하는 관료제의 특별한 성격들을 연구한 사회학자들에 의해 강한 비판을 받았다. 따라서 베버의 분석이 경험을 통해 증명되며, 베버의 분석을 비판했다고 생각하는 많은 사회학자들의 서술이 실제로는 그것을 반복하는 하나의 영역이 존재한다는 사실을 확인하는 것이 중요하다. 내가 여기서 언급하는 것은 정확하게 **경영(지도)권위**Führungsautorität가 관료제에서 어떻게 **정당화되는가**에 관한 그의 설명이다. 왜냐하면 현대 사회학자들은 베버가 무시하거나 충분히 강조하지 않은 경영 행위의 양상들을 일차적으로 서술하기 때문이다. 예를 들면, 렌시스 리커트Rensis Likert는 부하들의 동기에 영향을 주고자 하는 경영자의 욕구를 강조했으며, J. G. 마치J. G. March와 H. A. 사이먼H. A. Simon은 부하들이 논의를 시작할 때 경영자 자신들의 결론과 일치할 수 있도록 유도하는 전제조건으로부터 출발하도록 보장하고자 하는 경영자들의 욕구를 언급했다. 그러나 이 사회학자들은 경영자들의 기능이 행동을 통제하고 갈등을 억압하는 데 있다고 파악함으로써 경영 지도의 정당화에 관한 베버의 설명을 약화하기보다는 오히려 강화하고 있다. 따라서 오늘날 경영자들은 그들의 행동에서 관료제적 권위에 관한 베버 개념, 즉 정의주의의 진리를 전제하는 개념의 핵심적 부분을 구현하고 있다는 상당한 증거가 있는 것이다.

헨리 제임스에 의해 서술된 것과 같이, 자신의 오락에 대한 심미적 추구에 빠져 있는 부자의 성격의 근원은 지난 세기의 런던과 파리에서 발견될 수 있었다. 막스 베버가 그린 경영자 성격의 근원은 빌헬름 2세 시대의 독일에서 유래했다. 그러나 두 성격은 이제 모든 선진국가들, 특히 미국에서 익숙한 것이 되었다. 두 성격은 경우에 따라서는 자신의 삶을 이 양자 사이로 갈라놓는 동일한 사람에게서 나타난다. 이 성격들은 현시대의 사회적 드라마에서 결코 주변 인물들이 아니다. 나는 이 연극적 비유를 진지하게 사용하고자 한다. 관객들이 즉각 알아볼 수 있는 정해진 성격의 목록을 보유하고 있는 ── 일본의 노能 연극[일본의 고전 예술 양식의 하나. 피리와 북소리에 맞추어 노래를 부르면서 춤을 추는 가면 악극이다]과 중세 영국의 도덕들이 그 예다 —— 특정한 유형의 연극 전통이 있다. 이 성격들은 부분적으로 구성과 행위의 가능성들을 규정한다. 이 성격들에 대한 이해는 이 성격들을 연기하는 배우의 행위를 해석함으로써 주어지는데, 그것은 배우 자신의 의도가 유사한 이해로 충만해 있기 때문이다. 다른 배우들은 자신의 역할을 이 주요 성격들과의 관계에서 규정할 수도 있다. 그런데 특정한 특수문화에 속해 있는 특정한 종류의 사회적 역할들도 이와 마찬가지다. 그것들은 쉽게 알아볼 수 있는 분명한 성격들을 갖고 있으며, 이 성격들을 인지할 수 있는 능력은 사회적으로 매우 중요하다. 왜냐하면 성격에 관한 지식은 이 성격을 채택한 개인들의 행위를 해석할 수 있도록 해주기 때문이다. 그것은 특히 이 개인들이 자신의 행위를 이끌고 구성하기 위해 바로 동일한 지식을 사용했기 때문에 그렇다. 이렇게 특수화된 성격들은 일반적 의미의 사회적 역할과 혼동되어서는 안 된다. 왜냐하면 그것들은 이 사회적 역할들을 담당하는 사람들의 인격에, 다른 사회적 역할들은 행하지 않는 도덕적 구속을 부과하는 특정한 유형의 사회적 역할들이기 때문이다. 내가 이 사회적 역할들에 대해 '성격'이라는 낱말을 선택한 것은 그것이 연극적 함의와 도덕적 함의를 서로 결합시키기 때문이다. 오늘날의 많은 직업적 역할들, 예를 들면 치과의사 또는 청소부와 같은 역할들은 더 이상 관료제적 경영자의 역할과 같은 방식의 **성격들**이 아니다. 현대의 많은 계층적 역할들, 예컨대 하위 중산계층의 은퇴한 구성원과 같은 역할들은 더 이상 근대의 여유 있는 부자들의 성격과 같지 않다. 성격의 경우에는 역할과 인격이 일반적으로 그런 것보다 훨씬 특수한 방식으로 융해되어 있다. 성격의 경우, 행위의 가능성들이 일반적으로 그런 것보다 훨씬 좁게 규정되어 있다. 문화들 사이에 존립하는 핵심적 차이들 중 하나는 역할들이 어느 정도 **성격**들을 구성하는가 하는 데 있다. 그러나 각각의 문화에 고유한 특성은 대부분 그 문화가 소유하고 있는 **성격**들의 목록에 고유한 것이다. 그러므로 빅토리아 시대의 영국 문화는 부분적으로 공립 학교 교장, 탐험가, 기술자의 성격들에 의해 규정되었다. 그리고 빌헬름 2세 시대의 독일은 마찬가지 방식으로 프러시아 장교, 교수, 사회민주주의자들과 같은 사람들의 **성격**들에 의해 정의되었다.

성격들은 주목할 만한 다른 차원을 갖고 있다. 그것들은 말하자면 그들이 속해 있는 문화의 도덕적 대변인들이다. 그리고 그것은 도덕적·형이상학적 이념들과 이론들이 이 성격들을 통해 사회세계 내에서 인격화된 실존을 획득하기 때문이다. 성격들은 도덕철학자들에 의해 착용되는 가면들이다. 이와 같은 이론들과 철학들은 물론 다양한 방식으로 사회적 삶 속으로 진입한다. 가장 분명한 것은 아마 책, 설교 및 대화 속에서 명시적 이념들로서거나, 그림, 연극 및 꿈 속에 나타난 상징적 주제들로서 진입한다. 그런데 그것들이 **성격들**의 삶을 충만하게 하는 특별한 방식은, 통상 개인에게 속해 있다고 생각하는 것과 일반적으로 사회적 역할에 속한다고 생각하는 것을 **성격들**이 어떻게 결합하는가를 고찰함으로써 해명될 수 있다. 개인들이나 역할들은 모두 성격들과 마찬가지로 도덕적 견해, 교리와 이론들을 구현한다. 그러나 양자는 각기 다른 방식으로 그렇게 한다. 그리고 성격들이 어떻게 그렇게 하는가는 오직 이들과의 대조를 통해서만 서술될 수 있다.

개인들은 자신들의 의도를 통해서 자신들의 행위 속에서 도덕적 신념의 내용을 표현한다. 왜냐하면 모든 의도들은 신념 및 도덕적 확신에서 어느 정도는 복합적이고 정합적이며 명시적인 내용을 전제하기 때문이다. 그러므로 편지를 보내거나 통행인들에게 전단을 나누어 주는 것과 같은 작은 행위들조차도 의도를 구현한다. 이 의도들의 중요성은 개인이 가지고 있는 더욱 커다란 규모의 기획으로부터 추론되며, 이 기획들 자체는 그가 보유한 더욱 커다란 신념체계의 배경에 비추어 볼 때만 이해될 수 있다. 어떤 사람은 편지를 보냄으로써 아마 일종의 —— 그것을 구체적으로 실행하기 위해서는 다국적 기업의 생존 가능성뿐만 아니라 정당성에 대한 신념을 요청하는—— 사업가적 경력을 시작할 것이다. 그리고 어떤 사람은 전단을 배포함으로써 아마 레닌의 역사철학에 관한 자신의 믿음을 표현할지도 모른다. 그러나 일련의 실천적 사유는 —— 그 결론은 편지의 발송 또는 전단의 배포와 같은 행위를 통해 표현된다 —— 물론 이와 같은 유형에서는 개인적인 것이다. 그리고 이와 같은 일련의 추론 과정의 장소, 추론의 각 단계를 이해될 수 있는 연쇄 과정의 한 부분으로 만드는 콘텍스트는 이 개인이 가진 특별한 행위, 신념, 경험, 상호작용의 역사다.

이와는 반대로 특정한 유형의 사회적 역할이 신념을 구현하는 전혀 다른 방식, 즉 이 역할을 통해 표현되고 전제되는 관념, 이론, 교리들이 적어도 몇몇의 경우에는 이 역할을 담당하는 개인이 믿는 관념, 이론, 교리들과는 전혀 다른 종류의 것인 그런 방식을 대조해보자. 어떤 가톨릭 사제는 역할에 따라 미사를 올리고, 다른 미사 전례와 의식을 거행하고, 가톨릭교의 신념을 명시적으로든 암묵적으로든 구현하거나 전제하는 여러 활동에 참여한다. 그러나 신부의 서품을 받고 이와 같은 모든 일을 행하는 다른 사제는 자신의 신앙을 상실했을 수도 있다. 그의 신념들은 아마 전혀 다른 것일 수도 있으며, 자신의 역할에 따른 행위를 통해 표현되는 신념들과 모순될 수도 있을 것이다. 이와 같은 유형의 역할과 개인의 구별은 다른 많은 경우에도 이루어질 수 있다. 어떤 노조 간부는 자신의 역할에 따라 경영자 측 대표와 협상을 하고, 자기 측 노동자들에게는 높은 임금, 노동 조건의 개선, 기존의 경제 체제 내에서의 고용의 보장과 같은 노동조합의 목표가 노동자계급에게는 정당한 목표이며, 노동조합은 이 목표들을 관철하기 위한 적절한 수단이라는 사실을 전제하는 특정한 방식으로 운동을 한다. 그러나 다른 노조 간부는 노동조합이 노동자계급으로 하여금 혁명에 대한 관심을 딴 데로 돌리게 함으로써 그들을 길들이고 부패시키는 수단에 지나지 않는다고 생각할 수 있다. 그가 자신의 오성과 마음에 지니고 있는 신념과 자신의 역할을 통해 표현되고 전제되는 신념은 전혀 별개의 것이다.

그러므로 역할과 개인 사이에 어느 정도의 모순이 존립하고, 따라서 다양한 뉘앙스의 회의, 타협, 해석 및 냉소주의가 개인과 역할을 조정할 수 있는 많은 경우가 있다. 그렇지만 내가 성격들이라고 명명한 것의 사태는 전혀 다르다. 그 차이점은 어떤 성격의 요구 조건들이 외부로부터 설정된다는 사실에서 기인하며, 또 다른 사람들이 스스로를 이해하고 평가하기 위해 성격들을 이용하는 방식에서 기인한다. 다른 형식의 사회적 역할들에서 역할은 제도의 —— 역할은 이 제도의 구조의 한 부분을 이룬다 —— 범주와 역할을 담당하는 개인과 이 제도와의 관계의 범주에 의해 적절히 규정될 수 있다. 그러나 이것은 성격들의 경우에는 불충분하다. 성격은 일반적으로 문화의 구성원들 또는 중요 집단 구성원들의 관찰 대상이다. 성격은 그들에게 문화적·도덕적 이상을 제공하는 것이다. 그렇기 때문에 이와 같은 유형의 경우에는 역할과 인격이 융해될 것을 요구받는다. 사회적 유형과 심리적 유형이 일치해야 한다고 요청되는 것이다. 성격은 사회적 실존의 양식을 도덕적으로 정당화한다.

내가 왜 빅토리아 시대의 영국과 빌헬름 2세 시대의 독일을 예로 들었는지가 명확해졌으면 좋겠다. 두 가지 예를 들자면, 영국의 교장과 독일의 교수는 사회적 역할만은 아니었다. 그것들은 일련의 태도와 행위들에 도덕적 구심점을 제공했다. 그것들은 도덕적·형이상학적 이론과 주장들을 구현했기 때문에 이와 같은 기능을 수행할 수 있었다. 그 밖에도 이 이론들과 주장들은 어느 정도 복합적이었으며, 교장들의 공동체와 교수들의 공동체 내에서는 자신들의 역할과 기능의 의미에 관한 공적 토론이 있었다. 토머스 아널드Thomas Arnold의 럭비스쿨은 에드워드 스링Edward Thring의 어핑엄스쿨이 아니었으며, 테오도어 몸젠Theodor Mommsen과 구스타프 슈몰러Gustav von Schmoller는 막스 베버와는 다른 학문적 태도를 대변했다. 그러나 상이한 견해의 표현은 항상, 모든 개인이 자신의 방식대로 구현하는 성격을 구성하는, 도덕적 일치의 콘텍스트 내에서 이루어졌다.

우리 시대의 정의주의는 특정한 성격들에 의해, 즉 합리적 담론과 비합리적 담론의 구별에 관한 정의주의적 관점을 공유하지만 이 구별을 아주 상이한 사회적 콘텍스트 속에서 구현하는 모든 성격들에 의해 구현되는 이론이다. 우리는 이 성격들 중에서 두 가지를 이미 언급했다. 부유한 심미주의자와 경영자. 이제 우리는 이 성격들에 세 번째 유형, 즉 치료사를 추가해야 한다. 경영자는 자신의 성격을 통해 조작적 사회관계와 비조작적 사회관계의 구별의 제거를 대변한다. 치료사는 개인적 삶의 영역에서 이와 동일한 제거를 대변한다. 경영자는 목표를 주어진 것으로서, 자신의 지평 바깥에 놓여 있는 것으로 취급한다. 그의 관심은 기술에 있으며, 또 원료를 최종 상품으로 변화시키고, 미숙련 노동을 숙련 노동으로, 투자를 이익으로 변환시키는 경제적 효율성에 있다. 치료사 역시 목표를 주어진 것으로서, 자신의 지평 바깥에 놓여 있는 것으로서 대한다. 그의 관심 또한 기술, 즉 신경증 징후를 통제된 에너지로, 적응하지 못한 개인들을 잘 적응하는 개인들로 전환시키는 효율성에 있다. 경영자나 치료사 모두 경영자와 치료사로서의 자신들의 역할 속에서는 도덕적 논쟁에 참여하지도 않고, 또 참여할 수도 없다. 그들은 자신들에 의해, 그리고 그들을 자신들과 똑같은 시각으로 바라보는 사람들에 의해 논의의 여지가 없는 인물들로 관찰된다. 이 인물들은 합리적 동의가 가능한 영역에 —— 이들의 관점에서 보면 물론 사실의 영역, 수단들의 영역, 측정 가능한 효율성의 영역이다 —— 자신들의 활동을 국한하는 것으로 알려져 있다.

치료(법)의 개념이 우리 문화에서, 그것의 정당한 장소임에 분명한 심리의학의 영역을 훨씬 넘어서 적용되고 있다는 사실 또한 중요하다. 《치료법의 승리 *The Triumph of the Therapeutic*》(1966)와 《나의 동료 교사들에게 *To My Fellow Teachers*》(1975)에서 필립 리프는 진리가 가치로서 대체되고, 또 심리적 효율성에 의해 대체되는 일련의 방식들을 놀라운 통찰력으로 입증했다. 치료법의 용어는 교육과 종교와 같은 영역들에 성공적으로 침투해 들어갔다. 이와 같은 치료법의 양식들을 정당화하는 데 쓰이고, 또 그것들을 정당화하기 위해 인용되는 이론들은 매우 다양하다. 그러나 양식 자체는 그 주창자들에게 중요한 이론들보다 훨씬 커다란 사회적 의미를 갖는다.

나는 일반적으로 성격들이 문화에 도덕적 정의들을 부여하는 사회적 역할들이라는 사실을 언급했다. 그러나 내가 그렇게 말한다고 해서 특수문화의 **성격들** 속에 구현되어 있고 또 이 **성격들**에 의해 표현되는 도덕적 신념들이 이 문화 내에서 일반적 동의를 획득한다는 것을 의미하지는 않는다는 점을 강조하는 것이 아주 중요하다. 그와는 반대로 도덕적 신념들은 부분적으로 견해의 불일치의 초점을 이루는 까닭에 도덕적 정의를 내리는 과제를 수행할 수 있다. 그렇기 때문에 우리 문화에서 경영자 역할이 보유하고 있는 도덕적 정의의 성격은 이론과 실천의 경영적·조작적 양식들에 대한 추종과 거의 마찬가지로 이들에 대한 다양한 공격들을 통해 분명해진다. 관료제를 끊임없이 공격하는 사람들은 실제로 자아는 관료제에 대한 자신의 관계를 통해서 스스로를 정의해야만 한다는 견해를 효율적으로 강화한다. 신베버주의적 조직 이론가들과 프랑크푸르트학파의 후예들은 부지중에 현재의 무대 위에서 공동으로 합창을 부르고 있는 것이다.

나는 물론 이러한 현상이 현재에 특수한 것이라는 사실을 암시하고자 하는 것은 아니다. 자아는 종종, 아마도 항상 갈등을 통해 사회적으로 규정된다. 그러나 그것은 몇몇 이론가들이 가정하는 것처럼 자아가 자신이 계승하는 사회적 역할과 다를 바 없다는 것을 의미하지는 않는다. 자아는 자신의 역할과는 반대로 하나의 역사, 그것도 하나의 사회적 역사를 가지고 있다. 그리고 오늘날의 정의주의적 자아의 역사는 오직 하나의 길고 복합적인 발전 과정의 최종 산물로서만 이해될 수 있다.

정의주의가 제시하는 바와 같은 자아에 관해 우리는 즉각 다음의 사실을 확인해야 한다. 자아는 단순히 또는 무조건적으로 그 **어떤** 특수한 도덕적 태도 및 관점과 —— 정의주의가 사회적으로 구현하는 성격들의 태도 및 관점을 포함해서 —— 동일시될 수 없는데, 그것은 바로 이 자아의 판단들이 궁극적으로 기준이 없기 때문이다. 본래적 의미의 현대적 자아, 즉 내가 정의주의적이라고 명명한 자아는 자신이 판단을 내릴 수 있는 사안에 대해서 어떤 한계도 알지 못한다. 왜냐하면 그와 같은 한계들은 오직 합리적 평가 기준으로부터 도출될 수 있는데, 이러한 기준들은 우리가 앞에서 살펴본 바와 같이 정의주의적 자아에 결여되어 있기 때문이다. 모든 것은 그것이 무엇이든 간에 자아가 채택하는 관점에 의해 비판받을 수 있으며, 자아가 선택한 관점의 선택도 비판받을 수 있다. 분석철학자뿐만 아니라 실존주의 철학자들을 포함한 몇몇 현대 철학자들이 현대적 행위의 본질로 파악한 것은 바로 어떤 특정한 우연적 사태와 자기 자신을 동일시하는 것을 회피할 수 있는 자아의 능력이다. 이 관점에 따르면, 도덕적 행위자로 존재한다는 것은 우리가 처해 있는 어떤 상황에 대해서뿐만 아니라 우리가 결과적으로 보유하게 되는 특성에 대해서도 거리를 둘 수 있다는 것을 의미한다. 그리고 그것은 또한 어떤 사회적 특수성과도 결부되지 않고 순전히 보편적이고 추상적인 관점에서 그에 대한 판단을 내릴 수 있다는 것을 의미한다. 따라서 누구나 다 도덕적 행위자일 수 있다. 왜냐하면 도덕적 행위는 사회적 역할 또는 행위 속에 있는 것이 아니라 자아 자체에 위치하고 있기 때문이다. 이러한 도덕적 행위의 민주화와 경영자적·치료사적 전문지식의 엘리트적 독점 사이의 대립은 더 이상 뚜렷할 수가 없다. 어떤 합리적 행위자도 누구나 다 도덕적 행위자로 여겨져야만 한다. 그러나 경영자와 치료사는 귀속된 능력과 지식의 위계질서 덕택으로 자신들의 지위를 향유한다. 사실의 영역에는 의견의 불일치를 제거하는 절차들이 있고, 도덕의 영역에서는 의견 불일치의 극복 불가능성이 '다원주의'라는 영예로운 칭호를 받는다.

어떤 필연적 사회적 내용도, 어떤 필연적 사회적 정체성도 갖지 않는 이 민주적 자아는 무엇이든 될 수 있다. 즉 그는 어떤 사회적 역할도 담당할 수 있으며, 어떤 관점도 채택할 수 있다. 왜냐하면 민주적 자아의 존재는 그 자체로서는 아무것도 아닌 무無이기 때문이다. 자신의 행위와 역할에 대한 현대적 자아의 이러한 관계는 가장 예리하고 지각력 있는 이론가들에 의해 첫눈에는 매우 상이하고 양립할 수 없는 두 가지 방식으로 개념화되었다. 사르트르는 —— 나는 여기서 오직 1930년대와 1940년대의 사르트르만을 말하고자 한다 —— 그가 취할 수 있는 어떤 사회적 역할과도 전적으로 분리된 자아를 서술했다. 이와는 반대로 어빙 고프먼Erving Goffman은 자아를 그가 수행하는 역할 속으로 완전히 해체시켜버리면서, 자아는 오직 역할의 의복을 걸수 있는 옷걸이에 지나지 않는다고 주장했다.(Goffman 1959, 253) 사르트르에게는 자아를 자신의 역할과 동일시하는 것이 핵심적 오류다. 그것은 도덕적 비양심과 지성적 혼란을 야기하는 잘못이다. 고프먼에 의하면, 핵심적 오류는 우리에게 제시되는 복합적인 역할놀이의 저편에 하나의 실체적인 자아가 **존재한다**는 가정에 있다. 그것은 인간세계의 일부분을 '사회학으로부터 안전하게' 보장하고자 하는 사람들이 저지르는 잘못이다. 그러나 이 두 사람은 우리가 언뜻 생각할 수 있는 것보다 훨씬 많은 공통점을 갖고 있다. 사회세계에 대한 고프먼의 일화적 서술 속에서 우리는 여전히 유령적 '자아'를 분간할 수 있다. 그것은 고프먼에 의해 실체적 자아의 존재가 부정된 심리학적 말뚝으로서, 역할에 의해 확고하게 구조지어진 한 상황으로부터 다른 상황으로 재빨리 옮겨 다닌다. 사르트르에게 자아의 자기발견은 자아가 아무것도 아닌 '무'라는 사실, 즉 자아가 하나의 실체가 아니라 지속적으로 열린 가능성들의 다발이라는 사실의 발견으로 특징지어진다. 따라서 사르트르와 고프먼의 표면적 불일치의 심층부에는 특정한 일치가 자리 잡고 있는 것이다. 두 사람은 그 무엇보다도 자아를 사회세계를 넘어서 있는 것으로 설정한다는 점에서 일치한다. 고프먼에게는 사회세계가 모든 것을 의미하기 때문에 자아는 아무것도 아닌 '무'다. 자아는 어떤 사회적 공간도 점유하지 않는 것이다. 사르트르에게 자아는 사회적 공간을 오직 우연적으로 차지하기 때문에 그 역시 자아를 결코 하나의 주어진 현실로 보지 않는다.

그렇다면 어떤 도덕적 양식들이 이렇게 파악된 자아에 열려 있는가? 이 물음에 답하기 위해서 우리는 우선 정의주의적 자아의 두 번째 핵심적 특성인 '모든 궁극적 기준의 상실'을 상기해야 한다. 이렇게 규정함으로써 나는 우리가 앞에서 이미 언급했던 것으로 되돌아가고자 한다. 즉 정의주의적 자아가 어떤 기준, 원리 또는 구속력 있는 가치들을 공언하든 간에 그것들은 어떤 기준, 원리, 가치에 의해서도 규정될 수 없는 태도와 선호와 선택의 표현으로서 서술되어야 한다는 것이다. 왜냐하면 태도, 선호, 선택의 표현들은 기준, 원리, 가치에 대한 어떤 복종에도 선행하기 때문이다. 이러한 사실로부터 정의주의적 자아는 하나의 도덕적 책무의 상태로부터 다른 상태로 전환하는 과정에서 어떠한 합리적 역사도 가질 수 없다는 것이 추론된다. 따라서 자아의 내면적 갈등은 필연적으로 어떤 우연적 자의성과 다른 우연적 자의성의 대립의 토대 위에서 이루어진다. 그것은 이 자아를 담고 있는 육체의 연속성과, 그가 할 수 있는 데까지 과거를 모으는 기억의 연속성을 제외하고는 어떤 주어진 연속성도 없는 자아다. 로크, 버클리G. Berkeley, 버틀러J. Butler, 흄의 개인적 정체성에 관한 토론 결과를 통해 우리는 이 연속성들이, 혼자든 공동으로든, 현실적 자아가 확신할 수 있는 정체성과 연속성을 규정하는 데 불충분하다는 사실을 알고 있다.

그렇게 파악된 자아, 즉 한편으로는 사회적 구체화로부터 완전히 분리되고, 다른 한편으로는 자기 자신의 고유한 어떤 합리적 역사도 가지지 않은 자아는 어느 정도 추상적이고 유령적인 성격을 갖고 있는 것처럼 보인다. 그렇기 때문에 이런 방식으로 파악된 자아에 대한 행태주의적 서술도 다른 방식으로 파악된 자아의 서술만큼이나 별로 설득력이 없다는 사실을 언급할 필요가 있다. 추상적이고 유령적인 특성의 출현은 여전히 지속되고 있는 데카르트적 이원론에서 기인하는 것이 아니라, 우리가 정의주의적 자아를 그 역사적 선조들과 비교하면 눈에 들어오는 대립의 정도, 더 정확하게 말하면 상실의 정도에서 기인한다. 왜냐하면 정의주의적 자아를 새롭게 연구할 수 있는 하나의 가능성은 이 자아가 박탈되었다고 보는 것, 즉 한때 자아에 속한다고 여겨졌던 특성들이 제거되었다고 보는 것이기 때문이다. 자아는 이제 어떤 필연적 사회적 정체성도 결여되어 있는 것으로 간주된다. 왜냐하면 자아가 한때 향유했던 종류의 사회적 정체성이 더 이상 존립하지 않기 때문이다. 자아는 이제 기준이 없는 것으로 간주된다. 왜냐하면 자아가 판단하고 행위할 때 한때 기준으로 삼았던 그런 종류의 목표(텔로스, telos)가 더 이상 믿을 만한 것으로 여겨지지 않기 때문이다. 그것들은 어떤 종류의 정체성이고, 어떤 종류의 목표였는가?

많은 전근대적 전통 사회에서 개인이 자기 자신의 정체성을 획득하거나 타인들이 이 사람의 정체성을 확인하는 수단은 다양한 사회집단에 대한 이 개인의 소속이다. 나는 형제이고, 사촌이고, 손자이고, 이 가계와 저 마을 공동체, 그리고 이 부족의 구성원이다. 그것들은 결코 우연히 인간에게 부여된 특성들이 아니며, '진정한 자아'를 발견하기 위해 제거되어야 할 특성들이 아니다. 그것들은 나의 본질의 한 부분으로서, 적어도 부분적으로 그리고 종종 전체적으로 나의 책무와 의무를 정의한다. 개인들은 서로 결합되어 있는 일련의 사회적 관계 내에서 특정한 사회적 공간을 계승한다. 만약 그들에게 이 공간이 결여되어 있다면, 그들은 아무것도 아닌 무의 존재이거나, 아니면 적어도 이방인이거나 추방자가 된다. 그러나 자기 자신을 사회적 인격으로 파악한다는 것은 정태적이고 고정된 지위를 차지한다는 것을 의미하지 않는다. 그것은 그 사람이 특정한 목표를 가진 여정에서 특정한 지점에 처해 있음을 의미할 뿐이다. 삶의 길을 걷는다는 것은 주어진 하나의 목표를 향해 진보한다는 것, 또는 진보하는 데 실패한다는 것이다. 따라서 완성되고 충만한 삶은 성취를 의미한다. 그리고 죽음은 어떤 사람이 자기 자신을 행복하다거나 불행하다고 판단할 수 있는 지점이다. 그렇기 때문에 고대 그리스의 격언은 "그가 죽을 때까지는 어느 누구 보고도 행복하다고 말하지 말라!"는 것이다.

전체의 인간 삶을 객관적이고 비인격적인 가치평가의 토대, 즉 특정한 개인의 행위 및 기획을 평가하는 데 내용을 제공하는 그런 유형의 가치평가의 토대로 생각하는 이러한 생각은 진보 과정, 다시 말해 우리가 그렇게 부를 수 있다면, 현대를 향한 진보 과정의 특정한 지점에서 더 이상 이용할 수 없게 된다. 이 생각은 우리가 알지도 못하는 사이에 사라져버린다. 왜냐하면 그것은 역사적으로는 대체로 상실이라기보다는 자축적인 이익으로서, 즉 한편으로는 현대 사회가 탄생하면서 벗어던진 구속적 위계질서의 사회적 속박으로부터, 그리고 다른 한편으로는 현대가 목적론의 미신으로 간주한 것으로부터 해방된 개인의 출현으로서 찬양되었기 때문이다. 이렇게 말하는 것은 물론 나의 현재 논의로부터 너무 빨리 벗어나는 것을 의미한다. 그러나 본래적 의미에서의 현대적 자아, 즉 정의주의적 자아는 자기 자신의 영역에서는 주권을 획득하지만, 인간의 삶을 특정한 목표를 향해 질서지어져 있는 것으로 파악하는 관점과 사회적 정체성을 통해 제공된 전통적 한계들은 상실한다.

그럼에도 정의주의적 자아는, 내가 이미 암시한 바와 같이, 자신의 고유한 사회적 정의를 획득한다. 이 자아는 특정한 유형의 사회적 질서에 속해 있을 뿐만 아니라 이 질서를 구성하는 한 부분이기도 하다. 이와 같은 사회 질서 속에서 우리는 현재 이른바 선진 국가에 살고 있다. 이 정의주의적 자아의 사회적 정의는 지배적인 사회적 역할을 담당하고 대변하는 저 성격들의 사회적 정의와 대립한다. 현재의 사회세계가, 목표들이 주어진 것으로 간주되고 합리적으로 검증할 수 없는 조직적 영역과, 가치들에 관한 판단과 토론이 핵심적 관점이기는 하지만 문제들을 합리적·사회적으로 해결할 길이 없는 개인적 영역으로 이분되는 것은 사회적 삶의 역할과 **성격들**에 대한 개인적 자아의 관계 속에서 내면화되고 재현된다.

이와 같은 분기分岐 현상은 현대 사회의 본질적 특성들을 이해하는 중요한 열쇠이며, 내부적 정치 논쟁으로 우리가 현혹되지 않을 수 있도록 해주는 핵심적 열쇠이기도 하다. 이러한 논쟁들은 종종 추정된 개인주의와 집단주의의 대립 관계라는 맥락에서 이루어진다. 이 두 가지는 모두 다양한 교조적 형식을 띠고 등장한다. 한편에는 자칭 개인주의적 자유의 주창자들이 나타나고, 다른 한편에는 관료제적 조직을 통해 이용할 수 있는 물품들의 계획과 통제의 자칭 주창자들이 나타난다. 그러나 실제로 중요한 것은 서로 싸우는 양측이 합의하고 있는 부분, 즉 우리에게는 오직 사회적 삶의 두 가지 대안적 형식들이 열려 있다는 사실이다. 하나는 개인들의 자유롭고 자의적인 선택들이 주권적 역할을 하는 형식이고, 다른 하나는 관료제가 너무나 주권적이어서 그것이 개인들의 자유롭고 자의적인 선택 가능성들을 제한할 수 있는 형식이다. 이처럼 포괄적인 문화적 합의가 전제된다면, 현대 사회의 정치가 개인적 행위에 대한 통제의 결여와 다를 바 없는 자유와 오직 자기 이익의 무정부주의를 제한하기 위해 존립하는 집단적 통제의 형식들 사이에서 오가고 있다는 사실은 그리 놀라운 일이 아니다. 한편의 또는 다른 편의 승리는 종종 직접적으로 매우 중요한 결과를 초래한다. 그러나 알렉산드르 솔제니친Aleksandr Solzhenitsyn이 정확하게 인식한 것처럼 두 가지 삶의 방식은 장기적으로는 지탱하기 힘들다. 그러므로 우리가 살고 있는 사회는 관료제와 개인주의가 동료가 되기도 하고 적이 되기도 하는 사회다. 정의주의적 자아가 본래 거처하고 있는 곳은 바로 이와 같은 관료제적 개인주의의 문화적 풍토다.

내가 정의주의적 자아라고 명명한 것에 관한 나의 서술과 도덕적 판단을 다루는 ── 그것이 스티븐슨, 니체 또는 사르트르의 이론이든 간에 ── 정의주의적 이론들에 관한 나의 서술 사이의 유사성은 이제 분명해졌으리라고 희망한다. 두 경우에서 나는 하나의 역사적 변동의 최종 산물로서만 이해될 수 있는 것에 우리가 직면하고 있다고 주장했다. 두 경우에서 나는 이론적 입장들을 서로 대립시켰는데, 이 이론들의 주창자들은 내가 역사적으로 형성된 현대의 특성이라고 생각하는 것을 모든 자아의 모든 도덕적 판단의 초시대적 필연적 특성들이라고 주장한다. 만약 나의 논증이 옳다면, 우리는 설령 우리 중 많은 사람이 그렇게 되었고 또 그렇게 되어간다고 할지라도, 사르트르와 고프먼이 말하는 바와 같은 그런 존재가 아니다. 왜냐하면 우리는 바로 역사적 변형 과정의 마지막 계승자들이기 때문이다.

이러한 자아와 자신의 역할에 대한 자아의 관계가 전통적 실존 양식으로부터 현대의 정의주의적 형식으로 전환하는 일은, 만약 도덕적 담론의 형식들과 도덕의 언어가 동시에 변화하지 않았다면 분명히 일어나지 않았을 것이다. 자아를 규정하고 사회적 역할에 표현을 부여하는 언어의 역사로부터 자아와 그의 역할의 역사를 분리하는 것은 실제로 잘못된 것이다. 우리가 발견하는 것은 단일 역사이지 결코 평행하는 두 개의 역사가 아니다. 나는 처음에 현대의 도덕적 발언을 구성하는 두 가지 핵심적 요소들을 언급했다. 하나는 사람들이 인용하는 개념들의 다양성과 불가공약성이고, 다른 하나는 도덕적 논쟁을 종식시키기 위한 궁극적 원리의 단정적 사용이다. 그렇기 때문에 이러한 도덕적 담론들의 특징들이 어디에서 유래하며, 이 특징들이 어떻게 왜 형성되었는가를 발견하는 것은 나의 탐구의 명백한 전략이다. 이제 나는 이 과제로 방향을 전환하고자 한다.

제4장

우리 선조의 문화와 도덕을
정당화하고자 하는 계몽주의의 기획

내가 여기서 말하고자 하는 것은 도덕을 변화시키고, 파편화하고, 만약 나의 극단적 관점이 옳다면, 본질적으로 대체시킨, 그리고 그렇게 함으로써 특징적 관계 형식과 발언 양식을 갖춘 정의주의적 자아를 가능하게 만들었던 사회사의 가장 중요한 사건들이 철학사의 사건들이었다는 사실이다. 오직 이 역사의 맥락에서만 우리는 오늘날의 일상적 도덕 담론의 특성들이 어떻게 생성되었고, 정의주의적 자아가 어떻게 자신의 표현 수단을 발견할 수 있게 되었는지를 이해할 수 있다. 그렇지만 이것이 어떻게 가능할 수가 있는가? 우리 문화에서 강단철학은 고도로 전문화된 주변적 활동이다. 철학 교수들은 때때로 유용성의 옷을 걸치려 하고, 고등교육을 받은 공중의 일부는 그들이 받았던 교양철학 강의에 대한 토막만화같이 희미한 기억들에 시달린다. 그러나 내가 지금 주장하는 바와 같이, 오늘날 강단철학자들의 전문적 관심을 불러일으키는 몇몇 문제들의 뿌리와 우리의 일상적 사회생활과 실천적 삶에 핵심적인 문제들의 뿌리가 동일하다고 주장한다면, 두 부류의 사람들은 모두, 더 넓은 규모의 대중들은 말할 것도 없고, 이를 놀랍게 생각할 것이다. 더욱이 우리가 이 문제

영역들의 다른 하나를 이해하지 않고서는 어느 것도 해결은 고사하고 이해할 수 없다고 주장한다면, 놀라움에 이어 곧 불신의 마음이 들 것이다.

그러나 만약 이 명제가 역사적 형식으로 제기된다면, 그것은 아마 더 설득력이 있을지도 모른다. 왜냐하면 이러한 주장에 따르면 우리의 일반적 문화뿐만 아니라 강단철학도 그 핵심적 부분에서는, 철학이 사회 활동의 핵심적 형식을 구성했던, 그래서 철학의 역할과 기능이 오늘날 우리가 갖고 있는 것과는 전혀 달랐던 문화의 소산이기 때문이다. 그 문화가 자신의 문제들, 즉 실천적 문제들과 철학적 문제들을 해결하는 데 실패한 것이 우리의 강단철학적 문제와 실천적·사회적 문제들의 형식을 규정하는 데 하나의 핵심적 요소일 뿐만 아니라 아마 **결정적인** 요소라고 나는 주장하고자 한다. 그것은 어떤 문화였는가? 우리 문화와 너무나 가까워서 그 문화의 특수성과 우리 문화와의 차이를 이해하는 것이 항상 그렇게 쉽지 않으며, 그 문화의 통일성과 정합성을 파악하는 것도 용이하지 않다. 거기에는 물론 다른 우연적 이유들이 있다.

우리가 18세기 계몽주의 시대의 통일성과 정합성을 상당히 어렵게 이해할 수밖에 없는 이유 중 하나는 우리가 이 시대를 너무나 자주 일차적으로 프랑스 문화사의 한 단계로 파악하기 때문이다. 프랑스는 실제로 이 문화의 관점에서 보면 계몽국가 중에서 가장 뒤처진 국가다. 프랑스인들은, 그들이 솔직히 공언하는 바와 같이, 영국의 모델을 모범으로 생각했으며, 영국은 거꾸로 스코틀랜드 계몽주의의 성과의 영향을 받았다. 가장 위대한 인물들은 확실히 독일인들이었다. 칸트와 모차르트를 보라. 그러나 지성적 다양성과 규모에 관한 한 독일인조차도 데이비드 흄, 애덤 스미스, 애덤 퍼거 슨Adam Ferguson, 존 밀러John Millar, 케임스 경Lord Kames과 몬보도 경Lord Monboddo을 능가하지 못했다.

프랑스인들에게 결여되었던 것은 세 가지였다. 세속화된 프로테스탄트적 배경, 정부 관리·성직자·아마추어 사상가들을 유일한 일반 독자층으로 결합시켰던 교양계층, 그리고 동부에서는 쾨니히스베르크, 서부에서는 에든버러와 글래스고를 통해 구현되었던 새로운 대학의 유형. 18세기 프랑스 지성인들은 교육을 받았지만 동시에 소외된 지식계급을 형성한다. 이와는 반대로 18세기의 스코틀랜드, 영국, 네덜란드, 덴마크, 프러시아의 지성인들은, 그들이 비록 자신들의 사회세계에 대해 매우 비판적이라고 할지라도, 이 사회세계에 뿌리를 내리고 있다. 우리는 19세기 러시아 지성인들이 등장할 때까지는 어느 곳에서도 18세기 프랑스 지성인들의 닮은꼴을 발견하지 못한다.

이런 이유로 우리가 다루는 것은 주로 북부 유럽의 문화다. 스페인인, 이탈리아인, 그리고 게일어와 슬라브어를 사용하는 사람들은 이 문화에 속하지 않는다. 잠바티스타 비코는 이 문화의 지적 발전에 아무런 역할도 하지 않는다. 이 문화는 물론 북부 유럽 바깥에, 특히 잉글랜드와 스위스에 전초 기지를 갖고 있다. 이 문화는 남부 독일, 오스트리아, 헝가리와 나폴리 왕국에서 영향력이 있다. 그리고 18세기 프랑스 지식층의 대부분은 그들이 처한 상황의 차이에도 불구하고 이 문화에 속하고 싶은 의지를 갖고 있다. 적어도 프랑스 혁명의 첫 단계는 실제로 정치적 수단을 통해 이 북부 유럽 문화에 진입하고, 또 그렇게 함으로써 프랑스의 이념과 프랑스의 사회적·정치적 삶 사이의 간격을 없애려는 시도로 이해될 수 있다. 칸트가 프랑스 혁명을 자신의 사상과 유사한 사상의 정치적 표현으로 인식했다는 것은 확실하다.

그것은 음악적 문화였으며, 이러한 사실과 이 문화의 핵심적인 철학적 문제들 사이에는 통상 생각하는 것보다 훨씬 밀접한 관계가 존립하는지도 모른다. 왜냐하면 우리의 신념과 우리가 오직 또는 주로 노래하는(읊어대는) 문장의 ── 이 문장을 동반하는 음악은 차치하고서라도 ── 상관관계는 우리의 신념과 우리가 주로 말하는, 그것도 단언적 방식으로 말하는 문장들 사이의 상관관계와 전혀 동일한 것이 아니기 때문이다. 만약 가톨릭 미사가 프로테스탄트의 음악회를 위해 사용될 수 있다면, 만약 우리가 복음서에 귀를 기울이는 것은 마테우스가 그것을 썼기 때문이 아니라 바흐가 그것을 썼기 때문이라면, 성서는 신앙과의 전통적 결합이 끊어져버린 방식으로 보존되는 것이다. 그리고 이러한 사실은 자기 자신들을 여전히 신앙인이라고 생각하는 사람들에게조차 어느 정도 해당된다. 물론 신앙과의 어떠한 결합도 존재하지 않았던 것은 아니다. 우리는 바흐 및 헨델의 음악을 기독교적 신앙으로부터 간단히 분리시킬 수 없다. 그러나 종교적인 것과 심미적인 것의 전통적 구별은 희미해졌다. 모차르트의 프리메이슨 운동, 특히 계몽주의 종교 자체는 프로테스탄트적 기독교에 대해 헨델의 〈메시아〉가 그랬던 것처럼 〈마술피리〉와 모순적 관계에 있다.

이 문화에서는 일종의 신앙의 변화가 일어났을 뿐만 아니라, 프로테스탄티즘의 세속화를 통해 대변되는 바와 같이 믿는 사람에게조차도 신앙의 방식에 변화가 일어난다. 핵심적 문제들이 신앙을 정당화하기 위해, 특히 도덕적 믿음을 정당화하기 위해 제기되었다는 사실은 놀라운 일이 아니다. 우리는 판단, 논증, 행위들을 도덕적 범주를 가지고 분류하는 데 너무 익숙해서 이러한 생각이 계몽주의 시대에 비교적 새로운 것이었다는 사실을 망각한다. 계몽주의 시대에 교양 있는 담론의 가장 중요한 언어가 더 이상 라틴어가 아니었다는 ── 라틴어는 지식인의 2차 언어로 남는다 ── 사실을 생각해보라. 고대 그리스어에서와 마찬가지로 라틴어에는 '도덕적'이라는 단어로 번역할 수 있는 어떤 낱말도 없다. 그것은 '도덕적'이라는 우리의 단어가 거꾸로 라틴어로 번역될 때까지는 이에 해당하는 어떤 단어도 없다는 것을 의미한다. 물론 '도덕적moral'이라는 단어는 라틴어 '모랄리스moralis'에서 기원한 것인데, 모랄리스는 이 단어의 기원인 그리스어 '에티코스êthikos'와 마찬가지로 ── 키케로Cicero는 자신의 저서 《운명론De fato》에서 이 그리스어를 번역하기 위해 모랄리스를 도입한다 ── '성격에 속한 것'을 의미한다. 이에 의하면, 어떤 사람의 성격은 다른 어떤 방식보다는 하나의 특정한 방식으로 일관성 있게 행동하고, 하나의 특정한 방식으로 살고자 하는 주어진 성향과 다를 바 없다.

영어에서 '도덕적'이라는 낱말의 사용은 본래 라틴어의 번역이었으며, 그것은 훗날 점차 명사로 사용되어서 어떤 문학적 텍스트의 도덕은 그것이 가르치는 실천적 교훈을 의미했다. 이와 같은 초기의 사용에서 '도덕적'이라는 낱말은 '분별 있는', '이기적인'과 같은 표현뿐만 아니라 '합법적' 또는 '종교적'과 같은 표현들과도 대립적이지 않았다. 의미상 이 단어와 가장 가까운 낱말은 아마 '실천적'일 것이다. 그 이후의 역사에서 이 단어는 대체로 '도덕적 덕'이라는 표현의 한 부분이 되었으며, 점차 자기 자신의 의미를 —— 그 의미가 점점 더 좁아지는 지속적 경향을 갖고 있는 —— 지닌 술어가 된다. 16세기와 17세기에야 비로소 '도덕적'이라는 단어는 눈에 띄게 현대적 의미를 획득하고, 내가 이미 언급한 콘텍스트에서 사용된다. 그것이 가장 제한된 의미로 사용되고, 또 일차적으로 성적인 행동과 관련을 맺게 되는 것은 17세기 후반이다. 그렇다면 어떻게 해서 '비도덕적'이라는 낱말이 '성적으로 단정치 못하다'라는 특별한 관용어법과 동일한 의미를 갖게 되었는가?

이 물음에 대한 대답은 연기되어야 한다. 왜냐하면 도덕 개념이 일반 의미와 특수 의미를 동시에 획득했던 저 역사적 시기에, 다시 말해 1630년에서 1850년 사이에 나타났던, 도덕을 합리적으로 정당화하고자 했던 시도들을 설명하지 않고서는 '도덕적'이라는 낱말의 역사를 올바로 서술할 수 없기 때문이다. 이 시기에 '도덕'은 신학적이지도 않고 법적이거나 심미적이지도 않은 행위의 규칙들에 그들 고유의 문화적 공간이 허용되는 특수한 영역을 지칭하는 이름이 되었다. 신학적인 것과 법적인 것과 심미적인 것으로부터의 도덕적인 것의 분리가 일반적으로 공인된 학설이 되었던 17세기 후반과 18세기에야 비로소 도덕을 합리적으로 정당화하고자 하는 독립적 기획이 몇몇 개별적 사상가들의 과제뿐만 아니라 북유럽 문화의 핵심적 문제가 되었다.

우리 문화의 곤경을 이해할 수 있도록 만드는 역사적 배경을 제공한 것은 바로 이 기획의 실패였다는 것이 이 책의 핵심적 명제다. 이 명제를 정당화하기 위해서는 이 기획과 그 실패의 역사를 조금 상세하게 기억할 필요가 있다. 이 역사를 기술하는 가장 유익한 방법은 이 역사를 거꾸로 서술하고, 본래의 현대적 관점이 처음으로 완전히 발전된 형식으로 나타나는 지점에서 시작하는 것이다. 내가 앞에서 현대의 고유한 관점으로 선택했던 것은 도덕적 논쟁이 양립할 수 없고 불가공약적인 도덕적 전제조건들 사이의 대결로 파악된다는 사실, 또 도덕적 책무는 이와 같은 전제조건들 중에서 아무런 기준 없이 선택하는 것의 표현, 즉 더 이상 합리적으로 정당화될 수 없는 선택이라는 사실이었다. 우리의 도덕 문화에서 이와 같은 자의의 요소는, 그것이 일상적 담론에서 평범한 것이 되기 전에는, 하나의 철학적 발견으로, 우리를 불안하게 만드는 충격적인 발견으로서 제시되었다. 이 발견은 일상적 도덕 담론의 참여자들에게 충격을 주려는 의도로 한 책에서 처음으로 제시되었는데, 이 책은 도덕을 합리적으로 정당화하려는 계몽주의의 체계적 시도의 결과인 동시에 추도사였다. 이 책은 키르케고르의 《이것이냐 저것이냐》다. 만약 우리가 이 책을 이와 같은 역사적 관점에서 읽지 않는다면, 그것은 이 책의 명제가 우리에게 너무나 친숙해서 그것이 탄생한 시대와 장소, 즉 1842년 코펜하겐의 북유럽 문화에 대한 이 책의 놀라운 참신성에 대한 우리의 감각이 무뎌졌기 때문이다.

《이것이냐 저것이냐》는 우리가 주목해야 할 세 가지 핵심적 특성들을 갖고 있다. 첫째는 그 서술 방식과 핵심적 명제 사이의 결합 관계다. 《이것이냐 저것이냐》는 키르케고르가 여러 가면을 씀으로써 새로운 문학의 장르를 발명한 책이다. 키르케고르는 자아를 분할해 여러 가면을 씌우고 ── 각각의 가면들은 독립적인 자아를 서술한다 ── 그렇게 함으로써 그 어떤 전통적 드라마 형식에서보다 직접적이고 친밀하게 현재하면서도 자신의 자아를 분할함으로써 자신의 고유한 현재를 부정하는 새로운 문학의 장르를 창조한 최초의 작가는 아니었다.《라모의 조카》의 디드로가 이와 같은 새로운 현대적 장르의 최초의 대가였다. 그러나 우리는 블레즈 파스칼Blaise Paskal이《팡세Pensées》에서 의도했던 회의적 자아와 기독교적 자아 사이의 논쟁에서 ── 우리는 이 논쟁의 조각난 단편들만을 가지고 있다 ── 디드로와 키르케고르의 선구자를 발견할 수 있다.

《이것이냐 저것이냐》의 익명적 형식을 구상할 때 키르케고르의 명시적 의도는 독자들에게 궁극적 선택을 설정하는 것이었다. 그 자신은 스스로 하나의 자아로서 나타나지 않았기 때문에 그 어떤 대안도 권유할 수 없었다. A는 심미적 생활 방식을 추천하고, B는 윤리적 생활 방식을 권유한다. 빅토르 에레미타Victor Eremita는 이 두 방식들의 목록을 편집하고, 이에 대한 주석을 달고 있다. 윤리적인 것과 심미적인 것 사이의 선택은 선과 악 사이의 선택이 아니다. 그것은 우리가 과연 선과 악의 범주로 결단을 내려야 하는가 하는 선택이다. 키르케고르가 서술하는 바에 의하면, 심미적 생활 방식의 핵심은 현재 경험의 직접성 속에서 자아를 상실하고자 하는 시도다. 심미적 표현의 패러다임은 자신의 정념 속으로 침잠해버린 낭만주의적 연인이다. 이와는 반대로 윤리적인 것의 패러다임은 결혼, 즉 오랜 기간의 구속과 책무의 상태다. 이 상태에서는 현재는 과거에 의해, 그리고 미래를 향해 묶여 있다. 두 가지 생활 방식에는 모두 서로 다른 개념들, 타협 불가능한 태도들, 경쟁적 전제조건들이 철저하게 배어들어 있다.

누군가가 이 생활 방식들 중에서 하나를 선택해야 하지만 아직 어느 것도 택하지 않았다고 가정해보자. 그가 어느 하나를 다른 것보다 선호해야 할 이유가 그에게 제시되지 않을 수 있다. 만약 어떤 주어진 이유가 윤리적 생활 방식을 지지한다면 — 그런 방식으로 사는 것은 의무의 요구에 종사하는 것이거나, 도덕적 완성을 목표로 받아들임으로써 자신의 행위에 특정한 의미를 부여하는 것을 의미한다 — 아직까지 윤리적 생활 방식도 심미적 생활 방식도 선택하지 않은 사람은 과연 이 이유를 설득력 있는 것으로 볼 것인가 아닌가를 여전히 선택해야 한다. 만약 그 이유가 그를 설득했다면, 그는 이미 그가 가설적으로 가지고 있지 않은 윤리적 생활 방식을 선택한 것이다. 심미적 생활 방식을 지지하는 이유들도 마찬가지다. 아직 선택하지 않은 사람은 그 이유들을 설득력 있는 것으로 간주해야 할지 아닐지를 선택해야 한다. 그는 여전히 자신의 제일 원리를 선택해야만 하는 것이다. 그런데 그것들은 논증의 연쇄고리에서 다른 것들에 선행하는 제일 원리들이기 때문에 이들을 지지하기 위해 더 이상의 궁극적 이유들이 제시될 수 없다.

키르케고르 스스로는 이 입장들 중 어느 것도 지지하지 않는다. 왜냐하면 그는 A도 아니고 B도 아니기 때문이다. 키르케고르가 이 두 입장 중 어느 하나를 선택할 수 있는 어떤 합리적 근거도 없다는, 즉 이것인가 아니면 저것인가의 선택이 궁극적이라는 견해를 대변하고 있다고 우리가 생각한다면, 그는 이 역시 부정할 것이다. 왜냐하면 그는 A도 아니고 B도 아닌 것과 마찬가지로 빅토르 에레미타도 아니기 때문이다. 그러나 그는 동시에 어디에나 현재하고 있다. 그가 B의 입을 빌려 말하는 신념, 즉 심미적인 것과 윤리적인 것 중에서 선택해야 하는 사람은 실제로는 윤리적인 것을 선택하는데, 그것은 진지한 선택의 힘과 열정이 선택하는 사람을 윤리적인 것으로 인도하기 때문이라는 신념 속에서 우리는 아마 가장 자주 그의 존재를 발견할 수 있을 것이다(키르케고르는 여기서 거짓을 말하고 있다고 나는 생각한다. 심미적인 것을 선택해야 하는 부담이 윤리적인 것의 선택과 마찬가지로 비록 열정에 의해 괴롭힘을 당한다고 할지라도 심미적인 것이 진지하게 선택될 수 있다고 주장한 사람이 만약 키르케고르라면 그렇다. 나는 여기서 특히 나의 아버지 세대의 청년들을 생각한다. 그들은 제1차 세계대전의 격전지인 이프르[벨기에 서부 프랑스와의 접경지]와 솜[프랑스 북부의 주] 지역의 대량학살 시 참호에서 죽은 자신의 친구들과 함께 자신들이 가지고 있던 예전의 윤리적 원칙들이 매장되는 것을 보고, 그들에게 의미 있는 것은 더 이상 아무것도 없으리라는 확고한 신념을 가지고 돌아왔으며, 1920년대의 심미주의적 평범성을 만들어냈다).

《이것이냐 저것이냐》와 키르케고르의 관계에 관한 나의 설명은 물론 키르케고르가 훗날 회고하면서 자신의 저서들을 하나의 통일적 소명의 시각에서 해석했을 때 스스로 제시했던 것과는 근본적으로 다르다. 루이스 매키Louis Mackey와 그레고르 맬란척Gregor Malantschuk과 같은 우리 시대 최고의 키르케고르 해석자들은 이 점에서는 적어도 키르케고르의 자화상을 지지한다. 그러나 우리가 1842년과 그해 말의 키르케고르의 태도와 관련해 가지고 있는 모든 논거들을 고찰하면 ──《이것이냐 저것이냐》의 텍스트와 익명의 이름들은 아마 모든 것들 중에서 최선의 논거일 것이다 ── 그들은 자신들의 입장을 견지하기가 어렵다고 내게는 여겨진다. 키르케고르는 1845년의《철학적 단편Philosophiske Smuler》에서 우리가 어떻게 절대적 기독교인이 될 수 있는가를 설명하기 위해 절대적이고 궁극적 선택이라는 새로운 사상을 끌어낸다. 이 시기에 윤리적인 것에 관한 그의 성격 규정 역시 철저하게 변화한다. 이러한 사실은 이미 1843년《공포와 전율*Frygt og Bæven*》에서 충분히 분명해졌다. 그러나 1842년에 그는 여전히 자신의 새로운 사상에 대해 애매모호한 관계를 취했다 ── 그는 이 사상의 창시자였으며, 동시에 자신의 창시자적 관계를 부정한다. 그것은 이 사상이《이것이냐 저것이냐》에서 이미 키르케고르의 주요 공격 대상의 하나였던 헤겔 철학에 배치되었기 때문만은 아니었다. 이 사상은 ── 만약 그것 자체가 합리적으로 부정될 수 없다면 ── 합리적·도덕적 문화의 전체 전통을 파괴한다.

우리가 이제 관심을 기울여야 할《이것이냐 저것이냐》의 두 번째 특징은 절대적 선택의 개념과 윤리적인 것의 개념 사이에 있는 깊은 내면적 모순과 ── 이 모순은 부분적으로는 이 책의 형식에 의해 은폐되어 있다 ── 관계가 있다. 윤리적인 것은 원리들이 우리의 태도, 선호, 감정과는 관계없이 우리에게 권위를 갖고 있는 영역으로 서술된다. 내가 특정한 순간에 어떻게 느끼는가 하는 것은 내가 어떻게 살아야 하는가 하는 문제와 아무런 관련이 없다. 그렇기 때문에 결혼은 윤리적인 것의 표본이다. 버트런드 러셀Bertrand Russell은, 그가 1902년 어느 날 자전거를 타고 있을 때 자신의 첫 번째 부인을 더 이상 사랑하지 않는다는 사실을 갑자기 깨달았으며, 이러한 인식에 뒤이어 결혼이 점차 파경에 이르게 되었다고 서술했다. 키르케고르는 아마 이러한 태도, 즉 자전거를 타다 그것이 없다는 사실을 문득 발견할 수 있는 그런 태도는 심미적 반응에 불과하며, 그러한 경험은 결혼이 포함하고 있는 책무에 대해서뿐만 아니라 결혼을 규정하는 도덕적 명령의 권위에 대해서도 아무런 중요성을 가지고 있지 않다고, 분명 정당하게, 말할 것이다. 그렇다면 윤리적인 것은 이런 종류의 권위를 어디에서 도출하는가?

이 물음에 답하기 위해 우리로 하여금 어떤 원리를 권위주의적이라고 볼 것인가 아니면 비권위적이라고 볼 것인가를 선택하도록 하는 그런 원리가 어떤 종류의 권위를 갖고 있는가를 고찰해보자. 예컨대 나는 단식과 결합된 금욕주의적 생활 방식을 따르기로 선택할 수 있다. 그리고 나는 이와 같은 선택을 건강이나 종교의 이유에서 할 수 있다. 이러한 원리들이 어떤 권위를 갖고 있는가는 나의 선택의 근거로부터 도출된다. 그것들이 좋은 근거들이라면 원리들은 이에 상응하는 권위를 가지며, 그것들이 별로 좋은 근거들이 아니라면 원리들은 이에 상당하는 정도의 권위를 박탈당할 것이다. 따라서 우리는 어떠한 근거도 제시할 수 없는 선택의 원리는 권위가 없는 원리라는 결론을 내릴 수 있다. 나는 대체로 일시적 기분 및 충동 또는 자의적 결단으로 이러한 원리들을 채택할 수 있다. 나는 단지 우연히 그렇게 행위하고 싶을 수도 있다. 그러나 만약 내가 하고 싶을 때면 언제나 원리를 포기하기로 선택한다면, 나는 그렇게 행위하는 데 완전히 자유로울 것이다. 그러한 원리는 —— 이것을 원리라고 부르는 것은 아마 언어의 오용일 것이다 —— 분명히 키르케고르의 심미적 영역에 속할 것이다.

그런데《이것이냐 저것이냐》의 학설은, 윤리적 생활 방식을 특징짓는 원리들은 어떤 특정한 이유에서 수용되는 것이 아니라 모든 근거들을 넘어서는 선택에서 수용된다는 의미로 단순화될 수 있다. 왜냐하면 그것은 우리에게는 근거로서 타당성이 있는 선택이기 때문이다. 그렇지만 윤리적인 것은 우리에게 권위를 가져야 한다. 우리가 오로지 한 가지 이유에서 채택하는 것이 우리에게 어떻게 권위를 가질 수 있는가? 키르케고르의 이론에서 모순은 명백하다. 이 점에 대해 누군가는 아무런 근거가 없을 때만 우리는 권위에 의존한다고 반박할 수 있을 것이다. 우리는 어쩌면, 예를 들면 근거가 무너지는 시점에서, 기독교적 계시의 수호자들의 권위에 호소할지도 모른다. 그렇게 되면 권위의 개념과 근거의 개념은, 나의 논증에 따라 기대할 수 있는 것과 같이, 서로 밀접하게 결합되어 있는 것이 아니라 상호 배척한다. 그러나 근거를 배척하는 이 권위에 관한 개념은, 내가 이미 천명한 바와 같이, 그 자체가 — 비록 예외 없는 것은 아니라고 할지라도 — 현대에 고유한 개념이다. 그것은 권위의 개념이 낯설기 때문에 권위에의 호소 자체가 비합리적인 것으로 보이는 문화에서 형성되었다. 그러나 윤리적인 것의 전통적 권위는 키르케고르에 의해 계승되고 있는 문화에서는 결코 우연적인 것이 아니다. 그리고 윤리적인 것이 키르케고르가 서술하고 있는 바와 같이 존재해야 한다면, 윤리적인 것 속에 구현되어 있는 것은 바로 이 권위에 관한 전통적 개념이다(절대적 선택의 사상을 최초로 발전시킨 키르케고르의 저서에서 바로 근거와 권위 사이의 연결고리가 파괴되어 있다는 것은 놀라운 일이 아니다).

　나는 《이것이냐 저것이냐》에는 뿌리 깊은 모순이 자리 잡고 있다는 것을 논증했다. 만약 윤리적인 것이 하나의 토대를 갖고 있다면, 그것은 결코 절대적 선택의 개념을 통해 제공될 수 없다. 키르케고르가 왜 이와 같이 모순된 입장에 도달했는가 하는 문제를 다루기 이전에 나는 먼저 《이것이냐 저것이냐》의 셋째 특징을 언급하고자 한다. 그것은 윤리적인 것에 관한 키르케고르의 설명이 갖고 있는 보수적이고 전통적인 성격이다. 우리 문화에서 절대적 선택 개념의 영향은 우리가 **어떤** 윤리적 원리들을 선택해야 하는가 하는 딜레마에서 나타난다. 우리는 서로 경쟁하고 있는 도덕적 대안들을 거의 견딜 수 없을 정도로 의식하고 있다. 그러나 키르케고르는 절대적 선택의 사상을 아무런 의심 없이 수용하는 윤리적인 것의 사상과 결합시킨다. 보편화될 수 있는 도덕적 원리들 속에 구현되어 있는 약속의 준수, 진리의 발언, 선의는 아주 간단한 방식으로 이해된다. 윤리적 인간은, 그가 일단 자신의 기초적 선택을 했다면, 커다란 해석의 문제를 갖지 않는다는 것이다. 이러한 사실을 인지한다는 것은 키르케고르가 계승된 예전의 삶의 방식에 대한 새로운 실천적·철학적 토대를 제공하고 있다는 것을 인식하는 것을 의미한다. 키르케고르 입장의 핵심에 있는 비정합성을 설명해주는 것은 아마 이와 같은 전통과 새로운 것의 결합일지도 모른다. 바로 이 새로운 것과 전통의 지극히 모순적인 결합이, 내가 앞으로 서술하겠지만, 도덕에 대한 합리적 토대와 도덕의 정당화를 제공하고자 하는 계몽주의 기획의 논리적 산물이다.

　이것이 왜 그러한가를 이해하기 위해서는 키르케고르로부터 칸트로 되돌아갈 필요가 있다. 헤겔에 대한 키르케고르 자신의 중단 없는 논박 때문에 사람들은 그가 칸트에 빚지고 있다는 사실을 너무나 쉽게 간과한다. 신의 존재 증명에 관한 칸트의 논고와 합리적 종교 구성에 관한 칸트의 견해는 기독교에 관한 키르케고르의 서술의 배경을 이룬다. 칸트의 도덕철학은 마찬가지로 윤리적인 것에 관한 키르케고르의 고찰에서 핵심적 배경을 이룬다. 심미적 생활 방식에 관한 키르케고르의 서술에서 경향심에 관한 칸트의 문학적으로 천재적인 서술을 인식하는 것은 그렇게 어렵지 않다 —— 우리가 칸트를 어떻게 평가하든 간에 그의 업적을 지나치게 평가하는 것은 힘들다. 그는 역사상 다른 모든 철학자들과 마찬가지로 분명 문학적 천재는 아니었다. 그러나 키르케고르가 자신의 우아하지만 항상 투명하지는 않은 덴마크어의 기원을 발견한 곳은 바로 칸트의 정직하고 담백한 독일어에서였다.

칸트의 도덕철학의 핵심에는 믿을 수 없을 정도로 간단한 두 가지 명제가 있다. 만약 도덕법칙들이 합리적이라면, 그것들은 산수법칙들이 그런 것처럼 모든 합리적 존재들에게 동일해야 한다. 그리고 만약 도덕법칙들이 모든 합리적 존재들에게 구속력이 있다면, 도덕법칙들을 수행할 수 있는 이 존재들의 우연적 능력은 중요하지 않다. 중요한 것은 이 법칙들을 수행하고자 하는 그들의 의지다. 그렇기 때문에 도덕을 정당화하고자 하는 계몽주의의 기획은, 도덕법칙의 진정한 표현으로서 의지를 구속하는 준칙들과 이러한 방식으로 도덕법칙에 일치하지 않는 준칙들을 구별할 수 있는 일종의 합리적 검증을 발전시키고자 하는 기획이다. 칸트는 물론 **어떤** 준칙들이 실제로 도덕법칙의 표현인가 하는 점에 관해 추호의 의심도 가지지 않는다. 덕이 있는 단순한 남자와 여자들은 결코 철학이 그들에게 선의지가 어디에 근거하고 있는지 말해주기를 기다릴 필요가 없다. 칸트는 그가 자신의 올곧은 부모에게서 배웠던 준칙들이 합리적 검증을 통해 검증되어야만 하는 준칙들이라는 사실을 한순간도 의심하지 않았다. 그러므로 칸트 도덕의 내용은 키르케고르 도덕의 내용과 마찬가지 방식으로 보수적이다. 그리고 그것은 우리를 놀라게 하지 않는다. 비록 쾨니히스베르크에서의 칸트의 루터교적 유년기가 코펜하겐에서의 키르케고르의 루터교적 유년기보다 백여 년 앞서 있지만, 두 사람은 동일한 도덕적 유산을 통해 특징지어진다.

따라서 칸트는 한편으로는 특정한 준칙들을 소유하고 있으며, 다른 한편으로는 이 준칙들에 대한 합리적 검증이 어떠해야 하는가에 관한 생각을 갖고 있다. 그것은 어떤 종류의 생각이며, 어디에서 도출되는가? 칸트가 무엇 때문에 유럽적 전통에서 커다란 영향력을 가졌던 검증 방식에 관한 두 가지 생각들을 거부했는가를 고찰하면 우리는 이 물음에 대한 대답에 가장 가까이 접근할 수 있다. 한편으로, 칸트는 그것을 준수하는 것이 과연 궁극적으로 합리적 존재의 행복을 산출하는가 하는 물음을 통해 하나의 제안된 준칙을 검증하는 것을 거부한다. 칸트는 모든 사람이 실제로 행복을 바란다는 데 대해 추호의 의심도 하지 않았다. 그리고 칸트는 우리가 생각할 수 있는 최고의 선이 개인의 도덕적 완성이며, 그것의 정점은 그가 마땅히 받을 만한 행복을 통해 장식된다는 사실을 의심치 않았다. 그럼에도 칸트는 행복에 관한 우리의 **관념**은 너무나 애매모호하고 가변적이어서 우리가 신뢰할 수 있는 도덕적 전범이 될 수 없다고 생각한다. 그 밖에도 우리의 행복을 보장하도록 되어 있는 모든 명령은 오직 제한적으로만 타당한 법칙의 표현이다. 이 명령은 아마 그 행위가 실제로 행복을 가져오는 한에서만 이런저런 행위를 하라고 지시할 것이다. 이와는 반대로 칸트는 도덕법칙의 모든 진정한 표현들이 무조건적으로 정언적인 성격을 띠는 경우를 생각한다. 그것들은 우리에게 가설적으로 명령하지 않는다. 그것들은 우리에게 간단히 명령하는 것이다.

그러므로 도덕은 우리의 욕망에 근거할 수 없는 것이다. 그러나 도덕은 우리의 종교적 신념 속에서도 어떤 토대를 발견할 수 없다. 칸트가 거부하는 두 번째 전통적 견해는 주어진 하나의 준칙 또는 명령에 대한 검증은 그것이 과연 신에 의해 명령된 것인가를 고찰함으로써 이루어질 수 있다는 것이다. 칸트의 견해에 의하면, 신이 이런 저런 행위를 명령했다는 사실로부터 결코 우리가 이런저런 행위를 해야 한다는 결론이 추론될 수 없다. 우리가 이러한 결론에 정당하게 도달하기 위해서는 우리는 신이 명령한 것을 항상 실천해야 한다는 사실을 알고 있어야 한다. 그러나 이 후자의 것, 즉 신이 명령한 것을 우리는 알 수 없다. 우리 자신이 신의 명령과는 아무런 관계가 없는 하나의 도덕적 척도를 가지고 있어서, 우리가 이를 통해 신의 행위와 말을 평가함으로써 그것들이 도덕적으로 따를 만한 가치가 있다고 생각할 수 있는 경우를 제외한다면 말이다. 그러나 우리가 만약 이와 같은 척도를 소유하고 있다면, 신의 명령들은 물론 불필요해진다.

우리는 여기서 이미 자신을 키르케고르의 직접적인 선구자로 만드는 칸트 사유의 보다 커다랗고 분명한 특징들을 인식할 수 있다. 행복 추구의 영역은 도덕의 영역과 엄격하게 분리된다. 그리고 이 두 영역은 다시금 신적 도덕과 명령의 영역으로부터 예리하게 분리된다. 더욱이 도덕명령들은 훗날 키르케고르에게서 윤리적인 것을 서술하는 것과 동일한 명령들이다. 그것들은 또한 동일한 종류의 존경심을 불러일으켜야 한다. 그러나 키르케고르에게는 윤리적인 것의 토대가 선택에 있다면, 칸트는 이 토대를 이성 속에서 발견한다.

칸트에 따르면, 실천이성은 결코 자신의 바깥에 있는 기준을 사용하지 않는다. 실천이성은 경험으로부터 도출된 어떤 내용에도 호소하지 않는다. 그렇기 때문에 행복의 사용 또는 신의 계시적 의지의 간구에 대한 칸트의 독립적인 반박들은 이성의 힘과 기능에 관한 칸트의 견해 속에 수반된 입장을 강화한다. 실천이성이 보편적이고 정언적이고 일관성 있는 원리들을 정한다는 것은 실천이성의 본질에 속한다. 그렇기 때문에 합리적 도덕은 모든 사람들에 의해 상황과 조건에 관계없이 수용될 수 있고 수용되어야 하는, 그리고 모든 합리적 존재들에 의해 모든 경우에 일관성 있게 준수될 수 있는 원리들을 설정해야 한다. 따라서 설정된 준칙에 대한 검증은 다음과 같이 쉽게 서술될 수 있다. 모든 사람이 항상 그 준칙에 따라 행위하기를 우리는 일관성 있게 원할 수 있는가, 아니면 그럴 수 없는가?

우리는 도덕적 준칙들에 대한 결정적 검증을 서술하고자 하는 이 시도가 성공적인지 아닌지를 어떻게 결정할 수 있는가? 칸트는 스스로 "항상 진리를 말하여라", "항상 너의 약속을 지켜라", "곤경에 처해 있는 사람들에게 자선을 베풀어라", "자살을 하지 말라"와 같은 준칙들이 자신의 검증을 통과한 반면, "그것이 너에게 이익이 되는 한에서만 너의 약속을 지켜라"와 같은 준칙들은 실패한다는 것을 보여주려고 시도한다. 그러나 이러한 사실을 외견상으로나마 보여주기 위해서 칸트는 잘 알려진 바와 같이 나쁜 논증을 사용해야 한다. 이 논증의 정점은 다음과 같은 주장이다. "고통의 전망이 행복의 전망보다 더 크다면 스스로 목숨을 끊어라"라는 준칙을 선택한 사람은 일관성이 없는데, 그것은 그와 같은 의지가 모든 사람에게 깊이 심어진 삶의 충동에 배치되기 때문이다. 그것은 마치 "나는 항상 머리를 짧게 깎는다"는 준칙을 선택한 사람은 일관성이 없는데, 그것은 이와 같은 의욕이 우리 모두에게 주어진 머리카락의 성장 충동에 배치되기 때문이라고 주장한 것과 같다. 그러나 칸트 자신의 논증이 커다란 오류를 함축하고 있다는 사실만이 문제되는 것은 아니다. 수많은 비도덕적 준칙들과 진부한, 즉 도덕적이지 않은 준칙들 역시 칸트의 시험을 통해 칸트 자신이 지지하고자 하는 준칙들과 마찬가지로 설득력 있게, 어떤 경우에는 그보다 더욱 설득력 있게 검증될 수 있다는 사실을 쉽게 인식할 수 있다. "한 가지를 제외하고는 모든 약속을 너의 생애 내내 지켜라", "그릇된 종교적 신앙을 갖고 있는 모든 사람을 박해하여라", "3월에는 월요일마다 조개를 먹어라"와 같은 준칙들은 모두 칸트의 시험을 통과한다. 왜냐하면 이 모든 것은 일관성 있게 보편화될 수 있기 때문이다.

이에 대해 누군가는 칸트의 발언으로부터 끄집어낸 이와 같은 추론은 결코 칸트가 의도한 것일 수 없다고 대답할 수도 있을 것이다. 그것은 분명 칸트가 생각했던 것이 아니었다. 왜냐하면 그는 일관성 있는 보편화 가능성에 대한 자신의 검증이 하나의 규정적인 도덕적 내용을 갖고 있으며, 이 내용은 그와 같이 일반적이고 진부한 준칙들을 배제한다고 믿었기 때문이다. 칸트가 이렇게 믿은 것은 그가 보편화 가능성이라는 의미에서 정식화된 정언명법이 전혀 다른 표현과 일치한다고 생각했기 때문이다. "네가 인류를, 너 자신의 인격뿐만 아니라 다른 모든 사람의 인격에서도 결코 수단으로 사용하지 않고 항상 목적으로 대할 수 있도록 그렇게 행위하여라."

이러한 서술이 도덕적 내용을 갖고 있다는 것은 분명하다. 그렇지만 그것은 우리가 이 서술을 추가적인 설명으로 보완하지 않는다면 너무나 명확하지 않다. 모든 사람을 목적으로 대하지 수단으로 사용하지 말라는 요청으로 칸트가 말하고자 하는 것은 다음과 같은 것처럼 보인다 ── 정의주의와의 대립을 뚜렷이 보여주기 위해 칸트의 도덕철학을 사용했을 때 나는 이를 이미 언급한 바 있다. 나는 어떤 사람에게 그렇게 행위해야 할 이유를 제시해주거나 그에게 비합리적 방식으로 영향을 주고자 시도함으로써 특정한 행위 방식을 제안할 수 있다. 내가 만약 전자를 행한다면, 나는 그를 —— 내가 받을 만한 존경을 마찬가지로 받을 가치가 있는 —— 합리적 의지로서 대하는 것이다. 왜냐하면 그에게 이유를 제시함으로써 나는 그가 스스로 평가할 수 있는 비인격적 관점들을 제시하는 것이기 때문이다. 어떤 이유를 정당한 이유로 만드는 것은 주어진 상황에서 누가 그것을 말하는가 하는 것과 전혀 관계가 없다. 행위자가 어떤 이유가 정당한 이유인가 아닌가를 결정할 때까지는 행위할 이유를 가지고 있지 않은 것이다. 이와는 반대로 비합리적 설득의 시도는 행위자를, 그의 이성을 고려하지 않고, 나의 의지의 단순한 수단으로 만들고자 하는 시도를 서술한다. 여기서 칸트가 요청하는 것은 《고르기아스 *Gorgias*》의 플라톤을 따르는 일련의 도덕철학자들이 요청하는 바로 그것이다. 그러나 칸트는 이 입장을 채택해야 할 어떤 정당한 이유도 제시하지 않는다. 나는 일관성의 원칙을 해치지 않고서도 이 입장을 간단히 무시할 수 있다. "나 이외의 모든 사람은 수단으로 이용될 수 있다"는 준칙은 물론 비도덕적일 수 있지만, 일관성이 없는 것은 아니다. 그리고 이 준칙에 따라 사는 이기주의자들의 세계를 바란다고 해서 비일관적인 것은 아니다. 개개인이 모두 이 준칙에 따라 산다면, 그것은 모든 사람에게 불편할지도 모른다. 그러나 그것이 불가능한 것은 아니며, 편리와 불편에 대한 고찰은 칸트가 모든 도덕적 고찰로부터 배제하고자 노력했던 행복에 대한 권고적 언급을 끌어들이는 것일 것이다.

도덕의 준칙을 자신이 이성이라고 간주했던 것 위에 정초하려는 칸트의 시도는 도덕준칙의 토대를 선택의 행위에서 발견하고자 했던 키르케고르의 시도가 그랬던 것처럼 확실히 실패할 것이다. 그리고 두 실패는 서로 밀접하게 결합되어 있다. 키르케고르와 칸트는 그들의 도덕 개념에서 일치한다. 그러나 키르케고르는 도덕을 합리적으로 정당화하려는 시도가 실패했다는 통찰을 가지고 이 개념을 수용하는 것이다. 칸트의 실패는 키르케고르의 출발점이었다. 이성이 담당할 수 없었던 과제를 받아들이기 위해서는 선택의 행위가 첨가되어야 했다. 그러나 키르케고르의 선택을 칸트의 이성에 대한 보완으로 파악한다면, 우리는 거꾸로 칸트 역시 그 이전의 철학적 일화에 대한 반응이었다는 사실을 이해해야 한다. 이성에 대한 칸트의 호소는 욕망과 정념에 대한 디드로와 흄의 호소의 역사적 산물이자 후예였다. 키르케고르의 기획이 칸트의 실패에 대한 대답이었던 것처럼, 칸트의 기획은 그들의 실패에 대한 역사적 대답이었다. 그렇다면 이전의 실패는 어디에 그 원인이 있는 것인가?

우리는 우선 디드로와 흄이 도덕의 내용에 관한 키르케고르와 칸트의 견해를 대부분 공유하고 있다는 사실을 언급해야 한다. 그들이 키르케고르와 칸트와는 달리 자신들을 기꺼이 철학적 급진주의자들로 생각했다는 사실을 상기한다면, 그것은 더욱 놀라운 일이다. 그렇지만 그들의 급진주의적 제스처가 무엇이었든 간에 흄과 디드로는 전체적으로 도덕적 보수주의자들이었다. 흄은 자살에 대한 전통적 기독교적 금지를 폐지할 용의가 있지만, 약속과 소유에 관한 그의 견해들은 칸트와 마찬가지로 비타협적이다. 디드로는 진정한 인간 본성은 그가 폴리네시아 원주민들의 난혼적 성생활로서 묘사했던 것속에 나타날 뿐만 아니라 이를 통해 도움을 받고 있다고 생각한다고 고백한다. 그러나 파리는 폴리네시아가 아니며, 《라모의 조카》에서 디드로가 그렇게도 자기 자신과 동일시하는 나, 즉 **철학자**는 칸트의 의무와 키르케고르의 윤리 개념의 추종자들이 가지고 있는 것처럼 결혼, 약속, 진리, 양심에 대해 완고한 견해를 갖고 있는 관습적 부르주아적 도덕주의자라는 사실은 그에게 너무나 명확하다. 그런데 디드로는 이를 비단 이론에서만 대변하고 있는 것이 아니다. 자신의 딸들의 교육에서도 그의 실천은 그의 대화편의 '선량한 부르주아'와 정확히 일치한다. 그가 철학자의 인물을 통해 대변하고 있는 견해는 바로 이것이다. 근대 프랑스에서 우리 모두가 계몽된 시각으로 우리의 욕망을 추적한다면, 우리는 장기적으로 보수적 도덕법칙들이 대체로 그들의 토대인 욕망과 정념에 호소함으로써 정당화될 수 있는 법칙들이라는 사실을 점차 보게 될 것이다. 이에 대해 청년 라모는 세 가지 대답을 할 것이다.

첫째, 직접적인 것의 고찰이 충분히 유혹적인 견해를 제공한다면, 우리가 무엇 때문에 장기적인 시기를 고려해야 하는가? 둘째, **철학자**의 견해는 장기적인 경우에도 도덕법칙들이 우리의 욕망과 일치할 때에만 우리가 그것들을 준수해야 한다는 것을 포함하고 있지 않는가? 그리고 셋째, 모든 개인과 모든 계급은 자기 자신의 욕망만을 생각하고, 또 이를 충족하기 위해 서로 약탈하는 것이 세상이 돌아가는 법칙이 아닌가? **철학자**가 원리, 가정, 질서가 잘 이루어진 자연적·사회적 세계를 보는 곳에서 라모는 이것들을 단지 자기애, 유혹, 약탈적 의도들의 인위적 위장으로 파악한다.

철학자에 대한 라모의 도전은 물론 디드로 자신의 사유 범주 내에서만 극복될 수 있는 것이 아니다. 왜냐하면 이들을 갈라놓는 것은 우리의 욕망들 중에서 어떤 것이 행위의 정당한 지침으로 인정될 수 있으며, 또 다른 한편으로 어떤 것이 제어되고, 좌절되거나 변화되어야만 하는가 하는 물음이기 때문이다. 이러한 물음은 물론 우리의 욕망 자체를 일종의 기준으로 사용함으로써 대답될 수 없다. 우리는 실제로든 잠재적으로든 수많은 욕망을 가지고 있으며, 그중 많은 것들은 서로 갈등을 일으킬 뿐만 아니라 양립할 수 없기 때문에, 우리는 경쟁적 욕망들의 경쟁적 요청들 중에서 선택해야 한다. 우리는 우리의 욕망을 어떤 방향으로 계속 발전시켜야 하며, 우리의 다양한 충동, 지각된 욕구들, 감정들과 목적들을 어떻게 질서지어야 할 것인가를 결정해야 한다. 그렇기 때문에 우리로 하여금 우리의 도덕법칙을 포함한 우리 욕망들의 요청들 중에서 하나를 결정하고 질서지을 수 있도록 만드는 규칙들 자체는 그들이 중재해야 할 욕망들로부터 도출될 수 없으며, 또 그것들을 지시함으로써 정당화될 수 없다.

디드로 자신은 다른 곳에서 ──《부갱빌 여행기 보유 *Supplément au voyage de Bougainville*》에서 ── 인간에게 자연스러운 욕망들, 즉 그의 이야기 속 상상의 폴리네시아 원주민들이 따르는 욕망들과 문명이 우리의 내면 속에서 번식시킨 인위적으로 산출되고 부패한 욕망들을 구별하려고 시도한다. 그러나 이와 같은 구별을 함으로써 그는 도덕의 토대를 인간의 생리적 본성에서 발견하고자 하는 자신의 시도를 스스로 위태롭게 만든다. 왜냐하면 그는 스스로 욕망들을 구별할 수 있는 토대를 찾아야 하기 때문이다. 《부갱빌 여행기 보유》에서 그는 자신의 명제에 내포된 함의의 인정을 피할 수 있다. 그러나 《라모의 조카》에서 그는 양립할 수 없는 경쟁적 욕망들이 존재하며, 또 양립할 수 없는 경쟁적 욕망의 규제들이 존재한다는 사실을 인정할 수밖에 없다.

　그러나 물론 디드로만 실패하는 것은 아니다. 흄에 의해 제시된 것과 같은 더욱 발달된 철학적 설명 역시 디드로가 도덕을 정당화하는 데 방해가 되는 동일한 난관들을 피할 수 없다. 흄은 자신의 입장을 위해 제시할 수 있는 강한 경우를 서술한다. 디드로와 마찬가지로, 흄은 개개의 도덕적 판단들을 감정과 정념의 표현으로 이해한다. 왜냐하면 우리로 하여금 행위하도록 만드는 것은 정념이지 이성이 아니기 때문이다. 그러나 그는, 디드로와 마찬가지로, 우리가 도덕적으로 판단할 때 일반적 법칙들을 끌어들인다는 것을 인정한다. 그리고 그는 정념들이 우리에게 설정한 목표들을 성취하도록 도와주는 법칙들의 유용성을 보여줌으로써 이러한 사실을 설명하고자 한다. 보통 사람, 즉 이성에 관한 흄의 견해에 따라 말하자면 이성적 사람에게서 볼 수 있는 정념들의 상태에 관한 인정받지 않은 암묵적 관점이 이러한 견해의 밑바탕에 놓여 있다.《영국의 역사 *The History of England*》뿐만 아니라《인간 오성에 관한 탐구 *An Enquiry Concerning the Principles of Morals*》에서도 정념들은 '광신자들'에 의해서, 더 자세하게 말하자면 17세기의 레벨러[청교도 혁명 당시의 좌익 평등파의 일원들]와 가톨릭 금욕주의에 의해서 일탈적이고 부조리한 것으로, 그리고 레벨러의 경우에는 범죄적인 것으로 간주되었다. 정상적 정념들은 1688년 혁명을 자기만족적으로 계승하는 사람들의 정념들이다. 그러므로 흄은 욕망과 감정을 구별하기 위해 암암리에 규범적 척도를, 그것도 지극히 보수적인 규범적 척도를 사용하고 있으며, 그렇게 함으로써 그는 디드로가 청년 라모라는 인물을 통해 철학자의 인물에 반대해 제시했던 비난에 처하게 된다. 그러나 그것이 모든 것은 아니다.

《인간 본성에 관한 논고*Treatise of Human Nature*》에서 흄은 다음과 같은 물음을 제기한다. 우리가 만약 정의와 약속 준수와 같은 규칙들을 그것들이 오직 우리의 장기적 이익에 유용하기 때문에 따라야 한다면, 그것들이 더 이상 우리에게 유용하지 않고, 또 불이행이 더 이상의 나쁜 결과를 산출하지 않을 때는 언제나 그 규칙들을 침해할 정당한 권리를 가지지 않는가라는 질문을 서술함으로써, 그는 이타주의 또는 동정심의 선천적 동기가 이익과 유용성에 따른 논증의 결함을 보완할 수 있다는 것을 분명히 부정한다. 그러나《인간 오성에 관한 탐구》에서 그는 바로 이와 같은 동기에 호소할 수밖에 없음을 느낀다. 이와 같은 변화는 도대체 어디에서 온 것인가? 동정에 대한 흄의 호소는 하나의 기발한 착상, 다시 말해 일반적이고 무조건적인 법칙에 대한 조건적 엄수를 지지할 수 있는 이유들과 우리의 개인적이고 변덕스럽고 상황 의존적인 욕망, 감정, 이익들로부터 도출되는 행위 및 판단의 이유들 사이의 간극을 메우고자 하는 기발한 착상임이 분명하다. 애덤 스미스는 훗날 이와 똑같은 목적을 위해 동정에 호소한다. 그러나 이 간극은 물론 논리적으로 극복될 수 없다. 그리고 흄과 스미스가 사용한 '동정'은 하나의 철학적 허구의 이름이다.

내가 이제까지 충분히 평가하지 않은 것은 흄의 부정적 논증이 가지는 무게다. 도덕은 인간의 삶 속에서 차지하고 있는 정념과 욕망의 지위를 통해 이해되고 설명되고 정당화되어야 한다는 결론에 도달하도록 흄을 강요한 것은, 도덕은 이성 또는 정념의 작품이라는 그의 처음의 가설과, 도덕은 이성의 작품일 수 없다는 자신의 확정적 논증이다. 그렇기 때문에 그는 이 입장에 대한 긍정적 논증과는 전혀 관계없이, 또 어떤 긍정적 논증을 추가하기도 전에, 도덕은 정념의 작품이라는 결론에 도달할 수밖에 없는 것이다. 부정적 논증의 영향은 칸트와 키르케고르에게도 분명하게 나타난다. 자신의 논증이 도덕을 이성 위에 근거짓는 가능성을 배제했기 때문에 흄이 도덕을 정념의 토대 위에 정초하고자 시도한 것처럼, 칸트는 자신의 논증이 도덕을 정념 위에 근거짓는 것을 배제했기 때문에 도덕을 이성 위에 정초한다. 그리고 키르케고르는 자신이 이성뿐만 아니라 정념마저 배제하는 고찰들의 결정적 성질이라고 생각한 것 때문에 무기준적·절대적 선택을 도덕적 토대로 설정한다.

그러므로 각 입장의 검증은 본질적 부분에서 다른 두 입장의 실패에 근거하고 있는 것이다. 그리고 다른 입장들에 의한 각 입장의 효과적인 비판은 결국 모든 입장들의 실패로 판명 난다. 도덕을 합리적으로 정당화하고자 하는 기획은 분명히 실패했다. 그 이래로 우리 선조 문화의, 그리고 우리 자신의 문화의 도덕에는 공공적으로 공유된 어떤 합리적 토대 및 정당화도 결여되어 있다. 세속의 합리성의 세계에서는 종교가 도덕적 담론과 행위에 어떤 공통의 배경과 토대를 제공할 수 없었다. 종교가 더 이상 제공할 수 없는 것을 철학도 제공하지 못했다는 사실은 철학이 핵심적 문화적 역할을 상실하고 강단 세계로 축소된 주변적 문제로 전락하게 된 중요한 이유 중 하나다.

그런데 이와 같은 실패의 의미가 그것이 발생했던 시기에 인지되지 못한 것은 무엇 때문인가? 그것은 우리 논증의 나중 단계에서 더욱 자세하게 고찰할 필요가 있는 문제다. 지금 나는 학식 있는 일반 공중이 자신의 진정한 본성을 보지 못했던 어떤 문화사의 희생물이었다는 사실과, 도덕철학자들은 이 공중으로부터 예전보다 더 분리되어 자신들과 논쟁을 하기 시작했다는 사실만을 언급할 필요가 있다. 물론 현재까지도 키르케고르, 칸트와 흄은 여전히 현명하고 지성적인 추종자들을 거느리고 있으며, 이들 사이의 논쟁에서 다른 전통에 대한 각각의 전통의 부정적 논증이 여전히 지속적인 힘을 지니고 있다는 점이 가장 눈에 띄는 특징이다. 그러나 모두 인정하는 하나의 공적이고 합리적인 정당화를 제공하는 데 실패한 사실의 의미를 이해할 수 있거나 이 실패의 의미가 왜 당시에는 인식되지 않았는가를 설명하기 이전에 우리는 이 기획이 왜 실패했으며, 이 실패의 성격이 어떤 것이었는가에 관한 더욱 깊은 이해에 도달해야 한다.

제5장

도덕을 정당화하려는 계몽주의의 기획은
왜 실패할 수밖에 없었는가?

지금까지 나는 도덕을 정당화하려는 기획의 실패를 일련의 특정 논
증들이 실패한 것으로 진술했다. 만약 그것이 문제의 전부라면 키
르케고르, 칸트, 디드로, 흄, 그리고 동시대의 다른 철학자들은 논증
을 구축할 충분한 능력이 없었다는 것만이 문제이며, 따라서 그런 문
제를 다룰 수 있는 더욱 능력 있는 사람이 나타나기를 기다리는 일
이 적절한 해결책인 것처럼 보인다. 비록 많은 전문 철학자들이 이
런 사실을 인정하기가 다소 곤혹스럽기는 하겠지만, 바로 이것이 지
금까지 강단철학계의 해결책이었다. 그러나 18~19세기 기획의 실
패가 전혀 다른 종류의 것이라고 ── 이는 매우 신빙성 있는 생각이
다 ── 생각해보자. 키르케고르, 칸트, 디드로, 흄, 스미스 등이 행한
논증의 실패는 그들에게 공통적인 매우 특별한 역사적 배경에서 유
래하는 특정한 특징들을 공유하기 때문이라고 생각해보자. 우리는
그들을 도덕성에 관한 영원한 논쟁에 기여한 공헌자로서가 아니라
오로지 매우 구체적이고 특수한 도덕 신념의 도식을 이어받은 상속
자로서 이해할 수 있다고 생각해보자. 이 도식의 내적 부정합성은 처
음부터 공통의 철학적 기획이 실패할 수밖에 없도록 만들었다.

그 계획의 모든 기여자들이 공유하는 신념들을 살펴보자. 앞에서 언급한 바와 같이, 그들 모두는 참된 도덕성을 구성하는 규칙들의 내용과 성격에 관해 놀라울 정도로 동의하고 있다. 디드로의 합리주의 **철학자**는 키르케고르의 재판관 빌헬름과 마찬가지로 결혼과 가족에 대해 근본적으로 아무런 의문도 갖지 않는다. 약속의 준수와 정의는 칸트에게서와 마찬가지로 흄에게도 불가침적인 것들이다. 그들은 어디에서 이 공유된 신념을 물려받은 것인가? 이는 분명히 그들이 과거에 기독교를 공유했다는 사실에서 유래한다. 그런데 이러한 점에 비추어 볼 때 칸트와 키르케고르의 루터교적 배경과 흄의 프로테스탄트적 배경, 그리고 얀센주의의 영향을 받은 디드로의 가톨릭교적 배경 사이의 차이는 상대적으로 중요하지 않다.

그들은 동시에 도덕성의 성격에 관해 대체로 동의하고, 도덕성의 합리적 정당화가 어떤 것이어야 하는가에 관해서도 의견을 같이한다. 그런데 이에 대한 핵심적 전제조건은 인간 본성의 몇 가지 특징들을 성격짓는 것이다. 그리고 도덕성의 규칙들은 그러한 인간 본성을 소유한 사람이 수용할 것이라고 기대되는 규칙들로서 설명되고 정당화된다. 디드로와 흄에게 중요한 인간 본성의 특징은 정념의 성격을 가지고 있고, 칸트에게 중요한 인간 본성의 특징은 이성의 어떤 규칙들이 가지는 보편적이고 범주적인 성격이다(칸트는 물론 도덕성이 '인간 본성에 기초함을' 부인한다. 그러나 그가 인간 본성이라는 용어로 이해하고자 하는 의미는 단순히 인간의 생리적이고 비합리적인 측면일 뿐이다). 키르케고르는 더 이상 도덕성을 **정당화하려** 하지 않는다. 그러나 그의 설명은 칸트, 디드로, 흄에 의해 공유되고 있는 것과 정확히 동일한 구조를 지니고 있다. 물론 이들이 열정이나 이성에 호소하는 데 반해 키르케고르는 그가 '기초적 결정'의 특징이라고 생각하는 것에 호소한다.

그러므로 이들 저자들은 모두 그들이 이해하고 있는 인간 본성의 전제로부터 출발해 도덕규칙과 명령의 권위에 관한 결론으로 진행하는 타당한 논증을 구축하려는 기획에 참여하고 있다. 이런 형식의 모든 기획은 반드시 실패하도록 되어 있다는 것을 나는 논증하고자 한다. 왜냐하면 이들이 공유하는 도덕규칙과 계율에 관한 개념과, 많은 차이에도 불구하고 이들이 공통적으로 가지고 있는 인간 본성에 관한 개념 사이에는 제거할 수 없는 모순이 존재하기 때문이다. 전자와 후자의 두 개념은 동일한 역사를 가지며, 그들의 관계는 이 역사를 비추어 볼 때에만 이해될 수 있다.

우선 이 두 개념의 역사적 모태가 되는 도덕도식의 일반적 형태를 살펴보자. 이 도덕도식은 다양한 형식으로 수많은 경쟁자와 함께 12세기 이래로 오랫동안 유럽의 중세를 지배해온 도식으로서, 고전적인 요소들과 일신론적 요소들을 모두 함축하고 있다. 이 도식의 기본 구조는 아리스토텔레스가 《니코마코스 윤리학 *Ethica Nicomachea*》에서 분석했던 구조다. 이 목적론적 도식 내에서 '우연히 현재하고 있는 인간'과 '자신의 본성을 실현하면 있을 수 있는 인간' 사이에는 근본적인 차이가 존립한다. 윤리학은 인간이 어떻게 전자로부터 후자로 이행할 수 있는가를 이해시켜주는 학문이다. 그러므로 이런 관점의 윤리학은 가능태와 현실태, 합리적 동물로서의 인간의 본질, 그리고 인간의 목적에 대한 해명을 전제로 한다. 다양한 덕들을 향유하게 하고 악들을 금지하는 도덕계율들은 가능태에서 현실태로 이행해가는 방법과 참된 본성을 실현해 진정한 목적에 도달하는 방법을 가르쳐준다. 이 법칙들을 지키지 않으면 좌절하고 불완전하게 되어, 종種으로서 우리가 추구해야 할 이성적 행복의 선을 성취할 수 없게 된다. 우리가 소유하고 있는 욕망과 감정들은 그러한 도덕계율의 사용과 윤리 연구가 처방하는 행위 습관의 양성을 통해 질서 있게 조직되고 교화될 수 있다. 이성은 우리의 참된 목적과 그것에 이르는 방법을 가르쳐준다. 따라서 우리는 삼중적 도식을 갖게 되는데, 이 도식에서 '우연히 현재하고 있는 인간 본성(교육되지 않은 상태의 인간 본성)'은 처음에는 윤리의 계율과 어긋나고 일치하지 않기 때문에, 실천이성과 경험의 계도에 의해 '목적을 실현하면 있을 수 있는 인간 본성'으로 이행할 것을 요구받는다. 이 도식의 세 요소, 즉 교육되지 않은 인간 본성의 개념, 이성적 윤리학의 법칙들의 개념, 그리고 목적을 실현하면 가능한 인간 본성의 개념은 각각 자신의 지위와 기능을 이해할 수 있기 위해서는 나머지 두 요소와의 지시 관계를 설명할 것을 요청한다.

이 도식은 아퀴나스의 기독교든 마이모니데스Maimonides의 유대교든 이븐 루슈드Ibn Ruschd의 이슬람교든 간에 관계없이 유신론적 신념 체계 속에 위치하게 되면 복잡해지고 무언가 덧붙여지기는 하지만, 그렇다고 본질적으로 변화하는 것은 아니다. 이제 윤리학의 법칙들은 목적론적 계율로서뿐만 아니라 신에 의해 제정된 법칙의 표현으로서 이해되어야만 한다. 덕과 악의 목록들은 수정되고 첨가되어야 하며, 아리스토텔레스의 과실의 개념에 죄의 개념이 첨가된다. 신의 법칙은 새로운 종류의 존경과 경외를 요구한다. 인간의 참된 목적은 이 세상에서는 더 이상 완전하게 성취될 수 없고, 저 세상에서만 이룰 수 있다. 그러나 '우연히 있는 미교육 상태의 인간 본성', '자신의 목적을 실현하면 있을 수 있는 인간 본성', 그리고 전자에서 후자로 이행해갈 수 있는 수단으로서의 이성적 윤리의 계율이라는 세 요소를 가지는 삼중적 도덕도식의 구조는 가치평가적 사상과 판단에 대한 유신론적 이해에서 여전히 중요한 것으로 남는다.

따라서 고전적 도덕성에 관한 유신론적 해석이 지배하는 시기 내내 도덕적 표현은 이중적 관점과 목적, 그리고 이중적 기준을 가진다. 누군가에게 무엇을 해야만 한다고 말하는 것은 어떤 행위 방식이 이러한 상황에서 실제로 인간의 참된 목적으로 인도하는가를 말하는 것이며, 동시에 신에 의해 제정되고 이성에 의해 파악될 수 있는 법칙이 무엇을 명령하는가를 말하는 것이다. 따라서 이 도덕도식 내에서 사용되는 도덕명제는 참 아니면 거짓일 수밖에 없는 주장을 하게 된다. 이 도식을 주장한 중세인들 대부분은 물론 이 도식이 신의 계시의 일부분이기는 하지만 동시에 이성의 발견이고 합리적으로 변호될 수 있는 것이라고 믿었다. 그러나 이 광범위한 동의는 프로테스탄티즘과 얀센주의 가톨릭이, 그리고 이들과 직접적 관계에 있는 중세 말기의 선구자들이 등장했을 때는 더 이상 존재하지 않는다. 왜냐하면 그들은 새로운 이성 개념을 구체화하기 때문이다(나의 논증은 이 점에서, 그리고 다른 점에서도 엘리자베스 앤스콤Elizabeth Anscombe의 1958년 저서에 많은 빛을 지고 있지만, 사실 그의 논증과는 매우 다르다).

새로운 신학이 주장하는 바에 의하면, 이성은 인간의 참된 목적에 대한 어떤 이해도 제공할 수 없다. 그런 이성의 능력은 아담의 타락과 함께 상실되었다. 칼뱅Jean Calvin의 견해대로 "아담이 순수한 채로 남아 있었다면" 이성은 아마 아리스토텔레스가 부여한 역할을 수행할 수 있었을 것이다. 그러나 지금 이성은 우리의 열정을 지도하기에는 너무 무능력하다(흄의 견해들이 칼뱅주의로 양육받은 사람의 견해라는 사실이 중요하지 않은 것은 아니다). 그럼에도 '우연히 현재 있는 인간'과 '목적을 실현하면 가능한 인간' 사이의 대조는 여전히 존재한다. 그리고 신적인 법칙은, 비록 은총만이 우리에게 그 법칙에 응답하고 순종할 수 있는 힘을 준다고 할지라도, 여전히 전자의 상태에서 후자로 갈 수 있도록 하는 교사다. 이러한 역사의 발전 과정에서 얀센주의자 파스칼은 매우 중요한 위치를 차지한다. 프로테스탄트주의와 얀센주의가 결합된 이성 개념은 중요한 점에서 가장 혁신적인 17세기의 과학과 철학의 밑바탕을 이루는 이성 개념과 일치한다는 사실을 인식한 사람이 바로 파스칼이기 때문이다. 이성은 본질 또는 가능태에서 현실태로의 이행을 파악하지 못한다. 이 개념들은 경시되고 있는 스콜라주의의 개념 도식에 속한다. 그러므로 반아리스토텔레스적인 과학은 이성의 능력에 엄격한 한계를 설정한다. 이성은 계산적이다. 이성은 사실의 진리와 수학적 관계들만을 판단할 수 있을 뿐이다. 따라서 실천의 영역에서 이성은 수단에 관해서만 말할 수 있다. 목적에 관해서는 침묵해야만 한다. 데카르트가 믿었던 것처럼 이성은 회의주의를 반박할 수조차 없다. 그러므로 파스칼에 따르면, 이성의 주된 업적은 우리의 신념들이 궁극적으로 본성과 관습 그리고 습관에 기초하고 있음을 인식하는 것이다.

흄을 선취하고 있는 파스칼의 이 놀라운 예견은 ── 흄이 파스칼의 저작에 정통했다는 것을 우리는 알고 있으므로, 양자 사이에 직접적 영향이 존립하고 있다고 믿는 것이 아마 적절할 것이다 ── 이러한 이성 개념이 어떻게 세력을 확보하게 되었는가 하는 과정을 지적하고 있다. 칸트조차도 이성의 부정적 성격을 유지한다. 그에게 이성은 흄과 마찬가지로 물리학이 연구를 위해 이용하는 객관적 우주의 어떤 본질도, 어떤 목적론적 특징도 식별할 수 없다. 따라서 인간 본성에 관한 이들의 불일치는 뚜렷할 뿐만 아니라 중요한 일치와 공존한다. 그리고 이들에게 사실인 것은 디드로, 스미스 그리고 키르케고르에게도 사실이다. 이들은 모두 인간 본성에 관한 목적론적 관점을 배격한다. 즉 인간은 자신의 목적을 정의할 수 있는 본질을 가지고 있다는 인간관을 거부하는 것이다. 그러나 이러한 거부의 의미를 이해하면 도덕성의 토대를 발견하려는 그들의 기획이 왜 실패할 수밖에 없었는가를 이해할 수 있다.

이들 사상의 역사적 배경을 이루는 도덕도식은 살펴본 바와 같이 세 가지 요소를 요구하는 하나의 도식을 가지고 있었다. 교육되지 않은 인간 본성, 자신의 목적을 실현하면 가능한 인간, 그리고 전자에서 후자로 이행해갈 수 있는 능력을 부여하는 도덕법칙들. 그러나 프로테스탄트와 가톨릭 신학에 대한 세속적 거부, 그리고 아리스토텔레스주의에 대한 과학적·철학적 거부의 연계 효과는 '**목적**'을 실현하면 가능한 인간'의 관념을 제거하는 결과를 낳았다. 이론적 학문이기도 하고 실천적 학문이기도 한 윤리학의 주안점은 인간의 현재 상태를 그의 참된 상태로 이끄는 것이기에 본질적인 인간 본성의 관념의 제거와, 목적에 대한 관념의 포기는 나머지 두 요소로 이루어진 도덕도식을 뒤에 남겨둔다. 한편으로 도덕성의 특정한 내용들이 있다. 목적론적 맥락이 박탈당한 일련의 명령들이 그것이다. 다른 한편으로 교육되지 않은 현재의 인간 본성에 관한 견해가 있다. 도덕의 계율들은 원래 인간 본성을 교정하고 개선하고 교육하는 것을 자신의 목적으로 하는 도식에서 유래하기 때문에, 이들은 인간 본성에 관한 참된 진술들로부터 연역되거나, 인간 본성의 특징적 성격에 호소함으로써 정당화할 수 있는 것이 아니다. 그렇게 이해된 도덕성의 계율들은 인간 본성이 결코 복종하지 않으려는 계율들인 것이다. 그러므로 18세기의 도덕철학자는 반드시 실패할 수밖에 없는 기획에 매달려 있었던 셈이다. 왜냐하면 그들은 정말로 인간 본성의 특정한 이해 속에서 도덕적 신념의 합리적 토대를 발견하려고 시도했기 때문이다. 그러나 그들이 물려받고 있는 일련의 도덕적 명령과 인간 본성의 개념은 분명 서로 어긋날 수밖에 없도록 고안되어 있었다. 이러한 불일치는 인간 본성에 관한 그들의 새로운 신념에 의해서도 제거되지 않았다. 이들은 한때 정합적이었던 사유와 행위의 도식 중에서 비정합적인 단편들만 상속받았다. 자신들이 처해 있는 독특한 역사적·문화적 상황을 인식하지 못했기 때문에 그들은 스스로 약속한 과제가 불가능하고 실행할 수 없는 성격을 가졌음을 인식할 수 없었다.

'인식할 수 없었다'는 말은 너무 지나칠지도 모르겠다. 왜냐하면 우리는 그러한 인식에 얼마나 근접했는가의 관점에서 18세기 도덕철학자들의 등급을 매길 수 있기 때문이다. 그렇게 해보면, 우리는 스코틀랜드의 흄과 스미스가 가장 회의적이지 않았음을 발견하게 된다. 그것은 그들이 영국 경험주의의 인식론적 도식에 이미 안주하고 만족했기 때문인 것으로 추정된다. 흄은 그 같은 도식을 받아들이기 전에 신경쇠약과 같은 증상을 보였다. 그러나 그러한 증상의 암시는 도덕성에 관한 그의 저서 어느 곳에도 남아 있지 않다. 디드로가 생전에 출간한 저작들 속에도 이러한 불안의 흔적은 역시 없다. 그러나 그의 사후에 캐더린 경에게 넘겨졌다가 러시아로 몰래 옮겨져 1803년에 출간된 《라모의 조카》에서 우리는 계몽주의에 대한 외부의 비판가들보다 훨씬 날카롭고 통찰력 있는, 18세기 도덕철학의 전체 기획에 대한 비판을 발견하게 된다.

디드로가 계몽주의 기획의 실패를 흄보다 잘 인식했다고 한다면, 칸트는 그 두 사람보다 더 이 인식에 접근한다. 칸트는 산술과 도덕성에서 표현되는 이성의 보편화될 수 있는 계율 속에서 도덕성의 토대를 찾는다. 인간 본성을 토대로 하는 도덕성의 정립에 대한 그의 비난에도 불구하고, 인간 이성의 본성에 대한 칸트의 분석은 도덕성에 대한 자신의 합리적 설명의 기초가 된다. 그러나 제2비판의 제2권에서 칸트는 목적론적 구조 없이는 도덕성의 전체 기획이 이해될 수 없다는 점을 인정하고 있다. 이러한 목적론적 구조는 '순수 실천이성의 전제'로서 제시된다. 칸트 도덕철학의 이런 목적론적 요소는 하인리히 하이네Heinrich Heine와 후세의 신칸트주의자와 같은 19세기의 독자들에게는 자신이 이미 거부했던 입장에 대한 칸트의 자의적이고 정당화될 수 없는 양보인 것처럼 보였다. 그러나 나의 논지가 정확하다면, 칸트의 생각은 오히려 옳은 것이다. 18세기에 도덕성은 — 역사적으로 사실인 것과 같이 — 칸트가 최고의 덕으로 제시한 신, 자유, 행복의 목적론적 도식과 유사한 것을 전제하고 있었다. 그와 같은 구조로부터 도덕성을 분리시키면 더 이상 도덕성을 갖지 못할 것이다. 설령 그렇지 않다고 해도 아무튼 도덕성의 성격을 철저하게 변화시켜야 할 것이다.

도덕성의 계율과 인간 본성의 사실들 사이의 모든 연관이 사라짐으로써 초래된 이런 성격의 변화는 18세기 도덕철학자의 저서에도 이미 나타나고 있다. 우리가 관심을 가지는 모든 저자들은 비록 그들의 긍정적 논증을 통해 도덕성을 인간 본성에 기초지으려는 시도를 하고는 있지만, 부정적 논증에서는 일종의 무제한적 주장에 점점 더 접근하고 있다. 그런데 이 주장에 의하면, 전적으로 사실적인 전제로부터 도덕적이거나 가치평가적 결론에 이를 수 있는 어떤 타당한 논증도 없다. 즉 만약 수용된다면 그들의 전체 기획의 묘비명이 될 수 있는 그런 원리에 도달할 수 있는 어떤 타당한 논증도 없다는 것이다. 흄은 여전히 긍정적 주장의 형식으로보다는 의심의 형식으로 이러한 주장을 표현한다. "지금까지 보았던 모든 도덕성의 체계에서" 저자들은 신과 인간 본성에 관한 진술로부터 도덕 판단으로 이행해 가고 있다고 지적한다. "'이다is'와 '이지 않다is not'라는 명제의 관습적 연결 대신에 '해야 한다ought'와 '해서는 안 된다ought not'와 연관된 명제들만 만나게 된다."(*Treatise of Human Nature*, III, i. 1) 그리고 나서 그는 계속해서 "도무지 이해할 수 없는 것에 대한 이유, 즉 이런 새로운 관계가 그것과는 전적으로 상이한 다른 것으로부터 어떻게 연역될 수 있는가에 대한 이유가 제시되어야 한다"고 요구한다. 더 이상 물음으로서가 아니라 일종의 주장으로서 표현되고 있는 동일한 일반 원리는 칸트의 주장에서도 나타나는데, 이 주장에 의하면, 도덕법칙의 계율들은 인간 행복 또는 신의 의지에 관한 진술로부터 도출될 수 없다는 것이다. 그리고 이 일반 원리는 윤리적인 것에 관한 키르케고르의 설명에서 또다시 나타난다. 이러한 일반적 주장의 의미는 무엇인가?

최근의 몇몇 도덕철학자들은 한 걸음 더 나아가 일련의 사실적 전제로부터 어떤 도덕적 결론도 '논리적 진리로서' 정당하게 도출될 수 없다는 명제를 서술하는 지경에 이르렀다. 이것은 중세의 몇몇 논리학자들이 정식화했던 보다 일반적인 원리로부터, 즉 타당한 논증에서는 전제 속에 이미 들어 있지 않은 것은 어느 것도 결론에서 나타날 수 없다는 주장으로부터 도출될 수 있다고 그들은 이해한다. 이 철학자들이 암시하고자 했던 것은, 사실적 전제로부터 도덕적·규범적 결론을 이끌어내려고 시도하는 논증에서는 전제에 포함되어 있지 않은 것, 즉 도덕적·규범적 요소가 결론에 나타나게 마련이라는 점이다. 그러므로 이러한 논증은 모두 실패할 수밖에 없다. 그러나 여기서 주장되고 있는 무제한적으로 일반적인 논리적 원리는 마치 모든 것이 이 원리에 의존하기 위해 형성되고 있는 것과 같이 엉터리다. 이 스콜라철학적 상투어는 아리스토텔레스의 삼단논법에만 적용된다. 전제 속에 있지 않은 어떤 요소가 결론에서 나타나는 타당한 논증의 몇몇 유형이 있다. 주장된 이 일반 원리에 대한 A. N. 프라이어A. N. Prior의 반대 사례는 이 원리의 붕괴를 적절하게 예증하고 있다. "그는 선장이다"라는 전제로부터 "선장이 해야만 하는 것을 그는 해야만 한다"는 결론은 타당하게 추론될 수 있다. 이 반대 사례는 주장된 일반 원리가 존재하지 않는다는 사실을 보여줄 뿐만 아니라, 적어도 문법적 진리가 어떤 것인가를 보여주고 있는데, 즉 '이다is'에 관한 존재의 전제는 경우에 따라서 '해야 한다ought'는 당위의 결론을 포함할 수도 있음을 보여준다.

"존재의 전제로부터는 어떠한 당위의 결론도 도출될 수 없다"는 명제의 신봉자들은 자신들의 입장을 재구성함으로써 프라이어의 사례가 제기하는 어려움을 쉽게 해결할 수도 있을 것이다. 그들이 주장하고자 하는 바는, 본질적으로 가치평가적이고 도덕적 내용을 가진 결론은 결코 —— 프라이어의 사례에서 결론은 확실히 그러한 내용을 갖고 있지 않다 —— 사실적 전제로부터 도출될 수 없다는 것이다. 그러나 왜 모든 사람이 그들의 주장을 받아들여야 하는가의 문제가 여전히 그들에게 남는다. 왜냐하면 그들은 무제한적으로 일반적인 논리적 원리로부터 그것이 도출될 수 없음을 인정했기 때문이다. 물론 그들의 주장에는 여전히 내용이 있지만, 이 내용은 18세기에 새로운 특정한 도덕규칙과 판단에 관한 개념에서 유래한다. 말하자면 그것은 그 타당성을 논리적 일반 원리로부터가 아니라 사용된 핵심 개념의 의미로부터 끌어내는 원리를 주장하는 것이다. 17세기와 18세기 동안에 도덕적 표현에 사용된 핵심 용어들의 의미와 함의가 그 성격을 변화시켰다고 생각해보자. 그러면 특정한 도덕적 전제로부터 특정한 결론에 이르는 타당한 추론이었던 것이, 동일한 것으로 보이기는 하지만 더 이상 사실적 전제로부터 도덕적 결론에 이르는 타당한 추론이 아닌 경우로 증명될 것이다. 왜냐하면 어떤 의미에서 동일한 표현, 동일한 문장이었던 것도 이제는 다른 의미를 가질 수 있기 때문이다. 그런데 우리는 그런 의미의 변화에 대해 실제로 어떤 증거를 갖고 있는가? 이 질문에 답하기 위해서는 "존재의 전제로부터는 어떠한 당위의 결론도 도출될 수 없다"는 명제에 대한 다른 유형의 반대 사례를 살펴보는 것이 유익하다. "이 시계의 시간은 매우 부정확하고 불규칙적이다", "이 시계는 너무 무거워서 편하게 지니고 다닐 수가 없다"와 같은 사실적 전제로부터 "이것은 나쁜 시계다"라는 가치평가적 결론이 타당하게 도출된다. "그는 이 지방의 다른 농부보다 이 작물에 대해 에이커당 훨씬 많은 수확을 했다", "그는 이제까지 알려진 것 중에서 가장 효과적인 개토開土 프로그램을 갖고 있다", "그의 젖소는 농업 전시회에서 최우수상을 받았다"와 같은 사실적 전제로부터 "그는 훌륭한 농부다"라는 가치평가적 결론이 타당하게 도출된다.

이 논증들이 모두 타당한 까닭은 시계와 농부의 개념이 가지는 특별한 성격 때문이다. 그런 개념들은 기능적 개념이다. 다시 말하자면 우리는 '시계'와 '농부'가 특별히 수행하리라고 기대하는 목적과 기능의 관점에서 이들 양자를 정의하는 것이다. 따라서 시계의 개념은 좋은 시계에 대한 개념과 관계없이 독립적으로 정의될 수 없으며, 농부의 개념도 좋은 농부의 개념과 관계없이 독립적으로 정의될 수 없다는 결론을 얻게 된다. 어떤 것이 시계라고 할 수 있는 기준과 좋은 시계의 기준은, 농부와 다른 모든 기능적 개념과 마찬가지로, 서로 무관하지 않다. 어쨌든 분명한 것은 양측의 기준들이 모두 앞의 단락에서 제시된 사례들을 통해 증명된 것과 같이 사실적이라는 점이다. 그러므로 적절한 기준이 충족되었다고 주장하는 전제로부터 "그것은 좋은 이러이러한 것이다"라고 주장하는 —— 여기서 '이러이러한 것'은 기능적 개념에 의해 특수화된 하나의 품목으로 뽑힌 것이다 —— 결론에 이르는 논증은 사실적 전제로부터 규범적 결론에 이르는 타당한 논증이 된다. 따라서 우리는 더 안전하게 다음과 같이 주장할 수 있다. 만약 "존재의 전제로부터는 어떠한 당위의 결론도 도출될 수 없다"는 원리의 수정 해석이 유효하려면, 기능적 개념을 포함하는 논증을 그 영역으로부터 배제해야만 한다. 그런데 이는 다음과 같은 사실을 더욱 강력하게 암시한다. 모든 도덕적 논증이 그러한 원리의 영역에 속한다고 주장해온 사람들이 그렇게 한 까닭은 도덕적 논증이 결코 기능적 개념을 포함하지 않는다는 점을 그들은 당연한 사실로 생각했기 때문이다. 그러나 고대의 아리스토텔레스적 전통 내의 도덕 논증들은 그것이 그리스적 유형이든 중세적 유형이든 간에 적어도 하나의 중요한 기능 개념을 포함하고 있다. 본질적 본성, 본질적 목적 또는 기능을 가지고 있다고 이해되는 인간 개념이 그것이다. 도덕 논증의 성격이 변화해 "존재의 전제로부터는 어떠한 당위의 결론도 도출될 수 없다"는 원리의 영역 내에 속하게 되는 것은 오로지 고전적 전통이 근본적으로 거부될 때뿐이다. 말하자면 고전적 전통에서는 '인간'과 '좋은 인간'의 관계가 '시계'와 '좋은 시계' 또는 '농부'와 '좋은 농부'의 관계와 같다. '인간'과 '잘 사는 것'의 상관관계가 '하피스트'와 '하프를 잘 연주하는 것'의 관계와 유비적이라는 사실을 아리스토텔레스는 윤리 탐구의 출발점으로 삼는다.(*Ethica Nicomachea*, 1095a 16) 그러나 '인간'을 기능적 개념으로 사용한 것은 아리스토텔레스보다 훨씬 이전의 일로서, 그것이 아리스토텔레스의 형이상학적 생물학에서 처음으로 유래하지는 않는다. 그것은 고전적 전통의 이론가들이 표현하는 사회적 삶의 형태 속에 그 뿌리를 두고 있다. 이 전통에 따르면, 하나의 인간으로 존재한다는 것은 고유한 내용과 목적을 가지고 있는 일련의 역할을 충족한다는 것이다 ── 한 가족의 구성원, 시민, 전사, 철학자, 신을 섬기는 자. 인간은 모든 역할에 앞서는 또는 그것들과 분리된 개인으로 생각될 때만 기능적 개념으로 사용되지 않는다.

인간 개념이 비기능적 개념으로 바뀜에 따라 다른 중요한 도덕 용어들도 적어도 부분적으로나마 의미의 변화를 겪었음에 틀림없다. 특정한 유형의 문장들 사이의 한정 관계도 변했음에 틀림없다. 따라서 도덕적 결론들이 예전의 방식으로 정당화될 수 없다는 것은 정당하다. 그러나 이러한 정당화 가능성의 상실은 도덕적 격언에서 상호 연관적인 의미 변화의 신호를 표시한다. 그래서 "존재의 전제로부터는 어떠한 당위의 결론도 도출될 수 없다"는 원리는 내가 설명한 에피소드로 환원되는 메마른 도덕 어휘만을 자신의 문화로 가지는 철학자들에게는 피할 수 없는 진리가 된다. 그것이 초시대적인 논리학적 진리로 간주된다는 것은 역사적 의식의 심각한 결여의 표시다. 이역사적 의식은 도덕철학에 관한 정보를 제공했고, 지금도 도덕철학에 상당한 영향을 미치고 있다. 왜냐하면 논리학적 진리의 최초 선언은 그 자체로 중요한 역사적 사건이었기 때문이다. 그것은 고전적 전통과의 최종적 단절의 신호이자, 전통으로부터 물려받은, 그러나 이미 부정합적인 단편들의 맥락에서 도덕성을 정당화하려는 18세기 기획의 결정적 붕괴의 신호다.

그러나 역사의 이 시점에서 도덕 개념과 논증들이 그 성격을 급진적으로 변화시켜, 모두 인식할 수 있는 바와 같이 지금 우리 문화의 해결할 수 없고 끝이 없는 논증들의 직접적 원형이 된 것만은 아니다. 도덕적 판단들도 중요성과 의미에서 변화한 것이다. 아리스토텔레스의 전통에서 X를 좋다고 명명하는 것은(여기서 X는 무엇보다도 인격, 동물, 정책, 어떤 사태일 수 있다) X를 특징적으로 필요로 하는 목적을 위해 X를 원하는 사람이 선택하게 되는 그런 종류의 X라는 것을 말하는 것이다. 어떤 시계를 좋다고 말하는 것은 시간을 정확히 맞추기 위해 시계를 원하는 사람이 선택할 수 있는 바로 그런 종류의 시계라고 말하는 것과 같다. 이렇게 '좋다'는 낱말을 사용할 수 있는 전제 조건은 '좋다' 혹은 '나쁘다'라고 부르는 게 적절한, 인격과 행위를 포함한 모든 유형의 품목은 실제로 어떤 구체적 목적 또는 기능을 가진다는 사실이다. 그러므로 어떤 것을 좋다고 명명하는 것은 결국 사실적 진술을 하는 것이다. 특정 행위가 정당하고 옳다고 명명하는 것은 바로 선한 사람이 그런 행위를 그러한 상황에서 행할 것이라는 사실을 말하는 것이다. 그러므로 이런 유형의 진술도 역시 사실적이다. 이러한 전통 내에서 도덕적·규범적 진술은 모든 다른 사실 진술들이 참 또는 거짓으로 명명될 수 있는 방법과 똑같이 참 또는 거짓으로 판단될 수 있다. 그러나 본질적 인간, 목적 또는 기능의 관념이 도덕성으로부터 일단 사라지게 되면, 도덕적 판단을 사실적 진술로 다루는 것은 받아들이기 힘들게 된다.

더욱이 계몽주의에 의한 도덕성의 세속화는 신적 법칙의 표면적 기록으로서 가지는 도덕적 판단의 지위를 의심스럽게 만들었다. 도덕 판단을 여전히 보편법칙의 표현으로 이해하는 칸트조차도 —— 비록 그것이 각각의 합리적 행위자가 자신에게 말하는 법칙일지라도 —— 도덕 판단을 법칙이 요구하고 명령하는 것의 보고로서 다루지 않고, 명령 그 자체로 다룬다. 그런데 명령들은 참과 거짓과는 상관이 없다.

도덕 판단을 참 또는 거짓으로 말하는 습관은 현재까지도 일상적 언설에서 지속되고 있다. 그러나 특정한 도덕 판단이 왜 참이거나 거짓인가 하는 것에 관한 문제는 명백한 답을 갖고 있지 못하다. 이것이 그럴 수밖에 없다는 것은 내가 묘사한 가설이 참이라고 가정한다면 완전히 이해될 수 있다. 그러한 도덕 판단은 실천에 의해 제공된 맥락을 상실한 고전적 유신론의 실천으로부터 유일하게 생존해 있는 언어적 잔존이다. 그러한 맥락에서 도덕 판단들은 한때 형식상 가언적이거나 정언적이었다. 이 판단들은 어떤 행위가 인간존재에 목적론적으로 적합한가에 관한 판단을 표현한다는 점에서 가설적이었다. "너의 목적은 이러이러한 것이기 때문에 너는 이러이러하게 행해야만 한다" 혹은 "너 자신의 본질적 희망이 좌절되는 것을 원치 않는다면 너는 이러이러하게 행해야만 한다." 이 판단들은 신에 의해 명령된 보편법칙의 내용을 말해준다는 점에서 범주적이었다. "너는 이러이러하게 행해야만 한다. 그것이 신의 법칙이 명령하는 바다." 도덕적 판단들로부터 그것들이 가언적이었고 동시에 정언적일 수 있었던 근거를 분리시킨다면, 도덕적 판단들은 도대체 무엇이란 말인가? 도덕적 판단들은 분명한 지위를 상실하고, 유사한 방식으로 그 판단을 표현하는 문장들은 확고한 모든 의미를 상실했다. 본래 이러한 문장들이 유래했던 사회적 맥락을 통한 인도가 결여되어 있기 때문에 세계 내의 언어적 방법과 실천적 방법을 모두 상실한 정의주의적 자아는 이러한 문장들을 표현의 형식으로 사용하게 된다.

그러나 문제를 이러한 방식으로 제시하는 것은 정당하지 못한 방식으로 문제를 예견하는 것이다. 왜냐하면 생존, 맥락의 상실, 그리고 그 필연적 결과로서 이어지는 명료성의 상실과 같은 용어들을 수단으로 하여 이런 변화들을 정말로 특징지을 수 있다는 사실을 나는 아주 당연하게 생각하기 때문이다. 반면에, 앞에서 언급한 바와 같이 예전의 문화에서 이런 변화를 겪은 많은 사람들은 그것을 전통적 유신론의 굴레와 목적론적 사유 양식의 혼돈으로부터의 해방으로 이해했다. 내가 전통적 구조와 내용의 상실로서 묘사했던 것이 이 변동을 지지하는 가장 명료한 철학적 대변인에 의해서는 자율성을 가진 자아의 업적으로 파악되었다. 자아는 자신을 유신론적·목적론적 세계 질서에 대한 믿음 속에 묶어놓았을 뿐만 아니라 동시에 그러한 세계 질서의 한 부분으로 스스로를 정당화하려 했던 유일론 및 성직적 계급 구조의 포로로 만들었던 모든 낡은 형태의 사회 조직으로부터 해방되었다.

그러나 이런 변동의 결정적 순간을 상실로 보든지 해방으로 보든지 간에, 자율로의 이행 과정으로 보든지 아노미로의 이행 과정으로 보든지 간에 그 변화의 두 가지 특징은 강조되어야만 한다. 첫째는 변화의 정치적·사회적 결과들이다. 도덕 개념의 추상적 변화는 언제나 현실적 특수 사건 속에서 구체적으로 표현된다. 아직도 서술되어야 하는 역사가 있는데, 이 역사에서 메디치가의 군주들, 헨리 8세, 토머스 크롬웰Thomas Cromwell, 프리드리히 대왕, 나폴레옹, 월폴Robert Walpole과 윌버포스William Wilberforce, 토머스 제퍼슨Thomas Jefferson, 그리고 로베스피에르Maximilien Robespierre는 그들의 행위를 통해, 마키아벨리와 홉스Thomas Hobbes, 디드로와 콩도르세Nicolas de Condorcet, 흄과 애덤 스미스, 칸트가 철학적 이론의 수준에서 분명히 제시했던 개념의 변화를 — 종종 부분적으로, 그리고 매우 다양한 방식으로 — 표현한 것으로 이해된다. 정치적 행위와 도덕 행위, 정치의 이론화와 도덕의 이론화라는 두 역사가 있을 필요는 없다. 왜냐하면 하나는 행위에 의해서만 형성되고, 다른 하나는 이론에 의해서만 형성되는 두 개의 과거가 존재하지 않기 때문이다. 모든 행위는 어느 정도 이론을 적재한 믿음과 개념들의 담지자이자 표현이다. 모든 종류의 이론화와 신념의 표현은 일종의 정치적·도덕적 행위다.

따라서 근대성으로의 이행은 이론과 실천, 양 부문에서의 이행이며, 게다가 단일한 이행이다. 근대의 강단적 교과 과정이 발생시킨 정신의 습관은 일련의 학자들에 의해 역사학과에서 하나의 이름하에 연구되고 있는 정치적·사회적 변동의 역사를, 전혀 다른 학자에 의해 철학의 분과에서 전혀 다른 이름으로 연구되고 있는 철학의 역사와 분리시킴으로써 관념들은 한편으로 그들의 그릇된 독자적 생명을 부여받고, 다른 한편으로 정치적·사회적 행위가 특별히 비정신적인 것으로 서술되고 있다. 이러한 강단적 이원론은 물론 현대 세계 어디에서나 볼 수 있는 한 관념의 표현이다. 현대 문화의 가장 영향력 있는 대적 이론인 마르크스주의도 토대와 이데올로기적 상부 구조의 구별을 통해 동일한 이원론의 다른 판에 불과하다는 점을 보여주고 있을 뿐이다.

그러나 우리는 또한 다음의 사실을 기억할 필요가 있다. 만약 단일하고 통합된 역사의 과정 속에 있는 사유와 실천의 상속받은 양식으로부터 자아가 결정적으로 자신을 분리시킨다면, 자아는 너무나 다양한 방식으로, 그리고 복잡하게 자신을 분리시킴으로써 절름발이가 될 것이라는 점이다. 특징적인 현대적 자아가 고안된다면, 그것의 고안은 광범위한 영역에서 새로운 사회적 배경을 필요로 할 뿐만 아니라, 항상 정합적이지만은 않은 다양한 신념과 개념들로 정의되는 그러한 배경을 필요로 한다. 이때 고안되었던 것은 개인이었다. 이러한 고안이 결국 무엇으로 귀결되며, 우리 시대의 정의주의 문화를 탄생시키는 데 그것이 한 역할은 과연 무엇인가 하는 물음에 이제 우리는 관심을 돌려야만 한다.

제6장

계몽주의 기획 실패의
몇 가지 필연적 결과들

현대 도덕 이론의 제 문제들이 계몽주의 기획의 실패의 산물로서 나타난다는 점은 분명하다. 한편으로 목적론과 계급 구조로부터 해방된 개별적 도덕주체는 스스로를 자신의 도덕적 권위의 주권자로 생각하거나, 도덕철학자들에 의해 그러한 것으로 여겨진다. 다른 한편으로 계승된, 부분적이라 할지라도 변형된 도덕성의 규칙들은 예전의 목적론적 성격과 궁극적으로 신적 법칙의 표현으로서 그들이 가지는 범주적 성격을 상실했기 때문에 그들을 위한 새로운 지위가 발견되어야 한다. 이 규칙들에 호소하는 것이 합리적으로 보이게 하는 지위가 만약 발견되지 않는다면, 이 호소는 정말 개인적 욕망과 의지의 도구로 나타날 것이다. 그러므로 어떤 새로운 목적론을 창안하거나 그것들에 대한 새로운 범주적 지위를 발견함으로써 이 규칙들을 정당화하라는 압력이 있게 된다. 첫째 기획은 공리주의에 중요성을 부여하며, 둘째 기획은 칸트를 따라 도덕규칙에의 호소가 갖는 권위의 근거가 실천이성의 본성에 있다고 생각하는 모든 시도에 의미를 부여한다. 앞으로 논증하겠지만, 이 시도들은 모두 실패했고, 여전히 실패하고 있다. 그러나 이 시도들을 성공시키고자 하는 과정에서 사회적·지성적 변화가 이루어졌다.

벤담Jeremy Bentham의 초기 정식들은 그가 직면하고 있는 문제의 본질과 범위를 명확하게 인식하고 있음을 보여준다. 그의 혁신적인 심리학은 도덕규칙에 새로운 지위를 부여하는 문제를 분명하게 서술할 수 있는 인간 본성에 관한 한 관점을 제공한다. 벤담은 자신이 도덕규칙들에 **실제로** 새로운 지위를 부여했으며, 주요 도덕 개념들에 새로운 의미를 부여했다는 생각을 숨기지 않는다. 그의 관점에서 보면, 전통의 도덕성은 미신으로 가득 차 있다. 인간행위의 유일한 동기가 쾌락의 추구와 고통의 혐오라는 사실을 이해할 때 비로소 우리는 계몽된 도덕성의 원리를 진술할 수 있다. 도덕에서의 최대의 쾌락과 고통의 결여에 관한 예측은 **텔로스**를 제공해준다. 벤담은 '쾌락'을 '고통'과 같은 감각의 이름으로 간주한다. 두 종류의 감각은 오직 양과 강도 그리고 지속성에서만 차이가 날 뿐이다. 쾌락에 관한 이러한 잘못된 견해를 검토해보는 것은 가치가 있는데, 그것은 벤담 공리주의의 직접적 계승자들이 이러한 사실을 공리주의에 대해 제기되는 난점들의 주요 원천으로서 거침없이 지적하기 때문에도 그렇다. 그렇기 때문에 그들은 벤담이 인간은 오직 두 가지 동기만을 가진다는 그의 심리학적 명제로부터, 주어진 어떤 순간에 선택해야만 하는 대안적 행위나 정책 중에서 최대 다수의 최대 행복을, 다시 말해 가능한 최대 양의 쾌락과 가능한 최소 양의 고통을 결과로서 산출하는 행위나 수단을 수행해야 한다는 도덕의 명제로 이행해가는 방식에 적절한 주의를 기울이지 않는다. 벤담의 견해에 의하면, 쾌락을 추구하고 고통을 피하는 심리학이 나에게 명령하는 바대로의 나의 행복 추구와 최대 다수의 최대 행복의 추구가 실제로 일치한다는 점을 인식하는 것은 두말할 나위도 없이 교육을 받아 계몽된 정신뿐이다. 그러나 계몽되지 않은 사람들의 행복 추구도 가능한 최대 다수의 최대 행복을 산출할 수 있도록 사회 질서를 재건설하는 것이 사회개혁가의 목표다. 벤담이 제안한 수많은 법률 개혁 및 형법 개혁은 이러한 목표로부터 나온다. 만약 자신의 행복에 관한 계몽된 고려가 여기서, 그리고 18세기 후반과 19세기 초의 영국처럼 법적·사회적 질서가 개혁되지 않은 곳에서조차도 필연적으로 최대 다수의 행복의 추구를 산출하지 않는다면, 사회개혁가는 다른 과제가 아닌 이 특별한 과제에 종사해야 할 아무런 이유도 발견할 수 없을 것이라는 사실에 주목할 필요가 있다. 이것은 물론 경험적 주장이다. 그런데 이 주장은 과연 진실된 것인가?

한때 벤담 학설의 수제자인 동시에 벤담주의의 신봉자 중에서 가장 탁월한 지성인인 존 스튜어트 밀은 신경쇠약을 겪고 나서야 비로소 이 주장이 옳지 않다는 것을 분명히 깨닫는다. 밀은 행복에 관한 벤담의 개념이 수정될 필요가 있다는 결론에 도달한다. 그러나 그가 실제로 문제 제기에 성공한 것은 심리학으로부터의 도덕의 추론이었다. 그런데 바로 이 추론은 새로운 자연주의적 목적론을 건립하고자 하는 벤담의 기획에 합리적 토대를 제공했다. 이러한 결함이 벤담주의의 내부에서도 점차 인식되고 난 다음에는 벤담주의의 목적론적 내용이 점점 더 빈곤해졌다는 사실은 그리 놀라운 일이 아니다.

행복에 관한 벤담의 개념이 확장될 필요가 있다는 존 스튜어트 밀의 주장은 물론 옳다. 《공리주의Utilitarianism》에서 밀은 '높은' 차원의 쾌락과 '낮은' 차원의 쾌락을 구별하려고 시도했다. 그리고 《자유론On Liberty》과 그 밖의 저서들에서 그는 인류의 행복 증대와 인간

의 창조력의 확장을 결합시킨다. 그러나 이러한 수정의 결과는 ──
그것이 비록 옳기는 하지만, 아무리 개혁되어 있다고 할지라도 어떤
벤담주의자도 용인할 수 없는 것인데 ── 인간 행복에 관한 표상이
단일한 단순 관념도 아니며, 우리가 기초적인 결정을 할 때 어떤 기
준도 제공할 수 없다는 사실을 암시하는 것이다. 누군가가 벤담과 밀
의 정신에서, 결정을 할 때는 우리의 미래 쾌락이나 미래 행복에 관
한 예견을 기준으로 설정해야 한다고 우리에게 권고한다면, 이에 대
한 적절한 응답은 다음과 같이 묻는 것이다. "어떤 쾌락과 어떤 행복
이 나를 이끌어야만 하는가?" 왜냐하면 너무나 많은 종류의 쾌락적
활동이 있으며, 행복을 성취할 수 있는 너무나 많은 양식들이 존립하
기 때문이다. 그런데 쾌락과 행복은 우리가 이러한 활동들과 양식들
을 수단으로 하여 산출하고자 하는 마음의 상태는 결코 아니다. 진을
마시는 쾌락은 결코 크레인 해변에서 수영을 하는 쾌락과 같지 않다.
수영과 음주는 동일한 목적의 상태를 산출하는 두 가지 다른 수단들
이 아니다. 수도원 생활에 고유한 행복은 군인의 생활에 고유한 행복
과 동일하지 않다. 왜냐하면 상이한 종류의 쾌락과 상이한 형식의 행
복은 대부분 서로 비교될 수 없기 때문이다. 이들을 측정할 수 있는
어떤 양적 기준도, 질적 기준도 존재하지 않는다. 따라서 내가 쾌락
기준에 호소한다고 해서 그것이 내가 과연 술을 마셔야 하는지, 수영
을 해야 하는지에 관해 아무런 말도 해주지 않으며, 행복 기준에 호
소한다고 해서 그것이 나 대신에 승려의 삶과 군인의 삶 중에서 선
택할 수 있는 것이 아니다.

쾌락과 행복의 다형적 성격을 이해한다는 것은 물론 이 개념들을
공리주의에 대해 무용하게 만드는 것을 의미한다. 만약 자신의 미래

의 쾌락이나 행복에 관한 예견이, 내가 앞에서 언급한 이유 때문에, 개별적인 경우에 행위의 문제들을 해결하는 데 아무런 기준도 제공할 수 없다면, 최대 다수의 최대 행복이라는 사상은 분명한 내용을 가지고 있지 않은 관념이라는 사실이 추론된다. 그것은 실제로 다양한 이데올로기적 목적을 위해 사용될 수 있는 거짓 관념일 뿐, 결코 그 이상이 아니다. 그렇기 때문에 우리가 실제 생활에서 이와 같은 관념의 사용에 부딪히게 되면, 우리는 어떤 실제적 의도와 목적이 이런 사용에 의해 은폐되고 있는가를 반드시 물어야만 한다. 이렇게 말한다고 해서 이 관념의 사용이 많은 경우에 사회적으로 유익한 이상들에 종사해왔다는 사실을 부정하는 것은 아니다. 공공적 보건 정책을 추진하기 위한 에드윈 채드윅Edwin Chadwick의 철저한 개혁들, 참정권의 확대와 여성 억압의 종식을 위한 밀의 지지, 그리고 19세기의 다른 많은 이상들과 정책들은 모두 좋은 목적을 위해 유용성의 기준에 호소했다. 그러나 좋은 일을 위해 개념적 허구를 사용한다는 것이 결코 그 허구를 상쇄하지는 못한다. 우리는 이 논증의 후반부에서 현대의 도덕적 담론에 다른 허구들이 있음에 주목해야 할 것이다. 그러나 우리는 그러기 전에 19세기 공리주의의 다른 특징들을 고찰할 필요가 있다.

19세기의 위대한 공리주의자들이 가능한 한 착각하지 않기 위해 자신의 입장을 거듭해서 면밀히 검토해야 한다는 의무감을 계속 느꼈다는 것은 그들의 도덕적 진지함과 열성의 표시다. 이러한 자기 검토의 탁월한 성과는 시지윅의 도덕철학이었다. 그리고 윤리학을 위해 목적론적 틀을 재건하려는 시도의 실패가 마침내 수용된 것은 시지윅을 통해서였다. 그는 공리주의의 도덕적 명령들이 심리학적 토대로부터 도출될 수 없다는 사실을 인식했을 뿐만 아니라 일반적 행복을 추구하라는 명령들은 자기 자신의 행복을 추구하라는 명령들과 논리적으로 무관하며, 이 명령들로부터 추론될 수 없다는 사실을 깨달았다. 시지윅은 만족스럽지는 않지만 우리의 기본적 도덕 신념들은 두 가지 성격을 가지고 있다고 결론지을 수밖에 없었다. 이 도덕적 신념들은 어떤 종류의 통일성도 형성하지 않는다. 그것들은 환원 불가능할 정도로 이질적이다. 그리고 그것들의 인정은 논의의 여지가 없으며, 그래야만 한다. 그것의 진리를 위해 더 이상의 어떤 근거도 제시될 수 없는 발언의 형태로 이루어진 신념들은 도덕적 사유의 토대를 형성한다. 시지윅은 윌리엄 휴얼William Whewell의 용어를 빌려와 이러한 발언을 '직관'이라고 명명한다. 자기 자신의 연구 결과에 대한 시지윅의 실망은 그가 코스모스(질서)를 찾는 곳에서 실제로는 카오스(혼돈)만을 발견했다는 그의 언급에서 분명하게 표현된다.

무어가 아무런 인정 없이 차용하고 있는 것은 물론 시지윅의 최종적 입장들이다. 그는《윤리학 원리》에서 나쁜 논증으로 구성된 애매모호한 부분을 통해 이러한 차용을 보여주고 있다.《윤리학 원리》와 시지윅의 후기 저작 간의 중요한 차이는 본질적인 것이라기보다는 오히려 태도의 차이다. 시지윅이 실패로 묘사한 것이 무어에게는 계몽적이고 해방적인 발견이다. 앞에서 언급한 것처럼 계몽과 해방을 중요하게 생각하는 무어의 독자들은 이를 통해 시지윅에서뿐만 아니라 그 밖의 공리주의 전체와 기독교로부터 해방되었다고 생각했다. 그들은 물론 이때부터 객관성을 주장할 수 있는 어떤 토대도 박탈되었으며, 곧 정의주의가 설득력 있게 호소하게 될 증거를 자신들의 삶과 판단을 통해 제공하기 시작했다는 사실을 보지 못했다.

이렇게 공리주의의 역사는 도덕을 정당화하고자 하는 18세기의 기획과 정의주의로의 20세기의 쇠퇴를 역사적으로 연결시킨다. 그러나 공리주의의 철학적 실패와, 사유와 이론의 차원에서의 그 결과들은 오직 이와 연관된 역사의 한 부분에 지나지 않는다. 왜냐하면 공리주의는 일련의 사회적 구현들 속에서 나타났으며, 여러 가지 사회적 역할들과 제도들 속에 그 흔적을 남겨놓았기 때문이다. 그리고 이것들은 공리주의가 존 스튜어트 밀의 설명에 의해 부여된 철학적 의미를 상실하고 난 뒤에도 오랫동안 유산으로 남아 있었다. 그러나 이러한 사회적 유산이 나의 주요 명제에 매우 중요하다고 할지라도, 나는 도덕적 행위자의 자율을 독자적이고 객관적인 권위를 지닌 도덕적 규칙들에 관한 시각과 모순 없이 결합시키려는 두 번째 철학적 시도의 실패를 고찰할 때까지는 이 유산에 관한 언급을 미루고자 한다.

공리주의는 19세기에 가장 성공적인 주장들을 제기했다. 그 이후에는 정의주의에 앞서 나타난 직관주의가 영국 철학계를 지배한 반면, 영국에서 직관주의가 정의주의에 제공했던 같은 종류의 예비운동을 미국에서는 실용주의가 제공했다. 그러나 우리가 이미 언급했던 이유에서 정의주의는 주로 의미의 물음을 다루는 분석철학자들에게는 항상 설득력이 없는 것처럼 보였다. 왜냐하면 도덕적 추론은 실제로 일어나며, 도덕적 결론들은 일련의 전제로부터 타당하게 도출될 수 있다는 사실이 명백하기 때문이다. 이 분석철학자들은 도덕적 규칙의 권위와 객관성이 이성의 실행에 속하는 권위와 객관성과 다를 바 없다는 것을 서술하려는 칸트의 기획을 부활시켰다. 그들의 주요 관심사는 모든 합리적 행위자가 자신의 이성으로 말미암아 도덕의 규칙에 대한 논리적 의무를 갖고 있다는 사실을 증명하는 것이었다.

나는 이러한 기획을 수행하려는 다양한 시도들과 이들 간의 양립 불가능성이 이들의 성공을 의심스럽게 만든다는 점을 이미 암시했다. 그러나 이 기획이 실패한다는 **사실**뿐만 아니라 그것이 왜 실패하는가를 이해하는 것은 분명히 필요하다. 이를 위해 우리는 이들 시도들 중의 하나를 상세하게 고찰할 필요가 있다. 내가 선택한 예는 앨런 거워스의《이성과 도덕Reason and Morality》(1978)이다. 내가 거워스의 책을 선택한 이유는 그것이 이런 시도들 중에서 가장 최근의 것이며, 초기 저자들에 관해 제기되었던 반박과 비판을 주의 깊고도 상세하게 취급하기 때문이다. 그 밖에도 거워스는 이성에 관한 분명하고도 엄격한 관점을 도입한다. 실천이성의 원리로서 타당성을 획득하려면 원리는 분석적이어야 한다. 그리고 실천이성의 전제로부터 결론을 도출하기 위해서는 이 결론이 전제 속에 포함되어 있다는 사실이 증명될 수 있어야 한다. 도덕을 합리적인 것으로 제시하려는 초기 분석철학자들의 몇몇 시도를 약화했던 문제, 즉 무엇이 '정당한 근거'를 구성하는가 하는 문제에 관한 느슨하고도 애매모호한 태도는 찾아볼 길이 없다.

거워스 책의 핵심 문장은 다음과 같다. "행위자는 성공적 행위의 일반적 특징들을 구성하는 자유와 복지를 필수적 선으로 간주하기 때문에, 그는 이러한 특징들에 대한 권리를 가지고 있으며, 또 이와 상응하는 권리 주장을 암묵적으로 제기한다는 생각을 논리적으로 가지고 있어야 한다."(63) 거워스의 논증은 다음과 같이 서술될 수 있을 것이다. 모든 합리적 행위자는 합리적 행위를 실행할 수 있는 전제조건으로서 특정한 정도의 자유와 복지를 인정해야 한다. 그렇기 때문에 모든 합리적 행위자는 자신이 이러한 정도의 선들을 가지기를 ── 만약 이러한 의욕이 그의 당위라고 한다면 ── 원해야 한다. 이것이 거워스가 인용된 문장에서 '필수적 선들'에 관해 말할 때 그가 의도한 뜻이다. 이제까지는 우리가 거워스의 논증과 다투어야 할 아무런 이유도 없음이 확실하다. 그의 논증은 다음 단계에서야 비로소 중대하고 의심스러운 것이 된다.

합리적 행위의 실행을 위한 전제조건들을 필수적 선으로 간주하는 모든 사람은 이 선들에 대한 권리를 주장해야 하는 논리적 책무가 있다고 거워스는 논증한다. 그러나 이와 같은 권리 개념의 도입은 분명히 정당화를 필요로 한다. 그것은 한편으로 이 권리 개념의 도입이 거워스 논증의 이 지점에서는 매우 새로운 관념이기 때문이며, 다른 한편으로는 이 권리 개념이 갖고 있는 특별한 성격 때문이다.

내가 어떤 것을 행하거나 소유할 권리를 가진다는 주장은 내가 어떤 것을 필요로 하거나 가지고 싶으며, 어떤 것이 나에게 유익하다는 주장과는 전적으로 다른 유형의 것이라는 사실은 분명하다. 만약 그것이 유일하게 중요한 고찰이라고 한다면, 첫째 사실로부터 다른 사람은 무엇인가를, 그것이 무엇이든 또 그것이 나에게 이익이 되든 아니든 간에, 행하거나 소유하고자 하는 나의 노력에 간섭해서는 안 된다는 결론이 도출된다. 둘째 사실로부터는 이것이 추론되지 않는다. 그리고 여기서 어떤 종류의 선과 이익이 문제가 되는가는 별로 중요하지 않다.

거워스의 논증에서 무엇이 잘못된 방향으로 가고 있는지를 이해하는 다른 가능성은 이 단계가 그의 논증에 왜 그렇게 중요한가를 인식하는 데 있다. 내가 특정한 특징의 소유를 근거로 어떤 권리를 주장한다면, 나는 동일한 특성을 소유한 다른 사람도 역시 이 권리를 가진다는 주장을 인정해야 할 의무를 물론 논리적으로 갖게 된다. 그러나 이와 같은 필연적 일반화 가능성의 특징은 어떤 선의 —— 그것이 일반적으로 필수적인 선이라고 할지라도 —— 소유, 이 선에 대한 필요 및 욕망에 대한 주장과 결합되어 있지 않다.

합리적 행위에 필수적인 선들에 대한 권리 주장이 권리의 소유에 대한 주장과 구별되는 한 가지 이유는 전자와는 달리 후자는 사회적으로 인정된 규칙의 존립을 전제한다는 사실에 있다. 이러한 일련의 규칙들은 특정한 역사적 단계의 특별한 여건하에서만 생성된다. 그것들은 결코 인간 본성의 일반적 특징들이 아니다. 거워스는 영어와 다른 언어들의 '권리'와 같은 표현들과 이와 유사한 개념들이 언어 역사의 비교적 늦은 시점, 다시 말해 중세 말경에 등장했음을 쉽게 인정한다. 그러나 그는 그러한 표현들의 존립이 권리의 개념을 인간행동의 형식으로 구현하고자 하는 데 필연적인 조건은 아니라고 반박한다. 그는 적어도 이 점에서는 분명히 옳다. 그러나 거워스는 권리에 관한 표상과 같이 어떤 권한의 근거에 관한 관념을 전제하는 인간행동의 제 형식들은 항상 매우 구체적인 성격, 즉 사회적으로 국부적인 성격을 가진다는 반박, 또 특정한 종류의 사회적 제도 및 관행들의 존립은 우리가 이해 가능한 유형의 인간 업적으로서의 권리의 소유를 주장할 수 있다는 관념의 필연적 전제조건이라는 반박에 대처해야 한다(역사적 사실의 관점에서 보면, 그러한 역사적 제도들 및 관행들은 인간 사회에 일반적으로 존재하지 않았다). 만약 이러한 사회적 형식이 결여되어 있다면, 어떤 권리에 대한 주장을 제기하는 것은 마치 화폐제도를 모르는 사회 질서 내에서 수표로 지불하고자 하는 것과 같은 것이다. 이렇게 거워스는 합리적 행위자의 근본 특성에 결코 속하지 않는, 그러나 논증이 성공하려면 반드시 그래야 하는 개념을 부당하게 몰래 끌어들였다.

나는 19세기 중반과 말의 공리주의뿐만 아니라 20세기 중반과 말의 분석철학적 도덕철학이 모두 실패할 시도들, 즉 도덕적 의무를 세속적 합리적으로 정당화하려는 계몽주의 기획의 실패로 말미암아 처하게 된 곤경으로부터 도덕적 행위자를 해방하려는 실패할 시도들이었다고 생각한다. 나는 이러한 곤경을 이미 하나의 상태, 즉 새로운 자율적 주체는 전통적 도덕의 외면적 권위로부터의 해방에 대해 자신이 행하는 발언들로부터 모든 권위적 내용을 상실하게 되는 상태로 규정한 바 있다. 모든 도덕주체는 이제 신적 법칙, 자연적 목적론 또는 위계질서적 권위의 외면성에 영향받지 않았다고 말한다. 그러나 무엇 때문에 그의 말에 귀를 기울여야 한단 말인가? 우리는 공리주의와 분석적 도덕철학 모두를 이 물음에 대해 하나의 설득력 있는 대답을 제공하고자 하는 시도로서 이해해야 한다. 그런데 만약 나의 논증이 옳다면, 양자 모두 설득력 있게 대답하는 데 실패한 것은 바로 이 물음이다. 그럼에도 모든 사람들은, 철학자든 비철학자든, 마치 이들 기획들 중의 어느 하나가 성공한 것처럼 계속해서 말하고 글을 쓴다. 이로부터 내가 서두에 언급한 바 있는 현재의 도덕 담론의 특징들 중의 하나, 즉 도덕적 표현의 **의미**와 그 **사용** 방식 사이의 간극이 생겨난다. 왜냐하면 적어도 이 철학적 시도들 중의 하나가 만약 성공했었더라면, 의미는 그것이 보증될 수 있었던 것과 같으며, 또 계속해서 그럴 것이기 때문이다. 그러나 사용은, 즉 정의주의의 사용은 이러한 철학적 기획들이 예외 없이 실패했다고 하더라도 우리가 여전히 기대할 수 있는 그런 사용이다.

그 결과는 오늘날의 도덕적 경험이 하나의 모순적 성격을 가진다는 것이다. 왜냐하면 우리는 모두 스스로를 자율적인 도덕적 행위자로 보도록 배우지만, 우리로 하여금 타인과 조작적 관계를 맺도록 하는 심미적이거나 관료제적인 실천의 양식들에 관여하게 되기 때문이다. 우리가 자랑스럽게 생각하도록 배운 자율을 지키면서, 우리는 타인에 의해 조작되지 않도록 노력한다. 실천 세계에서 우리의 원리와 관점을 실현하려고 노력하지만, 우리는 —— 자신의 경우에는 우리 모두가 그것에 저항하고자 하는 —— 매우 조작적인 관계의 양식으로 타인을 대하는 길 외에는 어떠한 방법도 없음을 발견하게 된다. 우리의 태도와 경험의 불일치는 우리가 물려받은 개념적 체계의 불일치에서 발생한다.

우리가 일단 이러한 사실을 이해하고 나면 세 가지 다른 개념들, 즉 **권리, 저항, 폭로**가 현대에 특징적인 도덕체계 내에서 차지하는 핵심적 위치를 이해할 수 있을 것이다. 여기에서 내가 말하는 '권리'는 실정법 또는 관습을 통해 특정한 계급의 사람들에게 부여되는 권리가 아니다. 나는 오히려 인간 자체에 속한다고 여겨지는 권리, 또는 사람들이 생명, 자유, 행복을 추구하는 것을 방해해서는 안 된다는 견해의 근거로서 인용되는 권리를 말하는 것이다. 그것은 18세기에 자연권 또는 인권으로 불린 권리들이다. 당시 이 권리들은 특이하게도 부정적으로 정의되었다. 다시 말해, 그것들은 침해되어서는 안 되는 권리들로서 규정되었다. 그러나 이 시대에는 종종, 그리고 우리

시대에는 매우 자주 긍정적 권리들, 즉 정당한 재판을 받을 권리, 교육 또는 고용에 대한 권리 등이 목록에 첨가되었다.

'인권'이라는 표현은 이제 18세기의 그 어느 표현들보다 일반화되었다. 그러나 그것들이 긍정적이든 부정적이든, 또 그것들이 어떤 이름으로 불리든, 이 권리들은 성, 인종, 종교, 재능과 공적에 상관없이 모든 개인에게 평등하게 귀속되는 것으로 생각된다. 그리고 그것들은 다양한 도덕적 태도들의 토대를 제공해주는 것으로 여겨진다.

그런데 인간에게 단순히 인간존재라는 특성 **덕택에** 그러한 권리들이 고유하게 주어진다는 사실은 다음과 같은 사실을 고려해보면 조금 기이하게 여겨진다. 내가 거워스와의 논의에서 암시적으로 언급한 바와 같이, 중세 말까지는 어떤 고대 언어 및 중세의 언어에도 우리의 '권리'라는 개념으로 번역될 수 있는 어떤 표현도 존재하지 않았다. 이러한 관념과 표상은 1400년 전 고중세의 히브리어, 그리스어, 라틴어, 아랍어에 결여되어 있으며, 고영어는 물론이고 일본어에는 19세기 중반까지 없었다. 물론 이러한 사실로부터 자연권 및 인권이 존재하지 않는다는 사실이 추론되지는 않는다. 이러한 사실로부터 추론되는 결론은 그런 권리들이 있다는 것을 아무도 알 수 없었다는 사실이다. 이것은 적어도 몇 가지 문제를 제기한다. 그러나 우리는 이러한 물음에 답하고자 함으로써 갈피를 잡지 못할 필요는 없다. 왜냐하면 진리는 단순하기 때문이다. 그와 같은 권리들은 존재하지 않았으며, 이 권리들에 대한 믿음은 마녀와 일각수에 관한 믿음과 마찬가지다.

그러한 권리들이 없었다고 주장하는 최상의 근거는 마녀는 없다고 주장하기 위해 우리가 갖고 있는 최상의 근거와, 일각수는 없다고 주장하기 위해 우리가 소유하고 있는 최상의 근거와 같은 종류의 것이다. 그러한 권리들이 있다는 신념에 대해 정당한 근거를 제공하고자 하는 모든 시도는 실패했다. 18세기의 자연권 옹호자들은 때때로 인간이 그러한 권리들을 소유한다는 주장은 자명한 진리라고 주장한다. 그러나 우리는 어떤 자명한 진리도 존재하지 않는다는 것을 안다. 20세기의 도덕철학자들은 가끔 자신들과 우리의 직관에 호소한다. 그러나 도덕철학의 역사로부터 우리는 적어도, 도덕철학자들에 의한 '직관' 개념의 도입은 항상 논증에서 무엇인가가 잘못되어가고 있다는 사실의 징표라는 것을 배웠어야만 한다. 1949년 유엔 인권선언에서 엄격하게 지켜지고 있으며, 그 이후에는 유엔의 관례가 된 것은, 그것이 어떤 종류의 선언이든 간에 이 선언에 대해 어떤 정당한 근거도 제시하지 않는다는 사실이다. 이러한 권리들의 최근 옹호자인 로널드 드워킨Ronald Dworkin(*Taking Rights Seriously*, 1976)은 이 권리들의 존재가 증명될 수 없다는 사실을 인정한다. 그러나 그는 이 점에 대해 어떤 주장이 증명될 수 없다는 사실로부터 그것이 진리가 아니라는 것이 추론되는 것은 아니라고 주장한다.(81) 이것은 비록 옳기는 하지만, 일각수와 마녀가 존재한다는 주장을 변호하기 위해서도 똑같이 사용될 수 있다.

그러므로 자연권 및 인권은 유용성이 그러한 것처럼 허구들이다. 그러나 매우 특별한 속성을 가지고 있는 허구들이다. 이 허구들을 정확하게 규정하기 위해서는 18세기에 도덕을 재건하려는 시도들로부터 생겨난 다른 허구, 즉 유용성의 관념을 다시 한번 간단히 살펴볼 필요가 있다. 벤담이 처음으로 '유용성'을 전문용어로 만들었을 때, 그는 내가 앞서 언급한 바와 같이 쾌락과 고통에 대한 개인의 전망을 계산할 수 있다는 사상을 설득력 있게 만들었다. 그러나 존 스튜어트 밀과 다른 공리주의자들이 인간이 추구하고 높이 평가하는 다양한 목표들에 관한 생각을 확장했을 때, 만족을 주는 이 모든 경험들과 활동들을 총계산하는 것이 가능하다는 생각은, 내가 이미 언급한 이유들로 인해 점점 더 설득력을 상실했다. 자연적인 인간의 욕망과 육성된 인간의 욕망의 대상들은 극복할 수 없을 정도로 이질적이고, 개인 또는 전체 인구에 대해 그 총계를 계산한다는 생각은 전혀 이해되지 않는다. 만약 유용성이 분명한 개념이 아니라면, 그것이 마치 우리에게 합리적 기준을 제공할 수 있는 것처럼 이 개념을 사용한다는 것은 실제로 허구에 호소하는 것과 다를 바 없는 것이다.

유용성의 개념과 권리의 개념을 나란히 놓고 보면 금방 눈에 띄는 도덕적 허구들의 본질적 특성이 이제 정확하게 규정될 수 있다. 이 허구들은 우리에게 객관적이고 비인격적인 기준들을 제공한다고 주장하지만 그러지 못한다. 그리고 바로 이런 이유로 그들이 주장하는 의미와 실제의 사용 사이에는 간극이 존립할 수밖에 없는 것이다. 그밖에도 우리는 이제 현재의 도덕적 논쟁에서 불가공약적인 전제들의 현상이 어떻게 발생하는가를 조금은 이해할 수 있다. 권리의 개념은 자율적인 도덕 행위자라는 사회적 발명품의 한 부분으로서 일련의 목적을 수행하기 위해 만들어졌다. 유용성의 개념은 전혀 다른 목적들을 위해 고안되었다. 이 둘은 예전의 전통적 도덕의 개념들을 대체할 인공품이 필요한 상황에서 정교하게 만들어졌다. 이 대체품은 새로운 사회적 기능을 수행한다는 외양을 보여주기 위해 철저하게 혁신적인 성격을 가져야만 했다. 그러므로 권리에 호소하는 주장이 유용성에 호소하는 주장과 대립할 때, 또는 그중의 하나 혹은 양자가 전통적 정의 개념에 기초한 주장과 대립할 때 어떤 주장에 우선권이 주어져야 하는지, 또는 어떻게 하나를 다른 하나와 견주어 판단할 수 있는지에 관한 어떤 합리적 방법도 없다는 사실은 그리 놀라운 일이 아니다. 도덕적 불가공약성은 그 자체로 특정한 역사적 결합의 산물이다.

이러한 사실은 현대 사회에서 정치를 이해하는 데 중요한 통찰력을 제공한다. 왜냐하면 내가 앞에서 서술한 관료제적 개인주의의 문화는 권리를 수단으로 자신의 주장을 하는 개인주의와 유용성을 수단으로 자신의 주장을 제기하는 관료제적 조직의 형식들 사이에 존재하는 특징적이고 명백한 정치적 논쟁을 산출하기 때문이다. 그러나 권리와 유용성의 개념이 대립하는 불가공약적 허구의 한 쌍이라고 한다면, 사용된 도덕적 관용어들은 현대의 정치적 과정에 기껏해야 합리성의 외양만을 제공할 뿐, 결코 그 현실은 산출하지 못한다. 논증의 거짓 합리성은 자신들의 결정들을 통해 표현되는 의지와 권력의 자의성을 은폐할 뿐이다.

왜 **저항**이 현대의 특별한 도덕적 특징인가, 왜 분노가 현대의 지배적 감정인가를 우리는 마찬가지로 쉽게 이해할 수 있다. '저항한다'와 이 단어의 라틴어 어원 및 불어의 같은 표현들은 본래 부정적인 만큼이나 긍정적이며, 또는 더욱 긍정적이다. 저항한다는 것은 본래 어떤 것에 **대해**to 증인이 된다는 것을 의미하며, 오직 이러한 책무의 필연적 결과로서 어떤 것에 **반대하는**against 증인이 된다는 것을 뜻한다.

그러나 오늘날 저항은 다른 어떤 사람을 위한 **유용성**의 이름으로 어떤 사람의 권리가 침해될 때 이에 대한 반작용으로 발생하는 전적으로 부정적인 현상이다. 불가공약성의 사실들로 말미암아 저항자들은 어떤 **논증**도 이길 수 없기 때문에 자신의 권리를 주장하는 저항의 격렬함이 발생하게 된다. 분노한 자기 정의가 발생하는 것은 마찬가지로 불가공약성의 사실 덕택에 저항자들은 어떤 논증에서도 패할 수 없기 때문이다. 저항의 표현은 특이하게도 저항자들의 전제를 이미 **공유하고** 있는 사람들을 향해 있다. 그런데 불가공약성의 효과들은 저항자들이 자기 자신 외에는 이야기를 나눌 수 있는 어떤 사람도 발견할 수 없다는 점을 보장한다. 이것은 물론 저항이 아무런 효과를 발휘할 수 없다는 것을 뜻하지 않는다. 이것은 저항이 **합리적으로는** 아무런 효과도 거둘 수 없다는 것을 말해주며, 또 저항의 많은 표현 양식들은 이러한 사실에 대한 특정한 인식과 아마 무의식적인 인정을 증명해준다는 것을 말해준다.

현대 세계에 매우 특징적인 현대적 도덕근거들의 주창자들이 — 나는 여기서 현대성과의 공존의 형태로 어느 정도 살아남은 이전의 전통을 유지하려는 사람들을 말하는 것은 아니다 — 실제로는 자의적 의지와 욕망의 선호와 다를 바 없는 것을 도덕의 가면 뒤에 숨기는 데 이바지하는 수사법을 제공한다는 주장은 물론 새로운 주장이 아니다. 왜냐하면 현대의 경쟁적 주창자들은 이 주장이 자신들의 경우에도 진리라는 사실을 비록 명백한 이유에서 인정하지 않는다고 할지라도, 자신들과 경쟁하는 사람에 반대하기 위해서는 그러할 준비가 되어 있기 때문이다. 클래펌Clapham 교파의 복음주의자들은 이렇게 계몽주의의 도덕에서 이기심과 죄에 대한 합리적이고 합리화하는 가장을 발견한다. 반대로, 이 복음주의자들의 해방된 자손들과 빅토리아 시대의 계승자들은 복음주의자들의 경건성을 단순한 위선으로 본다. 훗날 무어에 의해 해방된 블룸즈버리의 지성인들은 빅토리아 시대의 반쯤은 공적인 문화적 장치가 신부와 성직자들뿐만 아니라 아널드, 러스킨John Ruskin, 스펜서의 오만방자한 자의를 은폐하려는 건방진 제스처에 불과하다고 보았다. 그런데 바로 이와 똑같은 방식으로 D. H. 로런스D. H. Lawrence는 블룸즈버리 지성계를 '꿰뚫어 보았다.' 정의주의가 마침내 도덕적 발언의 본질에 관한 일반적 명제로 선언되었을 때, 정의주의는 현대 세계에서 문화적 반란의 모든 당파가 그때그때 자신들의 도덕적 선조들에 대해 말했던 것을 일반화했을 뿐이었다. 현대의 도덕적 위장들을 보존한 자의적 의지와 욕망의 인식되지 않은 동기들의 폭로는 그 자체로 가장 특징적인 현대적 활동들 중 하나다.

타인에게서의 자의 폭로는 항상 우리 자신 속에 있는 자의의 폭로에 대한 저항이라는 사실을 발견한 것은 지그문트 프로이트Sigmund Freud의 업적이다. 20세기 초에 새뮤얼 버틀러Samuel Butler와 같은 사람들에 관한 자서전들은 자신들이 교육을 받은 문화적 형식들 뒤에 숨어 있는 독단적이고 가부장적인 자의의 억압적 중압감을 느낀 모든 사람들에게서 강렬한 반응을 불러일으켰다. 그리고 이러한 중압감은 교육받은 사람들이 거부하고자 열망했던 것을 내면화했기 때문에 발생한다는 것은 확실하다. 그렇기 때문에 빅토리아인들에 대한 리턴 스트레이치의 조소는 블룸즈버리의 해방의 일부로서 중요하며, 무어의 윤리학에 대한 스트레이치의 반응에서의 과장된 수사법도 중요하다. 그러나 더 중요한 것은 프로이트가 계승된 의식을 초자아로서, 즉 우리가 우리의 심리적 건강을 위해 그것의 명령으로부터 해방될 필요가 있는 우리 자신의 비합리적 부분으로서 제시한 것이다. 프로이트는 물론 자신이 19세기 말과 20세기 초 유럽에서 도덕이 어떻게 되었는가를 발견했을 뿐만 아니라 도덕 자체를 발견했다고 생각했다. 그러나 이러한 오류는 그가 실제로 이룩한 업적의 중요성을 떨어뜨리지 않는다.

여기서 우리는 나의 논증의 줄거리를 상기해볼 필요가 있다. 나는 현대의 도덕적 논쟁이 무한하게 이루어지는 방식으로부터 출발했으며, 도덕적 판단에 관한 정의주의의 수정된 이론이 —— 이것은 본래 스티븐슨과 다른 사람들에 의해 제시되었다 —— 진리일 때 필연적으로 귀결되는 결과로서 이 무한성을 설명하려고 시도했다. 그러나 나는 이 이론을 철학적 분석으로서뿐만 아니라 사회학적 가설로 취급했다(나는 이런 방식으로 문제를 다루었다는 것을 달갑게 생각하지 않는다. 내가 제3장에서 제시한 이유들 때문에 내게는, 모든 적절한 철학적 분석이 이 분야에서 과연 사회학적 가설이 아닐 수 있는지, 그리고 그 반대의 경우 역시 분명하지 않다. 이 두 가지의 분리된 주제와 분과학문, 즉 한 편으로는 일련의 개념적 탐구로서의 도덕철학이, 그리고 다른 한편으로는 경험적 가설과 결과로서의 사회학이 존재한다는 관습적 학제에 의해 강요된 생각에는 심각한 잘못이 있는 것처럼 보인다. 분석적인 것과 종합적인 것을 구별하는 모든 본질적 해석에 대한 콰인의 치명적 일격은 아무튼 개념적인 것과 경험적인 것의 이러한 대조를 의심하게 만든다).

따라서 나의 논증의 취지는 정의주의가 오늘날 대부분의 도덕적 발언과 실천에 가득 차 있다는 것이며, 더욱 특별하게는 현대 사회의 핵심적 성격들이 —— 내가 이 '성격'이라는 낱말에 부여하는 특별한 의미에서 —— 자신들의 행동을 통해 이러한 정의주의적 방식을 구현한다는 것이다. 이 성격들은, 우리가 상기하는 바와 같이, 심미주의자, 치료사와 경영자, 관료제적 전문가다. 정의주의의 승리를 가능하게 만들었던 발전에 관한 역사적 논의는 이 특별히 현대적인 성격에 관해 더 많은 것을 알려주었다. 즉 이 성격들은 도덕적 허구들을 교환하고, 또 이 교환을 피할 수 없다는 점이다. 그러나 도덕적 허구의 영역은 권리와 유용성의 영역을 넘어서 얼마나 확장될 수 있는가? 그리고 누가 이들에 의해 기만당할 것인가?

심미주의자는 아마 가장 늦게 이 허구들의 희생물이 될 수 있는 성격이다. 철학적 상상력의 이 무례한 악당들, 즉 현대 세계의 입구에서 무례하게 서성거리는 디드로의 라모와 키르케고르의 A는 환상적이고 허구적인 주장들을 꿰뚫어 보는 전문가들이다. 만약 그들이 기만당한다면, 그것은 자신들의 냉소주의에 의해서다. 만약 심미주의적 기만이 현대 세계에서 발생한다면, 그것은 심미주의자가 자신의 존재가 있는 그대로라는 사실을 인정하기를 혐오하기 때문이다. 스스로 즐겨야 하는 부담이 더욱 무거워지고 쾌락의 공허와 권태가 너무나 분명하게 위협으로 나타나서, 심미주의자는 청년 라모와 A가 이용할 수 있었던 것보다 더 정교한 장치들에게로 도피할 수밖에 없다. 심미주의자는 키르케고르에 중독된 독자가 될 수도 있고, 키르케고르가 심미주의자의 운명으로 간주했던 절망으로부터 자기 탐닉의 새로운 형식을 만들어낼 수도 있다. 그리고 만약 절망 속의 탐닉이 향락에 대한 자신의 능력을 손상시킬 것같이 보이면, 그는 과도한 알코올 탐닉에서 그렇게 하는 것처럼 치료사에게 가서 이 치료를 또 다른 하나의 심미적 경험으로 만들 것이다.

이와는 반대로 치료사는 현대의 세 전형적 성격들 중에서 가장 기만당하기 쉬울 뿐만 아니라 기만당하는 사람으로 보이기 쉽다. 그를 기만하는 것은 도덕적 허구들뿐만이 아니다. 우리 문화의 통상적 치료 이론들에 대한 파괴적이고 적대적인 비판들은 쉽게 가질 수 있다. 모든 치료학파는 경쟁 학파들의 이론적 결함을 밝혀내려고 혈안이 되어 있다. 그러므로 문제는 왜 정신분석학적 치료법 및 행동치료법의 주장들이 근거 없는 것으로 밝혀지지 않는가가 아니라, 그것이 그렇게 충분히 손상되고 난 뒤에도 이 치료법은 왜 대부분의 경우에 마치 아무런 일도 없었던 것처럼 계속해서 이루어지고 있는가 하는 것이다. 그리고 이 문제는 심미주의자의 문제와 마찬가지로 단지 도덕적 허구의 문제만은 아니다.

물론 심미주의자와 치료사 양자는 의심할 여지 없이 다른 사람들과 마찬가지로 그와 같은 허구들을 쉽게 교환한다. 그러나 그들은 전적으로 자신들의 것이라고 할 수 있는 어떤 허구들, 즉 자신들의 역할을 규정하는 데 속하는 어떤 허구들도 소유하고 있지 않다. 그런데 동시대의 무대에서 주인공인 경영자에게서는 문제가 전혀 다르다. 왜냐하면 권리와 유용성과 함께 우리는 이 시대의 가장 중요한 도덕적 허구들 중의 하나로서 경영자의 특별한 허구를 설정해야만 하기 때문이다. 이 허구는 사회적 현실의 특정한 양상들을 통제하는 데 체계적 효율성을 가지고 있다는 주장 속에 표현된다. 그리고 이러한 명제는 두 가지 전혀 다른 이유에서 놀라워 보인다. 우리는 경영자들이 성취하고자 하는 것을 성취하는 데 있어서 그들의 효율성을 의심하는 것에 익숙하지 않다. 그리고 우리는 효율성을 분명히 도덕적인 개념으로, 즉 권리 또는 유용성과 같은 개념들의 범주에 속하는 도덕적 개념으로 파악하는 데도 마찬가지로 익숙치 않다. 경영자들 자신과 경영에 관해 글을 쓰는 대부분의 저자들은 스스로를 도덕적으로 중립적이라고 생각하며, 모든 목표를 성취할 수 있는 가장 효율적인 수단을 발견할 수 있다고 생각한다. 어떤 특정한 경영자가 과연 성공적인가 아닌가 하는 문제는 그가 효율적으로 추구하거나 추구하지 않는 목표들의 도덕의 문제와는 전혀 다른 문제다. 그럼에도 효율성은 도덕적으로 가치중립적이라는 주장에 반대할 수 있는 강한 근거들이 있다. 왜냐하면 효율성의 전체 개념은 내가 언급한 바와 같이 인간실존의 양식과 분리될 수 없기 때문이다. 이 양식에서 수단의 발견은 그 핵심적 부분에서 인간존재를 주어진 행동 양식으로 조작하는 것이다. 그리고 경영자는 이런 측면의 효율성에 호소함으로써 조작적 방식에서의 권리를 주장한다.

따라서 효율성은 우리의 호의적 중성을 획득하기 위해 동시대의 다른 대안적 생활 방식들과 경쟁하는, 생활 방식을 정의하는 하나의 규정적 요소다. **우리의** 삶에서 권위의 자리를 차지하기 위한 관료제적이고 경영자적인 방식의 권리 주장을 평가하려면, 효율성에 대한 관료제적·경영자적 주장을 검토하는 것은 필수적인 과제다. 경영자의 역할과 성격의 여러 발언들과 습관들을 통해 표현되는 것과 같은 효율성의 개념은 물론 지극히 일반적인 개념이다. 그것은 기업, 정부기관, 노동조합과 그 밖의 일련의 다른 제도들 속에서 행사되는 사회적 통제에 관한 일반적인 관념들과 밀접하게 결부되어 있다. 에곤 비트너Egon Bittner는 몇 년 전에 이 일반화된 관념과 특정한 상황에서 이용되기에 충분할 정도로 정확하게 규정된 실제의 기준들 사이에는 심각한 간극이 존립한다는 것을 인식했다. 그는 이렇게 말한다. "베버는 관료제의 유일한 정당화가 그것이 갖고 있는 효율성이라고 분명하게 확인하지만, 그는 이 판단 기준이 어떻게 적용될 수 있는가에 관한 어떤 분명한 지침도 우리에게 제공하지 않는다. 실제로 관료제의 특징들에 관한 목록은 효율성의 기능과 관련해 논쟁의 여지가 없는 단 하나의 항목도 포함하고 있지 않다. 장기적인 목표들은 효율성의 기능을 계산하는 데 분명히 사용될 수 없다. 왜냐하면 우연적 요소들의 영향은 시간과 더불어 점점 증대해, 안정적으로 통제되는 행위 부분의 효율성에 특정한 가치를 부여하는 것을 더욱 어렵게 만들기 때문이다. 이와는 반대로 효율성을 판단하기 위해 단기적 목표를 사용하는 것은 경제 자체의 이상과 충돌할 수도 있다. 단기적 목표들은 시간이 흐름에 따라 변화하고 불특정한 방식으로 다른 목표들과 경쟁하며, 단기적 결과들은 잘 알려진 바와 같이 기만적 가치들을 가지고 있다. 왜냐하면 단기적 결과들은 우리가 보여주고자 하는 것을 보여줄 수 있도록 항상 쉽게 조작될 수 있기 때문이다."(Bittner 1965, 247)

효율성에 관한 일반화된 관념과 경영자들에게 열려 있는 실제의 행위 사이의 간극은 이 관념의 사회적 사용은 본래 의도된 것과는 전혀 다르다는 사실을 암시한다. 이러한 관념이 경영자의 권위와 권력을 보존하고 확장하기 위해 사용된다는 것은 물론 문제가 되지 않는다. 그러나 이러한 과제와 결합되어 이 관념이 사용되는 것은 하나의 믿음, 즉 경영자들의 권위와 권력은 그들이 특정한 목표를 성취하는 데 기술과 지식을 사용할 수 있는 능력을 갖고 있다는 사실을 통해 정당화된다는 믿음에서 기인한다. 그러나 효율성이 실재라기보다는 사회적 통제를 숨기는 가장의 한 부분이라면 어떻게 되는가? 만약 효율성이 그들 자신과 다른 사람들에 의해 경영자와 관료들에게 부여되는 특성에 지나지 않는다면, 그리고 그것이 이러한 특성의 부여 없이는 존립할 수 없는 특성이라면 어떻게 되는가?

　내가 이러한 효율성의 특성을 명명하기 위해 차용한 낱말은 "전문가적 지식"이다. 물론 나는 인슐린의 생화학, 역사학, 고대 가구에 관한 연구와 같은 많은 영역에서 진정한 전문가가 있다는 사실을 의심치 않는다. 나는 단지 경영자와 관료의 전문가적 지식만을 문제 삼으려 한다. 그리고 나는 그러한 전문 기술이 실제로는 하나의 도덕적 허구로 판명된다는 최종적 결론에 도달한다. 왜냐하면 전문 기술이 의지하는 종류의 지식은 존재하지 않기 때문이다. 그러나 사회적 통제가 실제로는 하나의 거짓으로 꾸민 것이라고 한다면 어떻게 되는가? 다음과 같은 가능성을 고찰해보자. 우리가 억압당하는 것은 권력에 의해서가 아니라 무기력에 의해서다. 몇몇 급진적 비판가들이 생각하는 것처럼 대기업 사장들이 미국을 통제하지 못하는 이유들 중 하나는 그들이 자신들의 기업조차 제대로 통제하지 못하기 때문이다. 부여된 조직적 기술과 권력이 완전히 전개되어 원하는 결과가 이루어졌을 때 우리가 체험하게 되는 모든 것은, 성직자가 예상할 수 없는 가뭄이 끝나기 바로 직전에 비를 내려달라고 기도할 수 있는 행운을 가졌을 때 우리가 체험하게 되는 것과 같은 종류의 과정이다. 권력의 지렛대는 ── 이것은 경영자들의 전문가적 지식을 이해할 수 있는 핵심적 은유다 ── 효과들을 비체계적으로 산출할 뿐만 아니라, 그것은 이 지렛대의 사용자가 자랑하는 효과들과 단지 우연적으로 일치할 뿐이다. 만약 이것이 사실이라면, 그것을 은폐하는 것은 물론 사회적·정치적으로 중요할 것이다. 그리고 경영자와 경영에 관해 글을 쓰는 저자들이 이 개념을 사용하는 것과 같이 경영자적 효율성의 개념을 사용하는 것은 그와 같은 위장의 본질적 부분이다. 다행히도 나는 논증의 이 단계에서, 경영자적 효율성이 도덕적 허구의 기능을 가지고 있다는 사실을 보여주기 위해 무엇이 위장되고 있는가를 서술할 필요는 없다. 내가 보여줄 필요가 있는 것은 이 개념의 사용이 결코 충족될 수 없는 지식에 대한 권리 주장을 전제한다는 사실과, 더 나아가 이 개념의 사용과 그것을 담고 있는 주장들의 의미의 차이는 다른 현대의 도덕적 개념들의 경우에서 정의주의적 이론이 확인한 차이와 매우 유사하다는 사실뿐이다.

정의주의의 언급은 문제를 정확하게 적중시킨다. 왜냐하면 내가 경영자적 효율성에 대한 믿음에 관해 제시한 명제는 신에 대한 믿음에 관한 특정한 정의주의적 도덕철학자들, 예를 들면 카르나프와 에어A. J. Ayer의 명제와 많은 측면에서 일치하기 때문이다. 카르나프와 에어는 모두 정의주의적 이론을 도덕적 판단의 영역 너머로 확장했으며, 일반적으로는 형이상학적 주장들이, 그리고 특수하게는 종교적 주장들이 초월적 현실에 관한 인식을 제공한다고 주장하지만 실제로는 단지 이러한 주장들을 발언하는 사람들의 감정과 태도만을 표현할 뿐이라고 논증했다. 이렇게 카르나프와 에어는, 비록 그들이 이런 의도를 가지고 있지는 않았다 하더라도, 이러한 환상들이 지배하게 된 데 대한 사회학적 설명을 제공할 수 있는 가능성을 열어놓았다.

'경영자적 효율성'은 대체로 카르나프와 에어가 '신'이 기능한다고 생각한 것과 같은 방식으로 기능한다고 나는 추측한다. 그것은 허구적이기는 하지만 실재한다고 믿어지는 현실에 대한 이름이다. 이 과정에서 이 현실에 대한 호소는 특정한 다른 현실들을 은폐한다. 그것의 효과적인 사용은 실제로 인상적이다. 카르나프와 에어가 신에 대한 믿음에는 어떤 적절한 합리적 정당화도 결여되어 있다는 사실을 고려함으로써 자신들의 결론에 도달한 것처럼, 나의 논증의 핵심은 경영자적 효율성의 해석에는 동일한 방식으로 어떤 적절한 합리적 정당화도 결여되어 있다는 것이다.

만약 내가 이 점에서 옳다면, 오늘날의 도덕적 무대에 관한 성격 규정은 이제까지의 나의 고찰이 행했던 것보다 한 단계 더 나아가게 된다. 그렇게 되면 우리는 정의주의적 설명이 우리의 도덕적 발언과 실천의 대부분에서 참일 뿐만 아니라 이들 속에 구현되어 있으며, 이 발언과 실천의 많은 것들은 (**유용성**과 **권리**에 관한 허구들과 같은) 도덕적 허구들의 표현이라고 정당하게 결론 내릴 수 있다. 그 밖에도 우리는 또한 다른 도덕적 허구, 아마 문화적으로 가장 강력한 허구가 현대의 사회적 드라마의 핵심적 성격(인물)인 관료제적 경영자에 의해 제기된 효율성과 권위에 대한 권리 주장 속에 구현되어 있다고 결론을 내려야만 할 것이다. 곤혹스러울 정도로, 우리의 도덕은 환상들의 극장으로 폭로될 것이다.

경영자들이 효율성에 대해 제기하는 권리 주장은 물론 조직과 사회적 구조들을 변형시킬 수 있는 수단으로서의 일련의 지식을 소유하고 있다는 주장에 바탕을 두고 있다. 그러한 지식은 실제적인 법칙과 유사한 일련의 일반화들을 포함하고 있어야 한다. 이러한 일반화 덕택에 경영자들은, 만약 특정한 사건 또는 특정한 유형의 사태가 발생하거나 야기된다면 다른 사건 또는 특정한 유형의 다른 사태가 결과적으로 일어나게 되리라는 것을 예견할 수 있다. 왜냐하면 이와 같이 법칙과 유사한 일반화들만이 특수한 인과적 설명과 예견을 산출할 수 있으며, 이러한 설명과 예견 덕택에 경영자들은 사회적 환경 세계를 변형시키고 영향을 주고 통제할 수 있기 때문이다.

따라서 정당화된 권위에 대한 경영자들의 권리 주장은 두 부분으로 나뉜다. 하나는 경영자가 전문가가 될 수 있는 도덕적으로 중립적인 사실들의 영역의 실존과 연관이 있다. 다른 하나는 이 영역의 연구로부터 도출되는 법 유사적 일반화들과 구체적 사례에 대한 이 일반화들의 적용과 연관이 있다. 두 주장은 모두 자연과학에 의해 만들어진 주장들을 반영한다. '경영과학'과 같은 표현이 주조되었다는 것은 놀라운 일이 아니다. 도덕적 중립성에 대한 경영자의 주장은 ── 이것은 그 자체로 경영자가 사회적·도덕적 세계 내에서 스스로를 나타내고, 또 기능들을 담당하는 방식의 중요한 부분을 구성한다 ── 많은 물리학자들이 제기하는 도덕적 중립성에 대한 주장과 일치한다. 그 결과는 우리가 '사실'이라는 중요한 개념이 어떻게 처음으로 사회적으로 이용 가능하게 되었으며, 17세기와 18세기의 경영자의 선조들에 의해 어떻게 사용되었는가를 고찰할 때 가장 잘 이해될 수 있다. 이 역사는 도덕철학에서 자율적인 도덕주체라는 개념이 어떻게 출현했는가에 관한 역사와 밀접하게 결합되어 있다는 사실이 ── 나는 이를 이미 자세하게 이야기했다 ── 밝혀질 것이다. 이 개념의 출현은 모든 아리스토텔레스적 그리고 유사 아리스토텔레스적 세계관에 대한 거부와 결합되어 있다. 이 아리스토텔레스적 세계관 내에서는, 가치평가적 주장들이 특별한 종류의 사실적 주장들로서 기능하는 콘텍스트가 목적론적 관점에 의해 만들어졌다. 이를 거부함으로써 가치와 사실의 개념은 모두 새로운 성격을 획득했다.

그러므로 도덕적·가치평가적 결론들은 사실적 전제 속에 포함될 수 없다는 것은 결코 초시대적 진리가 아니다. 이와는 반대로 도덕적·가치평가적 표현들에 부여된 의미가 17세기와 18세기에 심각하게 변화해, 당시 일반적으로 사실적인 전제로 여겨졌던 것은 당시 일반적으로 도덕적·가치평가적 결론으로 간주되었던 것을 포함할 수 없게 되었다는 것은 진리다. 그러나 사실과 가치 사이의 분명한 구별의 역사적 실행은 가치와 도덕이 새롭게 파악되는 방식의 문제만은 아니다. 그것은 또한 사실에 관한 변화된, 그리고 변화하는 관념에 의해 강요되었다. 자신의 권위를 정당화할 수 있는 지식을 소유하고 있다는 현대적 경영자의 주장을 검토하기 전에 우리는 먼저 이 사실에 관한 변화된 관념을 검토해야 한다.

제7장 '사실', 설명과 전문지식

'사실'은 현대 문화에서 귀족적 기원을 가진 대중 개념이다. 대법관 베이컨Francis Bacon이 과거의 플라톤주의와 미래의 경험주의로 이루어진 자신의 놀랍고 특징적인 융합에 대한 선전의 일환으로 자신의 추종자들에게 사변하지 말고 사실을 모으라고 명령했을 때, 존 오브리John Aubrey와 같은 사람들은 즉각 그가 사실들을 —— 다른 시기에 스포드[영국의 도자기 제조가 조사이어 스포드Josiah Spode가 창시한 도자기] 도자기나 기관차의 일련번호를 수집할 때 보였던 동일한 열정을 가지고 모아야 할 —— 수집품과 동일시했다고 이해했다. 예전 왕정 사회의 다른 구성원들은 오브리가 행하는 것이 무엇이든 그것은 다른 사람들이 이해한 것과 같은 자연과학이 아니라는 사실을 명확히 인식했다. 그러나 그들은 그가 전체적으로는 그들보다 더 베이컨의 귀납적 방법을 문자대로 충실하게 따르고 있음을 인식하지 못했다. 오브리의 오류는 물론 자연과학이 모든 것을 주워 모으는 일종의 까치와 같다는 가정뿐만 아니라 관찰자가 어떤 이론적 해석을 제기하지 않고 사실을 직접 마주 대할 수 있다는 가정에 있다.

이것이, 비록 끈질기고 수명이 길다고 할지라도, 하나의 오류였다는 사실에 관해서 오늘날 대부분의 과학철학자들은 대체로 동의하고 있다. 20세기의 관찰자들은 밤하늘을 쳐다보고, 별들과 행성들을 본다. 예전 시대의 몇몇 관찰자들은 그 대신에 반구에 있는 틈새를 보았으며, 이 틈을 통해 그 뒤의 빛을 관찰할 수 있다고 생각했다. 관찰자가 인지한다고 생각하는 것은 특정한 이론으로 무장한 개념들을 통해 확인되고, 또 확인되어야 한다. 개념 없이 인지하는 사람은 칸트가 말한 바와 같이 맹목적인 것이다. 경험주의 철학자들은 현대 관찰자와 중세의 관찰자 모두에게 공통적인 것은 그들이 이론과 해석에 앞서 실제로 보고 또 보았던 것, 즉 어두운 표면 위의 수많은 작은 빛의 파편들이라고 주장했다. 두 관찰자들이 본 것이 그렇게 서술될 수 있다는 것은 적어도 분명하다. 그러나 우리의 전체 경험이 오직 이와 같은 순전히 감각적인 서술 방식으로 서술되어야만 한다면 ── 그것은 물론 특정한 목적을 위해서는 종종 유용한 서술 방식이다 ── 우리는 해석되지 않았을 뿐만 아니라 해석될 수 없는 세계, 즉 이론에 의해 파악되지 않았을 뿐만 아니라 이론에 의해 파악될 수 없는 세계와 직면하게 된다. 구조들, 형식들, 냄새들, 지각들, 소음들의 세계, 그리고 그 밖의 다른 것은 어떤 물음도 제기하지 않으며, 대답을 할 수 있는 어떤 토대도 제공하지 않는다.

경험에 관한 경험주의적 개념은 17세기와 18세기의 문화적 발명이다. 이 개념이 자연과학이 발생한 동일한 문화에서 발생했다는 것은 언뜻 모순적인 것처럼 보인다. 왜냐하면 그것은 17세기의 인식론적 위기에 대한 만병통치약으로 발명되었기 때문이다. 그것은 **가상**과 **존재**, 현상과 실재 사이의 간극을 메울 수 있는 수단으로 생각되었다. 그것은 모든 경험 주체를 하나의 폐쇄적 영역으로 만듦으로써 이 간극을 메울 수 있다는 것이었다. 내가 나의 경험을 비교할 수 있는 것이 나의 경험 밖에는 존재하지 않아서, **나에게 보이는** 것과 **실제로 존재하는** 것 사이의 대립은 결코 서술될 수 없다는 것이다. 이는 잔상殘像과 같이 원래 개인적인 대상들에 고유한 것보다 더욱 철저한 종류의 사적 성격을 경험에 대해 요구한다. 왜냐하면 잔상들은 잘못 서술될 수 있기 때문이다. 이와 관련한 심리학적 실험들에서 실험 주체들은 이 잔상들을 정확하게 재현하는 법을 배워야 한다. **가상**과 **존재**의 구별은 실제로 이와 같은 개인적 대상들에 적용될 수 있다. 그러나 몇몇 경험주의자들이 자신들이 발명한 사상을 개인적 대상들(잔상들, 환상들, 꿈들)을 수단으로 하여 설명하려고 시도하지만, 이 구별은 결코 경험주의가 발명한 개인적 대상들에는 적용될 수 없다. 경험주의자들이 '관념', '인상', '경험'과 같은 옛 표현들을 새로운 사용 방식 속으로 주조했다는 사실은 놀랍지 않다. '경험'은 본래 무엇인가를 실험한다는 것을 의미했다. 그것은 훗날 '실험'이라는 낱말 속에 남겨져 있으며, 더 훗날에는 우리가 "목수로서의 5년의 경험"이라고 말할 때처럼 특정한 활동에의 종사에 보존되어 있는 의미다. 경험에 관한 경험주의적 개념은 인류사의 대부분의 시기에 알려져 있지 않았다. 그렇기 때문에 경험주의의 언어사가 지속적인 개혁과 발명의 역사이며, 또 이 역사는 '감각–사실'과 같은 야만적 신조어에서 정점에 도달했다는 사실은 충분히 이해될 수 있는 것이다.

이와는 반대로 관찰과 실험에 관한 자연과학적 개념들은 **가상**과 **존재** 사이의 간격을 더욱 넓혀놓고자 하는 의도를 가졌다. 눈의 수정체보다 망원경과 현미경의 렌즈에 우선성이 부여된다. 기온을 측정할 때도 알코올 및 수은에 대한 열의 작용이 햇볕에 탄 피부 및 바싹

마른 목에 대한 열의 작용보다 더 커다란 우선성을 갖는다. 자연과학은 다른 경험보다 특정한 경험에 더 주목하라고 가르치며, 그것도 과학적 관찰에 적합한 형식으로 주어질 수 있는 경험들에만 주목하라고 가르친다. 자연과학은 **가상**과 **존재**를 갈라놓는 선을 새로 긋는 것이다. 그리고 그것은 현상과 실재, 환상과 현실을 구별할 수 있는 새로운 형식을 창조한다. '실험'의 의미와 '경험'의 의미는 17세기에 그랬던 것보다 더 예리하게 갈라진다.

물론 다른 결정적 불일치들이 있다. 경험주의적 개념은 우리의 지식을 구성하는 요소들을 우리의 지식이 근거하고 있는 요소들로부터 분리시켜야 한다. 신념들과 이론들은 경험의 기초 요소들에 대한 판단에 따라 입증될 수도 있고, 그렇지 않을 수도 있다. 그러나 자연과학자들의 관찰들은 이러한 의미에서 결코 기초적이지 않다. 우리는 가설들을 실제로 관찰을 통해 검증한다. 그러나 우리의 관찰들은 그 자체로 항상 문제시될 수 있다. 목성이 일곱 개의 위성을 가지고 있다는 확신은 망원경 관찰을 통해 입증되지만, 이 관찰 자체는 광학이론을 통해 증명되어야 한다. 관찰이 이론을 지지해야 하는 것과 마찬가지로 이론은 관찰을 지지해야 하는 것이다.

그렇기 때문에 경험주의와 자연과학이 동일한 문화 속에 병존한다는 것은 실제로 매우 기이한 일이다. 왜냐하면 그것들은 전혀 상이하고 양립할 수 없는 세계의 접근 방식을 대변하기 때문이다. 그러나 18세기에 양자는 결합되어 동일한 세계관을 통해 서술될 수 있었다. 따라서 이 세계관은 기껏해야 완전히 비정합적이라는 결론이 도출된다. 예리하고 냉철한 관찰자인 로런스 스턴Laurence Sterne [1713~1768. 아일랜드 태생의 영국 소설가]은 철학이 비록 비의도적이기는 하지만, 궁극적으로 세계를 일련의 농담의 집합으로 서술했다는 결론을 내렸다. 이 농담들을 가지고 그는 《트리스트럼 샌디 *Tristram Shandy*》를 썼다. 스턴이 웃음거리로 만들고 있는 사람들이 그들 자신의 세계관에 내재한 비정합성을 보지 못하도록 만든 것은 부분적으로는 무엇이 부정되고 또 무엇이 자신들의 세계관으로부터 배제되어야 하는가에 관한 그들의 동의다. 그들이 부정하고 배척하는 데 동의했던 것은 본질적으로 아리스토텔레스적이었던 고전적 세계관의 양상들이다. 스콜라 철학자들이 자기 자신과 경험된 현실 사이에 아리스토텔레스적 해석을 밀어 넣음으로써 자연세계와 사회세계의 진정한 본질에 관해 착각하는 일은 17세기 이래 다반사였다. 이에 반해 17세기와 18세기의 근대인들은 해석과 이론을 떨쳐버리고 사실과 경험들을 있는 그대로 마주했다. 근대인들이 계몽주의를 천명하고 스스로를 계몽주의라고 부른 것은 바로 이 때문이었다. 그리고 이들은 이와는 반대로 중세의 과거를 암흑시대로 이해했다. 아리스토텔레스가 보지 못했던 것을 그들은 인식한다. 이러한 착각은 물론, 착각이 항상 그렇듯이, 한 이론적 해석으로부터 다른 이론적 해석으로 넘어가는, 인정되지 않았을 뿐만 아니라 인식되지도 않은 전환 과정의 표시다. 그러므로 계몽주의는 무엇보다도 대부분의 지성인이 자기 인식을 결여한 시기다. 맹인들이 자신들의 시력에 갈채를 보내는 이 17세기와 18세기의 전환기에 가장 중요한 요소들은 무엇이었는가?

중세에 기계 작용은 세계 내의 작용인이었는데, 이는 궁극적으로는 최종적 목적인의 의미에서 이해되어야 했다. 모든 종種은 하나의 자연적 목적을 가지고 있으며, 개체의 운동과 개체 내의 변화를 설명한다는 것은 이 개체가 해당 종의 구성원들에게 고유한 이 목표를 향해 어떻게 움직이는가를 설명하는 것을 의미한다. 그와 같이 특정한 종의 성원으로서 인간들이 운동을 통해 지향하는 목표들은 그들에 의해 가치로서 이해된다. 그리고 다양한 가치들을 향한 지향적 운동 또는 이들로부터 멀어지고자 하는 탈피적 운동은 그들이 배웠거나 또는 배우는 데 실패한 덕과 악덕들에 대한 언급과 그들이 사용하는 실천적 추론의 형식에 대한 언급을 통해 설명된다. 아리스토텔레스의 《윤리학》과 《정치학》은(물론 《영혼론》과 함께) 어떤 행위들이 실행되어야 하는가 하는 문제뿐만 아니라 인간의 행위가 어떻게 설명되고 이해될 수 있는가 하는 문제를 다루는 논고들이다. 실제로 아리스토텔레스의 체계 내에서는 다른 과제를 수행하지 않고서는 어떤 과제도 수행할 수 없다. 윤리학의 영역과 인문과학의 영역 사이의 현대적 대립은 아리스토텔레스에게는 매우 낯선 것이다. 왜냐하면 우리가 이미 살펴본 바와 같이, 그에게는 사실과 가치의 현대적 대립 역시 마찬가지로 낯설기 때문이다.

17세기와 18세기 아리스토텔레스의 자연 이해가 거부되었을 때, 그리고 아리스토텔레스의 영향이 프로테스탄트적 신학과 얀센파적 신학으로부터 제거된 같은 시기에 행위에 관한 아리스토텔레스적 설명 역시 부정되었다. '인간'은 —— 신학을 제외하고는, 그리고 이곳에서도 항상 그런 것은 아니었다 —— 내가 앞서 기능적 개념이라고 명명한 것으로 존재하기를 중단한다. 행위의 설명은 점점 더 행위의 밑바탕에 놓여 있는 생리학적이고 신체적인 기제를 밝히는 과제로 간주된다. 그리고 칸트는 도덕명법의 행위 인도적 역할을 인정하는 행위의 서술과 앞서 말한 종류의 기계적 설명 형식 사이에는 뿌리 깊은 모순이 존립한다는 사실을 인식한다. 칸트는 도덕명법을 따르고 구현하는 행위들이 과학적 관점에 의해서 설명될 수 없고 이해 불가능하다는 결론에 어쩔 수 없이 도달하게 된다. 칸트에 의하면 의도, 목적, 행위 근거와 같은 개념들과, 기계론적 설명 방식을 특수화하는 개념들의 관계에 관한 물음은 철학의 지속적 레퍼토리의 구성요소가 된다. 그러나 전자의 개념들은 이제 선 또는 덕과 분리된 것으로 고찰된다. 이 개념들은 분리된 분과학문 윤리학으로 넘겨진다. 18세기의 분리와 구별은 이렇게 계속되며, 현재의 학과 분할을 통해 강화된다.

그런데 인간의 행위를 기계론적 범주, 즉 작용인으로 이해된 선행적 전제조건들의 범주로 이해하고자 한다는 것은 무엇을 의미하는가? 이 사태에 대한 17세기와 18세기의 견해에서, 그리고 그 이후의 많은 견해에서 기계론적 설명의 핵심에는 법칙과 같은 일반화를 통해 자세하게 설명되어야 할 불변성의 개념이 자리 잡고 있다. 하나의 원인을 제시한다는 것은, 설명되어야 할 행동이 무엇이든 간에 이 행동의 전제조건으로서 필요조건 또는 충분조건 또는 필요충분조건을 제시한다는 것을 의미한다. 그렇기 때문에 모든 기계론적 원인의 연속은 보편적 일반화를 예시하고, 이와 같은 일반화는 정확하게 규정할 수 있는 영역을 갖고 있다. 그 타당성이 이른바 보편적이라고 간주되는 뉴턴의 운동법칙들은 이와 같은 일반화의 표본적 경우를 제공한다. 그것들은 보편적이기 때문에 현재 또는 과거에 실제로 관찰되었던 것을 넘어서, 관찰할 수 없고 또 이제까지 관찰되지 않은 것으로 확장된다. 그와 같은 일반화가 참이라는 사실을 안다면, 우리는 예를 들면 이제까지 관찰된 행성들이 요하네스 케플러Johannes Kepler

의 제2법칙을 따른다는 사실뿐만 아니라 아직 발견되지 않은 다른 행성들마저도 이 법칙을 따르리라는 사실을 아는 것이다. 진정한 법칙을 표현하는 어떤 진술의 진리를 안다면, 우리는 정확하게 정의된 반사실적 조건명제들의 진리 역시 아는 것이다.

자신들의 기획의 세세한 부분에 관해서는 서로 다른 의견을 가졌던 17세기와 18세기 영국과 프랑스의 사상가들은 이와 같은 기계론적 설명의 이상을 물리학에서 인간행동의 이해로 전용했다. 그와 같은 기획이 해결해야 할 정확한 전제조건들은 얼마 후에야 비로소 상세하게 설명될 수 있었다. 그와 같은 전제조건들 중 매우 중요한 하나는 우리 시대의 콰인(1960, 제6장)에 의해 비로소 인식되었다.

콰인은 다음과 같이 논증한다. 그 핵심 개념들을 통해 우리에게 진정한 법칙을 제공할 수 있을 정도로 인간행동의 특성을 정확하게 밝힐 수 있는 인간행동에 관한 과학이 있다면, 이 과학의 표현들은 의도, 목적, 행위 근거에 대한 어떠한 언급도 회피하는 어휘를 통해 서술되어야 한다. 물리학이 진정한 기계론적 과학이 되기 위해서 그것의 서술적 어휘를 정화해야 했던 것처럼, 인간과학도 마찬가지로 그렇게 해야 한다. 의도, 목적, 행위 근거의 어떤 점이 도대체 이들을 언급하지 못하도록 하는 것인가? 그것은 이 모든 표현들이 문제되고 있는 행위자들의 신념과 관계 있거나 그것을 전제한다는 사실이다. 우리가 신념들을 말하기 위해 사용하는 서술은 콰인이 과학이라고 생각하는 것의 관점에 비해 두 가지 불리한 점을 갖고 있다. 첫째, "X는 p라는 사실을 믿는다"는("X는 p라는 사실이 해당 경우임을 기뻐한다" 또는 "X는 p라는 사실을 두려워한다"와 같은) 형식의 문장들은 진리함수로 표현될 수 없는 내면적 복합성을 갖고 있다. 이는 이 표현들이 술어 계산을 위해 전용될 수 없다는 것을 의미한다. 이런 점에서 그것들은 물리학의 법칙들을 표현하는 데 사용되는 문장들과 결정적으로 다르다. 둘째, 어떤 상태 및 신념 또는 만족 및 공포의 개념은 논쟁의 여지가 있으며 의심스러운 경우들을 너무나 많이 포함하고 있어서, 그것은 하나의 법칙을 발견했다는 주장을 입증하거나 반박하기 위해 우리가 사용하는 일종의 논거를 제공하지 못한다.

콰인은 그렇기 때문에 인간행동에 관한 모든 진정한 과학은 그와 같은 지향적(의도적) 표현들을 제거해야 한다고 결론 내린다. 그러나 마르크스가 헤겔에게 행했던 것, 즉 논증의 전도를 아마 콰인에게도 행할 필요가 있을지도 모른다. 왜냐하면 신념, 기쁨, 공포와 같은 대상들에 대한 지시 관계를 인간행동에 관한 우리의 이해로부터 제거하는 것이 불가능하다고 증명된다면, 인간행동에 관한 이해는 콰인이 인간과학의 형식이라고 간주했던 그런 형식, 즉 법칙과 유사한 일반화의 구현의 형식을 취할 수 없다는 결론이 콰인의 입장으로부터 추론되기 때문이다. 인간행동을 이해하는 데 일종의 역할을 하는 것에 관한 아리스토텔레스적 설명은 이와 같은 대상들에 대한 제거할 수 없는 지시 관계를 포함한다. 그러므로 인간의 행동을 기계론적 설명의 범주로 이해하고자 하는 어떤 시도도 아리스토텔레스주의와 갈등을 일으킬 수밖에 없다는 것은 놀라운 일이 아니다.

인간존재에 관한 '사실'의 개념은 아리스토텔레스적 관점에서 기계론적 관점으로 이행해가는 과정에서 변화했다. 전자의 관점에서 인간행위의 특성은 인간행위의 목표를 제공하는 가치들의 위계질서에 관한 언급을 통해 정확히 밝혀질 수 있을 뿐만 아니라 ─ 그것은 목적론적으로 설명되어야 하기 때문에 ─ 밝혀져야 한다. 후자의 관점에서 인간행위의 특성은 그와 같은 가치들에 관한 어떤 언급도 없이 밝혀질 수 있을 뿐만 아니라 밝혀져야만 한다. 전자의 고전적 관점에서 인간행위에 관한 사실들은 인간들이 가치 있다고 생각하는 **사실들뿐만 아니라** 인간에게 가치 있는 사실들을 포함한다. 후자의 근대적 관점에서는 가치 있는 것에 관한 어떤 사실들도 존재하지 않는다. '사실'은 가치중립적인 것이 되며, '존재'는 '당위'에 대해 이질적인 것이 된다. 그리고 가치평가와 마찬가지로 설명은 이와 같은 '존재'와 '당위'의 구별의 결과로서 자신들의 성격을 변화시킨다.

이와 같은 전환 과정에 들어 있는 다른 함의는 일찍이 마르크스가 《포이어바흐에 관한 명제들*Thesen über Feuerbach*》에서 언급했다. 인간행위에 관한 계몽주의적 기계론적 설명이 인간행동의 예측 가능성에 관한 명제뿐만 아니라 인간행동을 조작할 수 있는 적절한 수단에 관한 명제까지 포함하고 있다는 것은 분명하다. 만약 내가 다른 사람의 행동을 지배하고 있는 관련 법칙을 알고 있다면, 관찰자로서 나는 선행조건들이 충족되었다는 사실을 관찰할 때마다 항상 그 결과를 예견할 수 있다. 만약 내가 이 법칙들을 알고 있다면, 행위자로서 나는 동일한 선행조건들을 스스로 용케 충족할 수 있을 때면 언제나 그 결과를 산출할 수 있다. 그와 같은 행위자는 자기 자신의 행위를, 그가 조작하고자 하는 사람들의 행위와 전혀 다른 것으로 이해할 수밖에 없다는 사실을 마르크스는 인식했다. 왜냐하면 피조작자의 행동은 그의 의도, 근거, 목표들과 일치하도록 되어 있기 때문이다. 그가 그와 같은 조작에 종사하는 한, 그는 이러한 의도, 근거, 목표들을 피조작자의 행동을 지배하는 법칙들로부터 면제되어 있는 것으로 대한다. 이것들에 대한 조작자의 관계는 적어도 이 순간만은 화학자와 그가 실험하는 염화칼륨과 질산나트륨의 관계와 같다. 그러나 화학자 또는 인간행동의 기술자가 산출한 화학적 변화 속에서 화학자 및 기술자는 그와 같은 변화를 규정하고 있는 법칙들을 인식해야 할 뿐만 아니라 자연 및 사회에 투입된 자기 자신의 의지가 구체화되어 있다고 인식해야 한다. 이와 같은 투입을 그는 마르크스가 인식했던 것처럼 선행조건들의 단순한 결과로서뿐만 아니라 자신의 합리적 자율의 표현으로 대하게 된다. 인간행동의 과학을 적용하고 있다고 주장하는 행위자의 경우에 우리가 과연 진정한 기술론의 적용을 실제로 관찰하는지 아니면 오히려 그와 같은 기술론의 자기기만적 모방을 관찰하는지 하는 문제는 여전히 열려 있다. 이에 대한 대답은 우리가 과연 기계론적 기획이 사회과학 내에서 실제로 완전하게 실현되었는지 아닌지를 믿는가의 여부에 달려 있다. 18세기에는 적어도 기계론적 인간과학에 관한 이념이 일종의 기획과 예언으로 남아 있었다. 그러나 이 영역에서 예언들은 실제로 실현되는 것이 아니라 스스로를 그와 같은 실현이라고 기만하는 사회적 실행에 적용될지도 모른다. 그리고 이것은, 내가 다음 장에서 발전시키는 논증이 보여주는 바와 같이, 실제로 일어난 일이다.

하나의 정신적 예언이 사회적 실행이 되는 과정의 역사는 물론 매우 복합적이다. 그것은 조작적 전문지식의 개념의 발전과는 아무런 관계 없이 시작한다. 그것은 현대 국가가 어떻게 시민 관료들을 얻게 되었는가 하는 역사와 함께, 즉 프러시아와 프랑스에서 각각 다르게 진행되고, 영국에서는 이 두 나라와 다르게, 그리고 미국에서는 또다시 이 세 나라와 다르게 진행된 역사와 함께 시작한다. 그러나 현대 국가들의 기능들이 점점 더 비슷해지는 정도에 따라 그들 국가의 관료들 역시 점점 더 비슷해진다. 그리고 이들 국가의 여러 정치적 지도자들이 등장했다가 사라지는 동안에 시민 관료들은 정부의 행정적 연속성을 유지하고, 이런 방식으로 정부에 자신들의 성격을 부여한다.

19세기에는 사회개혁가가 시민 관료의 상대방과 반대자로 등장한다. 생시몽Saint-Simon 유의 국가사회주의자들, 콩트적 실증주의자들, 공리주의자들, 찰스 부스Charles Booth와 같은 영국의 세계개혁가들, 초기 사회주의적 페이비언주의자들. 그들의 전형적인 한탄은 다음과 같다. "정부가 단지 배워서 과학적이 될 수만 있다면 얼마나 좋겠는가!" 그리고 이에 대한 국가권력의 장기적 반응은 정부가 실제로 개혁가들이 요청했던 것과 같은 의미에서 과학적이 되었다는 주장이다. 정부는 관료들이 자신들에게 전문가의 자격을 부여할 수 있는 일종의 교육을 받아야 한다고 점점 더 강하게 주장한다. 정부는 점점 더 전문가라고 주장하는 사람들을 관직에 고용한다. 그리고 정부는 특이하게도 19세기 개혁가들의 후예들을 고용한다. 정부 그 자체가 관료제적 경영자들의 위계질서가 된다. 국가가 사회에 간섭하기 위해 제시되는 주된 정당화의 근거는 국가가 대부분의 시민들이 소유하고 있지 않은 능력 자원을 소유하고 있다는 주장이다.

사기업들은 그들 역시 유사한 능력 자원을 소유하고 있다고 언급함으로써 **자신들**의 활동을 정당화한다. 전문지식은 상호 경쟁하는 국가 기관들과 경쟁하는 사기업들이 쟁취하기 위해 서로 다투는 상품이 된다. 관료들과 경영인들은 자신들을 사회 변동을 과학적으로 관리하는 경영인으로 내세움으로써 스스로를 정당화하고, 권위, 권력, 돈에 대한 자신들의 권리를 정당화한다. 이렇게 하나의 이데올로기가 생겨난다. 그리고 이 이데올로기의 고전적 표현 형식은 이미 존립하고 있는 사회학 이론, 즉 관료제에 관한 막스 베버의 이론에서 발견된다. 관료제에 관한 베버의 서술은 주지하다시피 많은 결함을 갖고 있다. 그러나 가장 경제적이고 효율적인 방식에서의 목적과 수단의 합리적 조정이 관료제의 주요 과제라는 주장, 따라서 관료들의 활동을 정당화하는 가장 적절한 형식은 과학적 지식, 특히 사회과학적 지식의 —— 법칙과 유사한 보편적 일반화의 의미에서 조직되고 이해되는 —— 체계를 발전시킬 수 있는 자신들의 능력에 호소하는 것이라는 주장을 통해 베버는 현대의 여러 현상들을 이해할 수 있는 핵심 열쇠를 제공한다.

제3장에서 나는 여러 관점에서 베버의 이론과 상이한 관료제 및 행정에 관한 현대적 이론들이 경영자적 정당화의 문제에서는 베버와 일치하며, 이러한 의견의 일치가 강력하게 시사하는 것은 현대의 조직이론가들에 의해 집필된 책들 속에 서술된 것이 실제로 현대의 경영자적 실천의 한 부분을 이룬다는 사실이라고 논증했다. 따라서 우리는 살 없이 골격만을 그린 대략적인 개요를 통해 하나의 발전을 인식할 수 있다. 처음에는 사회과학에 대한 계몽주의적 이상으로부터 사회개혁가들의 야망으로의 발전, 다음에는 사회개혁가들의 야망으로부터 시민 관료들과 경영자들의 실천과 정당화에 관한 그들의 이상으로의 발전, 다음에는 경영의 실천으로부터 사회학자와 조직이론가들이 이 실천 및 실천을 지배하는 규범들을 이론적으로 체계화하는 단계로의 발전, 그리고 끝으로 경영학교와 기업학교에서 이 이론가들이 쓴 교재를 사용하는 단계로부터 철저하게 이론적으로 무장된 현대 기술관료적 전문가들의 실천에 이르는 발전이 그것

이다. 이 역사를 구체적으로 상세하게 기술한다면, 그것은 물론 모든 선진 국가에서 동일하지 않을 것이다. 그 연속의 순서는 전혀 같지 않을 것이다. 그랑제콜[프랑스의 특수대학]의 역할은 런던 경제학교 및 하버드 경영학부와 아주 똑같지 않다. 그리고 독일 관료의 지성적·제도적 선조는 다른 유럽 관료들의 그것과 명백하게 상이하다. 그러나 어떤 경우에도 경영자적 전문가 집단의 부상은 동일한 핵심 주제일 것임에 틀림없다. 그리고 이 전문가 집단은 우리가 앞서 살펴본 바와 같이 두 가지 측면을 갖고 있다. 하나는 가치중립성에 대한 열망이며, 다른 하나는 조작적 권력에 대한 주장이다. 우리가 이제 인식할 수 있는 것처럼, 이 두 가지는 사실의 영역과 가치의 영역이 17세기와 18세기의 철학자들에 의해 분리되는 방식으로부터 도출된다. 20세기의 사회적 삶은 그 핵심 부분에서 18세기 철학의 극적이고 구체적인 재상연으로 판명된다. 그리고 20세기 사회적 삶의 전형적인 제도적 형식들에 대한 정당화는 예전 철학자들의 핵심 주장들 중에서 몇 가지가 입증되었다는 확신에 의존한다. 그런데 이러한 사실이 정말 진실된 것인가? 우리는 그동안 디드로와 콩도르세가 꿈꿨던, 소유의 사회적 행동을 지배하는 법과 유사한 일련의 일반화 규칙을 소유하고 있는가? 우리의 관료제적 통치자들은 이를 통해 정당화된 것인가, 아닌가? 그런데 우리가 현대의 지배적인 특징적 제도들에 대한 도덕적·정치적 정당화의 물음에 어떻게 대답해야 하는가 하는 문제가 사회과학철학 내의 한 문제를 어떻게 해결할 것인가에 달려 있다는 사실은 충분히 서술되지 않았다.

제8장

사회과학에서 일반화의 성격과
그 예견 능력의 결여

경영자의 전문지식이 스스로를 정당화하기 위해 필요한 것은 강한
예견 능력을 보유한 법칙과 같은 일반화를 제공하는 정당화된 사회
과학의 개념이다. 그렇기 때문에 첫눈에는 전문지식에 대한 경영자
의 주장이 쉽게 유지될 수 있는 것처럼 보일 수도 있다. 왜냐하면 바
로 이 사회과학의 개념이 200년 동안 사회과학의 철학을 지배해왔
기 때문이다. 이와 같은 관습적 설명에 따르면, 계몽주의로부터 콩트
와 밀을 거쳐 C. G. 헴펠C. G. Hempel에 이르기까지 사회과학의 목표
는 법칙과 유사한 일반화를 제공함으로써 특히 사회적 현상을 설명
하는 것이다. 이 일반화, 특히 경영 전문가가 의존할 수밖에 없는 법
칙과 같은 일반화의 종류는 그 논리적 형식에서 통상적으로 자연현
상에 적용될 수 있는 일반화와 다르지 않다. 그러나 이러한 시각은
사회과학이 거의 또는 아마 전혀 아무런 성과를 내지 못한다는 사실
을 — 물론 이 경우가 아니라는 것은 확실하다 — 필연적으로 수반
하는 것처럼 보인다.

인간의 행동을 지배하는 진정한 법칙이 드디어 발견되었다는 주
장이 종종 제기된다는 것은 물론 사실이다. 그런데 유일한 문제는,

경제 이론에서 '필립스 곡선' 또는 "어떤 특정한 집단의 구성원들 사이의 상호작용이 외면적 체계에서 빈번하면 호감의 감정이 그들 사이에서 자라나게 된다. 그리고 이러한 감정들은 다시금 외면적 체계의 상호작용을 넘어서는 발전된 상호작용으로 이어진다"는 G. C. 호만G. C. Homan의 법칙과 같은 추정된 법칙들이 전부 거짓으로 증명된다는 것이다. 호만의 경우, 스타니슬라브 안드레스키Stanislav Andreski가 예리하게 밝혀낸 바와 같이 그것은 너무나 명백한 거짓이어서, 전통적 과학철학에 의해 지배받고 있는 전문 사회과학자만이 유혹을 받아 그것을 믿을 수 있을 뿐이다. 법칙과 유사한 일반화를 생산하는 것이 사회과학의 과제라고 사회과학에 관한 전통 철학이 주장했다고 가정한다면, 그리고 또 사회과학이 이런 종류의 일반화를 산출하지 못한다고 가정한다면, 우리는 많은 사회과학자들이 사회과학에 관한 전통 철학에 일종의 적대적이고 경멸적인 태도를 보일 것이라고 기대할 수 있다. 그러나 이런 상황이 이제까지는 일어나지 않았다. 그리고 나는 이런 사실에 그렇게 놀라지 않을 하나의 명백한 이유를 발견했다.

사회과학이 자신의 발견들을 법칙과 유사한 일반화의 형식으로 제시하지 않는다면, 사회과학자들을 정부 또는 사기업의 자문인으로 고용하는 일은 불투명해진다. 그리고 경영자의 전문지식에 관한 생각은 위협을 받는다. 왜냐하면 전문가적 자문인과 경영자로서의 사회과학자의 핵심 기능은 대안적 정책의 결과를 예견하는 것이기 때문이다. 만약 이 예견들이 법칙과 유사한 일반화의 지식으로부터 도출되지 않는다면, 예언자로서의 사회과학자의 위상은 위태로워진 된다 —— 만약 사실이 실제로 그렇게 증명되면, 그렇게 되어야 한다. 왜냐하면 예언자로서의 사회과학의 이력은 아무리 짜맞추어 보았자 실제로 별 볼일 없기 때문이다. 어떤 경제학자도 '스태그플레이션'이 실제로 일어나기 전에는 그것을 예견하지 못했다. 화폐금융 이론가들의 저서들은 인플레이션율을 올바로 예견하는 데 특히 실패했다.(Levy 1975) 그리고 D. J. C. 스미스D. J. C. Smyth와 J. C. K. 애슈J. C. K. Ash는 1967년 이래 OECD(경제협력개발기구)를 위해 머리를 짜내 고안해낸 경제 이론을 토대로 한 예견들이 상식을 사용해 도달할 수 있는 것보다, 또는 그들이 말하는 것처럼 성장률을 예측하는 단순한 방법을 사용해 도달할 수 있는 것보다 그다지 신통치 못한 결과들을 산출했다는 것을 보여주었다. 예를 들면, 그 예견들은 지난 10년 동안의 평균 성장률과 인플레이션율을 기준으로 삼는다면, 다음 6개월은 지난 6개월과 비슷할 것이라고 추정할 수 있는 단순한 방법보다 쓸모없는 결과를 산출했다는 것이다.(Smyth·Ash 1975) 우리는 제대로 예견하지 못하는 경제학자들의 예를 더 많이 열거할 수 있다. 인구통계학의 상황은 더욱 나쁘다. 그러나 그것은 아마 불공평할지도 모른다. 왜냐하면 경제학자들과 인구통계학자들은 자신들의 예견을 적어도 체계적으로 기록했기 때문이다. 이와는 반대로 대부분의 사회학자들과 정치학자들은 자신들의 예견을 체계적으로 기록하지 않는다. 그리고 예견을 헤프고 멋지게 사방에 퍼뜨리는 미래학자들은 훗날 이 예견이 빗나가면 이를 언급조차 하지 않는다. 스물여섯의 사회과학의 업적들이 열거되어 있는 카를 도이치Karl Deutsch, 존 플래트John Platt, 디터 셍고르Dieter Senghors의 저 유명한 논문(*Science*, 1971년 3월)에서 이론들의 예견 능력이 어느 한 경우도 통계적으로 검증되지 않았다는 것은 —— 저자들의 관점에서 보면 그것은 하나의 현명한 예방책이다 ── 인상적이다.

사회과학의 예견력이 약하고, 법칙과 유사한 일반화를 발견하지 못한다는 사실은 대체로 동일한 조건의 두 가지 징후로 판명될 수 있다. 그런데 그것은 어떤 조건인가? 사회과학에 관한 전통 철학과 사회과학자들이 성취하거나 성취하지 못한 것에 관한 사실들의 결합을 통해 암시되는 결론, 즉 사회과학자들이 근본적으로 자신들의 과제에서 실패했다는 결론이 이와 같은 예견 능력에서의 결점에 의해 강화된다고 우리는 단순히 결론을 내려야 하는가? 아니면, 그 대신 사회과학의 전통 철학과 전문지식에 대한 ── 정부와 기업에 스스로를 제공하고자 하는 ── 사회과학자들의 주장을 문제시해야만 하는가? 사회과학자들의 실제 업적은 체계적인 오해를 통해 우리와 많은 사회과학자들에게 은폐되어 있다고 나는 생각한다. 그 예로 현대 사회과학자들에 의해 제시된 네 가지 매우 흥미로운 일반화를 고찰해보자.

첫째 예는 계급적 분류로서의 혁명에 관한 J. C. 데이비스J. C. Davies의 유명한 명제(1962)다. 이 명제는 기대가 커지고 또 부분적으로 이 기대가 충족되는 시기에 뒤이어 기대가 계속해서 증대하지만 이에 대한 실망도 깊어지는 퇴보의 시기가 왔을 때 프랑스 대혁명이 일어났다는 알렉시 드 토크빌Alexis de Tocqueville의 관찰을 일반화한다. 둘째 예는 고층건물에서의 범죄는 13층까지는 증가하지만 13층보다 높은 곳에서는 안정된다는 오스카 뉴먼Oscar Newman의 일반화다.(Newman 1973, 25) 셋째 예는 에곤 비트너가 경찰 활동을 통해 구현된 법칙의 의미에 대한 이해와 법정과 변호사들의 일상적 실천 속에 구현된 법칙의 의미에 대한 이해 사이에서 발견한 차이다.(Bittner 1970) 그리고 넷째 예는 가장 현대화된 사회와 가장 발전되지 않은 사회들이 가장 안전하고 가장 범죄가 없는 데 반해 현대화 과정의 중간에 있는 사회들은 불안정과 정치적 폭력에 빠지기 쉽다는, 로자린드 파이어어아벤트Rosalind Feierabend와 이보 파이어어아벤트Ivo Feierabend(1966)에 의해 제기된 주장이다.

이 네 가지 일반화는 모두 탁월한 연구 작업에 토대를 두고 있다. 이 모든 것은 자신의 주장들을 확인시켜주는 예들의 인상적 숫자에 의해 뒷받침되고 있다. 그러나 그것들은 세 가지 주목할 만한 특징들을 공유하고 있다. 첫째, 그것들은 자신들의 분과학문에서 인정된 반증 사례와 공존하며, 이러한 반증 사례의 인정은 —— 일반화의 저자들 스스로는 아니라고 할지라도, 적어도 같은 분야에서 활동하는 동료들은 그것을 인정한다 —— 물리학과 화학에서의 일반화의 지위에 영향을 주는 것과 같은 방식으로 이들 영역에서 일반화의 지위에 영향을 주는 것처럼 보이지는 않는다. 사회과학 분야 바깥으로부터의 몇몇 비판, 예를 들면 사학자 월터 라쿼Walter Laqueur(1972)와 같은 비판은 이 일반화와, 일반화와 반증 사례들의 병존을 허용할 정도로 느슨하고 모호한 분과학문을 포기해야 하는 근거로서 이와 같은 반증 사례들을 다루었다. 라쿼는 1917년 러시아 혁명과 1949년 중국 혁명을 데이비스의 일반화를 반박하는 예로 인용하고, 라틴아메리카에서의 정치적 폭력의 양상들을 파이어어아벤트의 주장을 **반박하는** 예로 끌어댄다. 지금은 사회과학자들 대부분이 특이하게도 반증 사례들에 대해 실제로 그와 같은 관용적 태도를 취한다는 사실만을 나는 언급하고자 한다. 그것은 자연과학자들뿐만 아니라 포퍼적 과학철학자들의 태도와 매우 다른 태도다. 나는 그들의 태도가 궁극적으로 정당화될 수 없는 것인지에 관한 문제는 열어놓고자 한다.

　네 가지 일반화에 모두 공통적인, 첫째 특징과 밀접하게 결합되어 있는 둘째 특징은 그들에게 보편적 수량화의 가능성이 결여되어 있을 뿐만 아니라 타당성 영역의 변형 가능성도 결여되어 있다는 사실이다. 그것은 이 일반화들이 실제로 "x가 φ의 특성을 가지고 있는 것이 모든 x와 몇몇의 y에 해당한다면, y는 ψ의 특성을 가지고 있다"는 형식이 아닐 뿐만 아니라 우리는 이들에 대해서 그것들이 어떤 조건에서 타당한가를 정확히 말할 수 없다는 것을 의미한다. 압력, 온도, 용량과 관련된 가스법칙 등식에 관해서 우리는 그것들이 모든 가스에 해당한다는 것을 아는 것만이 아니다. 이 등식들이 모든 조건에서 타당하다고 주장하는 최초의 정식은 그동안 그 타당성의 영역과 관련해 수정되었다. 우리는 오늘날 **매우 낮은 온도와 아주 높은 압력**의 조건을 제외하고는 이 등식들이 모든 조건에서 타당하다는 사실을 안다(이 경우 우리는 '매우 낮다'와 아주 높다'는 것이 무엇을 의미하는지 정확하게 말할 수 있어야 한다). 앞에서 언급한 네 가지 사회과학적 일반화의 어느 것도 이와 같은 추가 조항을 갖고 있지 않다.

　셋째, 이 일반화들은 물리학과 화학의 법칙 유사적 일반화와는 달리 정확하게 정의된 반사실적 전제조건들의 조항을 포함하지 않는다. 우리는 관찰의 한계를 넘어서 관찰되지 않은 예들 또는 가설적 예들에 그것들을 적용할 수 있는 방법을 알지 못한다. 그렇기 때문에 그것들은 무엇이든 될 수 있겠지만 결코 법칙은 아니다. 그렇다면 그것들은 어떤 지위를 갖는가? 이 물음에 답하는 것은 결코 쉽지 않을 것이다. 왜냐하면 우리는 이들을 법칙 서술에 실패한 시도들로 생각하는 대신에 그들이 본래 의도했던 것으로 간주하는 어떤 철학적 설명도 소유하고 있지 않기 때문이다. 몇몇 사회과학자들이 이 점에서 아무런 문제점도 인식하지 못했다는 것은 사실이다. 내가 제시한 고찰과 직면해 그들은 다음과 같은 대답이 적절하다고 생각할 것이다. "사회과학들이 발견하는 것은 개연적 일반화들이다. 그리고 일반화가 단지 개연적인 곳에서는, 만약 일반화가 비개연적이고 보편적일 경우에 반증 사례들일 수 있는 예들이 존재한다." 그러나 이러한 대답은 쟁점을 제대로 짚지 못한 것이다. 왜냐하면 내가 서술한 일반화가 적어도 일반화라고 할 수 있다면, 그것은 예들의 단순한 열거 이상의 것이어야 하기 때문이다. 자연과학의 개연적 일반화들은 ── 말하자면 통계학적 역학의 일반화들과 같은 ── 실제로 그 이상인데, 그것은 바로 이 일반화들이 비개연적 일반화들과 똑같이 법칙과 유사하기 때문이다. 이 일반화들은 보편적 수량화의 가능성을 갖고 있고 ── 수량화는 개체들에 대한 것이 아니라 집단(부류)에 대한 것이다 ── 정확하게 규정된 일련의 반사실적 전제조건들을 포함하고 있으며, 반대 사례를 통해 다른 법칙 유사적 일반화들과 마찬가지의 방식과 정도로 반박된다. 그러므로 우리는 사회과학의 전형적 일반화들을 개연적이라고 명명함으로써는 이들의 지위를 해명하지 못한다. 왜냐하면 이 일반화들은, 그것들이 뉴턴 역학의 일반화 및 가스 법칙 등식들과 다른 것처럼 통계적 역학의 일반화들과 다르기 때문이다.

그렇기 때문에 우리는 새롭게 출발해, 사회과학들이 잘못된 곳에서 그들의 철학적 선조와 논리적 구조들을 찾은 것은 아닌지를 고찰해야 한다. 그것은 현대의 사회과학자들이 스스로를 콩트와 밀과 버클H. T. Buckle, 엘베시우스C. A. Helvétius와 디드로와 콩도르세의 후계자들로 보고, 자신들의 저서를 18세기와 19세기 대가들의 물음에 대한 대답으로 제시했다는 사실에 있다. 그러나 18세기와 19세기는 그 훌륭함과 독창성에도 불구하고 우리와 그들이 생각했던 것처럼 계몽의 시대가 아니라, 사람들이 너무나 혼란스러워서 사회과학이 다른 선조들을 가지고 있을지도 모른다는 사실을 인식하거나 질문할 수 없었던 특별한 종류의 암흑기였다고 다시 한번 가정해보자.

내가 인용하고 싶은 이름은 마키아벨리다. 왜냐하면 마키아벨리는 설명과 예견의 관계에 대해 계몽주의가 생각했던 것과는 전혀 다른 관점을 취하기 때문이다. 계몽주의 사상가들은 아직 걸음마 단계의 헴펠주의자들이었다. 설명한다는 것은 그들의 시각에서 보면 법칙과 유사한 일반화를 과거지향적으로 인용하는 것을 의미한다. 예견한다는 것은 이와 유사한 일반화를 미래지향적으로 인용하는 것을 뜻한다. 이 전통에서는 예견의 실패를 줄이는 것이 과학에서의 진보를 의미한다. 그리고 이를 지지하는 사회과학자들은, 예견하지 못한 일식과 월식이 천문학자들에게 불명예스러운 것처럼 예견하지 못한 전쟁 및 혁명은 정치학자들에게, 그리고 예견하지 못한 인플레이션율의 변동은 경제학자들에게 불명예스럽다는 사실을 직시해야 한다. 이러한 사태가 아직 발생하지 않았다는 것이 이 전통 내에서 설명되어야 하며, 사실 그러한 설명들이 없지는 않았다. 인문과학은 아직 역사가 짧은 학문이라고 하지만, 이는 명백하게 거짓이다. 인문과학은 자연과학과 마찬가지로 오래되었다. 자연과학은 현대 문화에서 가장 능력 있는 사람들을 유인하지만, 사회과학은 자연과학을 하기에는 능력이 모자라는 사람들만을 끈다고 말한다. 이는 19세기에 버클이 제기한 주장이며, 또 이것이 부분적으로 옳다는 몇 가지 증거들이 있다. 여러 학문 분야의 박사학위 과정생들의 지능지수에 관한 1960년의 한 연구는 자연과학자들의 지능이 사회과학자들의 지능보다 현저하게 좋다는(비록 화학자들은 자연과학자들의 평균치를 끌어내리고, 경제학자들은 사회과학자들의 평균치를 상승시키기는 하지만) 결과를 제시했다. 내가 권리를 박탈당한 소수 계층의 아이들을 지능지수에 따라 평가하는 것을 거부하는 동일한 이유가 나에게서 동료들 또는 나 자신을 지능지수에 따라 평가하는 데 대한 거부감을 불러일으킨다. 그런데 아마 그와 같은 설명들이 전혀 필요하지 않을지도 모른다. 왜냐하면 지배적 전통이 설명하려고 시도했던 실패가 카를 2세의 죽은 물고기와 같은 사태를 서술할지도 모르기 때문이다. 카를 2세는 언젠가 궁정사회의 구성원들을 불러모아, 왜 한 마리의 죽은 물고기가 살아 있는 물고기보다 더 중요한가를 자신에게 설명하도록 했다. 많은 기이한 대답들이 그에게 제시되었다. 그리고 그는 그것이 맞지 않다고 지적했다.

마키아벨리는 어떤 점에서 계몽주의의 전통과 다른가? 무엇보다 포르투나fortuna(행운)에 관한 그의 관념에서 차이가 난다. 마키아벨리는 계몽주의의 어떤 사상가와 마찬가지로 열정적으로 우리의 연구가 계몽된 행위의 원리를 제공할 수 있는 일반화들을 산출해야 한다고 믿었다. 그러나 그는 또한 우리가 얼마나 훌륭한 일반화의 목록을 모으든 간에, 또 우리가 얼마나 잘 이 일반화들을 재서술할 수 있든 간에 **행운**의 요소를 인간의 삶으로부터 제거할 수 없다고 믿었다. 마키아벨리는 또 우리가 인간사에 대한 포르투나의 영향을 계량적으로 측정할 수 있는 방법을 고안해낼 수 있을 것이라고 믿었다. 그러나 나는 지금 이런 믿음을 일단 제쳐놓으려고 한다. 내가 강조하고자 하는

것은 오히려, 최고로 가능한 일반화의 장치가 주어졌을 경우에조차
도 우리는 예측하지 못하고 예측할 수 없는 반증 사례들에 의해 부정
될 수 있으며, 우리의 일반화를 개선할 수 있는 어떤 방법도 발견하지
못하고 또 이러한 일반화를 포기하거나 재서술할 어떤 이유도 가지
고 있지 않다는 마키아벨리의 신념이다. 우리는 우리 지식의 개선을
통해 포르투나, 즉 저 예측할 수 없는 것을 상징하는 세속적 여신의
힘을 제한할 수 있다. 그러나 우리는 이 여신을 왕좌에서 물러나게 할
수는 없다. 만약 마키아벨리가 옳다면, 우리가 탐구했던 네 가지 일반
화의 논리적 전제조건은 사회과학의 가장 성공적인 일반화들이라고
기대할 수 있는 것이다. 그것은 결코 실패의 표시가 아니다. 그런데
마키아벨리가 과연 옳은가?

　인간사에는 체계적 예측 불가능성의 네 가지 근원이 있다고 나는
주장하고자 한다. 첫째 근원은 급진적 개념의 혁신으로부터 추론된
다. 칼 포퍼Karl Popper 경은 다음과 같은 예를 제시했다. 구석기 시대
의 어느 시점에 당신과 내가 미래에 관해 토론하고 있다. 나는 앞으
로 10년 안에 누군가가 바퀴를 발명할 것이라고 예언한다. "바퀴? 그
것이 도대체 무엇입니까?"라고 당신은 묻는다. 나는 당신에게 바퀴
를 서술하면서, 우선 외륜, 바퀴살, 바퀴통과 차축이 무엇인지를 말
하기 위한 단어들을 어렵지 않게 발견한다. 그러고는 나는 깜짝 놀라
중단한다. "내가 지금 막 바퀴를 발명했으니 어느 누구도 바퀴를 발
명할 수 없지 않은가?" 다른 말로 표현하면, 바퀴의 발명은 결코 예
언될 수 없는 것이다. 왜냐하면 어떤 발명을 예언하는 데 핵심적인
부분은 바퀴가 무엇인지를 말하는 것이기 때문이다. 바퀴가 무엇인
지를 말하는 것은 바로 바퀴를 발명하는 것이다. 이 예가 어떻게 일

반화될 수 있는가는 쉽게 인식될 수 있다. 철저하게 새로운 개념을 만들어내는 것과 다를 바 없는 발명과 발견은 어떤 것이라도 미리 예언될 수 없다. 왜냐하면 이 예언의 필연적 부분은 그 발명과 발견이 미래에나 일어날 그런 개념을 현재 만들어내는 것이기 때문이다. 급진적 개념 혁신이라는 사상은 개념적으로 비정합적인 것이다.

나는 여기서 왜 그냥 '혁신'이라고 말하지 않고 '급진적 혁신'이라고 말하는가? 나의 명제에 대한 다음과 같은 이의를 고찰해보기로 하자. 많은 발명과 발견들은 실제로 예견되었으며, 이러한 예언들은 새로운 개념들을 산출했다. 쥘 베른Jules Verne은 공기보다 가벼운 비행기구를 예언했다. 그리고 그보다 훨씬 이전에 이카루스 전설의 익명의 작가도 그것을 예언했다. 인간 비행의 첫 번째 예언자가 누구든 간에 그 또는 그녀는 나의 명제에 대한 반증 사례를 제공한다고 생각할 수 있다. 이와 같은 이의에 직면해 우리는 두 관점을 언급해야 한다.

첫째는 새, 익룡 또는 어떤 기계의 관념들에 익숙한 사람에게는 비행기구의 관념이 결코 급진적 혁신이 아니라는 사실이다. 그것은 존립하고 있는 개념들의 재고에 새로운 것을 추가함으로써 생겨난 구성물이다. 원한다면 새로운 것이라고 말할 수는 있지만, 결코 급진적으로 새로운 것은 아니다. 이로써 나는 '급진적으로 새로운' 또는 '급진적으로 혁신적인'의 의미를 해명했기를 바란다. 그리고 나는 이른바 나의 명제에 대한 반증 사례가 실제로는 반증이 아니라는 점도 명확하게 설명했기를 바란다. 둘째 관점은, 쥘 베른이 비행기 또는 잠수함의 발명을 예언했다고 주장할 수 있을지라도 우리는 동일한 의미에서 대모 시프턴Mother Shipton[15세기 영국의 마녀이자 예언자]에 대해서도 16세기 초의 비행기의 발명을 예언했다고 말할 수 있다는 점이다. 그러나 나의 명제는 단순한 예언에 관련된 것이 아니라 합리적으로 정당화된 예언과 관련되어 있다. 내가 염두에 두고 있는 것은 그와 같은 예언의 체계적 한계들이다.

급진적 개념 혁신의 체계적 예측 불가능성에서 중요한 것은 물론 과학의 미래에 대한 필연적 예측 불가능성이다. 물리학자들은 열역학과 같은 영역에서 자연의 미래에 관해 상당히 많은 것을 우리에게 말해줄 수 있다. 그러나 그들은 물리학의 미래에 관해서는, 이 미래가 급진적 개념 혁신을 포함하고 있는 한, 우리에게 아무것도 말해줄 수 없다. 그러나 우리가 물리학에 근거하고 있는 우리 사회의 미래에 관해 무엇인가를 알고자 한다면, 우리가 알아야 할 필요가 있는 것은 바로 물리학의 미래다.

우리가 물리학의 미래에 관해 예언할 수 없다는 결론은 포퍼적 논증과 무관한 하나의 논증에 의해 지지될 수 있다. 누군가가 컴퓨터 하드웨어와 소프트웨어를 개선할 수 있다고 가정해보자. 그래서 이 컴퓨터가 수학의 현재 상태에 관한 정보를 토대로 수학의 과거 역사와 오늘날 수학자들의 재능과 능력에 관해 예견할 수 있도록 만드는 프로그램과, 이제까지는 우리가 증명도 부정도 하지 못한, 대수적 위상수학과 정수론과 같은 특정한 수학 영역의 정확하게 규정된 정식들이 다가올 10년 내에 증명될 수 있도록 하는 프로그램을 만드는 것이 가능하다고 생각해보자(우리는 컴퓨터가 정확하게 정의된 이 모든 정식들을 전부 규정하기를 요구하는 것이 아니라, 그들 중 몇 가지만을 규정하기를 요구한다). 이와 같은 프로그램은 비록 증명될 수는 있지만 아직 증명되지 않은 하부 그룹을 정확하게 규정된 정식들의 그룹으로부터 분리시킬 수 있는 결정 절차를 포함하고 있어야 한다. 그러나 알론조 처치Alonzo Church는 대수적 위상수학과 정수론은커녕 산술 이론을 표현하기에 충분한 어떤 계산에 대해서도 그와 같은 결정 절차가 존재할 수 없다는 것을 믿을 만한 강한 논거를 제시했다. 그러므로 그와 같은 컴퓨터 프로그램이 만들어지지 않을 것이라는 것은 논리적 진리이며, 더욱 일반적으로 말하자면 수학의 미래가 예언될 수 없다는 것은 논리적 진리다. 만약 수학의 미래가 예측 불가능하다면, 그 밖의 다른 많은 것들도 마찬가지다.

한 가지 예를 고찰해보자. 우리는 앞의 논증으로부터, 앨런 튜링Alan Turing이 1930년대에 현대 컴퓨터과학의 상당 부분의 밑바탕을 이루고 있는 정리定理를 증명하기 이전에는 이 증명이 예견될 수 없다는 결론을 도출할 수 있다(우리가 설령 찰스 배비지Charles Babbage를 튜링의 선구자로 보지 않는다고 할지라도, 그것이 개념적 관점에 영향을 주지는 않는다). 따라서 계산 기계에 대한 어떤 추후의 과학적·기술적 작업도 이 증명에 관한 지식에 의존하는 까닭에 미리 예견될 수 없다는 결론이 추론된다. 그러나 우리 삶의 수많은 형태를 결정한 것은 바로 이 작업이다.

물론 포퍼의 논증이 자연과학뿐만 아니라 급진적 개념 혁신이 일어나는 모든 영역에 타당하다는 점은 언급할 만한 가치가 있다. 그것들이 실제로 발생하기 이전에는 양자역학 및 특수상대성의 발견을 예측할 수 없게 만들었던 것은, 정확히 같은 이유에서, 기원전 6세기 말 아테네에서의 비극의 발명 또는 **솔라 피데** Sola Fide[죄인의 정당함을 인정하는 일은 전적으로 자신의 신앙을 통해서만 이루어진다는 원칙으로서 루터신학의 기본 명제]라는 루터의 특별한 정당화 교리에 관한 첫 번째 설교 또는 칸트의 인식론에 관한 첫 번째 해명을 예측 불가능하게 만들었다. 사회적 삶에 대한 현저한 효과들은 일반적으로 알려져 있다.

물론 이러한 논증들 중 어느 것으로부터도 발견 및 급진적 혁신이 **설명될 수 없다**는 결론이 도출될 수 없다는 것은 분명하다. 특정한 발견 및 혁신들은 항상 사건이 일어난 이후에 설명될 수 있을 것이다. 그러한 설명이 어떤 것인지, 또 과연 그러한 설명이 있을지는 비록 불분명하기는 하지만. 그러나 특정한 시기에 등장하는 발견과 혁신에 대한 설명은 가능할 뿐만 아니라, 몇 가지 발견은 프랜시스 골턴Francis Galton에까지 거슬러 올라가는 작업을 토대로 입증되어 있다.(Derek de Solla Price 1963) 그런데 예측 불가능성과 설명 가능성의 병존은 첫째 종류의 체계적 예측 불가능성에만 해당하는 것이 아니라 다른 세 가지에 대해서도 타당하다.

내가 이제 다루고자 하는 둘째 유형의 체계적 예측 불가능성은 개별 행위자의 특정한 미래 행위에 대한 예측 불가능성이 사회세계 내에서의 예측 불가능성의 다른 요소를 개인적으로 산출한다는 사실로부터 도출된다. 두 가지 또는 그 이상의 서로 배타적인 대안적 가능성들 중에서 어느 것을 택해야 할지 아직 결정하지 못했다면, 내가 어떤 것을 택할지 예측할 수 없다는 것은 언뜻 진부한 진리처럼 보인다. 숙고하기는 했지만 아직 내리지 못한 결정들은 해당 영역에서 나에 의한 예측 불가능성을 필연적으로 야기한다. 그러나 이 진리는 내가 나 자신에 대해 예견할 수 없는 것을 다른 사람들은 아마 나에 관해 예견할 수 있을지도 모르기 때문에 진부한 것처럼 보인다. 나 자신의 미래는 아마 나의 관점에서 보면 오직 거미줄처럼 얽혀 있는 수많은 대안들의 한 세트로서만 —— 이 거미줄과 같은 체계 내에서 모든 매듭은 아직 내려지지 않은 결정의 관점을 표시한다 — 서술될 수 있다. 그러나 나에 관한 관련 자료들과 나와 같은 유형의 사람들에 관한 일반화를 갖추고 있어 충분한 정보를 소유하고 있는 관찰자의 시각에서 보면, 나의 미래는 완전히 규정될 수 있는 단계들의 연속으로 서술될 수 있다. 그러나 곧 하나의 어려움이 등장한다. 왜냐하면 내가 할 수 없는 것을 예언할 수 있는 이 관찰자는 물론, 내가 나 자신의 미래를 예언할 수 없는 것과 똑같은 방식으로, 자기 자신의 미래를 예언할 수 없기 때문이다. 그리고 그것이 본질적으로 그가 아직 내리지 않은 결정들에 의존하는 까닭에 그가 예견할 수 없는 특징들 중의 하나는 그의 행위들이 얼마나 결정에 영향을 주고, 또 다른 사람들이 내린 결정을 — 그들이 어떤 대안들을 선택하며, 또 어떤 대안들이 그들에게 제공되는가 하는 것을 포함해서 — 변화시킬 수 있는가 하는 문제다. 나는 바로 이 다른 사람들 속에 있는 것이다. 관찰자가 나의 미래의 결정에 대한 그의 미래의 행위의 영향을 예언할 수 없는 한, 그는 자신의 미래의 행위뿐만 아니라 나의 미래의 행위를 예측할 수 없다는 결론이 도출된다. 그리고 이러한 사실은 모든 행위자들과 모든 관찰자들에게 타당함이 분명하다. 내가 나의 미래를 예언할 수 없다는 사실은 실제로 상당 정도의 예측 불가능성을 산출한다.

어떤 사람은 나의 논증의 한 전제조건을 문제시할 수도 있을 것이다. 그것은 표면적으로는 진부한 진리처럼 보이는 것이라고 내가 묘사한 것으로서, 나의 미래의 행위들이 내가 아직 내리지 않은 결정들의 결과에 의존하는 곳에서는 나는 그러한 행위들을 예언할 수 없다는 사실이다. 하나의 가능한 반증 사례를 고찰해보자. 나는 체스 놀이를 하는 기사棋士다. 그리고 일란성 쌍둥이인 나의 동생 역시 체스 기사다. 마지막 게임에서 체스판 위에서 같은 상황이 벌어지면 우리는 항상 동일한 수를 둔다는 것을 나는 경험으로 안다. "어제는 너의 동생이 같은 상황에 있었다"고 누가 나에게 말하면, 나는 마지막 상황에서 나이트[서양장기의 말]를 두어야 할지, 비숍[서양장기의 대각선 방향으로 가는 말]을 두어야 할지 곰곰이 생각한다. 나는 내가 나의 동생이 어제 두었던 것과 같은 수를 놓을 것이라고 예언할 수 있다. 이것은 확실히 내가 아직 내려지지 않은 결정에 의존하는 나의 미래의 행위들 중 하나를 예언할 수 있는 경우다. 그러나 결정적인 것은 내가 "나이트 말을 옮겨라"라거나 "비숍 말을 두어라"라는 서술을 통해서가 아니라 "나의 동생이 어제 두었던 것과 같은 수"라는 서술을 통해 나의 행위를 예언할 수 있다는 사실이다. 그렇기 때문에 이 반증 사례는 전제조건에 대한 다음과 같은 재서술을 가져온다. 나의 미래의 행위들이 내가 아직 내리지 않은 결정들에 의존하는 한, 이 결정을 정의하는 대안들을 기술하는 서술을 통해서는 나는 그 행위들을 예언할 수 없다. 그리고 이렇게 재서술된 전제조건은 예측 불가능성 자체에 관해 이에 상응하는 결론을 산출한다.

동일한 주장을 할 수 있는 다른 방식은 전지全知는 결정을 내리는 것을 배제한다는 사실의 확인일 것이다. 만약 신이 일어날 수 있는 모든 일을 안다면, 그는 결코 아직 내려지지 않은 결정에 직면하지 않는다. 그는 하나의 유일한 의지를 갖고 있는 것이다.(《대이교도대전Summa Contra Gentiles》, LXXIX장, *Quod Deus Vult Etiam Ea Quae Nondum Sunt*) 우리의 삶이 예측 불가능성으로 가득 차 있는 것은 바로 우리가 신과 다르기 때문이다. 이렇게 사태를 보는 방식은 하나의 특별한 이점을 갖고 있다. 그것은 예측 불가능성을 사회세계로부터 배척하려고 하거나 그것을 부정하고자 하는 사람들이 실제로 어떤 기획에 종사하고 있는가를 암시해준다.

체계적 예측 불가능성의 셋째 근원은 사회적 삶의 게임이론적 성격에서 기인한다. 정치학의 몇몇 이론가들에게 게임이론의 형식적 구조들은 법칙과 유사한 일반화를 구체화하는 설명적이고 예언적인 이론들의 가능한 토대의 제공자로서 기여했다. 만약 우리가 n명의 사람이 행하는 어떤 놀이의 형식적 구조를 택해 몇몇 경험적 상황에서의 이 참여자들의 이해관계를 정확하게 정의한다면, 우리는 적어도 전적으로 합리적인 참여자가 어떤 제휴 관계와 협동 관계를 맺을 것인가를, 그리고 아마 유토피아적인 목표로서, 완전히 합리적이지 않은 참여자들에 대한 압력과 이에 따른 그들의 행위를 예측할 수 있다. 이 처방과 비판은 몇몇 주목할 만한 작업들에(특히 W. H. 리커W. H. Riker의 작업에) 자극을 주었다. 그러나 본래의 낙관주의적 형식 속에 구현되었던 커다란 희망은 우리를 현혹하는 환상처럼 보인다. 게임이론의 형식적 구조들을 실제의 사회적·정치적 상황들을 해석하는 데 전용함에 있어 세 가지 유형의 장애들을 고찰해보자.

첫째는 게임이론적 상황들의 무한한 반사성과 연관이 있다. 나는 네가 어떤 행보를 취할 것인가를 예견하고자 한다. 이를 예견하기 위해서 나는 내가 취할 행보에 대해 네가 어떻게 예견할 것인가를 예견해야만 한다. 그리고 이를 예견하기 위해서 나는 네가 예견할 것에 대해 내가 어떻게 예견할 것인가에 관해 네가 무엇을 예견할 것인가를 예견해야 한다. 이렇게 계속된다. 모든 단계에서 우리는 각자 다른 사람에게 자기 자신을 예측 불가능하게 만들려고 시도할 것이다.

그리고 우리는 각자 다른 사람이 자기 자신의 예견을 감행할 경우 스스로를 예견 불가능하게 만들 것이라는 지식에 의존할 것이다. 상황의 형식적 구조들은 여기서 결코 적절한 안내자가 될 수 없다. 이들에 대한 지식은 아마 필요할지도 모른다. 그러나 모든 참여자의 이해관계에 관한 지식을 통해 보완되는 이들에 대한 지식조차도 다른 사람을 예견 가능하게 만들고 동시에 자기 자신은 예측 불가능하게 만들려는 시도가 어떤 결과를 산출할 것인지에 관해서는 우리에게 아무것도 말해주지 않는다.

이 첫째 유형의 장애는 어쩌면 저절로 극복될 수 없는 것은 아닐지도 모른다. 그러나 그것이 극복할 수 없게 되는 기회는 둘째 유형의 장애의 실존으로 말미암아 증대된다. 게임이론적 상황들은 전형적으로 불완전한 지식의 상황들이다. 그리고 그것은 결코 우연이 아니다. 왜냐하면 특정한 다른 행위자들에게는 정보의 불완전성을 극대화하고, 동시에 자기 자신이 갖고 있는 정보의 불완전성은 개선하고자 하는 것이 모든 참여자의 핵심적 관심이기 때문이다. 더욱이 다른 사람에 대한 잘못된 정보의 성공 조건은 외부의 관찰자에게 잘못된 인상을 성공적으로 산출하는 데 있다. 이러한 사실은, 패배자의 행위들은 우리에게 불투명한 데 반해 우리는 승리자와 성공한 사람의 행위들을 이해하는 것을 희망할 수 있다는 콜링우드의 이상한 명제를 흥미롭게 전도시킨다. 만약 내가 옳다면, 성공의 조건은 성공적으로 속일 수 있는 능력을 포함한다. 그렇기 때문에 우리가 이해할 수 있는 것은 패배자이며, 우리는 오히려 패배할 사람들의 행위를 예견할 수 있다.

이 둘째 유형의 장애도, 설령 첫째 장애와 결합되어 있다고 할지라도, 그렇게 극복할 수 없는 것은 아닐지도 모른다. 그러나 게임이론적 상황에서 예견하는 데는 세 번째 유형의 장애가 있다. 우리에게 익숙한 다음의 상황을 고찰해보자. 주요 기업의 경영진은 노동조합 대표들과 장기적 임금 조건에 관해 협상한다. 정부 대표들도, 조정자와 중재자로서가 아니라 국가가 이 산업에 특별한 관심을 가지고 있기 때문에, 예컨대 그 생산품이 방위에 핵심적이거나 다른 경제에 대한 이 산업의 영향이 지대하기 때문에 협상에 참석한다. 첫눈에는 게임이론적 개념으로 이 상황을 그리는 것이 간단한 것처럼 보인다. 각자 자신의 고유한 이해관계를 갖고 있는 세 집단의 참여자. 그러나 우리는 교재 속에 등장하는 멋진 예들과는 달리 사회적 현실을 불투명하고 뒤죽박죽으로 만드는 몇 가지 특성을 소개하고자 한다.

노동조합 대표들 중 몇 사람에게는 조합 내 직책에서 물러나야 할 시점이 가까워 오고 있다. 만약 그들이 다른 사용자나 정부에서 높은 봉급의 일자리를 얻지 못한다면, 그들은 작업 현장으로 되돌아가야 한다. 사용자는 오직 현재의 공공적 이해관계의 구도 때문에 정부 측에 대해 걱정하는 것은 아니다. 사용자들은 정부로부터 다른 유형의 계약 조항을 얻어내기 위해 정부에 대한 장기적 관심을 가지고 있다. 정부 대표들 중 한 사람은 어떤 구역의 선출직에 출마하려고 생각하는데, 이곳에서는 노동자들의 표가 결정적이다. 다시 말해, 어떤 주어진 사회적 상황에서도 동일한 집단의 구성원들 사이에 흥정과 거래가 동시에 일어나는 것이 다반사다. 하나의 게임이 아니라 몇 가지 게임이 이루어진다. 그리고 게임의 비유를 더욱 확장하자면, QB3의 자리로 나이트의 말을 옮기면 그것은 항상 예상치 못한 로브[상대방 머리 위를 지나 코트 구석에 떨어지게 치는 높고 느린 타구]의 일격으로 응수당할 수 있다는 것이 실제 삶의 문제다.

우리가 비록 어떤 종류의 게임을 하고 있는지 확실히 말할 수 있다고 할지라도 또 다른 문제가 남는다. 게임과 게임이론에 관한 책에 있는 예들과는 달리 실제 삶의 상황에서 우리는 정해진 숫자의 참여자나 체스 말 또는 게임이 이루어지는 경기장을 가지고 시작하지 않는다. 작전 지역, 진행 과정, 전투에 참여한 부대들을 아주 정밀하게 재현하는 게티즈버그[미국 펜실베이니아주 남부의 마을로서 남북전쟁의 옛 싸움터] 전투에 관한 판지 또는 플라스틱으로 된 모형판이 시장에 나와 있다 —— 또는 나와 있었다. 남부연합의 편을 택한 어느 정도 숙련된 경기자가 이길 수 있었던 것이 이 게임의 별난 특징이었다. 그러나 어떤 경기자도 총명한 리Robert Edward Lee[1807~ 1870. 미국 남북전쟁 당시의 남군 총지휘관] 장군만 못 하다는 것은 의심의 여지가 없다. 그리고 리 장군은 패배했다. 왜 그런가? 이에 대한 대답은 물론 경기자가 리 장군이 알지 못했던 것, 다시 말해 전투 준비 단계의 시간 계획이 어떠했는지, 어떤 부대들이 투입되어야 하고, 전투가 이루어지는 작전 지역에 어떤 경계를 설정해야 하는지를 처음부터 안다는 사실에 있다. 그리고 이러한 모든 사실은 게임이 리 장군의 상황을 재현하지 **않는다**는 것을 필연적으로 수반한다. 왜냐하면 리 장군은 격렬하게 싸워야 할 전투가 **게티즈버그** 전투라는 사실을 알지도 못했고 알 수도 없었기 때문이다. 그것은 그 결과를 통해 회고할 때 비로소 특정한 모습이 부여될 수 있는 하나의 에피소드다. 이러한 인식의 실패는, 과거의 특정한 상황에 대한 분석을 미래의 불특정한 상황을 예견하는 데 적용하려고 시도하는 많은 컴퓨터 시뮬레이션의 예견 능력을 약화한다. 이제 베트남 전쟁으로부터의 한 가지 예를 고찰하기로 하자.

1914년 이전의 여러 해 동안 영국 해군과 독일 해군 사이에 벌어진 군비 경쟁에 관한 L. F. 리처드슨L. F. Richardson의 분석(1960)을 이용해 J. S. 밀스타인J. S. Milstein과 W. C. 미첼W. C. Mitchell(1968)은 리처드슨의 일반화 중 몇 가지를 구체화한 베트남 전쟁의 한 시뮬레이션을 구성했다. 그들의 예견은 두 가지 관점에서 실패했다. 첫째, 그들은 베트콩에 의한 일반 시민들의 살해 또는 베트콩 도망병의 숫자와 같은 사항들에 관한 통계 자료를 위해 미국 정부의 공식적 수치에 의존했다. 베트남에서 미국 군대가 체계적으로 자행한 숫자 조작에 관해 우리가 오늘날 알고 있는 것을 그들은 아마 1968년에는 알 수 없었을 것이다. 그러나 그들이 만약 내가 앞에서 언급했듯이 정보의 불완전성을 극대화하고자 하는 경기자들의 욕구를 어떤 방식으로든 감지할 수 있었다면, 그들은 그들의 예견을 검증해주는 사례들을 그렇게 자신만만하게 다루지는 않았을 것이다. 더욱 놀라운 것은 그들이 스스로 언급하고 있는 두 번째 실패 원인에 대한 그들의 반응이다. 그들의 예측은 테트[베트남의 음력설] 대공세를 통해 여지없이 무너졌다. 밀스타인과 미첼의 반응은 앞으로의 연구를 어떻게 확장해 테트 대공세를 야기했던 요소들이 함께 포함되도록 할 수 있을 것인가를 생각하는 것이었다. 그들이 간과한 것은 베트남 전쟁처럼 복합적인 모든 상황 속에 포함되어 있는 개방적이고 미규정적인 성격이다. 최초에는, 그 총체성으로 상황이 구성되는, 확정되고 헤아릴 수 있는 수의 요소들이 존재하지 않는다. 그 밖의 다른 것을 가정한다는 것은 과거지향적 관점을 미래지향적 관점과 혼동한다는 것을 의미할 것이다. 그것은 물론 모든 컴퓨터 시뮬레이션이 의미 없다는 것을 의미하지는 않는다. 그러나 시뮬레이션이 회피할 수 없는 것은 예측 불가능성의 체계적 근원들이다.

나는 이제 이 근원들 중 넷째 근원, 즉 순수 우연성을 다루고자 한다. J. B. 베리J. B. Bury는 한때 로마제국의 설립 원인은 클레오파트라의 코의 길이였을지도 모른다는 파스칼의 설명을 따랐다. 그녀의 모습이 그처럼 완벽하게 균형 잡히지 않았다면, 안토니우스는 그렇게 넋을 잃지 않았을지도 모른다. 또 만약 그가 매혹되지 않았다면, 그는 옥타비아누스에 대립해 이집트와 동맹을 맺지 않았을 것이다. 만약 그가 이 동맹을 맺지 않았다면, 그는 악티움 해전을 치르지 않았을 것이다 등등. 우리는 하찮은 우연들이 위대한 사건들의 결과에 강력한 영향을 미칠 수 있다는 것을 인식하기 위해 베리의 논증을 수용할 필요는 없다. 윌리엄 3세를 살해한 두더지가 파놓은 흙두둑, 또는 네Michel Ney에게 지휘권을 넘겨주도록 만든 워털루에서의 나폴레옹의 감기 — 그가 이날 탔던 말 네 마리가 사살되었는데, 이는 그로 하여금 상황을 잘못 판단하도록, 특히 황제 친위대를 두 시간 늦게 전투에 보내는 오판을 하도록 만들었다 — 두더지굴과 박테리아와 같은 이 모든 우연들을 전투 계획에 고려할 수 있는 방식은 없다.

인간의 삶에서 네 가지 독립적인, 그러나 종종 서로 결합된 체계적 예측 불가능성의 근원들이 있다. 예측 불가능성이 설명 불가능성을 포함하지 않는다는 사실뿐만 아니라 예측 불가능성의 실존이 강한 의미의 결정론의 진리와 양립할 수 있다는 사실을 강조하는 것은 중요하다. 우리가 미래의 어느 날 인간행동의 더 넓은 영역을 모의실험할 수 있는 컴퓨터와 프로그램을 만들 수 있다고 — 나는 그러지 않을 어떤 이유도 보지 못한다 — 가정해보자. 그것들은 움직일 수 있다. 그것들은 정보를 획득하고 교환하며, 정보에 관해 숙고한다. 그것들은 경쟁적인 목표들뿐만 아니라 협동적인 목표들을 가지고 있다. 그것들은 대안적 행위 과정들 중에서 결정을 한다. 이러한 컴퓨터들은 동시에 완전하게 특수화된 특별한 종류의 기계적·전자공학적 체계지만 네 가지 유형의 모든 예측 불가능성에 예속될 것이라는 사실을 인지하는 것이 중요하다. 이들 컴퓨터 중 어느 것도 수학에서의 급진적 개념 혁신 또는 미래의 증명을, 우리가 할 수 없는 똑같은 이유에서, 예견할 수 없을 것이다. 모든 컴퓨터들은 그것들이 아직 내리지 않은 결정들의 결과를 예견할 수 없을 것이다. 그 컴퓨터들은 모두 다른 컴퓨터들과의 관계에서 우리를 묶어두는 것과 같은 동일한 유형의 게임이론적 혼란에 빠질 것이다. 그리고 이 모든 컴퓨터들은 전기 고장과 같은 외부의 우연들에 취약하다. 그러나 모든 컴퓨터 내의, 그리고 모든 컴퓨터의 개개의 운동은 기계적·전자공학적으로 완전히 설명될 수 있을 것이다.

우리는 이런 관점으로부터 행위의 차원에서의, 결정, 관계, 목표들과 같은 의미에서의 그들의 행동에 대한 서술은 논리적·개념적 구조에서 전자공학적 전기충격에 대한 서술과 매우 다를 것이라는 결론에 도달한다. 어떤 서술 형식을 다른 서술 형식으로 논리적으로 환원하는 생각에 분명한 의미를 부여하는 것은 상당히 어려울 것이다. 만약 이러한 사실이 상상의, 그러나 가능한 이 컴퓨터에 타당하다면, 그것은 아마 우리 모두에게도 타당할 것이다(우리가 이러한 컴퓨터들로 **존재한다**는 것은 정말로 있을 법한 일이다).

바로 이 점에서 누군가는 이제까지의 전체 논증에 의문을 제기할지도 모른다. 나의 주장들은 내면적 비정합성을 포함하고 있다고 말할 수도 있을 것이다. 왜냐하면 나는 한편으로 우리가 어떠한 급진적 개념 혁신도 예견할 수 없다고 주장하는 반면, 다른 한편으로는 인간의 삶에는 체계적·지속적으로 예측 불가능한 요소들이 있다고 주장했기 때문이다. 그런데 그 첫 번째 주장은, 내일 또는 내년에 어떤 천재가 이제까지는 단지 예측할 수 없는 것으로 증명되었지만 예견 불가능한 것은 아닌 것을 우리로 하여금 예견할 수 있도록 하는 혁신적 이론을 발전시킬 수 없을지 나는 예견할 수 없다는 것을 확실히 포함한다. 나의 시각에서 보면 미래가 완전히 예견될 수 있는 것으로 판명될지 안 될지를 나는 계속 예견할 수 없어야 한다. 사람들은 다른 방식으로 문제점을 지적할 수도 있을 것이다. 사람들은 아마 이렇게 질문할 것이다. "당신은 특정한 사태들이 필연적·원칙적으로 예견될 수 없다는 것을, 또는 이 사태들이 우연한 사실에 근거하기 때문에 예측할 수 없다는 것을 증명하지 않았습니까?"

나는 물론 인간 미래의 예측이 내가 언급한 네 영역 중 세 영역에서 **논리적으로 불가능하다**고는 주장하지 않았다. 처치의 정리로부터의 추론을 전제로 사용하는 논증의 경우에 나는 논리적으로 문제가 있는 영역에서 ── 비록 나는 이 전제가 확고한 토대 위에 있다고 믿지만 ── 하나의 전제를 선택했다. 그렇게 함으로써 나는 오늘 예측할 수 없는 것이 아마 내일은 예측할 수 있게 될 것이라는 비난을 받기 쉬운 것인가? 나는 그렇지 않다고 생각한다. 철학에는 실제로 타당한 논리적 불가능성 또는 배리법背理法, reductio ad absurdum을 통한 증명이 전혀 없거나 아주 조금 있을 뿐이다. 왜냐하면 이러한 증명을 산출하기 위해 우리는 우리의 담론의 관련 부분들을 형식적 등식으로 옮겨놓아 우리가 하나의 주어진 정식 'q'로부터 'p·~p' 형식의 결과에 도달할 수 있으며, 또 이 형식으로부터 그 이상의 결과 '~q'에 도달할 수 있어야 하기 때문이다. 그러나 우리의 담론을 이런 방식으로 서술하기 위해 요청되는 명료성은 특이하게도 철학적 문제들이 발생하는 영역에서 우리에게 결여되어 있는 바로 그 명료성이다. 그렇기 때문에 배리법을 통한 증명은 종종 전혀 다른 종류의 논증들이다.

루트비히 비트겐슈타인Ludwig Wittgenstein은 때로는, 그가 사적 언어를 말한다는 것이 하나의 모순을 포함하고 있다는 사실을 보여주기 위해 언어는 본질적으로 가르칠 수 있고 공공적이라는 관념에 대한 분석을 내면적 상태는 본질적으로 사적이라는 관념에 대한 서술과 결합시킴으로써 사적 언어의 논리적 불가능성에 대한 증명을 제공하려고 시도했다는 식으로 해석되어왔다. 그러나 이러한 해석은 내가 생각하기에는 다음과 같은 것을 우리에게 말해주고 있는 비트겐슈타인을 오해하는 것이다. "내가 할 수 있는 최선의 언어 설명과 내면적 상태에 대해 내가 제시할 수 있는 최선의 서술을 토대로 나는 사적 언어의 개념에 관해 아무것도 말할 수 없으며, 나는 이 사적 언어를 충분히 이해할 수 있게 만들 수 없다."

바로 이것이 지금은 예측될 수 없는 것을 어떤 천재가 예측 가능하게 만들 수 있을지도 모른다는 비난에 대한 나의 대답이다. 나는 이에 이르는 길을 막기 위해 어떤 증명도 제시하지 않았다. 나는 처치의 명제를 논증에 도입하는 것이 이와 같은 증명에 기여하리라고 생각하지도 않는다. 내가 제시할 수 있었던 유형의 고찰에서 나는 단순히 그 제안을 도무지 이해할 수 없었을 뿐이다. 나는 그 제안을 충분히 이해할 수 없기 때문에 그것을 동의할 수도 부정할 수도 없다.

사회적 삶에 이러한 예측 불가능한 요소들이 있다고 전제한다면, 이들과 예측 가능한 요소들의 관계에 주목하는 것이 중요하다. 그런데 무엇이 예측할 수 있는 요소들인가? 그것들은 적어도 네 가지 종류가 있다. 첫째는 우리의 사회적 행위를 계획하고 조정해야 할 필요성에서 기인한다. 모든 문화에서 대부분의 사람들은 평범한 일상의 개념의 의미에서 그들의 활동을 구성하는 데 대부분의 시간을 보낸다. 그들은 매일 대체로 같은 시간에 일어나고, 옷을 입고, 세수를 하거나 또는 하지 않고, 특정한 시간에 밥을 먹고, 특정한 시간에 일하러 가서 특정한 시간에 돌아온다. 식사를 준비하는 사람은 밥을 먹는 사람들이 특정한 시간과 장소에 나타나리라는 것을 기대할 수 있어야 한다. 어떤 사무실에서 전화기를 드는 비서는 다른 사무실에 있는 비서가 응답하리라는 것을 기대할 수 있어야 한다. 버스와 기차는 미리 정해진 장소에서 승객들을 태워야 한다. 우리 모두는 다른 사람들의 예견 가능한 기대에 관한 상당한 양의 암묵적 지식뿐만 아니라 명시적으로 저장된 상당한 양의 정보를 소유하고 있다. 토머스 셸링Thomas Schelling은 매우 유명한 한 실험에서 백 명으로 구성된 집단에게 특정한 날 맨해튼에서 알지 못하는 사람을 만나는 과제를 주었다. 그들이 미지의 사람에 관해 알고 있는 유일한 사실은 그가 그들이 알고 있는 모든 것을 알고 있다는 것이었다. 그들은 스스로 만날 시간과 장소를 정해야 했다. 그들 중 80퍼센트 이상이 낮 12시 그랜드 센트럴 스테이션의 중앙 홀에 있는 커다란 시계 아래를 약속 장소로 정했다. 그리고 80퍼센트 이상이 이 대답을 했기 때문에 그것은 올바른 대답이다. 셸링의 실험이 암시하는 것은 우리의 기대에 관한 다른 사람들의 기대에 관해, 그리고 그 역에 관해 우리 모두는 우리가 통상 인식하는 것보다 더 많이 알고 있다는 사실이다.

인간행동에서의 체계적 예측 가능성의 둘째 근원은 통계적 규칙성에서 기인한다. 우리 모두가 겨울에 훨씬 더 많이 감기에 걸릴 수 있다는 사실, 자살률이 크리스마스경에 갑자기 상승한다는 사실, 정확하게 규정된 문제에 대한 작업에 능력 있는 과학자를 많이 투입하는 것이 그 문제가 조만간 해결될 수 있다는 개연성을 증대시킨다는 사실, 아일랜드인이 덴마크인들보다 정신병에 더 잘 걸린다는 사실, 영국에서 어떤 사람이 어떻게 투표할 것인가는 그의 가장 절친한 친구가 투표하는 것을 보면 안다는 사실, 낯선 사람보다 당신의 부인 또는 당신의 남편이 당신을 살해할 개연성이 더 크다는 사실, 텍사스에서는 살인율을 포함한 모든 것이 일반적으로 더 높다는 사실을 알고 있다. 이 지식에서 흥미로운 것은 이것이 비교적 인과적 지식과 무관하다는 점이다.

어느 누구도 이러한 현상들 중 몇 가지의 원인도 알지 못하며, 다른 현상들의 원인에 관해서 우리 대다수는 틀린 인과적 신념들을 갖고 있다. 예측 불가능성이 설명 불가능성을 야기하지 않은 것처럼, 예측 불가능성은 설명 가능성을 수반하지 않는다. 통계적 규칙성의 지식은 예정표와 조정된 기대에 관한 지식과 마찬가지로 계획과 기획을 작성하고 수행하는 데 중요한 역할을 담당한다. 둘 중 하나가 결여되어 있다면, 우리는 성공과 실패의 기회의 관점에서 대안적 계획들 중 하나를 합리적으로 선택할 수 없을 것이다. 그러므로 이 점은 사회적 삶에서의 예측 가능성의 다른 두 근원에도 해당한다. 이들 중 첫째는 자연의 인과적 규칙성에 관한 지식이다. 눈보라, 지진, 전염병, 몸의 크기, 영양실조, 단백질의 특징 등은 모두 인간의 가능성들에 제한을 가한다. 둘째 근원은 사회적 삶 내의 인과적 규칙성에 관한 지식이다. 이러한 지식을 표현하는 일반화의 지위가 비록 나의 연구 대상이라고 할지라도, 이러한 일반화들이 실제로 존재하고 또 어느 정도의 예견 능력을 갖고 있다는 것은 결국 분명해진다. 내가 앞에서 언급한 네 번째 근원에 관한 한 가지 예는 아마 19세기와 20세기의 영국과 독일과 같은 사회에서는 계급 구조 내에서의 지위가 전체적으로 어떤 사람의 교육 기회를 규정한다는 일반화일 것이다. 나는 여기서 실제의 인과적 지식에 관해 말하고 있는 것이지, 통계적 규칙성에 관한 지식을 말하고 있는 것이 아니다.

우리는 드디어 사회적 삶 내의 예측 불가능성과 예측 가능성의 관계에 관한 물음에 접근해 사회과학들의 일반화의 지위를 어느 정도 긍정적으로 조명할 수 있는 위치에 있다. 인간 삶의 핵심적 특징들의 많은 것은 예측 가능성과 예측 불가능성이 서로 결합되어 있는 특수한 방식들로부터 도출된다는 것은 금방 분명해진다. 우리로 하여금 계획하고 장기적 기획에 참여할 수 있도록 하는 것은 바로 우리의 사회 구조가 가진 예측 가능성의 정도다. 그리고 계획하고 장기적 기획에 참여할 수 있는 능력은 삶을 의미 있게 만들 수 있는 필연적 전제조건이다. 커다란 의도의 실로 연결되지 않은 채 한 순간에서 다른 순간으로, 한 에피소드에서 다른 에피소드로 살아가는 삶은 인간에게 특징적인 수많은 제도들의 토대를 결여할 것이다. 결혼, 전쟁, 죽은 사람의 삶에 대한 기억, 가족의 계승, 도시들, 여러 세대를 통해 이어지는 직업들 등등. 그러나 인간의 삶에 충만해 있는 예측 불가능성은 우리의 계획과 기획을 끊임없이 상처받기 쉽고 부서지기 쉬운 것으로 만든다.

취약성과 연약성은 물론 다른 근원을 가지고 있다. 그것에는 무엇보다도 물질적 환경의 성격과 우리의 무지와 같은 것이 속해 있다. 그러나 계몽주의 사상가들과 19세기와 20세기의 그 후예들은 이것들을 취약성과 연약성의 유일하거나 가장 중요한 원인으로 생각했다. 마르크스주의자들은 경제적 경쟁성과 이데올로기적 맹목성을 첨가했다. 그들은 모두 취약성과 연약성이 발전한 미래의 언젠가에는 극복될 수 있는 것처럼 말했다. 그런데 이제 이러한 확신과 그들의 과학철학의 관계를 정확하게 규정하는 것이 가능하게 되었다. 후자는 설명과 예견에 관한 그들의 시각과 함께 전자를 유지하는 데 결정적 역할을 한다. 그러나 우리의 논증은 이제 다른 방향으로 진행되어야 한다.

우리 모두는 각각 개인적으로, 그리고 특별한 사회 집단의 구성원으로서 자연세계와 사회세계 속에서 자신의 계획과 기획을 실현하려고 한다. 이를 성취할 수 있는 하나의 조건은 우리의 자연세계와 사회세계를 가능한 한 예측 가능하게 만드는 것이며, 우리 삶에서의 자연과학과 사회과학의 중요성은 적어도 부분적으로는 — 오직 부분적이기는 하지만 — 이 기획에 대한 그들의 기여로부터 도출된다. 우리 모두는 개인적으로, 그리고 특별한 사회 집단의 구성원으로서 동시에 자신의 독립성, 자유, 창조성, 자유와 창조성에서 커다란 역할을 하는 내면적 반성을 다른 사람의 간섭으로부터 보존하고자 한다. 우리는 우리 자신이 적당하다고 생각하는 것 이상으로 자신을 노출하고 싶어 하지 않는다. 그리고 어느 누구도, 특정한 정신분석학적 환상의 영향을 받은 경우를 제외하고는 자신에 관한 모든 것을 폭로하고 싶어 하지 않는다. 우리는 어느 정도 불투명하고 예측 불가능한 상태로 남아 있을 필요가 있으며, 그것은 특히 다른 사람들의 예견적 실천에 의해 위협을 받을 때 그렇다. 이러한 욕구의 충족은 적어도 어느 정도는 우리의 삶이 현실성과 가능성의 의미에서 의미 있기 위해 필요한 조건을 형성한다. 만약 삶이 의미 있어야 한다면, 우리는 반드시 장기적 기획에 종사할 수 있어야 한다. 그리고 이것은 예측 가능성을 요청한다. 만약 삶이 의미 있어야 한다면, 우리는 단지 다른 사람의 기획, 의도, 욕망의 산물로 존재하지 않고 우리 자신에게 속해 있어야 한다. 그리고 이것은 예측 불가능성을 요청한다. 그렇기 때문에 우리는 그 밖의 사회는 예측 가능하게 만드는 동시에 우리 자신은 예측 불가능하게 만드는, 다른 사람의 행동을 포착하는 일반화를 고안하는 동시에 다른 사람이 고안해낸 일반화를 회피하는 형식으로 행동하는 세계 속에 묶여 있는 것이다. 만약 이러한 것들이 사회적 삶의 일반적 특징들이라면, 사회적 삶에 대한 일반화에서 최선의 것은 어떤 특징들을 가지는가?

그것들은 아마 세 가지 중요한 특징들을 갖고 있는 것처럼 보인다. 그것들은 성과 있는 연구들에 기반을 둘 것이지만, 귀납적으로 정당화된 그들의 성격은 법과 유사한 지위를 성취하는 데 실패함으로써 드러날 것이다. 그것들이 아무리 잘 구성되어 있다고 할지라도, 그것들 중 최선의 것들은 반증 사례들과 병존해야 할 것이다. 왜냐하면 반증 사례의 지속적인 창조가 인간 삶의 특징이기 때문이다. 그리고 그것들 중의 최선의 것들에 대해 우리는 그것들이 어떤 타당성 영역을 가지는지 정확하게 말할 수 없을 것이다. 그것들은 정확하게 정의된 일련의 반사실적 조건들을 포함하지 않을 것이라는 결론이 물론 이로부터 도출된다. 그것들의 서두는 일반적인 수량화의 특징들로 시작하는 것이 아니라 "특징적으로, 그리고 대개는"과 같은 말투로 시작한다.

그러나 바로 이것들이, 내가 앞서 설명한 바와 같이, 경험적 사회과학자들이 그것을 발견했다고 정당하게 주장하는 일반화들의 특징들이다. 다른 말로 표현하면, 이러한 일반화들의 논리적 형식은 — 또는 이 논리적 형식의 결여는 — 인간 삶의 형식에 — 또는 그 형식의 결여에 — 뿌리를 두고 있는 것으로 판명된다. 최선의 사회과학의 일반화들과 근본 원리들이 그 선구자들의 몇몇 특징들을 — 민중의 속담, 법학자들의 일반화, 마키아벨리의 공리들을 — 공유하고 있다는 사실에 놀라거나 실망할 필요는 없다. 우리는 이제 정말로 마키아벨리에게로 되돌아갈 수 있다.

우리의 논증이 보여준 것은 **포르투나**가 제거될 수 없다는 사실이다. 그러나 그것은 우리가 그것에 관해 적어도 한 가지 또는 두 가지 관점에서 더 말할 수 없다는 것을 의미하지는 않는다. 하나는 포르투나를 측정할 수 있는 가능성과 관계된 것이다. 전통적 과학철학에 의해 제기된 문제들 중 하나는 일반적으로 과학자들, 특히 사회과학자들이 몇 가지 결정적인 반증의 문제들이 발생하는 경우를 제외하고는 예측의 오류를 일종의 단순한 실패로 다룬다는 사실이 이 철학에 의해 시사되고 있는 것이다. 만약 우리가 그 대신에 오류들을 신중하게 기록하고, 오류 자체를 연구의 대상으로 설정한다면, 예견의 오류가 그렇게 무작위적으로 배분되지 않는다는 사실을 발견할 수 있을 것이다. 과연 그러한가 아닌가를 알아내는 것이 내가 이 장에서 행한 것보다 더 많은 것을 하는 첫걸음일 것이다. 즉 우리는 단지 인간 삶 내에서의 **포르투나**의 일반적 역할을 말하는 대신에 인간 삶의 다양한 영역에서 **포르투나**가 행하는 특별한 역할에 관해 말해야 한다.

　몇 가지 설명을 요청하는 **포르투나**의 둘째 양상은 영속성과 연관이 있다. 나는 앞서 나의 논증에 대한 증명이 차지하는 지위를 문제시한 적이 있다. 그렇다면 나는 **포르투나**의 영속성을 믿을 수 있는 근거를 어떻게 가질 수 있는가? 나의 근거들은 부분적으로 경험적이다. 왜냐하면 누군가가 이제까지의 논증을 수용해 예측 불가능성의 네 가지 체계적 근원들의 확인에 동의한다고 가정한다면, 그는 우리가 이 예측 불가능성의 근원들이 사회적 삶 내에서 행하는 역할을 제거하거나 아니면 적어도 가능한 한 많이 제한하려고 시도하기를 제안할 것이다. 그는 개념적 혁신들 또는 아직 내려지지 않은 결정들의 예측 불가능한 결과들 또는 인간 삶의 게임이론적 성격 또는 순수한 우연이 이미 이루어진 예측을 혼란에 빠뜨리는 상황의 등장을 가능한 한 방해하기를 제안할 것이다. 그런 사람이 과연 자신의 목표를 이룰 수 있는가? 그는 과연 지금 예측할 수 없는 사회세계를 전적으로 또는 많은 부분을 예측 가능하게 만들 수 있는가?

　그의 첫걸음은 물론 자신의 기획을 성취하기 위한 도구를 제공할 수 있는 조직을 창조하는 것임에 틀림없다. 그리고 자신의 조직의 활동을 전적으로 또는 대부분 예측 가능하게 만드는 것도 역시 그의 과제임에 틀림없다. 왜냐하면 만약 그가 이를 성취할 수 없다면, 그는 그보다 더 커다란 자신의 목표를 성취할 수 없기 때문이다. 그는 자신의 조직을 능률적이고 효율적으로 만들어서 그 조직의 극히 고유한 과제를 처리할 능력이 있을 뿐만 아니라 변화하도록 되어 있는 환경 속에서 살아남을 수 있도록 만들어야 한다. 그러나 이 두 가지 특성, 즉 전적인 또는 거의 전적인 예측 가능성과 조직적 효율성은 우리가 가진 최선의 경험적 연구의 토대 위에서도 양립할 수 없는 것으로 판명된다. 톰 번스Tom Burns는 혁신적 적응을 요청하는 환경에서의 효율성의 조건을 정의하면서 "개인적 과제의 지속적인 재정의", "지시와 결정보다는 정보와 조언으로 구성되어 있는 의사소통", "인식은 네트워크의 어느 곳에나 위치할 수 있다" 등과 같은 특징들을 열거했다.(Burns 1963, Burns and Stalker 1968) 우리는 번스와 스토커가 개인의 창의성, 인식의 변화에 대한 탄력적 반응, 문제 해결과 정책 결정의 중심의 다양화를 허용해야 할 필요성에 관해 말한 것을 안심하고 일반화할 수 있다. 이는 효율적인 조직은 자체 내에 고도의 예측 불가능성을 관용할 수 있어야 한다는 명제로 이어진다. 다른 연구들은 이를 증명한다. 모든 부하의 일거수일투족을 지속적으로 감시하고자 하는 시도들은 대부분 생산성에 역행한다. 다른 사람들의 활동을 예측 가능하게 만들고자 하는 시도들은 일을 필연적으로 틀에 박힌 것으로 만들며, 지성과 탄력성을 억눌러서 부하들의 에너지가 적어도 몇몇 상사의 기획을 좌절시키는 결과를 초래한다.(Kaufman 1973. 경영 지도자의 위계질서를 전복시키거나 기만하고자 하는 시도들의 효과에 관한 Burns와 Stalker의 연구를 볼 것)

조직적 성공과 조직의 예측 가능성은 서로 배척하는 까닭에 —— 완전히 또는 대체로 예측 가능한 사회를 창조해야 할 책무를 가진 —— 하나의 완전히 또는 대체로 예측 가능한 조직을 창조하는 기획은 사회적 삶의 사실로 말미암아 실패할 수밖에 없는 운명을 안고 있다. 그렇기 때문에 올더스 헉슬리Aldous Huxley 및 조지 오웰George Orwell이 상상해 그린 것과 같은 종류의 전체주의는 불가능하다. 전체주의 기획은 자신이 늘 산출하고자 하는 것을 통해, 장기적으로 자신의 몰락에 기여할 수 있는 일종의 경직성과 비효율성을 생산하게 된다. 그러나 우리는 여기서 말하는 장기가 얼마나 오랫동안인가를 말해주는 아우슈비츠와 수용소 군도Gulag Archipelago[소련의 노벨상 수상 작가인 솔제니친의 소설명이기도 함]의 목소리들을 기억할 필요가 있다.

따라서 인간 삶의 지속적 예측 불가능성에 관한 모든 사회적 예언들과 마찬가지로 취약한 예측에는 아무런 모순이 존재하지 않는다. 이러한 예측은 실천의 정당화와 경험적 사회과학의 발견의 정당화, 그리고 대부분의 사회과학뿐만 아니라 전통적 사회과학철학의 지배적 이데올로기였던 것에 대한 반박에 토대를 두고 있다.

그러나 이러한 반박은 내가 관료제적 전문지식이라고 명명했던 것의 주장들을 대부분 부정하는 결과를 초래한다. 그리고 이러한 부정과 함께 적어도 나의 논증의 한 부분은 완료되었다. 지위와 보상에 대한 전문가의 권리 주장은, 그가 법과 유사한 일반화의 어떤 굳건한 토대도 소유하고 있지 않다는 것을 우리가 인식하고, 또 그가 사용할 수 있는 예견 능력이 얼마나 약한가를 우리가 이해한다면, 치명적으로 침식당한다. 경영자적 효율성의 개념은 근본적으로 또 하나의 현재의 도덕적 허구이며, 그것은 아마 모든 것들 중에서 가장 중요할지도 모른다. 우리 문화에서 조작적 양식의 지배는 그다지 조작의 성공을 수반하지 않았으며, 또 수반할 수도 없다. 나는 물론 이른바 전문가들의 활동들이 아무런 효과를 미치지 않았으며, 또 우리가 이러한 효과에 고통을 당하고 있지 않으며 그것도 상당한 고통을 당하고 있지 않다는 것을 의미하지 않는다. 그러나 전문지식에 구현되어 있는 사회적 통제의 개념은 실제로 하나의 위장 가면이다. 우리의 사회적 질서는 문자적 의미에서 정말로 우리 모두의 통제로부터 벗어나버렸다. 아무도 책임이 없으며, 책임을 질 수 없는 것이다.

경영자적 전문지식에 대한 믿음은 나의 관점에 의하면 실제로 카르나프와 에어가 신에 대한 믿음이라고 생각했던 것과 매우 비슷하다. 그것은 특별히 현대적인 또 하나의 환상이며, 우리 자신은 아니지만 정의를 조장한다고 주장하는 권력의 환상이다. 그렇기 때문에 **성격**으로서의 경영자는 첫눈에 보이는 것과는 전혀 다른 존재다. 경영의 환경을 구성하는 매일매일의 냉혹하고, 실천적이고, 실용적인 유머가 없는 사실주의로 가득 찬 사회세계는 자신의 지속적 실존을 위해 오해의 체계적 지속과 허구에 대한 믿음에 의존하는 세계다. 상품 물신론은 마찬가지로 중요한 또 다른 물신론, 즉 관료제적 능력의 물신론에 의해 보완되었다. 왜냐하면 나의 전체 논증으로부터, 경영자적 전문지식의 영역은 이른바 객관적으로 근거 지어진 주장들이 실제로는 자의적이지만 은폐되어 있는 의지들과 선호체계의 표현으로서 기능하는 영역이라는 결론이 도출되기 때문이다. 무어의 제자들이 선의 비합리적 —— 실제로는 하나의 허구였던 —— 특성의 존립 또는 비존립을 규정한다는 구실 아래 어떻게 자신들의 선호를 장려했는가 하는 것에 관한 케인스의 서술은, 오늘날 사기업과 정부의 사회세계 내에서 전문가들의 연구 결과의 존립 또는 비존립을 규정한다는 구실 아래 어떻게 사적인 선호들이 장려되고 있는가에 관한 마찬가지로 고상하고 인상적인 서술의 형태로 계속될 만한 가치가 있다. 케인스적 서술이 정의주의가 왜 그렇게 설득력 있는 명제인가를 암시하는 바와 같이, 이를 계승하는 현대의 서술 역시 이를 암시한다. 18세기 예언들은 과학적으로 운영되는 사회적 통제가 산출된 것이 아니라 이와 같은 통제의 교묘하고 극적인 모방이 산출되는 효과를 가져왔다. 우리 문화에서 권력과 권위를 제공하는 것은 바로 연극적 성공이다. 가장 효율적인 관료가 가장 훌륭한 배우다.

많은 관료와 경영자들은 이에 대해 다음과 같이 응답할 것이다. "당신은 당신 자신이 만들어놓은 밀짚 인형을 공격하고 있습니다. 우리는 커다란 주장을 제기하지 않습니다. 베버적 주장도, 그 밖의 다른 주장도 하지 않습니다. 우리 역시 당신과 마찬가지로 사회과학적 일반화의 한계를 충분히 의식하고 있습니다. 우리는 겸손하고, 대단치 않은 능력으로 소규모의 과제를 수행하고 있습니다. 그러나 우리는 전문화된 지식을 보유하고 있으며, 우리 자신의 제한된 영역에서 전문가로 불릴 권한을 가지고 있습니다."

나의 논증 어느 것도 이러한 겸손한 주장들을 반대하지 않는다. 그러나 관료제적 기업 내에서든 바깥에서든, 또 공적이든 사적이든 간에 권력과 권위를 제공하는 것은 이와 같은 주장들이 아니다. 왜냐하면 이처럼 겸손한 주장들은 결코 관료제적 기업에 의한 권력의 소유 및 관료제적 기업을 통한 권력의 사용을, 이 권력이 행사되는 방식과 규모에서 정당화할 수 없기 때문이다. 그렇기 때문에 나의 논증에 대한 대답 속에 서술되어 있는 이 겸손하고 대단치 않은 주장들은 그것을 주장하는 사람들뿐만 아니라 그 밖의 모든 사람에게 혼란스러운 것이다. 왜냐하면 이 주장들은 경영자적 전문지식에 대한 형이상학적 믿음이 우리의 기업적 단체 속에 제도화되어 있다는 나의 논증에 대한 반박으로 기능할 수 없을 뿐만 아니라, 결과적으로 계속 실행되는 제스처 게임에 참여하는 데 대한 변명으로서도 기능하지 않기 때문이다. 아주 작은 단역을 맡고 있는 배우의 연극적 재능들은 대단한 경영자적 성격 배우의 연기와 마찬가지로 관료제적 연극에 필수적이다.

제9장   니체인가
아리스토텔레스인가?

내가 제안한 바와 같이 현재의 세계관은, 비록 세세한 부분에서는 항상 그렇지 않다고 할지라도, 주로 베버적이다. 대부분의 자유주의자들은 "**이것이** 바로 현대의 세계관이다"라고 말할 수 있는 그런 세계관이 존재하지 않는다고 주장할 것이다. 지양할 수 없는 가치의 다양성으로부터 —— 이에 대한 가장 체계적이고 설득력 있는 옹호자는 이사야 벌린Isaiah Berlin 경이다 —— 도출되는 다양한 세계관이 존재한다. 많은 마르크스주의자들은 오늘날 지배적인 세계관이 마르크스주의적이며, 베버는 낡은 모자처럼 오래전부터 알려진 사실에 지나지 않을 뿐만 아니라 그의 주장들은 좌파의 비판을 통해 치명적으로 파괴되었다고 주장할 것이다. 전자에 대해서 나는 제거할 수 없는 가치 다양성에 관한 믿음 자체가 베버의 핵심 주제였다고 응답할 것이다. 그리고 후자에 대해서 나는 마르크스주의자들이 권력을 추구하고 조직하는 한 그들이 비록 여전히 마르크스주의적 수사학을 사용한다고 할지라도, 그들은 본질적으로 항상 베버주의자가 될 것이며, 또 그렇게 되었다고 대답할 것이다. 왜냐하면 우리는 방법 면에서 관료제적이지 않고 경영자적이지 않은 어떤 조직화된 권력 추구를 우리 문화에서 알지 못하며, 또 형식 면에서 베버적이지 않은 어떤 권위의 정당화도 알지 못하기 때문이다. 그리고 이러한 사실이 만약 권력을 추구하는 마르크스주의에 해당한다면, 그 목표에 도달했을 때는 얼마나 더 타당하겠는가. 모든 권력은 스스로 호선互選하는 경향이 있고, 절대적 권력은 절대적으로 호선한다.

그러나 만약 나의 논증이 옳다면, 이러한 베버적 세계관은 합리적으로 유지될 수 없다. 이 세계관은 해명하기보다는 오히려 가장하고 은폐한다. 이 세계관은 자신의 권력 때문에 성공적 가장과 은폐에 의존한다. 그리고 아마 이 지점에서 두 번째 반박이 제기될 것이다. 나의 전체 서술은 왜 '이데올로기'라는 낱말에 자리를 허용하지 않는가? 나는 왜 가장과 은폐에 관해서는 그토록 많이 말하면서도 가장하고 은폐하는 것에 관해서는 조금밖에 — 거의 아무것도 — 말하지 않는 것인가? 이 물음에 대한 간단한 대답은 내가 어떤 일반적 대답도 알고 있지 못하다는 것이다. 그러나 나는 단순한 무지를 변명하는 것은 아니다. 마르크스가 '이데올로기'라는 낱말의 의미를 변화시키고 이 낱말에 현대적 의미와 방향을 부여했을 때, 그는 많은 곳에서 몇 가지 쉽게 이해될 수 있는 예들을 언급했다. 예컨대 마르크스의 견해에 의하면, 1789년의 프랑스 혁명가들은 자신들이 옛 공화주의자들이 가졌던 것과 같은 양식의 도덕적·정치적 실존을 소유하고 있다고 생각했다.

그렇게 함으로써 그들은 부르주아의 대변인으로서의 자신들의 사회적 역할을 스스로에게 숨겼던 것이다. 1649년의 영국 혁명가들은 구약성서적 신의 종이라는 가면을 쓰고 자신들을 이해했으며, 그렇게 함으로써 마찬가지 방식으로 자신들의 사회적 역할을 위장했다.

그러나 마르크스의 특별한 예들이 마르크스 자신이나 다른 사람들에 의해서 하나의 이론으로 일반화된 경우에는 전혀 다른 유형의 문제들이 발생했다. 왜냐하면 이론의 일반적 타당성은, 원인으로서의 사회의 물질적 조건과 계급 구조를 일종의 결과인 이데올로기로 충만한 신념들과 결합시키는, 법과 유사한 일반화들의 복합체를 통해 이론을 구체화하고자 하는 시도들로부터 도출되었기 때문이다. 이것이 《독일 이데올로기 *Die Deutsche Ideologie*》에서 볼 수 있는 마르크스와 엥겔스Friedrich Engels의 초기 서술뿐만 아니라 훗날 《반 듀링론 *Anti-Dühring*》에서의 엥겔스의 서술에 함축된 의미다. 이로써 이데올로기 이론은, 내가 이미 논증한 바와 같이, 사회과학의 실제적 인식들의 형식을 왜곡할 뿐만 아니라 자의적 선호의 위장된 표현으로 기능하는 유사과학의 유형의 또 다른 예가 되었다. 실제로 이데올로기 이론은 그 추종자들이 이해하고자 열망하는 현상에 대한 하나의 예로 판명된다. 우리가 **브뤼메르 18일**[브뤼메르는 프랑스 혁명 달력의 두 번째 달로서 1799년 11월 9일을 말한다. 마르크스는 동일한 제목을 가진 자신의 저서에서 이 사건을 다루고 있다]의 역사로부터 여전히 많은 것을 배울 수 있는 반면, 이데올로기에 관한 일반적 마르크스 이론과 많은 추종자들 자체는 상황 진단으로 위장된 증후들의 또 다른 예에 지나지 않는다.

그러나 마르크스를 창시자로 하는 이데올로기 개념의 —— 이 개념은 카를 만하임Karl Mannheim과 뤼시앵 골드망Lucien Goldmann과 같은 다양한 사상가들에 의해 계몽적으로 사용되었다 —— 한 부분은 물론 도덕에 관한 나의 핵심적 명제의 바탕을 이룬다. 만약 도덕적 발언이 자의적 의지를 위해 사용된다면, 그것은 그 누군가의 자의적 의지다.

그리고 그것이 누구의 의지인가 하는 문제는 분명히 도덕적·정치적 의미를 갖는다. 그러나 이 문제에 대답하는 것은 여기서 나의 과제가 아니다. 현재의 나의 과제를 완수하기 위해서 나는 어떤 종류의 도덕이 사용될 수 있으며, 또 그것이 그렇게 사용된다는 사실을 보여주기만 하면 된다.

그렇기 때문에 내가 제시한 현대의 특별한 도덕적 담론과 실천에 대한 설명을 보완하기 위해 필요한 것은 오늘날 너무나 많은 이유들이 도덕적으로 지지될 수 있으며, 도덕적 발언의 형식은 거의 모든 얼굴에 가능한 가면을 제공한다는 사실을 보여주는 일련의 역사적 설명들이다. 왜냐하면 도덕은 전혀 새로운 방식으로 **일반적으로 이용할 수 있게** 되었기 때문이다. 따라서 현대의 도덕적 발언의 통속적 피상성에 대한 니체의 지각은 바로 이에 대한 니체의 혐오감을 부분적으로 자라나게 했다. 그리고 바로 이러한 지각은, 만약 나의 이제까지의 논증이 본질적으로 맞는다면, 니체의 도덕철학을 우리 문화의 도덕적 상태를 분석하고자 시도하는 모든 사람이 직면하는 두 가지 진정한 이론적 대안들 중 하나로 만든 그의 철학의 특징들 가운데 하나다. 왜 그러한가? 이 물음에 대한 적절한 대답은 나에게 우선 나 자신의 명제에 관해 조금 더 말하고 난 다음 니체의 통찰에 관해 말할 것을 요구한다.

나의 명제의 핵심 부분은 현대의 도덕적 발언과 실천은 오랜 과거로부터 남겨진 일련의 파편화된 잔재로서 이해될 수 있으며, 그것들이 현대 도덕 이론가들에게 제기한 해결할 수 없는 문제들은 이러한 사실이 올바로 인식될 때까지는 미결로 남아 있을 것이라는 점이었다. 만약 도덕적 판단의 의무론적 성격이 현대 형이상학에는 매우 낮

선 신적 권리 개념의 유령이라면, 만약 도덕적 판단의 목적론적 성격이 현대 세계에 마찬가지로 이질적인 인간 본성과 행위 개념의 유령이라면, 우리는 도덕적 판단을 이해하고 이들에게 이해 가능한 지위를 부여하는 문제가 지속적으로 증가할 뿐만 아니라 점점 더 철학적 해결로부터 멀어질 것을 기대해야 한다. 우리에게 여기서 필요한 것은 철학적 예리함뿐만 아니라, 인류학자들이 다른 문화를 관찰할 때 사용하고 또 그들로 하여금 이 문화 속에 살고 있는 사람들에 의해 지각되지 않는 유산과 이해 불가능성들을 확인할 수 있도록 만드는 시각이다. 우리 자신의 시각을 예리하게 만들 수 있는 하나의 가능성은 우리의 문화적 상태와 도덕적 상태의 범주들이 우리가 이제까지 우리의 것과는 전혀 다른 것으로 생각했던 사회적 질서의 범주들과 유사하지 않은지를 탐구하는 데 있다. 내가 염두에 두고 있는 특별한 예는 18세기 말과 19세기 초 태평양에 있는 몇몇 도서 왕국들의 예다.

제임스 쿡James Cook 선장은 그의 세 번째 여행에 관한 보고서에서 영어권 사람이 폴리네시아 말 **터부**taboo(다양한 형식으로 쓰이고 있는)를 발견했음을 기록하고 있다. 영국 선원들은 그들의 눈에는 느슨해 보이는 폴리네시아 사람들의 성적 습관에 놀랐으며, 이와는 대조적으로 남자와 여자가 같이 식사하는 것과 같은 행위에 부과된 엄격한 금지를 발견하고는 더욱 경악했다. 왜 남자와 여자가 같이 식사하는 것이 금지되었는가를 물었을 때, 그들은 이러한 행위가 **터부**라는 대답을 들었다. 그러나 **터부**가 무엇을 의미하는지 계속 물었을 때, 그들은 더 이상의 정보를 얻어내지 못했다. 물론 **터부**가 단순히 **금지되었다**는 것을 의미하지 않음은 분명하다. 왜냐하면 무엇인가가 —— 어떤 사람, 어떤 행위 또는 어떤 이론이 —— **터부**라고 말하는 것은 이러한 금지에 대해 특별한 이유가 존재한다는 것을 의미하기 때문이다. 그런데 그것은 어떤 이유인가? 이 물음으로 고민한 사람들은 비단 쿡의 선원들뿐만은 아니다. J. G. 프레이저J. G. Frazer와 E. B. 타일러E. B. Tylor로부터 프란츠 슈타이너Franz Steiner와 메리 더글러스Mary Douglas에 이르는 인류학자들도 이 문제를 가지고 씨름했다. 이들의 노고는 문제를 풀 수 있는 두 가지 열쇠를 제공했다. 하나는 쿡의 선원들이 원주민 정보 제공자로부터 그들의 물음에 대한 어떤 분명한 대답도 얻을 수 없다는 사실의 함축적 의미다. 이것이 **암시하는** 바는 ─ 모든 가설은 어느 정도 사변적이다 ─ 원주민들조차 그들이 사용했던 낱말을 올바로 이해하지 못했다는 점이다. 그리고 이러한 추측은 카메하메하 2세Kamehameha II가 40년 뒤인 1819년 하와이에서 이 터부를 너무나 쉽게 폐지했고, 또 이 폐지의 사회적 여파가 별로 없었다는 사실에 의해 강화된다.

그렇다면 폴리네시아 원주민들은 어떻게 해서 그들 자신이 올바로 이해하지 못했던 낱말을 사용하게 되었는가? 슈타이너와 더글러스가 해명하는 것은 바로 이 점이다. 왜냐하면 그들은 둘 다 터부의 규칙들이 종종 그리고 아마 특징적으로 두 단계로 구분되는 하나의 역사를 가지고 있다고 추측했기 때문이다. 첫째 단계에서 이 터부의 규칙들은 그것들을 이해할 수 있도록 만드는 콘텍스트에 묶여 있다. 그렇기 때문에 더글러스는 신명기[모세 오경의 제5서]의 터부 규칙들은 특정한 우주론과 분류법을 전제한다고 논증했다. 터부 규칙들이 본래의 콘텍스트로부터 분리되면, 그것들은 곧 일련의 자의적 금지들로 나타나는 경향이 있다. 그리고 본래의 콘텍스트가 상실되어버렸거나 터부 규칙들을 본래 이해 가능하게 만들었던 배경적 신념들이 포기되었을 뿐만 아니라 망각되면, 그것들은 특이하게도 실제로 일련의 자의적 금지들로 나타났다.

이와 같은 상황에서 규칙들은 그들의 권위를 보장할 수 있는 모든 지위를 박탈당한다. 그리고 그것들이 곧바로 새로운 지위를 획득하지 않으면, 그들에 대한 해석과 정당화는 모두 의심스러워진다. 어떤 문화의 자원들이 재해석의 과제를 수행하기에 충분하지 못할 때, 정당화의 과제는 불가능해진다. 그렇기 때문에 터부에 대한 카메하메하 2세의 승리는, 비록 몇몇 동시대 관찰자들에게는 놀라운 일이지만, 비교적 쉬운 것이다(그리고 뉴잉글랜드 프로테스탄트 전도사들의 진부한 말들을 그렇게 쉽게 수용될 수 있도록 만들었던 도덕적 공백이 그로 인해 생겨난 것은 마찬가지로 용이했다). 그러나 폴리네시아 문화가 분석철학의 축복을 향유했더라면 터부의 의미에 관한 문제가 다양한 방식으로 해결될 수 있었으리라는 것은 의심의 여지가 없다. **터부**는 분명히 비자연적 특성에 대한 이름이라고 한편에서는 말했을 것이다. 무어로 하여금 '좋다'를 그와 같은 특성의 이름으로 보도록 만들고, 또 프리처드와 로스로 하여금 '**의무적이다**'와 '**정당하다**'를 그와 같은 특성들의 이름들로 보도록 만든 동일한 사유 과정은 터부가 그와 같은 특성의 이름이라는 사실을 보여주는 데 사용되었을 것이다. 다른 편은 틀림없이 "이것은 **터부**이다"라는 말은 "나는 이것에 동의하지 않는다. 너도 그렇게 하여라"라는 말과 같은 의미를 가지고 있다고 주장했을 것이다. 그리고 스티븐슨과 에어로 하여금 '좋다'는 것이 주로 정의주의적으로 사용된다고 생각하도록 만든 동일한 사유 과정이 **터부**에 관한 정의주의적 이론을 지지하는 데 사용되었을 것이다. "이것은 터부이다"의 문법적 형식은 일반화될 수 있는 명법적 규범을 은폐하고 있다고 주장할 세 번째 부류의 사람들이 등장했을지도 모른다.

이와 같은 상상적 논쟁의 무의미성은 서로 싸우는 파당들이 공유하는 전제조건, 즉 그것의 지위와 정당화의 관점에서 그들이 연구하고 있는 규칙체계는 적절하게 경계 지어진 연구 대상과 자율적 연구 분야의 자료를 제공한다는 전제조건에서 기인한다. 현실세계 내의 관점에서 보면 우리는 이것이 사실이 아니라는 것을 알며, 또 예전의 문화적 배경의 잔재로 보지 않는 한 터부 규칙들의 성격을 이해할 수 있는 어떤 방법도 존재하지 않는다는 것을 안다. 그러므로 결과적으로 우리는 그 역사를 언급하지 않고 18세기 말 폴리네시아의 터부 규칙들을 있는 그대로 이해시킬 수 있는 어떤 이론도 필연적으로 잘못된 이론일 수밖에 없다는 사실을 안다. 터부 규칙들이 그 시기에 그랬던 것처럼 이 규칙들의 이해 불가능성을 보여주는 이론만이 유일하게 참된 이론일 수 있다. 그 밖에도 우리는 오직 진정한 역사를 통해서만 터부 규칙과 실천이 좋은 상태에 있다는 것의 의미와 파편화되고 무질서의 상태에 있다는 것의 의미를 구별할 수 있게 되며, 그렇게 함으로써 우리는 동시에 첫째 상태로부터 둘째 상태로 넘어가는 이행 과정을 이해할 수 있게 된다. 특정한 종류의 역사를 쓰는 것만이 우리가 필요한 것을 제공해줄 것이다.

그런데 나의 예전 논증을 보강하기 위해 다음과 같은 질문이 가차 없이 제기된다. 왜 우리는 무어, 로스, 프리처드, 스티븐슨, 헤어 등의 분석적 도덕철학자들에 관해 우리가 지금 상상으로 그린 폴리네시아 상대자들에 관해 생각하는 것과 다른 방식으로 생각해야 하는가? 왜 우리는 '**좋다**', '**정당하다**', '**의무적이다**'라는 낱말의 현대적 사용에 관해 우리가 18세기 말 폴리네시아인들에 의한 **터부**의 사용에 관해 생각하는 것과 다른 방식으로 생각해야만 하는가? 그리고 왜 우리는 니체를 유럽적 전통의 카메하메하 2세로 생각하지 말아야 하는가?

왜냐하면 이른바 객관성에 대한 주장은 실제로는 주관적 의지의 표현이라는 사실뿐만 아니라 이러한 사실이 도덕철학에 제기하는 문제들의 본질을 다른 어느 철학자보다 분명하게 —— 확실히 영국 정의주의와 대륙 실존주의의 상대자들보다 훨씬 분명하게 —— 이해한 것은 니체의 역사적 성과였기 때문이다. 앞으로 서술하겠지만, 니체가 부당하게 당대의 도덕적 판단의 상태를 도덕의 본질 자체로 일반화한 것은 사실이다. 나는 이미 니체가 부조리할 뿐만 아니라 위험한 환상, 즉 위버멘쉬Übermensch[초인]를 구성했다는 점에 관해 분명하게 언급한 바 있다. 그러나 이 구성은 진정한 통찰로부터 발전되었다는 사실을 언급할 가치가 있다.

《즐거운 학문Die fröhliche Wissenschaft》의 유명한 구절(잠언 335번)에서 니체는 도덕을 내면적 도덕감정, 즉 양심에 정초하려는 사상과, 도덕을 칸트적 정언명법, 즉 보편화 가능성 위에 정초하려는 사상에 관해 조롱한다. 다섯의 간결하고 재치 있고 설득력 있는 단락에서 니체는 내가 객관적 도덕의 합리적 토대를 발견하고자 하는 계몽주의 기획이라고 명명했던 것을 떨쳐버렸을 뿐만 아니라, 계몽주의 시대 이후의 문화에서 평범한 자신의 도덕적 발언과 실천이 올바른 상태에 있다고 믿었던 모든 도덕적 행위자들의 믿음을 제거했다. 그러나 니체는 이러한 파괴 행위로 야기된 문제들과 계속해서 직면한다. 그의 논증의 기초적 구조는 다음과 같다. 만약 도덕이 오직 의지의 표현으로만 구성된다면, 나의 도덕은 오로지 나의 의지가 창조하는 것일 수밖에 없다. 따라서 자연법, 유용성 또는 최대 다수의 최대 행복과 같은 허구들을 위한 자리는 존재할 수 없다. 나는 스스로 선에 관한 '새로운 가치 목록'을 창조해야 한다. "그런데 우리는 **있는 그대로의 우리 존재가 되기를 원한다**Wir aber wollen Die werden, die wir sind. 즉 새롭고, 일회적이고, 비교할 수 없고, 자기 자신에게 스스로 법칙을 부여하고, 자기 스스로를 창조하는 존재가 되기를 원한다."(같은 곳) 18세기의 합리적이고, 합리적으로 정당화된 자율적 도덕주체는 하나의 허구이고 환상이다. 그러므로 이제 우리는 의지로 하여금 이성을 대체하도록 하고, 대규모의 영웅적 의지 활동을 수단으로, 즉 그 자질을 통해 우리에게 태고의 귀족적 자의식을 상기시키는 의지 활동을 수단으로 우리 자신을 자율적 도덕주체로 만들자고 니체는 결심한다. 그런데 이 귀족적 자의식은 니체가 노예 도덕의 불행이라고 간주한 것에 앞서 있었으며, 그 효력 덕택에 새로운 시대의 예언자적 선구자가 될 수 있는 것이다. 그렇다면 문제는 어떻게 선에 관한 새로운 가치 목록을 독창적 방식으로 구성할 수 있으며, 어떻게 법을 창조할 수 있는가 하는 것이다. 그리고 이 문제는 모든 개인에게 발생하는 문제다. 이 문제는 니체 도덕철학의 핵심을 구성할지도 모른다. 왜냐하면 니체의 위대성은 문제를 가차 없이 진지하게 다루는 데 있지, 경박한 문제 해결에 있지 않기 때문이다. 그 위대성을 만약 니체의 도덕철학에 대한 유일한 대안인 계몽주의 철학자와 그 추종자들이 서술한 것이라고 밝혀진다면, 니체를 바로 도덕철학자로 만드는 위대함이다.

다른 방식으로도 역시 니체는 바로 현시대의 도덕철학자다. 왜냐하면 나는 현시대가 자기 자신에 대한 표상에서 주로 베버적이라고 이미 논증했고, 베버적 사유의 핵심적 범주들은 니체의 핵심 명제를 전제한다고 언급했기 때문이다. 그렇기 때문에 니체의 비합리주의 는 ── 니체의 문제들은 미결인 채로 남아 있고, 그의 해결들은 이성에 반하기 때문에 비합리주의다 ── 우리 문화의 베버적·경영자적 형식들에 계속해서 내재한다. 당대의 관료제적 문화에 빠져 있는 사람들이 그들의 존재와 그들이 행하는 것의 도덕적 태도에 이르는 길을 사유할 때면 언제나 억압된 니체의 전제를 발견하게 된다. 따라서 우리는 관료제적으로 경영되는 현대 사회의, 표면적으로는 전혀 다른 것같이 보이는 콘텍스트 속에서 니체를 선조로 하는 예언적 비합리주의로 충만한 사회운동들이 주기적으로 발생하리라는 것을 자신 있게 예언할 수 있다. 현재의 마르크스주의가 본질적으로 베버적이기 때문에, 또 그런 한, 우리는 우파뿐만 아니라 좌파의 예언적 비합리주의를 기대할 수 있다. 이러한 사실은 실제로 1960년대의 급진주의 학생운동에 해당한다(이와 같은 좌파적 니체주의의 이론적 견해에 관해서는 Solomon(1973)이 편집한 책 중에서 K. P. Parsons와 Tracy Strong의 글과 Miller(1979)를 볼 것).

이렇게 베버와 니체는 함께 우리에게 현재의 사회 질서에 대한 핵심적 이론적 서술을 제공한다. 그들이 그렇게 명료하게 서술하는 것은 현재의 사회적 풍경이 갖고 있는 광범위하고 지배적인 특징들이다. 그러나 그들이 이런 측면에서 매우 유용하다는 바로 그 이유 때문에 그들은 일상생활의 세속적 활동들 속에 있는 작은 규모의 동일한 특징들을 해독하는 데는 별로 도움이 안 될지도 모른다. 다행스럽게도 우리는, 내가 이미 언급한 바와 같이, 니체와 베버의 사상과는 정반대인 일상생활의 사회학, 즉 어빙 고프먼이 발전시킨 상호작용의 사회학을 보유하고 있다.

고프먼의 사회학 속에 구현된 핵심적 대립은 바로 정의주의 속에 구현된 것과 같은 것이다. 그것은 우리의 발언들이 의도하는 의미 및 관점과 그 실제적 사용 사이의 대립이며, 행동의 표면적 표현과 이 표시를 성취하기 위해 사용되는 전략들 사이의 대립이다. 고프먼의 설명에서 분석 단위는 항상, 역할 구조를 이루고 있는 상황 내에서 자신의 의지를 관철하려고 노력하는 개별적 역할 행위자다. 고프먼적 역할 행위자들의 목표는 효율성이며, 성공은 고프먼적 사회 세계에서 성공으로 여겨지는 것에 지나지 않는다. 그것은 그 밖의 다른 것일 수 없다. 왜냐하면 고프먼적 세계는 어떤 객관적 성취 기준도 가지고 있지 않기 때문이다. 우리가 그와 같은 기준에 호소할 수 있는 어떤 문화적·사회적 공간도 존재하지 않는 것으로 이 세계는 정의되어 있다. 그런데도 기준들은 세워지며, 그것도 상호작용 자체 속에서 설정된다. 그리고 도덕적 기준들은 과도하게 팽창적인 개인들에 의해 어느 때나 위협받을 수 있는 유형의 상호작용을 유지하는 기능만을 가지고 있는 것처럼 보인다. "어떤 대화 가운데서도 개인이 남의 말에 얼마나 열중하고 또 얼마나 대화에 휩쓸리는가에 관한 허용 기준이 세워진다. 그는 상호작용 가운데서 그에게 설정된 정념의 한계를 위협할 정도로 너무 자신의 감정과 행위 태세에 빠지지 않도록 주의하기를 강요당할 것이다. (…) 개인이 너무 대화 주제에 빠져 그가 필요한 정도만큼 감정과 행위를 스스로 통제하지 않는다는 인상을 다른 사람에게 줄 때 (…) 다른 사람들은 대화에 참여하기보다는 쉽게 대화자 자신에게 몰두하게 된다. 한 사람의 지나친 열중은 다른 사람을 소외시킨다. (…) 어떤 문제에 지나치게 참여하고자 하는 태세는 사회의 상호작용을 보장해야 할 도덕적 규칙들을 무시하고 자신의 감정만 내세우는 어린아이들, 프리마돈나들, 모든 종류의 지배자들에 의해 실행되는 전제정치의 형식이다."(Goffmann 1972, 122~123)

성공은 항상 성공으로 여겨지는 것이기 때문에 내가 성공하거나 실패하는 것은 다른 사람의 관점에서다. 그렇기 때문에 자기 서술의 의미는 하나의 핵심적인 주제다. 고프먼의 사회세계는 아리스토텔레스가 《니코마코스 윤리학》에서 단지 비난하기 위해 고찰한 명제가 타당한 바로 그런 세계다. 인간에 대한 선은 명예의 소유에 있는데, 여기서 명예는 정확하게 다른 사람에 대한 존경을 구현하고 표현하는 것이다. 이 명제를 반박하기 위한 아리스토텔레스의 근거는 바로 적중한다. 우리는 그들이 갖고 있는 성격 또는 명예를 얻기 위해 그들이 행한 것을 토대로 다른 사람들을 존경한다고 그는 말했다. 그렇기 때문에 명예는 기껏해야 이차적 선일 수밖에 없다. 명예 부여의 근거가 되는 것이 훨씬 중요하다. 그러나 고프먼의 사회세계에서는 공적의 계산 자체가 고안된 사회적 현실의 ─ 특정한 역할에 묶여 있으면서 무엇인가를 추구하는 의지를 돕거나 제한하는 기능을 가진 ─ 한 부분을 이룬다. 고프먼의 사회학은 표면적 현상의 허세적 주장을 의도적으로 단순한 표면적 현상으로 수축시키는 사회학이다. 그것은 우리가 고대적 의미에서가 아니라 현대적 의미에서 냉소적이라고 부를 수 있는 사회학이다. 왜냐하면 인간 삶에 관한 고프먼의 서술이 진정한 초상이라고 한다면, 객관적 공적에 대한 냉소적 경시가 있을 수 없기 때문이다. 그것은 냉소주의자가 경시할 수 있는 객관적 공적 자체가 존재하지 않기 때문이다.

아리스토텔레스가 대변한 사회, 그리고 아이슬란드 전설과 서부 사하라 베두인족의 사회와 같이 다양한 수많은 사회들의 명예 개념은 명예와 가치가 아리스토텔레스가 언급한 방식으로 결합되어 있는 까닭에 그 유사성에도 불구하고 우리가 고프먼에게서 발견할 수 있는 모든 것과 다른 개념이며, 우리가 현대 사회에서 발견할 수 있는 거의 모든 것과 다른 개념이라는 사실을 확인하는 것은 중요하다. 많은 전근대적 사회에서 어떤 사람의 명예는 그가 사회 질서 내에서 자신에게 **마땅한** 자리를 가지고 있기 때문에 그와 그의 친족, 가족에게 마땅한 것이다. 따라서 어떤 사람의 명예를 손상시킨다는 것은 그에게 마땅한 것을 인정하지 않는다는 것을 의미한다. 그렇기 때문에 모욕의 개념은 사회적으로 매우 중요해지며, 그와 같은 사회에서 특정한 종류의 모욕은 죽음을 받을 만하다.

피터 버거Peter Berger와 그의 공동 저자들(1973)은 우리는 현대 사회에서 모욕을 당할 때 법적인 배상청구권도 유사법적인 배상청구권도 가지고 있지 않다는 사실의 의미를 강조했다. 모욕은 우리의 문화적 삶의 주변부로 추방되었으며, 그곳에서 이것은 공적인 갈등보다는 사적인 감정을 표현한다. 그리고 놀랍게도 이것은 고프먼이 자신의 글에서 모욕을 위해 남겨놓은 유일한 장소다.

고프먼의 책들과 ── 내가 여기서 특별히 생각하는 것은 《자아 연출의 사회학The Presentation of Self in Everyday Life》, 《해후들Encounters》, 《상호작용 의례Interaction Ritual》, 《전술적 상호작용Strategic Interaction》이다 ──《니코마코스 윤리학》의 비교는 핵심을 더욱 적중한다. 논증의 앞부분에서 나는 도덕철학과 사회학의 긴밀한 관계를 강조했다. 아리스토텔레스의 《윤리학》과 《정치학》이 도덕철학뿐만 아니라 사회학에도 기여한 것처럼, 고프먼의 책들은 도덕철학을 전제한다. 이 책들이 부분적으로 그러한 까닭은, 그 특징적인 행위와 실천 양식을 통해 하나의 도덕 이론을 구현하고 있는 특정한 사회 내의 행동 형식들을 예리하게 서술하고 있기 때문이다. 그것들은 또한 고프먼 자신의 이론적 태도들에 의해 전제되는 철학적 구속 때문에 부분적으로 도덕철학을 전제한다. 고프먼의 사회학은 인간 본성이 몇몇 특정한 상황에서 무엇이 될 수 있는가를 보여줄 뿐만 아니라 인간 본성이 무엇이어야 하며 또 항상 어떠했는가를 보여주고자 하기 때문에 그것은 의심의 여지 없이 아리스토텔레스의 도덕철학이 틀렸다고 암묵적으로 주장한다. 그것은 고프먼이 스스로 제기하거나 또는 제기할 필요가 있는 문제가 아니다. 그러나 이 물음은 고프먼의 위대한 선구자이며 예견자인 니체에 의해 ——《도덕의 계보학 *Zur Genealogie der Moral*》과 다른 곳에서 —— 제기되었을 뿐만 아니라 탁월하게 논술되었다. 니체는 심미적 문제를 제외하고는 거의 아리스토텔레스를 직접 언급하지 않는다. 그러나 그는 《윤리학》으로부터 —— 비록 그것이 그의 이론의 맥락에서는 아리스토텔레스에서와는 전혀 다른 것이 되지만 —— "위대한 영혼을 가진 사람"이라는 이름과 개념을 차용한다. 물론 도덕 역사에 관한 니체의 해석은, 윤리와 정치에 관한 아리스토텔레스의 서술이 자신에게는 소크라테스에게서 비롯한 잘못된 방향을 따르는 권력의지의 저 변질된 위장으로 보인다는 사실을 분명히 서술한다.

그러나 그것은 물론 아리스토텔레스의 도덕철학이 옳다면 니체의 도덕철학이 틀리다거나 또는 그 역을 의미하는 것은 아니다. 더 좁은 의미에서 니체의 도덕철학과 아리스토텔레스의 도덕철학은 그것들이 각각 행하는 역사적 역할 때문에 특히 반대의 짝을 이룬다. 왜냐하면 내가 앞서 서술한 바와 같이, 아리스토텔레스의 사상을 정신적 핵심으로 하는 도덕적 전통이 15세기에서 17세기로 넘어가는 전환 과정에서 부정되어 도덕에 대한 새로운 합리적·세속적 토대를 발견하고자 하는 계몽주의 기획을 필요하게 만들었기 때문이다. 바로 이 계몽주의 기획이 실패했기 때문에, 또 정신적으로 가장 강력한 그 옹호자들, 특히 칸트에 의해 제시된 견해들이 합리적 비판에 직면해 보존될 수 없었기 때문에 니체와 그의 모든 실존주의적 정의주의적 계승자들은 예전의 전체 윤리학에 대해 얼핏 보기에 성공적인 비판을 수행할 수 있었던 것이다. 그렇기 때문에 니체의 입장이 방어될 수 있는가의 여부는 **궁극적으로** "아리스토텔레스를 반박하는 것이 도대체 옳은가?"라는 물음에 대한 대답에 달려 있다. 왜냐하면 만약 윤리학과 정치학에서의 아리스토텔레스의 입장, 또는 이와 유사한 것이 보존될 수 있다면, 니체의 전체 시도는 무의미하기 때문이다. 그것은 니체 입장의 강점이 다음의 유일한 명제의 진리에 달려 있기 때문에 그렇다. 도덕의 모든 합리적 정당화는 실패한다. 그렇기 때문에 도덕 교의에 대한 믿음은 근본적으로 의지의 비합리적 현상들을 은폐하는 합리화의 의미에서 설명될 필요가 있다. 나 자신의 논증은 나로 하여금 계몽주의 철학자들이 자신의 핵심 명제를 회의할 수 있는 근거를 제시하는 데 실패했다는 니체의 견해에 동의하도록 만든다. 니체의 경구들은 상세하게 제시된 그의 사상들보다 훨씬 치명적이다. 그러나 만약 나의 예전의 논증이 옳다면, 이 실패는 아리스토텔레스적 전통에 대한 부정의 역사적 결과와 다름없다. 그렇기 때문에 아리스토텔레스의 윤리학 또는 그와 유사한 것이 도대체 방어될 수 있는가 하는 것이 핵심 문제가 된다.

이것을 광범위하고 복합적인 문제라고 명명하는 것은 아마 축소해서 말하는 것일 것이다. 왜냐하면 아리스토텔레스와 니체를 갈라 놓는 문제들은 매우 다양한 종류들이기 때문이다. 철학 이론의 차원에서는 정치학과 철학적 심리학의 문제들뿐만 아니라 도덕 이론의 문제들이 있다. 그리고 어느 경우에도 단순히 두 이론만 대립하는 것이 아니라 두 가지 상이한 삶의 방식에 관한 이론적 서술들이 대립한다. 나의 논증에서 아리스토텔레스주의의 역할은 그것이 갖고 있는 역사적 의미와 전적으로 일치하지는 않는다. 고대와 중세의 세계에서 아리스토텔레스주의는 항상 다른 관점들과 갈등 상태에 있었다. 그리고 아리스토텔레스주의는 스스로를 다양한 삶의 방식들에 관한 최선의 해석자라고 생각했는데, 이 다양한 삶의 방식들은 발전된 다른 이론적 주창자들을 가졌다. 어느 교의도 아리스토텔레스주의만큼 광범위한 콘텍스트 속에서 변호되지 않았다는 것은 사실이다. 그것은 그리스인, 이슬람교인, 유대교인, 기독교인들에 대항해 변호되었다. 그리고 현대가 고대 세계를 공격하기 시작했을 때, 현대의 가장 예리한 대변인들은 폐지되어야 할 것은 바로 아리스토텔레스주의라고 생각했다. 그러나 이 모든 역사적 진리들은, 그것들이 아무리 결정적으로 중요하다고 하더라도, 아리스토텔레스주의가 **철학적으로** 도덕적 사유의 전근대적 양식 중에서 가장 강력한 것이라는 사실에 비교해보면 별로 중요하지 않다. 도덕과 정치에 관한 전근대적 시각이 현대에 대항해 변호되어야 한다면, 그것은 아리스토텔레스적 용어와 유사한 용어를 통해 이루어지거나 아니면 전혀 변호될 수 없을 것이다.

철학적 논증과 역사적 논증의 결합이 보여주는 것은, 우리가 니체적 진단과 니체적 문제만이 남아 있을 때까지 계몽주의 기획의 다양한 형태들의 야망과 좌절을 철저하게 추적해야 하거나 **아니면** 계몽주의 기획이 길을 잘못 들었을 뿐만 아니라 제일 먼저 공격당하지 말았어야 한다고 주장해야만 한다는 점이다. 세 번째 대안은 존재하지 않는다. 그리고 특히 현재 도덕철학의 전통적 강좌의 핵심을 차지하고 있는 흄, 칸트, 밀은 어떤 대안도 제공하지 못한다. 따라서 윤리교육이 종종 피교육자의 정신에 파괴적이고 회의적인 영향을 주는 것은 그렇게 놀라운 일이 아니다.

그렇다면 우리는 **어떤** 대안을 선택해야 하는가? 그리고 우리는 **어떻게** 선택해야 하는가? 니체가 계몽주의 도덕을 비판하면서 "나는 어떤 종류의 인격이 되어야 하는가?"라는 문제에 대한 대답은 물론이고 이 문제를 제대로 설정하지도 못한 계몽주의의 실패를 감지한 것은 그의 다른 업적이다. 이 물음에 대한 대답이 **실제로** 모든 인간의 삶에 주어지는 한, 그것은 피할 수 없는 물음이다. 그러나 전형적인 현대의 도덕들에서 그것은 오직 우회적으로만 접근할 수 있는 물음이다. 그들의 관점에 의하면, 일차적 문제는 규칙들과 관련이 있다. 우리는 어떤 규칙을 따라야 하는가? 그리고 우리는 왜 규칙을 준수해야 하는가? 그리고 이 물음이 일차적 문제였다는 사실은 도덕세계로부터 아리스토텔레스적 목적론이 추방되면서 야기된 문제들을 우리가 기억한다면 그리 놀라운 일이 아니다. 로널드 드워킨은 최근에, **인간에게 좋은 삶**人間善에 관한 물음들 또는 인간 삶의 목표들은 공공적 관점에 의해 체계적으로 해결될 수 없는 것으로 간주되어야 한다는 명제가 현대 자유주의의 핵심 교의라고 주장했다. 이 목표들에 동의할지 동의하지 않을지는 개인들의 자유다. 도덕과 법의 규칙들은 인간선에 관한 어떤 기초적 개념으로부터 추론되거나 이 개념을 통해 정당화될 수 없다. 이렇게 논증함으로써 드워킨은 자유주의뿐만 아니라 현대에도 특징적인 하나의 태도를 서술했다고 나는 생각한다. 규칙들은 도덕적 삶의 일차적 개념이 된다. 성격의 특성들은 오로지 우리로 하여금 올바른 규칙들을 준수하도록 만들기 때문에 일반적으로 존중된다. "덕들은 감정들이다. 다시 말해 그것들은 높은 차원의 욕망에 의해 통제되는 성향 및 경향과 같은 동족이다. 이 경우 이 고도의 욕망은 관련된 도덕 원칙에 따라 행위하고자 하는 욕망이다"라고 현대를 대변하는 가장 최근의 도덕철학자인 존 롤스는 설명한다.(1971, 192) 그리고 그는 다른 곳에서 "기초적인 도덕적 덕들"을 "정당한 권리의 근본 원칙에 따라 행위하고자 하는 강력하고 효과적인 욕망들"로 정의한다.(436)

그러므로 현대적 시각에 의하면, 덕들의 정당화는 이에 선행하는 규칙과 원칙의 정당화에 의존한다. 만약 후자가 급진적으로 문제가 된다면, 실제로 그런 것처럼, 전자 역시 문제가 될 수밖에 없다. 그러나 도덕의 문제들의 서술에서 가치평가적 개념들의 순서가 현대의, 특히 자유주의의 대변인들에 의해 잘못 이해되었다고 가정해보자. 우리가 규칙들의 기능과 권위를 파악하기 위해서는 우선 덕성들에 유의해야 한다고 가정해보자. 그렇다면 우리는 흄, 디드로, 칸트 또는 밀이 시작했던 것과는 전혀 다른 방식으로 연구를 시작해야만 한다. 흥미롭게도 니체와 아리스토텔레스는 이 점에 동의한다.

더욱이 우리가 아리스토텔레스주의에 관한 물음을 전혀 새롭게 제기하기 위해 연구를 새롭게 시작해야 한다면, 우리는 아리스토텔레스의 도덕철학 자체를 그의 저서들의 핵심적 텍스트에서 서술된 것으로서뿐만 아니라 그 이전에 사라져버린 많은 것을 계승하고 종합하고자 하는 시도로서, 또 그 이후의 많은 사상에 대한 원천으로서 고찰할 필요가 있다. 그것은 덕들에 관한 간단한 개념사를 서술할 필요가 있다는 것을 의미한다. 아리스토텔레스가 핵심적 관점을 제공하는 이 덕들의 개념사는 행위, 사유, 담론에 관한 전체 전통의 자원들을 제공한다. 아리스토텔레스가 한 부분을 이루는 이 전통을 나는 앞에서 "고전적 전통"이라고 말했으며, 인간에 관한 이 전통의 시각을 "인간의 고전적 시각"이라고 명명했다. 나는 이제 이 과제를 다루고자 한다. 그 출발점은 —— 우연적 일치라고 하기에는 너무나 멋진 —— 니체와 아리스토텔레스 사이의 문제를 결정할 수 있는 첫 번째 시험 사례를 제공한다. 왜냐하면 니체는 자기 자신을 호메로스적 귀족이 남긴 신탁의 마지막 계승자라고 보았기 때문이다. 이 호메로스적 귀족의 말과 덕들은 우리가 어쩔 수 없이 출발점으로 삼을 수밖에 없는 시인들에게 이야기 주제를 제공했다. 그렇기 때문에 아리스토텔레스가 중심인물로 등장하게 되는 고전적 전통에 관한 우리의 고찰을 《일리아드 *Iliad*》에 그려진 것과 같은 저 영웅 사회에서의 덕의 본질에 관한 하나의 논고로 시작한다면, 그것은 니체에게는 엄격한 의미에서 시적인 정의正義를 의미한다.

제10장   영웅 사회의 덕들

그리스, 중세 또는 르네상스와 같은 문화에서, 즉 도덕적 사유와 행위가 내가 고전적이라고 명명한 도식에 관한 특정한 견해에 따라 질서지어진 모든 문화에서 도덕교육의 가장 중요한 수단은 이야기를 해주는 것이다. 기독교, 유대교, 이슬람교가 널리 퍼져 있는 곳에서는 성서 이야기들이 다른 것과 마찬가지로 중요하다. 그리고 모든 문화는 물론 오직 자신의 문화에만 속해 있는 고유한 이야기를 가지고 있다. 그러나 이 문화들은 그리스 문화든 기독교 문화든 간에 각각 사라진 영웅시대로부터 유래하는, 그리고 이 시대에 관해 말해주는 일련의 이야기들을 보유하고 있다. 6세기 아테네에서는 호메로스Homeros의 시를 격식을 갖추고 암송하는 것이 공공 의례로 정착되었다. 이 시들 자체는 본질적으로 7세기 이전에 지어졌지만, 이보다 훨씬 이전 시대에 관해 말하고 있다. 13세기에 아이슬란드 사람들은 기원후 930년 이후 백 년 동안의 —— 이 시기는 기독교가 처음으로 도입되기 직전과 직후로서 노르만 종교들이 여전히 번창하고 있었다 —— 사건들에 관한 전설을 썼다. 12세기 클론먹노이즈Clonmacnoise 수도원에서 아일랜드 수도사들은 얼스터Ulster[아일랜드 북부의 옛 지방] 영웅들에 관한《던 카우서*Lebor na hUidre*》[아일랜드 문학에 남아 있는 가장 오래된 사본]를 집필했다. 이들이 사용한 언어 중 몇 가지를 근거로 학자들은 이 이야기의 창작 연대를 8세기로 추정했지만, 그 줄거리는 아일랜드가 아직 이교도적이었던, 그보다 몇 세기 앞선 시기에 뿌리를 두고 있다. 모든 경우에 호메로스의 시 또는 전설,《테인 *Táin Bó Cúailnge*》[고대 아일랜드어로 쓰인 서사시. 영어 번역본 *The Tain*, translated by Thomas Kinsella, London: Oxford University Press, 1970을 참조할 것]과 같은 얼스터 전설집의 이야기들이 과연 얼마만큼 그들이 서술하고 있는 사회에 관한 신뢰할 만한 역사적 자료들을 제공하는가 하는 문제에 관한 학술적 논쟁이 일어났다. 다행히도 나는 이 논쟁을 세세하게 다룰 필요가 없다. 나의 논증에서 중요한 것은 비교적 이론의 여지가 없는 역사적 사실, 즉 이러한 이야기들은 그것들이 궁극적으로 쓰인 사회에 대한 역사적 기억을 충분하든 충분치 않든 제공하고 있다는 사실이다. 게다가 그것들은 고전적 사회에서의 동시대적 논쟁에 대한 도덕적 배경과, 지금은 변한 또는 부분적으로 변한 도덕적 질서에 — 이 질서가 갖고 있는 신념과 개념들은 부분적으로 여전히 영향력이 있지만, 이 질서 자체는 현재와 대조를 이뤄 그 특성을 분명하게 서술해준다 — 관한 서술을 제공했다. 따라서 영웅 사회의 — 그것이 언젠가 실존했든 그렇지 않은 간에 — 이해는 고전 사회와 그 후계자들을 이해하는 데 필연적 부분을 이룬다. 그렇다면 영웅 사회의 핵심적 특징들은 무엇인가?

M. I. 핀리M. I. Finley는 호메로스적 사회에 관해 다음과 같이 썼다. "사회의 근본 가치들은 주어졌고, 미리 정해져 있었다. 그렇기 때문에 어떤 사람의 사회적 위치, 특권, 의무는 그의 지위로부터 결정되었

다."(Finley 1954, 134) 핀리가 호메로스적 세계에 관해 말하는 것은 아이슬란드와 아일랜드의 다른 영웅 사회의 형식들에도 역시 타당하다. 모든 개인은 역할과 지위가 정확하게 규정되고 고도로 결정된 체계 내에서 하나의 주어진 역할과 지위를 가진다. 핵심 구조들은 혈연관계와 가계의 구조들이다. 이와 같은 사회에서는 어떤 사람이 이러한 구조 내의 자신의 역할을 알고 있으면 그는 자신이 어떤 사람인가를 안다. 이러한 사실을 앎으로써 그는 또한 그가 무엇에 빚지고 있으며, 다른 역할과 지위의 소유자가 그에게 어떤 빚을 지고 있는가를 안다. 그리스어 '데인dein'과 앵글로색슨어 '아테ahte'에는 본래 '해야 한다ought'와 '빚이 있다owe' 사이의 명확한 구별이 없다. 아이슬란드어에서는 'skyldr'라는 낱말이 '해야 한다'와 '혈연관계에 있다is kin to'를 결합시키고 있다.

그런데 모든 지위에 대해 미리 정해진 일련의 의무와 특권만 있는 것이 아니다. 사람들은 이것들을 수행하기 위해서 어떤 행위들이 필요하며, 또 어떤 행위들이 요구되는 것과 일치하지 않는가를 분명히 이해하고 있다. 왜냐하면 요청되는 것은 행위들이기 때문이다. 영웅 사회에서의 한 인간은 바로 그가 행하는 것으로서 존재한다. 헤르만 프랭켈Hermann Fränkel은 호메로스적 인간에 관해 다음과 같이 적고 있다. "이렇게 사람은 그의 행위와 동일시된다. 그리고 그는 자신의 행위를 통해 스스로가 완전히 이해되도록 만든다. 그는 어떤 숨겨진 깊이도 갖고 있지 않다. (…) 고대의 서사시가 사람들이 행하고 말하는 것에 관해 제시해주고 있는 사실적 보고에서 이 사람들이 어떤 존재인가에 관해 모두 표현되어 있다. 왜냐하면 그들은 바로 그들이 행하고 말하고 고통을 당하는 것으로 존재하기 때문이다."(Fränkel 1975,

79) 그러므로 어떤 사람을 판단한다는 것은 그의 행위를 판단한다는 것을 의미한다. 사람은 특정한 상황에서 특정한 종류의 행위를 함으로써 그의 덕과 악덕에 관한 판단에 정당한 근거를 제공한다. 왜냐하면 덕들은 바로 자유인이 자신의 역할을 하도록 지지해주는 특성들이고, 또 그의 역할이 요구하는 행위들을 통해 드러나는 특성들이기 때문이다. 그리고 프랭켈이 호메로스적 인간에 관해 말하고 주장하는 것은 마찬가지로 다른 영웅적 서술들에 나타나는 인간들에게도 타당하다.

훗날 '덕virtue'으로 번역된 '아레테aretê'라는 낱말은 호메로스의 서사시에서 모든 종류의 탁월성에 대해 사용된다. 빨리 달리는 경주자는 그의 발의 아레테를 나타내고(《일리아드》, 20, 411), 또 어떤 아들은 모든 종류의 아레테에서 —— 운동선수로서, 전사로서, 그리고 정신에서 —— 아버지를 능가한다.(《일리아드》, 15, 642) 덕 또는 탁월에 관한 이 개념은 첫눈에 보기보다 우리에게 훨씬 낯설다. 인간의 탁월성에 관한 이 개념에서 육체적 힘이 차지하게 될 핵심적 지위를 인식하거나, 용기가 핵심적 덕들 중의 하나가 되거나 가장 중요한 덕이 되리라는 것을 인식하는 것은 그렇게 어렵지 않다. 우리의 덕 개념에 낯선 것은 용기의 개념이 영웅 사회에서 한편으로는 이와 유사한 덕들, 다른 한편으로는 우애, 운명, 죽음과 같은 개념들과 밀접하게 결합되어 있다는 점이다.

용기는 개인의 성질로서뿐만 아니라 가계와 공동체를 유지하는 데 필요한 필수적 성질로서 중요하다. 쿠도스Kûdos, 즉 영예는 전투 또는 경쟁에서 뛰어난 개인에게 그의 가계와 공동체에 의한 인정의 표시로서 주어진다. 용기와 결합되어 있는 다른 성질들은 그것들이 공공질서를 유지하는 데 행하는 역할을 근거로 공동체적 인정을 마찬가지로 요청할 수 있다. 호메로스의 시에서 간계는 이와 같은 성질이다. 왜냐하면 간계는 용기가 결여되어 있거나 용기가 실패할 때 무엇인가를 성취할 수 있기 때문이다. 아이슬란드 전설에서는 조롱의 유머가 용기와 결합되어 있다. 브라이언 보루Brian Boru가 바이킹 군대를 쳐부순 1014년 클론타프 전투에 관한 전설에서 소스타인Thorstein이라는 한 노르만인은 그의 군대가 무너져 도망칠 때 도주하지 않고, 그가 있던 곳에 남아서 구두끈을 매고 있었다. 한 아일랜드 우두머리인 커티알패드Kerthialfad가 왜 도망가지 않느냐고 묻자, 소스타인은 "그렇다면 나는 오늘 밤 집에 갈 수 없을 것입니다"라고 대답했다. "나는 아이슬란드에서 살고 있습니다." 이 농담 때문에 커티알패드는 그의 목숨을 살려주었다.

용감하다는 것은 신뢰할 수 있는 사람으로 존재한다는 것을 의미한다. 그렇기 때문에 용기는 우애 관계의 중요한 구성요소다. 우애의 유대는 영웅 사회에서 혈족 관계의 유대를 본보기로 만들어졌다. 때때로 사람들은 격식을 갖춰 우애를 서약했는데, 이 서약을 통해 스스로 형제로서의 의무에 예속되었다. 누가 나의 친구들이고 누가 나의 적들인가는 혈족 관계와 마찬가지로 분명하게 정의되었다. 우애의 다른 요소는 신의다. 나의 친구의 용기는 나와 나의 가계를 도울 수 있는 그의 힘을 나에게 확신시킨다. 나의 친구의 신의는 나에게 그의 의지를 확신시킨다. 나의 가계의 신의는 이 가계가 유지될 수 있는 기초적인 보장이다. 그렇기 때문에 가계 공동체 내의 핵심적 관계를 구성하는 여자들에게 신의(정절)는 핵심 덕이다. 안드로마케[헥토르의 부인]와 헥토르[호메로스의《일리아드》에 나오는 트로이 전쟁에서 트로이의 영웅], 페넬로페[오디세우스의 아내]와 오디세우스[지성과 용기를 겸비한 그리스의 지도자]는 아킬레스[호메로스의《일리아드》에 나오는 중심적 영웅]와 파트로클로스[헥토르에게 살해당했으나 친구 아킬레스가 그 원수를 갚았다]와 같은 친구들philos이다.

내가 이러한 서술을 통해 분명하게 설명하고자 하는 것은, 영웅 사회의 덕을 그것이 처해 있는 사회 구조 내의 콘텍스트로부터 분리시키는 한 그것에 관한 어떤 적절한 설명도 불가능하며, 영웅적 덕에 관한 아무런 설명도 포함하고 있지 않는 한 영웅 사회의 사회에 관한 어떤 적절한 설명도 가능하지 않다는 점이다. 그러나 이러한 주장은 핵심 논점을 충분히 서술하지 못한다. 도덕과 사회 구조는 영웅 사회에서 실제로 동일한 것이다. 오직 한 가지의 사회적 유대만이 있다. 도덕은 아직 고유한 것으로서 존재하지 않는다. 가치평가적 물음들은 사회적 사실에 관한 물음들이다. 호메로스가 항상 무엇을 행하고, 어떻게 판단할 것인가에 관한 지식을 말하는 것은 바로 이런 이유에서다. 그리고 이러한 물음들은 예외적인 경우를 제외하고는 쉽게 대답할 수 없다. 왜냐하면 사람들에게 사회 질서 내에서의 지위를 할당하고, 이 지위와 함께 그들의 정체성을 부여하는 기존의 규칙들은 동시에 그들이 무엇을 빚지고 있고, 또 사람들이 그들에게 무엇을 빚지고 있는가를 규정할 뿐만 아니라, 만약 그들이 실패하면 그들이 어떤 대우와 평가를 받으며, 또 다른 사람들이 실패할 경우에는 그들이 이 다른 사람들을 어떻게 대우하고 평가할 것인가를 미리 규정하기 때문이다.

사회 질서 내에 그와 같은 지위를 가지고 있지 않다면, 사람은 다른 사람들로부터 인정과 고려를 받을 수 없는 것만이 아니다. 다른 사람들이 그가 누구인지를 알지 못할 뿐만 아니라 그도 자신이 누구인지를 알지 못한다. 바로 이런 이유 때문에 영웅 사회들은 바깥으로부터 이 사회에 들어오는 낯선 이방인들에게 부여될 수 있는 지위에 관한 정확한 규정을 가지고 있다. 그리스어에는 '이방인'과 '손님'에 대한 하나의 동일한 낱말이 있다. 이방인은 비록 제한적이기는 하지만 정확하게 규정된 환대로써 맞이해야 한다. 오디세우스가 키클롭스[외눈박이 거인]를 만났을 때, 그들이 **테미스**[그리스 신화에서 정의, 법률을 관장하는 여신]를(테미스에 관한 호메로스의 개념은 모든 문명화된 민족들이 공유하는 관습법의 개념이다) 보유하고 있는가 하는 물음은 그들이 이방인들을 어떻게 대하는가를 알아냄으로써 대답되어야 하는 것이다. 그들은 실제로 이방인들을 먹어치운다. 이것은 이방인들이 그들에게는 아무런 인정된 인간적 정체성을 갖고 있지 않다는 것을 의미한다.

따라서 우리는 영웅 사회에서 용기와 이와 유사한 덕들뿐만 아니라 자신의 혈족과 친구들을 소유하고 있는 사람에 대한 기대와, 이 모든 것을 갖지 못한 사람에 대한 기대 사이의 대립에 대한 강조를 발견하리라고 예상할 수 있을 것이다. 그러나 죽음이 이 두 사람을 기다리고 있다는 사실은 영웅 사회의 핵심 주제다. 삶은 깨지기 쉽고, 사람들은 상처받기 쉽다. 그리고 이러한 사실들은 인간실존의 본질에 속한다. 왜냐하면 영웅 사회에서 생명은 가치의 기준이기 때문이다. 누군가가 나의 친구 또는 형제인 너를 죽이면, 나는 너에게 그들을 죽여야 할 빚을 지고 있는 것이다. 만약 내가 너에게 이 빚을 갚는다면, 그들의 친구 또는 형제는 그들에게 나를 죽여야 할 빚을 지고 있는 것이다. 나의 혈족과 친구 체계가 확장될수록, 나는 나의 죽음을 야기할 수 있는 의무들을 더욱 많이 걸머지게 된다.

그 밖에도 세상에는 어느 누구도 통제할 수 없는 힘들이 있다. 인간의 삶은 때로는 비인격적 힘으로서, 때로는 신으로서 나타나는 정념들에 의해 괴롭힘을 당한다. 아킬레스의 분노는 자기 자신뿐만 아니라 다른 그리스인들과의 관계를 파괴했다. 이 힘들과 혈족 관계 및 우애 관계의 규칙들은 공동으로 피할 수 없는 모범들을 구성한다. 의지와 간계의 어느 것도 사람들로 하여금 이를 회피할 수 있도록 하지는 못한다. 운명은 사회적 현실이며, 운명을 알아내는 것은 중요한 사회적 역할이다. 예언자 및 점술사가 전설의 아이슬란드와 이교도적 아일랜드에서와 마찬가지로 호메로스의 그리스에서 번창했다는 것은 우연이 아니다.

그러므로 자신이 행해야 하는 것을 행하는 인간은 끊임없이 자신의 운명과 죽음을 향해 나아간다. 종국에 있는 것은 패배이지 승리가 아니다. 이를 이해하는 것 자체가 하나의 덕이다. 그것을 이해하는 것은 실제로 용기의 필연적 구성요소다. 그러나 이러한 이해 속에 무엇이 포함되어 있는가? 용기, 우애, 신의, 가계, 운명과 죽음 사이의 결합들이 파악된다면 무엇이 이해되는 것인가? 인간의 삶이 확정된 형식, 즉 하나의 특정한 역사의 형식을 갖고 있다는 것은 확실하다. 서사시들과 전설들이 남자들과 여자들에게 일어나는 일들을 단순히 이야기하는 것은 아니다. 서사시들과 전설들은 그 설화적 형식을 통해 그것들이 이야기하고 있는 삶들 속에 이미 존립하고 있는 형식을 포착하는 것이다.

"우연의 규정이 아니라고 한다면 성격은 도대체 무엇인가?"라고 헨리 제임스는 쓴 적이 있다. "우연이 성격의 예시가 아니라고 한다면 도대체 무엇인가?" 그러나 영웅 사회에서는 관련 성격이 오직 우연의 연속을 통해서만 나타날 수 있었다. 그리고 이 연속 자체는 특정한 패턴을 생생하게 서술해야 한다. 영웅 사회와 제임스는 성격과 우연이 서로 분리되어 서술될 수 없다는 데 일치한다. 하나의 덕으로서 용기를 이해한다는 것은 용기가 성격을 통해 어떻게 표현될 수 있는가뿐만 아니라 실제로 실행된 역사 속에서 용기가 어떤 자리를 차지하고 있는가를 이해하는 것을 의미한다. 왜냐하면 용기는 영웅 사회에서 특정한 고통과 위험에 대처할 수 있는 능력일 뿐만 아니라 특정한 고통과 위험의 패턴에 대처할 수 있는 능력이기 때문이다. 이 패턴 속에서 개인의 삶들은 자신의 자리를 발견하고, 또 삶은 거꾸로 이 패턴을 통해 생생하게 서술된다.

영웅서사시와 전설들은 영웅시 및 전설의 형식을 이미 구현하는 사회를 묘사한다. 이 사회의 시예술은 이 사회의 형식을 개인적 삶과 사회적 삶을 통해 표현한다. 이렇게 확인하는 것은 그러한 사회들이 과연 있었는가 하는 물음을 열어놓는다는 것을 여전히 의미한다. 그러나 이 확인은, 만약 그러한 사회들이 실제로 있었다면 오직 시예술을 통해서만 적절히 이해될 수 있다고 추측하게 만든다. 그러나 영웅시와 전설은 결코 그것들에 의해 묘사되는 사회의 단순한 영상은 아니다. 왜냐하면 시인 및 전설 집필자는 그가 쓰고 있는 인물들에게는 허용되지 않는 일종의 이해력을 스스로는 있다고 주장하기 때문이다. 시인은 자신의 인물들이 처해 있는 본질적 상황을 규정하는 한계에 고통을 당하지 않는다. 《일리아드》를 조금 상세하게 다루어보자.

내가 이미 영웅 사회에 관해 일반적으로 말한 것과 같이, 《일리아드》의 영웅들은 그들이 서로 어떤 빚을 지고 있는지를 어렵지 않게 안다. 그들은 무엇인가 불의를 저지를 수 있는 가능성에 직면하면 아이도스aidôs, 즉 적절한 수치감을 느낀다. 만약 이것으로 충분치 않다면, 다른 사람들은 수용된 시각을 그들에게 종용할 태세가 되어 있다. 명예는 항상 동등한 사람들에 의해 주어진다. 그리고 명예가 없는 사람은 가치가 없는 사람이다.

호메로스의 인물들이 사용할 수 있는 어휘는 그들에게 자신의 문화와 사회를 바깥에서 관찰할 수 있는 가능성을 제공하지 않는다. 그들이 사용하는 가치평가적 표현들은 상호적으로 정의된다. 즉 모든 개인은 다른 사람을 통해 설명되어야 하는 것이다.

나는 하나의 위험하지만 유익한 유비를 사용하고자 한다. 《일리아드》에서 행위와 가치 판단을 규정하는 규칙들은 체스와 같은 게임의 규칙들과 유사하다. '어떤 사람이 과연 훌륭한 체스 기사인가', '그는 막판 전술을 잘 구사할 수 있는가', '특정한 상황에서의 수가 과연 올바른 수인가' 하는 것은 사실의 물음이다. 체스 게임은 체스 놀이를 어떻게 하는가에 관한 동의를 전제하며, 체스 게임은 부분적으로 이러한 동의로 구성된다. 체스 언어 내에서 "이것이 상대방을 외통수로 몰아넣을 수 있는 유일한 수다. 그러나 이 수를 두는 것이 과연 옳은가?"라고 말하는 것은 어처구니없는 짓이다. 그렇기 때문에 이렇게 말하고, 또 자신이 무슨 말을 하고 있는지를 이해하고 있는 사람은 그 낱말의 정의를 체스 경기 밖에서 받아들인 '옳다'는 말을 사용했음에 틀림없다. 그래서 놀이의 목적이 이기는 것이라기보다는 어린아이를 즐겁게 하는 것이라고 생각하는 어떤 사람은 아마 위의 질문을 제기할 수 있을 것이다.

이 유비가 위험한 한 가지 이유는 우리가 체스와 같은 게임들을 다양한 목적을 위해 한다는 사실이다. 그러나 다음과 같은 질문은 아무런 의미도 없다. "《일리아드》의 인물들은 그들이 준수하는 규칙을 어떤 목적을 위해 준수하고, 그들이 준수하는 명령을 어떤 목적을 위해 존중하는가?" 본래의 경우는 오히려 그들이 오직 규칙과 명령의 체계 내에서만 목적들을 생각해낼 수 있다는 것이다. 바로 이러한 이유로 인해 유비는 다른 방식으로도 실패한다. 모든 선택의 문제는 체계 내에서 발생한다. 따라서 체계 자체는 선택될 수 없는 것이다.

그러므로 현대의 정의주의적 자아와 영웅시대의 자아 사이에는 날카로운 대립이 존립한다. 영웅시대의 자아에게는 몇몇 현대 도덕 철학자들이 인간의 자아 – 존재의 본질적 특성이라고 간주한 —— 우리가 이미 살펴본 바 있는 —— 특성들이 결여되어 있다. 즉 어떤 특정한 관점 및 시각으로부터 자신을 분리시키는, 말하자면 한 걸음 물러서서 그 관점 및 시각을 관찰하고 판단할 수 있는 능력이 결여되어 있다. 영웅 사회에는 이방인의 바깥을 제외하고는 결코 '바깥'이 존재하지 않는다. 영웅 사회에서 자신의 주어진 지위로부터 자기 자신을 후퇴시키고자 시도하는 사람은 자기 자신을 사라지도록 만들려고 시도하는 것이다.

영웅 사회에서 정체성은 특수성과 책임을 포함한다. 나의 역할을 소유하고 있는 모든 사람이 다른 사람들에게 빚지고 있는 것을 내가 행하거나 행하지 못하는 데 대해 나는 책임을 져야 한다. 그리고 이러한 책임은 죽을 때까지 계속된다. 나는 죽을 때까지 내가 행해야 할 것을 행해야 한다. 더욱이 이러한 책임은 특수한 것이다. 내가 행해야 하는 것을 나는 특정한 사람들과 관련해, 이들을 위해, 그리고 이들과 함께 행해야 한다. 나는 이 사람들과 다른 사람들에게, 지역 공동체의 구성원들에게 책임이 있는 것이다. 우리가 되돌아보면서 영웅적 자아의 업적들에서 보편적 가치를 인식할 수 있다고 하더라도, 영웅적 자아는 결코 보편성을 추구하지 않는다.

따라서 영웅적 덕들의 실천은 특정한 종류의 인간존재와 특정한 종류의 사회 구조 둘 다를 요구한다. 바로 이런 이유로 영웅적 덕들에 관한 검토가 첫눈에는 도덕 이론과 도덕 실천에 관한 일반적 연구에서 별로 중요하지 않은 것처럼 보인다. 만약 영웅적 덕들의 실천이 이제는 돌이킬 수 없을 정도로 상실되어버린 사회 구조를 전제한다면 — 실제로 그렇다 — 이 덕들은 우리에게 어떤 의미를 가질 수 있는가? 어느 누구도 오늘날 헥토르 또는 기슬리일 수 없다. 우리가 영웅 사회로부터 배워야 할 것은 두 가지라는 것이 아마 그 대답일 것이다. 첫째, 모든 도덕은 항상 사회적으로 지역적인 것, 특수한 것과 어느 정도 결합되어 있으며, 어떤 특수성으로부터도 해방되어 있는 보편성에 대한 현대 도덕의 열망은 하나의 환상이다. 둘째, 우리가 덕들을 소유할 수 있는 길은 오직 그것들을 전통의 — 이 전통 속에서 우리는 그 덕들과 이들에 대한 이해를 일련의 선조들로부터 계승하며, 이 연속의 첫 번째 자리를 영웅 사회가 차지한다 — 한 부분으로서 소유하는 것이다. 만약 그렇다면, 현대가 자랑으로 생각하는 가치 선택의 자유와 영웅 사회에서의 그러한 선택의 결여 사이의 대립은 전혀 다르게 보일 수도 있다. 왜냐하면 가치 선택의 자유는 궁극적으로 영웅 사회에 뿌리를 두고 있는 전통의 관점에서 보면 오히려 인간들의 자유라기보다는 유령들의 — 이 유령들의 인간적 실체는 소멸점에 도달했다 — 자유로 보이기 때문이다.

이러한 선택 결여의 확실성은《일리아드》주석자들의 과제를 비교적 쉽게 만들어준다. 무엇이 **아레테**이고 무엇이 아레테가 아닌지는 간단하게 규정되었다. 《일리아드》에는 이런 물음에 관한 아무런 모순도 존재하지 않는다. 그러나 사전 편집자가 자신의 목록을 완성했을 때, 더 어려운 문제가 제기된다. 나는 육체적 힘, 용기와 지성이 탁월성에 속한다는 것을 이미 언급했다. 《오디세이*Odyssey*》에서 페넬로페는 그녀의 **덕들**aretai에 관해 말한다. 우리는 아마 이곳에서 오히려 그녀의 매력들을 말해야 할 것이다. 그런데 우리를 더욱 혼란시키는 것은 《오디세이》에서 복지 역시 하나의 탁월성으로서 이야기되고 있다는 점이다. **아레테** 개념의 통일성은, 우리가 이미 살펴본 바와 같이, 어떤 사람으로 하여금 그의 역할을 수행할 수 있도록 만드는 것에 관한 표상에 근거하고 있다. 번영과 행복은 호메로스의 시에서 다른 과제를 가지고 있다는 것은 쉽게 인식될 수 있다. 전함들에 의한 전투가 사투로 치닫고 있는 동안에 사르페돈이 리키아[소아시아 서남부의 고대 국가]에 있는 자신의 과수원과 옥수수 밭을 기억할 때, 그와 글라우코스가 그렇게 좋은 것들을 받을 만하다고 여겨지는 것은 그들이 전사들 중에서 선봉대에 속하기 때문이라는 사실을 그는 곰곰이 생각한다. 복지는 전쟁에서의 성과의 부산물이다. 이러한 사실로부터 하나의 모순이 생겨난다. 과수원과 옥수수 밭 속에 구현된, 그리고 안드로마케 또는 페넬로페와의 삶 속에 구현되어 있는 행복에 대한 권리를 얻을 수 있는 길을 추구하는 사람들은 물론 특이하게도 죽음과 함께 끝이 나는 길을 추구하는 것이다.

호메로스에게 죽음은 순수한 악이다. 가장 커다란 악은 시체의 신성모독이 뒤따르는 죽음이다. 후자는 시체뿐만 아니라 죽은 사람의 혈족과 가계에도 고통을 안겨주는 악이다. 이와는 반대로 가족과 공동체가 그들의 한 부분이었던 사람의 사망 후 그들의 통합성을 복원할 수 있는 것은 매장 의례를 거행함으로써다. 그렇기 때문에 장례와 장례식 경기는 도덕적 체계 내에서 중요한 사건들이다. 애도할 줄 아는 능력으로 간주되는 슬픔은 인간의 핵심적인 감정이다.

시몬 베유Simone Weil가 명확하게 보았던 것처럼, 노예의 상태는 《일리아드》에서 죽음의 상태와 매우 가깝다. 노예는 어느 때나 죽임을 당할 수 있는 사람이다. 그는 영웅 사회 바깥에 있는 것이다. 그리고 필요한 것을 어쩔 수 없이 빌 수밖에 없는 간청자 역시 다른 사람의 자비에 내맡겨진다. 그는 그렇게 함으로써 자신을 잠재적인 시체 또는 노예로 만드는 것이다. 따라서 간청자의 역할은 오직 극단적인 궁핍 상황에서만 채택되어야 한다. 헥토르의 시신이 신성모독을 당한 뒤 매장 의례가 거부될 때 비로소 왕인 프리아모스[헥토르의 아버지로서 트로이의 마지막 왕]는 어쩔 수 없이 간청자가 되는 것이다.

간청자가 되고, 노예가 되고, 전쟁터에서 살해당한다는 것은 패배한다는 것을 의미한다. 패배는 호메로스적 영웅의 도덕적 지평이며, 이 지평 저편에는 아무것도 보이지 않고 아무것도 존재하지 않는다. 그러나 패배는 결코 호메로스적 시인의 도덕적 지평이 아니다. 바로 이와 같은 차이를 근거로 하여 《일리아드》의 호메로스는 그가 묘사하고 있는 사회의 한계를 초월한다. 왜냐하면 호메로스는 그의 인물들이 하지 않는 질문, 즉 이긴다는 것은 무엇을 의미하고 진다는 것은 무엇을 의미하는가 하는 질문을 제기하기 때문이다. 여기에서 훗날의 게임에 관한 표상과 게임에서 이기고 지는 것에 관한 표상과의 유비가 다시 한번 위험해지지만, 피할 수 없다. 왜냐하면 우리의 게임들은 우리의 전쟁들과 마찬가지로 호메로스적 **아곤**agôn[고대 그리스의 체육으로서 경쟁과 투쟁을 의미함]의 후예들이지만 핵심적 부분에서는 —— 승리와 패배의 개념들이 우리 문화에서는 전혀 다른 위상을 갖고 있는 까닭에 —— 다르기 때문이다.

《일리아드》의 시인은 보지만 그의 인물들은 보지 못하는 사실은 승리 역시 패배의 한 형식일 수도 있다는 것이다. 시인은 이론가가 아니다. 그는 결코 일반적 정식들을 제공하지 않는다. 그럼에도 그의 지식은 통찰력이 가장 예리한 인물들의 지식보다 더 일반적이고 추상적인 차원에 근거하고 있다. 왜냐하면 프리아모스와 화해하는 순간 아킬레스는 호메로스가 아킬레스와 프리아모스에 관한 자신의 서술을 통해 다른 사람들에게 이해시킬 수 있는 것을 스스로 이해할 수 없기 때문이다. 이렇게《일리아드》는 아킬레스와 헥토르 중 어느 누구도 제기할 수 없는 물음을 제기한다. 이처럼 시는 그것이 서술하는 행위의 주체들에게 허용되어 있지 않은 이해의 형식을 요청하는 것이다.

내가《일리아드》에 관해 말한 것은 물론 모든 영웅시에 타당하지는 않다. 그러나 그것은 몇몇 아이슬란드 전설에는 해당된다.《니얄 사가Njáls Saga》 전설과 같은 후기 전설에서 전설 작가는 전설 세계의 가치들을 초월할 수 있는 인물들과 그렇지 못한 사람들을 구별하는 데 애를 먹는다.《기슬라 사가 서손나르Gísla Saga Súrsonnar》에서 작가는《일리아드》의 진리에 대한, 그의 인물들이 인식하지 못하는 보완적 진리를 파악한다. 그것은 패배가 상황에 따라서는 승리의 한 형식이 될 수 있다는 것이다. 기슬리가 공권을 박탈당하고 추방당한 후 몇 년 뒤 부인과 처제와 함께 등을 맞대고 싸우다가 마침내 죽어 갈 때, 그리고 그들 셋이 기슬리의 목에 걸린 상금을 노렸던 열다섯

명의 남자들 중 여덟을 죽이거나 치명적으로 상처를 입혔을 때, 패배한 자는 기슬리가 결코 아니다.

그렇기 때문에 이런 유형의 영웅시는 하나의 사회 형식을 서술한다. 우리는 이 사회의 도덕적 구조에 관해 두 가지 핵심적 주장을 할 수 있다. 하나는 이 구조가 세 가지 서로 결합되어 있는 핵심적 요소들을 지닌 개념체계를 구현한다는 주장이다. 모든 개인에게 주어진 사회적 역할이 요청하는 것의 개념, 어떤 개인으로 하여금 그의 역할이 요구하는 것을 할 수 있도록 만드는 성질로서의 탁월성 및 덕들에 관한 개념, 운명과 죽음에 취약하고 부서지기 쉬운 것으로서의 — 덕이 있다는 것은 따라서 침해 가능성과 죽음을 회피하는 것이라기보다는 이들에게 속한 것을 인정하는 것을 의미한다 — 인간 조건에 관한 개념. 이 세 가지 요소들의 어느 것도 다른 두 가지를 언급하지 않고서는 완전히 이해될 수 없다. 그러나 이들 사이의 관계는 순수 개념적인 것은 아니다. 그것은 오히려, 세 가지 요소는 자신들의 상호 결합 장소를 오직 하나의 커다란 통일적 체계 내에서만 발견할 수 있으며, 이 체계 없이는 우리가 서로에 대한 그들의 의미를 이해할 수 없다는 것을 의미할 뿐이다. 이 체계는 서사시 또는 전설의 설화적 형식, 즉 개인들의 도덕적 삶과 공동체적 사회 구조 속에 구현되어 있는 형식이다. 영웅적 사회 구조는 실행된 서사시적 이야기다.

서사시의 인물들은, 내가 이미 언급한 바와 같이, 그들의 세계관에 스며든 개념들이 제공하는 것을 제외하고는 인간세계와 자연세계를 볼 수 있는 어떤 수단도 가지고 있지 않다. 그러나 바로 이런 이유에서 그들은 현실이 그들 스스로가 이해하는 것과 같다는 사실을 의심치 않는다. 그들은 그들이 참이라고 주장하는 세계관을 우리에게 제공한다. 영웅 세계의 함축적 인식론은 완성된 사실주의다.

훗날 영웅 사회의 귀족적 거주인들에 대한 니체의 서술을 인식하기가 어려운 것은 부분적으로 영웅 사회의 문학들이 이 주장을 하기 때문이다.《일리아드》의 시인들과 전설 작가들은 니체의 관점주의와는 결코 양립할 수 없는 그들 자신의 관점을 암묵적으로 주장한다. 그러나 만약 시인들과 전설 작가들이 원시 - 니체주의자들일 수 없다면, 그들이 서술하는 인물들의 경우는 어떠한가? 니체가 자신의 견해를 유지하기 위해서는 먼 과거를 신화화할 수밖에 없었다는 사실이 여기서 다시 분명해진다. 니체가 서술하는 것은 귀족적 자기주장이다. 호메로스와 전설들이 보여주는 것은 특정한 **역할**에 타당하고 또 이 **역할**에 의해 요청되는 주장의 형식들이다. 자아는 오직 그의 역할을 통해서만 영웅 사회에서 존재하고 있는 바의 자아가 된다. 그것은 사회적 창조이지, 개인적 창조가 아니다. 그렇기 때문에 니체는, 그가 19세기의 개인주의를 태곳적 과거로 투사할 때, 역사적 탐구처럼 보이는 것이 실제로는 하나의 독창적인 문학적 구성이라는 사실을 드러낸다. 니체는 그가 그토록 경멸한 계몽주의적 허구들을 자신의 개인주의적 허구들로 대체한다. 이러한 사실로부터 물론 우리가 계몽된 니체주의자가 될 수 없다는 결론이 도출되지는 않는다. 니체주의자라는 사실의 전체적 의미는 무엇보다도 드디어 계몽되었다는, 즉 드디어 ─ 니체가 주장하는 것처럼 ─ 진실되다는 사실의 승리에 있다. 그것은 간단히 말해서 ─ 우리는 아마 이렇게 결론 내리고 싶을 것이다 ─ 이른바 진정한 니체주의자들은 모두 궁극적으로는 니체보다 더 나아가야 한다는 것을 의미한다. 그렇지만 이것이 정말 모든 것인가?

　현재의 니체주의자는 니체 자신이 빌헬름 2세 시대의 독일제국을 부정했던 것처럼 자신의 직접적인 문화적 환경을 부정함으로써, 또 니체가 과거 시대에서 칭찬했던 것이 사실이라기보다는 허구라는 것을 발견함으로써 과거와의 모든 관계를 넘어서기를 바라는 실존의 선고를 받았다. 그러나 그와 같은 초월이 과연 가능한가? 우리는 우리가 그것을 인정하든 인정하지 않든 간에 과거에 의해 만들어진 것이다. 그리고 우리는 우리 역사의 형성 단계와의 관계를 통해 만들어진 부분을 우리에게서 — 미국에서도 역시 — 지워버릴 수 없다. 만약 그렇다면, 영웅 사회조차도 어쩔 수 없이 여전히 우리 모두의 한 부분을 이룬다. 그리고 우리가 우리의 도덕적 문화가 형성되는 과정에서의 과거를 이야기하면, 우리는 특이하게도 **우리의 고유한 역사**인 한 역사를 이야기하고 있는 것이다.

　이 역사를 기술하고자 하는 어떤 시도도 마르크스의 주장과 마주치게 된다. 마르크스는 우리에게 미치는 그리스 서사시의 영향의 — 이는 여전히 계속되고 있다 — 근거가, 문명화된 현대에 대한 그리스의 관계는 마치 성인에 대한 아이의 관계와 같다는 사실로부터 도출된다고 주장한다. 그것은 현재에 대한 과거의 관계를 파악할 수 있는 한 가지 방식이다. 그것이 과연 우리와《일리아드》사이의 관계를 공정하게 다루는 방식인가 하는 물음은, 그 사이에 놓여 있는 — 우리를《일리아드》가 뿌리내리고 있는 세계로부터 분리시키고 동시에 그것과 결합시키는 — 사회적·도덕적 질서의 시기들을 연구할 때에만 대답될 수 있는 물음이다. 그 사이에 놓여 있는 이 시기들은 영웅시대의 두 가지 핵심적 신념들을 문제시한다. 그들은 우리로 하여금 인간의 전체적 삶이 승리 또는 패배로서 파악될 수 있는지, 그리고 승리와 패배는 무엇으로 구성되어 있으며 무엇을 의미하는지에 관한 물음을, 영웅 사회에는 전적으로 낯선 복합적 형식들의 콘텍스트에서 제기하도록 강요한다. 그리고 이 중간 시대들이 우리에게 강요하는 물음은 영웅시대의 설화적 형식들이 어린이에게나 어울리는 '이야기하기'와 같지 않은가, 또 그렇기 때문에 도덕적 담론이 만약 우화와 비유들을 우리의 불완전한 상상력에 대한 보조 수단으로 사용한다면 진지하고 성숙한 담론의 순간에는 더욱 담론적인 양식과 장르를 위해 설화적 양식을 포기해야 하지 않는가 하는 물음이다.

제11장　아테네에서의 덕들

호메로스의 서사시가 서술하는 것과 같은 영웅 사회들 또는 아이슬 란드 및 아일랜드의 전설들은 실제로 존재했을 수도, 실존하지 않았 을 수도 있다. 그러나 그것들이 실존했다는 믿음은 고전적 기독교적 사회에는 결정적이었다. 이 사회들은 영웅 사회와의 갈등으로부터 발생했다고 스스로 이해했으며, 자신의 관점을 부분적으로는 이 발 생의 의미에서 정의했다. 5세기의 어떤 아테네인도 아가멤논[미케네 의 왕으로서 트로이 전쟁의 그리스군 총사령관이었으나 귀국 후 아내의 배반으로 살해되었다] 또는 아킬레스처럼 행동할 수 없었다. 13세기 의 어떤 아이슬란드인도 10세기의 사람들처럼 행동할 수 없었다. 클 론먹노이즈의 수도사들은 콘코바르Conchobor 또는 쿠컬린Cúchulainn과 는 전혀 달랐다. 그러나 영웅문학은 이와 같은 후기 사회들의 도덕 경전들의 핵심 부분이었다. 그리고 이 경전들을 실제의 실천으로 옮 기는 과정에서 발생하는 난관들로부터 후기 사회의 많은 중요한 도 덕적 특징들이 생겨난다.

　플라톤의 초기 대화편의 여러 곳에서 소크라테스는 한 명 또는 여 러 명의 아테네인들에게 몇몇 덕들의 본질에 관한 물음을 던져 ——

《라케스*Lachês*》에서는 용기에 관해,《에우티프론*Euthyphron*》에서는 경건에 관해,《폴리테이아*Politeia*》[《국가론》으로 알려진 플라톤 주저의 그리스어 제목]에서는 정의에 관해 —— 결과적으로 다른 사람의 모순을 증명한다. 오늘날의 피상적 독자는 아마 플라톤이 소크라테스의 엄밀함과 보통 아테네 사람들의 경솔함을 대비시키고자 한다고 생각할 수도 있을 것이다. 그러나 이러한 도식이 늘 되풀이될수록 다른 하나의 해석, 즉 플라톤이 아테네 문화에서 가치평가적 언어의 사용에 들어 있는 일반적 비정합성의 상태를 지적하고자 한다는 해석이 강력하게 제기된다. 플라톤이《폴리테이아》에서 덕에 관한 자신의 정합적이고 균형 잡힌 서술을 할 때, 그의 전략 중 하나는 호메로스의 유산을 도시국가로부터 추방하는 것이다. 고전 사회의 덕에 관한 연구의 한 출발점은 고전 사회의 기초적인 비정합성과 호메로스적 배경의 관계를 세우는 것일 수도 있다. 그러나 이러한 과제는 이미 완수된 것으로, 가장 두드러지게는《필록테테스*Philoctêtês*》에서 소포클레스에 의해 완수된 것으로 드러난다.

오디세우스는 아킬레스의 아들인 네오프톨레모스와 함께 필록테테스의 마법의 활을 지키고 트로이 점령을 도우라는 사명을 띠고 파견되었다. 오디세우스는 이 점에서도 정확하게《오디세이》에서 그의 행동을 지배하는 원칙에 따라 행동한다. 그는 그의 친구에게는 선을 행하고, 그의 적들에게는 악을 행한다(이렇게 그는 플라톤이《폴리테이아》의 서두에서 거부한 정의에 관한 개념 정의를 충족하고 있다). 그가 정직한 수단으로 마법의 활의 도움을 받을 수 없을 경우에는 그의 간계는 기만적인 수단을 생각해낸다.《오디세이》에서 이러한 간계는 분명히 하나의 덕으로 다루어졌다. 그것은 물론 한 영웅에게 명예를 보장해주는 덕의 실천이다. 그러나 네오프톨레모스는 필록테테스를 속이려는 오디세우스의 전략을 정직하지 못한 것으로 간주한다. 필록테테스는 9년 동안 고통을 당하도록 그를 렘노스에 유배했던 그리스인들에 의해 커다란 불의를 당했다. 그럼에도 필록테테스는 네오프톨레모스와 오디세우스를 믿고 받아들인다. 비록 그가 트로이에서 그리스인들을 돕는 것을 거부하지만, 그를 속이는 것은 옳지 못한 일이다. 소포클레스는 우리에게 명예로운 행위 방식에 관한 두 가지 양립할 수 없는 견해들, 즉 두 가지 경쟁적 행위의 기준들을 들이대기 위해 오디세우스와 네오프톨레모스를 이용하는 것이다. 소포클레스가 우리에게 어떠한 갈등의 해결도 제시하지 않는다는 사실이 비극의 구조에서 핵심적이다. 줄거리는 이 인물들을 궁지로부터 구해내는 반신半神 헤라클레스의 간섭으로 완성되기보다는 오히려 중단된다.

그리스 비극에서 어떤 신의 간섭은, 아니면 적어도 간섭해달라고 신에게 호소하는 것은 종종 도덕적 기준과 어휘의 비정합성이 드러난다는 신호를 나타낸다. 《오레스테이아Oresteia》를 한번 살펴보자. 근친近親 복수에 관한 태고의 영웅적 법칙들은 오레스테스[아가멤논과 클리타임네스트라의 아들로 아버지를 살해한 어머니를 죽여 아버지의 원수를 갚지만 복수의 여신 푸리에스에게 쫓겨다닌다]에게 클리타임네스트라를 살해하라고 명령하고 동시에 그것을 금지한다. 아테나[지혜, 예술, 기술, 학문 등의 여신]의 간섭과 그녀와 아폴론 사이에 있는 문제의 해결은 도덕적 문제에서의 권위의 중심을 가정과 가계로부터 폴리스로 옮겨놓는 정의의 개념을 창조한다. 《안티고네Antigone》에서 가정과 폴리스의 요청들은 서로 적대적이고 양립할 수 없는 요청들로 나타난다. 따라서 우리가 고려해야 하는 첫째 사실은, 일차적 도덕 공동체가 더 이상 혈족 집단이 아니라 도시국가일 때, 그것도 일반적 도시국가일 뿐만 아니라 특별히 아테네의 민주주의일 때 그 것이 덕의 개념과 관련해 갖고 있는 차이다.

그러나 덕에 관한 호메로스적 관점과 고전기적 관점의 차이가 일 련의 사회적 형식으로부터 다른 일련의 사회적 형식으로 이행해가 는 과정에 있다고 보는 것은 너무나 단순하다. 그리고 이것은 아주 다른 두 가지 이유에서 그렇다. 첫 번째 이유는 ──《안티고네》하나 만으로도 이러한 가정을 하기에 충분하다 ── 혈족 관계의 형식들과 주장들은, 그것들이 비록 기원전 5세기의 아테네에서는 그 이전 세 기와는 다르다고 할지라도, 본질적 형식에서는 여전히 존립하고 있 었다는 사실이다. 귀족제적 가계는 시에서뿐만 아니라 생활에서도 호메로스적인 면을 많이 보존하고 있다. 그러나 가계 또는 혈족 관계 가 이제는 더 커다랗고 전혀 다른 단위의 부분이 된 것처럼, 호메로 스적 가치들은 더 이상 도덕적 지평을 규정하지 않는다. 비록 왕정의 많은 덕들이 여전히 덕들로 간주된다고 할지라도, 이제는 왕들이 더 이상 존재하지 않는다.

덕들에 관한 개념의 차이를 단순히 변화된 사회적 콘텍스트에서 보지 않는 두 번째 이유는 덕에 관한 개념이 이제는 모든 **특정한** 사 회적 역할로부터 주목할 만한 정도로 분리되었다는 사실이다. 소포 클레스의 작품에서 네오프톨레모스는《일리아드》에서 그의 아버지 가 아가멤논을 대한 것과는 전혀 다른 방식으로 필록테테스를 대한 다. 호메로스에게 명예의 문제는 무엇이 왕에게 마땅한 것인가 하는 문제다. 소포클레스에게 명예의 문제는 한 인간에게 마땅한 것은 무엇인가 하는 문제가 되었다.

　그럼에도 무엇이 인간에게 마땅한 것인가 하는 문제가 ── 미개한 이민족은 차치하고라도 테베와 코린트의 콘텍스트에서가 아니라 ── 아테네의 콘텍스트에서 제기된 것은 우연이 아니다. 선량한 인간을 정확하게 규정하는 것은 본질적으로 이러한 인간이 다른 사람과 맺는 관계를 정확하게 규정하는 것이다. 그리고 시인과 철학자는 모두 이 관계를 서술하면서 대체로 보편적이고 인간적인 것과 지역적이고 아테네적인 것을 구별하지 않는다. 주장은 종종 명확하다. 아테네인은 그들 스스로가 인간적 삶의 당위적 모습을 구현하는 까닭에 칭송받는다. 그러나 바로 이와 같은 칭송에서 아테네적 특수성은 호메로스적 특수성과 구별된다. 호메로스적 인간에게는 그 자신의 공동체적 구조 속에 구현되어 있는 기준들 외에는 우리가 호소할 수 있는 어떤 외면적 기준도 존재하지 않는다. 아테네인에게는 문제가 더욱 복잡하다. 덕들에 관한 그의 이해는, 그가 자신의 공동체의 삶을 문제시하고, 이 행위와 정책이 정당한가 아니면 저 행위와 정책이 정당한가를 물을 수 있는 척도들을 제공한다. 그럼에도 그는 특정한 공동체의 구성원으로서 이러한 이해를 제공받기 때문에 바로 이러한 덕을 이해하고 있다는 것을 인식한다. 비록 우리가 도시국가로부터 배우는 것이 우리로 하여금 도시의 삶의 이런저런 특징들을 문제시하도록 할지라도, 도시국가는 보호자이고, 부모이고, 선생이다. 그렇기 때문에 **선량한 시민으로 존재한다는 것**과 **선량한 인간으로 존재한다는 것**의 관계에 관한 물음이 핵심적 문제가 되고, 미개한 이민족뿐만 아니라 아테네의 가능한 인간행위들의 다양성에 관한 지식이 이러한 물음을 던질 수 있는 사실적 배경을 제공한다.

물론 모든 증거들은 그리스인들의 압도적인 다수가 —— 아테네인이든 아니든 간에 —— 이런 질문을 할 생각이 들기만 한다면, 그들의 도시국가의 삶의 방식이 의심의 여지 없이 인간의 최선의 삶의 방식이라고 당연하게 생각했다는 것을 보여준다. 그리고 그리스인들이 공유하고 있는 생활 방식이 당연히 모든 이민족의 삶의 방식보다 우월하다고 전제되었다. 그런데 그리스인들은 무엇을 공유하고 있었는가? 그리고 아테네인들은 무엇을 공유했는가?

A. W. H. 애드킨스A. W. H. Adkins는 협동적 덕들과 경쟁적 덕들을 유용하게 대립시켰다. 그는 경쟁적 덕들을 그 기원상 호메로스적인 것이라고 본다. 이와는 반대로 협동적 덕들은 아테네 민주주의의 사회적 세계를 대변한다. 그러나 이 점에서 복합적 문제가 발생한다. 왜냐하면 기원전 5세기와 4세기의 도덕적 불일치들은 일련의 덕들이 다른 덕들에 대립했기 때문에만 발생한 것은 아니기 때문이다. 갈등이 발생한 더욱 중요한 이유는 동일한 덕에 관한 경쟁적 개념들이 존립했기 때문이다. 오늘날 우리가 '정의'로 번역하게 된 **디카이오쉬네**dikaiosunê는 그와 같은 의견 불일치의 대상이다. 그 밖에도 **디카이오쉬네**는 —— 이에 관한 상이한 견해가 사회적 갈등의 원천일 수 있다 —— 애드킨스가 경쟁적이라기보다는 오히려 협동적이라고 간주한 덕들 중 하나다. 그러나 **디카이오쉬네**는, 비록 이 낱말 자체가 호메로스에 나오지는 않지만, 호메로스적 의미를 함축하고 있다. 호메로스에 나타나는 디케Dikê[그리스 신화의 정의의 여신]와 디카이오스dikaios[정의로운 사람]가 디카이오쉬네의 선조들이다. 이미 호메로스에서 경쟁적 덕들은 협동적 덕들의 수용을 전제한다. 아킬레스가 아가멤논과 싸우는 것은 **디케**가 모욕을 당해 분개했기 때문이며, 아

테나가 구혼자에 대항해 오디세우스를 돕는 것도 **디케**가 모욕을 당해 분개했기 때문이다. 그렇다면 디카이오쉬네가 된 덕은 무엇인가?

디케는 근본적으로 우주의 질서를 의미한다고 휴 로이드 존스Hugh Lloyd-Jones(1971, 161)는 말했다. **디카이오스**는 이러한 질서를 존중하고 이를 침해하지 않는 사람이다. 그렇기 때문에 **디카이오스**를 단순히 '정의롭다'라는 낱말로 번역하는 데는 문제가 있다. 왜냐하면 우리 문화에서는 누구나 '정의롭다'는 낱말을 우주 내의 도덕적 질서에 대한 믿음과 상관없이 사용할 수 있기 때문이다. 그러나 기원전 5세기에도 **디카이오쉬네**와 우주적 질서의 관계의 본질이 호메로스의 시에서처럼 분명하지 않다. 여기서 왕들에 의해 분명히 불완전하게 통치되는 질서는 신들, 특히 제우스에 의해 분명히 불완전하게 통치되는 보다 커다란 질서의 한 부분이다. **디카이오스**로 존재한다는 것은 호메로스에게 **이러한 질서를 위반하지 않는다**는 것을 의미한다. 그렇기 때문에 호메로스에게 **디카이오스**의 덕은 인정된 질서가 요청하는 것을 행하는 것이다. 이 점에서 그의 덕은 다른 모든 호메로스적 덕과 같다. 그러나 기원전 5세기 말경에 기존 질서의 요청을 행하는 것이 과연 **디카이오쉬네**인가 아닌가를 묻는 것이 가능해진다. 그리고 **디케**와 일치해 행위하는 것과 **디카이오스**로 존재한다는 것이 무엇을 의미하는가에 관해 전혀 다른 의견을 갖는 것이 가능하다. 그래서 《필록테테스》에서 네오프톨레모스와 오디세우스는 모두 자신들의 논증에 대해 **디카이오쉬네**를 주장한다.(1245~1251) 그리고 몇 구절 뒤에 그들은 또한 **소포스**sopbos(현명한)와 **아이스크로스**aischros(불명예스러운)가 무엇을 의미하는가에 관해 의견을 달리한다.

기원전 5세기의 그리스에는 일반적으로 인정된 덕 개념들의 세트가 있으며, 이런 의미에서 일련의 인정된 덕들이 존재한다. 우애, 용기, 자기절제, 지혜, 정의 ── 그리고 이것들만이 아니다. 그리고 이모든 것이 요청하는 것과 이러한 것들이 왜 덕으로 간주되는가에 관해 광범위한 불일치가 존재한다. 그렇기 때문에 별 생각 없이 보통의 사용에 의존하고, 또 사람들이 그들에게 가르쳐준 것에 의존하는 사람들은 소크라테스의 대화 상대자들이 종종 그런 것처럼 너무나 쉽게 모순에 빠지게 된다. 나는 물론 이러한 모순의 원인과 효과들을 단순화했다. 영웅 사회가 비록 9세기의 그리스에 실존했다고 하더라도, 이 사회로부터 5세기의 사회로 이행하는 과정은 내가 암시한 것보다 더 복합적이고 다층적이다. 6세기, 5세기 초와 5세기 말의 덕의 개념들은 각각 중요한 측면에서 상이하다. 그리고 앞선 시대는 뒷시대에 흔적을 남긴다. 이 흔적의 영향은 고대의 도덕적 불일치에서 뿐만 아니라 현대의 학문적 논쟁에서도 분명히 나타난다. 다즈E. R. Dodds, 애드킨스, 로이드 존스는 ── 이 목록은 한없이 연장될 수 있다 ── 모두 그리스의 도덕적 견해에 관해 광범위하게 정합적인 상을 제시하고 있다. 모든 정합적 견해는 다른 정합적 견해들과 다르며, 모든 것은 전체적으로 옳은 것처럼 보인다. 그러나 어떤 견해도 그리스의 도덕적 어휘와 견해가 우리가 인식하는 것보다 상당히 비정합적일 수 있다는 가능성을 고려하지 않고 있다. 그런데 이에 대한한 가지 이유는 분명하다. 너무 많은 원천들이 도덕적 어휘의 의식적 재조직과 재정의를 감행하는 텍스트들이며, 그 속에 나타나는 낱말들에게 그것들이 이전에 갖고 있지 않던 분명한 의미가 부여되는 텍스트들이다. 철학자들, 시인들, 역사가들은 모두 이런 방식으로 우리를 오도하는 경향이 있다. 우리는 이들을 거치지 않고 우리에게 전래된 원천들을 별로 갖고 있지 않다.

그러므로 우리는 '덕에 관한 그리스적 견해'를 너무 쉽게 말하지 않도록 조심해야 한다. 그것은 우리가 본래 '아테네적'이라고 말해야 할 곳에서 종종 '그리스적'이라고 말하기 때문만이 아니라, 여러 가지의 아테네적 견해들이 존재하기 때문이다. 나의 현재의 목적을 위해 나는 적어도 네 가지를 고찰하고자 한다. 소피스트들, 플라톤, 아리스토텔레스, 그리고 비극 작가들, 특히 소포클레스. 그러나 어떤 경우에도 우리가 비정합성에 대한 반응, 즉 모든 경우에 다른 목적으로 충만한 반응을 다루고 있다는 사실을 기억하는 것이 중요하다. 그러나 내가 이들 네 가지를 다루기 전에, 적어도 이들 모두가 공통적으로 갖고 있는 한 가지를 강조하고자 한다. 모든 사람은 덕들이 실천되는 곳, 또 덕들을 정의하는 데 척도가 되는 환경은 폴리스라는 사실을 당연한 것으로 간주한다. 필록테테스가 10년간 황량한 섬에서 유배당하면서 완전히 인간 공동체로부터뿐만 아니라 인간존재의 지위로부터 추방당했다는 사실이 《필록테테스》의 본질적인 줄거리다. "너는 나를 아무런 친구도 없이, 고독하게, 국가도 없이, 산 자 가운데에 시체로 버려두었다." 이러한 구절들이 단순히 수사학적인 것만은 아니다. 우리에게는 우애, 인간 공동체, 도시국가가 인간존재의 본질적 구성요소라는 생각이 낯설기 짝이 없다. 그리고 우리와 이러한 관념 사이에는 커다란 역사적 경계선이 놓여 있다. 예를 들면, 고독하다는 낱말, 즉 **에레모스**erêmos는 은둔자라는 우리 개념의 선조다. 그리고 기독교에서는 은둔자로서의 삶은 가장 중요한 삶의 형식에 속할 수 있었다. 우애의 개념 역시 훗날 지속적인 변화를 겪게 된다. 그러나 그렇게 많은 것들이 논쟁의 여지가 있는 소포클레스의 세계에서 우애, 공동체, 시민권이 인간존재의 본질적 양상들이라는 사실은 논쟁의 여지가 없다. 그리고 적어도 이 점에서 소포클레스는 아테네 세계의 다른 사람들과 의견을 같이한다.

따라서 아테네의 공통적 가정은 덕들이 도시국가의 사회적 맥락 안에 자리 잡고 있다는 사실이다. 선량한 인간으로 존재한다는 것은 모든 그리스인의 관점에 따르면 적어도 선량한 시민으로 존재한다는 것과 밀접하게 연관되어 있다. 무엇이 선량한 인간과 선량한 시민을 만드는 덕들이며, 또 무엇이 이에 상응하는 악덕들인가? 이소크라테스가 페리클레스를 칭찬했을 때, 그는 페리클레스가 **소프론** sôphrôn(절제 있음), **디카이오스**(정의로움), **소포스**(현명함)에서 다른 어떤 시민들보다 뛰어나다고 서술한다. 웅변가와 희극 작가들은 일반적으로 비열함과 인색함을 규탄한다.

자유인이 아무런 두려움 없이 진리를 말하고, 자신의 행위에 대해 책임을 지는 것은 그리스인에게는 지극히 당연한 일이다. 몇몇 작가들은 성격의 단순성과 솔직성을 찬양한다. 감수성의 결여와 동정의 결여는 종종 매도되었다. 교양 없는 거친 성격도 마찬가지다. 용기는 항상 찬양된다. 그러나 이러한 것들이 몇 가지 가장 중요한 덕들이라면, 그것들을 덕으로 만드는 것은 무엇인가?

우리가 덕들로 간주하는 특성들만을 주목**하거나** 그리스인들이 서로 의견을 달리하는 정도를 무시한다면, 우리는 이 물음에 답하려는 시도에서 오류를 저지를 위험이 있다. 그러므로 나는 두 가지 사태로 시작하려고 한다. 하나는 겸손, 절약, 성실성이 덕들에 관한 그리스의 어느 목록에도 등장하지 **않는다**는 사실을 주지하는 것이며, 다른 하나는 동일한 덕에 관한 상이한 해석 가능성들을 다시 한번 강조하는 것이다. 명예와 정의뿐만 아니라 **소프로쉬네**sôphrosunê(절제)라고 불리는 덕을 고찰해보자. 그것은 본래 귀족적 덕이다. 그것은 자신의 권력을 오용할 수 있지만 오용하지 않는 사람의 덕이다. 자신의 정념들을 통제할 수 있는 능력은 이와 같은 자기 절제의 한 부분을 이룬다. 그리고 만약 이 낱말이 여자들에게 적용되면 —— **소프로쉬네**는 그리스인들에게 여성적 덕이다 —— 앞에서 언급한 능력만이 일반적으로 칭송되었다. 그러나 그것은 이소크라테스가 페리클레스에게서 칭찬한 덕이 아니라는 것은 너무나 분명하다.

페리클레스가 **소프론**이라는 이소크라테스의 칭찬은, 투키디데스의 견해에 따르면, 실제로 페리클레스가 아테네인들의 특성이라고 인정한 것과 일치하는 것으로 인식되어야 한다. 자기 자신의 이해관계를 추구하는 데 부단한 활동을 행하고 더욱 앞으로 나가고자 하는 동인. 이렇게 보면 **소프로쉬네**는 어떤 사람의 목적과 관련되어 있는 한 반드시 절제를 포함하지는 않는다. 칭송되는 것은 오히려 이러한 목표들을 성취하는 방식에서의 절제다. 특정한 기회에 얼마나 나아갈 수 있으며, 또 언제 멈추거나 잠시 후퇴해야 하는가를 아는 능력. 그렇기 때문에 **소프로쉬네**는 절제와 **헤수키아**hêsuchia, 즉 여가라는 귀족적 이상들에 친숙한 것과 마찬가지로 아테네 민주주의의 **폴루프라그모쉬네**polupragmosunê에 친숙하다. 그러나 폴루프라그모쉬네와 헤수키아는 서로 날카롭게 대립되어 있다. 따라서 **소프로쉬네**는 두 개의 상이할 뿐만 아니라 서로 양립할 수 없는 도덕적 도식들 내에 위치하게 된 것이다. 그렇다면 폴루프라그모쉬네와 헤수키아는 어떤 식으로 대립하는가?

헤수키아는 핀다로스Pindar(《피티아 송시*Pythian Odes*》, 8. 1)에게서

한 여신의 이름으로 등장한다. 이 여신은 어떤 경쟁의 승리자가 뒤에 휴식을 취할 때 요청할 수 있는 정신의 평화를 구현한다. 이 여신에 대한 존경은 우리가 한 목표에서 다른 목표로, 한 욕망으로부터 다른 욕망으로 끊임없이 추구하기보다는 쉬기 위해 노력한다는 생각과 결합되어 있다. 이와는 반대로 폴루프라그모쉬네는 수많은 일들로 분주한 사태를 표현할 뿐만 아니라, 우리가 이에 대해 자긍심을 느끼는 특성이다. 이것이 친숙한 아테네의 환경은 **플레오넥시아**pleonexia(탐욕)가 당연한 것으로 받아들여지는 환경이다. **플레오넥시아**가 강조하는 악덕은 간단히 말해서 어떤 사람이 마땅히 받아야 할 것보다 더 많은 것을 원하는 것이라는 식으로 통상 번역된다. 이렇게 밀이 번역한 것처럼 번역하고 밀을 따른다는 것은 고대 세계와 현대 개인주의 간의 간극을 축소하는 것을 의미한다. 왜냐하면 우리는 어떤 사람이 마땅히 받아야 할 것보다 더 많은 것을 원하는 것은 나쁘다는 생각에 아무런 문제를 느끼지 않기 때문이다 — 우리가 어떻게 문제를 느낄 수 있겠는가. 그러나 강조된 악덕은 실제로 탐욕 자체, 즉 현대 개인주의가 경제적 활동에서뿐만 아니라 소비하는 심미주의자의 성격에서조차도 악덕으로 파악하지 않는 특성이다. 니체는 플레오넥시아를 예리한 통찰력으로 정확하게 "가지고 더 가지고자 하는 것Haben und Mehrhabenwollen"[원문에 독일어로 인용되어 있다]으로 번역했다. 왜냐하면 현대 세계에서는 — 우리가 앞으로 보게 되겠지만 — **단순히** 더 많이 가지고자 하는 욕망, 즉 탐욕 자체가 하나의 악덕이 될 수 있다는 생각이 상실되었기 때문이다. 그렇기 때문에 밀은 오해한 것이다. 왜냐하면 **플레오넥시아**는 바로 이러한 악덕의 이름이기 때문이다.

플레오넥시아에 사로잡힌 사람들에게 **아곤**, 즉 경쟁은 그것이 경기에서 사용되는 의미 또는 핀다로스가 생각한 의미와는 전혀 다른 것이 된다. 그것은 자신의 욕망을 성공적으로 충족하고자 노력하는데 개인적 의지의 도구가 된다. 경쟁이 활동의 핵심을 이루는 모든 사회에서 승리자는 성공의 상금을 포획할 뿐만 아니라, 적어도 겉보기에는, 그리고 아마 실제로도 자신의 욕망을 충족하는 목표에 다른 사람들보다 더욱 가까이 다가설 것이다. 그러나 자기 자신과 공동체, 그리고 시인과 같은 사람들에 의해 인정받는 업적과 탁월성은 특히 일차적으로 높이 평가되는 것들이다 ── 시인의 과제는 이러한 업적과 탁월성을 칭찬하는 것이다. 바로 이러한 것들이 높이 평가되는 까닭에 상과 만족은 이들에게 속해 있는 것이지, 결코 그 반대는 **아니다**.

이제 **아곤**, 즉 경쟁이 고전적 그리스 사회에서 차지하고 있는 위상을 고찰해보자. 호머의 영웅시들은 일련의 경쟁들을 말해주는 이야기들이다.《일리아드》에서 이 경쟁의 성격은 점차 변화해, 아킬레스와 프리아모스의 대결에서는 승리한다는 것이 패배를 의미하고, 또 죽음에 직면해서는 승리와 패배가 별 차이가 없다는 것이 분명해진다. 이것은 그리스 문화에서의 도덕적 진리에 관한 위대한 진술이다. 훗날 우리는 이 진술의 위상을 진리로서 고찰해야 할 것이다. 지금 우리는 이 진리가 아곤의 콘텍스트 안에서 발견될 수밖에 없었다는 사실을 언급하기만 하면 된다.

아곤의 성격은 물론 변화한다. 기원전 776년부터 4년마다 열리는 올림피아 경기에서 도시국가들 사이의 실제 전쟁은 정전협정에 따라 처음으로 정지되었으며, 모든 그리스 공동체들은 그들이 얼마나 떨어져 있든 간에 대표들을 그곳에 보내려고 노력했다. 레슬링, 달리기, 승마, 투원반은 시와 조각을 통해 찬미되었다. 이것을 중심으로 다른 활동들이 생겨났다. 본래부터, 그리고 항상 제우스의 성지였던 올림피아는 기록들과 협정서들이 보관되는 사료보관소가 되었다. 미개한 이민족과 대립되는 그리스인이라는 함축적 정의는 올림피아 경기에 참여할 수 있는 권한을 가진 공동체의 구성원이 되는 것이었다. 그러나 아곤이 핵심적 제도인 까닭은 그것이 다양한 도시국가의 모든 그리스인들을 통일시키기 때문만은 아니다. 그것은 모든 도시국가 내에서도 역시 핵심적이며, 이 도시국가의 콘텍스트 내에서 아곤의 형식은 다시 한번 변한다. 아곤이 변형되어 나타나는 경쟁들에는 그리스 민주주의의 법정과 집회 논쟁들, 비극 핵심부의 갈등들, 희극의 상징적이지만 매우 진지한 익살, 그리고 끝으로 철학적 논증의 대화적 형식이 속한다. 우리는 이 모든 것을 아곤의 표현으로 파악함으로써 **정치적**, **연극적**, **철학적**과 같은 범주들이 우리 세계에서보다는 아테네의 세계에서 훨씬 긴밀하게 결합되어 있다는 사실을 인식해야만 한다. 정치와 철학은 연극적 형식에 의해 그 모습이 만들어졌고, 연극의 주요 주제들은 철학적이고 정치적이었으며, 철학은 정치와 연극의 장에서 자기주장들을 제시해야만 했다. 아테네에서 세 영역의 청중은 대체로 어느 정도 동일했다. 그리고 청중은 집단적 배우들이었다. 연극의 연출자는 정치적 관직의 소유자였다. 철학자는 희극적 서술과 정치적 징벌을 각오했다. 아테네인들은, 우리가 제도적 장치를 통해 행하는 것처럼, 정치적 목표의 추구를 연극적 서술로부터 분리시키거나 철학적 문제의 탐구를 다른 두 가지로부터 분리시키지 않았다. 따라서 우리에게는 그들과는 달리 정치적 갈등을 서술하고 우리의 정치를 철학적으로 문제시할 수 있는 공동체적 양식도 결여되어 있다. 이러한 가능성들이 어떻게 우리에게 폐쇄되었는가를 더욱 자세하게 확인하는 것은 후에 중요한 문제가 될 것이다. 그러나 현재로서는 우리가 핵심 문제로 되돌아올 수 있을 정도로 이에 관해 충분히 말했다.

덕에 관한 상이하고 경쟁적인 목록들, 덕에 대한 상이하고 경쟁적인 태도들, 개인적 덕에 관한 상이하고 경쟁적인 정의들이 5세기 아테네에 친숙했으며, 그럼에도 도시국가와 아곤은 덕들이 실천되는 데 공동의 콘텍스트를 제공했다는 사실을 우리는 차례대로 언급했다. 이러한 경쟁들과 모순들은 갈등의 징후들이기 때문에, 덕에 관한 경쟁적 철학적 서술들이 나타나서 밑바탕에 놓여 있는 갈등들을 명백하게 만들고 명시적으로 설명한다는 것은 좀처럼 놀라운 일이 아니다. 그 가운데서 가장 단순하고 가장 철저한 갈등은 소피스트적 유형의 갈등이다.

애드킨스는 플라톤이 묘사한 트라시마코스Thrasymachus와 호메로스적 영웅의 조야한 견해 사이의 유사성을 언급한 바 있다. "트라시마코스를 긁어라. 그러면 너는 아가멤논을 보게 될 것이다." 아가멤논은 ─《일리아드》가 그것을 가르치기 위해 쓰인 ─ 진리를 결코 배우지 못한 호메로스적 영웅의 전형이다. 그는 오직 승리하기만을 바라며, 승리의 열매를 오직 자기 자신만을 위해 갖기를 원한다. 그 밖의 다른 사람은 모두 이용되거나 정복되어야 한다. 이피게니아[아가멤논의 딸로서 여신 아르테미스에게 제물로 바쳐졌으나 여신에게 구조되어 여사제가 된다], 브리세이스, 아킬레스. 이와 마찬가지로 플라톤의 트라시마코스를 전형으로 하는 소피스트는 성공을 행위의 유일한 목표로 설정하고, 우리가 무엇을 원하든 간에 그것을 행하고 성취할 수 있는 권력의 획득을 성공의 전체 내용으로 만든다. 따라서 덕은 자연스럽게 성공을 보장하는 성질로서 정의되었다. 그러나 성공은 다른 그리스인들과 마찬가지로 소피스트들에게도 특정한 도시국가 내의 성공이어야 한다. 그렇기 때문에 성공의 윤리는 특정한 종류의 상대주의와 결합되어 있다.

성공적이라는 것은 특정한 도시국가 내에서 성공적이라는 것을 의미한다. 그러나 다양한 도시국가들에는 아마 덕에 관한 다양한 표상들이 존재할 것이다. 민주주의적 아테네에서 정의로운 것으로 여겨지는 것은 아마 귀족적인 테베[그리스 신화에서 중요한 역할을 하는 그리스 중부의 도시] 또는 군사주의적인 스파르타에서 정의로운 것으로 간주되는 것과 다를 것이다. 소피스트의 결론은 모든 도시국가 내의 덕들이 그 국가에서 덕으로 여겨지는 것과 다를 바 없다는 것이다. 그러므로 정의 자체라는 것은 존재하지 않는다. 오직 테베에서 이해되고 있는 '정의', 또는 스파르타에서 이해되고 있는 '정의'만이 존재할 뿐이다. 이러한 상대주의는, 그것이 덕은 개인적 성공을 가져오는 성질이라는 견해와 결합되면, 그 추종자들을 일련의 난관에 빠지도록 만든다.

이러한 소피스트적 견해가 생겨나도록 한 가장 근원적인 동기의 하나는, 청년, 특히 귀족 청년들이 정치적 성공을 거둘 수 있도록 교육하기 위해 5세기 그리스의 핵심적 개념들을 정합적이고 일관성 있게 재규정하고자 하는 희망이었던 것처럼 보인다. 그러나 덕에 관한 여러 경쟁적 개념과 정의를 덕에 관한 협동적 개념과 정의보다 높이 평가함으로써 성취한 일정 정도의 일관성은 다른 곳에서 비일관성을 산출한다는 사실이 드러난다. 자기 국가의 가치평가적 어휘들을 수용함으로써 소피스트는 스스로가 —— 그로 하여금 이 어휘들을 사용하도록 만든 상대주의와 모순되는 —— 비상대주의적 관점을 구현하는 표현들을 사용하고 있다는 사실을 종종 확인하게 된다. 그리고 '정의롭다', '덕', '좋다'는 표현들이 개인적 성공에 도움이 되는 특성들과 연관되도록 이 표현들을 재규정했지만, 이러한 성공에 도달하기 위해 전통적 어휘들을 사용하고자 하는 소피스트는 어떤 상황에서는 아무런 어려움 없이 정의를 칭송할 수 있는데, 그것은 '정의'가 오직 '강자에게 이익이 되는 것'을 의미할 뿐이기 때문이며, 또 다른 상황에서는 정의보다 불의를 칭송할 수 있는데, 그것은 실제로 강자에게 도움이 되는 것이 통상적으로 이해되는 불의의 사용이기 때문이다.

물론 이러한 유형의 소피스트적 전통은 그 추종자로 하여금 **필연적으로** 이와 같은 종류의 비일관성에 빠지도록 만드는, 그렇게 함으로써 논쟁에서 상대방의 제물이 되도록 만드는 것을 포함하고 있지 않다. 그러나 이러한 비일관성은 오직 덕들에 관한, 많은 소피스트들이 행할 준비가 되어 있는 것보다 더 철저한 재정의를 통해서만 피할 수 있다.

그렇기 때문에 플라톤의 《고르기아스》에서 고르기아스 자신과 그의 제자 폴로스는 소크라테스와의 논쟁에서 이와 같은 비일관성의 결과로서 계속 패배하는 데 반해, 칼리클레스는 이러한 방식으로 패배할 필요가 없는 것이다. 왜냐하면 칼리클레스는, 그로부터의 연역적 결론이 무엇이든 간에, 또 평범한 도덕적 관습과의 단절의 정도가 얼마나 심각하든 간에 그의 관점을 체계적으로 서술할 준비가 되었기 때문이다. 그것은 지배하기 위해 자신의 지성을 사용하고, 욕망을 무제한으로 충족하기 위해 자신의 지배를 이용하는 사람을 찬양하는 관점이다. 소크라테스는 이러한 견해에 몇 가지 난점을 제기할 수 있다. 그러나 이 난점들 중 어느 것도 고르기아스와 폴로스에 대한 그의 이의만큼 설득력이 있지는 않다.

이로써 칼리클레스는 보통 그리스 정신의 비일관성을 해결할 수 있는 하나의 방식을 성공적으로 제공하는 것처럼 보인다. 이 해결 방식을 받아들이지 말아야 할 합당한 근거가 있는가? 후세의 몇몇 저자들은 —— 고대의 스토아학파와 근대의 칸트주의자 —— 칼리클레스에 대해 유일하게 가능한 대답은 선한 것과(또는 현대의 저자들이 말하는 것처럼 **도덕적** 선과) 인간의 욕망 사이의 관계를 단절해야 한다고 주장하는 데 있다고 가정했다. 그들은 우리가 행해야만 하는 것이 우리의 욕망을 충족하는 **경우**에는 칼리클레스가 옳을 수밖에 없다고 전제한다. 기원전 5세기 또는 4세기의 그리스인이 이를 체계적으로 수행할 수 있는가 하는 것은 지극히 의심스러운 일이다. 왜냐하면 플라톤은 —— 적어도 이 점에서 플라톤과 칼리클레스는 모두 보통의 그리스 관습과 일치한다 —— 한편에는 덕과 선의 개념들이, 다른 한편에는 행복, 성공, 욕망의 충족의 개념들이 분리될 수 없을 정도로 밀접하게 결합되어 있다는 견해를 수용하기 때문이다. 그렇기 때문에 그는 선한 것은 행복과 욕망의 충족을 산출한다는 칼리클레스의 견해를 의문시할 수 없는 것이다. 그는 오히려 행복과 욕망의 충족에 관한 칼리클레스의 생각들을 문제시해야 한다. 《파이돈 *Phaidon*》과 《폴리테이아》의 심리학을 곧바로 발전시킨 것은 바로 이 후자의 문제화를 견지해야 하는 필요성이다. 그리고 이 대화편들의 심리학은 덕들에 관한 경쟁적 개념과 이를 수반하는 덕들의 목록을 위한 토대를 제공한다.

만약 욕망의 충족이 칼리클레스에게 **폴리스** 지배, 즉 전제군주의 삶에 있다면, 플라톤의 합리적 욕망은 물리적 세계에서 실존하는 **폴리스**에서가 아니라 오직 이상적 헌법과 정체政體를 가진 이상국가에서만 충족될 수 있을 것이다. 합리적 욕망이 추구하는 선과 실제의 삶은 예리하게 구별되어야 한다. 정치적으로 성취될 수 있는 것은 불만족스러우며, 우리를 만족시킬 수 있는 것은 정치를 통해서가 아니라 오직 철학을 통해서만 성취될 수 있다. 플라톤은 전자의 교훈을 시칠리아에서 마침내 배웠으며, 그는 이 교훈을 소크라테스의 죽음으로부터 단번에 깨달아야 한다는 것을 의심의 여지 없이 감지했다. 그럼에도 덕의 개념은 여전히 정치적 개념으로 남는다. 왜냐하면 덕 있는 사람에 관한 플라톤의 서술은 덕 있는 시민의 서술과 분리될 수 없기 때문이다. 이것은 오히려 축소해서 말한 것이다. 시민으로서의 탁월성을 포함하지 않고 한 인간으로서 탁월할 수 있는 가능성, 그리고 그 반대의 가능성은 존재하지 않는다. 그러나 탁월한 시민은 실제의 어느 도시국가에도, 아테네와 테베와 스파르타에서도 친숙하지 않다. 이들 장소의 어느 곳에서도 국가를 통치하는 사람들 자신이 이성에 의해 지배되지 않는다. 이성은 무엇을 요청하는가?

이성은 영혼의 모든 부분이 자신의 과제를 수행하기를 요구한다. 모든 특수한 과제의 수행이 하나의 특정한 덕이다. 육체적 욕망들은 이성이 그들에게 부과하는 절제를 인정해야 한다. 이렇게 나타난 덕은 **소프로쉬네**(절제)다. 어떤 위험의 도전에 응답하는 고귀한 덕은, 그것이 만약 이성에 따라 응답한다면, 용기로서, 즉 **안드레이아**andreia

로서 나타난다. 이성이 수학적 탐구와 변증법적 탐구에 의해 훈련을 받아 무엇이 정의 자체이고, 무엇이 아름다움 자체이며, 모든 형식들 가운데 선의 형식이 무엇인가를 인식할 수 있다면, 이성은 스스로 그의 특별한 지혜의 덕, 즉 **소피아**_{sophia}를 보여준다. 이 세 특성들은 네 번째 덕, 즉 **디카이오쉬네**(정의)의 덕이 나타날 때만 출현할 수 있다. 왜냐하면 **디카이오쉬네**는 ── 플라톤의 서술에서의 정의는, 그것이 비록 거의 모든 플라톤 번역가들이 사용하는 번역 용어이기는 하지만, 정의에 관한 우리의 현대적 개념과 상당히 다르다 ── 영혼의 모든 부분에 그 나름의 특수한 과제를 할당하는 바로 그 덕이기 때문이다.

따라서 덕에 관한 플라톤의 설명과 재정의는 하나의 복합적인 이론, 즉 우리가 그것 없이는 무엇이 덕인지를 파악할 수 없는 이론으로부터 파생된 것이다. 그는 자신의 이론이 보통 그리스인의 부적절한 언어 사용과 부패한 실천으로 생각하는 것을 거부하는 동시에 설명하려고 한다. 몇몇 소피스트들이 일상적 관습의 다양성과 비일관성을 이른바 일관적 상대주의로 변형시키는 데 반해, 플라톤은 상대주의와 비일관성뿐만 아니라 다양성마저 비난한다.

나는 플라톤의 이론이 덕들을 실제로 존립하는 국가보다는 오히려 이상 국가의 정치적 실천과 결합시킨다는 사실을 일찍이 강조했다. 그런데 마찬가지로 중요한 것은 플라톤이 실제로 존립하는 국가들의 갈등과 불화뿐만 아니라 실제 인물들 사이의 융화와 불화를 설명할 수 있는 능력을 자신의 이론에 요청한다는 사실을 강조하는 것이다. 정치적 영역뿐만 아니라 개인적 영역에서 갈등과 덕은 서로 양립할 수 없으며, 서로 배타적이다. 이러한 사실은 아마 연극 예술이 덕의 적이라는 플라톤의 견해의 한 원천인지도 모른다. 물론 플라톤의 이러한 견해에는 다른 원천들이 있다. 그의 형이상학은 그로 하여금 모든 미메시스mimesis(모방)와 모든 재현이 진정한 현실로부터 환상으로의 운동이라고 간주하도록 만들며, 예술의 변증법적 효과에 관한 그의 견해는 그로 하여금 많은 서사시 예술과 연극 예술의 내용을 비난하도록 만든다. 그러나 그는 국가 안에서뿐만 아니라 인격 안에서도 덕은 다른 덕과 갈등을 일으킬 수 없다는 견해에 사로잡혀 있다. 서로 전쟁 상태에 놓여 있는 경쟁적 덕들은 존재할 수 없는 것이다. 그러나 플라톤이 불가능하다고 생각한 것이 비극에서는 가능하다.

비극은 호메로스 이후의 틀 안에서 발생할 수 있는 갈등들을 매우 일찍이 탐구했다. 아이스킬로스Aeschylos[기원전 525~456. 그리스의 비극 시인]는 혈족에 대한 충성의무의 모순적 명법들과 혈족 관계를 지지하는 신학의 마찬가지로 모순적인 명법들을 믿었다. 그러나 소포클레스는 양립할 수 없는 가치들에 대한 경쟁적 충성의무들을, 특히 《안티고네》와 《필록테테스》에서 덕들에 대한 핵심적이고 복합적인 물음을 제기하는 방식으로 체계적으로 설명한다. 덕들에 관한 경쟁적 견해들과 무엇이 덕인가에 관한 경쟁적 서술들이 있을 수 있다는 사실은 명백한 것처럼 보인다. 그리고 어떤 특정한 성질이 덕으로 간주되어야 할지 악덕으로 간주되어야 할지에 관해 논쟁이 있을 수 있다는 사실도 마찬가지로 명백한 것처럼 보인다. 그러나 이 모든 불일치에도 불구하고 적어도 논쟁의 한 편이 단순히 오류를 범하고 있으며, 우리는 이 모든 논쟁들을 합리적으로 조정해 유일하게 합리적으로 정당화될 수 있는 덕의 서술과 목록에 도달할 수 있다고 주장할 수도 있다. 정말 그렇다고 가정해보자. 특정한 상황에서는 적어도 어떤 덕의 소유가 다른 덕의 소유를 배척하는 경우가 있을 수 있는가? 어떤 특성이 적어도 일시적으로 다른 특성과 전쟁 상태에 있을 수 있는가? 그럼에도 두 덕들은 각각 덕으로서 간주될 수 있는가? 동생(안티고네) 또는 친구(오디세우스)에 의해 요청되는 것을 행하는 덕의 실천이 정의의 덕의 실천(크레온) 또는 동정 및 진실성의 덕의 실천(네오프톨레모스)과 배치될 수 있는가? 우리는 이 물음에 대한 두 가지 체계적 대답들을 물려받았다.

이 대답의 한 그룹의 선조는 플라톤이다. 플라톤에게는, 우리가 살펴본 바와 같이, 덕들이 서로 양립할 수 있을 뿐만 아니라 한 덕의 존립이 다른 모든 덕들의 존립을 요청한다. 덕들의 통일성에 관한 이 강한 명제는 아리스토텔레스와 아퀴나스에 의해, 비록 그들이 몇 가지 중요한 관점에서 플라톤과 다를 뿐만 아니라 그들 서로도 다르기는 하지만, 반복된다. 이 세 사람이 모두 공유하는 전제조건은 완전히 조화로운 인간 삶의 체계 내에서 모든 덕의 자리를 규정하는 우주적 질서다. 도덕적 영역에서의 진리는 도덕적 판단이 이 체계의 질서와 일치하는가에 달려 있다.

이와는 정반대되는 현대적 입장이 있다. 이 입장은, 인간 가치의 다양성과 차이가 너무나 커서 이것들에 대한 추구가 유일한 도덕적 질서 속에서 조화를 이룰 수 없고, 따라서 그와 같은 조화를 추구하거나 다른 가치들에 대한 몇몇 가치들의 헤게모니를 강요하는 모든 사회적 질서는 필연적으로 하나의 구속복으로 변할 수밖에 없으며, 게다가 인간 조건에 대한 전체주의적 구속복으로 변할 수밖에 없다고 주장한다. 이것은 이사야 벌린 경이 우리에게 강력히 역설하는 견해이며, 그 근원은 우리가 이미 살펴본 바와 같이 베버의 저서에서 유래한다. 나는 이러한 견해가 덕들뿐만 아니라 가치들의 상이성을 필연적으로 수반한다고 생각하며, 이와 같은 이론가들에게는 덕들과 관련된 경쟁적 주장들의 선택이 — 가치 선택이 일반적으로 갖고 있는 — 도덕적 삶 내에서 핵심적 위치를 차지하고 있다고 생각한다. 그리고 판단들이 이와 같은 종류의 선택들을 표현하는 곳에서 우리는 이 판단들을 옳다고 규정할 수도 없고, 그르다고 규정할 수도 없다.

소포클레스의 관심은 플라톤주의자들뿐만 아니라 베버주의자들에게도 쉽게 수용될 수 없는 견해를 서술하는 데 있다. 다양한 덕들이 서로 적대적인 것으로 나타나며, 우리에게 양립할 수 없는 주장들을 제기하는 심각한 갈등들이 실제로 존재한다. 그러나 우리의 상황은 우리가 두 주장의 권위를 모두 인정할 수밖에 없다는 점에서 비극적이다. 하나의 객관적 도덕 질서가 **존재**하지만, 이에 대한 우리의 감각은 우리가 경쟁적 도덕적 진리들을 완전히 조화시킬 수 없다는 사실이다. 그 밖에도 도덕적 질서와 도덕적 진리의 인정은 베버와 벌린이 우리에게 역설하는 종류의 선택을 배척한다. 왜냐하면 선택은 내가 반대하기로 선택한 주장의 권위로부터 나를 해방하지 못하기 때문이다.

그렇기 때문에 소포클레스적 비극의 갈등 상황에서 어떤 신에게 호소하거나 어떤 신에게 평결을 내려주도록 간청함으로써 해결하고자 하는 것은 그리 놀라운 일이 아니다. 그러나 신의 판단은 갈등을 해결하기보다는 종식시킨다. 그것은 권위의 인정, 즉 어떤 우주적 질서의 인정과 덕들의 인식에 포함되어 있는 진리에 대한 주장과, 특정한 상황에서의 우리의 특수한 지각과 판단들 사이의 간격을 그대로 남겨둔다. 소포클레스 견해의 이러한 측면이 덕들에 관한 그의 설명의 한 부분, 즉 내가 이미 언급한 다른 두 가지 핵심적 특성들을 지닌 설명이라는 사실을 기억할 필요가 있다.

첫째는, 도덕적 주인공이 공동체 및 자기 역할과 맺고 있는 관계가 서사시의 영웅이 그것과 맺고 있는 관계와 같지 않으며, 현대 개인주의의 그것과도 동일하지 않다는 점이다. 왜냐하면 서사시적 영웅과 마찬가지로 소포클레스의 주인공 역시 사회 질서, 가족, 도시국가, 트로이 군대 내에서 자신의 자리를 갖지 못하면 아무런 존재도 아니기 때문이다. 그러나 그는 사회가 간주하는 것으로서 존재하는 것만은 아니다. 그는 사회 질서 내의 특정한 자리에 속하지만, 이를 초월한다. 그리고 그는 내가 방금 규정한 것과 같은 종류의 갈등에 대처하고 이를 인정함으로써 자신의 자리를 넘어선다.

둘째, 소포클레스의 주인공의 삶은 서사시의 주인공이 그런 것처럼 자신의 고유한 설화적 형식을 갖고 있다. 나는 여기서 소포클레스의 주인공들이 연극 속의 인물들이라는 진부하고 분명한 사태를 주장하는 것은 아니다. 나는 오히려 앤 라이터Ann Righter(1962)가 셰익스피어에게 속한다고 생각한 것과 유사한 신념을 소포클레스에게 부여하고 있는 것이다. 이 신념은 그가 인간의 삶이 이미 연극적 이야기의 형식, 즉 매우 특정한 유형의 연극적 이야기의 형식을 가지고 있다고 생각하기 때문에 인간의 삶을 연극적 이야기로 묘사했다는 것이다. 그렇기 때문에 나는 덕에 관한 영웅적 서술과 소포클레스적 서술의 차이가 결국은 어떤 이야기 형식이 인간 삶과 행위의 핵심적 특성들을 가장 잘 포착할 수 있는가 하는 문제에 관한 차이가 된다고 생각한다. 그리고 이러한 사실은 하나의 가설을 시사한다. 덕에 대해 하나의 태도를 취한다는 것은 일반적으로 인간 삶의 설화적 성격에 대해 하나의 태도를 취한다는 것을 의미한다. 왜 이러한가는 쉽게 이해될 수 있다.

어떤 사람이 더 좋은 방식 또는 나쁜 방식으로, 그리고 더 성공적으로 또는 덜 성공적으로 마주치고 극복하는 도덕적·육체적 고통과 위험들을 통한 진보로서 인간의 삶이 이해된다면, 덕들은 그것의 소유와 실천이 이러한 시도들의 성공을 가져오는 성질들로 분류되고, 악덕들은 이와 유사하게 실패를 초래하는 성질들로 분류된다. 따라서 모든 인간의 삶은 하나의 이야기를 구현하는데, 이 이야기의 형식과 내용은 무엇이 고통과 위험으로 간주되는가뿐만 아니라 성공과 실패, 진보와 그 반대가 어떻게 이해되고 평가되는가에 의존한다. 이러한 물음에 대한 대답은 함축적으로든 명시적으로든 무엇이 덕이고 악덕인가에 대한 대답을 의미한다. 서로 결합되어 있는 이 물음에 대해 영웅 사회의 시인들이 제시한 대답은 소포클레스가 제시한 것과 동일하지 않다. 그러나 그 연결고리는 양자에게서 동일하다. 그리고 그것은 특정한 종류의 덕들에 관한 믿음과 특정한 이야기 형식의 표현으로서의 인간 삶에 대한 믿음이 서로 결합되어 있다는 것을 보여준다.

이 결합의 본성은 다음과 같은 사실을 고찰할 때 더욱 강화된다. 나는 앞에서 덕에 관한 소포클레스의 견해를 플라톤의 견해와 베버적 개인주의의 견해와 대립시켰다. 이들 중 어느 경우에도 덕들에 관한 서술은 인간 삶의 이야기 형식에 대한 태도와 밀접하게 결합되어 있다. 플라톤은 연극 시인들을 그의 '폴리테이아(이상국가)'로부터 추방해야 하는데, 그것은 부분적으로 그들의 견해와 그의 견해가 대립하기 때문이다(《폴리테이아》 자체는 그 이전의 몇몇 대화편들과 마찬가지로 하나의 극시라는 점이 정당하게 지적되어왔다. 그러나 그 연극적 형식은 비극의 형식이 아니며, 소포클레스적이지도 않다). 그리고 베버적 개인주의자에게 삶 자체는 이런 의미에서, 우리가 심미주의적 환상을 통해 삶에 투사하는 형식을 제외하고는 아무런 형식도 가지고 있지 않다. 그러나 우리는 이 사실을 당분간 제쳐놓아야 한다. 그 대신 소포클레스적 견해를 두 가지 방식으로 확장하는 것이 필요하다.

첫째는 소포클레스의 연극적 조우에서 위험에 처해 있는 것은 단순히 개인들의 운명이 아니라는 사실을 다시 한번 강조하는 것이다. 안티고네와 크레온이 싸우면, 씨족의 삶과 도시국가의 삶은 서로 비교 검토된다. 오디세우스와 필록테테스가 대립하면, 그것은 균형 상태에 있는 그리스 공동체에 영향을 미치게 된다. 자신의 공동체를 대변하는 개인은 자신의 역할에서 영웅시에서의 연극적 성격과 같다. 그렇기 때문에 공동체 역시 중요한 의미에서 자신의 역사 이야기를 서술하는 하나의 연극적 성격이다.

이와 연관된 둘째 사실은 소포클레스적 자아가 영웅적 자아가 그런 것처럼 정의주의적 자아와 — 비록 더욱 복잡한 방식이기는 하지만 — 구별된다는 점이다. 소포클레스적 자아는 사회적 역할의 한계를 넘어서며, 이 역할들을 문제시할 수 있다. 그러나 소포클레스적 자아는 죽음의 시점에 대해 여전히 책임이 있으며, 영웅적 관점을 더 이상 불가능하게 만드는 갈등 상황에서 자기 자신을 다루는 방식에 대해서도 책임져야 한다. 소포클레스적 자아의 실존의 전제조건은 이 자아가 실제로 승리하거나 패배할 수 있고, 자기 자신을 구하거나 도덕적으로 파멸할 수 있다는 사실이며, 우리에게서 특정한 목표를 추구할 것을 요구하는 질서가 존재하며, 또 우리가 관계를 맺음으로써 우리의 판단에 참 또는 거짓의 능력을 제공하는 그런 질서가 존재한다는 사실이다. 그러나 과연 그런 질서가 존재하는가? 우리는 여기서 지체하지 않고 우리의 관심을 시로부터 철학으로, 소포클레스에게서 아리스토텔레스에게로 돌릴 수 있다.

제12장 덕에 관한 아리스토텔레스의 설명

내가 채택한 관점에서 덕에 관한 아리스토텔레스의 설명을 다루고자 하는 시도는 나에게 다음과 같은 초기 문제를 제시한다. 한편으로 그는 내가 자유주의적 현대의 목소리와 대립시킨 바로 그 주인공이다. 그러므로 나는 덕에 관한 그의 설명에 핵심적 자리를 허용해야 할 의무가 있는 것이다. 다른 한편으로 나는 그를 개인적 이론가로 생각할 뿐만 아니라 오랜 전통의 대변인으로서, 즉 수많은 그의 선조들과 후예들이 또한 ── 성공의 정도는 다를지 모르지만 ── 서술하는 것을 서술한 사람으로 생각하고 싶다는 것을 이미 분명히 밝혔다. 그런데 아리스토텔레스를 한 전통의 일부로 다룬다는 것, 그것도 이 전통의 가장 중요한 대변인으로 다룬다는 것은 매우 비아리스토텔레스적인 일을 하는 것이다.

아리스토텔레스는 물론 자신의 선조가 있다는 사실을 인식했다. 실제로 그는 이제까지의 역사가 자신의 사상에서 정점에 도달하는 방식으로 예전의 역사를 기술하려고 시도했다. 그러나 그는 선조들과 자신의 사상의 관계를 그들의 오류 또는 적어도 그들의 반쪽 진리를 **자신의** 포괄적이고 올바른 설명으로 대체하는 관계로서 생각했다. 진리의 관점에서 보면 ── 아리스토텔레스 자신의 견해에 의하면 ── 그의 작업이 일단 완료되기만 하면 그들의 작업은 아무런 손실 없이 폐기될 수 있는 것이었다. 그러나 이런 식으로 생각하는 것은 적어도 내가 생각하고 있는 의미의 사유 전통의 개념을 배제하는 것이다. 왜냐하면 이러한 전통 개념에서 핵심적 의미를 가지는 것은 과거가 결코 단순하게 버릴 수 있는 것이 아니라는 사실이며, 오히려 현재가 과거에 대한 주석과 반응으로서만 이해될 수 있다는 사실이다. 이 경우에 과거는 ── 만약 필요하고 또 가능하다면 ── 수정되고 초월되지만, 반대로 현재가 더욱 적절한 미래의 관점을 통해 수정되고 초월될 수 있는 가능성을 현재에 남겨놓는 방식으로 수정되고 초월된다. 그렇기 때문에 전통의 개념은 매우 비아리스토텔레스적인 인식론을 구현한다. 이 이론에 따르면 도덕적·과학적 신념에 관한 하나의 특수한 이론 또는 이론들의 세트는 일련의 역사적 연속의 한 부분으로서만 이해될 수 있으며, 그것이 정당화될 수 있는 한에서 정당화될 수 있다. 이와 같은 연속에서 뒤의 것이 앞의 것보다 반드시 더 우월하다고 말할 필요는 없다. 하나의 전통은 진보를 중단할 수도 있고, 타락할 수도 있다. 그러나 만약 전통이 좋은 상태에 있고 진보가 **실제로** 일어난다면, 전통은 항상 특정한 점증적 요소를 소유하고 있기 마련이다. 현재에 있는 모든 것이 똑같이 미래에 폐지되는 경향을 갖고 있는 것은 아니며, 현재의 이론 및 신념들의 몇몇 요소는 실제로 전통 전체를 포기하지 않는 한 그것을 포기한다는 것을 쉽게 상상할 수 없는 그런 종류의 것들일 수 있다. 예를 들면, 우리가 갖고 있는 현재의 과학 전통에서 현재 생화학 내에서 이루어지는 세포와 분자 사이의 관계에 대한 설명이 그렇다. 이와 마찬가지로 고전적 전통 내에서 몇 가지 핵심적 덕들에 관한 아리스토텔레스의 설명이 이런 종류의 것들이다.

그렇기 때문에 아리스토텔레스의 의미는 그것이 실존한다고 그자신이 인정하지 않았고 인정할 수 없었던 그런 종류의 전통의 의미에서만 상세하게 규정될 수 있다. 우리가 말하는 역사적인 것에 대한 감각의 결여가 다른 그리스 사상가들과 마찬가지로 아리스토텔레스도 자신의 사상을 전통의 한 부분으로 이해하는 것을 방해했듯이, 그것은 특히 설화적인 것에 관해 그가 말할 수 있는 것을 심각하게 제한한다. 그러므로 아리스토텔레스가 덕들에 관해 말해야 했던 것을, 내가 생각하기에 서사시와 비극 작가들에게서 등장하는, 덕과 이야기 형식의 관계에 관한 명제와 통합시키는 과제는 매우 오랫동안 아리스토텔레스의 후예들을 기다려야 한다. 이 후예들의 성경 문화는 그들에게 역사적으로 사유하는 법을 가르쳐주었다. 고전적 전통에 핵심적인 몇 가지 문제들은 아리스토텔레스에게서 아무런 대답도 얻을 수 없다. 그럼에도 고전적 전통을 결정적으로 도덕적 사유의 전통으로 구성한 덕에 관한 설명을 제공한 것은 다름 아닌 아리스토텔레스다. 그는 동시에 그의 시인 선조들이 단지 주장하거나 제안할 수밖에 없었던 것을 끊임없이 근거짓고, 사회세계에 대한 플라톤적 비관론에 투항하지 않으면서도 고전적 전통을 하나의 합리적 전통으로 만든다. 그러나 우리가 아리스토텔레스의 사상을 소유하고 있는 형식은 그 자체로 그 사상의 내용에 관한 종종 시끄러운 학문적 논쟁을 피할 수 없게 만든다는 사실을 우리는 처음부터 언급해야만 한다. 그 밖에도 최근에는 아리스토텔레스의 성숙한 입장은 모든 학자들이 흔히 생각하는 것처럼《니코마코스 윤리학》에서가 아니라《에

우데모스 윤리학*Ethica Eudemia*》에서 발견된다는 주장이 제시되었다.(Kenny 1978) 이 주장에 대한 논쟁은 계속될 것이다.(Irwin 1980) 그러나 나는 다행스럽게도 이 논쟁에 끼어들 필요가 없다. 왜냐하면 내가 아리스토텔레스의 자리를 매김한 전통은《니코마코스 윤리학》을 덕들에 관한 아리스토텔레스적 설명의 정전正典적 텍스트로 만들었기 때문이다.

《니코마코스 윤리학》은 ── 포르피리오스Porphyrios는 이 책이 아리스토텔레스의 아들인 니코마코스에게 헌정되었다고 말하고, 다른 사람들은 그에 의해 편집되었다고 말한다 ── 이제까지 쓰인 것들 중에서 가장 훌륭한 강연문들의 모음이다. 그리고 그것들은 부분적으로 압축, 반복 또는 부정확한 상호 참조의 결함들을 지닌 강연문들이기 때문에 우리는 바로 그 속에서 종종 아리스토텔레스의 목소리를 들을 수 있는 것이다. 그것은 고압적이고 유일무이하다. 그러나 그것은 단순한 아리스토텔레스의 목소리 이상의 것으로 존재하고자 하는 목소리다. 그가 지속적으로 제기하는 물음은 "우리는 이런저런 주제에 관해 무엇을 말하는가?"이지, "내가 무엇을 말하는가?"가 아니다. 그가 이름을 빌려 쓰고 있는 이 '우리'는 도대체 누구인가? 아리스토텔레스는 자신이 덕의 설명을 만들어낸 것이 아니라 교양 있는 아테네인의 사유, 말, 행위 속에 함축되어 있는 설명을 서술하고 있다고 생각한다. 그는 최선의 도시국가에 살고 있는 최선의 시민의 합리적 목소리를 대변하고자 한다. 왜냐하면 그는 도시국가가 인간 삶의 덕들을 실제로 완전하게 제시할 수 있는 유일한 정치적 형식이라고 생각하기 때문이다. 따라서 덕에 관한 철학적 이론은 현재 이루어지고 있는 최선의 덕의 실천 속에 이미 함축되어 있을 뿐만 아니라, 이 실천에 의해 전제되는 전前 철학적 이론을 대상으로 하는 하나의 이론이다. 이것으로부터 물론 실천이 ── 실천 속에 함축되어 있는 전철학적 이론은 철학에 대해 규범적이다 ── 필연적으로 사회학적인, 또는 아리스토텔레스가 말했을 법한 정치적 출발점을 가지고 있다는 결론이 도출되는 것은 아니다.

모든 활동, 모든 탐구, 모든 실천은 무엇인가 좋은 것善을 추구한다. 왜냐하면 '선' 또는 '하나의 가치'라는 용어는 사람들이 통상적으로 추구하는 목표를 의미하기 때문이다. 《윤리학》에서 아리스토텔레스의 출발 논증들이 전제하는 것은 G. E. 무어가 "자연주의적 오류"라고 명명해야 할 것이 전혀 오류가 아니며, 선한 것 ── 정의로운 것 또는 용기 있는 것 또는 다른 방식으로 뛰어난 것 ── 에 관한 발언들이 일종의 사실적 발언들이라는 사실이 중요하다는 것이다. 인간존재는 다른 종의 구성원들과 마찬가지로 특정한 본성을 갖고 있다. 그리고 이 본성에 의하면, 그들은 특정한 의도와 목표를 가지는 까닭에 본성적으로 특정한 텔로스(목표)를 향해 운동한다. 선은 그들이 지닌 특별한 성격에 의해 정의된다. 그렇기 때문에 아리스토텔레스의 윤리학은 ── 그의 설명에 의하면 ── 자신의 형이상학적 생물학을 전제한다. 아리스토텔레스는 ── **폴리스**의 특성들에 기반을 두고 있을 뿐만 아니라 부분적으로는 이 특성들에 의해 규정되기 때문에 ── 지역적이고 특수하며 동시에 우주적이고 보편적인 선을 설명하고자 하는 과제를 스스로 설정한다. 이 양극 사이의 긴장 관계는 《윤리학》의 논증 전체에서 감지될 수 있다.

그런데 선은 인간에게 무엇으로 판명되는가? 아리스토텔레스는 이 선을 돈, 명예 또는 쾌락과 동일시하는 것에 반대할 설득력 있는 논거를 갖고 있다. 그는 이 선에 에우다이모니아eudaimonia(행복)라는 이름을 부여한다 ── 종종 그렇듯이, 여기에서도 번역의 문제점이 생겨난다. 축복, 행복, 성공. 그것은 잘 지내는 상태와 잘 지내면서 좋은 행위를 하는 상태이며, 자기 자신에게뿐만 아니라 신과의 관계에서도 유리한 상태다. 그러나 아리스토텔레스가 인간선에 이 이름을 처음으로 부여했을 때, 그는 **에우다이모니아**의 내용에 관한 물음은 대부분 열어놓았다.

덕의 소유는 개인으로 하여금 에우다이모니아를 성취할 수 있도록 만들고, 덕의 결여는 이 **텔로스**를 향한 그의 운동을 좌절시키는데, 그러한 성질들이 바로 덕들이다. 이러한 덕들의 실천을 인간선의 성취라는 목표에 대한 수단으로 서술하는 것이 비록 틀리지는 않는다고 하더라도, 이러한 서술은 애매모호하다. 아리스토텔레스는 자신의 저서에서 두 가지 상이한 유형의 수단-목표 관계를 명시적으로 구분하지는 않는다. 우리가 어떤 사건 및 상태 또는 활동을 다른 어떤 것을 위한 수단으로 이야기한다면, 우리는 우리가 첫째 종류의 특정한 사건, 상태 또는 활동을 산출하면 이에 뒤이어 둘째 종류의 특정한 사건, 상태 또는 활동이 잇따라 일어날 수 있을 정도로 세계의 질서가 우연히 그렇게 되어 있다고 생각할 수 있다. 수단들과 목표는 그때그때마다 다른 것을 언급하지 않고서도 충분히 규정될 수 있다. 그리고 동일한 목표를 성취하기 위해 여러 가지의 매우 상이한 수단들이 투입될 수 있다. 그러나 덕의 실천은 이러한 의미에서 인간선을 성취하는 목표에 대한 하나의 수단이 아니다. 왜냐하면 인간선을 구성하는 것은 최선으로 실현된 완전한 삶이고, 덕의 실천은 스스로에게 그러한 삶을 보장하기 위한 단순한 예비적 연습이 아니라 바로 그러한 삶의 필연적이고 본질적인 부분이기 때문이다. 그렇기 때문에 우리는 덕을 언급하지 않고서는 인간선을 적절히 규정할 수 없다. 아리스토텔레스의 체계 안에서는 덕을 실천하지 않고서도 인간선을 성취할 수 있는 수단들이 존재할 수 있다는 언급은 도저히 이해되지 않는다.

덕 실천의 직접적인 결과는 올바른 행위를 통해 표현되는 하나의 선택이다. "의도적 선택의 목표가 올바를 수 있도록 하는 원인은 바로 덕이다"(1228a 1, 케니의 번역본, Kenny 1978)라고 아리스토텔레스는 《에우데모스 윤리학》에서 말하고 있다. 물론 이러한 사실로부터 상응하는 덕이 결여되었다고 해서 올바른 행위가 불가능하다는 결론이 도출되는 것은 아니다. 그 이유를 이해하기 위해서는 다음과 같은 물음에 대한 아리스토텔레스의 대답을 고찰할 필요가 있다. 성격의 덕들에 대한 적절한 훈련이 결여되어 있는 사람은 어떠한가? 이 사람은 부분적으로 그의 자연적 특성과 자질에 달려 있을 것이다. 몇몇 사람들은 필요할 때 특정한 덕이 요청하는 것을 행하는, 물려받은 자연적 성향을 가지고 있다. 그러나 이 다행스러운 천부적 재능이 이에 상응하는 덕의 소유와 혼동되어서는 안 된다. 왜냐하면 그것은 체계적 연습과 원칙에 의해 철저하게 이루어진 것이 아니므로 이 행복한 사람들조차도 그들 자신의 감정과 욕망의 제물이기 때문이다. 자기 자신의 감정과 욕망에 의한 희생은 두 가지 종류다. 어떤 사람에게는 자신의 감정과 욕망을 질서 있게 통제할 수 있는 수단과, 무엇을 연마하고 격려하며 무엇은 억제하고 축소해야 할 것인가를 합리적으로 결정할 수 있는 수단들이 결여되어 있다. 또 어떤 사람에게는 특정한 상황에서 오히려 견제되어야 할 것에 대한 욕망보다는 다른 것에 대한 욕망을 가능하게 하는 성향들이 결여되어 있다. 덕들은 특정한 방식으로 행위하는 성향일 뿐만 아니라 특정한 방식으로 느끼는 성향이다. 덕 있게 행위한다는 것은, 훗날 칸트가 생각하는 것과는 달리, 성향에 반대해 행위하는 것을 의미하지 않는다. 그것은 오히려 덕들의 연마에 의해 형성된 성향에 따라 행위하는 것을 의미한다. 도덕교육은 '감성 교육éducation sentimentale'이다.

교육을 받는 도덕 행위자는 물론 그가 판단하거나 덕 있게 행위할 때 무엇을 행하는지를 알고 있다. 그러므로 그가 덕 있는 것을 행하는 것은 바로 그것이 덕 있는 것이기 **때문이다**. 이러한 사실은 또한 덕의 실천을 결코 덕이 아닌 성질들, 즉 덕의 환영의 실천과 구별한다. 예를 들면, 잘 훈련된 군인은 특정한 상황에서 용기가 요구하는 것을 행할지도 모른다. 그러나 그가 그렇게 행하는 것은 그가 용기 있기 때문이 아니라, 잘 훈련되었거나 ——아리스토텔레스의 예를 넘어서 프리드리히 대제의 준칙을 기억하자면 —— 적보다는 자신의 상관을 더 두려워하기 때문일 수도 있다. 이와는 반대로 실제로 덕 있는 행위자는 진정한 합리적 판단의 토대 위에서 행위한다.

그러므로 덕에 관한 아리스토텔레스적 이론은 어느 특정한 개인이 특정한 시점에 자신에게 좋다고 생각하는 것과 인간으로서 그에게 실제로 좋은 것의 분명한 구별을 전제한다. 우리가 덕을 사용하는 것은 바로 이 후자의 선을 성취하기 위해서다. 그리고 우리는 이 목표를 성취할 수 있는 수단들을 선택함으로써, 즉 앞에서 서술한 두 가지 의미에서의 수단들을 선택함으로써 덕을 실천한다. 그러한 선택은 판단을 요구한다. 그렇기 때문에 덕의 실천은 판단의 능력과 올바른 장소와 시점에서 올바로 행위할 수 있는 능력을 요구한다. 그러한 판단을 내리는 것은 결코 규칙을 기계적으로 적용하는 것을 의미하지 않는다. 그렇기 때문에 현대의 독자의 눈으로 보면 아리스토텔레스의 사상에서 가장 분명하고 놀라운 결여는 다음과 같은 것이다. 《윤리학》에는 규칙들에 관한 언급이 좀처럼 없다. 그 밖에도 아리스토텔레스는 규칙에 대한 복종을 포괄하는 도덕의 한 부분을 —— 만약 도시국가가 해야 할 것을 제정한다면 —— 도시국가에 의해 제정된 규칙에 대한 복종으로 생각한다. 그러한 법률은 특정한 유형의 행위들을 절대적으로 명령하고 금지한다. 그리고 그러한 행위들은 덕있는 사람이라면 누구나 행하거나 행하지 않을 행위들에 속해 있다. 그렇기 때문에 특정한 행위들이 상황과 결과와는 관계없이 절대적으로 명령되거나 금지된다는 것은 아리스토텔레스 견해의 핵심적 부분을 이룬다. 아리스토텔레스의 견해는 목적론적이지만 결과주의적이지는 않다. 더욱이 아리스토텔레스가 절대적으로 금지된 것이라고 명명한 예들은 표면적으로는 전혀 다른 도덕체계의 규범들, 즉 유대교의 법과 유사하다. 그는 비록 자연적이고 일반적일 뿐만 아니라 관습적이고 지역적인 정의의 규칙들이 존재한다고 주장하지만, 그가 법에 관해 말하는 것은 매우 간단하다. 그는 자연적이고 보편적인 정의가 특정한 행위들을 절대적으로 금지한다고 강조하려는 것처럼 보인다. 그러나 어떤 위반에 어떤 형벌을 부과하는가는 국가마다 다를 수 있다. 그럼에도 그는 이 주제에 대해 마치 그것이 비밀인 양 별로 말하지 않는다. 그렇기 때문에 —— 텍스트에 들어 있는 것을 훨씬 넘어서는 견해들을 아리스토텔레스에게 돌리는 대신에 —— 보다 일반적 방식으로 묻는 것이, 즉 인간 삶에서 차지하는 덕들의 위치에 관해 아리스토텔레스가 생각하는 것과 같은 견해들이 무엇 때문에 자연적 정의의 절대적 금지를 언급하는가 하는 물음이 가치 있는 것처럼 보인다. 그리고 우리가 이 물음을 제기한다면, 덕의 자리는 개인의 삶뿐만 아니라 도시국가의 삶이기도 하며, 개인은 오직 '정치적 동물politikon zôon'로서만 이해될 수 있다는 아리스토텔레스의 주장을 기억할 필요가 있다.

이 마지막 언급은 덕들과 법률의 도덕성 간의 관계를 해명할 수 있는 하나의 가능성이 공동의 기획을 실행하기 위해, 그리고 이 기획에 참여하는 모든 사람들에 의해 공동선으로 인정되는 어떤 선을 성취하기 위해 하나의 공동체를 설립하는 데 모든 시대에 중요한 역할을 담당하는 것을 고찰하는 것이라는 점을 말해준다. 이러한 기획의 현대적 예들로서 우리는 학교, 병원 또는 화랑의 설립과 운영을 생각할 수 있다. 이에 대한 고대 세계의 특징적 예들은 종교적 의식, 탐험, 도시국가일 것이다. 이러한 기획에 참여하는 사람들은 두 가지 매우 다른 유형의 가치평가적 실천 방식을 발전시켜야 할 것이다. 한편으로 그들은 그들의 공동선 또는 가치들을 실현하는 데 기여할 수 있는 정신과 성격의 특성들을 평가할 —— 탁월성으로서 칭찬해야 할 —— 필요가 있다. 그것은 그들이 한 무리의 특정한 성질들을 덕으로서, 그리고 이에 상응하는 결함들을 악덕으로서 인정해야만 한다는 것을 의미한다. 그들은 또한 공동체의 유대를 파괴해 선의 실천 또는 성취를 적어도 일정 기간 불가능하게 만들 정도로 고통을 가하거나 생산하는 것과 같은 특정한 유형의 행위들을 정확하게 규정할 필요가 있다. 이와 같은 위반 행위의 전형적 예들은 무구한 생명의 파괴, 도둑질, 위증과 사기다. 그러한 공동체에서 공표된 덕들의 목록은 시민들에게 어떤 종류의 행위가 업적과 명예를 가져올 것인가를 가르칠 것이다. 그리고 규칙 위반의 목록은 그들에게 어떤 종류의 행위들이 단순히 나쁠 뿐만 아니라 용납할 수 없는 것으로 간주되는 지를 가르칠 것이다.

위반 행위를 자행한 사람이 공동체로부터 배척되는 것이 아마 이러한 위반 행위에 대한 반응일 것이다. 공동체가 파멸하지 않으려면, 공동체는 범죄자에 의한 공동체적 유대의 침해를 있는 그대로 인식해야만 한다. 그렇기 때문에 범죄자는, 그가 자신의 행위를 통해 처벌을 야기했다면, 매우 결정적 의미에서 스스로를 추방한 것이다. 추방이 사형이나 번복할 수 없는 망명과 같은 영구적인 것인지, 투옥이나 일시적 망명과 같은 잠정적인 것인지는 그때그때의 위반의 경중에 달려 있다. 위반 행위의 중대성을 평가하는 과정에서의 상당한 정도의 의견 일치는 여러 가지 덕들의 본질과 의미에 관한 상당한 정도의 의견 일치와 마찬가지로 공동체에 대해 구성적이다.

이 두 가지 실천 방식의 필요성은 이러한 공동체의 개별 구성원이 공동체의 성원으로서 자신의 역할을 수행하는 데 두 가지 상이한 방식으로 실패할 수 있다는 사실로부터 도출된다. 그는 한편으로 충분히 선량하지 않을 수 있다. 그것은 공동체의 공동선을 성취하는 데 그의 기여를 무시할 수 있을 정도로 그가 덕들을 결여하고 있다는 것을 의미한다. 그러나 어떤 사람은 공동체의 법률에 상세하게 규정되어 있는 특정한 위반 행위를 범하지 않고서도 이러한 방식으로 실패할 수 있다. 자신의 악덕 때문에 그와 같은 위반 행위를 저지르지 않을 수도 있는 것이다. 비겁함은 어떤 사람이 살인을 저지르지 않는 이유가 될 수도 있다. 허영심과 허풍은 때에 따라서는 어떤 사람으로 하여금 진리를 말하도록 만들기도 한다.

이와는 반대로 법률 위반에 의한 공동체의 실패는 충분히 선량하지 않기 때문에 실패하는 것과 단순히 동일시될 수 없다. 그것은 아주 다른 방식으로 실패하는 것이다. 상당한 정도의 덕을 겸비하고 있는 어떤 사람이 비록 다른 어떤 사람보다도 중한 위반 행위를 저지를 성향을 가지고 있지 않다고 하더라도, 용감하고 겸손한 사람이 경우에 따라서는 살인을 저지를 수 있으며, 그의 위반 행위는 비겁한 사람 및 허풍선이의 위반 행위보다 덜 중대하지도, 더 중대하지도 않다. 의도적으로 나쁜 짓을 행한다는 것은 선한 행위를 하지 않고 선하게 존재하지 않는다는 것과 동일하지 않다. 그럼에도 양자는 밀접하게 결합되어 있다. 왜냐하면 양자는 공동체를 어느 정도 침해하며, 공동체적 기획의 성공을 덜 개연적으로 만들기 때문이다. 법률 위반은 선에 대한 공동의 추구를 가능하게 만드는 관계들을 파괴한다. 결함 있는 성격은 어떤 사람이 더 범죄를 저지를 수 있도록 만들 뿐만 아니라, 이것 없이는 공동체의 공동 삶이 아무런 의미가 없는 그런 선을 성취하는 데 참여할 수 없도록 만든다. 양자는 선이 박탈되었기 때문에, 그러나 매우 다른 방식으로 박탈되었기 때문에 악하다. 그렇기 때문에 덕에 관한 설명은, 그것이 비록 그와 같은 공동체의 도덕적 삶을 서술하는 데 본질적 부분을 이룬다고 할지라도, 그 자체로 결코 완전할 수가 없는 것이다. 그리고 아리스토텔레스는, 우리가 이미 살펴본 바와 같이, 덕들에 관한 자신의 설명이 절대적으로 금지된 행위 유형에 관한 간단한 설명을 통해 보완되어야 한다는 사실을 인식한다.

그런데 덕들과 법률 사이에는 다른 결정적인 연관 관계가 존립한다. 왜냐하면 법률을 적용하는 방법을 아는 것은 오직 정의의 덕을 소유하고 있는 사람에게만 가능하기 때문이다. 정의롭다는 것은 모든 사람에게 그가 마땅히 받을 만한 것을 주는 것을 의미한다. 따라서 공동체에서 정의의 덕이 번영할 수 있는 사회적 전제조건은 두 가지다. 공적에 관한 합리적 기준이 있어야 하고, 또 이 기준에 관해 사회적으로 정당화된 동의가 있어야 한다. 가치와 형벌을 할당할 때 상당 부분은 물론 규칙에 의해 통제된다. 도시 내의 공공 관직의 분배뿐만 아니라 범죄 행위에 대한 응보는 도시의 법률에 의해 명확하게 규정되어 있어야 한다(여기서 우리는 아리스토텔레스적 시각에서 보면 법률과 도덕이, 현대에서 그런 것과는 달리, 두 개의 분리된 영역이 아니라는 사실에 주목할 필요가 있다). 그러나 법이 일반적인 까닭에, 법률을 어떻게 적용해야 할지, 또 정의가 요구하는 것이 무엇인지가 불명료한 특수한 경우들이 항상 발생한다. 그러므로 어떤 규칙도 미리 있을 수 없는 경우들이 어쩔 수 없이 있게 마련이다. 이런 경우에 우리는 **카타 톤 오르톤 로곤**kata ton orthon logon, 즉 '올바른 이성에 따라' 행위해야 한다.(*Ethica Nicomachea*, 1138b25) 이 표현은 W. D. 로스W. D. Ross에 의해 "올바른 규칙에 따라"로 잘못 번역되었다(다른 경우에는 세심하기 짝이 없는 아리스토텔레스 번역자의 이 오역은 아마 대수롭지 않은 것이 아닐지도 모른다. 왜냐하면 그것은 규칙에 대한 현대 도덕철학자들의 광범위한 비아리스토텔레스적 몰두와 편견을 반영하기 때문이다). 아리스토텔레스가 여기서 의미하는 것은 우리 시대의 예를 통해 분명하게 설명될 수 있다. 내가 이 글을 쓰고 있는 시기에 미국 매사추세츠주 매시피 시市와 웜파노악Wampanoag 인디언 부족 사이에 법정 소송이 진행되고 있었다. 웜파노악 인디언들은 시 영역 내에 있는 부족의 땅이 불법적·위헌적으로 수용되었다고 주장하면서 이 땅의 반환을 위한 소송을 제기한다(그동안에 이 사건은 오직 그 비정합성으로만 언급할 가치가 있는 평결을 통해 웜파노악 인디언들에게 불리하게 결정되었다). 이 청구권은 아주 오래전에 법정에 제기되었으며, 법원의 심리는 당분간 계속될 것이다. 제1심 재판에서 진 편은 거의 확실하게 항소할 것이며, 항소재판은 오래 걸릴 것이다. 이 오랜 시간 동안 매시피의 땅값은 형편없이 떨어져서, 현재는 어떤 유형의 부동산을 파는 것도 거의 불가능하다. 이는 일반적으로 주택 소유자들에게 어려움을 야기했는데, 특히 재산을 팔고 다른 곳, 아마 자식들 근처로 이사 가거나 주택 판매금으로 노후 생활을 재정립할 수 있기를 당연히 기대했던 퇴직자들과 같은 특별한 유형의 주택 소유자들에게 많은 어려움을 야기했다. 이런 상황에서 정의는 무엇을 요구하는가? 현재의 도덕철학자들에 의해 최근에 제시된 정의에 관한 두 가지 규칙 지향적 개념들은 우리에게 아무런 도움도 줄 수 없다는 사실을 우리는 지적해야 한다. 존 롤스는 "사회적·경제적 불평등은 그것이 가장 불리한 사람들에게 최대의 이익을 가져다줄 수 있도록 조정되어야 한다"(302)고 주장한다. 그리고 로버트 노직Robert Nozick은 "그것을 취득하고 양도하는 데 정의의 원칙에 따라 그것에 대한 권한을 갖고 있다면, 어떤 사람의 소유는 정당하다"(153)고 설명한다. 그러나 매시피의 문제는 오랜 시기와 연관되어 있어, 우리는 누가 취득과 양도를 근거로 하여 정당한 권한을 갖고 있는지 알 수 없을 뿐만 아니라 ── 왜냐하면 그것은 재판 과정을 통해 결정되어야 하기 때문이다 ── 어떤 집단이 매시피에서 가장 불리한 집단인지 ── 왜냐하면 그것은 재판의 결과를 통해 결정될 것이기 때문이다 ── 알 수도 없다. 그것이 특정한 방식으로 결정되면 웜파노악 인디언들은 매시피의 가장 부유한 시민들이 될 것이며, 다른 경우에는 그들은 가장 가난한 사람들로 남을 것이다. 그럼에도 그 부족의 청구자는 하나의 정의로운 해결책을 제안했다(매시피 시 행정위원들은 이 제안에 처음에는 분명히 동의했지만, 결국 비준을 거부했다). 그것은 현재 주택이 들어서 있는 1에이커 이하의 모든 대지를 소송에서 제외한다는 제안이다. 이것은 어떠한 형식으로도 하나의 규칙의 적용으로 규정하기는 어려울 것이다. 어떠한 규칙의 적용도 소주택 소유자들에게 정의를 보장할 수 없는 까닭에 해결책은 실제로 고안되어야만 했다. 해결책은 단순하고 즉각적인 추론적 사유의 결과다. 만약 면제된 재산의 규모가 1에이커로 확정되거나 경우에 따라 그 이상과 이하로 확정된다면, 이와 같은 재산들을 포함하는 청구권이 주장된 땅의 면적과 당사자들의 수가 이 추론 과정에서 고려되어야 한다. '올바른 이성에 따라(카타 톤 오르톤 로곤)' 판단한다는 것은 실제로 과부족에 관해 판단한다는 것을 의미한다. 그리고 아리스토텔레스는 덕들을 일반적으로 성격 짓기 위해 과다와 부족 사이의 중용의 개념을 사용하려고 시도한다. 용기는 성급함과 소심함 사이에 있으며, 정의는 불의를 행하는 것과 불의를 당하는 것의 중간에 있으며, 관대함은 낭비와 인색의 중간에 있다. 따라서 모든 덕에는 두 가지의 상응하는 악덕들이 존재한다. 그리고 악덕에 빠진다는 것이 무엇을 의미하는지는 상황을 고려하지 않고서는 정확하게 규정될 수 없다. 어떤 상황에서 관대할 수 있는 동일한 행위가 다른 상황에서는 낭비일 수 있고, 또 다른 제3의 상황에서는 인색함일 수도 있다. 그렇기 때문에 판단은 덕 있는 사람의 삶에서는 불가피한 역할을 담당한다. 그러나 단순히 규칙을 잘 지키거나 준법적인 사람의 삶에서는 이 판단이 그런 역할을 하지 않을 수 있다.

　그러므로 **프로네시스**phronesis(실천적 지혜)는 핵심적인 덕이다. 프로네시스는 **소프로쉬네**와 마찬가지로 본래 칭찬의 귀족적 용어다. 그것은 자신에게 마땅한 권리로서 속해 있는 것이 무엇인가를 알며 자신의 몫을 요구하는 것을 자랑스러워하는 사람을 성격 짓는다. 더욱 일반적으로 말하자면, 그것은 특정한 상황에서 어떻게 판단해야 하는가를 아는 사람을 의미한다. **프로네시스**는 지성적 덕이다. 그러나 그것은 그것 없이는 '성격의 덕들'의 어느 것도 실천될 수 없는 그런 지성적 덕이다. 이 두 가지 종류의 덕들에 관한 아리스토텔레스의 구별은 본래 그것들이 획득되는 방식의 대립을 통해 이루어진다. 지성적 덕들은 교육을 통해 획득되고, 성격의 덕들은 습관적 연습을 통해 획득된다. 우리는 정의롭거나 용감하게 행위함으로써 정의로워지거나 용감해진다. 우리는 체계적 교훈의 결과로서 이론적 또는 실천적으로 영리해진다. 그럼에도 이 두 가지 종류의 도덕교육은 밀접하게 연관되어 있다. 우리가 우리에게 자연적으로 주어진 처음의 성향들을 성격의 덕들로 변형시킬 때, 우리는 이러한 성향들을 **올바른 이성에 따라** 점차적으로 실행함으로써 그러한 변형을 행하는 것이다. 특정한 종류의 자연적 성향과 상응하는 덕 사이의 결정적 차이는 지성의 사용에 있다. 이와 반대로 실천이성의 실행은 성격 덕들의 존립을 요청한다. 그렇지 않으면 실천이성은 실제의 인간선을 서술하는 목적보다는 다른 어떤 목적과 수단을 결합시키는 간계의 능력으로 변질되거나 처음부터 이런 간계의 능력으로 남을 것이다.

　아리스토텔레스에 의하면, 성격의 탁월성과 지성의 탁월성은 서로 분리될 수 없다. 여기에서 아리스토텔레스는 현대 세계에 지배적인 것과 모순되는 특징적 견해를 표현한다. 현대적 견해는 한편으로 "얌전히 있어라, 착한 아이야. 그가 원한다면 영리하게 내버려두어라"라는 진부한 말 속에 표현되고, 다른 한편으로는 선의지와 ── 선의지의 소유만이 도덕적 가치의 필요충분조건이다 ── 일반적 규칙을 특정한 경우에 적용할 수 있는 지식을 나누는 칸트의 구별과 같은 심오한 말 속에 표현된다. 칸트는 이 지식을 아주 특별한 자연적 재능이라고 간주했는데, 이 재능의 결여는 어리석음으로 명명된다. 그렇기 때문에 칸트에게는 사람이 동시에 선하고 어리석을 수 있다. 이와는 반대로 아리스토텔레스에게는 특정한 종류의 어리석음은 선함을 배척한다. 더욱이 진정한 실천이성은 거꾸로 선에 관한 지식을 요청하며, 그것을 소유하고 있는 사람에게서 특정한 선을 요청한다. "그가 만약 선하지 않다면, 어떤 사람이라도 실천이성을 가질 수 없다는 것은 명백하다."(*Ethica Nicomachea*, 1144a37)

현대의 사회적 실천과 이론은 이 점에서 아리스토텔레스보다는 칸트를 따르고 있다는 것을 나는 이미 언급했다. 그렇기 때문에 우리는 현대의 연극 각본에 매우 중요한 성격들과 ── 수단과 목표를 가치중립적으로 결합하는 전문가, 정신적으로 결함이 없는 한 어느 사람이라도 될 수 있는 도덕적 행위자 ── 유사한 것을 아리스토텔레스의 체계 또는 고전적 전통 내에서는 찾아볼 수 없다. 실천이성과 도덕적 덕의 결합이 확고하게 정착되어 있는 어떤 문화 속에서도 관료제적 전문가의 찬양을 상상한다는 것은 실제로 상당히 어려운 일이다.

우리가 다른 모든 덕들을 소유하지 않고서는 성격 덕들의 어느 것도 발전된 형식으로 소유할 수 없다는 사실의 논증 과정에서 아리스토텔레스는 실천이성과 성격 덕의 결합을 끌어들인다. 여기서 그가 실제로 '모든 것'을 의미했다고는 생각할 수 없지만 —— 어떤 사람이 사회적으로 상냥하지 않으면서도 실제로 용감할 수 있다는 것은 분명한 것처럼 보인다. 그러나 상냥함은 용기와 마찬가지로 아리스토텔레스에 의해 덕으로 분류된다 —— 그것이 그가 실제로 말한 것이다.(*Ethica Nicomachea*, 1145a) 그럼에도 핵심적인 덕들은 서로 밀접하게 결합되어 있다고 아리스토텔레스가 왜 주장했는가를 이해하는 것은 쉬운 일이다. 정의로운 사람은 **플레오넥시아**의 악덕, 즉 정의의 덕에 상응하는 두 가지 악덕 중 하나인 탐욕의 악덕에 빠지지 않는다. 그러나 **플레오넥시아**를 피하기 위해서는 우리는 분명히 **소프로쉬네**를 소유하고 있어야 한다. 용감한 사람은 성급함과 비겁함의 악덕들에 빠지지 않는다. 그러나 성급한 사람은 대개 허풍선이인 것처럼 보이며, 허풍은 자기 자신에 대한 진실성이라는 덕과 관련된 악덕 중 하나다.

이와 같은 덕들의 상호 관계는 그것들이 왜 우리에게 개개인의 선을 판단할 수 있는 여러 가지 분명한 기준들을 제공해주지 않고 오히려 하나의 복잡한 척도를 제공해주는가를 설명해준다. 인간선을 공동의 목표로 하는 공동체 내에서 이 척도의 적용은 물론 이 공동체 내에서 선과 덕들에 대한 광범위한 합의를 전제한다. 그리고 이러한 합의는 아리스토텔레스의 견해에 의하면, **폴리스**를 구성하는 것과 같은 종류의 시민들의 유대를 가능하게 한다. 이 유대는 우애의 유대이며, 우애는 그 자체로 하나의 덕이다. 아리스토텔레스가 염두에 두고 있는 유형의 유대는 선에 관한 공유된 인식과 추구를 구현한다. 어떤 형식의 —— 가계든 폴리스든 간에 —— 공동체를 구성하는 데 본질적이고 일차적인 것은 바로 이러한 공유다. "입법자는 정의보다는 오히려 우애를 더 중요하게 생각하는 것처럼 보인다"(1155a24)고 아리스토텔레스는 말한다. 그 이유는 명명백백하다. 정의는 공적을 보상하고, 이미 구성된 공동체 내에서 공적 보상의 실패를 교정하는 덕이다. 우애는 바로 이러한 시원적 정체政體를 위해 필요한 것이다.

우리는 이러한 아리스토텔레스의 견해를 어떻게 "우리는 이러한 종류의 친구를 많이 가질 수 없다"는 그의 주장과 조화시킬 수 있는가? 기원전 5세기와 4세기 아테네의 인구수에 관한 추산은 상당한 차이를 보인다. 그러나 성인 남자 시민의 수는 분명히 수만 명에 이른다. 그렇다면 이와 같은 규모의 인구가 어떻게 선에 관한 공통의 생각으로 충만할 수 있는가? 어떻게 우애가 그들 사이의 유대관계가 될 수 있는가? 규모 집단의 친구 관계로 이루어진 ── 여기서 우리는 '친구'라는 낱말을 아리스토텔레스적 의미로 사용해야 한다 ── 그물망의 구성을 통해서라는 것이 분명 이에 대한 대답일 것이다. 따라서 우리는 우애 관계를, 도시의 삶을 창조하고 유지하는 공동 기획에 대한 모든 사람들의 참여로, 즉 개인의 특별한 우애 관계의 직접성을 통해 구현된 참여로 생각해야 한다.

공동의 기획으로서의 정치적 공동체에 관한 개념은 오늘날의 자유주의적 개인주의적 세계에는 낯선 것이다. 그렇기 때문에 때때로 우리는 적어도 학교, 병원 또는 박애주의적 기관들을 머릿속에 그려본다. 그러나 우리는 전체의 삶과 관련된 ── 아리스토텔레스가 말하는 것처럼, 폴리스는 이런저런 특정한 선과 관련된 것이 아니라 인간선 자체와 관련되어 있다 ── 공동체의 형식에 관해 어떠한 개념도 갖고 있지 않다. 우애 관계가 사적 영역으로 추방되어 그것이 한 때 가졌던 성격과 비교해볼 때 약화되었다는 사실은 그리 놀라운 일이 아니다.

아리스토텔레스의 견해에 의하면, 우애는 물론 애착의 감정을 포함한다. 그러나 이 감정은 선에 대한 공동의 충성의무와 선에 대한 공동 추구의 의미에서 정의된 관계 안에서 발생한다. 애착의 감정은 이차적인 것이다. 그러나 이러한 사실이 적어도 그것이 중요하지 않다는 것을 말하지는 않는다. 현대적 시각에서는 애착의 감정이 종종 핵심적인 주제가 된다. 우리의 친구들은 우리가 좋아하는 사람들, 아마 우리가 매우 좋아하는 사람들이라고 흔히 말한다. '우애'는 사회적·정치적 관계를 표시하기보다는 대체로 특정한 감정적 상태에 대한 이름이 되어버렸다. E. M. 포스터E. M. Forster는 언젠가, 자신이 만약 나라를 배신할 것인가 친구를 배신할 것인가를 선택해야 하는 처지에 처하게 되면 자신의 나라를 배신하는 용기를 가졌으면 좋겠다고 말한 적이 있다. 아리스토텔레스의 시각에서 보면, 이와 같은 대립을 서술할 수 있는 사람은 어떤 나라도, 어떤 폴리스도 가지고 있지 않은 것이다. 그는 '아무 데도 없는 곳nowhere'의 시민이며, 그가 어디에서 살고 있든 그는 내부 망명의 상태에서 살고 있는 것이다. 아리스토텔레스의 관점에서 보면 오늘날의 자유주의적 정치 사회는 자신들의 공동의 보호를 위해 서로 결속한 '아무 데도 없는 곳'의 시민들의 집단으로 비칠 수 있다. 그들은 기껏해야 상호 이익의 토대 위에 기반을 두고 있는 열등한 우애를 소유하고 있을 뿐이다. 그들에게 우애의 유대 관계가 결여되어 있다는 사실은 물론 그와 같은 자유주의적 사회가 스스로 인정하고 있는 도덕 다원주의와 밀접하게 연관되어 있다. 그들은 아리스토텔레스주의의 — 고대의 형식에서든 중세의 형식에서든 — 도덕적 통일성을 포기했다.

현대 자유주의적 견해의 대변인은 물론 첫눈에는 아리스토텔레스주의에 대한 쉬운 대답을 갖고 있다. 아리스토텔레스는 복잡한 인간 선에 관해 너무나 단순하고 일체화된 견해를 제공하고 있다고 그는 상당히 설득력 있게 주장할 것이다. 만약 우리가 그리스 사회 전체나 그 밖의 다른 고대 세계는 차치하고라도 아테네 사회의 현실을 바라본다면, 우리는 실제로 가치의 다양성, 선들 사이의 다양한 갈등, 단순하고 정합적이고 위계질서적인 통일성을 결코 형성하지 않는 덕들의 다양성을 인식하게 된다. 아리스토텔레스의 서술은 기껏해야 이상화에 불과하며, 그는 도덕적 정합성과 통일성을 과장하는 경향이 있다고 말할 수 있을 것이다. 예를 들면, 다양한 덕들과 악덕들의 상호작용에서 발견되는 상세하게 서술된 다양성에 관한 그의 논증은 — 덕들의 통일성에 관한 문제에서 — 선한 사람의 성격에서 발견되는 모든 덕들의 통일성과 불가분성에 관한 그의 결정적 추론을 보증하지 않는 것처럼 보인다.

내가 이미 언급한 바와 같이, 이 마지막 비난에 동의하지 않기는 상당히 어렵다. 그러나 아리스토텔레스가 이 특별한 경우에, 그 자신의 견해에서 보아도 불필요하게 강한 추론인 것처럼 보이는 것을 왜 그토록 주장해야 했는가를 물을 필요가 있다. 덕들의 통일성에 관한 아리스토텔레스의 믿음은 그가 자신의 도덕철학에서 플라톤으로부터 직접 수용한 몇 가지 요소들 중 하나다. 플라톤에게서와 마찬가지로 이 믿음은 갈등에 대한 강한 적대감의 표현일 뿐만 아니라 선한 개인의 삶과 좋은 국가의 삶 모두에서의 갈등을 부정한 표현이기도

하다. 플라톤과 아리스토텔레스는 모두 갈등을 악으로 보았고, 아리스토텔레스는 갈등을 제거할 수 있는 악으로 다루었다. 모든 덕들은 서로 조화를 이루고 있으며, 개인 성격의 조화는 국가의 조화 속에서 재생산된다. 시민전쟁은 모든 악들 중에서 가장 나쁜 악이다. 플라톤에게서와 같이 아리스토텔레스에게도 인간에게 좋은 삶은 그 자체로서 유일하고 통일적이며, 선들의 위계질서로 구성되어 있다.

이러한 사실로부터 갈등은 단순히 개인의 성격 결함의 결과이거나 비이성적인 정치적 조처들의 결과라는 결론이 도출된다. 이 결론은 아리스토텔레스의 정치학뿐만 아니라 그의 시학과 인식론에 커다란 영향을 끼친다. 이 세 경우에 모두 아곤은 그것이 가지고 있던 호메로스적 중심 지위로부터 제거된다. 이렇게 갈등이 더 이상 국가의 삶의 중심에 서 있지 않고 이 삶에 대한 위협으로 축소된 것처럼, 아리스토텔레스가 이해하는 비극은 이제 비극적 갈등이 본질적 인간 조건이라는 호메로스적 견해와 가까워질 수 없다. 아리스토텔레스의 견해에 의하면, 비극의 주인공은 자신의 실수로 실패하지 인간의 상황이 이따금 돌이킬 수 없을 정도로 비극적이기 때문에 실패하지 않는다. 그리고 변증법은 더 이상 진리에 이르는 길이 아니라, 대개는 연구에 부수적으로 속해 있는 반semi형식적 절차에 불과하다. 소크라테스가 다른 사람들과 변증법적으로 논쟁하고 플라톤이 대화편을 쓰는 곳에서 아리스토텔레스는 설명적인 강연과 논고를 쓴다. 이와 마찬가지로 신학에 관한 아리스토텔레스의 관점과 아이스킬로스와 소포클레스의 관점 사이에는 물론 뚜렷한 대립이 있다. 아이스킬로스와 소포클레스에게서 비극적 궁지를 표시하는, 신적인 것에 대한 이 특별한 호소가 아리스토텔레스에게는 아무런 현실적 의미

도 없다. 아리스토텔레스가 말하는 비인격적·비가변적 신성은 ──
이에 대한 형이상학적 성찰은 인간에게 특수하고 궁극적인 텔로스
를 제공한다 ── 딜레마적인 상황은커녕 순전히 인간적인 것에도 관
여할 수 없다. 신성은 영원히 스스로를 사유하고 오직 자기 자신만을
의식하고 있는 사유로서만 존립할 뿐이다.

그와 같은 성찰이 인간의 궁극적 텔로스이고 **에우다이몬**eudaimôn
(행복한 사람)인 사람의 삶에 본질적·최종적·완성적 요소이기 때문
에 인간에 관해 본질적으로 정치적인 아리스토텔레스의 인간관과 본
질적으로 형이상학적인 그의 인간관 사이에는 일종의 긴장 관계가 있
다. **에우다이몬**이 되기 위해서는 물질적·사회적 전제조건들이 충족
되어야 한다. 가계와 도시국가는 형이상학적 인간 기획을 가능하게
한다. 그러나 그것들이 제공하는 선과 가치들은 그것들 자체가 아무
리 필수적이고 인간 전체 삶의 부분이라고 하더라도 형이상학적 관점
에 예속되어 있다. 그럼에도 아리스토텔레스가 개인적 덕들을 다루
는 여러 곳에서는, 이 덕들의 소유와 실천은 궁극적으로 형이상학적
성찰에 예속되어 있다는 생각이 지극히 부적당하다(Ackrill(1974)와
Clark(1979)는 이 문제에 관해 탁월한 해명을 하고 있다). 이에 대한 예로
다시 한번 우애에 관한 아리스토텔레스의 토론을 살펴보자.

아리스토텔레스는 아마도 《리시스*Lysis*》에서 우애에 관해 플라톤
이 제시한 해명에 대한 대답으로서 세 가지 종류의 우애를 구별한다.
상호 이익으로부터 유래하는 우애, 상호 쾌락에서 비롯하는 우애, 두
사람의 공동의 선이기 때문에 둘 중 어느 누구에게도 배타적으로 속
하지 않은 선들에 관한 공유된 관심으로부터 유래하는 우애. 셋째 우
애가 내가 이미 강조했던 것처럼 진정한 우애다. 그것은 가정 내에서

의 남편과 아내 사이의 관계뿐만 아니라 **폴리스** 내에서의 시민들의 상호 관계에 대한 패러다임을 제공한다. 그렇기 때문에 영원한 근거에 관한 자신의 성찰을 통해 궁극적으로 도달한 선한 인간의 자족도 선한 인간은 친구를 필요로 하지 않는다는 결론을 수반하지 않는다. 그리고 그것은 또한 그가 특정한 수준의 물질적 풍요를 필요로 하지 않는다는 것을 포함하지도 않는다. 이러한 사실에 상응해, 정의와 우애에 토대를 두고 있는 도시국가는 시민들에게 형이상학적 성찰을 향유할 수 있는 가능성을 보장할 때만 최선의 국가가 될 수 있는 것이다.

이와 같은 형이상학적·사회적 구조 속에서 자유는 어떤 자리를 차지하고 있는가? 노예들과 미개한 야만인들은 덕들과 인간선을 성취할 수 없다는 것이 아리스토텔레스의 광범위한 논증 구조에서 매우 중요하다. 미개한 야만인(바바로스barbaros)은 누구인가? 그는 단지 그의 언어가 그리스인들의 귀에는 "바, 바, 바"처럼 들리는 비非그리스인일 뿐만 아니라, 폴리스를 결여하고 있기 때문에, 아리스토텔레스의 견해에 의하면 정치적 관계를 맺을 수 없어 보이는 사람이다. 그렇다면 무엇이 정치적 관계들인가? 그것은 자유인 상호 간의 관계들, 다시 말해서 지배할 뿐만 아니라 지배받는 공동체 구성원들 사이의 관계들이다. 자유로운 자아는 정치적 시민인 동시에 정치적 주권자다. 그렇기 때문에 정치적 관계에 묶여 있다는 것은 단순한 예속 관계를 의미하는 어떤 지위로부터도 자유롭다는 것을 의미한다. 자유는 덕의 실천과 선의 성취의 전제조건이다.

우리는 아리스토텔레스 결론의 이 부분을 가지고 씨름할 필요는 없다. 비그리스인, 야만인, 노예들이 정치적 관계를 가지고 있다는 것을 부인할 뿐만 아니라 그러한 능력도 없다고 말하는 아리스토텔레스의 글은 아마 —— 당연히 —— 우리를 모욕할 것이다. 우리는 오직 부유하고 높은 지위를 가진 사람들만이 선심과 관대와 같은 특정한 핵심적 특성들을 가질 수 있다는 그의 견해를 이것과 연관지을 수 있다. 장인과 상인들은 그들이 설령 노예는 아니라고 할지라도 열등한 계급을 구성한다. 아리스토텔레스의 덕 목록의 관점에서 보면, 장인적 숙련 기술과 신체적 노동의 실천이 갖고 있는 특별한 탁월성은 눈에 띄지 않는다.

이와 같은 아리스토텔레스의 맹목성은 물론 그에게만 특징적인 것은 아니다. 그것은 그의 문화의 —— 보편적은 아니라 하더라도 —— 일반적 맹목성의 한 부분이었다. 그것은 다른 형식의 제한과 밀접하게 결합되어 있다. 아리스토텔레스는 야만인과 그리스인이 모두 고정된 본성을 가지고 있는 것처럼 서술한다. 그리고 이러한 시각을 통해 그는 다시 한번 인간 본성에 대한 자신의 이해의 비역사적 성격을 증명한다. 한 종의 성원으로서 개체들은 하나의 **텔로스**를 가진다. 그러나 하나의 텔로스를 향해 움직이는 **폴리스**나 그리스 또는 인류의 역사는 존재하지 않는다. 역사는 실제로 평판이 좋은 연구 형식이 아니다 —— 아리스토텔레스에 의하면 시예술은 유형들을 다루는 데 반해 역사는 오직 개인들을 다루려고 하기 때문에 역사는 시예술보다 덜 철학적이다. 아리스토텔레스는 그가 순수하게 과학적이며, 또 그렇기 때문에 에피스테메epistêmê를, 즉 보편적·필연적 진리들을 통해 포착되고 몇몇 근본 원리로부터 논리적으로 추론될 수 있는 본질적 본성에 관한 지식을 구성한다고 생각한 특별한 종류의 지식이 인간 사태에 관해서는 도대체 성립될 수 없다는 사실을 충분히 의식했다. 그는 이 지식에 상응하는 일반화들이 오직 **에피 토 폴루**epi to polu, 즉 '대부분' 타당하다는 것을 알았다. 그리고 그가 이 일반화들에 관해 말한 것은 내가 앞에서 현대 사회과학자들의 일반화에 관해 주장한 것과 일치한다. 그러나 이러한 인식에도 불구하고 이 일반화들의 성격에 관한 물음을 계속 추구할 필요성을 느끼지 않는다. 그것은 도시국가의 사회적 삶의 형식들이 본질적 인간 본성에 대해 규범적이라고 파악한 아리스토텔레스 자신이 자유 사회인 도시국가를 파괴한 마케도니아 왕권의 신하였다는 모순적 사실의 원천일 수 있다. 아리스토텔레스는 역사성 일반을 거의 이해하지 못했기 때문에 폴리스의 무상성을 파악하지 못했다. 그렇기 때문에 어떻게 하면 노예 또는 야만인의 상태를 지나서 **폴리스**의 시민이 될 수 있는가 하는 방식과 관련된 물음을 포함한 많은 문제들이 그에게 제기되지 않는다. 아리스토텔레스의 관점에 의하면 몇몇 사람들은 '본성적으로' 노예들인 것이다.

그럼에도 덕에 관한 아리스토텔레스의 서술에서 드러나는 이러한 제한들이 인간 삶에서 덕의 위치를 이해하고자 하는 그의 일반적 체계를 손상시키거나 그의 특별한 통찰들의 많은 것을 왜곡하지 않는다는 점은 여전히 참이다. 이 통찰들 중에서 특히 두 가지는 덕에 관한 어떤 설명에서도 강조할 만한 가치가 있다. 첫째는 인간 삶에서의 향락(즐거움)의 위치와 연관이 있다. 성공적 활동에 뒤이어 나타나는 향락에 관한 아리스토텔레스의 성격 규정은 우리가 향락을 —— 또는 쾌락과 행복을 —— 인간 삶의 텔로스로서 생각하는 것이 왜 설득력이 있으며, 또 그럼에도 이러한 생각이 왜 오류일 수 있는가를 이해할 수 있도록 해준다. 아리스토텔레스가 말하는 향락은 활동에서 탁월성을 성취했을 때 특징적으로 수반되는 것이다. 이러한 활동은 여러 종류일 수 있다. 시를 쓰거나 번역하는 것, 어떤 놀이를 하는 것, 복잡한 사회적 기획을 수행하는 것. 그리고 탁월성으로 간주되는 것은 이제까지 우리와 같은 사람들에게 타당한 것으로 여겨진 기준들에 대해 항상 상대적일 것이다. 그렇기 때문에 탁월성에의 일반적 추구는 즐거움을 가져올 수 있는 것을 행하고자 하는 것을 의미한다. 그러므로 우리는 우리에게 기쁨을 가져다주는 것을 행하고자 하며, 향락이나 쾌락 또는 행복이 우리 활동의 **텔로스**라고 결론을 내리는 것은 당연하다. 우리를 이러한 결론으로 이끄는 아리스토텔레스의 고찰들은 또한 우리가 향락, 쾌락 및 행복을 우리의 행위를 인도하는 기준으로 대하는 어느 견해도 수용하지 못하도록 방해한다는 사실을 확인하는 것은 중요하다. 아주 특별한 종류의 즐거움이 ── 나는 벤담의 공리주의에 관한 토론을 할 때 이미 즐거움의 특별한 성격과 이질적 성격을 강조했다 ── 성공적으로 수행된 모든 종류의 활동에 뒤따라 일어나기 때문에, 즐거움은 우리가 다른 유형의 어느 활동보다 특정한 하나의 활동에 종사해야 할 어떤 정당한 근거도 제공하지 못한다.

그 밖에도 **내가** 특별히 즐거워하는 것은 물론 내가 어떤 사람인가 하는 것에 달려 있다. 그리고 그것은 다시금 나의 덕들과 악덕들의 문제다. 우리 문화로부터 아리스토텔레스주의가 축출된 이후 18세기에는, 덕들은 우리가 우연히 즐겁거나 유익한 것으로 느끼는 성질들과 다를 바 없다고 가정하는 것이 ── 묘비뿐만 아니라 철학적 저서에서 ── 다반사였던 시기가 있었다. 이러한 가정의 기이한 점은 우리가 일반적으로 즐겁거나 유익하다고 느끼는 것은 우리 공동체 속에서 어떤 덕들이 일반적으로 소유되고 도야되는가에 달려 있다는 사실에 있다. 따라서 덕들은 즐거움과 유익함의 의미에서 정의되거나 정확하게 서술될 수 없다. 물론 이에 대해 어떤 사람들은, 특정한 환경을 가진 특정한 생물학적 종의 구성원으로서 인간존재에게 유익하거나 즐거운 성질들이 확실히 존재한다고 응답할지도 모른다. 유용성 또는 쾌락의 척도가 동물로서의 인간, 즉 문화 이전의, 그리고 어떤 문화도 가지고 있지 않은 인간에 의해 설정되는 것이다. 그러나 문화가 없는 인간은 하나의 신화다. 우리의 생물학적 본성은 물론 모든 문화적 가능성들에 제한을 가한다. 그러나 오직 생물학적 본성만을 가지고 있는 인간은 우리가 결코 알지 못하는 피조물이다. 우리가 역사 속에서 실제로 만나는 사람은 오직 실천적 이성을 가진 사람, 다시 말해 덕으로 충만한 지성을 가진 사람이다. 그리고 아리스토텔레스가 제공하고 있는 실천적 추론(판단)의 본성에 관한 토론은 덕의 성격에 중요한 의미를 가지고 있다.

실천적 추론에 관한 아리스토텔레스의 설명은 본질적으로 확실히 옳다. 그것은 일련의 핵심적 특징들을 갖고 있다. 첫째는 아리스토텔레스가 실천적 삼단논법으로부터의 추론을 하나의 특별한 종류의 행위로 간주한다는 사실이다. 하나의 논증이 하나의 행위로 끝날 수 있다는 생각은 물론 흄과 흄 이후의 철학적 선입견을 건드린다. 왜냐하면 이 견해에 의하면, 오직 언명들만이(또는 특히 조야한 몇몇의 견해에 의하면 문장들만이) 진리-가치를 가질 수 있으며, 또 부분적으로는 연역적 논증을 정의하는 일관성과 비일관성의 관계로 서술될 수 있기 때문이다. 그러나 언명들조차도 신념들을 표현할 수 있는 능력 덕택에 이러한 특성들을 소유한다. 그런데 행위들은 물론, 비록 언명들이 할 수 있는 것처럼 항상 분명하고 명료하게는 아니라고 할지라도 신념들을 확실히 표현한다. 어떤 행위자의 행위와 그의 발언의 비일관성으로 말미암아 우리가 혼란스러워하는 것은 오직 이런 이유에서다. 예를 들면, 우리는 그에 관해 다음과 같은 세 가지 사실을 알고 있는 사람에 대해 상당히 혼란스러워할 것임에 틀림없다. 첫째, 그는 건강하고자 한다. 둘째, 그는 냉기와 습기가 그의 건강에 아주 나쁠 수 있으며, 겨울에 자신의 몸을 따뜻하고 건조하게 유지할 수 있는 유일한 방법은 외투를 걸치는 것이라고 진지하게 주장한다. 셋째, 그는 겨울에 통상 외투를 입지 않고 외출한다. 따라서 그의 행위는 분명히 그에 의해 표현된 다른 신념들과 모순된 하나의 신념을 표현한다. 어떤 사람이 이런 식으로 철저히 일관성 없게 행동한다면 그는 곧 주위 사람들에게 이해할 수 없는 사람으로 여겨질 것이다. 우리는 그에게 어떻게 대응해야 할지 모를 것이다. 왜냐하면 우리는 더 이상 그가 행하고 있는 것이 무엇이며 그가 말한 것이 무엇을 의미하는지를 정확하게 규정할 수 있다고 기대할 수 없기 때문이다. 그렇기 때문에 실천적 삼단논법에 관한 아리스토텔레스의 설명은 이해될 수 있는 인간행위의 필연적 전제조건에 관한 진술을 모든 인간문화에 타당해야만 하는 방식으로 제공하는 것으로 해석될 수 있다.

아리스토텔레스의 견해에 의하면, 실천적 추론에는 네 가지 핵심적 요소가 있다. 첫째, 그의 추론에 의해 전제되기는 하지만 이 추론 속에 표현되지 않는 행위자의 욕구와 목표들이 있다. 만약 이들이 없다면, 추론의 콘텍스트가 존재할 수 없을 것이다. 그리고 대전제와 소전제는 행위자가 하는 것이 무엇인지를 충분히 확정할 수 없을 것이다. 둘째 요소는 대전제로서, 이런저런 것을 행하거나 갖거나 찾는 것은 바로 이러저러한 것에 좋은 또는 이러저러한 것에 의해 요청되는 것이라는 내용의 주장이다(여기서 삼단논법을 표현하는 행위자는 후자의 서술에 해당한다). 셋째 요소는 행위자가 지각 판단에 의존해 이것은 요청되고 있는 종류의 예 또는 경우라고 주장하는 소전제다. 그리고 결론은, 내가 이미 말한 바와 같이, 행위다.

이러한 설명은 우리로 하여금 실천이성과 덕의 관계에 관한 물음으로 되돌아가도록 만든다. 왜냐하면 행위자의 실천적 추론에 전제들을 제공하는 판단들은 어떻게 행위하고 존재하는 것이 그와 같은 사람에게 좋은 것인가에 관한 판단들을 포함할 것이기 때문이다. 그리고 그러한 판단을 내리고 그에 따라 행위할 수 있는 행위자의 능력은 어떤 지성적·도덕적 덕과 악덕이 그의 성격을 구성하는가에 달려 있을 것이다. 이러한 결합 관계의 본질은 실천적 추론에 관해 아리스토텔레스가 제공하는 것보다 더 자세한 설명을 통해서만 해명될 수 있을 것이다. 그의 서술은 명백하게 생략적인 까닭에 우리는 그것을 바꾸어 말하고 해석할 필요가 있다. 그러나 그의 말은 아리스토텔레스적 관점에서 이성이 정념의 시녀가 될 수 없다는 사실을 보여주기에는 충분하다. 왜냐하면 이론적 추론이 텔로스로 확인하고, 실천적 추론이 모든 특정한 시간과 장소에서 행할 수 있는 올바른 행위라고 규정한 것을 추구하는 것과 일치할 수 있도록 정념을 교육하는 것이 바로 윤리학의 목표이기 때문이다.

우리는 이 설명 과정에서 덕에 관한 아리스토텔레스의 서술이 심각하게 문제시될 수 있는 많은 관점들을 발견했다. 그중 몇몇 관점은 아리스토텔레스 이론에서 거부되어야 할, 그러나 이 거부가 그의 전체 이론에 대한 우리의 태도에 커다란 영향을 미칠 필요가 없는 부분들과 연관이 있다. 예를 들면, 내가 시사한 바와 같이, 노예제도에 대한 아리스토텔레스의 변호의 여지가 없는 변호가 그렇다. 그러나 적어도 세 영역에서, 만약 그것이 만족스럽게 대답되지 않는다면, 아리스토텔레스 전체 사상체계를 위협하는 물음들이 제기된다. 이들 중 첫째 물음은 아리스토텔레스의 목적론이 그의 형이상학적 생물학을 전제하는 방식과 연관이 있다. 우리가 만약 이 생물학을 실제로 그래야 하듯이 거부한다면, 목적론을 보존할 수 있는 다른 가능성이 있는가?

덕에 관한 아리스토텔레스의 설명에 매우 호의적인 몇몇 현대 도덕철학자들은 이 점에서 아무런 어려움도 발견하지 않았다. 우리가 덕과 악덕의 설명을 정당화하기 위해 필요로 하는 모든 것은 인간의 번영과 복지에 관한 일반적 설명이라고 주장되어왔다. 그렇기 때문에 덕들은 그와 같은 번영과 복지를 장려하는 데 필요한 성질들로 적절하게 규정될 수 있다. 왜냐하면 이 주제의 세세한 부분에 관해서는 우리가 아무리 의견을 달리할 수 있다고 하더라도, 우리는 무엇이 덕이고 무엇이 악덕인가에 관해서는 합리적으로 동의할 수 있기 때문이다. 그러나 이러한 견해는 인간의 번영과 복지가 무엇으로 구성되는가에 관한 심각한 갈등들이 우리 문화사에서 차지하고 있는 위치를 무시하고, 또 이 점에서의 경쟁적이고 양립 불가능한 신념들이 역시 경쟁적이고 양립 불가능한 덕의 목록을 산출하는 방식을 간과한다. 아리스토텔레스와 니체, 흄과 신약성서는 이 문제에서의 양극적 입장들을 대변하는 이름들이다. 그렇기 때문에 모든 적절한 목적론적 설명은 텔로스에 관한 명료하고 변호될 수 있는 설명을 우리에게 제공해야 한다. 그리고 모든 적절한, 그리고 일반적으로 아리스토텔레스적인 설명은 아리스토텔레스의 형이상학적 생물학을 대체할 수 있는 목적론적 설명을 제공해야 한다.

둘째 물음의 영역은 **폴리스**의 구조에 대한 윤리학의 관계와 연관이 있다. 만약 덕에 관한 아리스토텔레스의 설명의 상당 부분이 고대 도시국가의 사회관계라는 이미 오래전에 사라져버린 콘텍스트를 전제한다면, 도시국가가 더 이상 존재하지 않는 세계에서 아리스토텔레스주의가 어떻게 현재의 도덕으로서 서술될 수 있는가? 또는 다른 식으로 표현하자면, 도시국가를 역사적 관점에서 일련의 사회적·정치적 형식들 —— 이 형식들 속에서, 그리고 이 형식들을 통해 덕들을 예시할 수 있는 자아가 발견되고 교육될 수 있는, 그리고 이 형식들 속에서 이 자아가 자신의 활동 분야를 발견할 수 있는 —— 에 속해 있는, 비록 매우 중요하기는 하지만 하나의 형식에 지나지 않는 것으로 보면서도 아리스토텔레스주의자가 되는 것이 과연 가능한가?

셋째, 개인의 영혼과 도시국가의 통일성과 조화에 관한 플라톤의 믿음을 아리스토텔레스가 계승함으로써, 그리고 갈등들은 피할 수 있고 통제되어야 한다는 아리스토텔레스의 일관적 생각을 통해 제기되는 많은 문제들이 있다. 내가 제기하는 문제는 본래 아리스토텔레스와 소포클레스의 대립을 통해 서술되었다. 아리스토텔레스에게는, 내가 이미 시사한 바와 같이, 비극적 이야기 형식은 오직 우리가 결함이 있는, 즉 어떤 특성의 부적절한 소유 또는 부적절한 실천에서 기인하는 실천적 이성의 결함을 지닌 주인공을 대할 때에만 실행된다. 아리스토텔레스는 이러한 견해를 부분적으로는 자신의 도덕 심리학으로부터 도출하고, 부분적으로는 비극 문학, 특히 《오이디푸스 왕*Oedipus Rex*》의 독서를 통해 얻는다. 그러나 만약 소포클레스에 관한 앞의 나의 설명이 옳다면, 아리스토텔레스의 도덕심리학은 그로 하여금 소포클레스를 오해하도록 만들었다. 왜냐하면 비극의 갈등들은 물론 부분적으로는 안티고네와 크레온, 오디세우스와 필록테테스의 결함 때문에 생긴다는 형식을 취하고 있지만, 이 개인들의 비극적 대립과 갈등을 구성하는 것은 **어떤** 개인적 성격들과도 상관없이 이들에 선행해 그들의 만남 속에 구현되어 있는 선과 선의 갈등이기 때문이다. 그리고 《시학 *Poetica*》에서의 아리스토텔레스는 이와 같은 비극의 양상을 보지 못하며, 또 그럴 수밖에 없는 것이다. 인간의 삶 내에서 차지하는 대립과 갈등의 핵심적 위치에 대한 시각의 결여는 아리스토텔레스에게 인간에 의한 덕 학습의 중요한 원천과 인간에 의한 덕 실천의 중요한 환경을 은폐시킨다.

오스트레일리아의 위대한 철학자 존 앤더슨John Anderson은 사회적 제도에 관해 "그것은 어떤 목표와 목적에 기여하는가?"라고 묻지 말고 "그것은 어떤 갈등의 무대인가?"(Passmore 1962, xxii)라고 물으라고 역설한다. 아리스토텔레스가 이러한 질문을 만약 폴리스와 개인 행위자 모두에게 제기했더라면, 그는 덕들과 덕들에게 콘텍스트를 제공하는 사회적 형식들의 목적론적 성격을 이해할 수 있는 또 다른 원천을 가졌을 것이다. 왜냐하면 앤더슨의 인식은 — 그것은 소포클레스의 통찰이다 — 우리가 갈등을 통해, 때로는 오직 갈등을 통해서만 무엇이 우리의 목표이고 목적인가를 알 수 있다는 데 있기 때문이다.

제13장   중세의 관점과 사건들

그러므로 우리는 이미 서술된 일련의 물음들을 가지고 아리스토텔레스 전통의 후기 저자들에게 주의를 돌리려고 한다. 이 질문들을 중세의 몇몇 저자들에게 제기하기 전에 우리는 두 가지를 미리 언급할 필요가 있다. 첫째는, 내가 그 윤곽을 그리려고 시도하는 덕에 관한 사유의 전통이 단순히 아리스토텔레스의 텍스트에 주석을 달고 해석하는 것으로 이루어진 좁은 의미의 아리스토텔레스주의와 혼동되어서는 안 된다는 사실을 강조하는 것이다. 내가 제5장에서 다룬 전통에 관해 처음으로 말했을 때, 나는 '고전적 도덕성'이라는 오해의 여지가 있는 표현을 사용했다. '아리스토텔레스적'이 너무 좁은 것과 마찬가지로 '고전적'은 너무 넓기 때문에 오해의 여지가 있다. 이 전통이 비록 쉽게 명명될 수는 없다고 하더라도, 그것을 인식하기는 그다지 어렵지 않다. 아리스토텔레스를 따라서, 이 전통은 항상《니코마코스 윤리학》과《정치학》을 핵심적 텍스트로 사용한다. 그러나 이 전통이 완전히 아리스토텔레스에게 내맡겨진 것은 아니다. 왜냐하면 이 전통은 단순한 동의의 관계를 통해서보다는 아리스토텔레스와의 대화 관계를 통해서 계승되기 때문이다.

아리스토텔레스 이후 1800~1900년 뒤 근대 세계가 마침내 인간 본성에 관한 고전적 관점을 —— 이것과 더불어 궁극적으로는 도덕에 핵심적이었던 많은 것을 —— 체계적으로 부정했을 때, 근대 세계는 이 관점을 정확하게 아리스토텔레스주의라는 이름으로 부정했다. 교회를 혼란시켰던 한 광대를 루터는 아리스토텔레스라고 불렀으며, 그는 이로써 아리스토텔레스에 대한 어조를 지배했다. 홉스가 종교개혁을 설명할 때, 그는 그 책임을 부분적으로는 "사제들의 덕의 쇠퇴"로 돌렸으며, 또 부분적으로는 그 책임이 "아리스토텔레스의 철학과 학설이 종교화된 데"(*Leviathan*, 1, 12) 있다고 보았다. 물론 —— 이것이 두 번째로 언급할 필요가 있는 것이다 —— 중세 세계는 실제로 비교적 늦게 아리스토텔레스를 접했다. 그리고 토마스 아퀴나스조차도 그를 번역을 통해서만 만났다. 그리고 중세 세계가 아리스토텔레스를 만났을 때, 그는 이미 반복해서 서술된 중세의 문제에 대해 기껏해야 부분적 해결만을 제공할 수 있었다. 인간의 삶이 너무나 많은 이상과 너무나 많은 삶의 방식들과의 갈등으로 산산조각이 날 위험에 처해 있는 문화에서 어떻게 인간의 본성을 교육하고 교화할 수 있는가 하는 것이 바로 문제였다.

우리에게 중세의 참모습을 숨겨놓는 모든 신화적 사고방식 중에서 하나의 통일적이고 동질적인 기독교 문화를 묘사하는 것보다 더 우리를 혼란시키는 것은 없다. 그것은 중세의 업적이 유대교적이고 이슬람적이기 때문만은 아니다. 중세의 문화는, 그것이 하나의 통일성을 서술하는 한, 이질적이고 모순적인 다양한 요소들의 연약하고 복합적인 균형이었다. 이 문화 속에서 덕의 이론과 실천이 차지하는 위치를 이해하기 위해서는 중세 문화의 상이하고 경쟁적인 요소들을 인식하는 것이 필요하다. 이 요소들은 모두 자신들이 안고 있는 부담과 긴장을 전체로 떠넘긴다.

첫째 요소는 중세 사회가 여러 측면에서 내가 앞에서 영웅 사회라고 부른 사회로부터 막 변천했다는 사실로부터 도출된다. 독일인들, 앵글로색슨인들, 노르웨이인들, 아이슬란드인들, 아일랜드인들과 웨일스인들은 모두 그들이 기억할 수 있는 전前기독교적 과거를 가지고 있으며, 그들의 많은 사회 형식들과 시예술과 역사들은 이러한 과거를 구현하고 있다. 이러한 형식과 역사는 종종 기독교화되어, 이교도적 전사 – 왕은 놀랍게도 아무런 변화도 없이 기독교적 기사로 등장할 수 있었다. 기독교적 요소와 이교도적 요소는 기원전 5세기에 호메로스적 가치들과 도시국가의 가치들이 병존했던 것처럼 종종 타협과 긴장의 변동 관계에서 병존했다. 대체로 호메로스의 시에 해당하는 역할을 담당하게 된 것은 유럽의 한 부분에서는 아이슬란드의 전설이었으며, 다른 부분에서는 테인과 피안나Fianna[기독교화되기 이전 아일랜드의 전설적 용사 집단]의 이야기들이었으며, 또 다른 곳에서는 기독교화된 아서왕 전설집이었다. 이렇게 영웅 사회에 대한 기억은 내가 두 가지 경우에 확인할 수 있는 전통 속에 현재하고 있다. 그것은 한 번은 기원전 5세기와 4세기 아테네 사회의 배경으로서, 그리고 다른 한 번은 중세 전성기의 배경 속에 현재한다. 이 이중적 현재는 영웅 사회의 도덕적 관점을 필연적으로 우리가 현재 다루고 있는 전통 내에서의 도덕적 고찰의 출발점으로 만든다. 그렇기 때문에 중세의 질서는 영웅 사회의 덕들을 거부할 수 없다. 가족과 친구에 대한 신의, 가계 또는 군사적 기획을 보존하기 위해 요청되는 용기, 우주적 질서의 도덕적 한계와 의무를 수용하는 경건은 전설 속에서 복수의 법전처럼 부분적으로는 제도의 의미에서 정의되는 핵심적 덕들이다.

초기 중세의 독일 법에서 예를 들면, 살인은 정체성이 확인되지 않은 사람을 몰래 죽일 때만 하나의 범죄다. 알려진 어떤 사람이 마찬가지로 알려진 다른 사람을 살해하면 형법이 아니라 혈족 성원에 의한 복수가 적절한 대응으로 여겨졌다. 그리고 이와 같은 두 가지 종류의 살해의 구별은 영국에서 에드워드 1세까지 존속되었던 것처럼 보인다. 그러나 이것은 도덕적 원리와 모순되는 법적 관점만은 아니다. 중세 사회의 도덕화는 바로 정당하고 부당한 것에 관한 일반적 범주들, 정당하고 부당한 것을 이해할 수 있는 일반적 양식들을 — 그리고 이것과 더불어 고대 이교도의 특별한 유대와 분열을 대체할 수 있는 하나의 법전을 — 창조하는 데 있다. 되돌아보면 신성재판은 많은 현대 작가들에게는 미신적인 것으로 비친다. 그러나 신성재판이 처음 도입되었을 때, 그것의 과제는 사적인 삶과 지역적인 삶의 잘못들을 아주 새로운 방식으로 공적이고 우주적인 콘텍스트 속에 세우는 것이었다.

그렇기 때문에 12세기에 이교도적 덕들과 기독교적 덕들의 관계에 관한 물음이 신학자들과 철학자들에 의해 명시적으로 제기되었을 때, 그것은 단순한 이론적 물음 이상의 것이었다. 그것은 실제로 고전적 텍스트들의 재발견이었는데, 이론적 문제를 처음으로 제기한 — 마크로비우스Macrobius, 키케로, 베르길리우스Vegilius와 같은 — 텍스트들의 기이한 조합이었다. 솔즈베리의 요한John of Salisbury, 피에르 아벨라르Pierre Abélard 또는 기욤 드 콩슈Guillaume de Conches와 같은 학자들이 씨름했던 이교도의 문제는, 그것이 설령 고대 세계의 것과는 전혀 다른 형식이라고 할지라도, 부분적으로 그들 자신과 그들의 사회 안에 있었다. 그 밖에도 그들이 제안했던 해결들은 성당의 부속 학교 및 수도원 학교의 교과 과정뿐만 아니라 대학교에도 반영되어야 했다. 몇몇 학자들은 권력자의 선생이 되기도 했다. 성 토머스 베켓Thomas Becket[1118~1170. 캔터베리 성당의 대주교. 헨리 2세Henry II의 교회 정책과 대립하다 암살되었다]은 아벨라르가 그곳에서 가르치고 있을 때 파리에서 공부했으며, 기욤 드 콩슈는 영국 헨리 2세의 선생이었다. 《철학자의 도덕적 교의Moralium Dogma Philosophorum》를 쓴 것은 기욤 드 콩슈였을 수도 있다. 그것은 키케로의 《의무론De Officiis》에 많은 빚을 지고 있을 뿐만 아니라 많은 다른 고전 작가들에게까지 거슬러 올라가는 교과서다.

비록 부분적이고 단편적으로 재발견된 형식이기는 하지만, 이 고전적 전통의 수용은, 중세의 전 시기에 걸쳐 상이한 정도로 영향력을 미쳤고, 모든 이교도적 학설들을 악마의 작품으로 매도하면서 성서에서 모든 것에 충분한 인도를 찾았던 기독교적 교의와 정면으로 대립하는 운동이었다. 루터는 실제로 이 중세적 전통의 상속인이었다. 그러나 이 전통에 의한 부정적 거부들은 12세기 또는 다른 특정한 사회세계에서 기독교적 삶을 형성하는 문제를 미결인 채로 남겨놓았다. 그 문제는 동시대의 대안들을 특별하고 상세하게 구별할 수 있도록 성서의 복음을 옮겨놓는 것이다. 그리고 이러한 과제를 위해서 사람들은 성서가 제공하지 않는 개념과 탐구의 형식들을 필요로 한다. 동시대의 세속적 세계가 제공하는 것이 전적으로 거부될 수밖에 없는 시대와 장소들이 물론 존재한다. 그것은 로마제국 지배하에서의 유대교 공동체와 기독교 공동체가 황제를 경배하라는 요청에 직면했을 때 대응했던 것과 같은 종류의 거부다. 그것은 순교의 순간들이다. 그러나 기독교 역사의 오랜 기간 동안 이와 같은 '이것인가 아니면 저것인가'의 총체적 대안은 세계가 교회에 강요했던 선택이 아니다. 기독교인이 배워야 하는 것은 어떻게 하면 순교자처럼 죽을 수 있는가가 아니라 어떻게 하면 일상생활의 형식들과 관계를 맺을 수 있는가 하는 것이다. 12세기의 저자들에게 이 물음은 덕의 의미로 제기된다. 어떻게 하면 정의, 지혜, 용기, 절제의 기본 덕이 희망, 믿음, 사랑의 신학적 덕과 결합될 수 있는가? 이미 1300년경에 이러한 덕의 분류는 라틴어 작가들에게서뿐만 아니라 민중의 토착어를 사용하는 작가들에게서도 발견된다.

1138년경에 쓰인 아벨라르의 《윤리학*Ethics*》은 이 물음에 답하기 위해 악덕vice과 죄악sin을 본질적으로 구별한다. 아벨라르가 —— 보에티우스Boethius를 통해 전달된 —— 덕에 관한 아리스토텔레스의 정의라고 생각한 것은 이에 상응하는 악덕의 정의를 발전시키기 위해 사용된다. 아벨라르의 다른 저서 《어떤 철학자와 유대교인과 기독교인 사이의 대화*Dialogus inter philosophum, Iudaeum et Christianum*》에서 고대 세계의 목소리를 대변하는 철학자는 기본 덕들을 아리스토텔레스의 용어가 아니라 키케로의 용어로 열거하고 정의한다. 아벨라르는 철학자들이 단지 원칙적으로 분명한 오류를 범했다고 비난하는 것만이 아니다. 그가 강조하는 것은 오히려 이교도의 도덕적 관점에 있는 생략의 오류들이다. 즉 이교도의 가장 훌륭한 대변인들에게서 조차도 덕들에 관한 설명이 불완전하다는 것이다. 이 불완전성에 대한 책임은 최고의 선에 관한 철학자들의 표상의 부적절함과, 선과 악에 대한 인간의지의 관계에 관한 철학자들의 신념의 부적절함으로 돌려진다. 그러나 아벨라르는 바로 이 후자를 강조하고자 한다.

기독교가 요구하는 것은 성격 결함 또는 악덕에 관한 표상일 뿐만 아니라 신의 법률에 대한 위반, 즉 죄악에 대한 표상이다. 어떤 개인의 성격은 특정한 시간에 덕들과 악덕들의 혼합으로 이루어질 수 있다. 그리고 이러한 성향은 의지가 이 방향 또는 저 방향으로 움직이도록 미리 규정한다. 그러나 이러한 충동을 따를 것인지 그것에 저항할 것인지는 언제나 의지에게 열려 있다. 어떤 악덕의 소유가 반드시 특별한 나쁜 행위를 강요하는 것은 아니다. 모든 것은 의지의 내면적 행위의 성격에 달려 있다. 그러므로 덕들과 악덕들의 활동 무대인 성격은 단순히 바깥에 존재하는 이차적인 환경으로 전락한다. 도덕의 진정한 활동 무대는 오직 의지만의 활동 무대인 것이다.

의지와 법률의 강조와 함께 도덕적 삶의 내면화는 특정한 신약성서의 텍스트로 되돌아갈 뿐만 아니라 스토아 철학을 끌어들인다. 덕의 도덕과 법의 도덕 사이의 긴장 관계를 명료하게 밝히기 위해서는 이 스토아 철학의 근원들을 고찰할 필요가 있다.

아리스토텔레스의 견해와는 달리 스토아적 견해에서는 **아레테**(덕)는 본질적으로 단수적 표현이며, 개인에 의한 이 덕의 소유는 '전부인가 아니면 아무것도 아닌가'의 문제다. 어떤 사람은 아레테(이에 대한 라틴어의 통상적 번역 용어로는 virtus와 honestas가 사용된다)가 요구하는 완전성을 소유하든가 그렇지 않든가 둘 중 하나다. 덕은 올바른 판단을 요구하는 까닭에 선한 인간은 스토아적 관점에서 보면 또한 지혜로운 사람이기도 하다. 그러나 그는 행위하는 데 반드시 성공적이거나 효과적이지는 않다. 옳은 것을 행하는 것은 반드시 쾌락과 행복, 신체적 건강과 세속적인 또는 그 밖의 다른 성공을 산출할 필요가 없다. 그것들 중 어느 것도 진정한 선들이 아니다. 그것들은 올바로 형성된 의지를 가진 행위자에 의한 올바른 행위를 지지할 때에만 조건적으로 선들이 된다. 오직 그러한 의지만이 선하다. 그렇기 때문에 스토아 철학은 **텔로스**에 관한 모든 표상들을 포기한다.

올바로 행위하는 의지가 충족해야 하는 척도는 자연 자체 속에 구현되어 있는 법, 즉 우주적 질서다. 따라서 덕은 내면적 성향에서뿐만 아니라 외면적 행위에서도 이 우주 법에 순응하는 것이다. 이 법은 모든 합리적 존재들에게 평등하다. 선한 인간은 이 우주의 시민이다. 다른 모든 집단들, 도시, 왕국 또는 제국에 대한 그의 관계는 이차적이고 우연적인 것이다. 그렇기 때문에 스토아 철학은 우리에게 자연과 일치해 행위할 것을 요청하는 동시에 물리적·정치적 환경 세계에 **대항**할 것을 요청한다. 여기에 모순의 징후들이 있으며, 이러한 사실은 오해의 여지가 없다.

왜냐하면 한편으로는 덕이 목적과 관점을 자신의 바깥에서 발견하기 때문이다. 잘 산다는 것은 신적인 삶을 산다는 것을 의미한다. 잘 산다는 것은 개인적 목표에 종사하는 것이 아니라 우주적 질서에 종사한다는 것을 의미한다. 그러나 모든 경우에 옳은 것을 행한다는 것은 훗날의 나의 목표를 바라보지 않고 행한다는 것을 뜻한다. 그것은 간단히 말해 그것이 무엇이든 간에 올바른 것을 행하는 것이다. 덕들의 다양성과 좋은 삶 속에서 나타나는 덕들의 목적론적 질서는 — 플라톤과 아리스토텔레스 양자뿐만 아니라 소포클레스와 호메로스는 이렇게 이해했다 — 사라진다. 하나의 단순한 덕 일원론이 그 자리에 들어선다. 스토아학파와 훗날 아리스토텔레스 추종자들이 상호 논증적 평화 상태에서 살 수 없었다는 사실은 놀라운 일이 아니다.

　스토아 철학이 물론 그리스 문화와 로마 문화에서 에피소드에 불과한 것만은 아니다. 스토아 철학은 훗날 덕에 관한 표상들을 대체하기 위해 법의 개념을 중심에 세우는 유럽의 모든 도덕 이론들의 모범이 된다. 법의 부정적 금지 규칙으로 구성된 도덕의 부분과 덕들이 우리를 인도하는 지향점으로서 긍정적 선들과 연관된 도덕의 부분의 관계에 관해 앞 장에서 전개된 나의 논의를 생각해볼 때, 이러한 유형의 대립은 우선 놀랍게 여겨질 것임에 틀림없다. 그러나 그 이후의 도덕 역사는 우리를 이러한 대립에 너무 익숙하게 만들어 우리는 아마 전혀 놀라지 않을 것이다. 자연법에 관한 아리스토텔레스의 간단한 언급을 논하면서 나는 자신의 삶이 공동체에 공동의 과제를 부여하는 하나의 공동선을 지향하고 있다고 생각하는 공동체는 덕과 법 **양자**의 의미에서 도덕적 삶을 수행해야 한다고 서술했다. 이러한 언급은 아마 스토아 철학에 일어난 일을 이해할 수 있는 실마리가 될 것이다. 왜냐하면 정치적 삶의 형식으로서의 도시국가가 처음에는 마케도니아 왕국에 의해, 그리고 후에는 로마제국에 의해 대체되었던 것과 똑같은 방식으로 그와 같은 공동체의 형식이 사라졌다는 전제조건하에서는 덕과 법 사이의 어떤 이성적 관계도 사라질 것이기 때문이다. 어떤 진정한 공동선도 있을 수 없을 것이다. 유일한 선은 아마 개인들의 선일 것이다. 그리고 **어떤** 개인선에 대한 추구도 이러한 상황에서는 종종 필연적으로 다른 사람들의 선과 충돌을 일으킬 수밖에 없으며, 그것은 도덕의 요청과 모순되는 것처럼 보일 것이다. 내가 법을 신봉한다면, 나는 나 자신의 자아를 억제해야 한다. 법의 관점은 법 저편에 있는 어떤 선의 성취일 수가 없다. 그렇기 때문에 이제는 그러한 선이 더 이상 존재하지 않는 것처럼 보인다.

내가 만약 이 점에서 옳다면, 스토아 철학은 아주 특정한 사회적·도덕적 발전에 —— 놀라울 정도로 현대의 양상들을 선취하는 발전의 형식에 —— 대한 하나의 반응이다. 그렇기 때문에 우리는 스토아 철학의 재현을 기대해야 할 뿐만 아니라 실제로 이러한 재현에 부딪히고 있다.

덕들이 그들의 핵심적 지위를 상실하면 언제나 스토아적 사유 방식과 행위 양식이 곧바로 나타난다. 스토아주의는 서양의 문화 내에서 지속적인 도덕적 가능성들 중 하나다. 그것이 훗날 도덕법의 개념을 전체의 또는 거의 전체의 도덕으로 만들고자 했던 도덕주의자들에게 유일한 또는 가장 중요한 모범을 제공하지 않았다는 사실은 더 엄격한 다른 법 윤리, 다시 말해 유대교의 윤리가 고대 세계를 변화시켰다는 사실에서 기인한다. 물론 유대교는 기독교의 형태 속에서 이런 방식으로 관철되었다. 그러나 기독교를 본질적으로 유대교적인 것으로 파악했던 니체와 나치 같은 사람들은 그들의 적대감 속에서 현대의 이른바 수많은 친기독교적인 사람들에게는 숨겨졌던 하나의 진리를 지각했다. 왜냐하면 토라Torah[모세 오경과 유대교 율법]는 여전히 구약성서뿐만 아니라 신약성서의 신에 의해 제정된 법으로 남아 있기 때문이다. 그리고 신약성서의 관점에서 보면, 구세주로서의 예수는 트렌토 공의회[1545~1563년 이탈리아 북부 도시 트렌토에서 열린 로마 가톨릭의 교회 회의]가 법령을 통해 강조한 바와 같이 우리가 복종해야만 하는 입법자이며 법매개자다. 카를 바르트Karl Barth는 이 점에서 적어도 한 번은 트렌토에 동의하면서 말한다. "만약 그가 재판관이 아니라면, 그는 구원자가 아닐 것이다."(*Die Kirchliche*

Dogmatik, IV 1, 216)

그렇다면 화해하기 어려운 법의 윤리와 덕의 개념은 어떻게 결합될 수 있는가? 아벨라르의 내면성으로의 후퇴는 동시대인들의 시각에서 보면 그들의 문제 설정에 특별한 콘텍스트를 제공하는 과제들을 직시하지 않겠다는 거부다. 우리가 살펴본 바와 같이, 아벨라르의 관점에서 보면 외면적 사회세계는 단지 비본질적이고 우연적인 상황들의 집합에 불과하다. 그러나 그의 많은 동시대인들에게는 이러한 상황들이 바로 도덕적 과제를 정의한다. 왜냐하면 그들은 제도적 환경이 더 이상 당연한 것으로 여겨질 수 없는 사회에서 살고 있기 때문이다. 12세기는 제도들이 우선 설립되어야 하는 시기다. 솔즈베리의 요한이 정치가의 성격에 관한 문제에 몰두했다는 사실은 우연이 아니다. 그 밖에도 12세기에 창조되어야 하는 것은, 신성법의 요청들이 수도원 바깥의 세속적 세계에서도 쉽게 경청되고 삶을 통해 수행될 수 있는 제도적 질서다. 그렇기 때문에 덕에 관한 물음은 피할 수 없게 된다. 어떤 사람이 이를 행할 수 있는가? 어떤 교육이 이런 사람을 길러낼 수 있는가?

아벨라르와 알랭 드 릴Alan de Lille 사이의 차이는 이런 물음의 의미에서 이해되어야 한다. 1170년대에 집필했던 알랭은 이교도적 저자들을 경쟁적 도덕체계의 대변인들로 보기보다는 오히려 정치적 문제에 대답할 수 있는 자원의 제공자로 본다. 이교도적 저자들이 다루는 덕들은 지상의 사회 질서를 창조하고 유지하는 데 유용한 성질들이다. 사랑은 이 덕들을 — 그것을 수행함으로써 인간의 초자연적 천상의 목표에 도달할 수 있는 그런 — 진정한 덕들로 변화시킬 수 있다. 알랭은 이렇게 고대 철학과 신약성서를 통합하는 운동을 시작한다. 플라톤과 키케로의 텍스트에 대한 그의 논고는 12세기 말과 13세기에나 가서야 이용 가능하게 되는 아리스토텔레스의 텍스트를 아퀴나스가 사용하리라고 예상케 한다. 그러나 토마스 아퀴나스와는 달리 알랭은 덕들의 사회적·정치적 내용을 강조한다.

해결을 위해서 덕의 실천이 요청되는 정치적 문제들은 어떤 것인가? 그것들은 중앙의 공정한 사법부, 대학들, 그리고 학습과 문화, 특징적으로 도시생활에 속하는 교양을 유지하기 위한 다른 수단들이 막 생겨나고 있던 사회의 문제들이다. 이러한 것들을 지탱할 수 있는 제도들은 대부분 발명되어야만 했다. 이 제도들이 실존할 수 있는 문화적 공간은 모든 것을 관습과 지역권력 속으로 흡수해버릴 위험이 있는 매우 강력한 지역적 농촌 공동체의 특수주의적 요청들과 교회의 보편주의적 주장들 사이의 어딘가에 자리 잡아야 한다. 이러한 과제를 위해 사용될 수 있는 자원들은 빈약하다. 봉건제도들, 수도원의 규율, 라틴어, 한때 로마적이었던 질서와 법에 관한 관념들, 12세기 르네상스의 새로운 문화. 그런데 어떻게 이처럼 형편없는 문화가 그렇게 많은 행동들을 통제할 수 있고, 그토록 많은 제도들을 발명할 수 있는가?

이에 대한 대답의 일부는 다음과 같다. 세속적인 것과 종교적인 것, 지역적인 것과 국가적인 것, 라틴어와 민중의 토착어, 도시와 지방 사이의 — 전체적으로 그리고 장기적 관점에서 보면 올바른, 파괴적이기보다는 건설적인 — 긴장 관계 및 갈등들을 야기함으로써다. 도덕교육이 이루어지고, 덕들이 평가되고 새롭게 정의되는 것은 바로 이러한 갈등의 콘텍스트에서다. 이러한 과정의 세 가지 양상은 충성과 정의의 덕들, 군사적이고 기사적인 덕들, 그리고 순수와 인내의 덕들을 차례로 고찰함으로써 강조될 필요가 있다.

충성(신의)이 봉건 사회의 위계질서에서 핵심적 위치를 차지한다는 것은 쉽게 인식될 수 있다. 여러 가지 다양한 주장들이 서로 경쟁하고 또 쉽게 억압할 수 있는 사회에서 정의에 대한 욕구는 마찬가지로 쉽게 이해될 수 있다. 그런데 누구에 대한 충성인가? 그리고 누구를 통한 정의인가? 영국의 헨리 2세와 대주교 토머스 베켓의 갈등을 고찰해보자. 두 사람은 모두 힘이 넘치고, 성급하고, 충동적인 사람들이었다. 두 사람은 각각 대의大義를 대변했다. 비록 헨리의 일차적 관심은 왕권을 증대시키는 것이라고 할지라도, 그가 행한 방식은 법의 지배를 근본적으로 확장했으며, 원한, 사적 제재制裁, 지방의 관습법을 더 안정적이고 중앙화되고 공정한 ─ 그 이전에는 존립하지 않았던 ─ 법정과 관리들의 체계로 대체했다. 이와는 반대로 베켓은, 그가 아무리 교회 권력의 책략에 열중한다고 하더라도, 이 책략들 이상의 것을 대변했다. 주교와 교황의 권력의 자기주장 속에는, 인간의 법은 신의 법에 의해 투사된 그림자에 불과하며 법의 제도들은 정의의 덕을 구현한다는 주장이 깊이 각인되어 있다. 베켓은 세속적이고 제한되어 있는 모든 법전화를 넘어서는 절대적 척도에 대한 호소를 대변하고 있는 것이다. 이와 같은 중세적 시각에는 고대의 시각에서와 마찬가지로 현대 자유주의에 의한 법과 도덕의 구별이 자리 잡을 공간이 존재하지 않는다. 이 구별을 위한 여지가 존립하지 않는 까닭은 중세의 왕국이 아리스토텔레스의 폴리스와 공유하고 있는 것 때문이다. 양자는 사람들이 공동으로 인간선을 추구하는 공동체로서 파악된다. 다시 말해 양자는, 현대의 자유 국가들이 스스로를 생각하는 것처럼, 모든 개인이 자신의 사적인 선만을 추구하는 무대를 제공하지 않는 것이다.

　이러한 사실로부터, 다른 많은 전근대적 사회에서와 마찬가지로 고대 세계와 중세 세계의 많은 부분에서는 개인이 자신이 수행하는 몇몇 역할 속에, 또 이 역할을 통해 규정되고 구성된다는 점이 밝혀진다. 이러한 역할들은 개인을 —— 그 속에서만 오직 특별히 인간적인 선들이 성취될 수 있는 —— 공동체와 결합시킨다. 나는 이 가족, 이 가계, 이 씨족, 이 부족, 이 민족, 이 왕국의 구성원으로서 세계와 마주친다. 이러한 것들과 분리된 '나'는 결코 존재하지 않는다. 사람들은 이에 대해 아마 다음과 같이 응답할 수도 있을 것이다. 그렇다면 나의 불멸의 영혼은 어떻게 되는가? 물론 신의 눈으로 보면, 나는 확실히 —— 나의 역할에 앞서, 그리고 나의 역할과 관계없이 —— 하나의 개체다. 이러한 대답은 부분적으로는 영혼에 관한 플라톤적 개념과 가톨릭 기독교의 개념을 혼동한 데서 기인하는 오해를 서술하고 있다. 플라톤주의자뿐만 아니라 훗날의 데카르트주의자에게는 모든 신체적·사회적 실존에 선행하는 영혼이 실제로 모든 사회적 역할에 선행하는 정체성을 소유하고 있어야 한다. 그러나 가톨릭 기독교인에게는, 그 이전의 아리스토텔레스주의자에게와 마찬가지로, 신체와 영혼은 두 개의 서로 결합된 실체들이 아니다. 나는 나의 신체이며, 나의 신체는 사회적이다. 즉 특정한 정체성을 가지고 있는 이 공동체 속에서 나의 부모에게서 태어난 것이다. 가톨릭 기독교인에게 차이가 있다면, 그것은 내가 어떤 지상의 공동체에 속하든 간에 나는 또한 —— 내가 그 속에서도 역시 하나의 역할을 가지고 있으며, 지상에서는 교회를 통해 대변되는 —— 영원한 천상 공동체의 구성원으로서의 타당성을 가진다는 사실이다. 물론 나는 이 공동체들의 어떤 것으로부터도 추방될 수 있고, 도망갈 수 있으며, 또 우리의 자리를 상실할 수도 있다. 나는 망명자, 이방인, 방랑자가 될 수도 있다. 물론 이들에게도 고대 및 중세의 공동체들 내에서 인정된 사회적 역할이 할당될 수 있다. 그러나 나는 항상 질서 있는 공동체의 부분으로서 인간선을 추구해야 한다. 만약 공동체가 그렇게 이해된다면, 멀리 떨어진 산기슭의 고독한 은둔자와 목자들도 역시 도시인들과 마찬가지로 공동체의 구성원들이다. 고독은 더 이상 그것이 필록테테스에게 의미했던 것이 아니다. 개인은 자신의 공동체적 역할을 자신의 자아의 정의의 일부로서, 고립된 상태에서조차도 항상 지니고 다닌다.

그렇기 때문에 헨리 2세와 베켓이 서로 대립했을 때, 그들은 각각 상대방에게서 개인적 의지를 인식했을 뿐만 아니라 하나의 권위 있는 역할의 담지자인 개인을 인식했다. 베켓은 그가 정의의 의미에서 왕에게 빚지고 있는 것을 인정해야만 한다. 1164년 왕이 그에게 그가 따를 수 없는 복종을 요구했을 때, 베켓은 순교자의 죽음을 죽게 될 사람의 역할을 취할 수밖에 없다는 사실을 충분히 통찰하고 있었다. 이 사건이 일어나기 전에 세속적 권력은 적어도 흔들렸다. 왕의 법정의 적대적인 선고를 주교에게 전달할 만큼 무모한 사람을 찾을 수 없었다. 헨리가 드디어 베켓에게 죽음을 내렸을 때, 그는 결국 참회를 해야 하는 필연성을 피할 수는 없었다. 내가 여기서 말하는 참회는 그가 교황 알렉산더 3세와 화해하기 위해 요구되었던 것과는 다른 것을 의미한다. 왜냐하면 화해가 이루어지기 1년보다 훨씬 전에, 즉 그가 베켓의 죽음을 듣고 난 직후 그는 자기 방으로 들어가 깊이 후회하고 단식했기 때문이다. 그 후 2년 뒤에 그는 캔터베리에서 공적으로 참회했으며, 수도사들에게 채찍질을 당했다. 베켓과 헨리의 싸움은 인간의 정의와 신적인 정의에 관한 폭넓은 동의라는 일반적으로 인정된 틀 안에서 이루어졌다. 베켓과 헨리의 싸움은 승리와 패배가 적에게 — 그들의 과거 역사가 그들을 이 지점까지 끌고 왔으며, 그들은 왕과 주교의 지위를 가지고 있었다 — 무엇을 의미하는가에 관한 깊은 동의의 토대 위에서만 가능했다. 그렇기 때문에 베켓이 순교자의 역할을 극적으로 수용할 수 있는 입장을 강요당했을 때, 그와 헨리는 모두 순교의 기준, 의미, 결과에 관해 동일한 의견을 가지고 있었다.

그렇기 때문에 이 싸움과 — 이 사건을 어떻게 해석해야 할지 의견이 분분한 — 훗날 헨리 8세와 토머스 모어Thomas More의 반목 사이에는 결정적인 차이가 있다. 헨리 2세와 토머스 베켓은 동일한 설화적 구조 속에서 살고 있다. 한편에는 헨리 8세와 토머스 크롬웰, 다른 한편에는 토머스 모어와 레지널드 폴Reginald Pole이 서로 경쟁적인 개념 세계 속에서 살고 있으며, 그들이 행위할 때와 그들이 행위한 후에 그들이 행한 것에 관해 상이하고 양립할 수 없는 이야기들을 제공한다. 중세의 싸움에서 설화적 이해에 관한 일치는 덕과 악덕에 관한 일치를 통해 표현된다. 이 중세적 일치의 틀은 튜더 왕조 시대의 싸움 속에서는 이미 상실되었다. 그런데 중세의 아리스토텔레스주의자들이 서술하고자 했던 것은 바로 이 틀이다.

이 과정에서 그들은 물론 아리스토텔레스가 알지 못했던 덕들을 인정해야 했다. 이 덕들 중 하나는 특별히 주목할 만한 가치가 있다. 그것은 이웃 사랑의 신학적 덕이다. 아리스토텔레스는 우애의 본질을 고찰하면서 선한 인간은 결코 나쁜 인간의 친구가 될 수 없다는 결론에 도달했다. 진정한 우애 관계의 유대는 선에 대한 공동의 충성의무를 서술하는 까닭에 이는 놀라운 일이 아니다. 그러나 성서적 종교의 중심에는 죄를 짓는 사람들에 대한 사랑의 개념이 자리 잡고 있다. 아리스토텔레스의 우주는 무엇을 빠뜨렸기에 이러한 사랑의 개념이 그 속에서 생각될 수 없는 것인가? 법의 윤리와 덕의 윤리의 관계를 이해하려고 시도하는 과정에서 나는 일찍이, 그와 같은 관계를 이해 가능하게 만들기 위해 제공되어야만 하는 콘텍스트는 공동선을 성취하고자 하는 공동 기획에 의해 구성된 공동체 형식이라는 점을 언급했다. 그리고 이와 연관된 것으로서 나는 이 선을, 즉 덕들을 성취하도록 만드는 다양한 유형의 성격 특성뿐만 아니라, 그와 같은 공동체 형식에 필수적인 관계들을 침해하는 다양한 유형의 행위들을, 즉 공동체의 법에 의해 처벌되어야 하는 위반 행위들을 인정할 필요가 있다는 사실을 언급했다. 후자에 대한 적절한 대응은 형벌이다. 그리고 이것은 인간 사회가 일반적으로 그와 같은 유형의 행위에 대처하는 방식이다. 그러나 성서의 문화권에서는 아리스토텔레스와는 반대로 다른 하나의 대안적 대응, 즉 용서의 대응이 가능해졌다.

용서의 전제조건은 무엇인가? 그것은 범죄자가 자신의 행위에 대한 법의 심판을 이미 정당한 것으로서 받아들이고, 적절한 처벌의 정의를 인정하는 사람처럼 행동하기를 요구한다. 그렇기 때문에 '참회penace'와 '처벌punishment'은 같은 어원을 가지고 있는 것이다. 만약 불의를 당한 사람이 그러기를 원한다면, 범죄자는 용서될 수 있다. 용서의 실천은 정의의 실천을 전제한다. 그러나 거기에는 결정적인 차이가 있다. 정의는 재판관, 즉 전체 공동체를 대변하는 비인격적 권위에 의해 집행된다. 그러나 용서는 침해를 당한 편에 의해서만 베풀어질 수 있다. 용서 속에 표현되는 덕은 사랑이다. '죄악', '후회' 또는 '사랑'을 정확하게 표현할 수 있는 낱말이 아리스토텔레스 시대의 그리스어에는 없다.

사랑은 물론 성서의 관점에서 보면 목록에 단순히 첨가된 또 하나의 덕만은 아니다. 사랑의 포함은 인간선의 개념을 철저하게 바꾸어 놓는다. 왜냐하면 선이 성취되는 공동체는 화해의 공동체여야 하기 때문이다. 그것은 특별한 역사를 가지고 있는 공동체다. 영웅 사회에서의 덕들의 개념과 역할에 관한 토론에서 나는 한편으로는 개념과 역할, 그리고 다른 한편으로는 인간의 삶이 특정한 설화적 구조의 구현으로서 이해되는 방식 사이의 관계를 강조했다. 이제는 이 명제를 실험적으로 일반화하는 것이 가능하다. 모든 특별한 덕의 관점은 인간 삶의 설화적 구조 또는 구조들에 관한 특별한 개념과 결합되어 있다. 중세 전성기의 체계에서 어떤 탐구 또는 여행의 이야기는 핵심적인 장르다. 인간은 근본적으로 '**과정 중**in via'에 있는 것이다. 그가 찾고 있는 목표는, 그것이 성취된다면, 그 시기까지 자신의 삶에서 잘못되었던 모든 것을 벌충할 수 있다. 인간선에 관한 이러한 생각은 물론 적어도 두 가지 결정적 방식에서 비아리스토텔레스적이다.

첫째, 아리스토텔레스는 인간 삶의 **텔로스**를 특정한 종류의 삶으로 간주한다. 텔로스는 미래의 어느 시점에 성취될 수 있는 것이 아니라, 우리의 전체 삶이 구성되어 있는 방식이다. **텔로스**로서의 좋은 삶이 신적인 것에 관한 성찰을 통해 도달하고, 또 선한 사람은 그렇기 때문에 아리스토텔레스에게뿐만 아니라 중세의 인간에게도 하나의 정점을 향해 움직인다는 것은 물론 사실이다. 그럼에도 만약 J. L. 애크릴J. L. Ackrill과 같은 학자들이 옳다면, 성찰의 장소에 관한 아리스토텔레스의 논의는 여전히 전체로서의 좋은 삶에 관한 서술 안에 자리 잡고 있다. 이 좋은 삶 속에서는 다양한 인간의 탁월성들이 다양한 단계에서 그때그때마다 성취되어야 한다. 이러한 이유 때문에 아리스토텔레스의 체계 안에는 거의 전적으로 죄 많은 삶의 궁극적인 속죄와 구제를 위한 자리가 없다. 십자가에 매달린 도둑에 관한 이야기는 아리스토텔레스적 의미에서는 도무지 이해될 수 없는 것이다. 그것이 이해될 수 없는 까닭은 사랑이 아리스토텔레스에게는 덕이 아니기 때문이다. 둘째, 인간의 삶은 우리가 여러 가지 형식의 악들과 조우하고 극복하는 탐구 또는 여행이라고 보는 생각은 아리스토텔레스의 저서에서 기껏해야 암시적으로만 등장하는 악의 개념을 요청한다. 악덕하다는 것은 아리스토텔레스의 견해에 의하면, 덕 있고자 하는 데 실패한 것을 의미한다. 모든 성격의 악은 결함이고 박탈이다. 그렇기 때문에 아리스토텔레스의 용어에서 한편으로는 **선하지 못함**과 다른 한편으로는 **긍정적** 악, 헨리 2세의 성격과 질드 레Gilles de Retz의 성격, 또는 우리의 내면에서 이것 또는 저것이 될 수 있는 것을 서로 구별하는 것은 상당히 어렵다. 이러한 차원의 악은 아우구스티누스가 아리스토텔레스에게는 그럴 필요가 없었던 방식으로 직면해야만 했던 것이다. 아우구스티누스는 신플라톤주의의 전통을 따라 모든 악을 선의 박탈로 이해했다. 그러나 그는 인간 본성의 악을 의지가 악에 동의하는 상태로 이해했다. 그것은 모든 개별적·명시적 선택들에 의해 전제되는 까닭에 이들에 선행하는 동의다. 악은 이런저런 방식으로 그러하고 또 인간의지 역시 이런저런 방식으로 그렇기 때문에 의지는 악에 대해 기뻐할 수 있는 것이다. 악은 신의 법과 인간의 법의 —— 그것이 신의 법의 반영인 한에서 —— 경멸을 통해 표현된다. 왜냐하면 악에 대한 동의는 이 법을 위반하겠다는 의지기 때문이다.

그러므로 그 속에 인간의 삶이 구현되어 있는 이야기는 주체에게 — 이 주체는 한 개인적 인격 또는 여러 사람의 인격들일 수 있으며, 이스라엘 민족 또는 로마의 시민들일 수도 있다 — 특정한 과제를 설정하는 형식을 갖고 있다. 이 과제의 성취는 물론 그들이 특별한 방식으로 인간선을 소유하고 있다는 것을 의미한다. 이 과제의 완수에 이르는 길은 여러 종류의 내면적·외면적 악들에 의해 봉쇄되어 있다. 덕들은 이러한 악들을 극복하고, 과제를 완수하고, 여행을 마칠 수 있게 하는 성질들이다. 비록 덕에 관한 개념이 여전히 목적론적이기는 하지만, 그것은 기독교인과 아우구스티누스가 악을 이해하는 두 가지 중요한 방식에서 아리스토텔레스의 목적론과 매우 다르다.

첫째, 아리스토텔레스는 인간선 — **에우다이모니아** — 의 성취가 외면적 불행에 의해 좌절될 수 있다는 가능성에서 출발한다. 그가 인정하는 덕들은 어떤 사람으로 하여금 상당 부분 이 역경에 대처할 수 있도록 해준다. 그러나 프리아모스의 것과 같은 불행은 어떤 사람을 — 못생김, 비천한 태생, 무자식이 그렇게 만드는 것처럼 — **에우다이모니아**로부터 배제한다. 이와는 반대로 중세의 관점에서 중요한 것은 어떤 인간존재도 그러한 특성으로 인해 인간선으로부터 배제되지 않는다는 믿음만이 아니다. 우리에게 부딪힐 수 있는 어떠한 불행도, 그것이 어떤 종류의 것이든 간에, 우리가 이 불행의 공범이 되지 않는 한 우리를 역시 배제하지 않는다는 믿음이 중요하다.

둘째, 중세의 견해는 아리스토텔레스가 그럴 수 없는 방식으로 역사적이다. 그것은 선에 대한 우리의 추구를 특정한 콘텍스트 안에 — 아리스토텔레스는 이 추구를 폴리스 안에 위치시킨다 — 자리매김할 뿐만 아니라 그 자신을 하나의 역사를 가지고 있는 콘텍스트 안에 위치시키는 것이다. 선을 향해 움직인다는 것은 시간 속에서 움직인다는 것을 의미한다. 그리고 이 운동은 선을 향해 움직인다는 것이 무엇을 의미하는가에 관한 새로운 이해를 함축하고 있다. 현대의 중세사가들은 자주 중세 역사 기술의 취약점과 부적절함을 강조한다. 그리고 위대한 작가들이 인간의 삶으로 간주하는 여행을 기술하기 위해 사용하는 이야기들은 허구적이고 비유적이다. 그러나 그것은 부분적으로 중세의 사상가들이 성서의 기초적 역사적 도식을 그들이 확실히 신뢰할 수 있는 체계로 간주하기 때문에 그렇다. 그들에게는 실제로 역사가 무엇인가를 지속적으로 발견하고 재발견하는 탐구 과정으로서 역사를 이해하는 생각이 결여되어 있다. 그러나 그렇다고 해서 인간 삶을 역사적인 것으로 생각하는 관념이 그들에게 결여되어 있는 것은 아니다.

따라서 덕들은 중세의 관점에 의하면 어떤 사람으로 하여금 자신의 역사적 여행에서 악을 이겨낼 수 있도록 하는 성질들이다. 나는 이미 중세 사회가 일반적으로 갈등, 무법, 다양성의 사회였다는 사실을 강조했다. 존 가드너John Gardner는 15세기 영국 에드워드 3세의 넷째 아들인 존 오브 곤트John of Gaunt 주위의 집단에 관해 다음과 같이 적고 있다. "그들이 자신들의 세계에 관해 바랐던 것은 법과 질서, 도전을 받지 않는 확고한 왕정 체제, 또는 단테의 말을 빌리자면, '모든 것을 결정하는 하나의 의지'였다. 그들이 자신들의 주위에서 보고 심히 증오했던 것은 불안정, 타락한 가치, 끊임없는 싸움, 높은 것과 낮은 것의 우스꽝스러운 혼합, 통일성이 아닌 다수성이었다. 그것은 제프리 초서Geoffrey Chaucer가 보에티우스의 시를 훌륭하게 설명하면서 우주적 간통이라고 서술할 것이었다."(Gardner 1977, 227) 이 구절은 도덕적 삶에 관한 중세적 견해 속에 들어 있는 일반적 다의성을 시사하고 있다.

한편으로 이러한 삶은 시간적인(덧없는) 것이 영원한 것을 반영하는 하나의 통합된 질서로서 세계를 바라보는 이상화된 견해로 충만해 있다. 모든 개별적 사물은 사물들의 질서 속에서 마땅히 차지해야 할 자리를 가지고 있다. 이것은 총체적 체계에 관한 지성적 견해로서, 단테와 아퀴나스에게서 극명하게 표현된다. 상당 부분의 중세적 사유는 이러한 체계를 추구한다. 그러나 중세의 삶은 차치하고라도 중세의 사유는 완전히 체계적이기에는 많은 문제점을 안고 있다. 봉건적인 것을 영웅 사회와 기독교의 유산에 일치시키는 어려움이 있을 뿐만 아니라, 성서와 아리스토텔레스 사이에는 또한 긴장 관계가 존립한다. 덕에 관한 자신의 논고에서 아퀴나스는 덕들을, 관습적인 도식이 통상적으로 그렇게 하듯이, 지혜, 정의, 절제, 용기의 기본 덕들과 신학적인 3대 덕으로 분류한다. 그렇다면 예컨대 인내는 어떻게 된 것인가? 아퀴나스는 야고보서를 인용한다. "인내를 온전히 이루라."(《야고보서》, 1장 4절) 그리고 그는 인내가 기본 덕으로 채택되어야 하는지를 곰곰이 생각한다. 그러나 그는 곧 야고보에 반대해 키케로를 인용한다. 그리고 그는 다른 모든 덕들은 네 기본 덕들 안에 포함되어 있다고 주장한다. 만약 그렇다면, 아퀴나스가 기본 덕들에 대해 라틴어 이름으로써 말하고자 하는 것이 물론 아리스토텔레스가 그리스어로 의도한 것과 같을 수 없다. 왜냐하면 기본 덕들 중 하나 또는 몇 가지는 인내뿐만 아니라 아퀴나스가 명시적으로 인정하고 있는 다른 성서적 덕, 즉 겸손을 포함해야 하기 때문이다. 그러나 겸손과 유사한 것이 언급되고 있는 덕에 관한 아리스토텔레스 서술의 유일한 곳에서 그것은 악덕으로서 서술되고 있으며, 인내는 아리스토텔레스에 의해 전혀 언급되지 않고 있다.

그러나 이것조차도 덕들에 관한 중세의 논고들에서 발견되는 규모와 다양성을 보여주지 않는다. 조토Giotto[1266~1337. 이탈리아의 화가 및 건축가]가 파도바에서 덕과 악덕을 서술했을 때, 그는 그것들을 한 쌍으로 표현했다. 그리고 이러한 쌍들은 시각적 표현의 독창적이고 환상적인 형식을 통해 새로운 양식의 묘사 자체가 새로운 형식의 사고 전환일 수 있다는 것을 시사한다. 버나드 베런슨Bernard Berenson은 조토가 탐욕과 불의와 같은 악덕들을 그린 프레스코 벽화에서 다음과 같은 물음에 답했다고 주장한다. "이러한 악덕들에 완전히 사로잡힌 사람의 현상에서 가장 두드러지는 특징들은 무엇인가?" 그의 회화적인 대답들은 한편으로는 아리스토텔레스의 체계와 대결하는 것처럼 보이고, 다른 한편으로는 이 체계를 전제하는 것처럼 보이는 덕들에 관한 견해를 대변한다. 중세적 사유의 이질성에 관한 이보다 더 명백한 증거를 찾을 수는 없을 것이다.

그렇기 때문에 하나의 이상적인 통합조차도 어느 정도는 불안하다. 중세의 실천에서 중세적 삶의 갈등과 악에 대한 덕들의 적용은 상이한 상황에서는 덕들에 관한 아주 다른 관점과 위계질서를 산출한다. 인내와 순결은 실제로 매우 중요할 수 있다. 순결은 특히 중요하다. 왜냐하면 중세 사회는 최고선에 관한 이해가 세속적인 오락을 통해 얼마나 쉽게 상실될 수 있는가를 인정하는 세계이기 때문이다. 인내는 악에 직면했을 때 참을 수 있는 덕이기 때문에 중요하다. 이 주제들에 몰두한 14세기 영국의 시인은 〈진주Pearl〉라는 시를 썼다.

이 시에서, 꿈속에서 죽은 자기 딸의 유령을 만나는 어떤 사람은 자신이 그녀를 신보다 더 사랑한다는 사실을 깨닫는다. 그리고 다른 시 〈인내 Patience〉에서는 요나[구약성서에 나오는 히브리의 예언자]가 신이 니네베의 파괴를 연기했다는 소식을 듣고 처음에는 비탄에 잠긴다. 왜냐하면 이 파괴의 연기는 요나의 예언에 회의의 그림자를 드리우기 때문이다. 그러나 그는 이 사악한 세계가 계속 존속할 수 있는 것은 신이 인내하고 쉽게 화를 내지 않기 때문이라는 사실을 깨달아야 한다. 중세의 의식은 최고의 선에 관한 표상에 의지하는 것이 항상 불안하고 항상 위협을 받는다는 사실을 인정하는 의식이다. 그렇기 때문에 중세의 세계는 덕들의 체계가 아리스토텔레스의 관점을 넘어서 확장되는 세계일 뿐만 아니라 인간 삶의 설화적 요소와 악덕들의 성격의 결합이 무엇보다도 의식의 전면에 등장하는 ── 이것은 성서적 의미에서만 이루어지는 것은 아니다 ── 세계다.

그러므로 이 지점에서 매우 결정적인 물음이 하나 제기되어야 한다. 만약 중세 이론과 실천 중 그렇게 많은 부분들이 아리스토텔레스에 의해 제기된 명제와 대립한다면, 이러한 이론과 실천은 ── 그것이 정말 아리스토텔레스적이라고 한다면 ── 어떤 의미에서 도대체 아리스토텔레스적인가? 동일한 사태를 다른 식으로 표현하면, 덕들에 관한 중세적 사유에 대한 나의 서술이 토마스 아퀴나스와 같은 엄격한 아리스토텔레스주의자를 지극히 일탈적인 중세의 인물로 만들지 않는가? 그것은 실제로 그렇게 만든다. 아퀴나스를 내가 서술하고 있는 역사의 예기치 않은 주변적 인물로 만드는, 덕들에 관한 아퀴나스 논고의 핵심적 특징들을 끄집어낼 필요가 있다. 물론 이것이 아리스토텔레스 해석자로서의 아퀴나스의 의미를 부정하는 것은 아니다.《니코마코스 윤리학》에 관한 아퀴나스의 주석들은 여전히 타의 추종을 불허한다. 그러나 몇몇 중요한 곳에서 아퀴나스는 덕들을 논의하면서 지극히 의심스러운 접근 방식을 사용한다.

내가 이미 언급한 그의 포괄적인 분류체계를 무엇보다 먼저 들수 있다. 아퀴나스는 덕의 목록을 남김 없고 일관적인 분류체계의 형식으로 제시한다. 그와 같은 종류의 포괄적인 분류체계는 항상 우리의 의심을 자극해야 한다. 린네Carl von Linné[1707~1778. 식물의 과학적 명명법을 창시한 스웨덴의 식물학자] 또는 멘델레예프D. I. Mendeleev[1834~1907. 러시아의 화학자로서 주기율을 만들었다]는 탁월한 영감에 의해 아마, 훗날의 이론에 의해 증명되는, 경험적 물질들의 체계화를 발견했는지 모른다. 그러나 우리의 지식이 순전히 경험적인 곳에서 우리는 우리가 경험적으로 배운 것을 이론으로부터, 다시 말해 순수 이론으로부터 추론된 것과 혼동하지 않도록 조심해야 한다. 그런데 덕들에 관한 우리 지식의 상당량은 이런 방식으로 경험적이다. 진실성 또는 용기가 어떤 성질인가, 그것의 실천은 어떤 결과를 초래하는가, 그것은 어떤 문제점들을 산출하는가를 우리는 오직 이 덕들을 실천하는 다른 사람들 또는 우리 자신을 관찰함으로써만 배울 수 있는 것이다. 그리고 우리는 덕들에 관해 교육을 받아야하고, 또 우리 대부분은 우리 삶의 오랜 기간을 불완전하고 고르지 않게 교육을 받기 때문에, 덕들에 관한 지식이 질서를 이루는 방식에서, 특히 개인의 실천을 다른 사람들의 실천과 결합시키는 방식에서 필연적으로 경험적 불순이 끼어들게 마련이다. 이러한 고찰들에 직면해 덕들의 분류에 관한 아퀴나스의 논고와 덕들의 통일성에 관한 그의 일관된 서술은 우리가 그의 텍스트에서 대답을 발견할 수 없는 물음들을 제기한다.

왜냐하면 그의 분류체계의 이론적 배경은 두 측면을 가지고 있기 때문이다. 하나는 아리스토텔레스 우주론의 반복이고, 다른 하나는 특별히 기독교적이고 신학적인 것이다. 그러나 우리에게는 아리스토텔레스의 물리학과 생물학을 거부할 합당한 근거가 있다. 그리고 인간의 진정한 목표와 관련되기는 하지만 아리스토텔레스의 형이상학과 연관되지 않는 기독교 신학의 부분은 아퀴나스 자신의 설명에 의하면 믿음의 문제지 이성의 문제가 아니다. 우리가 진정한 도덕적 갈등과 부딪히게 된다면 그것은 항상 우리 자신이 저지른 예전의 그릇된 행위 때문이라는 토마스 아퀴나스의 주장을 이런 관점에서 고찰해보자. 그것은 확실히 갈등의 한 원천이다. 그러나 그것은 안티고네와 크레온, 오디세우스와 필록테테스 또는 오이디푸스에게도 타당한가? 그것은 헨리 2세와 토머스 베켓에게도 해당하는가? 왜냐하면 이러한 상황들에 관한 나의 설명이 대체로 옳다고 전제한다면 이 모든 갈등은 각각 개인들 사이에서와 마찬가지로 개인들 **내면에서도** 일어날 수 있다는 사실을 우리는 명확하게 인식해야 하기 때문이다.

아퀴나스의 관점은 아리스토텔레스의 관점과 마찬가지로 인간적 결함, 죄악, 오류의 결과가 아닌 비극을 배제한다. 그런데 이것은, 아리스토텔레스와는 달리, 세계와 인간은 선하게 만들어졌으나 인간 의지 행위의 결과로 말미암아 결함을 갖게 되었다고 주장하는 신학의 산물이다. 이러한 신학이 자연세계의 지식에 관한 아리스토텔레스적 설명과 결합될 때, 그것은 물리적 질서와 도덕적 질서 양자에 관한 '과학적 지식scientia'을 요청한다. 그것은 모든 사물이 —— 그 진리가 확실히 인식될 수 있는 몇몇 일차 원리들이 최고의 자리를 차지하고 있는——연역적 위계질서 속에서 자기 자리를 차지할 수 있는 지식의 형식이다. 그러나 이와 같은 지식에 관한 아리스토텔레스적 견해를 주장하는 사람에게는 한 가지 문제, 즉 많은 주석가들이 다루었던 문제가 제기된다. 왜냐하면 아리스토텔레스 자신의 설명에 의하면 정치와 윤리의 일반화들은 그와 같은 연역적 설명에 맞지 않기 때문이다. 이 일반화들은 필연적·보편적으로 타당한 것이 아니라, 오직 **호스 에피 토 폴루**hôs epi to polu, 즉 일반적으로 그리고 대부분 타당한 것이다. 만약 이것이 참이라면, 우리는 토마스 아퀴나스가 우리에게 제공한 종류의 덕에 관한 설명을 할 수 있다고 기대해서는 안 된다.

여기서 문제가 되고 있는 것은 도덕적이기도 하고 인식론적이기도 하다. 적어도 이 점에서 아퀴나스를 따르는 현재의 추종자 피터 기치Peter Geach는 덕들의 통일성을 다음과 같은 방식으로 서술했다.(Geach 1977) 일반적으로 사악한 목표와 목적을 가지고 있는 어떤 사람, 예를 들면 헌신적이고 지성적인 나치와 같은 사람이 용기의 덕을 가지고 있다고——이렇게 논증이 시작된다——가정해보자. 그가 소유하고 있는 것은 용기가 아니거나, 용기는 이 경우에 덕이 아니라고 우리는 대답해야 한다고 기치는 말한다. 이런 종류의 대답은, 덕들의 통일성에 관한 아퀴나스의 견해와 비슷한 방식으로 주장하는 사람들에 의해 주어지는 대답임에 틀림없다. 이 대답의 무엇이 틀린 것인가?

그와 같은 나치의 도덕적 재교육에 함축되어 있을, 그리고 실제로 함축되어 있는 것을 고찰해보자. 그가 망각한 수많은 악덕들이 있으며, 그가 배워야 할 수많은 덕들이 있다. 겸손과 사랑은 그에게, 전적은 아니라고 하더라도 대부분 새로운 것이다. 그러나 고통과 위험에 직면했을 때 비겁함과 과도한 성급함을 피하는 것에 관해 그가 알고 있는 것을 망각할 필요도 없고 새로 배울 필요도 없다는 사실이 결정적으로 중요하다. 그 밖에도 나치와 그를 재교육하는 과제를 갖고 있는 사람들 사이에 도덕적 접합점이 있었던 까닭은, 무엇인가를 시작할 수 있는 토대가 있었던 것은 그에게 덕이 완전히 결여되어 있지는 않았기 때문이다. 나치가 용감하다는 사실 또는 용기가 하나의 덕이라는 사실의 부정은 그런 인간의 도덕적 재교육이 요청하는 것과 그렇지 않은 것 사이의 구별을 삭제한다. 따라서 내가 말하고자 하는 것은 어떤 유형의 도덕적 아리스토텔레스주의라도 그것이 덕들의 통일성에 관한 강한 명제와 필연적으로 결합되어 있다면(아퀴나스뿐만 아니라 아리스토텔레스 자신이 그랬던 것처럼), 아리스토텔레스주의의 입장은 심각한 결함을 갖고 있다는 사실이다.

그렇기 때문에 아리스토텔레스적 덕에 관한 아퀴나스의 견해가 유일하게 가능한 견해가 아니며, 아퀴나스는, 비록 그가 가장 위대한 중세의 이론가라고 할지라도, 비전형적인 중세의 사상가라는 사실을 강조하는 것이 중요하다. 중세의 아리스토텔레스 사용, 그의 저서의 확장과 수정의 다양성과 비체계성에 대한 나의 강조는 중세의 사유가 내가 서술하고 있는 도덕적 이론과 실천의 전통의 한 부분일 뿐만 아니라 진정한 진보를 서술한다는 점을 이해하는 데 본질적이다. 그럼에도 이 전통 내에서 중세의 단계는 강한 의미에서 아리스토텔레스적이다. 그리고 그것은 중세의 기독교적 견해에서만 그런 것이 아니다. 마이모니데스가 왜 신은 토라에서 그토록 많은 휴일을 만들었는가 하는 질문을 받았을 때, 그것은 휴일이 우애 관계를 만들고 가꿀 수 있는 기회를 제공하기 때문이며, 또 아리스토텔레스는 우애의 덕이 인간 공동체의 유대라고 설명했다고 그는 대답했다. 덕들을 서술하는 과정에서의 성서적·역사적 관점과 아리스토텔레스적 관점의 이러한 결합은 기독교적 의미에서뿐만 아니라 유대교적·이슬람적 의미에서도 중세의 유일한 업적이다.

제14장 덕의 본질

내가 이제까지 서술한 역사에 대해 할 수 있는 한 가지 대답은 내가 묘사한 비교적 정합적인 사유의 전통 내에는 개념 또는 역사의 통일성이 실제로 있을 수 있는 것보다는 오히려 매우 다양하고 양립할 수 없는 덕의 개념들이 존재한다고 언급하는 것일 것이다. 호메로스, 소포클레스, 아리스토텔레스, 신약성서와 중세의 사상가들은 다양한 방식으로 서로 구별된다. 그들은 덕에 관한 상이하고 양립할 수 없는 목록들을 제공한다. 그들은 상이한 덕들에게 상이한 의미와 중요성의 질서를 부여한다. 그리고 그들은 덕에 관한 상이하고 양립할 수 없는 이론들을 소유하고 있다. 우리가 훗날 서구의 작가들을 고려한다면 차이점과 불일치의 목록은 더욱 늘어날 것이다. 그리고 우리의 탐구를 예컨대 일본 또는 인디언의 문화로까지 확장한다면 차이는 더욱 증대될 것이다. 그렇게 되면 덕들에 관한 경쟁적이고 대안적인 표상들이 존재하고, 또 내가 서술한 전통 내에서도 어떤 핵심적 개념도 존재하지 않는다는 결론에 쉽게 도달하게 될 것이다.

다양한 저자들이 다양한 시기에 다양한 장소에서 그들의 덕 목록에 포함한 매우 다양한 항목들의 목록을 고찰하는 것보다 이러한 결론을 더 잘 정당화할 수는 없을 것이다. 나는 이러한 목록들의 몇 가지를 ── 호메로스, 아리스토텔레스, 신약성서의 목록들 ── 이미 어느 정도 상세하게 서술했다. 나는 여기서 반복의 위험을 무릅쓰고 그들의 핵심적 특징 몇 가지를 기억에 되살리고, 비교를 계속하기 위해 훗날의 서구 저자들, 즉 벤저민 프랭클린Benjamin Franklin과 제인 오스틴Jane Austen의 덕 목록을 도입하고자 한다.

첫째 예는 호메로스가 제공한다. **아레테**에 관한 호메로스의 목록에서 적어도 몇 가지 항목들은 오늘날 대부분의 사람들에 의해 덕으로 평가되지 않을 것이다. 신체적 힘은 그중 가장 명백한 예다. 이에 대해 가능한 대답은 아마 우리가 호메로스에게서 등장하는 **아레테**를 우리의 개념 '덕virtue'으로 번역하지 말고, 그 대신에 우리의 낱말 '탁월성excellence'으로 번역해야 한다는 것일 것이다. 만약 우리가 이렇게 번역한다면, 호메로스와 우리 사이에 놓여 있는 놀라운 차이는 우선 제거된 것처럼 보일 것이다. 왜냐하면 우리는 신체적 힘의 소유가 하나의 탁월성의 소유라는 사실을 서슴없이 인정할 수 있기 때문이다. 그러나 우리는 호메로스와 우리 사이의 차이를 실제로 제거한 것이 아니라 다른 곳으로 옮겨놓은 것이다. 왜냐하면 우리는, 호메로스의 눈에는 탁월성일 수 있는 하나의 특정한 성질이 우리의 눈에는 결코 덕이 아니고 또 그 역도 성립하기 때문에, 아레테에 관한 호메로스의 개념과 덕에 관한 우리의 개념이 전혀 별개의 것이라고 주장하는 것처럼 보이기 때문이다.

그러나 중요한 것은 덕에 관한 호메로스의 목록이 우리 자신의 것과 다르다는 사실이 아니다. 그것은 아리스토텔레스의 덕 목록과 현저하게 구별된다. 그리고 아리스토텔레스의 목록은 물론 우리의 것과 차이가 난다. 왜냐하면 내가 앞서 언급한 것처럼, 덕에 관한 몇몇 그리스어 낱말들은 쉽게 영어나 다른 언어로 번역될 수 없기 때문이다. 게다가 아리스토텔레스 목록에 있는 덕으로서의 우애의 의미를 생각해보자. 그것은 우리의 우애와 얼마나 다른가! 아니면 **프로네시스**의 위치를 생각해보라. 그것은 호메로스와 얼마나 차이가 나고, 우리의 것과 얼마나 다른가! 호메로스가 신체에 부여한 찬사를 아리스토텔레스는 정신에 부여한다. 그러나 아리스토텔레스와 호메로스의 차이는 그들 각각의 목록에 어떤 항목들은 포함되어 있고 또 다른 항목들은 생략되어 있다는 것으로 그치지 않는다. 차이는 오히려 이러한 목록들이 어떤 질서를 이루고 있고, 인간의 탁월성에 대해 어떤 항목들이 비교적 핵심적인 것으로 평가되고 어떤 항목들이 주변적인 것으로 평가되는가 하는 데 있는 것으로 판명된다.

게다가 사회적 질서에 대한 덕들의 관계가 변화했다. 호메로스에게 인간적 탁월성의 모범은 전사다. 그러나 아리스토텔레스에게는 고귀한 아테네인이다. 아리스토텔레스에 의하면, 실제로 특정한 덕들은 오직 많은 부와 높은 사회적 지위를 가지고 있는 사람에게만 가능하다. 그가 비록 자유인이라고 할지라도 가난한 사람에게는 성취될 수 없는 덕들이 있다. 그리고 이러한 덕들은 아리스토텔레스의 시각에서 보면 인간의 삶에 핵심적 의미를 갖고 있는 덕들이다. 관대 —— 여기서 그리스어 **메갈로프시키아**megalopsychia에 대한 이 번역 용어는 다시 한번 불만족스럽다 —— 와 선심은 단순한 덕들일 뿐만 아니라 아리스토텔레스의 체계 내에서 중요한 덕들이다.

아리스토텔레스의 덕 목록에 대한 가장 현저한 차이는 호메로스의 목록도 우리의 목록도 아닌 신약성서의 목록이라는 사실의 언급을 여기서 더 이상 늦출 수 없다. 왜냐하면 신약성서는 아리스토텔레스가 알지 못하는 덕들을 — 믿음, 소망, 사랑 — 칭송할 뿐만 아니라 아리스토텔레스에게 매주 중요한 프로네시스와 같은 덕들에 관해서는 일언반구도 없기 때문이다. 신약성서는 적어도 아리스토텔레스가 관대와 관계 있는 악덕들 중의 하나로 간주하는 성질, 즉 겸손을 하나의 덕으로 칭송한다. 그리고 신약성서는 그 밖에도 부유한 사람들이 지옥의 고통을 받을 운명을 가지고 있다고 생각하기 때문에, 가장 중요한 덕들이 그들에게는 성취될 수 없다는 것이 너무나 명백하다. 그런데 이 덕들은 노예들에게는 가능하다. 신약성서는 이렇게 그것의 덕 목록이 포함하고 있는 항목들에서뿐만 아니라 덕들의 위계질서에서도 호메로스와 아리스토텔레스와 구별된다.

이제까지 고찰한 세 가지 덕 목록, 즉 호메로스, 아리스토텔레스, 신약성서의 덕 목록들을 최근의 두 목록과 비교해보자. 하나는 제인 오스틴의 소설들로부터 편찬할 수 있으며, 다른 하나는 벤저민 프랭클린이 스스로 생각해낸 것이다. 제인 오스틴의 열거에서는 특히 두 가지 특성이 눈에 띈다. 첫째 특성은 그녀가 '지조constancy(한결같음)'라고 부르는 덕에 부여하는 의미다. 나는 이 덕에 관해 나중에 몇 가지 더 말하게 될 것이다. 여러 측면에서 제인 오스틴의 지조는 아리스토텔레스에게서 **프로네시스**에 해당하는 역할을 한다. 그것은 그것의 소유가 다른 덕들의 소유의 전제조건이 되는 덕이다. 둘째 특성은 아리스토텔레스가 '편안함agreeableness'의 덕이라고 — 아리스토텔레스는 이 덕에는 이름이 없다고 말한다 — 생각한 것을 제인 오스틴은 단지 진정한 덕의 모상에 불과한 것으로 다룬다는 사실이다. 문제가 되고 있는 이 진정한 덕을 그녀는 '상냥함amiability'이라고 부른다. 왜냐하면 쾌적함의 덕을 실천하는 사람[편안한 사람]은 아리스토 텔레스에 의하면 명예와 편의의 관점에서 행하기 때문이다. 이와는 반대로 제인 오스틴은 이 덕의 소유자가 사람들에 대한 진정한 사랑의 감정을 갖는 것이 가능하고 또 필요하다고 생각한다(제인 오스틴이 기독교인이라는 사실이 여기서는 중요하다). 여기서 우리는 아리스토텔레스 역시 전사의 용기를 진정한 용기의 모상으로 다루었다는 점을 기억할 필요가 있다. 따라서 우리는 여기서 덕들에 관한 다른 유형의 의견 불일치에 부딪힌다. 즉 우리는 어떤 인간적 성질들이 진정한 덕들이고, 또 어떤 것이 단순한 모상에 불과한가 하는 문제에 직면하는 것이다.

벤저민 프랭클린의 목록에서 우리는 앞서 언급한 목록들 중 적어도 한 목록에 대한 온갖 유형의 차이를 발견한다. 프랭클린은 우리의 고찰에 매우 새로운 덕들, 예를 들면 정결, 정숙, 근면과 같은 것들을 포함한다. 그는 무엇인가를 얻고자 하는 영리의 충동 자체를 덕의 한 부분으로 취급한다. 그러나 그것은 대부분의 그리스인들에게는 **플레오넥시아**의 악덕이었다. 그는 예전 시대에는 하찮게 여겨졌던 것을 중요한 것으로 생각한다. 그러나 그는 익숙한 덕들의 내용을 새롭게 정의한다. 그는 자신의 개인적인 도덕 설명체계의 한 부분으로 구성한 열세 가지 덕들의 목록에서 각각의 덕에 해당하는 준칙을 — 이 준칙의 준수가 바로 문제되고 있는 덕의 내용이다 — 제시함으로써 이 덕을 해명한다. 순결의 경우에 해당하는 준칙은 다음과 같다. "건강과 자손을 위한 경우를 제외하고는 성교를 하지 말라. 결코 둔해지고 약해질 때까지 하지 말라. 또는 자기 자신을 해치거나 다른 사람의 평화 및 명망을 해칠 때까지 하지 말라." 이것이 예전의 저자들이 '순결'을 이해한 것이 아님은 너무나 분명하다.

우리는 덕들에 관해 서술하고 함축한 다섯 가지 설명 속에 들어 있는 놀라울 정도로 많은 차이와 불일치들을 수집했다. 그렇게 함으로써 내가 처음에 제기했던 문제는 더욱더 긴박한 문제가 되었다. 만약 다양한 저자들이 다양한 시간과 장소에서, 그러나 모두 서양 문화의 역사 내에서, 그토록 다양한 유형의 항목들을 그들의 목록 속에 포함한다면, 그들이 실제로는 동일한 종류의 항목들을 열거하고자 하고, 또 하나의 공통적 생각이 있다고 우리가 가정할 수 있는 근거는 도대체 무엇인가? 두 번째의 고찰은 이 물음에 대한 대답이 부정적일 것이라는 추측을 강화한다. 이 다섯 저자들은 각각 다양하고 서로 차이가 나는 항목들을 열거하는 것만이 아니다. 이들이 각각 구현하고 있는 것은 덕이 무엇인가에 관한 상이한 이론의 표현이다.

호메로스의 시에서 덕은 그것의 표현을 통해 어떤 사람으로 하여금 정확하게 규정된 그의 사회적 역할이 요구하는 것을 행할 수 있도록 하는 성질이다. 가장 중요한 역할은 전사-왕의 역할이다. 가장 중요한 덕들은 어떤 사람으로 하여금 전투와 경기에서 뛰어날 수 있도록 해주는 덕들이라는 사실을 우리가 인식할 때 비로소 이해될 수 있는 덕들의 목록을 호메로스는 제공한다. 우리가 호메로스적 사회의 핵심적인 사회적 역할들과 이 역할들 각각의 요청들을 규정하기 전에는 호메로스적 덕들을 정확하게 규정할 수 없다는 결론이 도출된다. **이러저러한 역할을 가지고 있는 사람이 행해야만** 하는 것에 관한 개념은 덕의 개념에 선행한다. 후자의 개념은 오직 전자를 통해서만 사용될 수 있다.

아리스토텔레스의 설명에서 사태는 매우 다르다. 비록 몇몇 덕들은 오직 특정한 유형의 사람들에게만 성취될 수 있다고 하더라도, 덕들은 특정한 사회적 역할의 담지자로서의 인간에게 속해 있는 것이 아니라 인간 자체에 속한 것이다. 종種으로서의 인간의 **텔로스**는 어떤 인간적 성질들이 덕들인가를 결정한다. 비록 아리스토텔레스가 덕의 획득과 실천을 하나의 목적에 이르는 수단으로 파악한다고 할지라도, 우리는 목적에 대한 수단의 관계가 외면적인 것이 아니라 내면적이라는 사실을 기억할 필요가 있다. 목적이 수단의 성격 규정과 상관없이 독자적으로 충분히 규정될 수 없을 때, 나는 주어진 목적에 대한 수단의 관계를 내면적이라고 부른다. 아리스토텔레스의 설명에 따르면, 인간에게 좋은 삶이란 바로 텔로스와 덕들과 더불어 있다. 덕의 실천 자체가 인간에게 좋은 삶의 핵심적 구성요소다. 아리스토텔레스는, 내가 앞서 언급한 바와 같이,《니코마코스 윤리학》에서 목적에 대한 내면적 수단과 외면적 수단을 구별하지 않고 있다. 그러나 그것은 우리가 아리스토텔레스의 의도를 이해하고자 한다면 반드시 실행되어야 할 구별이다. 이러한 구별은 덕에 관한 아우구스티누스의 정의를 변론하는 과정에서 아퀴나스에 의해 명시적으로 이루어졌다. 아퀴나스는 이러한 구별에도 불구하고 자신이 아리스토텔레스적 관점을 유지한다는 사실을 이해했음이 분명하다.

덕에 관한 신약성서의 설명은 아리스토텔레스와의 많은 내용적 차이에도 불구하고 —— 아리스토텔레스는 예수를 찬양하지 않았을 것임에 틀림없으며, 그는 또한 바울에 경악했을 것이다 —— 아리스토텔레스의 설명과 같은 논리적·개념적 구조를 갖고 있다. 덕은 아리스토텔레스에게서와 마찬가지로 그것의 실천이 인간적 **텔로스**의 성취를 가져오는 그런 성질이다. 인간선은 물론 자연적 선일 뿐만 아니라 초자연적 선이다. 그러나 초자연적인 것은 자연(본성)을 구원하고 완성한다. 그 밖에도 앞으로 도래할 신국에서의 인간적 구현을 뜻하는 목적에 대한 수단으로서의 덕의 관계는 아리스토텔레스에서처럼 내면적인 것이지 외면적인 것이 아니다. 아퀴나스로 하여금 아리스토텔레스와 신약성서를 통합하도록 한 것은 바로 이와 같은 유사성이다. 이 유사성의 가장 핵심적인 특성은 **인간에게 좋은 삶**에 관한 개념이, 호메로스의 설명에서 사회적 역할의 개념이 그런 것처럼, 덕의 개념에 선행하는 방식이다. 다시 한번 말하자면, 전자의 개념의 적용 방식이 후자의 개념이 어떻게 적용되는가를 결정한다는 것이다. 두 경우에 덕의 개념은 이차적 개념이다.

덕에 관한 제인 오스틴의 이론에서 그녀가 추구하고 있는 의도는 다른 종류의 것이다. C. S. 루이스C. S. Lewis는 그녀의 도덕적 견해가 매우 기독교적이라는 점을 정당하게 강조했으며, 길버트 라일은 그녀에게 있는 섀프츠베리와 아리스토텔레스의 유산을 역시 정당하게 강조했다. 실제로 그녀의 견해들은, 신약성서와 아리스토텔레스의 경우와는 달리, 사회적 역할에 관심을 기울이기 때문에 호메로스적 요소들을 결합한다. 그녀가 매우 중요한 까닭은, 첫눈에는 근본적으로 다른 것같이 보이는 덕들에 관한 설명들을 서로 결합시키는 것이 가능하다고 생각하는 방식 때문이다. 그러나 우리는 당분간 제인 오스틴에 의한 통합의 의미를 검토하는 모든 시도를 연기해야 한다. 그 대신에 우리는 덕들에 관한 프랭클린의 서술에서 표현되는 전혀 다른 종류의 이론을 고찰해야 한다.

프랭클린의 서술은 아리스토텔레스의 것과 마찬가지로 목적론적이다. 그러나 그것은 아리스토텔레스와는 반대로 공리주의적이다.

프랭클린의 《자서전Autobiography》에 의하면, 덕들은 하나의 목적에 대한 수단들이다. 그러나 그는 이 목적 – 수단의 관계를 내면적인 것이라기보다는 외면적인 것으로 파악한다. 덕의 수양이 도움을 주는 것은 행복이다. 그러나 행복은 필라델피아, 그리고 궁극적으로 천국에서의 성공과 복지로 이해된다. 덕들은 유용해야 한다. 그리고 프랭클린의 서술은 거듭해서 개별적인 경우의 판단 기준으로서 유용성을 강조한다. "다른 사람들 또는 너 자신에게 이익이 되는 경우를 제외하고는 지출을 하지 말라. 다시 말해 허비하지 말라!" "다른 사람 또는 너에게 유용한 것만을 말하라! 하찮은 잡담을 하지 말라!" 그리고 우리가 이미 언급한 바와 같이, "건강과 자손을 위한 경우를 제외하고는 성교를 하지 말라." 프랭클린이 파리에 체류할 때, 그는 파리의 건축에 경악했다. "대리석, 자기, 금박이 아무런 쓸모 없이 낭비되었다."

그러므로 우리는 적어도 세 가지 다른 덕 개념들을 서로 대립시켜야 한다. 덕은 개인으로 하여금 자신의 사회적 역할을 충족할 수 있도록 하는 하나의 성질이다(호메로스). 덕은 개인으로 하여금 특별히 인간적인 **텔로스**의 —— 그것이 자연적인 것이든 초자연적인 것이든 —— 성취를 향해 나아갈 수 있도록 하는 하나의 성질이다(아리스토텔레스, 신약성서, 아퀴나스). 덕은 지상적·천상적 성공을 성취하는 데 유용한 하나의 성질이다(프랭클린). 우리는 이것들을 동일한 것에 관한 세 가지 상이한 경쟁적 설명들로 간주해야 하는가? 아니면, 그것들은 세 가지 상이한 사태들에 대한 설명들인가? 고대[기원전 8세기에서 제2차 페르시아 침공 시기까지의 아르카익 시기], 기원전 4세기의 그리스, 18세기의 펜실베이니아에서의 도덕 구조들은 아마 서로 너무 달라서, 우리는 그것들이 매우 다른 개념들을 서술하고 있다고 보아야 할지도 모른다. 그 차이는 아마 개념적 동일성과 유사성이 이미 오래전에 상실되었음에도 불구하고 언어적 유사성을 통해 우리를 오도하는 어휘를 역사적으로 우연히 수용함으로써 우리에게 감춰졌는지도 모른다. 우리가 처음에 제기했던 물음은 배가된 긴박성을 가지고 다시 제기된다.

그러나 내가 비록 표면적 사실에 의존해, 다양한 설명들 사이의 차이점들과 양립 불가능성들이 ── 보편적 수용을 주장할 수 있는 ── 덕에 관한 유일한 핵심적 개념이 존립하지 않는다는 점을 시사한다고 주장하기는 했지만, 나는 또한 내가 요약적으로 서술한 다섯 가지의 모든 도덕적 설명들이 그와 같은 주장을 서술하고 있다는 점을 언급해야 한다. 그리고 그 설명들이 단순한 사회학적 또는 골동품 연구적 흥미 이상의 것을 불러일으키게 만드는 것은 바로 이러한 특징이다. 이 설명들은 각각 이론적 패권뿐만 아니라 제도적 패권을 주장한다. 오디세우스가 키클롭스 거인들을 비난하는 까닭은 그들이 농경을 하지도 않고, **아고라**agora(시민정치집회)와 **테미스**themis(법과 정의)를 가지고 있지도 않기 때문이다. 아리스토텔레스가 이민족의 미개한 야만인들을 비난하는 까닭은 그들이 **폴리스**를 가지고 있지 않고, 따라서 정치의 능력이 없기 때문이다. 그리고 신약성서의 기독교인들에게는 사도 교회의 밖에서는 어떠한 구원도 없다. 그리고 우리는 벤저민 프랭클린이 파리보다는 필라델피아를 덕의 고향으로 보았다는 사실을 알고 있으며, 제인 오스틴에게는 덕의 시금석이 특정한 종류의 결혼과 특정한 종류의 해군 장교(특정한 종류의 영국 해군 장교를 의미한다)라는 사실을 알고 있다.

그렇기 때문에 질문은 다음과 같이 직접적으로 제기될 수 있다. 우리는 이러한 상이하고 경쟁적인 주장들로부터, 우리가 예전의 어느 설명보다 더 설득력 있게 서술할 수 있는, 덕들에 관한 하나의 통일적인 핵심 개념을 이끌어낼 수 있는가? 나는 우리가 실제로 그와 같은 핵심 개념을 발견할 수 있으며, 이 핵심 개념은 개념적 통일성을 갖춘 전통을 —— 내가 서술한 것은 바로 이 전통의 역사다 —— 제공한다고 주장하려 한다. 이 핵심 개념은 정말로 우리로 하여금 실제로 전통에 속한 덕들에 관한 견해와 그렇지 않은 견해를 구별할 수 있도록 해준다. 놀랍지 않게도 그것은 하나의 복합적인 개념이며, 이 개념의 다양한 부분들은 이 전통의 발전 과정의 다양한 단계로부터 유래한다. 그러므로 이 개념 자체는 여러 측면에서 이 개념을 만들어 낸 역사를 서술한다.

이제까지의 논증으로부터 어느 정도 분명하게 나타난 덕 개념의 특징들 중 하나는, 덕은 그것이 적용되기 위해서는 항상 사회적·도덕적 삶의 특정한 특징들에 —— 이 특징들을 통해 덕은 정의되고 설명되어야 한다 —— 관한 선행적 설명의 수용을 요청한다는 사실에 있다. 그러므로 호머의 설명에서 덕 개념은 **사회적 역할**의 개념에 대해 이차적이다. 아리스토텔레스의 설명에서 덕 개념은 인간행위의 텔로스로서 파악된 '**인간에게 좋은 삶**'이라는 개념에 대해 부수적이다. 그리고 프랭클린의 후기 설명에서 덕 개념은 유용성의 개념에 대해 이차적이다. 그렇다면 나의 설명에서 덕의 개념을 이해할 수 있도록 해주는 필연적 배경을 이와 유사한 방식으로 제공하는 것은 도대체 무엇인가? 이 물음에 답하는 과정에서 덕에 관한 핵심적 개념이 갖고 있는 복합적·역사적·다층적 성격이 분명해진다. 왜냐하면 덕의 핵심 개념이 이해되어야 한다면 순서에 따라 규정되어야 할 이 개념의 논리적 발전 과정에는 적어도 세 단계가 존립하기 때문이다. 첫째 단계는 내가 실천으로 명명하려는 것에 관한 배경 설명을 요청한다. 둘째 단계는 내가 이미 개별적 인간 삶의 설화적 질서로서 규정한 것의 설명을 요구한다. 그리고 셋째 단계는 하나의 도덕적 전통을 구성하는 것에 관한, 내가 이제까지 서술한 것보다 더 포괄적인 설명을 필요로 한다. 모든 나중의 단계는 앞의 단계를 전제한다. 그러나 그 역은 아니다. 모든 전 단계는 그것이 본질적 구성요소를 제공하는 나중 단계의 관점에서 변형되고 새롭게 해석된다. 개념의 발전 과정에서 진보는, 그것이 비록 이 역사를 직접적으로 반복하지는 않는다고 할지라도, 그 개념을 핵으로 구성된 전통의 역사와 밀접하게 관련되어 있다.

덕들에 관한 호메로스적 설명에서, 그리고 일반적으로는 영웅 사회에서 덕의 실천은 하나의 사회적 역할을 보존하고, 또 정확하게 경계지어진 사회적 실천의 영역에서 탁월성을 보여주기 위해 요청되는 성질들을 나타낸다. 뛰어나다는 것은 아킬레스가 행하는 것처럼 전투와 경기에서 뛰어나다는 것을 의미하며, 페넬로페가 행하는 것처럼 가계를 보존하는 데 뛰어나다는 것을 의미하며, 네스토르Nestor[트로이 전쟁에서 그리스군의 가장 현명한 노장군]처럼 집회에서 조언하는 데 뛰어나다는 것을 의미하며, 호메로스 자신과 같이 이야기하는 데 뛰어나다는 것을 의미한다. 아리스토텔레스가 인간행위의 탁월성에 관해 말할 때 그는, 비록 항상 그런 것은 아니지만, 때때로 정확하게 정의된 인간행위의 유형을 언급한다. 플루트 연주 또는 전쟁 또는 기하학. 나는 이로써 덕들이 보여져야 할 무대를 제공하는 특정한 유형의 실천 개념이 ── 그리고 이러한 개념을 통해 덕들이, 비록 완전하지는 않다고 할지라도, 최초의 정의를 얻게 되는 그러한 실천 개념이 ── 덕들의 핵심 개념을 규정하는 기획에서 매우 중요하다는 사실을 암시하고자 한다. 그러나 나는 서둘러 두 가지 경고를 덧붙이고자 한다.

첫째 경고는, 나의 논증은 덕들이 오직 내가 명명한 실천의 틀 안에서만 실행되어야 한다는 것을 결코 함축하지 않는다는 것이다. 둘째 경고는 내가, 이제까지의 나의 사용을 포함해, 통용되는 관습적 사용과 전적으로 일치하지는 않는 방식으로 '실천'이라는 개념을 사용한다는 사실이다. 이로써 내가 말하고자 하는 것은 무엇인가?

내가 말하고자 하는 '실천'은, 특정한 활동 형식에 적합하고, 또 부분적으로는 이 활동 형식을 통해 정의된 탁월성의 기준을 성취하고자 하는 시도의 과정에서 이 활동 형식에 내재하고 있는 선들이 이 활동을 통해 ── 탁월성을 성취할 수 있는 인간의 힘과, 관련된 목표와 선들에 관한 인간의 표상들이 체계적으로 확장되는 결과를 가져오는 방식으로 ── 실현되는, 사회적으로 정당화된 협동적 인간 활동의 모든 정합적·복합적 형식을 뜻한다. 3목두기tic-tac-toe와 같은 어린이 놀이는 이런 의미에서 결코 실천이 아니며, 축구공을 능숙하게 던지는 것도 실천의 예가 아니다. 그러나 축구 경기 자체와 서양 장기 자체는 실천의 예다. 벽돌 쌓기는 실천이 아니지만 건축은 실천이다. 순무를 심는 것은 실천이 아니지만 농사는 실천이다. 물리학, 화학, 생물학의 연구 활동들, 그리고 역사학자의 작업이나 회화, 음악도 마찬가지다. 고대와 중세의 세계에서는 가계, 도시, 국가와 같은 인간 공동체의 창조와 유지는 일반적으로 내가 정의한 의미에서의 실천으로 간주되었다. 그렇기 때문에 실천의 규모는 광범위하다. 예술, 과학, 경기, 아리스토텔레스적 의미에서의 정치, 가정생활의 운영과 유지, 이 모든 것은 실천의 개념에 속한다. 그러나 실천의 정확한 범위를 정하는 문제가 이 단계에서 중요한 것은 아니다. 그 대신에 나는 실천에 내재적인 선들의 개념을 시작으로 나의 정의에 포함되어 있는 핵심 용어들을 설명하고자 한다.

비록 아이는 배우고 싶은 욕망이 없지만 내가 장기 게임을 가르치고자 하는 일곱 살짜리 매우 영리한 아이의 예를 생각해보자. 이 아이는 사탕을 매우 먹고 싶어 하지만, 그것을 얻을 수 있는 기회가 많지 않다. 그래서 나는 그 아이에게 일주일에 한 번씩 장기를 두면 50센트어치의 사탕을 주겠다고 말한다. 그 밖에도 나는 이기는 것이 어렵긴 하지만 불가능하지는 않은 방식으로 장기를 두겠다고 그 아이에게 말한다. 이렇게 유인되어 아이는 장기를 두고, 또 이기기 위해 장기를 둔다. 그러나 아이가 장기를 두는 이유를 제공하는 것이 오직 사탕뿐인 한에서는 아이는 속일 아무런 이유도 가지고 있지 않으며, 또한 ─ 만약 그가 그럴 능력을 충분히 갖고 있다면 ─ 속일 만한 모든 이유를 갖고 있다. 그러나 우리 모두는 아이가, 고도의 분석적 기술, 전략적 상상력, 경쟁적 집중과 같은 장기의 고유한 가치들 속에서 장기를 둘 새로운 이유들을 발견하는 시기가 올 것이라고 희망한다. 그것은 특정한 기회에 단순히 이겨야 하는 이유들뿐만 아니라 장기 게임이 요구하는 것에서 뛰어나고자 하는 이유들이다. 만약 아이가 이때 속인다면, 그는 나를 이기는 것이 아니라 자기 자신을 무너뜨리는 것이다.

그러므로 장기 게임을 통해 획득할 수 있는 두 가지 종류의 선(가치)들이 있다. 한편으로는 사회적 상황의 우연적 사건들에 의해 장기 게임 및 다른 실천들과 외면적으로 결합되어 있는 선들이 있다. 앞에서 언급한 가상의 아이의 경우에는 사탕이며, 실제의 어른들의 경우에는 특권, 지위와 돈과 같은 것들이다. 그러한 선들을 성취할 수 있는 대안적 방법들이 항상 존재하며, 이러한 성취는 결코 특정한 실천과 결합되어 있는 것은 아니다. 다른 한편으로는 장기 게임의 실천에 내재하는 선들이 있다. 그것들은 오직 장기 게임을 하거나 이런 종류의 다른 경기를 함으로써만 획득될 수 있는 것이다. 우리는 이 선들을 두 가지 이유에서 내재적인 것이라고 부른다. 첫째, 우리는 그것들을, 우리가 이미 암시한 바와 같이, 장기 또는 이런 종류의 다른 게임의 의미에서만, 그리고 이러한 게임들로부터의 예의 도움을 통해서만 정확하게 규정할 수 있기 때문이다(만약 그렇지 않은 경우에는 그와 같은 선들을 서술하면서 우리가 갖고 있는 어휘의 빈약함으로 말미암아 우리는 어쩔 수 없이 "고도로 특정한 종류의"라는 관용어구로 도피할 수밖에 없다). 둘째, 그것들은 문제되고 있는 실천에의 참여 경험을 통해 규정되고 인식될 수 있기 때문이다. 그렇기 때문에 이에 상응하는 경험을 갖지 못한 사람은 내재적 가치를 판단할 수 있는 능력이 없다.

이러한 사실은 의심의 여지 없이 가장 중요한 실천들에 해당한다. 한 예로 — 비록 간단하고 부적절하기는 하지만 — 후기 중세부터 18세기까지 서부 유럽에서 발전한 초상화의 실천을 고찰해보자. 성공적인 초상화가는 방금 정의된 실천의 의미에서 초상화 그리기를 통해 외면적인 많은 선들을 얻을 수 있다. 명예, 부, 사회적 지위, 그리고 경우에 따라서는 궁정에서의 일정 정도의 권력과 영향력. 그러나 이러한 선들은 이 실천에 내재하고 있는 선들과 혼동되어서는 안 된다. "우리 벽에 있는 그림이 바로 그 위에 서술된 대상(인간, 풍경 등등) 그 자체"(*Investigations*, 178e)라는 사실을 전혀 새로운 방식으로 보기를 가르침으로써 "인간의 신체는 인간의 영혼에 대한 최선의 그림이다"(205e)라는 비트겐슈타인의 언명이 참이 될 수 있는 방법을 보여주고자 하는 포괄적인 시도로부터 내재적 선들은 파생한다. 서술되고 있는 바대로의 비트겐슈타인의 언명에서 우리를 오도하는 것은 "나이 오십이 되어야 사람은 그가 받을 만한 얼굴을 갖게 된다"는 조지 오웰의 진리의 경시다. 조토에서 렘브란트Rembrandt van Rijn에 이르는 화가들은 어떤 나이의 얼굴이든지 그것이 초상화의 대상이 가질 만한 얼굴로서 나타날 수 있도록 그리는 방법을 배웠다.

성인聖人들을 그린 중세의 그림에서 얼굴은 본래 아이콘聖畵이었다. 서술된 예수 또는 베드로의 얼굴과 특정한 시기에 예수 또는 베드로가 실제로 가졌던 얼굴 사이의 유사성의 문제는 전혀 제기되지 않았다. 이러한 아이콘화에 대한 반대는 15세기 플랑드르파 그림과 독일파 그림의 상대적 자연주의였다. 무거운 눈꺼풀, 모자를 쓴 머리, 입가의 주름은 의심의 여지 없이 ── 상상의 인물이든 실제의 인물이든 ── 한 여성을 재현한다. 아이콘적 관계는 유사성을 통해 극복된다. 그러나 렘브란트에게서는 일종의 통합이 이루어진다. 자연주의적 초상화가 이제는 아이콘화처럼 서술되는데, 그러나 그것은 이제까지 파악되지 않았던 전혀 새로운 방식의 아이콘이다. 전혀 다른 발전 과정에서도 이와 유사하게 17세기 프랑스의 특정한 그림들의 신화적 얼굴들은 18세기에는 귀족적인 얼굴이 된다. 이러한 발전 과정에서, 인간의 얼굴과 몸을 그리는 회화에 내재하는 적어도 두 가지 상이한 종류의 선들이 성취된다.

첫째는 무엇보다도 화가에 의한 실행에서의 탁월성과 초상화 자체의 탁월성을 포함하는, 생산품의 탁월성이다. 이러한 탁월성은 ── 영어 단어 'excel(뛰어나다)'이 말해주는 바와 같이 ── 역사적으로 이해되어야 한다. 발전의 단계들은 다양한 탁월성의 유형과 양식을 향하고, 또 이를 넘어서는 진보 과정 속에서 그 관점과 목적을 발견한다. 물론 진보의 단계뿐만 아니라 후퇴의 단계들도 존재한다. 그리고 진보는 좀처럼 직선적인 발전으로 이해되지 않는다. 그러나 바로 진보를 유지하고 문제들에 창조적으로 대처하려는 시도들에 참여함으로써 초상화 실천에 내재하고 있는 둘째 선이 성취된다. 왜냐하면 예술가가 초상화 그리기의 탁월성을 추구하는 과정에서 발견하는 것은 ── 그리고 초상화 그리기에 타당한 것은 일반적으로 미술에 타당한 것이다 ── 특정한 종류의 삶의 선이기 때문이다. 이 삶은 오랫동안 화가인 어떤 사람의 전체 삶을 구성하지 않을지도 모른다. 또는 이 삶은 고갱처럼 특정한 기간에 그 밖의 다른 모든 것을 희생해가면서 그의 전체 삶을 빼앗아 갈지도 모른다. 그가 화가로서 살아온 삶의 많은 부분이든 아니면 작은 부분이든, 구성된 화가의 삶은 그림 그리기에 내재하고 있는 두 번째 선이다. 그리고 이 선들에 대한 평가는 적어도, 우리가 오직 화가로서 획득하는 종류의 능력 또는 초상화가가 가르쳐야 하는 것을 체계적으로 배울 준비가 되어 있는 사람으로서 획득하는 종류의 능력을 요청한다.

실천은 탁월성의 척도와 규칙의 준수뿐만 아니라 선들의 성취를 포함한다. 실천한다는 것은 이러한 척도들의 권위를 인정하고, 이 척도에 비추어 볼 때 나의 업적이 부적절하다는 것을 인정함을 의미한다. 그것은 나의 태도, 선택, 선호체계, 취향들을 — 실천을 지속적으로 그리고 부분적으로 정의하는 — 척도들에 예속시키는 것을 의미한다. 모든 실천은 내가 이미 언급한 바와 같이 하나의 역사를 갖고 있다. 경기들, 과학들, 예술들은 모두 역사를 가진다. 그렇기 때문에 척도들은 스스로 비판으로부터 면역된 것이 아니다. 그럼에도 우리는 이제까지 실현된 최선의 척도를 인정하지 않고서는 실천을 시작할 수가 없다. 만약 내가 음악을 듣기 시작하면서 올바로 판단할 수 없는 나의 무능력을 받아들이지 않는다면, 나는 벨라 바르톡Béla Bartók[헝가리의 작곡가]의 마지막 사중주곡들을 올바로 평가하기는 커녕 그것을 듣는 법도 배우지 못할 것이다. 만약 내가 야구를 시작하면서 언제 빠른 볼을 던지고 언제 그러지 않을지를 다른 사람들이 나보다 더 잘 안다는 사실을 인정하지 않는다면, 나는 결코 좋은 투구를 던지기는커녕 올바로 평가하는 법도 배우지 못할 것이다. 실천의 영역에서 선들과 기준들의 권위는 모든 주관주의적이고 정의주의적인 판단 분석들이 배제되는 방식으로 작용한다. 취향은 논쟁의 여지가 있다De gustibus est disputandum.

이제 우리는 내가 내재적 선들이라고 명명한 것과 외면적 선들이라고 명명한 것의 중요한 차이를 인식할 수 있다. 내가 외면적 선들이라고 명명한 것의 특징은, 그것들이 성취되었을 때 그것들은 항상 그것들을 성취한 사람의 소유라는 사실이다. 그 밖에도 어떤 사람이 그것을 가지면 가질수록 다른 사람이 가질 수 있는 것은 더욱 줄어든다는 사실이 외면적 선들의 특징에 속한다. 때로는 권력과 명예의 경우에 필연적으로 그러하며, 또 때로는 우연적 상황으로 인해 돈의 경우가 그렇다. 그렇기 때문에 외면적 선들은 전형적으로 승리자뿐만 아니라 패배자가 있는 경쟁의 대상들이다. 내재적 선들은 실제로 탁월하고자 하는 경쟁의 결과다. 그러나 그것의 성취가 실천에 참여하는 공동체 전체를 위한 하나의 선이라는 사실이 내면적 가치들의 특징이다. 따라서 윌리엄 터너William Turner가 회화에서 바다 경치를 새롭게 변형시켰을 때, 또는 W. G. 그레이스W. G. Grace가 크리켓에서 타구의 기술을 아주 새로운 방식으로 개선했을 때, 그들의 업적은 관련된 전체 공동체를 풍요롭게 만들었던 것이다.

그러나 이러한 것들이 모두 덕들에 관한 개념과 무슨 관계가 있는가? 우리는 이제 덕에 관한 —— 비록 부분적이고 잠정적이기는 하지만 —— 최초의 정의를 서술할 수 있는 입장에 있다는 사실이 드러난다. **덕은 하나의 습득한 인간의 성질로서, 그것의 소유와 실천이 우리로 하여금 어떤 실천에 내재하고 있는 선들을 성취할 수 있도록 해주며, 또 그것의 결여는 결과적으로 그러한 선들의 성취를 방해하는 그러한 성질이다.** 이 정의는 나중에 확장되고 개선될 필요가 있다. 그러나 적절한 정의에 이르는 첫 번째 접근으로서 그것은 이미 인간 삶 내에서의 덕들의 위치를 분명히 밝혀주고 있다. 왜냐하면 많은 핵심적 덕들에서 만약 그것들이 없다면 실천에 내재하고 있는 선들이 우리에게 봉쇄된다는 사실, 즉 단순히 일반적으로 봉쇄될 뿐만 아니라 매우 특별한 방식으로 봉쇄된다는 사실을 보여주는 것은 어렵지 않기 때문이다.

내가 이미 개략적으로 서술한 바와 같이, 우리가 화가든 물리학자든, 미식축구의 쿼터백 선수든, 또는 단순히 훌륭한 그림, 대단한 실험 및 멋진 패스의 애호가든 우리 모두가 실제의 삶 속에서 익숙한 실천의 개념에는, 우리가 다른 참여자들과의 관계 속에서 이루어지는 실천에 우리 자신을 예속시킴으로써만 그 실천의 선들이 성취될수 있다는 점이 포함된다. 우리는 무엇이 누구에게 마땅히 속한 것인가를 인식하는 법을 배워야 한다. 우리는 우리에게 요구되는 것이 무엇이든지 간에 자기를 위험에 빠뜨리는 모험들을 감행할 준비가 되어 있어야만 한다. 다른 말로 표현하면, 우리는 정의, 용기, 정직의 덕들을, 내재적 선들과 탁월성에 대한 척도를 갖고 있는 모든 실천의 필연적 구성요소로서 수용해야만 한다. 왜냐하면 이를 수용하지 않는다는 것, 우리의 가상적 아이가 장기 게임을 처음 시작하면서 속이려는 것처럼 속일 준비가 되어 있다는 것은 우리로 하여금 탁월성에 대한 척도들을 충족하지 못하게 하거나 실천에 내재적인 선들을 성취하지 못하도록 만들기 때문이다. 그렇게 되면 실천은 외면적 선들을 성취하는 수단으로서의 경우를 제외하고는 아무런 의미가 없게된다.

우리는 동일한 사태를 다른 방식으로 표현할 수 있다. 모든 실천은이에 참여하는 사람들 사이의 특정한 관계를 요청한다. 그렇다면 덕들은, 실천 속에 충만되어 있는 목적과 척도들을 함께 공유하고 있는다른 사람들에 대한 우리의 관계를 정의할 때 우리가 ― 그것을 좋아하든 싫어하든 ― 관계를 맺어야 하는 선들이다. 특정한 종류의인간 관계에서 이 덕들에 대한 관계가 어떤 식으로 이루어지는지 한가지 예를 고찰해보자.

A, B, C와 D는 아리스토텔레스가 중요하다고 생각한 우애의 의미에서의 친구들이다. 그들은 특정한 선에 대한 추구를 공유한다. 나의용어로 말하자면, 그들은 실천을 공유하고 있는 것이다. D는 애매한상황에 죽는다. A는 D가 어떻게 죽었는가를 알게 되고, B에게는 이

에 대한 진실을 말하고 C에게는 거짓말을 한다. C는 거짓말을 알게 된다. A는 그가 B와 C에 대해서 동일한 친구 관계를 유지하고 있다고 설득력 있게 말할 수 없다. 그는 한 사람에게는 진실을 말하고 다른 사람에게는 거짓을 말함으로써 부분적으로는 관계에서의 차이를 정의한 것이다. 물론 A는 이 차이를 다양한 방식으로 설명할 수 있는 가능성을 갖고 있다. 아마 그는 C에게 고통을 주고 싶지 않았는지도 모른다. 어쩌면 그는 C에게 그냥 거짓말을 했는지도 모른다. 그러나 거짓말의 결과로서 이제는 관계 속에 어느 정도의 차이가 존립하는 것이다. 왜냐하면 공동의 선들을 추구하는 과정에서의 다른 사람에 대한 그들의 신의는 이로써 문제화되었기 때문이다.

실천에 특징적인 척도와 목적을 공유하는 한 —— 우리가 그것을 인정하든 인정하지 않든 간에 —— 진실성과 신뢰의 기준과 관계를 맺음으로써 다른 사람에 대한 우리의 관계를 정의하듯이, 우리는 또한 정의와 용기의 척도를 통해 실천들을 정의한다. 만약 교수인 A가 B와 C에게 그들의 논문에 합당한 성적을 주면서 D에게 성적을 준 까닭이 그의 푸른 눈에 매력을 느꼈다거나 그의 비듬에 혐오감을 느꼈기 때문이라고 한다면, 그 교수는 그가 원하든 원치 않든 간에 D에 대한 그의 관계를 다른 학급 구성원들과의 관계와는 다르게 차별적으로 정의한 것이다. 정의는 우리가 다른 사람들을 공적 또는 가치에 따라 판단하고, 한결같은 비인격적 기준에 따라 판단할 것을 요구한다. 특정한 경우에 정의의 척도로부터 벗어나는 것은 당사자에 대한 우리의 관계를 어느 정도 특별하게 또는 차별적으로 정의한다는 것을 의미한다.

용기의 경우는 이와는 조금 다르다. 우리가 용기를 하나의 덕으로 간주하는 까닭은 실천에서 상당히 중요한 개인들, 공동체들 또는 일들에 대한 염려와 관심이 그와 같은 종류의 덕의 실존을 요청하기 때문이다. 어떤 사람이 개인, 공동체, 일에 관심을 기울인다고 말하면서도 그들의 이익을 위해 자신의 손해와 위험을 감수할 준비가 되어 있지 않다면, 그는 자신의 염려와 관심에 스스로 물음표를 던지는 것이다. 손해와 위험을 감수할 수 있는 능력으로서의 용기는 그것이 갖고 있는 염려와 관심과의 결합 때문에 인간의 삶에서 자신의 역할을 하는 것이다. 그것은 물론 누군가가 다른 사람을 진정으로 염려할 수 없다면 그렇기 때문에 비겁자도 될 수 없다고 말하는 것은 아니다. 이와는 반대로 그것이 부분적으로 의미하는 바는, 다른 사람을 진정으로 염려하면서 손해와 위험을 감수할 수 있는 능력을 갖지 못한 사람은 자기 자신과 다른 사람 앞에서 스스로를 비겁자로 정의한다는 사실이다.

그렇기 때문에 나는, 그것 없이는 실천이 유지될 수 없는 그러한 관계의 관점에서 보면 진실성, 정의와 용기, 그리고 그 밖의 몇몇 다른 것들은 진정한 탁월성들이며 덕들이라고 생각한다. 우리 자신의 개인적 도덕 관점 또는 우리 사회의 특별한 규칙들이 무엇이든 간에 이것과는 상관없이 우리는 이러한 관점에서 우리 자신과 다른 사람들을 규정해야 한다. 왜냐하면 그와 같은 선의 의미에서의 우리의 관계들에 대한 정의를 우리가 회피할 수 없다는 인식은, 상이한 사회들은 진실성, 정의, 용기에 대한 상이한 규칙들을 갖고 있다는 사실의 인정과 완전히 일치하기 때문이다. 루터적 경건주의자들은 상황과 결과와는 관계없이 항상 누구에게나 진리를 말해야 한다고 믿도록 그들의 아이들을 교육했다. 칸트도 그 아이들 중 하나였다. 전통적 반투족Bantu 부모들은 낯선 이방인들에게는 진실을 말하지 말라고 아이들을 교육했는데, 그것은 이러한 행위가 가족을 마술의 위험에 빠뜨린다고 믿었기 때문이다. 우리 문화에서 많은 사람들은 늙은 아주머니가 자신의 새 모자를 경탄해주기를 바라는 마음에서 의견을 물어올 때 그녀에게 진리를 말하지 말도록 교육을 받았다. 이러한 규칙들은 모두 진실성의 덕에 대한 인정을 구현하고 있다. 정의와 용기에 대한 다양한 규칙들도 마찬가지 경우다.

그러므로 실천들은 상이한 규칙들을 갖고 있는 사회에서 융성할 수 있다. 그렇지만 일체화된 목적들에 기여하는 제도들 및 기술적 숙련들이 비록 번창할 수 있다고 할지라도 덕들이 높이 평가되지 않는 사회에서는 실천들이 융성하지 않는다(한편으로는 통일적인 목적들을 위해 투입되는 제도들과 기술적 숙련들, 다른 한편으로는 실천들 사이의 대립에 관해 몇 가지 더 말할 것이 있다). 왜냐하면 전형적으로 실천에 포함되어 있는 일종의 공동 작업, 권위와 업적에 대한 일종의 인정, 일종의 척도에 대한 존경, 일종의 위험 감수는 예를 들면 자기 자신과 다른 사람을 평가하는 데 공정을 요구하고 ── 그것은 내가 앞에서 서술한 예들 중에서 교수에게 결여되어 있는 예다 ── 그것 없이는 공정이 불가능한 가차 없는 진실성을 요구하고 ── 내가 든 예에서 A, B, C와 D에게 결여되어 있는 것과 같은 종류의 진실성이다 ── 실천에서의 자신들의 업적 덕택으로 판단할 수 있는 권위를 ── 이 권위는 판단하는 데 공정과 진실성을 전제한다 ── 부여받은 사람들의 판단을 신뢰하려는 자세를 요구하고, 때로는 자기 자신과 자신의 업적 자체를 위험에 빠뜨리는 모험을 감수하기를 요구하기 때문이다. 나의 명제가, 위대한 바이올린 연주자가 부도덕할 수 없다거나 위대한 장기 기사가 비열할 수 없다는 것을 말하는 것은 아니다. 덕들이 요청되는 곳에서는 악덕들도 역시 창궐할 수 있다. 그것은 바로, 악덕한 사람과 비열한 사람은 그들이 몰두하는 실천이 융성하도록 하기 위해서는 다른 사람의 덕들에 필연적으로 의존할 수밖에 없으며, 그렇기 때문에 그렇게 훌륭하지 못한 장기 기사와 바이올린 연주자들의 활동에 보답할 수 있는 내재적 선들을 성취할 수 있는 경험을 스스로 부정한다는 것이다.

실천 내에서의 덕들의 위치를 규정하기 위해서는 두 가지 중요한 대립을 제시함으로써 실천의 본질을 조금 더 상세하게 설명할 필요가 있다. 나는 이제까지의 논의를 통해 우리가 의도하고 있는 의미의 실천이 결코 단순한 기술적 숙련들로만 구성된 것이 아니라는 사실을, 다시 말해 이러한 기술적 숙련들이 비록 하나의 통일적인 목표를 지향하고, 이러한 숙련들이 때로는 비록 자기 자신을 위해 평가되고 향유될 수 있다고 할지라도 이러한 기술적 숙련들로만 구성된 것이 아니라는 사실이 분명히 밝혀졌기를 희망한다. 기술적 숙련들이 종사하는 관련 목적과 선들이 ── 모든 실천은 기술적 숙련의 실행을 요구한다 ── 이러한 인간 능력의 확장과, 또 부분적으로는 특정한 개별적 실천 및 실천 형식에 결정적인 자기 자신의 내재적 선들에 대한 존중을 통해 변형되고 풍부해지는 방식은 실천에서 본질적이다. 실천들은 결코 모든 시대에 확정된 하나의 목표 또는 목표들을 갖고 있지 않다. 회화와 물리학 어느 것도 그런 목표를 갖고 있지 않다. 목표들은 오히려 활동의 역사를 통해 변형되었다. 그렇기 때문에 모든 실천이 자기 자신의 역사, 즉 관련된 기술적 숙련들의 개선의 역사와는 다르고, 또 그 이상의 역사를 가지고 있다는 것은 결코 우연이 아닌 것으로 판명된다. 이와 같은 역사적 차원은 덕들과의 관계에서 본질적이다.

실천으로 들어선다는 것은 현재 실천하는 사람들뿐만 아니라 이 실천에서 우리를 앞서간 사람들, 특히 그들의 업적이 실천의 범위를 현재의 수준까지 확장한 사람들과의 관계에 들어선다는 것을 의미한다. 그러므로 나는 전통의 업적에, 그리고 더욱 강력한 이유에서 전통의 권위에 직면하게 되고, 이로부터 배워야만 한다. 이러한 학습과 이를 통해 구현된 과거와의 관계에서 정의, 용기, 진실성의 덕들은 그것들이 실천 안에서 현재의 관계를 보존하는 데 필요한 것과 똑같은 이유와 방식으로 요청되는 것이다.

물론 실천과 대비되어야 하는 것이 비단 기술적 숙련들만은 아니다. 실천은 제도들과 혼동되어서도 안 된다. 장기, 물리학, 의학은 실천들이다. 장기 클럽, 실험실, 대학들, 병원들은 제도들이다. 제도들은 특징적으로 그리고 필연적으로 내가 외면적 선들이라고 명명했던 것에 종사한다. 그들은 돈과 다른 물질적 선들을 획득하는 데 전념한다. 그들은 권력과 지위의 범주에 따라 구조되어 있으며, 돈과 권력과 지위를 보상으로써 분배한다. 그들은 자기 자신뿐만 아니라 그들이 행사하는 실천을 보존해야 할 때에도 달리 행할 수 없다. 왜냐하면 어떤 실천도 장기적으로는 제도 없이는 유지될 수 없기 때문이다. 실천과 제도의 관계는, 그리고 이에 상응해 외면적 선들과 문제되고 있는 실천에 내재적인 선들의 관계는 실제로 너무 밀접해서, 제도들과 실천들은 특징적이게도 하나의 인과적 질서를 형성한다. 이 질서 내에서 실천의 이상들과 창조성은 항상 제도의 탐욕에 의해 피해를 받기 쉬우며, 실천의 공동선에 관한 협동적 관심은 항상 제도의 경쟁에 희생물이 되기 쉽다. 이러한 맥락에서 덕들의 본질적 기능은 분명하다. 그것들이 없다면, 즉 정의와 용기와 진실성이 없다면 실천들은 부패시키는 제도들의 힘에 저항할 수 없을 것이다.

그러나 제도들이 실제로 부패시키는 힘을 가지고 있다면, 인간 공동체의 제 형식들, 다시 말해 제도들의 창조와 보존은 그 자체로 실천의 모든 특징들을 갖고 있다. 그것은 더욱이 두 가지 특별한 방식으로 덕의 실행과 밀접한 관계에 있는 실천의 특징들을 보유하고 있다. 덕들의 실행은 사회적·정치적 문제에 대해 지극히 결단적인 태도를 요청하는 경향이 있다. 그리고 우리가 덕들을 실행하는 법을 배우거나 배우지 못하는 것은 항상 그 고유의 특별한 제도적 형식을 가지고 있는 특별한 공동체 내에서다. 도덕적 성격과 정치적 공동체의 관계가 자유주의적 개인주의의 현대의 관점에서 파악되는 방식과, 이 관계가 내가 개략적으로 서술한 고대 및 중세의 덕 전통의 관점에서 파악되는 방식 사이에는 물론 현저한 차이가 있다. 자유주의적 개인주의에서 공동체는 단지 모든 개인이 스스로 선택한 자신의 '좋은 삶'의 생각을 추구하는 무대다. 그리고 정치적 제도들은 이와 같이 자유롭게 선택된 활동을 가능하게 하는 정도의 질서를 제공하기 위해 존립한다. 정부와 법은 인간에게 좋은 삶에 관한 경쟁적 개념들 사이에서 중립적이며, 또 중립적이어야 한다. 법 준수를 조성하는 것이 국가의 과제라고 할지라도, 자유주의적 관점에서 보면 누군가에게 도덕적 태도를 심어주는 것은 국가의 정당한 기능에 속하지 않는다.

이와는 반대로 내가 서술한 고대 및 중세의 시각에서 보면 정치적 공동체는 자기 자신을 유지하기 위해 덕들의 실행을 요청할 뿐만 아니라, 아이들을 덕을 갖춘 성인으로 키우는 것은 권위 있는 성인들의 과제에 속한다. 이러한 유비에 관한 고전적인 발언은 《크리톤Kriton》에서의 소크라테스의 발언이다. 정치적 공동체와 정치적 권위에 관한 소크라테스의 견해를 수용한다고 해서 소크라테스가 국가와 법에 부여한 도덕적 기능을 우리가 현대 국가에 배정해야 한다는 결론이 도출되는 것은 아니다. 자유주의적 개인주의 관점의 힘은 부분적으로는 현대 국가가 실제로 공동체의 도덕적 교육자로 기능하기에는 전적으로 부적당하다는 명백한 사실로부터 추론된다. 그러나 현대 국가 생성의 역사는 물론 그 자체로 하나의 도덕적 역사다. 만약 덕들과 실천과 제도들의 관계에 관한 나의 서술이 옳다면, 만약 이 역사가 동시에 덕들과 악덕들의 역사가 아니라면 우리는 실천과 제도들의 진정한 역사를 기술할 수 없다는 결론에 도달한다. 왜냐하면 자신의 통합성을 보존할 수 있는 실천의 능력은, 덕들이 —— 실천의 사회적 담지자인 —— 제도적 형식의 보존에 실행될 수 있고, 또 실행되는 방식에 의존하기 때문이다. 실천의 완전성은, 이 실천을 자신의 활동을 통해 구현하는 몇몇 개인들에 의한 덕의 실행을 인과적으로 요청한다. 이와는 반대로 제도들의 부패는 항상 부분적으로는 적어도 악덕의 결과다.

덕들은 물론 특정한 사회적 제도를 통해서는 촉진되고, 다른 제도들에 의해서는 위협을 받는다. 토머스 제퍼슨은 덕들이 오직 작은 규모의 농사를 하는 농부들로 구성된 사회에서만 번성할 수 있다고 생각했다. 애덤 퍼거슨은 —— 조금은 더 섬세하게 —— 현대 상업사회의 제도들이 적어도 몇 가지 전통적 덕들에 대해 위협적이라고 파악했다. 퍼거슨의 사회학은 내가 서술한 덕들에 관한 개념적 설명에 대한 경험적 상대물이다. 그것은 덕들, 실천들과 제도들의 경험적·인과적 결합 관계를 드러내려는 목표를 가진 사회학이다. 왜냐하면 이와 같은 개념적 설명 방식은 아주 강한 경험적 함의를 가지고 있기 때문이다. 그것은 특정한 경우에 검증될 수 있는 설명 도식을 제공한다. 그 밖에도 나의 명제는 다른 방식으로 경험적 내용을 갖고 있다. 덕들 없이는 내가 외면적 선들이라고 명명한 것만이 실천의 맥락에서 인식될 뿐, 실천에 내재하는 선들은 결코 인식되지 않는다는 사실을 나의 명제는 함축하고 있다. 그리고 오직 외면적 선들만을 인정하는 모든 사회에서 경쟁은 지배적인 특징일 뿐만 아니라 유일한 특징일 수 있을 것이다. 우리는 이와 같은 사회에 관한 훌륭한 서술을 자연 상태에 관한 홉스의 설명에서 발견한다. 산악족Ik의 운명에 관한 턴불 교수의 보고[C. M. Turnbull, *The Mountain People*, N.Y., Simon and Schuster, 1972를 참조할 것]는 사회적 현실이 나의 명제뿐만 아니라 홉스의 명제를 소름 끼칠 정도로 증명해주고 있다는 사실을 시사하고 있다.

따라서 덕들은 외면적 선과 내재적 선에 대해 다른 관계를 갖고 있다. 덕의 소유는, 단지 덕의 겉모습과 가상의 소유뿐만 아니라, 후자를 성취하는 데 필수적이다. 그러나 덕의 소유는 우리가 외면적 선들을 성취하는 것을 철저하게 방해할 수도 있다. 나는 여기서 외면적 선들이 실제적인 선들이라는 점을 강조할 필요가 있다. 그것들은 인간욕망의 전형적인 대상들인 — 정의와 관대의 덕들에 의미를 부여하는 것은 바로 이 대상들의 분배다 — 것만은 아니다. 어느 누구도 어느 정도 위선적이지 않고서는 이 대상들을 완전히 경멸할 수 없다. 그러나 진실성, 정의, 용기의 수양이 종종 — 세상이 실제로 어떻든 간에 ── 우리가 부유해지거나 유명해지거나 권력을 갖게 되는 것을 방해한다는 것은 익히 알려진 사실이다. 우리가 덕들을 소유함으로써 설령 탁월성의 척도와 특정한 실천에 내재하는 선들을 성취하고, 부유해지고 유명해지고 권력을 갖게 되기를 바란다고 할지라도, 덕들은 항상 이 유쾌한 열망에 장애물이다. 그렇기 때문에 우리는 특정한 사회에서 외면적 선들에 대한 추구가 우세해진다면, 덕들의 개념이 처음에는 마모되었다가 ── 설령 덕의 환영들이 흘러넘친다고 할지라도 ── 거의 소멸될 수 있다는 사실을 예상해야 한다.

여기에서 덕들의 핵심 개념에 관한 부분적 설명이 ── 이제까지 내가 제시한 것이 이러한 설명의 첫 단계라는 사실을 나는 강조할 필요가 있다 ── 내가 서술한 전통에 대해 얼마나 충실한가 하는 물음이 제기된다. 그것은 얼마나 그리고 어떤 방식으로 아리스토텔레스적인가? 그것은 다행히도 그 밖의 전통의 상당 부분이 아리스토텔레스와 의견을 달리하는 두 가지 방식에서 아리스토텔레스적이 아니다. 첫째, 덕들에 관한 이 서술이 비록 목적론적이라고 할지라도 그것은 아리스토텔레스의 형이상학적 생물학에 대한 복종의무를 요구하지 않는다. 둘째, 인간 실천의 다양성과 이에 따른 선들의 ── 바로 이 선들을 추구하는 과정에서 덕들은 실행될 수 있는 것이다. 그리고 이 선들은 종종 서로 양립할 수 없기 때문에 우리의 복종에 대한 경쟁적 주장들을 제기할 수 있다 ── 다양성 때문에 갈등은 단지 개인 성격의 경험으로부터 발생하는 것만은 아니다. 덕에 관한 아리스토텔레스의 설명은 바로 이 두 가지 관점에서 취약한 것처럼 보인다. 이 사회적·목적론적 서술이 덕에 관한 아리스토텔레스의 일반적 서술을 그 자신의 생물학적·목적론적 서술이 행하는 것과 마찬가지로 잘 지지해주는 것으로 입증된다면, 이와 같은 아리스토텔레스와의 차이들은 아리스토텔레스의 일반적 관점에 대한 근거를 약화하기보다는 오히려 강화할 수도 있다.

내가 제시한 설명은 적어도 세 가지 방식에서 분명히 아리스토텔레스적이다. 첫째, 이 설명이 완성되기 위해서는 아리스토텔레스의 설명 역시 요구하는 구별들과 개념들에 대한 보다 설득력 있는 해명을 필요로 한다. 자발성, 지성적 덕과 성격의 덕의 구별, 자연적 능력과 정념에 대한 양자의 관계, 실천적 판단의 구조. 나 자신의 설명이 설득력이 있으려면 이들 주제 각각에서 아리스토텔레스의 시각과 유사한 것이 변호되어야만 한다.

둘째, 나의 설명은 쾌락과 향유에 관한 아리스토텔레스의 견해와 일치할 수 있다. 이와는 반대로 그것은 어떤 공리주의적 관점과도 양립할 수 없으며, 특히 덕에 관한 프랭클린의 서술과 양립할 수 없다. 어떤 선에 내재적인 선들과 외면적인 선들의 차이에 관한 나의 설명을 고찰한 사람이 "쾌락과 향유는 — 만약 그것이 이 두 부류에 속한다면 — 어떤 부류에 속하는가?" 하고 묻는 사람에게 어떻게 대답할 것인가를 생각해봄으로써 우리는 이 문제에 접근할 수 있다. 대답은 다음과 같다. "몇몇 유형의 쾌락은 이 부류에 속하고, 몇몇 유형의 것은 다른 부류에 속한다."

장기를 잘 두거나 축구를 잘하는 사람, 또는 물리학에서 연구를 잘하거나 실험적인 회화 양식을 도입한 사람과 같이 특정한 실천에서 탁월성을 성취한 사람은 보통 그의 업적을 기뻐하고, 그것을 성취하는 자신의 활동을 즐긴다. 비록 업적의 한계를 깨뜨리지는 못했다고 할지라도 그와 같은 한계의 극복을 가져오는 방식으로 경기하고, 사유하고, 행위하는 사람도 역시 마찬가지로 그러할 것이다. 아리스토텔레스에 의하면, 활동의 향유와 성취의 향유는 행위자가 추구하는 목표가 아니다. 향유는 성공적인 활동에 부수적으로 첨가되어, 성취된 활동과 향유된 활동은 동일한 상태가 된다. 그러므로 하나를 목표로 한다는 것은 다른 것을 목표로 한다는 것을 의미한다. 그렇기 때문에 사람들은 탁월성의 추구를 **이러한 특별한 의미에서의** 향유에 대한 추구와 쉽게 혼동한다. 이 혼동은 별로 해롭지 않다. 그러나 이와는 반대로 **이 특별한 의미에서의** 향유와 다른 형식들의 향유의 혼동은 해롭지 않은 것이 아니다.

왜냐하면 어떤 종류의 쾌락들은 특권, 지위, 권력, 부와 마찬가지로 외면적 선들이기 때문이다. 모든 쾌락이 성취된 활동에 부수적으로 첨가되는 기쁨은 아니다. 몇몇 쾌락들은 모든 활동과 무관한 심리적 또는 생리적 상태의 기쁨들이다. 그러한 상태들, 예를 들면 굴, 고추와 샴페인을 연달아 먹어 혼합된 감각에 의해 보통 사람의 미각에 만들어진 상태와 같은 상태들은 외면적 선들로서, 즉 돈으로 사거나 특권으로 획득한 외면적 보상으로서 추구되는 것일 것이다. 이로써 쾌락들은 적절한 방식으로 내재적 선과 외면적 선으로 분류되었다.

바로 이러한 분류는 오직 외면적 관계와 외면적 선들로만 구성되어 있는 프랭클린의 덕 설명에서는 발견되지 않는다. 덕에 관한 나의 서술은 내가 개략적으로 기술한 고대 및 중세적 전통의 핵심에 자리 잡고 있는 덕 개념을 포착하고 있다고 주장하는 것이 이 논증 단계에서 비록 가능하기는 하지만, 덕에 관한 개념은 한 가지 이상이 가능하며 프랭클린의 관점은 모든 공리주의적 관점과 마찬가지로 전통의 부정을 함축한다는 사실과 그 역의 사실도 마찬가지로 분명하다.

한 가지 양립 불가능성의 관점은 이미 오래전에 D. H. 로런스에 의해 언급되었다. "건강과 자손을 위한 경우를 제외하고는 성교를 **이용하지** 말라"고 프랭클린이 주장하는 데 반해, 로런스는 "결코 성교를 하지 말라"고 응수한다. 덕들에 대한 보상인 내면적 선들을 효율적으로 산출하기 위해서는 덕은 결과를 고려하지 말고 실행되어야 한다는 것은 덕의 성격에 속한다. 왜냐하면 덕들이 비록 특정한 종류의 선들을 성취하게 만드는 성질들이기는 하지만, 그것들이 특정한 우연적 상황에서 그 선들을 산출하는가 아닌가를 고려하지 않고 우리가 만약 덕들을 실행하지 않는다면 우리는 덕들을 결코 소유할 수 없다는 사실이 드러나기 때문이다. 이것은 부분적으로는 적어도 또 다른 하나의 경험적 주장이다. 우리는 전적으로 용기 있거나 진실될 수 없다. 우리는 오직 경우에 따라서만 이따금 그럴 수 있을 뿐이다. 그 밖에도 우리가 살펴본 바와 같이 덕들의 수양은 세속적 성공의 징표인 외면적 선들의 성취를 항상 방해할 수 있으며, 종종 실제로 방해한다. 필라델피아에서 성공에 이르는 길과 천국에 이르는 길은 궁극적으로는 일치하지 않을지도 모른다.

우리는 이제 모든 공리주의적 견해의 결정적 어려움을, 내가 일찍이 언급한 것에 덧붙여 더욱 자세하게 규정할 수 있다. 공리주의는 어떤 실천에 내재적인 선들과 외면적인 선들의 구별을 통합할 수 없다. 고전적 공리주의자들은 어느 누구도 이와 같은 구별을 언급하지 않았을 뿐만 아니라 —— 이 구별은 벤담의 저서에서도, 그리고 밀과 시지윅의 저서에서도 발견되지 않는다 —— 내재적 선들과 외면적 선들은 서로 불가공약적이다. 그렇기 때문에 선들을 합계한다는 생각은, 그리고 내가 쾌락과 향유에 관해 말한 의미에서 행복을 합계한다는 생각은 하나의 유일한 유용성의 정식 또는 개념의 범주에서, 그것이 프랭클린의 것이든 벤담 또는 밀의 것이든 간에 아무런 의미도 갖지 못한다. 이러한 구별이 밀의 사상에는 비록 낯선 것이라고 할지라도, 우리는 이것이 바로 그가《공리주의》에서 '보다 높은 차원의' 쾌락과 '보다 낮은 차원의' 쾌락을 구별했을 때 의도했던 것과 같은 구별이라는 가정이 ── 거만한 투로 이야기하는 것이기보다는 ── 상당히 설득력이 있다는 점을 강조할 필요가 있다. 우리는 기껏해야 "이것과 유사한 것"이라고 말할 수 있을 뿐이다. 왜냐하면 밀은 그의 교육 때문에 인간의 삶과 인간의 힘에 관해 제한적인 시각만을 가지고 있었기 때문이다. 예를 들면, 그로 하여금 철학을 높이 평가하도록 만든 그의 교육 덕택에 그는 게임을 평가하지 못하게 되었다. 그럼에도 인간의 힘을 확장시키는 방식으로의 탁월성 추구는 인간 삶의 핵심에 속한다는 생각은 밀의 정치적·사회적 사상에 친밀할 뿐만 아니라 그의 삶과 테일러Harriot Taylor Mill 부인의 삶에서도 친숙한 생각이다. 내가 이해하고 있는 특정한 덕들의 몇몇 전형적인 대변인들을 선택해야 한다면, 물론 많은 이름을 들 수 있다. 성 베네딕트St. Benedict[480?~543?. 베네딕트회의를 창시한 이탈리아의 수도사], 프란체스코 다시시Francesco d'Assisi[1182?~1226. 프란체스코 수도회의를 창시한 이탈리아의 수도사], 성 테레사St. Theresa[1515~1582. 스페인의 수녀, 신비사상가]와 같은 이름들, **그리고** 엥겔스, 엘레아노어 마르크스Eleanor Marx, 트로츠키Leon Trotskij와 같은 이름들을 들 수 있다. 그러나 존 스튜어트 밀의 이름도 다른 이름과 마찬가지로 명명될 수 있을 것이다.

셋째, 나의 서술은 가치평가와 설명을 전형적인 아리스토텔레스적 방식으로 결합시킨다는 점에서 아리스토텔레스적이다. 특정한 행위를 어떤 덕 또는 악덕의 표현으로서 또는 그것을 표현하는 데 실패한 것으로 규정한다는 것은 아리스토텔레스적 관점에서 보면 결코 가치평가만은 아니다. 그것은 왜 다른 행위가 실행되지 않고 바로 이 행위가 실행되었는가를 설명하는 첫걸음을 의미한다. 그렇기 때문에 플라톤주의자에게뿐만 아니라 아리스토텔레스주의자에게 도 어떤 도시 또는 개인의 운명은 전제군주의 불의 또는 그 방어자들의 용기를 언급함으로써 설명될 수 있다. 실제로 정의와 불의, 용기와 비겁함이 인간의 삶 속에서 차지하는 위치를 언급하지 않고서는 거의 아무것도 설명되지 않는다. 모든 가치평가로부터의 '사실들'의 분리를 —— 이 '사실들'의 개념을 제7장에서 설명했다 —— 방법론적 근본 원리로 하는 현대 사회과학들의 설명 시도들은 실패할 수밖에 없다는 사실이 이로부터 도출된다. 왜냐하면 어떤 사람이 용기 있거나 정의롭다는 사실 또는 용기 있거나 정의롭지 않다는 사실은 이 방법론적 근본 원리를 수용하는 사람들에 의해 '사실'로서 인정받을 수 없기 때문이다. 내가 제시한 덕에 관한 서술은 이 점에서 완전히 아리스토텔레스와 일치한다. 그러나 이제 다음과 같은 질문이 제기될 수 있다. "당신의 설명은 몇 가지 측면에서 아리스토텔레스적일 수 있지만, 다른 측면에서는 틀린 것이 아닌가?" 이제 다음과 같은 중요한 이의 제기를 고찰해보기로 하자.

나는 덕들을 부분적으로 그것들이 실천 내에서 차지하고 있는 위치를 통해 정의했다. 그러나 몇 가지 실천들, 다시 말해 내가 실천이라고 명명한 것의 서술에 부응하는 몇 가지 정합적인 인간 활동들은 분명히 나쁜 실천들이라는 이의가 제기될 것이다. 이런 유형의 덕들에 관한 설명에서 몇몇 도덕철학자들은 논쟁을 전개하면서 고문과 가학피학적 변태 성행위들은 이러한 실천의 예들일 수 있다고 말했다. 그러나 만약 그것이 악의 결과를 가져오는 실천들을 유지하는 그런 종류의 성향이라고 한다면, 성향이 어떻게 덕일 수 있는가? 이 이의에 대한 나의 대답은 두 부분으로 분류된다.

첫째, 나는 단순히 나쁜 실천들이 — 내가 이 개념을 이해하고 있는 의미에서 — 있을 수 있다는 사실을 인정하고자 한다. 나는 그런 것들이 있다는 사실을 전혀 확신하지 않는다. 나는 실제로 고문 또는 가학피학적 변태 성행위들이 나의 덕 설명에서 사용되고 있는 실천의 서술에 부합한다고 믿지 않는다. 그러나 나는 이와 같은 확신의 결여만을 나의 주장의 근거로 내세우려고 하지 않는다. 왜냐하면 많은 유형의 실천들이 특정한 경우에 우연히 악을 산출할 수 있다는 것은 너무나 분명하기 때문이다. 실천의 범위는 예술, 과학, 특정한 정신적 게임과 신체적 게임들을 포함한다. 그리고 이 모든 영역이 특정한 상황에서는 악의 근원일 수 있다는 것은 명백하다. 뛰어나고 이기고자 하는 욕망은 누군가를 타락하게 할 수 있다. 어떤 사람은 그림 그리기에 몰두하느라 가족을 소홀히 할 수 있다. 본래는 전쟁으로의 명예로운 도피였던 것이 야만적인 잔인으로 끝날 수 있다. 그런데 이러한 사실로부터 어떤 결론이 도출되는가?

물론 나의 설명이 우리가 그러한 악들을 눈감아주어야 한다거나 용서해야 한다거나 어떤 덕으로부터 산출되는 모든 것을 옳다고 간주해야 한다고 말하는 것은 아니다. 용기는 때때로 불의를 지지하고, 신의는 잘 알려진 바와 같이 살인자적 침략자를 강화했으며, 관대는 종종 선을 행할 수 있는 능력을 약화했다는 사실을 나는 인정하고자 한다. 이러한 사실을 부정한다는 것은 내가 덕들의 통일성에 관한 토마스 아퀴나스의 설명을 비판하면서 내가 의존했던 경험적 사실들에 대해 눈을 감아버린다는 것을 의미할 것이다. 덕들이 우선 실천의 개념과의 연관하에 정의되고 설명되어야 한다는 것은 결코 모든 상황에서의 모든 실천을 인정한다는 것을 포함하지 않는다. 덕들이 —— 이의 자체가 시사하는 바와 같이 —— 좋고 올바른 실천의 의미에서가 아니라 실천의 의미에서 정의된다는 사실은 특정한 장소와 시간에서 실제로 실행되는 모든 실천들이 어떤 도덕적 비판도 필요로 하지 않는다는 것을 함축하지 않는다. 그리고 그러한 비판의 자원들은 부족하지 않다. 실천을 비판하기 위해 덕이 필요하다고 주장한다고 해서 비일관적인 것은 결코 아니다. 정의는 본래 실천들을 보존하기 위해 특별한 방식으로 필요한 성향들로 정의될 수 있다. 그러나 그렇다고 해서 어떤 실천의 요청들을 실행하는 과정에서 정의의 위반이 비난받아서는 안 된다고 할 수는 없다. 나는 제12장에서 이미 덕의 윤리가 그 상대로서 도덕법의 개념을 필요로 한다는 사실을 언급했다. 실천들은 이 도덕법의 요청들에도 역시 부합해야 한다. 그러나 이것은 —— 아마 이렇게 질문할 수도 있을 것이다 —— 더 커다란 도덕적 콘텍스트 내에서의 실천의 위치에 관해 더 많은 것이 서술될 필요가 있다는 것을 포함하지 않는가? 이것은 적어도 실천의 범주에서 명료하게 서술될 수 있는 것보다 더 많은 것들이 덕에 관한 핵심 개념에 속한다는 사실을 시사하지 않는가? 나는 결과적으로 모든 덕의 범위는 인간의 삶에서, 그것을 통해 본래 덕이 정의되었던 실천들을 넘어선다고 강조했다. 그렇다면 인간 삶의 보다 광범위한 영역에서 덕들은 어떤 위치를 차지하고 있는가?

나는 일찍이 실천의 범주를 통한 모든 덕 설명은 단지 최초의 부분적 설명일 수밖에 없다고 강조했다. 이것을 완전하게 하기 위해 요청되는 것은 무엇인가? 나의 서술과 아리스토텔레스적이라고 명명될 수 있는 다른 설명 사이의 이제까지의 가장 중요한 차이는, 비록 내가 덕의 실천을 결코 실천의 콘텍스트로 제한하지는 않았지만, 덕들의 목적과 기능을 내가 실천 범주의 도움을 받아 정의했다는 데 있다. 이와는 반대로 아리스토텔레스는 '좋다'고 명명될 수 있는 전체 인간 삶의 개념을 토대로 덕들의 목적과 기능을 확정했다. 실제로 "덕들을 결여하고 있는 인간존재에게 결여된 것은 무엇인가?"라는 물음에 대해서 내가 이제까지 말한 것을 넘어서는 대답이 주어져야만 하는 것처럼 보인다. 왜냐하면 그런 개인은 어떤 실천에의 참여를 통해 성취될 수 있는 특정한 탁월성과, 이러한 탁월성을 보존하는 데 필수적인 인간관계와 관련해 **여러 가지 특정한 방식에서**만 실패하는 것이 아니기 때문이다. **전체로서 파악된** 그 자신의 삶이 아마 불완전할 수도 있는 것이다. 그것은 "이런 남자 또는 여자가 살 수 있는 최선의 삶은 무엇인가?"라는 물음에 대한 대답으로서 누군가가 서술할 수 있는 삶이 아닐 것이다. 이 물음에 대한 대답은 적어도 "인간에게 '좋은' 삶은 무엇인가?"라는 아리스토텔레스 자신의 물음을 제기하지 않고서는 주어질 수 없다. 이제까지 서술된 덕들에 관한 개념으로 충만된 인간의 삶이 불완전할 수 있는 세 가지 방식을 고찰해보자.

인간의 삶은 무엇보다도 **너무나 많은** 갈등과 **너무 많은** 자의로 가득 차 있을 수 있다. 선들의 다양성을 토대로 한 덕 설명의 장점은 그것이 아리스토텔레스가 행하지 않는 방식에서, 비극적 갈등의 가능성을 고려한다는 사실이라는 것을 나는 일찍이 주장했다. 그러나 그것은 규율을 잘 지키고 덕 있는 어떤 사람의 삶에서조차 한 복종의무는 이 방향을 가리키고 또 다른 복종의무는 저 방향을 가리키는 수많은 모순적 상황들을 산출할 수 있다. 한 실천의 주장들은 다른 실천의 주장들과 양립할 수 없어서 우리는 합리적 선택을 하기보다는 양자 사이에서 자의적으로 왔다 갔다 한다. T. E. 로런스T. E. Lawrence가 적어도 그런 경우였던 것처럼 보인다. 덕들이 번창할 수 있는 종류의 공동체를 보존해야 하는 책무는 ── 예술과 같은 ── 특정한 실천이 요구하는 헌신과 양립할 수 없을 수도 있다. 가정생활의 요청들과 예술의 요청들 사이에는 긴장 관계가 생겨날 수도 있다. 그것은 고갱이 폴리네시아로 도망감으로써 해결했거나 해결하는 데 실패한 문제다. 또는 정치의 요청들과 예술의 요청들 사이에서 긴장 관계가 발생할 수 있다. 그것은 레닌이 베토벤을 듣기를 거부함으로써 해결했거나 해결하지 못한 문제다.

덕들의 삶이 끊임없이 선택들에 ── 이들 속에서 하나의 특정한 복종의무는 다른 복종의무에 대한 자의적 포기를 포함한다 ── 의해 단절된다면, 어떤 실천에 내재하고 있는 선들의 권위는 궁극적으로 우리의 개인적 선택으로부터 도출되는 것처럼 보인다. 왜냐하면 다양한 선들이 상이하고 양립 불가능한 방향들을 요구한다면, 나는 이 경쟁적 요청들 사이에서 선택해야 하기 때문이다. 아무런 기준 없이 선택하는 현대적 자아는 아리스토텔레스적 세계라고 주장되는 것의 낯선 콘텍스트 속에서 나타나는 것처럼 보인다. 이러한 비난은, 우리가 "선들과 덕들 양자는 왜 우리의 삶에 대해 권위를 가지고 있는가?" 하는 물음으로 되돌아가 이 장의 앞부분에서 말했던 것을 반복함으로써 부분적으로는 반박될 수 있다. 그러나 이러한 반박은 오직 부분적으로만 성공적일 것이다. 현대에 전형적인 선택 개념은, 그것이 통상 주장하는 것보다는 훨씬 제한된 타당성의 영역을 비록 가지기는 하지만, 실제로 다시 등장할 것이다.

둘째로, 하나의 통일성으로 파악된 전체 인간 삶의 **텔로스**에 관한 지배적 개념 없이는 개인적 덕들에 관한 우리의 개념은 부분적이고 불완전한 채로 남아 있을 수밖에 없다. 두 예를 고찰해보자. 정의는 아리스토텔레스적 관점에서 모든 인격에게 그가 마땅히 받을 만한 것을 주는 것으로 규정된다. 어떤 보상을 받는다는 것은 우리가 그것의 공유와 공동 추구가 인간 공동체의 토대를 제공하는 그런 선들을 성취하는 데 본질적으로 기여했다는 것을 의미한다. 그러나 우리가 상대적 공적을 평가해야 한다면, 실천에 내재적인 선들은 —— 공동체의 형식을 창조하고 보존하는 실천에 내재적인 선들을 포함한 —— 어떠한 식으로도 질서지어지고 평가될 필요가 있다. 그렇기 때문에 아리스토텔레스적 정의 개념의 실질적 적용은 실천들에 충만해 있는 선들의 다양성을 넘어서는 선 및 선들에 관한 이해를 요청한다. 정의에 대해 타당한 것이 인내에 대해서도 역시 타당하다. 인내는 아무런 불평 없이 주의 깊게 기다리는 덕이다. 그렇기 때문에 무엇인가를 어쨌든 기다린다고 해서 인내의 덕은 아니다. 인내를 하나의 덕으로 다룬다는 것은 다음과 같은 물음에 대한 적절한 대답을 전제한다. "무엇을 기다리는가?" 실천의 맥락 내에서 하나의 부분적인, 그러나 많은 목적에 적합한 대답이 주어질 수 있다. 다루기 힘든 물질을 다루는 장인의 인내, 늦게 이해하는 학생들에 대한 선생의 인내, 협상에서의 정치인의 인내는 모두 인내의 종류들이다. 그러나 물질이 너무 다루기 힘들다면, 학생이 너무 이해를 못한다면, 협상이 너무 실망스럽다면 어떻게 되는가? 우리는 어떤 지점에서는 항상 실천 자체의 이익을 위해 포기해야만 하는가? 인내의 덕에 대한 중세의 해설자들은, 어떤 사람 또는 과제에 대해 포기하지 말라고 인내의 덕이 요구하는 상황들이 있으며, 또 —— 그들이 주장했을 것과 같이 —— 이 사람 또는 과제에 대한 나의 태도에서 자신의 창조물에 대한 신의 인내심 있는 태도를 구현하기를 나에게 요청하는 상황들이 있을 수 있다고 주장했다. 그러나 그것은 인내가 보다 포괄적인 선, 즉 다른 선들에게는 하위의 지위를 할당하는 것을 정당화하는 **텔로스**에 기여할 때만 그럴 수 있는 것이다. 그렇기 때문에 인내의 덕의 내용은 우리가 다양한 선들을 하나의 위계질서로 어떻게 정리하느냐에 달려 있으며, 그것은 더욱 우리가 이러한 선들을 합리적으로 질서 지을 수 있는가 하는 것에 달려 있다는 사실이 판명된다.

전체적 인간 삶의 선, 즉 하나의 통일성으로 파악된 인간 삶의 선을 구성함으로써 실천의 제한된 선들을 초월하는 하나의 텔로스가 없다면, 두 가지 경우가 발생한다는, 즉 특정한 파괴적 자의가 도덕적 삶 속으로 침투해 들어가고, 우리는 더 이상 특정한 덕들의 콘텍스트를 적절하게 규정할 수 없게 된다는 사실을 나는 이제까지 암시했다. 이 두 가지 고찰은, 인간 삶의 총체성과의 연관하에서만 정확하게 규정될 수 있는 전통에 의해 인정된 덕이 —— 성실 또는 지조의 덕 —— 적어도 하나가 있다는 세 번째 고찰에 의해 강화된다. 키르케고르는 "마음의 순수성은 하나의 사태를 원하는 것이다"라고 말한다. 전체 삶에서의 목표의 유일성에 관한 사상은 오직 전체 삶에만 적용될 수 있는 것이다.

그렇기 때문에 실천을 토대로 한 나의 예비적 덕 설명은 아리스토텔레스적 전통이 덕들에 관해 가르친 것의 —— 설령 모든 것은 아니라고 할지라도 —— 많은 것을 포착하고 있다는 점이 분명하다. 마찬가지로 분명한 것은, 전통에 전적으로 적합할 뿐만 아니라 합리적으로 변론될 수 있는 설명을 제공하기 위해서는 아리스토텔레스적 전통이 하나의 대답을 —— 이 대답은 전근대적 세계에서는 너무나 광범위하게 확산되어서 우리는 이를 더 자세하게 서술할 필요가 없다 —— 전제했던 하나의 물음을 제기할 필요가 있다는 사실이다. 이물음은 다음과 같다. 우리가 모든 인간 삶을 하나의 통일성으로 파악하는 것이 합리적으로 정당화될 수 있는가? 즉 우리가 자신의 선을 가진 모든 삶을 명확하게 서술하려고 시도할 수 있고, 또 덕들의 기능은 개인으로 하여금 자신의 삶으로부터 하나의 통일성을 만들어낼 수 있도록 하는 것이라고 우리가 덕들을 이해할 수 있도록 모든 인간 삶을 하나의 통일성으로 파악하는 것이 과연 합리적으로 정당화될 수 있는가?

제15장　덕들, 인간 삶의 통일성,
　　　　　 그리고 전통의 개념

인간의 삶을 ── 이 삶의 성격은 덕들에게 하나의 적절한 **텔로스**를
제공한다 ── 하나의 전체로서, 통일성으로서 파악하려는 모든 현대
의 시도는 두 가지 다른 종류의 장애, 즉 사회적 장애와 철학적 장애
에 부딪힌다. 사회적 장애들은 현대가 모든 인간의 삶을 다양한 부분
들로 분할하고, 이 부분들은 각각 자신의 규범과 행동 양식을 가지고
있다는 사실로부터 파생한다. 이렇게 노동은 여가와 분리되고, 사적
생활은 공적 생활과 분리되고, 공동체적 생활은 사적 생활과 분리된
다. 유년기와 노년기는 다른 인간의 삶으로부터 떨어져 나와 분리된
영역으로 변형되었다. 그리고 이러한 모든 분리들은 철저하게 이루
어져서, 우리는 이 부분들을 헤쳐나가야 하는 개인의 삶의 통일성에
서가 아니라 각각의 개별적 단계들의 차이성에서 생각하고 느끼도
록 배웠다.

　철학적 장애들은 두 가지 상이한 경향들로부터 나온다. 하나는, 오
직 이곳에만 있는 것은 아니지만 주로 분석철학에 토대를 두고 있는
경향이고, 다른 하나는 사회학적 이론뿐만 아니라 실존주의에 익숙
한 경향이다. 전자는 인간의 행위를 원자적으로 생각하고, 복잡한 행

위들과 상호작용들을 단순한 구성요소들의 도움을 받아 분석하고자 하는 경향이다. 그렇기 때문에 '기본 행위'라는 개념이 다양한 맥락에서 등장한다. 개별적인 특수 행위들이 보다 커다란 전체의 부분이라는 사실로부터 자신들의 성격을 도출한다는 것은 우리의 지배적인 사고방식에는 낯선 시각이다. 그러나 그것은 삶이 개인적 행위들과 일화들의 연속 이상일 수도 있다는 사실을 이해하기 시작해야 한다면 우리가 적어도 고려해야 할 시각이다.

만약 개인과 그가 담당하는 역할 사이에 예리한 구분이 ── 이러한 구분은 사르트르의 실존주의에 특징적일 뿐만 아니라 랄프 다렌도르프Ralf Dahrendorf의 사회학 이론에도 특징적이다 ── 이루어지고, 또 개별적 삶의 상이한 역할(유사 역할) 실행들 사이에 예리한 구분이 이루어져 삶 자체가 서로 상관없는 일화들의 연속으로 ── 이는 내가 일찍이 언급한 바와 같이 고프먼 사회학에 특징적인 자아의 제거다 ── 나타나게 된다면, 인간 삶의 통일성 역시 우리의 시야에서 사라지게 된다. 나는 제3장에서 이미 자아에 관한 사르트르적 견해와 고프먼적 견해는 모두 현대의 사유 양식과 실천 양식에 지극히 전형적이라고 서술한 바 있다. 그렇기 때문에 이렇게 파악된 자아가 아리스토텔레스적 덕들의 담지자로서 생각될 수 없다는 것을 깨닫는 것은 그리 놀라운 일이 아닐 것이다.

왜냐하면 사르트르의 방식처럼 자신의 역할로부터 분리된 자아는 아리스토텔레스적 덕들이 ── 그것들이 도대체 작용할 수나 있다면 ── 작용할 수 있는 사회관계의 영역을 상실하기 때문이다. 덕 있는 삶의 모범들은 사르트르가《구토La Nausée》에서 앙투안 로캉탱의 입을 빌려 말하고, 또 그 자신이《존재와 무L'Etre et le néant》에서 말하는 인습성이라는 선고를 받게 된다. 사르트르의 설명에 의하면, 진실성은 실제로 인습에 묶여 있는 사회적 관계들의 비진정성에 대한 자아의 거부로 축소된다.

동시에 엄격하게 경계 지어진 역할 실행의 영역들을 통한 자아의 제거는 아리스토텔레스적 의미에서 실제로 덕들로 간주될 수 있는 성향들을 실행할 수 있는 공간을 허용하지 않는다. 왜냐하면 덕은 오직 특정한 상황에서만 성공을 조장하는 성향이 아니기 때문이다. 어떤 위원회의 훌륭한 위원, 어떤 훌륭한 행정가, 또는 어떤 도박꾼 및 사기꾼의 덕들로 말해질 수 있는 것은 그것들이 유용할 수 있는 상황에서 전문가적으로 사용되는 전문 기술들이지 덕들이 아니다. 우리는 정말로 덕을 소유하고 있는 어떤 사람에게서 그가 덕을 매우 다양한 유형의 상황에서 보여주기를 기대한다. 이 많은 상황에서의 덕 실행이 전문 기술들에서 기대되는 의미로 유용하리라고 우리는 기대할 수 없다. 헥토르는 안드로마케와 헤어질 때도 그가 아킬레스와 싸울 때 보여주었던 것과 똑같은 용기를 보여주었다. 엘레아노어 마르크스는 노동조합원들과의 공동 작업과 에드워드 아벨링Edward Aveling과의 관계에서 보여주었던 것과 같은 동정심을 그녀의 아버지와의 관계에서도 보여주었다. 어떤 사람의 삶에서 덕의 통일성은 하나의 통일적 삶, 즉 하나의 전체로서 파악되고 평가될 수 있는 삶의 특성으로서만 이해될 수 있다. 현대성의 출현을 동반했던 도덕의 변동과 파편화에 관한 이 책 앞부분에서의 토론에서, 도덕적 판단에 관한 전형적으로 현대적인 시각이 발생하는 과정의 모든 단계는 자아에 관한 전형적으로 현대적인 표상들이 생성되는 과정에서의 상응하는 단계에 의해 수반되었다. 따라서 내가 다루었던 덕들에 관한 전근대적 개념을 규정하기 위해서는 이를 수반하는 자아 관념에 관해 무엇인가를 말할 필요가 있는 것이다. 그것은 이야기의 시작과 중반과 종말과 같이 탄생과 삶과 죽음을 결합시키는 이야기의 통일성 속에 자신의 통일성의 기반을 두고 있는 자아의 개념이다.

이와 같은 자아의 생각은 그것이 첫눈에 보이는 것만큼 그렇게 친숙하지 않은 것은 아니다. 그것이 역사적으로 우리 문화의 선조들인 문화들 속에서 핵심적 역할을 담당했기 때문에, 그것이 우리의 많은 사유 방식과 행위 방식들 속에 인식(인정)되지 않은 채로 여전히 현재하고 있다는 사실이 판명된다고 해서 그렇게 놀라운 일은 아니다. 그렇기 때문에 자아를 이야기의 형식으로 사유하는 것이 얼마나 자연스러운가를 보여주기 위해 인간행위와 자아관에 관한 우리의, 당연한 것으로 여겨지고 또 분명히 올바른, 개념적 견해들 중 몇 가지를 자세하게 검토하는 것으로 시작하는 것이 부적당하지는 않다.

인간행동의 동일한 부분이 다양한 방식으로 올바로 성격지어질 수 있다는 것은 철학자에게나 보통의 행위자에게나 모두 개념적인 일상사다. "그는 무엇을 하고 있습니까?"라는 질문에 대해 다음과 같은 참되고 적절한 대답들이 주어질 수 있다. "그는 땅을 파고 있습니다", "그는 정원에서 일을 하고 있습니다", "그는 운동을 하고 있습니다", "그는 겨울 준비를 하고 있습니다" 또는 "그는 부인을 기쁘게 해주고 있습니다." 이러한 대답들 중 몇 가지는 행위자의 의도들, 그가 의도하지 않은 행위의 결과들을 서술하고 있다. 그리고 이와 같은 비의도적 결과들 중 몇 가지는 그가 의식하고 있는 것일 수 있으며, 또 다른 몇 가지는 의식하지 못하는 것일 수도 있다. 우리가 어떤 특정한 행동의 부분을 어떻게 이해하고 설명할 수 있는가 하는 물음에 대한 대답은, "그는 무엇을 하고 있습니까?"라는 물음에 대한 이렇게 상이하지만 올바른 대답들이 서로 어떤 관계에 있는가 하는 물음에 대한 선행적 대답을 전제한다. 왜냐하면 누군가의 일차적 의도가 겨울을 대비해 정원을 정리하고자 하는 것이고, 이런 일을 하면서 단지 우연히 운동을 하고 자신의 부인을 기쁘게 해준다면, 우리는 설명되어야 할 한 행동 방식을 갖고 있는 것이기 때문이다. 그러나 행위자의 본래 의도가 운동을 함으로써 부인을 기쁘게 해주는 것이라고 한다면, 우리는 전혀 다른 유형의 행동을 설명해야 한다. 그리고 우리가 그것을 이해하고 설명하고자 한다면, 우리는 전혀 다른 방향으로 보아야 할 것이다.

첫 번째 경우에서 일화는 가사 활동의 연중 주기 속에 자리 잡고 있다. 그리고 여기서 행동은 '정원을 가진 가정'이라는 특정한 유형의 무대장치setting를 전제하는 하나의 의도를 구현하고 있다. 이 행동 부분이 하나의 일화로 발전하는 무대장치는 특정한 설화적 역사를 가지고 있다. 두 번째 경우에서 일화는 결혼이라는 설화적 역사 속에 자리 잡고 있다. 그것은 비록 유사하기는 하지만 전혀 다른 사회적 무대장치다. 그렇기 때문에 우리는 행동을 의도와 관계없이 규정할 수 없으며, 또 우리는 의도들을 행위자 자신들뿐만 아니라 다른 사람들에게 이해 가능하게 만드는 무대장치와 관계없이 이 의도들을 규정할 수 없다.

나는 여기서 '무대장치'라는 낱말을 비교적 포괄적 용어로 사용한다. 사회적 무대장치는 하나의 제도일 수도 있고, 내가 실천이라고 명명한 것일 수도 있고, 또 다른 식으로 이루어진 인간의 환경일 수도 있다. 그러나 내가 이해하고 있는 무대장치의 개념에서 핵심적인 것은 무대장치가 하나의 역사, 즉 개인적 행위자들의 역사들이 자리 잡고 있을 뿐만 아니라 —— 어떤 개인적 행위자의 역사와 시간 속에서의 그의 변화의 역사는 이 무대장치 없이는 이해될 수 없기 때문에 —— 자리 잡고 있어야만 하는 하나의 역사를 가지고 있다는 사실이다. 물론 하나의 동일한 행동은 하나 이상의 무대장치에 속할 수 있다. 그리고 이러한 현상이 가능한 방식은 적어도 두 가지가 있다.

내가 앞에서 든 예에서 행위자의 행동은 주기적 가사 활동뿐만 아니라 결혼의 역사의 부분일 수 있다. 즉 그것은 서로 중첩되는 역사들일 수 있는 것이다. 가계는 수백 년을 거슬러 올라가는 자신의 역사를 가지고 있다. 이는 마치 서양 농가들이 갖고 있는 역사와 같은데, 여기서 농가는 —— 다양한 시대에 다양한 가족들이 거기에서 거주했다고 할지라도 —— 자기 자신의 역사를 가지고 있다. 그리고 결혼은 확실히 자기 자신의 역사를 갖고 있다. 그것은 결혼제도의 역사에서 특정한 단계에 도달했다는 사실을 전제하는 역사다. 우리가 만약 행동의 특정한 몇몇 부분을 행위자의 의도나 그가 살고 있는 무대장치와 연관시켜야 한다면, 어떤 성격들이 우리에게 의도를 시사하고 어떤 성격들은 그렇지 않은지를 우선 규정한 다음 계속해서 여러 항목들을 이 두 가지 범주에 따라 분류함으로써 행위자의 행동에 관한 다양한 성격 규정들이 서로 어떤 관계에 있는가를 정확하게 이해해야 한다.

의도들이 중요 관심사인 곳에서 우리는 어떤 의도 또는 의도들이 일차적인가를 알아야 한다. 다시 말해서, 행위자가 만약 다른 의도를 가졌더라면 이 행위를 실행하지 않았을 경우다. 어떤 사람이 건강에 좋은 운동을 하고, 부인을 기쁘게 하겠다는 스스로 인정한 목적을 가지고 정원에서 일을 하고 있다는 사실을 우리가 알고 있다면, 우리는 다음과 같은 질문들에 대한 대답을 알기 전에는 그가 무엇을 행하고 있는지를 이해할 수 없다. 정원 일이 건강에 좋은 운동이라고 계속해서 믿지만 자신의 부인이 그 일을 탐탁해하지 않는다는 것을 알았을 때도 그는 과연 계속해서 정원 일을 할 것인가? 그리고 정원 일이 건강에 좋은 운동이라고 계속해서 믿지는 않지만 그것이 부인을 기쁘게 한다는 사실을 믿을 때도 그는 계속해서 정원 일을 할 것인가? 그리고 두 가지 관점에 관한 그의 생각이 변했을 때도 그는 정원 일을 계속해서 할 것인가? 다시 말해, 우리는 그가 갖고 있는 몇 가지 특정한 신념들뿐만 아니라 어떤 신념이 인과적으로 작용했는가를 알아야 한다. 그리고 그것은 몇몇 반사실적 가설적 발언들이 옳은가 그른가를 알 필요가 있다는 것을 의미한다. 우리가 이것을 알기 전까지는 우리는 행위자가 무엇을 하고 있는지를 올바로 서술할 수 없다.

"그는 무엇을 하고 있습니까?"라는 질문에 대해 "그는 한 문장을 쓰고 있습니다", "그는 그의 책을 끝마치고 있습니다", "그는 행위 이론에 관한 토론에 참여하고 있습니다", "그는 종신 교수직을 얻으려고 노력하고 있습니다"와 같은 진부한 대답을 하는 예를 고찰해보자. 여기서 의도들은 언급되고 있는 시간적인 범위에 따라 질서 있게 정리될 수 있다. 모든 단기적 의도들은 오직 장기적 의도들과의 관계에서만 이해될 수 있고, 또 그렇게 함으로써만 이해 가능하게 될 수 있다. 그리고 단기적 의도에 의한 몇몇 행동의 성격 규정이 마찬가지로 올바를 때에만 장기적 의도에 의한 몇몇 행동의 성격 규정이 옳을 수 있다. 그러므로 어떤 것이 제시된 장기적 또는 가장 장기적인 의도들이며, 또 단기적 의도들과 장기적 의도들이 어떤 관계에 있는

가를 알 때에만 행동은 적절하게 서술될 수 있다. 다시 한번 우리는 설화적 역사를 쓰는 데 전념하고 있는 것이다.

의도들은 인과적·시간적으로 질서 있게 정리될 필요가 있다. 그리고 두 분류는 무대장치에 대한 관계, 즉 '정원 돌보기', '부인', '책'과 '종신 재직권'과 같은 기초적 용어들을 통해 이미 간접적으로 만들어진 지시 관계를 언급해야 한다. 그 밖에도 행위자의 신념에 관한 정확한 규정은 이러한 과제의 본질적 구성요소가 될 것이다. 한 지점에서의 실패는 전체 기획의 실패가 될지도 모른다(이 결론은 명백하게 보일지도 모른다. 그러나 그것은 이미 다른 중요한 결론을 함축하고 있다. 의도들, 신념들, 무대장치들에 선행해, 또 이들과는 상관없이 규정되어야 하는 '행동'은 존재하지 않는다. 그렇기 때문에 행동과학의 기획은 신비적이고 과장된 성격을 띤다. 물론 그러한 과학이 불가능해서 그런 것은 아니다. 그것은 오직 B. F. 스키너B. F. Skinner가 열망하는 것과 같이 해석되지 않은 신체적 운동에 관한 과학일 수밖에 없기 때문이다. 여기서 스키너의 문제들을 검토하는 것이 나의 과제에 속하지는 않는다. 만약 누군가가 스키너 추종자라고 한다면 과학적 실험이 어떤 것이어야 하는지가 도대체 분명치 않다는 사실을 언급할 가치는 있다. 왜냐하면 실험의 관념은 확실히 의도와 신념으로 충만한 행동을 포함하기 때문이다. 그리고 전적으로 실패할 수밖에 없는 운명에 처해 있는 것은 이른바 정치적 행동에 관한 —— 의도, 신념, 무대장치에 관한 연구로부터 분리된—과학의 기획일 것이다. '행동과학'이라는 표현이 1953년 포드재단 보고서에 처음으로 영향력 있게 사용되었을 때, '행동'은 '태도, 신념, 기대, 동기, 열망과 같은 주관적 행동들'뿐만 아니라 '명백한 행위들'로 불릴 수 있는 것을 포함하도록 정의되었다는 사실을 언급할 가치가 있다. 그러나 이 보고서의 용어는 독립적 연구에 사용될 수 있는 항목들을 두 가지 부류로 정리하고 있다는 사실을 함축하고 있는 것처럼 보인다. 그러나 이제까지의 논증이 옳다면, 오직 한 부류의 항목들만이 존재한다).

이제까지의 논증이 의도적인 것, 사회적인 것, 역사적인 것의 상호관계에 관해 함축하고 있는 것을 고찰해보자. 우리는 두 가지 종류의 콘텍스트를, 명시적으로는 아니라고 할지라도, 함축적으로 끌어들임으로써만 하나의 특수 행위를 규정할 수 있다. 우리는 행위자의 의도들을, 내가 주장한 바와 같이, 행위자의 역사 속에서 차지하고 있는 그것들의 역할과의 관계하에서 인과적·시간적으로 정리한다. 우리는 또한 이 의도들이 속해 있는 무대장치 또는 무대장치들의 역사 속에서 그것들이 담당하고 있는 역할과의 관계에서 행위자의 의도들을 정리한다. 그렇게 함으로써, 또 행위자의 의도들이 하나의 방향 또는 다른 여러 방향으로 어떤 인과적 효과를 미쳤는가를 규정함으로써, 그리고 그의 단기적 의도들이 장기적 의도들을 구성하는 데 성공했는가 실패했는가를 규정함으로써 우리 자신은 이 역사의 다른 부분을 쓴다. 특정한 종류의 설화적 역사는 인간행위를 규정하는 데 기초적이고 본질적인 장르라는 사실이 입증된다.

이제까지의 논증에 의해 전제된 관점이, '하나의' 인간행위의 개념을 중심에 세워놓은 인간행위에 관한 설명을 제시한, 분석철학자들의 관점과 얼마나 다른가를 분명히 확인하는 것은 매우 중요하다. 그렇게 되면 인간의 사건의 과정은 개별적 행위들의 복합적 연속으로 파악된다. 다음과 같은 자연스러운 질문이 곧바로 제기된다. "우리는 인간의 행위들을 어떻게 개별화하는가?" 이러한 개념들이 속해 있는 콘텍스트들이 물론 있다. 예를 들면, 요리책의 조리법에서 행위들은 몇몇 분석철학자들이 모든 행위에 가능하다고 생각한 방식으로 개별화된다. "여섯 개의 달걀을 들어서 그것들을 그릇에 깨어 넣는다. 그리고 거기에 밀가루, 소금, 설탕 등을 섞어 넣는다." 그러나 이러한 연속 과정의 핵심은 이러한 연속 과정의 모든 요소가 오직 '하나의 연속 과정 속의 가능한 요소'로서만 행위로 이해될 수 있다는 사실이다. 게다가 이러한 연속 과정 자체는 이해될 수 있는 하나의 콘텍스트를 요청한다. 만약 내가 칸트의 윤리학에 관한 강의를 하는 중간에 갑자기 여섯 개의 계란을 그릇에 깨어 넣고 밀가루, 소금과 설탕을 첨가한 다음 계속해서 나의 칸트 해석을 이어간다면, 나는 나의 요리책Fanny Farmer이 지시한 순서를 따랐다는 사실에도 불구하고 이해될 수 있는 행위를 실행한 것이 결코 아니다.

이에 대해 어떤 사람은 내가 의심의 여지 없이 하나의 행위 또는 일련의 행위들을 —— 그것들이 비록 이해될 수 없는 것이라고 할지라도 —— 실행했다고 응수할 수도 있을 것이다. 그러나 나는 이에 대해 이해될 수 있는 행위의 개념이 행위 자체의 개념보다 더 기초적인 개념이라고 되받아치고자 한다. 이해 불가능한 행위들은 이해될 수 있는 행위의 지위에 실패한 후보자들이다. 이해될 수 없는 행위들과 이해 가능한 행위들을 하나의 유일한 행위 부류로 일괄적으로 처리하고, 두 가지 행위 종류들에 공통적인 것을 토대로 행위의 성격을 규정한다는 것은 앞의 사실을 간과하는 오류를 범한다는 것을 의미한다. 그것은 또한 이해 가능성 개념의 핵심적 의미를 무시한다는 것을 의미하기도 한다.

이해 가능성 개념의 의미와 중요성은 우리의 담론과 이 영역에서의 우리의 실천 속에 구체화되어 있는 가장 기초적인 구별이 인간존재와 다른 존재의 구별이라는 사실과 밀접하게 연관되어 있다. 인간 존재는 자신이 창시자인 사태를 해명해야 하는 책임을 가질 수 있다. 다른 존재들은 그럴 수 없다. 어떤 사건을 하나의 행위로 규정한다는 것은 전형적인 경우에 —— 이 사건이 의도들, 동기들, 정념들과 목적들로부터 납득할 수 있는 방식으로 발생했다는 사실을 우리가 볼 수 있도록 하는 —— 하나의 서술 형식을 통해 그것을 규정한다는 것을 의미한다. 그렇기 때문에 하나의 행위는 누군가가 그것에 대해 책임을 져야 하는 것으로서, 또 행위자에게 이해할 수 있는 해명을 요구하는 것이 합당한 것으로서 이해되어야 한다. 만약 하나의 사건이 분명히 어떤 사람의 의도적 행위임에도 불구하고 우리가 그것을 그렇게 규정할 수 없다면, 우리는 정신적으로나 실천적으로 당황하게 된다. 우리는 어떻게 대응해야 할지 알지 못한다. 우리는 그것을 어떻게 설명해야 할지 알지 못한다. 우리는 이해 가능한 행위를 최소한으로 어떻게 성격 규정해야 할지를 알지 못한다. 인간적으로 해명될 수 있는 것과 순전히 자연적인 것 사이의 우리의 구별은 사라진 것처럼 보인다. 그런데 이러한 종류의 당황과 경악은 다양한 상황에서 실제로 발생한다. 우리가 낯선 문화 속으로 들어갈 때, 또는 우리 자신의 문화 속에서 낯선 사회적 구조 속으로 진입할 때, 또는 특정한 유형의 신경증 환자 및 정신병 환자와 만날 때(이 환자들의 이해할 수 없는 행동 방식은 바로 그들을 환자로 취급하도록 만드는 것이다. 행위자뿐만 아니라 그 밖의 다른 사람들에게 이해될 수 없는 행위들은, 정당하게, 일종의 고통으로서 이해된다), 그리고 그 밖의 일상적 상황들에서 그것은 발생한다. 한 예를 살펴보자.

나는 정류장에 서서 버스를 기다리고 있다. 그때 나의 옆에 서 있는 청년이 나에게 갑자기 말을 건넨다. "흔한 들오리의 이름은 히스토리쿠스 히스토리쿠스 히스토리쿠스Historicus historicus historicus입니다." 그가 발언한 문장의 의미에는 아무런 문제가 없다. 문제는 "그가 이러한 발언을 통해 행하는 것이 무엇인가?"라는 물음에 어떻게 대답하는가다. 그가 이 문장들을 불규칙적인 간격을 두고 발언했다고 가정해보자. 그것은 미친 짓일 것이다. 만약 다음의 사실들 중 하나가 참이라면, 우리는 그의 언어 행위를 이해할 수 있을 것이다. 그는 어제 도서관에서 그에게 말을 걸어 "당신은 혹시 흔한 들오리의 라틴어 이름을 알고 있습니까?" 하고 물었던 사람과 나를 혼동했다. 또는, 그는 낯선 사람들에게 말을 걸어 그의 수줍음을 간단히 떨쳐버리라고 충고한 정신요법 의사의 진료를 막 마치고 나왔다. "그런데 뭐라고 말을 할까요?" "아, 아무 말이나 하세요." **또는**, 그는 미리 약속한 접선 장소에서 기다리다가 접선자에게 자신을 증명할 잘못 선택된 암호 문장을 말한 소련 스파이다. 이 모든 경우에 언어 행위는 하나의 이야기 속에 편입되어 자기 자리를 찾음으로써만 이해 가능해진다.

이에 대해 어떤 사람은 이러한 행위를 이해 가능하게 하기 위해서 하나의 이야기를 제공하는 것이 필요하지 않다고 대답할 수도 있을 것이다. 필요한 것은 오직 우리가 관련된 언어 행위를(예를 들면 "그는 물음에 답했다"), 또는 그의 발언을 통해 기여하는 몇몇 목적들을(예를 들면 "그는 너의 주의를 끌려고 시도했다") 정확하게 규정하는 것이다. 그러나 언어 행위와 목적들도 역시 이해 가능할 수도 있고, 이해 불가능할 수도 있다. 정류장의 남자가 "나는 질문에 답하고 있습니다"라고 말함으로써 자신의 행위를 설명한다고 가정해보자. 나는 대답한다. "그렇지만 나는 당신에게 그런 대답이 나올 만한 어떤 질문도 한 적이 없습니다." 그는 말한다. "아, 알고 있습니다." 그의 행위는 다시금 이해할 수 없게 된다. 어떤 행위가 인정된 유형의 어떤 목적에 기여한다는 단순한 사실이 하나의 행위를 이해할 수 있게 만들기에는 충분치 않다는 것을 보여주기 위한 유사한 예들은 쉽게 구성될 수 있다. 목적들과 언어 행위들은 모두 콘텍스트를 요청하는 것이다.

언어 행위와 목적들이 이해 가능해지는 가장 친숙한 유형의 콘텍스트는 대화다. 대화는 어느 곳에나 있는 인간세계의 가장 보편적인 특성이기 때문에 철학적 주의를 피해가는 경향이 있다. 그러나 인간의 삶으로부터 대화를 제거한다면 도대체 무엇이 남겠는가? 한 이야기를 듣고, 그것을 이해할 수 있다고 생각하거나 이해할 수 없다고 생각하는 것과 관련된 것을 고찰해보자(어떤 대화를 이해할 수 있다고 생각하는 것은 그것을 이해한다는 것을 의미하지 않는다. 왜냐하면 내가 우연히 들은 대화는 이해 가능한 것일지는 몰라도 나는 그것을 이해하지는 못할 수도 있기 때문이다). 내가 두 사람 사이의 대화를 듣는다면, 그 대화의 줄거리를 파악할 수 있는 나의 능력은, 대화 내에서의 정합성의 정도와 종류가 분명해지는 여러 가지 서술들 중 하나에 그 대화를 귀속시킬 수 있는 능력을 포함한다. "술 취한 사람들의 두서없는 논쟁", "진지한 지성적 대결", "서로에 대한 비극적인 오해", "다른 사람의 동기에 대한 희극적이고 어리석은 해석", "견해들의 예민한 교환", "다른 사람을 압도하기 위한 투쟁", "진부한 잡담의 교환".

'비극적', '희극적', '어리석은'과 같은 표현들의 사용은 그러한 평가들에서 결코 주변적인 것이 아니다. 우리는 소설과 마찬가지로 대화들을 특정한 장르로 분류한다. 대화는 매우 짧기는 하지만, 하나의 극예술적 작품이다. 이 속에서 참여자들은 배우일 뿐만 아니라 의견 일치 또는 불일치를 통해 그들의 생산 양식을 작업해나가는 공동 작가이기도 하다. 왜냐하면 대화들은 희곡이나 소설이 그렇듯이 단순히 특정한 장르에 속하는 것이 아니기 때문이다. 그러나 대화들은 문학 작품들이 그렇듯이 시작과 중간 부분과 종결 부분을 갖고 있다. 그것들은 역전과 인정을 구현하고, 클라이맥스를 향해 나아가고, 이로부터 멀어진다. 비교적 긴 대화에서는 본론을 벗어나는 여담과 부차적 줄거리들이 있을 수 있다. 그리고 여담 속에 또 다른 여담이, 부차적 줄거리 속에 또 다른 부차적 줄거리가 실제로 있을 수 있다.

그러나 만약 이것이 대화에 관한 진실이라면, 필요한 변경을 가하면mutatis mutandis 전투, 장기 게임, 구애, 철학 세미나, 저녁 식탁에서의 가족들, 계약을 협상하는 기업가들 등 일반적으로 모든 인간 상호 거래에 대해서도 타당하다. 왜냐하면 대화는, 그것을 충분히 넓게 이해하면, 일반적으로 인간 상호 거래의 형식이기 때문이다. 다른 사람들의 행동이 그들의 말만큼이나 그들을 대변한다는 의미에서 우리가 비록 언어 사용과 인간 삶의 형식들을 이해한다고 할지라도, 대화의 행동은 결코 인간행동의 특수한 종류도 아니고 측면도 아니다. 왜냐하면 그것이 가능한 것은 오직 그것이 말하는 사람들의 행동들이기 때문이다.

그러므로 나는 특수하게는 대화들을, 그리고 일반적으로는 인간 행위들을 서술된 이야기들로서 서술한다. 이야기는 결코 시인들, 희곡 작가들, 소설가들의 작품이 아니다. 이들은 가수 또는 작가들이 하나의 질서를 부여하기 전에는 아무런 설화적 질서를 갖고 있지 않은 사건들에 관해 곰곰이 생각한다. 설화적 형식은 위장도 아니고, 장식도 아니다. 바버라 하디Barbara Hardy는 동일한 문제에 관해 다음과 같이 쓴 적이 있다. "우리는 이야기 속에서 꿈을 꾸고, 이야기 속에서 현실과는 동떨어진 몽상에 잠기고, 이야기를 통해 기억하고, 예상하고, 희망하고, 절망하고, 믿고, 회의하고, 계획하고, 변화하고, 비판하고, 건립하고, 잡담하고, 배우고, 증오하고, 그리고 사랑한다."(Hardy 1968, 5)

나는 이 장을 시작하면서, 다른 사람이 무엇을 하고 있는가를 성공적으로 규정하고 이해함으로써 우리는 항상 특정한 일화를 일련의 설화적 역사들의 —— 관련된 개인들의 역사들일 뿐만 아니라 그들이 행위하고 고통을 당하는 무대장치의 역사들이다 —— 콘텍스트 속에 세워놓으려 한다고 주장했다. 우리가 다른 사람의 행위를 이러한 방식으로 이해 가능하게 만드는 것은 바로 행위 자체가 기초적인 역사적 성격을 가지고 있기 때문이라는 사실이 이제 분명해진다. 우리가 우리의 삶 속에서 이야기들을 살아내고, 또 우리의 삶을 우리가 살아내는 이야기들을 토대로 이해하기 때문에 이야기의 형식은 다른 사람의 행위를 이해하는 데 적절한 것이다. 이야기들은, 허구의 경우를 제외하고는, 그것들이 이야기되기 이전에 삶을 통해 실현되는 것이다.

이는 물론 최근의 논쟁에서 부정되었다. 바버라 하디의 견해에 맞섰던 루이스 밍크Louis Mink는 다음과 같이 주장했다. "이야기들은 삶을 통해 실현되는 것이 아니라 이야기되는 것이다. 삶은 시작과 중간과 종말을 가지고 있지 않다. 만남들이 있다. 그러나 어떤 관계의 시작은 우리가 나중에 말하는 이야기에 속한다. 헤어짐들이 있다. 그러나 종국적인 헤어짐은 오직 이야기 속에만 있다. 희망과 계획과 투쟁들이 있다. 그러나 회고적인 이야기에서만 희망들은 충족되지 않고, 계획들은 실패하고, 투쟁들은 결정적이고, 이념들은 발달 가능성이 있는 것이다. 오직 이야기 속에서만 콜럼버스가 발견한 것이 아메리카다. 그리고 오직 이야기 속에서만 못이 하나 없기 때문에 왕국이 파멸한다."(Mink 1970, 557~558)

우리는 이에 대해 무엇을 말해야 하는가? 회고적인 시각에서만 희망들은 충족되지 않은 것으로, 전투들은 결정적인 것으로 규정할 수 있다는 점에 우리는 확실히 동의해야만 한다. 그러나 우리는 그것들을 예술에서와 마찬가지로 삶 속에서도 그렇게 규정한다. 삶에는 종말이 없다거나, 종국적인 이별은 오직 이야기 속에서만 일어난다고 말하는 사람에게 우리는 다음과 같이 말하고 싶은 충동을 느낀다. "당신은 죽음에 관해 한 번도 들은 적이 없습니까?" 안드로마케가 충족되지 않은 희망들과 종국적인 이별을 한탄하기 전에는 호메로스는 헥토르의 이야기를 할 필요가 없었다. 그들의 삶이 호메로스에게서 나타나는 이름이 같은 사람들의 삶의 형태를 구현하지만 결코 시인의 주의를 끌지 않았던 수많은 헥토르와 수많은 안드로마케가 존재한다. 우리가 어떤 사건을 시작 또는 종말로 바라보면서 이 사건에 논란의 여지가 있는 의미를 부여한다는 것은 물론 옳다. 로마공화국이 율리우스 카이사르의 죽음과 함께 끝났는가, 아니면 필리피[마케도니아의 옛 도시로서 기원전 42년 이곳에서 옥타비아누스와 안토니우스가 브루투스와 카시우스를 무찔렀다]에서 끝났는가, 또는 로마제국 초기의 원수元首정치의 설립과 더불어 끝났는가? 대답은 분명, 찰스 2세처럼, 로마공화국이 오랫동안 죽어가고 있다는 것이다. 그러나 이러한 대답은 그 이전의 모든 대답과 마찬가지로 로마공화국의 종말을 함축하고 있다. 아우구스투스의 원수정치의 성립, 또는 테니스 코트에서의 선서, 또는 원자폭탄을 제조하기로 한 로스앨러모스에서의 결정은 엄격한 의미에서 시작들을 구성한다. 기원전 404년의 평화, 스코틀랜드 의회의 해산, 워털루 전투는 동일한 방식으로 종말을 구성한다. 그 밖에도 종말이고 또 시작인 수많은 사건이 있다.

장르와 관여되어 있다는 현상은 시작, 중반, 종말의 사태와 마찬가지다. 토머스 베켓의 삶이 속해 있는 장르의 질문을 고찰해보자. 그것은 우리가 그것을 어떻게 써야 하는가를 결정하기 이전에 제기되고 대답되어야 하는 질문이다(밍크의 역설적인 시각에서 보면, 삶이 쓰이고 난 이후에야 비로소 이러한 질문은 제기될 수 있다). 중세의 몇몇 버전에서 베켓의 성공 경력은 중세의 성인열전聖人列傳의 근본 원리의 의미에서 서술된다. 아이슬란드의 토머스 전설Thomas saga에서는 그는 전설의 영웅으로 제시된다. D. D. 놀스D. D. Knowles의 현대 전기에서 이 이야기는 하나의 비극이다. 그것은 토머스와 헨리 2세 사이의 비극적 관계로서, 이 관계에서 두 사람은 모두 "주인공은 운명적인 결함을 갖고 있는 위대한 인간이어야 한다"는 아리스토텔레스의 요청을 충족한다. 만약 누군가가 옳다면, 다음 중에서 누가 과연 옳은가 하고 묻는 것이 오늘날에는 물론 의미가 있다. 수도사 윌리엄 오브 캔터베리William of Canterbury가 옳은가, 전설의 작가가 옳은가, 아니면 은퇴한 케임브리지 흠정欽定 강좌 담당 교수가 옳은가? 이에 대한 올바른 대답은 제일 후자인 것처럼 보인다. 삶의 진정한 장르는 성인열전도 전설도 아닌 비극이다. 그렇기 때문에 우리는 트로츠키 또는 레닌의 삶, 소련 공산당의 역사 또는 미국 대통령제의 역사와 같은 현대의 설화적 주제들에 관해 다음과 같이 질문할 수 있는 것이다. "이 역사는 어떤 장르에 속하는가?" 그것은 이들 역사에 관한 어떤 설명이 진실하고 이해될 수 있는가라는 질문과 동일한 것이다.

하나의 이야기가 어떻게 다른 이야기 속에 삽입될 수 있는가를 다시 한번 고찰해보자. 연극과 소설 속에는 잘 알려진 예들이 있다. 《햄릿 Hamlet》에서의 연극 속의 연극, 《붉은 장갑 Redgauntlet》의 〈떠돌이 윌리 이야기 Wandering willie's tale〉, 《아이네이아스 Aineias》[베르길리우스의 12권으로 된 라틴어 서사시. 함락 후의 트로이를 탈출한 아이네이아스를 주제로 하고 있다] 제2권에서 디도에게 말한 아이네이아스의 이야기 등등. 그러나 실제의 삶으로부터도 마찬가지로 잘 알려진 예들이 있다. 다시 한번 주교와 대법관으로서의 베켓의 출세가 어떻게 헨리 2세의 통치 속에 편입되어 있고, 메리 스튜어트 Mary Stuart의 비극적 삶이 어떻게 어떻게 엘리자베스 1세의 삶 속에 편입되어 있으며, 남부연합의 역사가 어떻게 미합중국의 역사 속에 편입되어 있는지를 고찰해보자. 우리는 어떤 사람이 여러 이야기들 속에서 동시에 하나의 인물이며, 이 이야기들 중 몇 가지는 다른 이야기들 속에 편입되어 있다는 사실을 발견할지도, 발견하지 못할지도 모른다. 어떤 사람이 하나의 역할을 담당하는 이해 가능한 이야기처럼 보이는 것이 이해할 수 없는 일화들로 구성된 하나의 이야기로, 전적으로 또는 부분적으로 변형될 수 있다. 이 후자의 일은 카프카 Franz Kafka의 《심판 Der Prozess》과 《성 Das Schloss》의 K라는 인물에게 일어난다(카프카가 그의 소설을 끝맺을 수 없었다는 것은 우연이 아니다. 왜냐하면 종말의 개념은 시작의 개념과 마찬가지로 오직 이해될 수 있는 이야기 속에서만 의미를 갖기 때문이다).

나는 앞에서 행위자들을 배우로서뿐만 아니라 작가로서 말했다. 나는 이제 배우로서의 행위자가 이해 가능하게 행위하고 말할 수 있는 것은 우리가 우리 자신의 이야기들의 공동 작가 이상도 이하도 아니라는 사실에 의해 깊이 영향을 받는다는 점을 강조해야 한다. 오직 환상 속에서만 우리는 우리의 마음에 드는 이야기를 살아간다. 삶속에서 우리는, 아리스토텔레스뿐만 아니라 엥겔스가 언급했던 것처럼, 특정한 제한에 예속되어 있다. 우리는 우리가 스스로 설치하지 않은 무대 위로 나아가고, 우리 자신이 우리가 스스로 만들지 않은 행위의 부분임을 발견한다. 자기 자신의 연극 속에서는 주인공 역할을 하고 있는 우리 모두는 다른 사람의 연극 속에서는 부차적인 역할을 한다. 그리고 모든 연극은 다른 연극을 제한한다. 나의 연극 속에서 나는 아마 햄릿이거나 이아고[셰익스피어의 《오셀로Othello》에 나오는 음흉하고 사악한 남자], 또는 적어도 왕자가 될 수 있는 돼지치기이겠지만, 당신에게는 내가 어떤 신사 또는 기껏해야 두 번째 살인자다. 그리고 당신은 나의 폴로니우스 또는 나의 무덤을 파는 사람이지만, 당신에게는 당신 자신의 영웅이다. 우리의 연극들은 각각 다른 연극들을 제한하며, 전체를 부분들과는 다르게 나타나도록 만들지만, 그것들은 항상 연극적으로 나타난다.

이처럼 복잡한 고찰들은 이해 가능성의 개념을 행위의 개념과 이야기 개념 사이의 개념적인 연결고리로 만드는 것과 결합되어 있다. 우리가 이 개념의 의미와 중요성을 일단 이해한다면, 어떤 행위에 관한 개념은 이해 가능한 행위에 관한 개념에 예속되어 있다는 주장이 덜 이상하게 보일 것이다. 그리고 이것은 '하나의' 행위라는 개념은, 그것이 비록 고도의 실천적 의미를 가지고 있다고 할지라도, 항상 우리를 잠재적으로 오도할 수 있는 추상적 개념이라는 주장에도 타당하다. 행위는 하나의 가능한 실제적인 역사 또는 일련의 역사들 속의 하나의 계기다. 역사의 개념은 행위의 개념과 마찬가지로 기초적인 개념이다. 하나는 다른 것을 필요로 한다. 그러나 이렇게 말하면서 나는 사르트르가 바로 이 점을 부정하고 있다는 사실을 언급할 수밖에 없다. 현대성의 정신을 그렇게 잘 포착하고 있는 자아에 관한 그의 전체 이론이 실제로 요청하는 것은 그가 이 점을 부정해야 한다는 것이다. 《구토》에서 사르트르는 앙투안 로캉탱으로 하여금 밍크와 똑같이 이야기는 삶과 전혀 다르다고 주장하도록 할 뿐만 아니라, 이야기의 형식을 통한 인간 삶의 서술은 항상 삶을 왜곡한다고 논증하도록 만든다. 진정한 이야기들은 존재하지 않으며, 존재할 수도 없다. 인간의 삶은 어느 곳을 향해서도 가지 않고, 아무런 질서도 가지고 있지 않은 개별적 행위들로 구성되어 있다. 이야기를 말해주는 화자는 인간의 사건들을 회고적으로 —— 이 사건들이 삶을 통해 실현되는 동안에는 그들이 가지고 있지 않았던 —— 하나의 질서로 정리한다. 만약 사르트르/로캉탱이 옳다면 —— 내가 여기서 사르트르/로캉탱이라고 말하는 것은 그를 사르트르/하이데거와 사르트르/마르크스와 같이 잘 알려진 다른 인물들과 구별하기 위해서다 —— 나의 핵심 주장은 물론 틀렸음에 틀림없다. 그럼에도 나의 명제와 사르트르/로캉탱의 명제 사이에는 중요한 일치점이 있다. 우리는 어떤 행위의 이해 가능성을 하나의 설화적 연속 속에서 차지하는 그 행위의 위치와 동일시한다는 점에서 의견을 같이한다. 사르트르/로캉탱은 오직 그와 같은 인간의 행위들이 이해할 수 없는 사건들이라고 생각할 뿐이다. 이와 같은 형이상학적 함의를 실현하기 위해 로캉탱은 소설의 과정 속으로 도입되고, 그에게 미치는 실천적 효과는 역사적 전기의 집필이라는 그 자신의 기획을 끝내는 데 있다. 이러한 기획은 도무지 이해되지 않는다. 그는 진실인 것을 쓰거나 이해 가능한 역사를 쓰거나 둘 중 하나다. 그러나 하나의 가능성은 다른 가능성을 배제한다. 사르트르/로캉탱은 과연 옳은가?

우리는 사르트르의 명제에서 틀린 것을 두 가지 방식으로 확인할 수 있다. 하나는 다음과 같이 묻는 것이다. "만약 인간의 행위들이 왜곡하는 설화적 질서를 가지고 있지 않다면, 그것들은 어떻게 보일 것인가?" 사르트르 자신은 이 물음에 결코 답하지 않는다. 진실된 이야기들이 존재하지 않는다는 것을 보여주기 위해 그 자신이 비록 허구적이기는 하지만 하나의 이야기를 쓴다는 것은 놀라운 일이다. 그러나 내가 이른바 이야기에 의한 오역에 선행하는 인간 본성 자체an- sich에 관해 그릴 수 있는 유일한 상은, 존슨 박사Samuel Johnson[1709~1784. 영국의 시인, 비평가, 사전 편찬자로서 통칭 존슨 박사로 불린다]가 프랑스 여행에 관한 그의 노트에서 우리에게 제공하고 있는 일종의 무질서한 연속이다. "거기서 우리는 숙녀들을 기다렸다 ── 모르빌. ── 스페인. 거지들이 우글거리는 시골 도시. 디종에서 그는 오를레앙으로 가는 길을 발견할 수가 없었다. ── 프랑스의 사거리는 매우 나쁘다. ── 다섯의 군인들. ── 부인들. ── 군인들이 도망쳤다. ── 대령은 한 명의 여자 때문에 다섯의 남자들을 잃지는 않을 것이다. ── 치안판사는 오직 대령이 허용할 때에만 군인을 체포할 수 있다, 등등."(Hobbsbaum 1973, 32에서 재인용) 이것은 내가 진리라고 생각하는 것을 시사한다. 다시 말해, 이른바 ── 설화적 형식은 행위들에 강제적으로 부과된 것이라는 관점에서 ── 어떤 설화적 형식에도 선행한다고 여겨지는 행위들에 관한 성격 규정은 항상 어떤 가능한 이야기의 단순히 해체된 부분들에 대한 서술로서 판명될 것이다.

우리는 이 물음에 다른 식으로 접근할 수 있다. 내가 역사라고 명명한 것은 하나의 실행된 연극적 이야기로서, 그 속에서는 인물들이 동시에 작가들이기도 하다. 인물들은 물론 문자 그대로 '처음부터ad initio' 시작하는 것이 아니라 '사건 중반부에in medias res' 뛰어든다. 여기에서 그들의 이야기의 시작들은 이미 그들에 앞서 이루어진 것과 그들을 앞서간 사람들에 의해 만들어져 있다. 줄리언 그렌펠Julian Grenfell과 에드워드 토머스Edward Thomas가 1914~1918년의 제1차 세계대전 기간에 프랑스로 떠났을 때, 그들은 메넬라오스[그리스 신화 속 스파르타 왕]와 오디세우스가 전장터에 나갔을 때 만들었던 것과 비등한 이야기를 만들었다. 가상 인물들과 실제 인물들 사이의 차이는 그들 행동의 설화적 형식에 있지 않다. 그것은 이 설화적 형식과 그들 자신의 행동에서의 창시자적 성격의 정도에 있다. 그들이 자신들의 마음에 드는 곳에서 시작하지 않는 것과 똑같이, 그들은 그들이 원하는 바대로 진행할 수 없다. 모든 인물은 다른 사람들의 행위들과 그들의 행위 속에 전제되고 있는 사회적 무대장치에 의해 제한된다. 하나의 실행된 연극적 이야기로서의 인간 삶에 관한, 비록 전적으로 만족스럽지는 않지만 고전적인 설명에서, 즉《루이 보나파르트의 브뤼메르 18일Der achtzehnte Brumaire des Louis Bonaparte》에서 마르크스는 이 점을 강도 높게 강조했다.

내가 마르크스의 설명이 불만족스럽다고 말하는 부분적 이유는 그가, 삶은 특정한 방식으로 법칙에 의해 지배받고 또 예측 가능한 것이라는 견해와 일치할 수 있는 방식으로 인간의 사회적 삶의 이야기를 서술하고자 하기 때문이다. 그러나 결정적으로 중요한 사항은 우리가 실행된 연극적 이야기의 주어진 어느 시점에서도 다음에 무엇이 일어날지를 모른다는 사실이다. 내가 제8장에서 논증한 종류의 예측 불가능성은 인간 삶의 설화적 구조에 의해 요청되는 것이다. 그리고 사회과학자들이 발견하는 경험적 일반화와 연구들은 이러한 구조와 완전히 일치할 수 있는 인간 삶의 이해를 제공한다.

이러한 예측 불가능성은 삶을 통해 실현된 모든 이야기들의 두 번째 핵심적 특징, 즉 목적론적 성격과 나란히 존립한다. 우리는 우리의 삶을 — 개인적으로 그리고 동시에 다른 사람과의 관계에서 — 하나의 가능한 공유된 미래에 관한 특정한 관념들의 맥락에서 살아간다. 이 미래에서 어떤 가능성들은 우리에게 유혹의 손짓을 보내고, 어떤 가능성들은 우리를 얼씬 못하게 하고, 또 어떤 가능성들은 우리에게 이미 봉쇄되어 있고, 어떤 가능성들은 우리에게 회피할 수 없는 것처럼 보인다. 미래에 관한 어떤 표상들로 충만하지 않은 현재는 존재하지 않는다. 그것은 현재의 우리가 나아가려고 지향하거나 나아가는 데 실패한 하나의 텔로스의, 또는 다양한 목적과 의도들의 형식으로 항상 서술되는 미래에 관한 표상이다. 그렇기 때문에 예측 불가능성과 목적론은 우리 삶의 부분으로서 나란히 공존한다. 허구적인 이야기 속의 인물들처럼 우리는 다음에 무엇이 일어날지를 알지 못하지만, 우리의 삶은 그럼에도 우리의 미래를 향해 투사된 하나의 특정한 형식을 갖고 있다. 그러므로 우리가 삶을 통해 실현하는 이야기들은 예측 불가능한 성격뿐만 아니라 부분적으로 목적론적 성격을 갖고 있는 것이다. 만약 우리의 개인적·사회적 삶의 이야기들이 이해 가능하게 지속되어야 한다면 —— 두 가지 종류의 이야기들은 항상 이해 불가능성 속으로 빠져 들어갈 수 있다 —— 항상 다음과 같은 두 가지 경우가 발생한다. 이 이야기가 어떻게 계속될 수 있는가 하는 문제에 대한 제한들이 존재하며, 또 이 제한들 내에는 그 이야기가 계속될 수 있는 무한히 많은 길들이 존재한다.

그러므로 이제 하나의 핵심적 명제가 서서히 모습을 드러내기 시작한다. 인간은 그가 만들어내는 허구들 속에서뿐만 아니라, 자신의 행위와 실천에서도 본질적으로 하나의 이야기를 말하는 동물이다. 그는 본질적으로 진리를 추구하는 이야기들의 화자는 아니지만, 자신의 이야기를 통해 그와 같은 화자가 된다. 그러나 인간에게 핵심적인 물음은 그 자신의 창시자적 성격에 관한 물음이 아니다. "나는 무엇을 해야만 하는가?"라는 물음에 대해 나는 이에 선행하는 물음, 즉 "나는 어떤 이야기 또는 이야기들의 부분인가?"라는 물음에 답할 수 있을 때만 대답할 수 있다. 우리는 우리에게 부과된 하나 이상의 성격들을 가지고, 즉 우리가 어쩔 수 없이 맡게 된 역할들을 가지고 기존의 인간 사회에 진입하게 된다. 다른 사람들이 우리에게 어떻게 반응하고, 그들에 대한 우리의 반응을 어떻게 구성할 것인가를 이해할 수 있기 위해서는 우리는 이 성격들과 역할들이 어떠한 것인가를 배워야 한다. 사악한 계모, 잃어버린 아이들, 착하기는 하지만 엉뚱한 왕들, 쌍둥이 사내아이들에게 젖을 먹인 늑대들, 아무것도 물려받지 못하고 세상에서 자수성가해야 하는 막내아들들, 자신의 유산을 방탕으로 탕진하고 떠도는 신세가 되어 돼지들과 함께 사는 장남들에 관한 이야기들을 들음으로써 아이들은 아이는 어떠해야 하고, 부모들은 어떤 존재이며, 그들이 태어난 연극 속에서 인물과 성격의 배정은 어떠할 수 있으며, 또 세상일은 어떤 방식으로 이루어지는지를 배우거나 또는 잘못 배운다. 아이들에게서 이야기를 박탈하면, 그들은 그들의 행위뿐만 아니라 언어에서도 말을 제대로 못하고 겁먹은 말더듬이로 남게 된다. 그렇기 때문에 어떤 사회의 시원적 연극적 근원들을 구성하는 이야기들을 통하지 않고서는 우리 자신의 사회를 포함한 모든 사회를 이해할 수 있는 길이 없다. 신화는 근원적인 의미에서 만물의 심장이다. 이 점에서 비코는 옳고, 제임스 조이스James Joyce 역시 마찬가지로 옳다. 그리고 물론 영웅 사회로부터 중세의 그 후예들에 이르기까지의 전통 역시 옳은데, 이에 따르면 이야기를 말하는 것은 덕의 교육에 핵심 부분을 이룬다.

　나는 앞에서 '하나의 행위'가 항상 하나의 가능한 이야기 속의 일화라는 사실을 언급했다. 나는 이제 이와 연관된 다른 개념, 즉 개인적 정체성의 개념을 언급하고자 한다. 데렉 파피트Derek Parfit를 비롯한 다른 사람들은 최근 "전부 아니면 무無"의[티크본Tichborne에 대한 권리 청구자는 티크본의 마지막 상속인이든가 **아니든가** 어느 한쪽이다. 마지막 상속인의 전 재산은 권리 청구자에게 속하든가 **아니든가** 어느 한쪽이다. 여기에는 라이프니츠의 법칙이 타당하다] 성격을 갖고 있는 엄격한 정체성의 기준들과, 다소more or less의 성격을 갖고 있는(기억, 지성적 능력, 비판적 반응과 관련해 50세의 나는 40세의 나와 동일한 사람인가? 다소) 인격의 심리학적 연속성 사이의 대립에 대한 우리의 주의를 환기시켰다. 그러나 실행된 이야기 속의 인물들로서의 인간존재에게 결정적으로 중요한 것은 우리가 —— 오직 심리학적 연속성의 수단들만을 가지고 있음에도 불구하고 —— 엄격한 정체성의 부과에 대해 반응할 수 있어야 한다는 점이다. 내가 어느 때나 다른 사람들에게 존재해왔던 바대로 나는 영원히 존재한다. 그리고 나는, 내가 지금 얼마나 변했든지 상관없이, 그것에 대해 해명하라는 요청을 언제든지 받을 수 있다. 나의 정체성을, 또는 정체성의 결여를, 자아의 심리학적 연속성 또는 비연속성의 토대 위에 **근거지을** 수 있는 방법은 없다. 자아는 그 통일성이 어떤 성격의 통일성으로서 주어져 있는 한 성격에 깃들어 있다. 여기서도 다시 한번 경험론적 또는 분석적 철학자들과 실존주의자들 사이의 의견 차가 존립한다.

로크 또는 흄과 같은 경험론자들은 오직 심리학적 상태 및 사건들의 도움을 받아 인격적 정체성을 설명하고자 시도한다. 많은 측면에서 이들의 후예들이며 비판자들인 분석철학자들은 이와 같은 상태 및 사건들과 라이프니츠 법칙의 의미에서 이해된 엄격한 정체성을 결합시키려고 분투했다. 두 사람은 모두 그렇게 함으로써, 그것의 결여가 문제들을 해결 불가능하게 만드는 하나의 배경이 생략되었다는 사실을 인식하지 못했다. 이 배경은 역사의 개념과 역사가 요청하는 성격의 통일성의 개념을 통해 제공된다. 역사가 단순한 행위들의 연속이 아닌 것처럼 —— 행위의 개념은 오히려 실제의 가능한 이야기 속에 있지만 특정한 목적을 위해 이 이야기로부터 추상화된 한 계기 또는 순간의 개념이다 —— 어떤 역사 속의 성격들은 단순한 인물들의 집합이 아니다. 인격의 개념은 역사로부터 추상화된 어떤 성격의 개념이다.

자아에 관한 설화적 개념이 요청하는 것은 두 가지다. 한편으로 나는 다른 사람에 의해 정당하게 간주될 수 있는 존재로서 탄생부터 죽음까지 진행되는 하나의 이야기를 살아가는 과정 속에 있다. 나는 다른 어떤 사람의 것이 아닌 나 자신의 것이며, 나름의 고유한 의미를 갖고 있는 한 역사의 **주체**다. 어떤 사람이 자신의 삶이 의미가 없다고 불평할 때—자살을 시도하거나 감행하는 많은 사람이 그렇게 한다—그는 자신의 삶의 이야기가 자신에게 이해할 수 없게 되었으며, 자신의 삶은 아무런 목적도 없으며 어떤 정점 또는 텔로스를 향해 가는 운동도 결여하고 있다고 종종 한탄하는 것이다. 따라서 이러한 사람에게는 삶의 중대한 고비에서 왜 다른 것이 아닌 이것을 행해야 하는가에 대한 목적과 근거가 상실된 것이다.

어떤 사람의 탄생으로부터 죽음까지 이르는 하나의 이야기의 주체로서 존재한다는 것은, 내가 앞에서 언급한 바와 같이, 이 이야기될 수 있는 삶을 구성하는 행위들과 경험들에 책임을 진다는 것을 의미한다. 다시 말해, 그것은 우리가 행한 것, 우리에게 일어난 것, 또는 질문이 제기되기 이전의 삶의 시점에서 우리가 체험한 것에 관해 특정한 설명을 해달라는 요청에 열려 있다는 것을 의미한다. 물론 어떤 사람은 잊어버렸을 수도 있고, 뇌 손상을 당했을 수도 있고, 그가 관련된 시기에 충분히 주의를 기울이지 않아서 의미 있는 설명을 해줄 수 없을 수도 있다. 그러나 어떤 서술을 통해("샤토 디프 요새의 죄수") 어떤 사람에 관해 그는 전혀 다르게 서술된 바 있는 사람과("몬테크리스토 백작") 동일한 인물이라고 주장하는 것은, 그가 어떻게 상이한 시간과 장소에서 동일한 인물일 수 있으며, 그럼에도 다르게 서술될 수 있는가를 우리가 이해할 수 있도록 해주는 하나의 이해 가능한 설화적 설명을 해달라고 그에게 요청하는 것이 의미 있는 일이라고 주장하는 것과 똑같다. 인격적 정체성은 어떤 이야기의 통일성이 요청하는 성격의 통일성에 의해 전제되는 정체성이다. 만약 그러한 통일성이 없다면, 우리가 이야기를 말할 수 있는 주체들이 존재하지 않을 것이다.

설화적 자아의 다른 측면은 이와 연관이 있다. 나는 책임을 지는 사람일 뿐만 아니라, 다른 사람에게 책임을 묻고 그들에게 질문을 제기할 수 있는 사람이기도 하다. 그들이 나의 이야기의 한 부분인 것처럼, 나는 그들의 이야기의 한 부분이다. 어떤 사람의 이야기는 서로 맞물려 있는 일련의 이야기들의 한 부분이다. 더욱이 이처럼 해명을 요구하고 설명을 해주는 것은 이야기를 구성하는 데 중요한 역할을 담당한다. 당신은 무슨 일을 행했고 왜 했는가 하고 당신에게 묻는 것, 내가 무슨 일을 행했고 왜 했는가에 관한 나의 설명, 내가 행한 것에 관한 당신의 설명과 내가 행한 것에 관한 나의 설명 사이의 차이점들을 곰곰이 생각해보는 것과 그 반대, 이러한 모든 것들은 가장 단순하고 내용 없는 이야기들을 제외한 모든 이야기들의 본질적 구성요소들이다. 자아의 책임 가능성이 없다면, 가장 단순하고 내용 없는 이야기들을 제외한 모든 이야기들을 구성하는 일련의 사건들이 일어날 수가 없다. 그리고 이러한 책임 가능성이 없다면, 이 이야기들과 이 이야기들을 구성하는 행위들을 이해 가능하게 만드는 데 요청되는 연속성이 이 이야기들에 결여하게 된다.

내가 이야기, 이해 가능성 또는 책임 가능성의 개념들이 인격적 정체성의 개념보다 훨씬 기초적이라고 주장하는 것은 아니라는 점을 언급하는 것이 중요하다. 이야기, 이해 가능성, 책임 가능성의 개념들은 인격적 정체성 개념의 적용 가능성을 전제한다. 그리고 이 개념들 각각이 다른 두 개념의 적용 가능성을 전제하는 것과 같이, 인격적 정체성의 개념은 앞의 세 개념의 적용 가능성을 전제한다. 그것은 상호 전제의 관계다. 그렇기 때문에 이야기, 이해 가능성, 책임 가능성의 개념들과 분리시켜 독립적으로 인격적 정체성의 개념을 해명하려는 모든 시도가 실패할 수밖에 없다는 결론이 도출된다. 그리고 그런 종류의 모든 시도는 실제로 실패했다.

이제 우리는 인간행위와 정체성의 본질에 관한 이 연구가 출발했던 물음으로 되돌아갈 수 있다. "개인의 삶의 통일성은 무엇으로 구성되어 있는가?" 그것의 통일성은 하나의 유일무이한 삶 속에 구현된 이야기의 통일성 속에 있다는 것이 그에 대한 대답이다. "나를 위한 선[개인선]은 무엇인가?"라고 묻는 것은 내가 어떻게 하면 이와 같은 통일성을 최선의 방식으로 살아낼 수 있으며 완성시킬 수 있는가를 묻는 것이다. "인간을 위한 선[인간선]은 무엇인가?"라고 묻는 것은 앞의 물음에 대한 모든 대답들이 공통적으로 가지고 있어야 하는 것이 무엇인가를 묻는 것이다. 그러나 이 두 가지 물음을 체계적으로 묻는 것과, 말과 행동을 통해 이들에 답하고자 하는 시도는 도덕적 삶에 통일성을 부여한다는 사실을 여기서 강조할 필요가 있다. 인간 삶의 통일성은 바로 설화적 탐구의 통일성이다. 탐구들은 때때로 실패하고, 좌절하고, 포기되고, 또는 오락을 통해 사라져버린다. 그리고 인간의 삶은 이 모든 방식을 통해 마찬가지로 실패할 수 있다. 그러나 전체로서의 인간 삶의 성공 또는 실패에 대한 유일한 기준은 이야기된 또는 이야기되어야 할 탐구에서의 성공 또는 실패의 기준이다. 그렇다면 무엇에 대한 탐구인가?

우리는 여기서 탐구에 관한 중세적 관점의 두 가지 본질적인 특징들을 상기할 필요가 있다. 첫째는 적어도 부분적으로라도 확정된 최종적 **텔로스**에 관한 표상이 없다면 어떤 탐구의 시작도 있을 수 없다는 사실이다. 인간선에 관한 어느 정도의 표상이 필요한 것이다.

그러한 표상은 어디로부터 도출될 수 있는가? 그것은 바로 실천 속에서, 그리고 실천을 통해 접근 가능한 제한된 덕 개념을 우리가 넘어서려고 시도하도록 만드는 질문들로부터 도출된다. 우리로 하여금 다른 선들을 질서 있게 정리하도록 만드는 바로 그 선 개념, 덕들의 목적과 내용에 관한 우리의 이해를 확장하도록 만드는 **바로** 그 선 개념, 삶 속에서 차지하는 성실과 지조의 위치를 이해할 수 있도록 만드는 바로 그 선 개념을 탐구함으로써 우리는 비로소 선에 대한 탐구로 구성되어 있는 일종의 삶을 처음으로 정의한다. 그러나 둘째로 탐구에 관한 중세의 표상이 광부들이 금을 찾거나 지질학자들이 유전을 찾는 것처럼 이미 충분히 성격 규정된 것에 대한 탐구가 아니라는 사실은 분명하다. 모든 탐구에 일화와 사건을 제공하는 여러 가지의 특수한 고통들, 위험들, 유혹과 고민거리들과 직면해 이들에 대처하는 과정을 통해서만 탐구의 목표는 궁극적으로 이해될 수 있는 것이다. 탐구는 항상 탐구되어야 하는 것의 성격과 자기 인식, 이 양자에 관한 교육이다.

그렇기 때문에 덕들은 실천을 보존하고 우리에게 실천에 내재하는 선들의 성취를 가능하게 만드는 성향들로 이해될 수 있을 뿐만 아니라, 우리가 부딪히게 되는 고통, 위험, 유혹, 고민거리들을 극복할 수 있도록 함으로써 일종의 선에 관한 탐구에서 우리를 격려하고 우리에게 점점 더 증가하는 자기 인식과 점점 더 증가하는 선에 관한 인식을 제공해주는 성향들로서 이해될 수 있다. 그렇기 때문에 덕의 목록은, 남자와 여자들이 공동으로 하나의 선을 탐구할 수 있는 가계와 같은 종류의 것과 정치적 공동체와 같은 종류의 것을 유지하고 보존하는 데 요청되는 덕들과 선의 성격에 관한 철학적 탐구에 필요한 덕들을 포함한다. 이로써 우리는 인간을 위해 좋은 삶에 관한 잠정적 결론에 도달했다. 인간을 위해 좋은 삶은 인간선을 탐구하는 데 쓰이는 삶이며, 이러한 탐구에 필요한 덕들은 우리로 하여금 그것을 넘어서, 또 그 밖에 인간에게 좋은 삶이 무엇인가를 이해할 수 있도록 만드는 덕들이다. 우리는 우리의 덕 설명을 실천뿐만 아니라 인간을 위해 좋은 삶과의 연관 관계에서 파악함으로써 덕들에 관한 우리 설명의 둘째 단계를 마쳤다. 그러나 우리의 설명은 세 번째 단계를 요청한다.

왜냐하면 나는 오직 **개인**의 자격으로는 선을 탐구할 수도 없고, 덕을 실천할 수도 없기 때문이다. 이러한 사실의 부분적 이유는 좋은 삶을 산다는 것이 구체적으로는——비록 좋은 삶에 관한 동일한 표상이 밑바탕을 이루고, 인간의 삶 속에 구현되어 있는 덕들이 동일하다고 할지라도——상황에 따라 변하기 때문이다. 기원전 5세기 아테네의 장군에게 좋은 삶이 중세의 수녀 또는 17세기의 농부에게 좋은 삶이 의미하는 것과 동일하지 않다. 그러나 그것이 다양한 개인들이 다양한 사회적 상황 속에 산다는 것만을 말하는 것은 아니다. 우리 모두가 우리의 상황들을 하나의 특수한 사회적 정체성의 담지자로서 파악한다는 것이 중요하다. 나는 누군가의 아들 또는 딸이고, 누군가의 사촌 또는 삼촌이다. 나는 이 도시 또는 저 도시의 시민이며, 이 동업조합 또는 저 직업 집단의 구성원이다. 나는 이 씨족에 속하고, 저 부족에 속하며, 이 민족에 속한다. 그렇기 때문에 나에게 좋은 것은 이러한 역할들을 담당하는 누구에게나 좋아야 한다. 이러한 역할의 담지자로서, 나는 나의 가족, 나의 도시, 나의 부족, 나의 민족으로부터 다양한 부채와 유산, 정당한 기대와 책무들을 물려받는다. 그

것들은 나의 삶의 주어진 사실과 나의 도덕적 출발점을 구성한다. 이
것은 나의 삶에 그 나름의 도덕적 특수성을 부분적으로 제공한다.

 이러한 사상은 현대 개인주의의 관점에서 보면 낯설 뿐만 아니라
경악스러운 것으로 보이기까지 한다. 개인주의의 시각에서 보면 나
는 내가 존재하기로 스스로 선택한 것이기 때문이다. 나는 항상, 내
가 원하기만 한다면, 나의 실존의 순전히 우연적인 특징들로 간주되
는 것을 문제시할 수 있다. 나는 생물학적으로 나의 아버지의 아들
일 수 있다. 그러나 만약 내가 그러한 책임을 떠맡기로, 명시적으로
나 암묵적으로 선택하지 않는다면, 사람들은 나에게 그가 행한 것에
대해 책임을 물을 수 없다. 나는 법적으로 어떤 특정한 나라의 시민
일 수 있다. 그러나 만약 내가 그러한 책임을 떠맡기로, 명시적으로
나 암묵적으로 선택하지 않는다면, 사람들은 나에게 나의 나라가 행
하거나 행한 것에 관해 책임을 물을 수 없다. 이러한 개인주의는, "나
는 어떤 노예도 소유한 적이 없습니다"라고 말함으로써 미국 흑인들
에게 미친 노예제도의 효과에 대한 어떤 책임을 지는 것도 거부하는
현대 미국인들에 의해 표현된다. 그것은 또한, 자신들이 개인으로서
노예제도로부터 간접적으로 받은 이익을 통해 정확하게 측정할 수
있는 효과들에 대한 정확하게 계산된 책임을 수용하는 다른 현대 미
국인들이 미묘한 방식으로 대변하는 관점이기도 하다. 두 경우에 '미
국인으로서 존재한다는 것'은 개인의 도덕적 정체성의 한 부분으로
간주되지 않는다. 물론 이러한 태도에는 현대 미국인에게 특징적인
것이 없다. "나는 아일랜드에 대해 어떤 나쁜 짓도 행하지 않았다. 마
치 그것이 나와 무슨 관련이 있는 것처럼 이 오랜 역사를 왜 끄집어
내야 하는가?"라고 말하는 영국인, 또는 1945년 이후에 태어났다는

것이 의미하는 바는 나치가 유대인들에게 행한 것이 현재의 유대인들과 자신의 관계에서 도덕적으로 아무런 문제가 되지 않는다는 것이라고 믿는 독일 청년은 모두 동일한 태도를 보여주고 있는데, 이 태도에 의하면 자아는 그의 사회적·역사적 역할과 지위로부터 분리될 수 있다는 것이다. 그렇게 분리된 자아는 물론 사르트르와 고프먼의 관점에 아주 잘 맞는 자아다. 즉 그것은 아무런 역사도 가질 수 없는 자아다. 자아에 관한 설화적 관점과의 대립은 분명하다. 왜냐하면 나의 삶의 역사는 항상 내가 나의 정체성을 도출해내는 공동체의 역사 속에 편입되어 있기 때문이다. 나는 과거와 함께 태어났다. 그리고 이러한 과거로부터 개인주의적 방식으로 나 자신을 분리시키려는 시도는 나의 현재 관계들을 일그러뜨리는 것을 의미한다. 역사적 정체성의 소유와 사회적 정체성의 소유는 일치한다. 나의 정체성에 대한 반역은 항상 이 정체성을 표현하는 하나의 가능한 양식이라는 점에 주목해야 한다.

자아가 자신의 도덕적 정체성을 가족, 이웃, 도시, 부족과 같은 공동체의 구성원 자격 속에서 또는 이 구성원 자격을 통해 발견한다는 사실이, 자아가 이러한 공동체 형식들의 도덕적 **한계들**을 수용해야만 한다는 것을 포함하지 않는다는 것에 주목할 필요가 있다. 이러한 도덕적 한계들 없이 거기에서 시작한다는 것은 어느 곳에서도 시작하지 않는다는 것을 의미한다. 그러나 그러한 특수성으로부터 시작해 앞으로 나아가는 운동 속에 바로 선과 보편적인 것에 대한 탐구가 있다. 그럼에도 특수성은 간단히 극복되거나 제거될 수는 없다. 특수성으로부터, 인간 자체에 속해 있는 철저하게 보편적인 준칙의 영역으로의 도피에 관한 사상은 —— 18세기의 칸트적 형식이든 현대의 분석철학적 도덕철학자의 서술에서든 ― 하나의 환상이다. 그것도 고통스러운 결과를 가져오는 환상이다. 만약 남자와 여자들이 실제로 그들의 고유하고 특수한 사태인 것을 너무 빨리 그리고 너무 포괄적으로 몇몇 보편적 원리를 가진 사태와 동일시한다면, 그들은 대체로 그들이 그렇지 않을 때 행하는 것보다 훨씬 나쁘게 행동한다.

그렇기 때문에 나의 현재의 존재는 본질적인 부분에서 내가 물려받은 존재다. 즉 어느 정도는 나의 현재 속에 현재하고 있는 특수한 과거인 것이다. 나는 나 자신을 역사의 한 부분으로서 파악한다. 일반적으로 말하자면, 나는 ― 그것이 나의 마음에 들든 들지 않든, 내가 그것을 인정하든 인정하지 않든 ― 전통의 담지자들 중 한 사람이다. 내가 실천의 개념을 서술했을 때, 모든 실천이 항상 역사들을 가지고 있고, 실천으로서 존재하는 것은 어느 시점에서나 그것을 이해하는 양식에 ― 종종 여러 세대를 통해 계승되어온 ― 의존한다는 사실을 언급하는 것이 중요했다. 덕들이 실천에 요청되는 관계들을 보존하는 한, 덕들은 과거와의 관계들뿐만 아니라, 미래와의 관계와 현재 속에서의 관계들을 보존해야 한다. 그러나 특정한 실천을 통해 계승되고 새롭게 만들어지는 전통이 결코 더 광범위한 사회적 전통들로부터 고립되어 실존하지는 않는다. 무엇이 이러한 전통을 구성하는가?

여기서 우리는 보수적 정치 이론가들에 의해 만들어진 전통 개념의 이데올로기적 사용으로 말미암아 오도되는 경향이 있다. 이러한 이론가들은 특징적으로 전통에 이성을, 안정에 갈등을 대립시킴으로써 에드먼드 버크Edmund Burke를 추종했다. 이 두 가지 대립은 우리를 당황하게 만든다. 왜냐하면 모든 추론은, 이제까지 전통 내에서 추론되어왔던 것의 한계들을 비판과 창안을 통해 극복함으로써 몇 가지 전통적 사유 방식의 맥락 내에서 이루어지기 때문이다. 그것은 현대 물리학뿐만 아니라 중세의 논리학에 대해서도 타당하다. 그 밖에도 어떤 전통이 좋은 상태에 있을 때, 그것은 항상 부분적으로는 이 선들에 대한 추구가 그 전통에 특별한 관점과 목표를 제공하는 그런 선들에 대한 해명으로 구성되어 있다.

따라서 만약 어떤 제도, 예를 들면 대학, 농가 또는 병원과 같은 제도가 한 실천의 전통 또는 실천들의 전통의 담지자라고 할 때, 이 제도의 일상적 삶은 부분적으로 그러나 결정적인 방식으로 대학은 무엇이고 어떻게 존재해야 하며, 잘된 농업은 어떤 것이고, 좋은 의학은 어떤 것인가에 관한 지속적인 논쟁들로 구성되어 있을 것이다. 어떤 전통이 정말로 버크적 전통에 가까워지면 그것은 항상 죽어가고 있거나 이미 죽어 있다.

현대의 개인주의는 물론 자신의 개념체계 내에서 전통의 개념을 오직 반대 개념으로만 사용할 뿐 그 외의 어떤 경우에도 이 개념을 사용하지 않는다. 그러므로 현대 개인주의는 이 개념을 너무 기꺼이 버크 추종자들에게 내맡긴다. 버크 자신의 충성의무에 충실한 이들은 정치에서의 충성을 1688년 명예혁명에 의한 과두제적 소유 혁명을 정당화할 수 있는 전통의 개념과 결합시키고, 경제에서의 충성을 자유시장의 교의와 제도와 결합시키고자 시도했다. 이와 같이 잘못된 결합의 이론적 비정합성에도 불구하고 그것이 갖고 있는 이데올로기적 유용성은 박탈되지 않았다. 그러나 그 결과는 현대의 보수주의자들이 대부분 자유주의적 개인주의의 후기 견해보다는 오히려 오래된 전기 견해를 보존하는 데 몰두한다는 사실이다. 그들 자신의 핵심적 교의는 스스로 공언하는 자유주의자들만큼이나 자유주의적이고 개인주의적이다.

살아 있는 전통은 역사적으로 확장되고 사회적으로 구현된 논증이다. 그것도 부분적으로는 이러한 전통을 구성하는 선들에 관한 논증이다. 한 전통 속에서 선들의 추구는 대대로 이어지고, 경우에 따라서는 여러 세대를 거쳐 이어진다. 그렇기 때문에 자신의 선에 대한 개인의 추구는 일반적으로 그리고 특징적으로 개인의 삶이 그것의 한 부분을 이루는 전통에 의해 정의된 하나의 콘텍스트 안에서 이루어진다. 그리고 이러한 사실은 실천에 내재하는 선들뿐만 아니라 개인적 삶의 선들에도 타당하다. 여기서 다시 한번 '편입되어 있다'는 사실의 설화적 현상이 결정적으로 중요하다. 우리 시대의 어떤 실천의 역사는 일반적으로 그리고 특징적으로 보다 광범위하고 보다 장구한 전통의 역사 속에 편입되어 있으며, 이 전통의 역사를 통해 이해 가능하게 된다. 그리고 이 실천이 현재의 형식으로 우리에게 전해진 것은 바로 이 전통의 역사를 통해서다. 우리 각자의 삶의 역사는 일반적으로 그리고 특징적으로 여러 전통들의 더 포괄적이고 더 장구한 역사들 속에 편입되어 있으며, 이 역사를 통해 이해 가능해진다. 나는 "항상"이라는 말 대신에 "일반적으로 그리고 특징적으로"라고 말해야 한다. 왜냐하면 전통들은 쇠퇴하고, 분해되고, 사라지기 때문이다. 그렇다면 무엇이 전통들을 유지하고 강화하는가? 그리고 무엇이 전통들을 약화하고 파괴하는가?

이에 대한 대답은 본질적으로 다음과 같다. 관련된 덕들의 실행 또는 실행의 실패. 덕들의 목표와 목적은 여러 가지의 실천 내재적 선들이 성취되어야 할 때 필요한 관계들을 보존하고, 개인이 자신의 선을 자신의 전체적 삶의 선으로 탐구할 수 있는 개인적 삶의 형식을 보존하는 데 있는 것이 아니라, 실천들과 개인적 삶들 모두에게 필요한 역사적 콘텍스트를 제공하는 전통들을 보존하는 데 있다. 정의의 결여, 진실성의 결여, 용기의 결여, 관련된 지성적 덕의 결여. 이들은 그들이 현재 구현하고 있는 전통들로부터 자신들의 삶을 도출하는 제도들과 실천들을 부패시키는 것처럼 전통들 역시 부패시킨다. 따라서 이러한 사실을 인식한다는 것은 물론 다른 하나의 덕을 인식한다는 것을 의미한다. 그것은 그것이 거의 없을 때 그것이 갖고 있는 중요성이 가장 명백하게 드러나는 덕으로서, 우리가 속해 있거나 직면해 있는 전통들에 대한 적절한 감각을 가져야 하는 덕이다. 이 덕은 물론 옛것에 대한 보수주의적 찬양의 어떤 형식과도 혼동되어서는 안 된다. 나는 **과거를 찬양하는 사람**laudator temporis acti의 전통적 보수주의적 역할을 선택한 사람들을 찬양하지 않는다. 전통에 대한 적절한 감각은 오히려 과거가 현재를 위해 이용 가능하게 만든 미래의 가능성들의 파악을 통해 표현되는 경우다. 살아 있는 전통들은 그것들이 바로 아직 완성되지 않은 이야기를 계속하기 때문에 하나의 미래를 마주 보게 된다. 이 미래의 결정되고 또 결정될 수 있는 성격은, 그것이 이러한 성격을 가지고 있기만 한다면, 과거로부터 도출된다.

실천적 추론 과정에서 이러한 덕들의 소유는 결코 우리의 실천적 추론에 대전제를 제공할 수 있는 일련의 일반화들 또는 준칙들에 관한 지식으로 표현되지 않는다. 덕의 현재 또는 부재는 행위자가 관련된 준칙들 중에서 무엇을 선택해야 하고, 그것들을 특수한 상황에서 어떻게 적용해야 하는가를 알 때 그가 소유하고 있는 판단력을 통해 표현된다. 폴Reginald Pole 추기경은 이 덕들을 소유했고, 메리 튜더Mary

Tudor는 가지지 않았다. 몬트로즈 후작은 이 덕들을 소유했고, 찰스 1세는 가지지 않았다. 폴 추기경과 몬트로즈 후작이 가졌던 것은 실제로 그 소유자로 하여금 자기 자신의 선뿐만 아니라 전통의 선을 추구할 수 있도록 만든 덕들이었다. 이들은 진퇴양난의 비극적 선택의 필연성에 의해 정의된 상황 속에서도 바로 이 전통의 담지자들이었다. 덕들의 전통의 맥락 속에서 파악된 그러한 선택들은 경쟁적이고 불가공약적인 도덕적 전제들의 현대적 추종자들이 논쟁 속에서 직면하는, 내가 제2장에서 서술한 바 있는 선택들과는 분명히 구별된다. 차이점은 어디에 있는가?

우리는 우리의 실천적 복종의무에 대해 양립 불가능한 주장들을 제기하는 경쟁적이고 또 경우에 따라서는 양립 불가능한 선들의 실존을 허용할 수 있든가, **아니면** 인간을 위해 좋은 삶에 관한 확정된 표상을 믿을 수 있든가 둘 중 하나이며, 이러한 것들은 상호 배타적인 대안들이라는 점이 종종 —— 예를 들면 J. L. 오스틴J. L. Austin에 의해 —— 언급되었다. 어느 누구도 이 두 견해들을 일관성 있게 주장할 수 없다. 그러나 이러한 주장은 개인들이 선과 선의 비극적 대립을 극복하고 살아갈 수 있는 더 좋은 방법들 또는 별로 좋지 않은 방법들이 있을 수 있다는 사실에 대해 눈을 감는다. 그리고 무엇이 인간에게 좋은 삶인가 하는 것에 관한 지식은 또한 어떤 방법이 그러한 상황 속에서 살고 또 이 상황들을 극복할 수 있는 더 좋은 방법이고, 또 별로 좋지 않은 방법인가에 관한 지식을 요청할 수도 있다. 어느 것도 이러한 가능성을 선험적으로 배척하지 않는다. 그리고 이러한 사실은 오스틴의 것과 같은 견해들 내에서도 비극적 상황들의 성격에 관한 인정되지 않는 경험적 전제조건이 존재하고 있다는 것을 강력히 시사한다.

비극적 상황 내에서의 경쟁적 선들 사이의 선택이 불가공약적인 도덕적 전제조건들 사이의 현대적 선택으로부터 구별되는 한 가지 방식은 개인이 직면하게 되는 두 가지 대안적 행위 과정들이 모두 하나의 본질적이고 진정한 선으로 이끄는 것으로 인식되어야 한다는 점이다. 내가 한 가지를 선택한다고 해서, 나는 나에 대한 다른 것의 주장을 축소하거나 평가절하하는 것은 아니다. 그렇기 때문에 나는 내가 무엇을 하든 간에 내가 해야만 했을 것을 행하지 않은 채로 남겨둔다. 비극적 주인공은, 사르트르 또는 헤어의 도덕적 행위자와는 달리, 다른 도덕적 원리를 희생시키고 하나의 도덕적 원리에 대한 복종의무를 선택하는 것이 아니며, 도덕적 원리들 사이의 우선성의 원리에 관해 결정하는 것도 아니다. 그렇기 때문에 그 속에 포함되어 있는 '해야 한다ought'는 당위는 현대적 의미로 이해된 도덕적 원리들 속의 '해야 한다'와는 다른 의미와 힘을 가지고 있다. 왜냐하면 비극적 주인공은 그가 해야만 하는 모든 것을 행할 수 없기 때문이다. 이러한 '해야 한다'는 당위는 칸트에게서처럼 '할 수 있다'는 능력을 포함하지 않는다. 그 밖에도 그와 같은 '당위' 주장들의 논리를 일종의 양상 계산으로 옮겨놓음으로써 일종의 의무론적 논리를 산출하려는 모든 시도는 실패할 수밖에 없다.(이에 관해서는 전혀 다른 관점에서 논의하는 Van Frassen 1973을 볼 것.)

그런데 비극적 주인공이 실행하는 대안들의 선택과는 —— 그는 가설적으로 올바른 선택을 하지 않았음에 틀림없다 —— 상관없이 그의 도덕적 과제는 더 잘 실행될 수도 있고 잘 실행되지 않을 수도 있다는 사실은 분명하다. 비극적 주인공은 영웅적으로 행동할 수도 있고 비영웅적으로 행동할 수도 있으며, 그는 관대하게 또는 인색하게, 우아하게 또는 품위 없게, 사려 깊게 또는 분별없게 행위할 수 있다. 그의 과제를 형편없이 충족하기보다는 잘 충족한다는 것은 개인으로서, 그리고 아버지 또는 자식으로서, 또는 시민 및 어느 직업 집단의 구성원으로서, 또는 이 모든 것의 몇 가지 역할로서 그에게 더 좋은 것을 행한다는 것을 의미한다. 비극적 딜레마들의 실존은 결코 "이런 식으로 그것을 행하는 것이 X에게, 그리고 그의 가족과 시와 직업 집단에게 좋을 것이다"라는 형식의 주장들이 객관적 진리와 거짓의 판단에 쉽게 빠질 수 있다는 명제에 대해 —— 대안적이고 또 경우에 따라서는 양립할 수 없는 의학적 치료법의 실존이 "이런 식으로 의학적 치료를 하는 것이 X에게, 그리고 그의 가족에게 더 좋을 것이다"라는 형식의 주장들이 객관적 진리와 거짓의 판단에 쉽게 빠진다는 명제에 의문을 제기하는 것보다 더 —— 의심을 제기하지도 않으며, 어떤 반증 사례도 제공하지 않는다.(이에 관해서는 다른 관점에서 시사적인 논의를 제공하는 Guttenplan 1979~1980, 61~80을 볼 것.)

이러한 객관성의 전제조건은 물론 우리가 'X에게 좋다'는 개념과 이와 유사한 개념들을 X의 삶의 통일성에 관한 개념의 의미에서 이해해야 한다는 점이다. X에게 더 좋거나 별로 좋지 않은 것은 X의 삶에 통일성을 제공하는 이해될 수 있는 이야기의 성격에 의존한다. 인간 삶의 통일성에 관한 표상의 결여가 도덕적 판단의 사실적 성격에 대한 현대의 부정, 특히 개인에게 덕 또는 악덕을 부여하는 판단들에 대한 현대의 부정의 밑바탕을 이루고 있다는 것은 그리 놀라운 일이 아니다.

나는 앞에서 모든 도덕철학은 특별한 사회학을 그 상대로 가지고 있어야 한다고 주장했다. 나는 이 장에서, 덕들의 전통이 요청하는 사회적 삶에 관한 이해가 관료제적 개인주의의 문화에서 지배적인 이해와는 전혀 다르다는 것을 분명히 밝히려고 시도했다. 이 문화에서는 덕에 관한 표상들이 이차적이며, 덕의 전통은 핵심적 문화의 주변부에서 실존하는 사회적 집단의 삶 속에서만 명맥을 유지하고 있다. 자유주의적 또는 관료제적 개인주의의 핵심적 문화 안에서는 덕에 관한 새로운 표상들이 출현하며, 덕의 개념 자체가 변화한다. 그렇기 때문에 나는 이제 이 변화의 역사에 주의를 기울이고자 한다. 왜냐하면 우리는 어떤 종류의 변질이 덕의 전통이 쉽게 감염될 수 있는 변질로 판명되었는가를 이해할 때만 덕의 전통을 완전히 이해할 수 있기 때문이다.

제16장　덕들로부터 덕으로,
　　　　그리고 덕 이후

이 책의 서두에서 나는 많은 현대의 도덕적 논쟁들의 끝없는 불가해
한 성격이 이러한 논쟁들을 할 때 그 주창자들이 출발하는 대전제의
밑바탕에 깔려 있는 여러 이질적이고 불가공약적인incommensurable 개
념들로부터 발생한다고 주장했다. 이러한 개념적 혼합물mélange 속에
서 유용성과 권리와 같은 현대적 개념들과 싸우고 있으며, 다양한 방
식으로 기능하고 있는 여러 가지 덕 개념들이 발견된다. 그러나 다른
도덕 개념들과의 관계에서의 덕 개념들의 위치에 관해서뿐만 아니
라 덕들의 목록 및 특정한 덕들이 제시하는 요청들의 목록 속에 어
떤 성향들이 포함되어야 하는가에 관한 문제에서는 분명한 합의가
결여되어 있다. 물론 현대의 몇몇 특수한 하부 문화 속에는 덕들의
전통적 체계에 관한 견해들이 여전히 살아남아 있다. 그러나 오늘날
의 공공적 논쟁의 전제조건은 모든 하부 문화의 대표적인 목소리들
이 이 논쟁에 참여하고자 할 때 그들은 너무 쉽게 다원주의의 의미
에서, 즉 우리 모두를 유린할 위험이 있는 다원주의의 의미에서 해석
되고 또 오역된다는 점이다. 이러한 오역은 후기 중세부터 현재까지
이르는 오랜 역사의 결과다. 이 역사의 과정에서 덕들에 관한 지배적

인 목록들은 변화했고, 덕 개념 자체도 예전과는 다른 것이 되어버렸다. 그것은 어쩔 수 없이 그렇게 될 수밖에 없었다. 내가 바로 앞장에서 논증한 바와 같이 두 가지 개념은 덕들을 전통적으로 설명할 수 있는 배경을 제공한다. 설화적 통일성의 개념과 실천의 개념은 같은 시기에 추방되었다. 에리히 아우어바흐Erich Auerbach로부터 존 가드너에 이르는 문예사가들은 이야기들의 문화적 위치가 축소되는 길을 추적했으며, 또 이야기에 관한 해석의 방식들이 변화해 —— 내가 그의 견해를 이미 논의한 바 있는 —— 사르트르와 윌리엄 개스와 같이 전혀 다른 현대적 이론가들이 설화적 형식을 '이야기함'을 인간 삶의 형식과 결합시키는 어떤 것으로서 이해하는 것이 아니라 이야기를 삶과 분리시키는 어떤 것으로서, 즉 이야기를 예술의 독립적이고 독자적인 영역이라고 간주되는 것으로 제한시키는 어떤 것으로서 이해하는 것이 가능하게 되는 과정을 추적했다.

그와 같은 이론가들의 결론이라기보다는 오히려 전제조건인 예술과 삶의 대비와 대립은 —— 이야기를 포함한 —— 예술을 그것이 갖고 있는 도덕적 과제로부터 면제시킬 수 있는 가능성을 제공한다. 현대성에 의해 예술이 본질적으로 소수의 활동과 관심으로 추방됨으로 말미암아 우리는 우리 자신을 설화적으로 이해하지 못하게 된다. 그러나 삶 자체를 배제하지 않는 한 이와 같은 이해가 종국적으로 완전히 배제될 수 없는 까닭에, 그것은 예술 내에서 계속해서 등장한다. 19세기의 사실주의적 소설들, 20세기의 영화들, 그리고 매일 아침 거듭되는 일간지의 독서에 정합성을 부여하는 반쯤 억압된 배경지식들 속에서 그와 같은 이해는 등장한다. 그럼에도 인간 삶을 설화적 통일성으로 사유한다는 것은 현대 문화의 지배적인 개인주의적·

관료주의적 형식들에 낯선 방식으로 사유한다는 것을 의미한다.

더욱이 내가 앞서 그것을 이해하려고 시도한 방식으로 이해된 실천에 내재적인 선들을 갖고 있는 실천의 개념은 유사한 방식으로 우리 삶의 주변부로 추방되었다. 내가 이 개념을 처음으로 도입했을 때, 나는 그것을 예술, 과학, 게임으로부터 끌어낸 예들을 가지고 소개했으며, 가정, 가계, 부족, 도시, 왕국에서의 인간 공동체의 창조와 재창조는 고대와 중세의 시기에는 동일한 의미에서의 실천의 유형으로 간주되었지만 현대 세계에서는 그렇지 않다는 점을 언급했다. 아리스토텔레스가 파악한 바에 의하면, 정치는 정치 자체에 내재적인 선들을 가진 하나의 실천이다. 그러나 제임스 밀James Mill의 견해에 의하면, 정치는 실천이 아니다. 그 밖에도 현대 세계의 대다수의 거주자들에 의해 이루어지는 노동의 종류는 내재적 선들을 갖고 있는 실천의 본질의 의미에서 이해될 수 없다. 물론 이에는 충분한 근거가 있다. 현대의 탄생 과정에서 결정적인 계기들 중 하나는 생산이 가계의 밖으로 벗어날 때 일어났다. 생산적 노동이 가계의 구조 안에서 이루어지는 한은, 이 노동을 가계 공동체를 유지하고, 이 가계 공동체에 의해 유지되는 보다 광범위한 형식의 공동체를 유지하는 활동의 한 부분으로서 이해하는 것이 쉽고 정당하다. 노동이 가계의 바깥으로 옮겨져서 비인격적인 자본에 종사하게 되는 정도에 따라 노동의 영역은 —— 한편으로는 생물학적 생존과 노동력의 재생산, 그리고 다른 한편으로는 제도화된 탐욕에 종사하는 것을 제외하고는 —— 다른 모든 것으로부터 분리되는 경향이 있다. 아리스토텔레스적 체계에서 악덕인 **플레오넥시아**가 이제는 현대의 생산 노동의 추진력이 된 것이다. 이와 같은 노동에 대부분 구현되어 있는 수단 –

목적 관계들은, 예를 들면 생산 라인에서 노동자들이 추구하는 선에 대해 필연적으로 외면적일 수밖에 없다. 이러한 노동은 내재적 선을 가진 실천의 영역으로부터 결과적으로 추방되었다. 이에 따라 실천들은 사회적 삶과 문화적 삶의 주변부로 옮겨지게 되었다. 예술, 과학, 게임은 오직 소수의 전문가들에게만 **노동**으로 간주되었다. 그 밖의 사람들은 우리의 여가 시간에 오직 관객과 소비자로서만 가끔 그 이익을 취할 뿐이다. 한때 어떤 실천에 참여한다는 사상이 사회적으로 중심을 이루었던 곳에 심미주의적 소비의 사상이 적어도 다수에게는 자리 잡고 있는 것이다.

심미주의자, 관료주의적 경영자 —— 이들은 현대의 노동을 조직하는 데 본질적인 도구다 —— 그리고 이들과 사회적으로 유사한 사람들이 현대 사회의 중심 성격들이 되어가는 역사적 과정과(비록 짧기는 하지만 내가 제3장에서 서술한 바 있는 과정이다), 인간 삶의 통일성에 관한 설화적 이해와 실천의 개념이 현대 문화의 주변부로 추방되는 역사적 과정은 동일한 것으로 판명된다. 그것은 사회적 삶의 형식들의 변형이 한 양상을 이루는 역사다. 이 변형은 개인들에 대한 시장과 공장, 그리고 궁극적으로는 관료제의 지배가 끊임없이 재정립되는 과정이다. 이 개인들은 때로는 독립적이고 합리적인 존재로서 파악되어 자신들에게 도덕적 관점을 스스로 부여하고, 때로는 상황들의 익명적 산물로 파악되어 그들의 행복은 그들 자신을 위해 고안되어야 한다. 그것은 또한 개념과 실천에서의 덕의 변형이라는 다른 양상을 갖고 있는 역사다. 나는 이제 이 변형을 다루고자 한다.

만약 우리가 인간 삶의 설화적 통일성과 내재적 선들을 갖고 있는 실천의 설화적 통일성에 관한 배경적 개념들을 인간 삶이 대부분 실행되는 영역들로부터 배척한다면, 덕들이 도대체 무엇이 될 수 있단 말인가? 철학적 차원에서의 이러한 사회 변동에 대한 상대물인 아리스토텔레스주의의 명시적이고 철저한 부정은 17세기 말경 덕들에 관한 전통적 설명 또는 정당화의 제공을 불가능하게 만들었다. 그들의 삶 속에서의 덕들의 위치에 관한 체계적 설명 또는 정당화를 제공하는 것이 비록 모든 사람에게 새로운 문제점을 야기하기는 했지만, 덕들의 찬양과 실천은 사회적 삶에 가득 차 있었다. 그들이 사유와 실천에서 그들의 전통적 콘텍스트로부터 일단 분리되면, 실제로 덕들을 이해할 수 있는 전혀 새로운 길이 정말로 열렸다. 새롭게 발명된 사회적 제도, 즉 개인의 심리학에 이르는 두 가지 대안 방식들 중 하나와 결합되어 있는 성향으로서 덕들은 이해될 수 있었다. 덕들, 또는 덕들 중 몇 가지는 개인의 자연스러운 정념들의 표현으로서 이해되거나, 이러한 자연적 정념들의 파괴적 효과들을 구속하고 제한하는 데 필요한 성향들로 이해될 수 있었다.

17세기와 18세기에 도덕성은 인간 이기주의에 의해 제기되는 문제에 대한 해결책을 제공할 수 있다고 이해되었다. 그리고 도덕성의 내용은 대체로 이타주의와 동일시되었다. 왜냐하면 동일한 시기에 인간은 위험할 정도로 본성적으로 이기적이라는 생각이 나타났기 때문이다. 그리고 우리가 인류를 위험할 정도로 이기적이라고 간주하게 되면, 이타주의는 곧 사회적으로 필요해지지만 불가능한 것처럼 보이며, 만약 이타주의가 일단 발생하면 설명할 수 없게 된다. 전통적 아리스토텔레스적 관점에서는 그러한 문제들이 발생하지 않는다. 왜냐하면 덕 교육이 우리에게 가르치는 것은, 인간으로서의 나의 선이 내가 인간 공동체 속에서 결합되어 있는 모든 다른 사람의 선과 동일하다는 사실이기 때문이다. 내가 나의 선을 추구하는 방식이 당신이 당신의 선을 추구하는 방식과 결코 필연적으로 대립하지 않는다. 그것은 선이 특별히 나에게 속한 것도 아니고, 당신에게 속한 것도 아니기 때문이다. 선들은 사적 소유가 아니다. 그렇기 때문에 아리스토텔레스는 인간 관계의 기초적 형식인 우애를 공유된 선의 의미에서 정의했다. 따라서 고대와 중세에 이기주의자는 항상 어디에 자신의 선이 있는지에 관한 기초적 오류를 저지른 사람이며, 그렇기 때문에 이 오류의 정도만큼 인간 공동체로부터 배제된 사람이다.

17세기와 18세기의 많은 사상가들에게는, 공유된 인간선의 사상이란 아리스토텔레스적 키메라, 즉 실현될 것 같지 않은 환상에 불과하다. 모든 인간은 본성적으로 자기 자신의 희망을 충족하려고 한다. 그러나 만약 이것이 사실이라면, 욕망들이 훨씬 이성적인 이기주의에 의해 제한되는 경우를 제외하고는 적어도 이러한 사실로부터 상호 파괴적인 무정부 상태가 발생한다고 가정할 수 있는 충분한 근거가 있다. 덕들에 관한 17세기와 18세기의 대부분의 사유는 이러한 근거들을 해명하는 맥락에서 이루어진다. 예를 들면, 흄은 자연적 덕들과 —— 그들의 정념과 욕망들이 정상적으로 구성된 사람들에게 유용하거나 편안한 또는 유용하고 편안한 특성들인 덕들 —— 우리가 통상 사회적으로 파괴적인 자기 이익이라고 파악하는 것에 종사하는 정념들과 욕망들의 표현을 억제하기 위해 사회적·문화적으로 구성된 인위적 덕들을 구별해야 한다. 우리는 물론 다른 사람의 관대를 우리 자신에게 유용하고 편안하다고 생각한다. 우리는 우리 자신과 다른 사람들에게, 비록 이 규칙을 준수하는 것이 항상 우리의 직접적인 이해관계에 부합하지는 않는다고 할지라도, 정의의 규칙을 존중

하는 마음을 인위적으로 심어준다. 그렇다면 우리는 왜 우리에게 유용하지 않은 다른 사람들의 특정한 성질들을 편안하다고 생각해야 하는가? —— 흄은 물론 우리가 그렇게 생각한다고 확신한다 —— 우리는 왜 규칙을 준수하는 것이 우리의 이해관계에 부합하지 않는 상황에서도 그것을 준수해야만 하는가?

이 물음에 대한 흄의 대답들은 그의 설명의 밑바탕에 있는 약점을 드러낸다. 왜냐하면 《인간 본성에 관한 논고》[이하 《논고》]에서 정의로운 것이 장기적으로 우리에게 이익이 된다는 결론을 내리려고 시도하기 때문이다. 이 과정에서 그의 전제조건들은 오직, 사람들이 일반적으로 정의로워야 한다는 것이 장기적으로 우리에게 이익이라는 청년 라모의 결론을 정당화한다. 그리고 그는 《논고》에서는 어느 정도, 그리고 《인간 오성에 관한 탐구》[이하 《탐구》]에서는 상당히 강하게 그가 "공유된 동정의 정념"이라고 명명하는 것에 의존한다. 우리는 본성적으로 다른 사람들에게 동정을 느끼도록 구성되어 있기 때문에 몇몇의 성질이 다른 사람들에게 편안하다는 사실을 편안하게 느낀다. 청년 라모는 아마 이렇게 대답했을 것이다. "어떤 때 우리는 그렇게 느끼고, 어떤 때는 그렇게 느끼지 않는다. 우리가 그렇게 느끼지 않을 때, 우리는 왜 그렇게 느껴야만 하는가?"

흄의 명제에 대한 이의 제기의 형식으로 디드로가 라모의 입을 빌려 말하는 이와 같은 자기 회의를 상기하는 것은 18세기의 이기주의적 전제조건들을 극복하지 못하는 흄의 무능력의 문제에 관련해서만 중요한 것이 아니다. 이러한 기억의 환기는 우리가 경쟁적인 덕의 목록에 대한 흄의 태도를 고찰할 때 비로소 분명해지는 더욱 기초적인 약점을 지시한다. 한편으로, 흄은 때때로 무엇이 덕 있는 것이고 무엇이 악덕인가에 관한 지식이 마치 누구에게나 열려 있는 단순한 반성의 문제인 것처럼 글을 쓴다. "성격과 행위들을 상냥하다거나 밉살스럽다고, 칭찬할 만하다거나 비난을 받아 마땅하다고 천명하는 마지막 판단, 성격과 행위들에 명예 또는 오명, 인정 또는 비난의 낙인을 찍는 마지막 판단, 도덕을 하나의 활동 원리로 만들고 덕을 우리의 행복으로 또는 악덕을 우리의 불행으로 구성하는 마지막 판단, 그것은 개연적이다. 이러한 마지막 판단은 모든 인류에게 본성적으로 공통적인 몇몇의 내면적 감각 또는 감정에 의존한다는 사실이 가능하다고 나는 말한다."(《탐구》, I) 어떤 성질들이 덕의 목록 속에 포함되어야 하는가를 어떻게 결정할 수 있는가를 고찰할 때, 흄은 다음과 같이 언급한다. "이 점에서 인류에게 그토록 보편적인 재빠른 감성은, 철학자가 그와 같은 목록을 만드는 데 결코 오류를 저지르지 않고, 또 자신의 성찰의 대상들을 잘못 정리하는 위험에 빠지지 않도록 충분한 확실성을 그에게 제공한다. 그는 오직 한 순간 자신의 내면에 귀를 기울여, 이런저런 성질이 자신에게 부과되기를 원하는가를 고찰하기만 하면 되는 것이다."(같은 곳) 덕들에 관해 우리는 오류를 저지를 수 없는 것처럼 보인다. 그런데 여기서 말하는 우리는 도대체 누구인가? 왜냐하면 흄은 동시에 덕들에 관한 몇몇 설명들은 실제로 오류를 저지르고 있다고 강하게 생각하기 때문이다. 그가 "수도자들의 덕들"이라고 혐오하는 것을 대변하는 디오게네스Diogenes, 파스칼, 그리고 그 밖의 사람들과 예전 세기의 평등파(레벨러)의 일원들은 모두 그의 심한 비난을 받는다.

그가 다른 경우에는 늘 고수하는 일반적인 명제에서 흄은 이러한 예들을 취급하지 않는다. 이 명제는 다음과 같다. 도덕성에서의 분명한 편차와 차이는 상이한 상황들에 대응하는 **동일한** 인간 본성으로서 완전히 설명되어야 한다. 완고한 사실주의는 그로 하여금 이런 방식으로 다루어질 수 없는 경우들의 발생을 인정하도록 강요한다. 그는 물론 이러한 경우들이 자신의 덕 이해에 의해 설정된 한계 안에서 다루어질 수 없다는 사실을 인정할 수 없다. 왜 그러한가는 우리가 덕들에 대해 취하고 있는 흄의 두 가지 양립할 수 없는 태도들을 고찰할 때 분명해진다.

왜냐하면 흄은 한편으로 덕과 악덕에 대한 판단들이 인정과 불인정이라는 감정의 표현에 불과하다고 고집하기 때문이다. 우리가 그것들을 판단할 때 의존할 수 있는 이러한 감정들에 외면적인 기준은 존립할 수 없다. 흄은 물론 디오게네스와 파스칼이 이와 같은 기준들이 있다고 믿도록 그들을 인도한, 또는 그의 생각에 따르면 오도한 철학적 이론을 가졌다는 사실을 인식한다. 그러나 그 자신의 이론은 이와 같은 기준의 가능성을 배제해야 한다. 그는 동시에 덕들에 관한 대안적 견해들을 갖고 있는 사람들을 종종 가혹한 용어로 비난하고자 한다. 우리는 아마 그와 같은 비난이 흄의 형이상학적 견해에 토대를 두고 있다고 기대할 수도 있을 것이다. 프랜시스 허치슨Francis Hutcheson에게 보낸 편지에서 흄은 자신의 도덕적 선호를 표현하면서 다음과 같이 쓰고 있다. "전체적으로 나는 《인간의 전체 의무Whole Duty of the Man》에서보다는 키케로의 《의무론》에서 나의 덕 목록을 채택하고 싶다."(1739년 9월 17일 편지 B, Grieg 1932에서 인용) 기독교적 작품보다는 키케로를 선호한다는 점은 적어도 주요 관점에서 그가 키케로의 신념과 비교해볼 때 기독교의 핵심적 신념들이 틀렸다고 생각한다는 사실에서 분명해진다. 그리고 이 편지의 앞부분에서 흄은 인간 본성에 관한 모든 목적론적 견해를 공격하고, 또 그렇게 함으로써 모든 종류의 아리스토텔레스적 견해를 명시적으로 비난한다. 그러나 비록 특정한 형이상학적 견해의 오류가 필연적이라고 할지라도, 만약 덕들에 관한 흄의 입장이 변호되어야 한다면 이 오류는 충분하지 않다. 어떻게 해야 한다는 '당위'가 '존재'로부터 도출될 수 있는가 하는 흄의 문제는 그가 이러한 결함을 보완하기 위해 사물의 본질에 관한 자신의 이해를 공공연히 끌어대지 못하도록 만든다. 흄이 기독교 종교의 오류라고 간주하는 것 속에서 수도자적 덕의 추종자들을 비난할 수 있는 —— 흄은 예를 들면 겸손을 무용하다고 비난한다 —— 근거를 발견할 수 있다고 할지라도, 그의 정당화의 마지막 법정은 오직 좋은 감각(상식)을 갖춘 사람들의 정념에, 즉 세속적인 것 속에서의 감정들의 일치에 호소하는 것뿐이다.

그렇기 때문에 인류의 일반적 평결에 대한 호소는 흄의 태도와 **세계관**Weltanschauung을 생리학적·사회적으로 공유하는 사람들에 대한 호소를 은폐하는 가면임이 판명된다. 몇몇 사람의 정념들은 다른 사람의 정념들보다 선호되어야 한다. 그렇다면 누구의 선호체계가 지배해야 하는가? 소유의 지속성을 수용하는 사람들의 선호체계, 소유가 오직 정당한 상속인에게 전해지는 것을 보장하는 유용한 장치라는 이유 때문에 여자의 순결을 덕으로 이해하는 사람들의 선호체계, 그리고 시간의 경과가 언젠가 폭력과 침략으로 취득한 것에 정당성을 부여한다고 믿는 사람들의 선호체계. 흄에 의해 보편적 인간 본성의 관점이라고 확인된 것이 실제로는 하노버 왕가[조지 1세부터 빅토리아 여왕까지의 영국 왕실]의 지배 엘리트가 갖고 있는 선입견의 관점이라는 사실이 판명된다. 흄의 도덕철학은 아리스토텔레스의 도덕철학이 그런 것처럼 특정한 사회 구조에 대한 복종의무를 전제한다. 그러나 그것은 지극히 이데올로기적인 종류의 복종의무다.

흄은 이로써 ── 나는 여기서 제4장의 논증을 부분적으로 반복한다 ── 실제로는 18세기 북부 유럽 일부분의 지역적 도덕성에 대한 보편적·합리적 권위 주장을 불만족스러운 방식으로 입증하고자 시도하는 것이다. 동일한 목표에 도달하기 위한 경쟁적 시도들이 증식된다는 것은 결코 놀라운 일이 아니다. 이러한 시도들 중 몇 가지, 예를 들면 디드로의 시도와 칸트의 시도를 나는 이미 언급했다. 나는 곧 다른 것들에 관해서 말하고자 한다. 그러나 이에 앞서 덕들에 관한 흄의 고찰의 세 가지 특징을 언급하는 것이 중요한데, 이 특징들은 18세기와 19세기의 다른 도덕철학자들에게서 거듭 등장한다.

첫째 특징은 특수한 덕의 성격 규정과 연관이 있다. 인간선을 통해 구체적으로 서술되는 공동체의 선에 관한 공유된 표상이 더 이상 존재하지 않는 사회에서는 이 선의 성취에 다소 기여하는 것이 무엇을 의미하는가에 관한 본질적 표상 역시 더 이상 있을 수 없다. 그렇기 때문에 공적과 명예의 개념들은 그것들이 본래 뿌리 내리고 있는 맥락으로부터 분리된다. 명예는 단순히 귀족 지위에 대한 징표가 되고, 이제는 확고하게 소유와 결합되어 있는 지위 자체는 공적과 거의 관계가 없어진다. 분배 정의 역시 더 이상 공적의 의미에서 정의될 수 없으며, 그렇기 때문에 정의를 평등과 같은 종류의 의미로(흄은 이러한 기획을 비난한다) 또는 법적 권한의 의미로 정의하고자 하는 대안들이 제공된다. 그런데 정의는 새롭게 정의되어야 하는 유일한 덕이 아니다.

아리스토텔레스적 가치로도 성서적 가치로도 충만하지 않은 사회에서 덕으로서의 순결에 관한 모든 표상은, 이 낱말이 갖고 있는 모든 전통적 의미에서 지배적인 문화의 추종자들에게는 거의 이해되지 않는다. 그리고 흄에 의한 여자의 순결과 재산의 결합은 이 순결의 덕에 하나의 자리를 부여하고자 하는 일련의 절망적 시도들의 첫 번째 예에 지나지 않는다. 다른 덕들의 처지는 이보다 조금 낫다. 유용성이 흄에게뿐만 아니라, 예를 들면 프랭클린에게도 덕의 징표가 된 이래로, 유용성 개념의 불특정성과 일반성은 '좋은 일을 한다'는 것에 관한 모든 표상과 특히 자선(선행)의 덕에 관한 새로운 표상을 감염시켰다. 18세기에 자선에는 기독교적 도덕체계가 이웃 사랑에 할당했던 타당성의 영역이 제공되었다. 그러나 이웃 사랑과는 달리 덕으로서의 자선은 다른 사람들의 용무에 온갖 종류의 조작적 간섭을 할 수 있는 허가증이 되었다.

후기의 사유와 실천 속에 다시 등장하는 흄의 덕 고찰의 두 번째 특징은 덕과 규칙의 관계에 관한 전혀 새로운 생각이다. 나는 앞에서 규칙 개념이 현대의 개인주의적 도덕성에서 핵심적 의미를 획득하게 되는 정도를 언급한 바 있다. 덕들은 이제 실제로, 아리스토텔레스의 체계에서와 같이, 규칙 또는 법의 소유와는 구별되고 대립되는 특정한 역할과 기능의 소유로서 파악되기보다는 도덕의 규칙에 대한 복종을 산출하는 데 필요한 성향들로서 파악된다. 흄이 성격 규정하는 정의의 덕은 정의의 규칙에 따르는 성향과 다를 바 없다. 흄은 이 점에서 많은 후계자들을 가질 것이다. 그들 중에서 특히 칸트와 밀이 두드러진다. 이 현대적 전통의 계승자인 우리 시대의 한 작가는 실제로 덕의 개념을 도덕원리의 개념을 토대로 정의한다. "덕들은 감정들이다. 다시 말해서, 그것들은 보다 높은 차원의 욕망에 의해 통제되는, 이 경우에는 상응하는 도덕원리에 따라 행위하고자 하는 욕망에 의해 통제되는 성향 및 경향들과 유사한 가족들이다."(Rawls 1971, 192) 동일한 작가가 원리와 덕들에 대한 우리의 책무를 인간선에 관한 모든 본질적 믿음으로부터 분리시킨다는 사실은 우연이 아니다.(이에 관해서는 제17장을 참조할 것.)

나중에 더욱 두드러지는 흄의 덕 고찰의 세 번째 특징은 덕들에 관한 다원주의적 표상으로부터 덕에 관한 단수적 표상으로의 전환이다. 하나의 언어 현상으로서, 이것은 도덕적 어휘가 점차 단순화되고 획일화되는 일반적 과정의 일부다. 아리스토텔레스적 체계 내에서 '도덕적 덕'은 결코 동어반복적 표현이 아니었다. 그러나 18세기 말경 '도덕적moral'이라는 낱말과 '덕 있는virtuous'이라는 낱말은 동의어로 사용되기 시작했다. 훗날 '의무duty'와 '책무obligation[자신의 역할에 따른 사회적 책임]도 대체로 서로 교환될 수 있는 것으로 취급되었다. 이와 마찬가지로 '의무에 충실한'과 '덕 있는'은 대체 가능한 것으로 여겨졌다. 한때 도덕의 일반언어가, 일상 대화에서조차, 복잡한 도덕체계를 전제하는 일련의 정확한 구별들을 구현했던 곳에서 별로 말할 것이 없는 일종의 언어적 혼합물이 생성된다. 이러한 조류 내에서 물론 특정한 종류의 새로운 언어적 구별들이 등장한다. '비도덕적immoral'과 '악덕vice'이라는 낱말들은 19세기에 —— 가정 영역의 바깥에서는 악당처럼 행동할 준비가 되어 있는 사람들의 마지막 도피처인 —— 빅토리아 결혼제도의 신성함을 위협하는 모든 것과 결합되어, 몇몇의 그룹 내에서는 전적으로 성性적인 함의를 획득하게 된다. 악덕을 추방하고자 하는 사회는 결코 불의 또는 비겁함과의 투쟁에는 관심을 기울이지 않는다. 이와 같은 언어적 우여곡절이 증명하는 것은 도덕적 어휘가 모든 이해의 정확하게 규정된 핵심적 콘텍스트로부터 분리되어 서로 경쟁하는 다양한 도덕적 집단들이 그들의 특별하고 상이한 목적들을 위해 사용할 수 있도록 만들어지는 방식이다. 그러나 이러한 운명은 덕이 일차적으로 하나의 단수적 명사가 될 때에도 여전히 미래의 일이었다. 왜냐하면 이러한 언어적 변화는 본래 매우 구체적인 도덕적 방향과 결합되어 있기 때문이다.

내가 제13장에서 이미 언급한 바와 같이 목적론이 —— 아리스토텔레스적이든 기독교적이든 —— 포기될 때는 항상 그것을 일종의 스토아 철학으로 대체하려는 경향이 있다. 덕들은 이제 그 어떤 선을 위해서가 아니라 덕의 실천 자체를 위해서 실행된다. 덕은 자기 목적이고, 자기 자신의 보상이고, 자기 자신의 동기이며, 또 그렇게 되어야 한다. 스토아적 경향에서 핵심적인 것은 덕의 유일한 기준이 있고, 또 도덕적 완성은 완전히 이 기준과 일치한다는 믿음이다. 고대 세계와 12세기에서 반복적으로 그랬던 것처럼, 이러한 사실은 18세기의 여러 유형의 스토아주의에게도 타당하다. 18세기에 스토아 윤리의 배경은 고대 스토아 철학의 형이상학과 유사하고, 또 이에 많은 빚을 지고 있는 자연론이기 때문에 이는 그렇게 놀랍지 않다.

많은 저자들에게 자연은 신이 기독교에 대해 가졌던 의미가 된다. 자연은 능동적 선행의 힘으로 파악된다. 자연은 우리의 선의 입법자다. 종종 이런 방식으로 자연에 관해 사유하는 디드로는 자선을 베푸는 강력한 자연이 어떻게 해서 악의 출현을 허용할 수 있는가 하는 문제를 제기할 수밖에 없다. 이 문제 제기의 방식은 자선을 베푸는 전능한 신성에 의해 창조되고 지배되는 세계에서의 악의 실존이 기독교 신학자들에게 제기했던 문제와 정확하게 일치한다. 디드로는 다른 어느 것보다도 그렇게 함으로써 자연 자체가 어떻게 하나의 새로운 신성이 되었는가를 완전히 보여준다. 자연은 조화시키고, 자연은 질서를 창조하고, 자연은 우리에게 삶의 규칙들을 제공한다. 그렇기 때문에 몇몇 기독교인들은 그들의 자연(본성)을 이해하고 이 본성과 일치해 살아간다는 준칙이 그들의 윤리에 결정적이라고 보려는 경향이 있다. 이로부터 스토아 철학과 기독교의 독특한 결합이 생겨났으며, 이러한 결합은 존슨 박사에 의해 가장 두드러지게 나타난다.

존슨의 저서에서 유베날리스Decimus Junius Juvenalis[60?~140?. 로마의 풍자시인]와 에픽테토스Epictetus[60?~120?. 그리스 스토아학파의 철학자]의 영향은 스토아학파 사람들이 인간 본성에 관해 지나치게 높은 생각을 가지고 있었다는 판단을 통해 완화된다. 그럼에도 그는 《어슬렁거리는 사람Rambler》의 제6편에서 다음과 같은 결론에 도달한다. "자기 자신의 성향을 제외한 모든 것을 변화시킴으로써 행복을 추구하는 것과 같이 인간 본성에 관해 별로 지식을 가지고 있지 않은 사람은 쓸모없는 노력들을 통해 자신의 삶을 허비하고, 또 그가 제거하고자 하는 슬픔을 배가할 것이다." 덕의 수양은 그 이상의 행복의 결과를 가져올 수 없다. 존슨 박사가 인내를 찬양할 때, 인내에 관한 그의 표상은 정의에 관한 흄의 표상이 아리스토텔레스의 것과 달랐던 것처럼 중세적 전통의 표상과는 거리가 멀다. 중세의 사람들에게는, 내가 이미 지적한 바와 같이, 인내의 덕이 희망의 덕과 매우 밀접하게 관련되어 있다. 인내한다는 것은 삶의 약속이 충족될 때까지 기다릴 준비가 되어 있음을 의미한다. 그러나 존슨 박사에게는 인내한다는 것이 —— 적어도 그것이 삶과 관련되는 한에서 —— 희망 없이 살 준비가 되어 있음을 의미한다. 희망은 필연적으로 다른 세계로 연기되어 있다. 특정한 덕에 관한 표상은 다시 한번 덕들에 관한 일반적 이해에서의 변동과 일치하는 방식으로 변형되어 있다.

스토아 철학의 더욱 낙관주의적인 유형이, 기독교인이라기보다는 이신론자인 애덤 스미스의 저서에서 발견된다. 스미스는 자신이 스토아 도덕철학에 결정적으로 빚지고 있음을 명시적으로 밝힌다. 스미스에게 덕들은 두 부류로 구별된다. 한편으로, 만약 우리가 그것들을 완전하게 소유하고 있으면 우리로 하여금 완벽하게 덕에 준하도록 만드는 세 가지 덕들이 있다. "완벽한 분별, 엄격한 정의, 적절한 자선의 규칙들에 따라서 행위하는 사람은 완전한 덕을 갖추었다고 말할 수 있다."(*Theory of Moral Sentiments*, VI, iii, 1) 덕이 있다는 것이 다시 한번 규칙 준수와 동일시되고 있다는 사실에 주목할 필요가 있다. 스미스가 정의에 관해 말하게 될 때, 그는 "고대의 도덕주의자들"에게서는 "정의 규칙을 개별적으로 열거하고자 하는 어떤 시도도" 발견할 수 없다고 그들을 비난한다. 그러나 스미스에 의하면, 정의의 규칙이든 분별의 규칙이든 또는 자선의 규칙이든 간에 규칙들이 어떤 것인가에 관한 지식은 우리가 그것을 준수하도록 만드는 데 충분하지 않다. 그러기 위해서 우리는 전혀 다른 종류의 덕을 필요로 한다. 즉 정념들이 덕에 의해 요청되는 것을 행하지 못하도록 방해할 때 우리가 이 정념들을 통제할 수 있도록 만드는 자기-지배의 스토아적 덕이 그것이다.

그러므로 스미스의 덕 목록은 흄의 덕 목록과 같지 않다. 우리는 이미 경쟁적이고 양립 불가능한 덕 목록이 더욱 일반화된 지점에 도달했다. 그리고 그 편차의 정도와 방식은 단지 도덕철학에만 국한되지 않는다. 적어도 영국에서는, 17세기와 I8세기의 덕들에 관한 일반적 견해에 대한 지식을 얻을 수 있는 한 가지 원천은 영국 국교회의 교회 또는 묘지에 있는 묘비와 기념비다. 프로테스탄트적인 영국 국교회 반대자와 가톨릭 신도들은 모두 이 시기에 묘비명의 관습을 체계적으로 수행하지 않았다. 그렇기 때문에 우리가 묘비에서 알아낼 수 있는 것은 오직 인구의 한 부분과만 관계가 있으며, 그것도 그들의 종교적 복종의무로 말미암아 기독교적 목적론에 충실한 것처럼 보이는 계층하고만 관계가 있다. 그러나 그것은 묘비에 적혀 있는 덕들의 목록의 편차 정도를 더욱 인상적으로 만든다. 예를 들면 흄적인 묘비명들이 있다. 휴 팰리저Hugh Palliser 경이 1780년에 자신의 땅 위에다 건립한 쿡 선장의 기념비는 쿡 선장이 "유용하고 상냥한 모든 성질들을" 소유하고 있다고 말한다. 그리고 '도덕적'이라는 낱말의 의미가 이미 매우 좁게 제한되었기 때문에 누군가의 덕을 칭찬하기 위해서는 그의 도덕성 이상의 것을 칭찬해야 하는 묘비명들이 있다. "도덕에서는 올바르고, 태도에서는 우아하고, 우애에서는 한결같고, 자선에서는 폭넓다"라고 성 제임스 피커딜리 교회에 있는 1797년의 프랜시스 럼Francis Lumm 경 기념 명판에 적혀 있다. 이러한 방식은 '위대한 영혼의 인간'이라는 아리스토텔레스적 이상이 여전히 남아 있음을 시사한다. 그리고 분명히 기독교적인 명문들이 있다. "사랑, 평화, 선, 신의, 희망, 이웃 사랑, 겸손, 진실성, 고상함"은 1817년 같은 교회에서 마거릿 예이츠Margaret Yates에게 부여된 덕들이다. 진실성이 덕의 목록에 비교적 새로 들어온 신참이며 —— 리오넬 트릴링Lionel Trilling이《진실성과 진정성Sincerity and Authenticity》에서 명쾌하게 분석하고 있는 이유에서 —— 쿡 선장 기념비는 실천적 판단의 지성적 덕뿐만 아니라 성격의 덕도 칭송하고 있다는 점에서 흄을 따르고 있는 데 반해, 마거릿 예이츠의 명문은 "선하여라, 아이야. 그리고 원한다면 영리하여라"라는 준칙이 기초적인 준칙들 중 하나라는 사실을 시사한다는 점에 우리는 주목해야 한다.

일상생활에서뿐만 아니라 도덕철학에서도 정념에 의한 덕의 정의가 아리스토텔레스적 또는 기독교적 목적론을 대체하고 있다는 사실이 일련의 기준들이 다른 기준들에 의해 대체된다는 것을 의미하기보다는, 그것이 더 이상 아무런 기준도 없는 상황으로의 운동을 의미한다는 것이 너무나 분명하다. 덕의 추종자들이 도덕적 신념을 위한 다른 토대를 찾기 시작하고, 도덕적 합리주의와 직관주의의 다양한 형식들이 다시 나타난다는 것은 놀라운 일이 아니다. 이러한 형식들은 자기 자신을 스토아 철학의 탁월한 현대적 계승자라고 간주하는 칸트와 리처드 프라이스Richard Price와 같은 철학자들, 다시 말해 철저하게 규칙적인 윤리를 향한 운동의 획을 분명히 긋는 철학자들에 의해 표현된다. 애덤 스미스는 규칙들이 우리가 필요한 것을 제공해주지 못하는 도덕적 영역을 실제로 인정했다. 우리가 관련 규칙을 어떻게 적용해야 하는지 모르고, 그렇기 때문에 섬세한 감정이 우리를 인도해야만 하는 경계상의 사례들이 항상 존재한다. 스미스는 결의론決疑論의 전체 개념이 그러한 경우에도 규칙 적용을 제공하려는 전도된 시도들이라고 공격한다. 그러나 이와는 반대로 칸트의 도덕적 저서에서 우리는 도덕성이 단순한 규칙 준수 이상이라는 개념이 비록 완전히는 아니지만 거의 시야에서 사라져버린 지점에 도달한다. 이렇게 도덕철학의 핵심적 문제들은 다음과 같은 물음을 중심으로 압축된다. "어떤 규칙을 준수해야 하는가를 우리는 어떻게 알 수 있는가?" 덕의 개념들은 도덕철학자가 살고 있는 사회의 도덕에 대해서와 마찬가지로 그에게도 주변적인 것이 된다.

그러나 이와 같은 주변성에는 다른 이유들이 있다. 덕들에 관해 쓰고 덕들을 정념들과의 관계에서 정의하는 18세기의 여러 작가들은 사회를 이미 오래전부터 개인들이 자신에게 유용하거나 마음에 드는 것을 확보하기 위해 애쓰는 무대로만 생각한다. 그렇기 때문에 그들은 (모든 개별적 이익의 합계에 선행하고 또 이와 무관한) 인간선에 관한 공유된 관점과 이의 **필연적 결과로서** 공유된 덕의 실천을 통해 통일된 공동체로서의 사회에 관한 어떤 표상도 배제하려는 경향이 있다. 그러나 그들은 이러한 표상을 항상 전적으로 배제하는 것은 아니다. 스토아주의는 특징적이게도 하나의 정치적 차원을 갖고 있다. 예를 들면, 애덤 스미스는 평생 동안 공화주의자였다. 그리고 그의 덕에 대한 몰두와 그의 공화주의의 결합은 그의 사상에만 특징적인 것이 아니다. 18세기에 공화주의는 덕의 공동체를 재건하려는 기획이다. 그러나 그는 이러한 기획을, 그리스적 원천보다는 로마적 원천으로부터 물려받고 중세의 이탈리아 공화국을 통해 매개된 언어를 가지고 서술한다. 마키아벨리는 시민적 덕을 기독교적 덕들과 이교도적 덕들보다 높이 평가함으로써 공화주의적 전통의 한 양상을 표현한다. 그러나 그는 오직 한 양상만을 서술할 뿐이다. 이러한 전통의 핵심에는 실제로 개인적 욕망과 이해관계의 합계에 선행하고 또 이와 관계없이 규정될 수 있는 공공선의 개념이 자리 잡고 있다. 개인에게 덕은 다름 아닌 공공선이 개인 행동의 기준을 제공하도록 허용하는 데 있다. 덕들은 이와 같은 일차적 복종의무를 보존하는 성향들이다. 그렇기 때문에 공화주의도 스토아주의와 마찬가지로 단수적 덕을 일차적인 것으로 만들고, 복수적 덕들을 이차적인 것으로 설정한다. 18세기의 공화주의와 18세기의 스토아주의 사이의 결합은 느슨하다. 많은 스토아주의자들은 공화주의자들이 아니었다. 존슨 박사는 하노버 왕가에 헌신적으로 충성했다. 그리고 많은 공화주의자들은 스토아주의자들이 아니었다. 그러나 그들은 관용어를 공유하고, 동일한 도덕적 어휘들을 사용한다. 우리가 만약 두 가지 모두에 구속되어 있는 애덤 스미스와 같은 사람을 만난다고 해도 그리 놀라운 일이 아니다.

따라서 공화주의는 내가 고전적 전통이라고 명명했던 것을 부분적으로 복원하고자 하는 시도다. 그러나 공화주의가 현대 세계로 진입할 때, 공화주의는 르네상스 시대와 초기 근대에 이루어졌던 고전적 전통에 대한 명예 실추와 많은 관계가 있는 두 가지 중요한 부정적 특징들 중의 어느 것도 가지고 있지 않았다. 공화주의는, 내가 이미 언급한 바와 같이, 아리스토텔레스적 언어를 사용하지 않았기 때문에, 배척된 유형의 자연과학과 결합되어 있는 것같이 보인다는 부담을 가지지 않았다. 그리고 공화주의는 국가와 교회의 절대적 독재권력의 후원에 의해서 훼손되지도 않았다. 이 독재권력들이 중세의 유산을 파괴했던 바로 그 시기에 그들은 16세기와 17세기의 견강부회의 교의와 같은 교의들, 즉 왕의 절대적 신성권의 교의들을 만들어냄으로써 그들 자신을 전통의 언어로 위장하려는 시도를 감행했다.

이와는 반대로 공화주의가 중세와 르네상스 공화국의 제도들로부터 받아들인 것은 결과적으로 평등에 대한 열정적 지지를 가져오게 했다. "공동체적 에토스는 근본적으로 평등주의적이다"라고 진 브루커Gene Brucker는 쓴 적이 있다. 동업조합, 정치적 사회parte 또는 민병대gonfalone의 구성원들은 평등한 권리와 특권을 소유하고 있으며, 사회와 동료들에 대한 평등한 책무를 갖고 있는 것으로 추정되었다.(Brucker 1977, 15) 존중의 평등은 협동적 공동체에 종사하는 데 토대를 제공했다. 정의에 관한 공화주의적 관념이 근본적으로 평등의 의미에서, 그리고 이차적으로는 공적인 공적과 공로에, 다시 말해, 다시 새로운 자리가 마련되어야 할 개념에 의해 정의되는 것은 바로 이 때문이다. 우애의 아리스토텔레스적 덕과 기독교적 이웃 사랑은 모두 18세기에 새로 명명된 형제애에 기여했다. 그리고 자유에 관한 공화주의적 표상 역시 기독교적이다. 신에 관한 기도문은 "봉사하는 자가 군림할 것이다Cui servire est regnare"라고, 영어식 해석에 의하면 "완벽한 자유는 신에게 봉사하는 것이다"라고 말하고 있다. 기독교인이 신에 관해 말했던 것을 공화주의자는 공화국에 관해 말한다. 공공적 덕에 대한 공화주의적 복종의무에서 전체주의와 테러의 기원을 발견한 J. L. 탤몬J. L. Talmon, 이사야 벌린, 대니얼 벨Daniel Bell과 같은 몇몇 후기 작가들이 있다. 그들의 명제에 대한 간단한 대답은 어느 것이나 어쩔 수 없이 부적절한 것처럼 보일 것이다. 그럼에도 나는 덕에 대한 모든 복종의무가 엄청난 효과를 가져올 수 있을 정도로 강력하기를 희망한다고 응수하고픈 마음이 든다. 적어도 그들이 혐오하는 몇 가지 결과를 산출한 것은 덕에 대한 복종의무가 정치적으로 제도화되는 방식들이지 —— 이 점에 대해서는 곧 몇 가지 더 말하고자 한다 —— 복종의무 자체가 아니었다는 사실을 나는 주장하고자 한다. 그러나 실제로는 대부분의 현대적 전체주의와 테러는 덕에 대한 어떤 복종의무와도 상관이 없다. 그렇기 때문에 나는 18세기의 공화주의가 이들 작가가 생각하는 것보다 도덕적 복종의무에 대한 보다 진지한 주장을 하고 있다고 평가한다. 그리고 예를 들면, 자코뱅당에서 표본적으로 나타나는 것과 같은 그들의 덕 목록을 보다 자세하게 연구할 가치가 있다.

자유, 형제애, 평등은 자코뱅 당원들의 유일한 덕이 아니다. 애국심과 가족애 역시 마찬가지로 중요하다. 영원한 총각은 덕의 적으로 간주되었다. 그리고 유용한 생산적 노동을 하지 못하거나 일을 잘하지 못하는 사람들 역시 마찬가지였다. 단순하게 옷을 입고, 아담한 거처에서 살고, 당연한 일이지만 당에 규칙적으로 참석하고, 다른 시민의 덕들을 수행하고, 혁명에 의해 부과된 일을 행하는 데 용기 있고 근면한 것이 덕으로 여겨졌다. 덕의 외면적 징표는 긴 머리와 ── 이발소에 가는 것은 악덕의 한 형식이었으며, 지나치게 자신의 외모에 신경을 쓰는 것도 악덕이었다 ── 수염이 없는 것이었다. 수염은 **앙시앵 레짐**ancient régime[프랑스 혁명 전의 구체제]과 관련지어 생각되었다.(Cobb 1969를 참조할 것) 여기서 민주주의의 영향을 받은 장인과 상인들에 의한 고전적 이상의 재생을 발견하는 것은 어렵지 않다. 자코뱅당에는 아리스토텔레스의 어떤 점이, 그리고 루소의 더 많은 것들이 살아 있었지만, 그 문화적 영향력은 대체로 제한되어 있었다. 왜 그런가? 자코뱅당과 그들의 몰락이 남긴 교훈은, 우리가 재발견하고자 하는 도덕의 언어 자체가 한편으로는 대다수의 일반 대중에게, 그리고 다른 한편으로는 지성적 엘리트들에게 낯설 때 우리는 도덕성을 전체 국가의 규모로 다시 창안해내기를 바랄 수 없다는 것이다. 테러를 통해 도덕을 강요하려는 시도는 ── 생쥐스트Saint-Just[1767~1794. 프랑스 혁명의 지도자의 한 사람]의 해결책 ── 이러한 사실을 이미 감지하고 있지만 그것을 허용하지 않으려는 사람들의 절망적 방편에 지나지 않는다(전체주의를 낳은 것은 바로 이것이지 공공적 덕의 이상이 아니라는 점을 나는 주장하고자 한다). 이것을 이해한다는 것은 덕을 재정립하려고 하는 옛 덕 전통의 추종자들이 ── 그들 중 몇몇은 그들이 이 전통의 추종자라는 사실마저 인식할 수 없다 ── 처해 있는 곤경에 대한 핵심적 열쇠를 가지고 있다는 것을 의미한다. 우리는 이들 중에서 오직 두 사람, 즉 윌리엄 코빗William Cobbett과 제인 오스틴만을 간단히 다루고자 한다.

윌리엄 코빗은 ── 마르크스는 그가 "고대 영국의 마지막 사람이자 근대 영국의 최초의 사람"이라고 말했다 ── 사회 전체를 변혁시키고자 하는 운동을 전개했다. 제인 오스틴은 이 사회 속에서 덕의 삶을 위한 섬을 발견하려고 했다. 코빗은 자신의 유년기의 영국을 돌아보고, 그것을 넘어서 1688년 과두제적 규정이 이루어지기 이전의 영국을 돌아보고, 더 멀리는 종교개혁 이전의 영국을 돌아보았다. 그리고 그는 이 모든 단계를 그 자신의 시대에 이르기까지의 몰락의 단계로 파악했다. 제퍼슨처럼 코빗도 작은 규모의 농사를 하는 농부가 덕 있는 사람의 사회적 전형이라고 생각했다. "만약 땅의 경작자가 ── 일반적으로 말하자면 ── 가장 덕 있고 가장 행복한 사람이 아니라고 한다면, 자연의 작업을 방해하는 무엇인가가 공동체 내에서 작용하고 있음이 틀림없다."(*Political Register*, xxxix, 1821년 5월 5일) 자연은 농부를 강요해, 그가 실천적으로 지혜롭도록 만든다. "모든 생명체의 본성과 성질은 철학자들보다는 시골 아이에게 더 잘 알려져 있다." 코빗이 '철학자들'에 관해 말할 때, 그는 보통 T. R. 맬서스T. R. Malthus와 《국부론*The Wealth of Nations*》의 애덤 스미스를 끌어들인다. 이 책은 이미 그가 의존하는 리카르도David Ricardo 학설의 관점에서 읽히기 시작했다. 코빗이 특별히 찬양하는 덕들은 시기심의 결여, 자유에 대한 사랑, 인내와 근면, 애국심, 성실성과 정의다. 덕 있고 행복한 공동체를 생산하는 경향을 방해하는 "공동체 내에서 작용하고 있는 그 무엇"은 모든 것에 침투해 들어가는 **플레오넥시아**(비록 코빗의 용어는 아니라고 할지라도)의 영향력이다. 이것은 개인주의적 경제와 ─ 토지, 노동과 화폐가 모두 상품으로 변형되어버린 ─ 시장을 통해 사회에 강요된 '고리대금'(이것은 코빗의 용어다)의 형식으로 작용하고 있다. 코빗은 인류 역사의 분기점을 넘어서 개인주의와 시장의 힘이 발생하기 이전의 과거를, 다시 말해 칼 폴라니Karl Polany가 "위대한 변형"이라고 명명했던 것 이전의 시대를 돌아보기 때문에 마르크스는 코빗이 영국 역사에서 특별한 의미가 있다고 보았던 것이다.

이와는 대조적으로 제인 오스틴은 그 안에서 덕의 실천이 계속 실행될 수 있는 사회적 영역을 확인한다. 그녀는 물론 코빗이 심하게 비난했던 경제적 현실들을 보지 못했던 것은 아니다. 우리는 그녀의 모든 소설의 어디에선가 주인공들의 돈이 어디에서 나오는지 알게 된다. 우리는 상당수의 경제적 이기주의와 코빗의 견해에서 핵심적인 **플레오넥시아**를 상당히 많이 체험하게 된다. 데이비드 데이치스David Daiches가 언젠가 그녀를 "마르크스 이전의 마르크스"라고 서술할 수 있었던 많은 요소들이 그녀에게 있다. 그녀의 여주인공들은 생존하고자 한다면 경제적 안정을 찾아야 한다. 그러나 이것은 단순히 외부의 경제적 세계로부터의 위협 때문만은 아니다. 그것은 그녀의 여주인공들의 **텔로스**가 특별한 종류의 결혼과 특별한 종류의 가계 ─ 결혼은 다시 이 가계의 초점을 이룬다 ─ 안에서의 삶이기 때문에 생겨나는 결과다. 그녀의 소설들은 부모들과 후원자들뿐만 아니라 낭만주의적 사랑에 빠진 젊은이들에 대한 도덕적 비판이다. 최악의 경우에 부모들과 후원자들은 —— 예를 들면, 어리석은 베네트 부인과 책임 없는 베네트 씨 —— 낭만적 사랑에 빠져 있는 젊은 커플이 결혼에 이르는 길에 배워야 할 것을 배우지 않을 때 될 수 있는 모습이다. 그런데 결혼은 무엇 때문에 그렇게 중요한 것인가?

생산이 가계의 바깥으로 옮겨지게 되는 18세기에 드디어 여자들은 대부분 노동과 노동의 종류에서 남자들의 것과 구별되지 않는 일을 더 이상 하지 않는다. 여자들은 그 대신에 두 부류로 나뉜다. 하루를 채울 수 있는 일이 없어 소일거리를 —— 섬세한 뜨개질과 자수, 형편없는 소설 읽기, 잡담을 할 수 있는 조직화된 기회들, 이 모든 것은 여자들과 남자들 모두에 의해 '본질적으로 여성적인 것'이라고 생각되었다 —— 고안해내야만 하는 한가한 여자들의 작은 집단과, 고된 가사노동 또는 방적 공장 및 제작소에서의 고역 또는 매춘을 할 수밖에 없는 운명을 가진 여자들의 거대한 집단. 생산이 여전히 가계 내에서 이루어졌을 때, 결혼하지 않은 여동생 및 이모들은 가계의 쓸모 있고 가치 있는 구성원이었다. 결혼 적령기가 지난 미혼의 여자들이 "실 잣는 여자spinster"들이었다는 것은 놀라운 일이 아니다. 18세기 초에 비로소 이 표현은 명예를 손상시키는 용어가 된다. 그리고 결혼하지 않은 여자가 고된 일로의 추방을 전형적인 운명으로 두려워하게 되는 것도 바로 이 시기다. 그렇기 때문에 나쁜 결혼을 거부하는 것 자체가 하나의 용기 있는 행위다. 이 행위는《맨스필드 파크 *Mansfield Park*》줄거리의 핵심을 이룬다. 제인 오스틴의 소설들을 관류하는 주요 감정이 D. W. 하딩D. W. Harding이 미혼 여성들에 대한 사회의 태도에 대한 그녀의 "조절된 증오"라고 명명한 것이다. "그녀의 딸은 젊지도 않고, 예쁘지도 않고, 부유하지도 않고, 결혼하지도 않은 여자로서 보기 드문 인기를 누렸다. 베이츠 양은 정말로 세상 사람들의 호의를 얻기에는 아주 고약한 곤경에 처해 있었다. 그리고 그녀는 스스로 속죄하거나 그녀를 싫어할지도 모르는 사람들을 겉으로라도 존경심을 보이도록 위협할 수 있는 지적 우월성도 가지고 있지 않았다. 그녀의 젊은 시절은 아무런 특징도 없이 흘러갔으며, 그녀의 중년은 쇠약한 어머니를 보살피고 적은 수입으로 그럭저럭 살림을 꾸려가는 데 바쳐졌다. 그렇지만 그녀는 행복한 여인이었다. 그녀의 이름을 부를 때는 누구라도 선의를 가질 그런 여인이었다. 그런 기적을 일으킨 것은 바로 그녀 자신이 갖고 있는 이례적인 선의와 만족감이었다." 베이츠 양이 **예외적으로** 선하기 때문에 **예외적으로** 호의를 받고 있다고 말할지도 모른다. 만약 우리가 부유하지도 예쁘지도 젊지도 결혼하지도 않았다면, 우리는 대개 우리의 지적 우월성을 사용해 우리를 깔볼지도 모르는 사람들을 위축시킴으로써만 바깥으로부터의 존경을 획득한다. 제인 오스틴이 그랬을 것이라고 우리는 추측할 수도 있다.

제인 오스틴이 '행복'에 관해 말할 때, 그녀는 아리스토텔레스주의자로서 말한다. 길버트 라일은 그녀의 아리스토텔레스주의가 — 그는 이것을 그녀의 소설들의 도덕적 성격을 이해할 수 있는 열쇠라고 보았다 — 섀프츠베리의 영향을 받았을 수도 있다고 믿었다. C. S. 루이스가 그녀를 본질적으로 기독교적인 작가라고 생각한 것은 마찬가지로 정당하다. 특정한 사회적 콘텍스트 속에서의 기독교적 주제와 아리스토텔레스적 주제의 통합이 제인 오스틴을 — 내가 규정하고자 시도하고 있는 ── 덕에 관한 사유와 실천의 전통의 가장 위대하고 영향력 있고 상상력이 풍부한 대변인으로 만들었다. 그렇기 때문에 그녀는 18세기의 경쟁적 덕 목록으로부터 등을 돌리고, 목적론적 관점을 복원시킨다. 그녀의 여주인공들은 결혼 내에서 자신의 선을 탐구함으로써 선을 찾는다. 영국 하이베리와 맨스필드 파크의 제한된 가계들은 그리스의 도시국가와 중세의 왕국에 대한 대체물로 기능해야만 하는 것이다.

그러므로 그녀가 덕들과 악덕들에 관해 서술하고 있는 많은 것들은 전적으로 전통적이다. 그녀는 아리스토텔레스와 마찬가지로 사회적으로 '편안함'을 덕으로서 찬양한다. 물론 그녀는 ── 그녀의 소설뿐만 아니라 서한에서도 ── 다른 사람에 대한 진정한 사랑이 담긴 존중을 요청하는 '상냥함'을 더욱 높이 평가한다. 그것은 존중한다는 인상만 주는 태도가 아니다. 그녀는 궁극적으로 기독교인이기 때문에 진정한 상냥함의 결여를 위장하는 편안함에 대해서 극도로 회의적이다. 그녀는 실천적 지성을 아리스토텔레스적 방식으로 찬양하고, 겸손을 기독교적 방식으로 찬양한다. 그러나 그녀는 전통을 단순히 반복하는 것만은 아니다. 그녀는 전통을 지속적으로 확장한다. 그녀는 이와 같은 확장에서 크게 세 가지 핵심적인 과제를 갖고 있다.

첫째는 내가 이미 언급했다. 그녀는 덕들의 모조품에 전혀 다른 방식으로 몰두해야 한다. 동시대의 도덕적 풍토에 직면해 그녀는 그럴 수밖에 없다. 도덕성은 제인 오스틴에게 결코 정념의 단순한 금지와 통제만은 아니다. 그러나 낭만주의적인 방식으로 자기 자신을 지배적인 정념과 동일시하고, 비非흄적인 방식으로 이성을 정념의 시녀로 만든 매리앤 대시우드와 같은 사람들에게는 그렇게 보일지도 모른다. 도덕성은 오히려 정념들을 교육하려는 의도를 갖고 있다. 그러나 도덕성의 외면적 현상은 항상 교육받지 않은 정념들을 위장할 수도 있다. 그리고 매리앤 대시우드의 변덕스러움은 희생자의 변덕스러움인 반면, 헨리 크로퍼드와 메리 크로퍼드의 표면적 예의 바름은, 도덕적으로 교육받지 않은 정념들에게 하나의 위장을 제공하는 그들의 우아함과 매력과 함께, 그들 자신뿐만 아니라 다른 사람들도 희생시키는 경향이 있다. 헨리 크로퍼드는 위선자 자체다. 그는 역할을 수행할 수 있는 자신의 능력을 뽐낸다. 그리고 그는 한 대화에서 **성직자로 존재한다**는 것이 그에게는 **성직자와 같은 겉모습을 보이는 것**임을 분명히 밝힌다. 자아는, 완전히는 아니라고 할지라도, 거의 자아의 표현 속으로 해체된다. 그러나 고프먼의 사회세계 속에서 자아의 형식이 된 것이 제인 오스틴의 세계 속에서는 여전히 악덕의 징후다.

모조품에 대한 제인 오스틴의 몰두에 대한 상대짝은 그녀가 자기 인식에 할당하는 핵심적 위치다. 이 자기 인식은 일종의 참회를 통해서만 성취될 수 있는 소크라테스적 자기 인식이라기보다는 기독교적인 것이다. 그녀의 위대한 여섯 편의 소설들 중 네 편의 소설에는 남자 주인공 또는 여자 주인공이 인식하는 인격이 그 또는 그녀 자신으로 드러나는 인식의 장면이 있다. "이 순간까지 나는 나 자신을 알지 못했어" 하고 엘리자베스 베닛은 말한다. "그녀가 자기 자신에게 행하고 살아온 기만을 어떻게 이해할 수 있단 말인가!" 하고 엠마는 곰곰이 생각한다. 자기 인식은 제인 오스틴에게 지성적 덕이기도 하고 도덕적 덕이기도 하다. 그것은 제인 오스틴이 중심에 세워놓는,

덕의 목록에 비교적 새로운 다른 덕과 밀접하게 결합되어 있다.

키르케고르가 《이것이냐 저것이냐》에서 윤리적 삶의 형식과 심미적 삶의 형식을 대립시켰을 때, 그는 인간의 삶이 일련의 분리된 현재적 순간들 속으로 해체된 삶, 그리고 인간 삶의 통일성이 시야에서 사라져버린 삶이 다름 아닌 심미적 삶이라고 논증했다. 이와는 반대로 윤리적 삶에서는, 의무들이 파악되고 책무들을 떠맡게 되는 과거의 일화들로부터 발생하는 미래에 대한 의무와 책임들은 인간 삶으로부터 하나의 통일성을 만들어내는 방식으로 현재와 과거, 현재와 미래를 결합시킨다. 키르케고르가 말하는 통일성은, 그것이 덕의 삶 내에서 차지하는 핵심적 지위를 내가 앞장에서 확인했던 설화적 통일성이다. 제인 오스틴이 글을 쓰던 시기에는 이 통일성이 더 이상 덕 있는 삶의 단순한 전제조건 또는 콘텍스트로 다루어질 수 없다. 이 통일성은 끊임없이 재확인되어야 했고, 말보다는 행위를 통한 재확인이 바로 제인 오스틴이 지조라고 명명한 덕이다. 지조는 적어도 두 소설, 즉 《맨스필드 파크》와 《설득Persuasion》에서 중요한 의미를 갖는다. 이 두 소설에서 지조는 여주인공들의 핵심적인 덕이다. 지조는 여자들이 남자들보다 훨씬 쉽게 실천할 수 있는 덕이라고 제인 오스틴은 앤 엘리엇으로 하여금 설득력 있게 논증하도록 한다. 지조 없이는 다른 모든 덕들은 어느 정도 의미를 상실한다. 지조는 인내라는 기독교적 덕에 의해 강화되고, 그것은 거꾸로 이 기독교적 덕을 강화한다. 그러나 용기라는 아리스토텔레스적 덕에 의해 강화되고 또 이를 강화하는 인내가 용기와 동일하지 않은 것처럼, 지조는 인내와 동일한 것이 아니다. 왜냐하면 용기가 반드시 요청하지는 않는, 세계의 성격에 대한 인식을 인내가 필연적으로 포함하는 것과 같이, 지조는 현대적 사회세계 내에서의 인격의 완전성을 위협하는 특별한 것에 관한 인식을, 즉 인내에 의해 반드시 요청되지는 않는 인식을 요청하기 때문이다.

지조를 두드러지게 보여주는 두 여주인공이 제인 오스틴의 다른 여주인공들보다 덜 매혹적이며, 또 많은 비평가들이 그들 중 한 사람인 패니 프라이스를 전혀 매력적이지 않다고 생각한 것은 우연이 아니다. 그러나 패니의 매력의 결여는 제인 오스틴의 의도에서 결정적역할을 한다. 왜냐하면 매력은, 덕들을 전혀 가지고 있지 않거나 덕들을 가지고 있는 것처럼 행세하는 사람들이 전형적으로 현대적인 사회적 삶의 상황들 속에서 그럭저럭 헤쳐나가기 위해 사용하는 전형적으로 현대적인 성질이기 때문이다. 카뮈는 언젠가 매력을, 어떤 물음이 제기되기도 전에 "예"라는 대답을 불러일으키게 하는 성질로 정의한 적이 있다. 그렇기 때문에 엘리자베스 베닛 또는 엠마의 매력은, 그것이 정말로 매력적이라고 할지라도, 그들의 성격에 대한 우리의 판단을 오도할 수도 있다. 패니는 매력이 없다. 그녀는 오직 덕들을, 그녀를 지켜주는 진정한 덕들만을 가지고 있을 뿐이다. 그리고 그녀가 그녀의 보호자인 토머스 버트람의 말을 듣지 않고 헨리 크로퍼드와 결혼하는 것을 거부한 것은 그녀의 지조가 그렇게 요구했기 때문이다. 이러한 거부를 통해 그녀는 자신의 영혼을 잃어버릴지도 모른다는 위험을 그녀에게는 전체 세계를 의미할 수도 있는 것을 얻는다는 보상보다 더 중하게 평가한다. 그녀가 덕을 추구하는 것은 특정한 종류의 행복을 위해서지 유용성 때문은 아니다. 제인 오스틴은 패니 프라이스를 통해서, 우리가 데이비드 흄 또는 벤저민 프랭클린에게서 발견하는 대안적 덕의 목록들을 거부한다.

제인 오스틴의 도덕적 관점과 그녀의 소설들의 설화적 형식은 일치한다. 그녀의 소설들의 형식은 역설적 희극의 형식이다. 제인 오스틴은 단테가 비극을 쓸 수밖에 없었던 이유와 같은 이유에서 비극보다는 희극을 쓴다. 그녀는 기독교인이다. 그리고 그녀는 인간 삶의 **텔로스**가 일상생활의 형식 속에 함축되어 있다고 생각한다. 제인 오스틴의 역설은, 그녀의 인물들과 독자들이 그들이 의도하는 것보다 더 많은 다른 것을 보고 말하도록 함으로써 그들과 우리가 결과적으로 우리 자신을 수정하게 만드는 그녀의 방식에 있다. 덕들, 그리고 오직 덕들에 의해 극복될 고통과 악들은 텔로스가 성취될 수 있는 삶의 구조뿐만 아니라 그와 같은 삶의 이야기가 전개될 수 있는 이야기의 구조를 제공한다. 덕들에 관한 특별한 설명은 모두 인간 삶의 설화적 구조와 통일성에 관한 마찬가지로 특별한 설명을 전제하고, 또 그 역이 성립한다는 사실이 다시 한번 드러난다.

제인 오스틴은 결정적인 방식으로 —— 코빗과 자코뱅 당원들과 함께 —— 고전적 덕 전통의 마지막 위대한 대변인이다. 그녀는 결국 소설가이기 때문에 후대의 사람들이 도덕주의자로서의 그녀의 의미를 이해하지 못하는 것은 너무 쉽다는 사실이 판명되었다. 그녀는 그들에게 '오직' 소설가로 보이는 것이 아니라, 매우 제한된 사회적 세계를 다룬 소설가로 보였다. 그들이 관찰할 수 없었던 것, 그리고 그녀의 통찰을 코빗과 자코뱅 당원들의 통찰과 병치시키는 것이 우리로 하여금 관찰할 수 있도록 가르쳐준 것은, 그녀의 시대뿐만 아니라 그 후의 시대에도 덕들의 삶에는 필연적으로 매우 제한된 문화적·사회적 공간이 부여된다는 사실이다. 대부분의 공적 세계와 사적 세계에서는 고전적·중세적 덕들이 현대적 도덕에 의해 제공되는 충분치 못한 대용물들로 대체된다. 제인 오스틴이 결정적인 방식으로 고전적 전통의 마지막 대변인이라고 말함으로써, 나는 물론 그녀가 어떤 후예도 가지고 있지 않다는 사실을 부정하려는 것은 아니다. 오늘날 좀처럼 읽히지 않는 단편소설에서 러디어드 키플링Rudyard Kipling은 상당한 통찰력을 가지고 그의 인물들 중 한 사람으로 하여금 제인 오스틴이 헨리 제임스의 어머니라고 말하도록 시킨다 ── 아마 할머니라고 하는 편이 더 좋았을 것이다. 그러나 제임스는 도덕성의 실체를 점점 더 파악할 수 없게 되는 ── 그의 소설의 발전 과정은 이를 증명해준다 ── 세계에 관해 쓰고 있다. 도덕적 본질 포착의 어려움은 사적 생활과 공적 생활의 성격을 변화시킨다. 그것이 공적 생활에서 어떤 결과를 초래하는가는 특별한 덕의 개념, 즉 정의 개념의 운명에 달려 있다. 나는 이제 우리가 갖고 있는 정의 개념에 어떤 일이 일어났는가 하는 문제를 다루고자 한다.

제17장　덕으로서의 정의와 그 개념의 변화

아리스토텔레스가 정의를 정치적 삶의 제일 덕으로 찬양했을 때, 그는 정의의 표상에 관한 실천적 동의가 결여되어 있는 공동체는 정치적 공동체의 필연적 토대를 결여할 수밖에 없다는 사실을 암시하는 방식으로 그렇게 말했다. 그런데 바로 이와 같은 토대의 결여가 우리 사회를 위협하고 있다. 왜냐하면 내가 앞장에서 그 몇 가지 양상들을 개략적으로 서술한 바 있는 역사의 결과는 덕의 목록에 관해 합의할 수 없는 무능력에 있을 뿐만 아니라, 권리와 유용성의 개념이 중요한 위치를 차지하고 있는 도덕체계 내에서의 덕 개념들의 상대적 중요성에 관해 합의할 수 없는 무능력에 있기 때문이다. 그 결과는 또한 특정한 덕들의 내용과 성격에 관해 합의할 수 없는 무능력으로 이어졌다. 오늘날 덕이 일반적으로 우리로 하여금 특정한 규칙을 준수하도록 만드는 성향 또는 감정으로 이해되기 때문에, 무엇이 관련 규칙들인가에 관한 동의는 항상 특정한 덕의 본질과 내용에 관한 동의에 이를 수 있는 전제조건이다. 그러나 규칙에 관한 이 선행적 동의는, 내가 이 책의 앞부분에서 이미 강조한 바와 같이, 우리의 개인주의적 문화가 보장할 수 없는 것이다. 이러한 사실은 다른 어느 경우보다 정의의 경우에 분명하게 나타나며, 그 결과는 다른 어느 경우보다 정의의 경우에 위협적이다. 일상생활은 이 결과들로 충만해 있으며, 그렇기 때문에 기초적인 논쟁들은 합리적으로 해결될 수 없다. 오늘날 미국 정치에 고유한 한 논쟁을 고찰해보기로 하자. 나는 그것을 그다지 상상력이 발휘되지 않은 이름인 'A'와 'B'라고 명명된 두 이상형적 인물들 사이의 논쟁 형식으로 서술하고자 한다.

A, 그는 상점 주인일 수도 있고, 경찰일 수도 있고, 건축 노동자일 수도 있다. A는 자신의 소득에서 조그만 집을 사고, 자식들을 지방 대학에 보내고, 부모를 위한 특정한 유형의 의료비를 지불하기에 충분한 돈을 저축하느라 애를 쓰고 있다. 그는 이 모든 기획들이 불어나는 세금으로 위협을 받고 있다고 생각한다. 그는 자신의 기획에 대한 이 위협을 **불의**라고 간주한다. 그는 그가 번 것에 대한 권리를 가지고 있다고 주장하고, 어느 누구도 그가 정당하게 획득했고 또 그것에 대해 정당한 권한이 있는 것을 빼앗아 갈 권리가 없다고 주장한다. 그는 그의 재산, 그의 기획들, **그리고** 정의에 관한 그의 생각을 변호해줄 정치인에게 투표하려는 의도를 갖고 있다.

B, 그는 한 자유 전문직의 구성원일 수도 있고, 사회사업가일 수도 있고, 많은 재산을 상속받은 사람일 수도 있다. B는 부, 소득, 기회의 분배에서의 자의적 불평등에 깊은 인상을 받는다. 그가 더욱 인상 깊게 생각하는 것은 가난한 사람들과 박탈당한 사람들이, 이와 같은 권력 분배에서의 불평등의 결과로서, 그들 자신의 상황을 개선시키기 위해 그다지 많은 것을 할 수 없는 그들의 무능력이다. 그는 이 두 가지 종류의 불평등을 **불의**라고 간주하고, 이것은 더욱 많은 불평등을 끊임없이 초래할 것이라고 생각한다. 더욱 일반적으로 그는 모든 불

평등은 정당화가 필요하며, 불평등에 대한 유일한 정당화는 예를 들면 경제 성장을 촉진함으로써 가난한 사람들과 빈곤한 사람들의 처지를 향상시키는 데 있다고 믿는다. 그는 현재 상황에서 정의가 요구하는 것은 후생사업과 사회 복지사업을 재정 지원할 수 있는 재분배적 과세라는 결론에 도달한다. 그는 재분배적 과세와, 정의에 관한 그의 표상을 변호할 수 있는 정치인에게 투표하려고 한다.

우리의 사회적·정치적 질서의 실제 상황에서 A와 B가 정치와 정치인에 대해 다른 견해를 가지리라는 것은 분명하다. 그런데 그들은 그렇게 의견을 달리**해야만** 하는가? 이에 대한 대답은 특정한 유형의 경제적 상황에서는 그들의 의견 불일치가 정치적 갈등으로 표현될 필요가 없는 것처럼 보인다는 것이다. B의 공공적 재분배의 기획이 A의 사적인 생활 기획을 위협하지 않고서도 적어도 어느 범위 내에서 수행될 수 있을 정도의 경제적 자원들이 존재하고 또 존재한다고 믿어지는 어떤 사회에 A와 B가 속해 있다면, A와 B는 어떤 때는 아마 동일한 정치와 정치인을 위해 투표할 수도 있을 것이다. 그들은 실제로 어떤 경우에는 동일한 인물일 수도 있다. 그러나 만약 경제적 상황이 A의 기획이 B를 위해 희생되어야 하거나 또는 그 역이 성립할 수 있는 정도로 발전한다면, A와 B는 논리적으로 타협 불가능할 뿐만 아니라 — 내가 제2장에서 논의한 바 있는 논쟁들에서의 양편의 신념들과 같이 — 상대편에 의해 제기된 것과 불가공약적이라는 생각을 불러일으킬 정의에 관한 견해들을 가질 것임이 분명하다.

논리적 양립 불가능성은 어렵지 않게 규정할 수 있다. A는 정당한 취득과 권한의 원리들이 재분배적 가능성들에 한계를 설정해야 한다고 주장한다. 만약 정당한 취득과 권한의 원리를 적용한 결과가 현저한 불평등이라면, 이러한 불평등의 관용은 정의를 위해 치러야 할 희생이다. B는 정당한 재분배의 원리가 취득과 권한을 정당화하는 데 한계를 설정해야 한다고 주장한다. 만약 정당한 재분배의 원리의 — 과세 또는 토지수용권과 같은 장치를 통한 — 적용 결과가 이제까지는 사회 질서 속에서 정당한 취득과 권한으로서 통용되었던 것에 대한 간섭이라면, 그러한 간섭의 관용은 정의를 위해 치러야 할 대가다. A의 원리와 B의 원리, 두 경우에 어떤 사람 또는 어떤 집단이 받는 정의는 항상 다른 사람에 의해 치러진다는 사실을 우리는 지나가는 말로 언급할 수 있다 — 이러한 사실은 나중에 중요해질 것이다. 우리가 확인할 수 있는 상이한 사회 집단들은 이들 원리들 중 하나를 수용하고 다른 것을 거부하는 데 관심을 가진다. 이 원리들 중 어느 것도 사회적·정치적으로 중립적이지 않다.

게다가 A와 B가 양립할 수 없는 실천적 결과들을 초래하는 원리들을 단순히 제기하는 것은 아니다. 각자가 자신의 주장을 서술하는 데 사용하는 개념은 다른 사람의 것과 너무 달라서, 그들 사이의 논쟁이 과연 어떻게 합리적으로 조정될 수 있는가 하는 문제가 제기되기 시작한다. 왜냐하면 A는 어떤 사람이 자신이 취득하고 일해서 번 것을 토대로 권한을 갖고 있는 것에 관한 설명과 또 그것에 대한 권한을 어떻게 갖고 있는가에 관한 설명의 바탕 위에 정의의 개념을 근거지으려고 노력하기 때문이다. B는 기초적 욕구와 이를 충족할 수 있는 수단과 관련한 모든 개인의 권리 주장의 평등성에 관한 설명을 토대로 정의의 개념을 근거지으려고 한다. 특정한 소유와 자산에 직면해 A는 자신이 그것을 소유하고 있기 때문에 그것은 자신의 것이라고 주장하려는 경향이 있다. 그는 그것을 정당하게 취득했으며, 그것을 일해서 벌었다. B는 다른 사람들이 그것을 더 필요로 하기 때문에 다른 사람에게 속하는 것이 정당하다고 주장하려는 경향이 있다. 만약 그들이 그것을 가지지 않는다면, 그들의 기본 욕구는 충족되지 않을 것이다. 그러나 우리의 다원주의적 문화는 그것을 저울질할 수 있는 어떤 방법도 소유하고 있지 않으며, 정당한 권한에 토대를 둔 주장들과 정당한 욕구에 토대를 둔 주장들 사이에서 결정할 수 있는 합리적 기준도 가지고 있지 않다. 그렇기 때문에 이 두 가지 종류의 주장들은 정말로, 내가 주장한 바와 같이, 불가공약적이다. 그리고 도덕적 주장들을 '저울질한다'는 비유는 적절하지 않을 뿐만 아니라 우리를 오도한다.

최근의 분석적 도덕철학이 중요한 주장을 하는 곳이 바로 이 지점이다. 왜냐하면 분석적 도덕철학은 대립적인 이해관계를 가지고 서로 싸우는 편들이 호소할 수 있는 합리적 기준을 제공하려고 노력하기 때문이다. 그리고 이러한 기획을 수행하고자 하는 두 가지 매우 상이한 최근 시도들은 A와 B의 논쟁에 특별한 의미가 있다. 왜냐하면 정의에 관한 노직의 설명(1974)은 적어도 상당 부분에서 A의 입장의 핵심 요소들을 합리적으로 서술하는 데 반해, 존 롤스의 설명(1971)은 동일한 방식으로 B의 입장의 핵심 요소들을 합리적으로 서술하고 있기 때문이다. 롤스와 노직이 우리에게 강요하는 철학적인 고찰들이 만약 합리적으로 설득력 있다고 판명된다면, A와 B 사이의 논쟁은 이런 방식으로든 저런 방식으로든 합리적으로 해결될 것이며, 이 논쟁에 관한 나의 서술은 결과적으로 틀린 것으로 드러날 것이다.

나는 롤스의 설명으로 시작하고자 한다. 롤스는 정의의 원리들은

"무지의 베일 뒤에 위치하고 있어서"(136) 그가 사회에서 어떤 자리를 차지하고 있는지 알지 못하는 합리적 행위자에 의해 선택될 원리들이라고 주장한다. 다시 말해, 이 행위자는 그의 계급 또는 지위가 무엇인지, 그가 어떤 재능과 능력을 소유하고 있는지, 선에 관한 그의 표상 또는 삶의 목표에 관한 그의 표상이 무엇인지, 그가 어떤 기질을 가지고 있는지, 또 그가 어떤 종류의 경제적·정치적·문화적·사회적 질서 속에서 살고 있는지 알지 못한다. 이러한 상황에 처해 있는 모든 합리적 행위자는 어느 사회적 질서에서나 두 가지 원리를 수단으로, 그리고 이 두 원리가 충돌할 때는 분배 우선순위의 규칙을 수단으로 정당한 재화의 분배를 정의할 수 있다고 롤스는 주장한다.

첫째 원리는 다음과 같다. "모든 사람은 평등한 기본 자유들로 구성된 가장 포괄적인 전체 체계에 대한 평등한 권리를 가져야 하며, 이 체계는 이와 유사한 모든 사람을 위한 자유의 체계와 양립할 수 있어야 한다." 둘째 원리는 다음과 같다. "사회적·경제적 불평등들은 그것들이 (a) 공동 저축의 원리와 일치하면서도(공동 저축의 원리는 미래 세대들을 위한 정당한 투자를 제공한다) 가장 불리한 사람들에게 최대의 이익이 되고, (b) 공정한 기회 균등의 조건에서 모든 사람에게 열려 있는 관직과 정당들과 결합되도록 조정되어야 한다."(302) 첫째 원리는 둘째 원리보다 우선성을 가진다. 자유는 오직 자유를 위해서만 제한되어야 한다. 그리고 정의는 일반적으로 효율성보다 우선성을 가진다. 이렇게 롤스는 다음과 같은 일반적 관념에 도달한다. "모든 사회의 기본선들은 ── 자유와 기회, 소득과 재산, 그리고 자기 존중의 토대들 ── 이 선들 중 어떤 선 또는 모든 선들의 불평등한 분배가 가장 불리한 사람들에게 이익이 되지 않는 한 평등하게 분배되

어야 한다."(303)

롤스에 대한 많은 비판은 롤스가 ── 무지의 베일 뒤에 처해 있는 ── 합리적 행위자의 원초적 입장으로부터 어떻게 자신의 정의의 원리들을 도출하는가에 주의를 기울였다. 이러한 비판들은 분명한 문제점들을 많이 언급했다. 그러나 나는 이들을 상세하게 다루고 싶은 마음은 없다. 그것은 무지의 베일과 같은 **종류의** 상황에 처해 있는 합리적 행위자는 실제로 롤스가 주장하는 것과 같은 **그러한** 정의의 원리들을 선택하리라고 내가 생각하기 때문만이 아니라, 그런 상황에서 그런 원리들을 선택할 사람은 오직 합리적 행위자뿐이라고 생각하기 때문이다. 나의 논증에서 이러한 관점은 나중에 중요한 문제가 될 것이다. 그러나 지금은 이 문제를 제쳐두고 우선 노직의 견해의 성격을 규정하는 데 주의를 기울이고자 한다.

노직은 다음과 같이 주장한다. "만약 세계가 완전히 정의롭다면"(151), 무엇인가를 소유할, 다시 말해 그들이 바라고 또 오직 그들만이 바라는 대로 사용하기 위해 그것을 자기 것으로 만들 수 있는 권한을 가진 유일한 사람들은 그들이 가지고 있는 것을 원초적 취득의 정당한 행위를 통해 정당하게 획득한 사람들일 것이며, 또 원초적 취득의 정당한 행위 또는 정당한 양도를 통해 그것을 정당하게 획득한 사람으로부터 정당한 양도 행위를 통해 그들이 가지고 있는 것을 정당하게 획득한 사람들일 것이다. 다른 말로 표현하면, "당신은 이 조개를 당신이 원하는 대로 사용할 수 있는 권한을 왜 가지고 있습니까?"라는 질문에 대해 정당화될 수 있는 대답은 "나는 그것이 어느 누구에게도 속하지 않고 또 다른 사람들을 위해서도 충분히 많이 있는 해변에서 그것을 주웠다"(정당한 원초적 취득의 행위)거나 아니면

"어떤 사람이 그것을 해변에서 주워서 자유롭게 팔거나 누군가에게 주었다. (…) 나에게 자유롭게 팔거나 준 누군가에게"(정당한 양도의 연속)일 것이다. 노직의 견해로부터는, 그가 스스로 즉각 언급하고 있듯이, 다음과 같은 결론이 도출된다. "분배 정의의 완전한 원리가 간단하게 말하고자 하는 것은 모든 사람이 자신이 분배에 따라 소유하고 있는 재산에 대한 권한을 가지고 있다면 분배는 정당하다는 사실일 것이다."(153)

노직은 이러한 결론을 모든 개인의 양도할 수 없는 권리의 전제조건으로부터 도출한다. 그러나 그는 이러한 전제조건에 대해 스스로 어떤 논증도 제공하지 않는다. 롤스의 경우에서처럼, 나는 자신의 전제조건으로부터 자신의 원리를 도출하는 노직과 싸우고픈 생각은 없다. 나는 다시 한번 이러한 원리들이 합리적으로 도출될 수 있는 것은 오직 그와 같은 전제조건으로부터라는 점만을 강조하고자 한다. 다시 말해서 이것은, 정의에 관한 노직의 설명과 롤스의 설명 두 경우에, 내가 제기하고자 하는 문제들이 그들의 논증의 내부적 구조의 정합성과는 상관이 없다는 것을 의미한다. 실제로 나의 논증은 그들의 설명이 그러한 정합성을 결여하지 않기를 요구한다.

내가 논증하고자 하는 것은 세 가지다. 첫째, 롤스의 설명과 노직의 설명의 불가공약성은 어느 정도까지는 A의 입장과 B의 입장의 불가공약성을 반영하고, 또 롤스와 노직은 A와 B 같은 비철학적 보통 시민들 사이의 의견 불일치를 도덕철학의 차원에서 성공적으로 표현하고 있다. 롤스와 노직은 A와 B 사이의 논쟁을 사회적 갈등의 차원에서 조정할 수 없는 것으로 만드는 동일한 유형의 양립 불가능성과 불가공약성을 철학적 논증의 차원에서 정확하게 반복하고 있는 것이다. 둘째, 그럼에도 A와 B 양자의 입장에는 롤스의 설명도 포착하지 못하고 노직의 설명도 포착하지 못하는 요소가 포함되어 있다. 그것은 덕들이 중심의 위치를 차지하고 있는 고대의 고전적 전통으로부터 유래하는 요소다. 우리가 이 두 가지 점에 관해 사유하면, 세 번째 관점이 출현한다. 다시 말해, 우리는 이 두 관점의 결합 속에서 롤스와 노직이 어느 정도 공유하고 있는 사회적 전제조건에 대한 중요한 열쇠를 가지고 있다.

롤스는 욕구와 관련된 평등의 원리가 실제로 의미하는 것을 전면에 내세운다. "가장 처지가 어려운 사람들"이라는 공동체 분야에 관한 그의 표상은 그들의 욕구가 소득, 재산, 다른 선(재화)들과 관련해 가장 긴박한 사람들에 관한 표상이다. 노직은 권한과 관련된 평등의 원리가 실제로 의미하는 것을 전면에 내세운다. 롤스에게는 지금 심각한 곤경에 처해 있는 사람들이 어떻게 해서 이런 지경에 이르게 되었는가는 중요하지 않다. 정의는 과거가 아무런 의미도 가지지 않는 현재의 분배 패턴의 문제가 된다. 노직에게는 오직 과거에 정당하게 취득된 것에 관한 증거만이 중요하다. 현재의 분배 패턴들은 그것이 비록 친절 또는 관대에 대해서는 중요할지 모르지만 **정의**에 대해서는 아무런 의미가 없음이 틀림없다. 이렇게 말함으로써 롤스가 얼마나 B의 입장에 가까우며, 노직이 얼마나 A의 입장에 가까운가가 분명히 드러난다. 왜냐하면 A는 재분배의 규준에 대립해 권한의 정의에 호소하기 때문이다. 그리고 B는 권한의 규준에 대립해 욕구들을 고려하는 정의에 호소한다. 그러나 B의 입장이 A의 입장과 양립할 수 없는 것과 유사한 방식으로 롤스의 우선성은 노직의 우선성과 양립할 수 없다는 사실이 곧 분명해진다. 욕구의 평등에 우선성을 부여하는 요청이 어떻게 권한에 우선성을 부여하는 요청과 비교될 수 있단 말인가? 무지의 베일 뒤에 있는 까닭에 자신의 욕구들이 과연 어떻게 충족될 수 있는지 알지 못할 뿐만 아니라 자신의 권한이 무엇인지도 모르는 사람이 권한을 존경하는 원리보다 욕구를 고려하는 원리를 합리적으로 선호해야 한다고 롤스가 ── 합리적 결정 이론의 원리들에 호소함으로써 ── 주장한다면, 우리는 결코 그와 같은 무지의 베일 뒤에 있지도 않으며, 또 이러한 사실로 말미암아 양도할 수 없는 권리에 관한 노직의 명제가 논박을 받는 것은 아니라는 즉각적인 대답이 주어질 것임에 틀림없다. 그리고 만약 노직이 모든 재분배의 원리가 ── 만약 그것이 강요된다면 ── 우리 모두가 그에 대한 권한을 갖고 있는 자유를 침해할 수 있다고 주장한다면 ── 노직은 실제로 그렇게 논증한다 ── 그는 기본권의 불가침성을 그렇게 해석함으로써 자기 자신의 논증을 위해 논점을 교묘히 회피하고 롤스의 명제를 이의의 여지가 없는 것으로 내버려둔다는 즉각적인 대답이 제시될 것임에 틀림없다.

그럼에도 롤스의 설명과 노직의 설명이 공유하는, 비록 부정적이기는 하지만 중요한 점이 있다. 그들 중 어느 누구도 정의에 관한 설명에서 공적功績, desert을 언급하지 않는다. 엄격히 말하면, 그들은 공적을 언급할 수 없다. 그런데 A와 B는 그것을 언급했다. 그리고 A와 B는 나 자신이 만들어낸 순전히 자의적인 구성물 속 이름들이 아니라는 사실을 여기서 언급할 필요가 있다. 그들의 논증들은 예를 들면 캘리포니아, 뉴저지 또는 다른 곳에서 이루어진 최근의 재정 논쟁에서 실제로 제시된 것의 상당 부분을 충실하게 재현하고 있다. A는 자기 자신을 위해, 그가 일해서 번 것에 대해 권한을 가지고 있다는 사실뿐만 아니라, 그가 평생 동안의 고된 노동을 통해 그것을 **받을 만하다는** 사실을 불평하고 있다. 그리고 B는 가난하고 빈곤한 사람들을 위해, 그들의 가난과 빈곤은 그들에게 **마땅하지 않기** 때문에 정당화될 수 없다고 불평한다. 그리고 A와 B의 경우에 일치하는 실제 삶에서 그들이 불평하고 있는 것이 다른 어떤 종류의 부당함 및 고통이 아니라 다름 아닌 불의라는 강한 감정을 그들에게 주는 것은 바로 이 공적과의 관계라는 사실은 분명한 것처럼 보인다.

롤스와 노직의 설명은 어느 것도 정의와 불의에 관한 그들의 주장에서 공적에 핵심적인 자리를 제공하지 않을 뿐만 아니라 정말로 아무런 자리도 제공하지 않는다. 롤스는 정의에 관한 상식이 정의를 공적과 결합시킨다는 사실을 인정하지만(310), 그는 첫째 우리가 정의의 규칙을 서술하기 이전에는 누가 무엇을 받을 만한지를 알지 못하며(그렇기 때문에 우리는 정의에 관한 우리의 이해를 공적을 토대로 근거 지을 수 없다), 둘째 우리가 이미 정의의 규칙들을 서술했을 때 문제가 되는 것은 공적이 아니라 단지 정당한 기대들이라는 사실이 드러난다고 논증한다. 그 밖에도 그는 공적의 개념을 적용하고자 하는 시도는 실행될 수 없다고 주장한다. 그의 책의 이 부분에는 흄의 유령이 떠돌고 있다.

노직은 그렇게 명시적으로 표현하지는 않는다. 그러나 전적으로 권한에만 토대를 두고 있는 그의 정의체계는 공적에 대해 어떤 자리도 허용하지 않는다. 어느 지점에서 그는 불의를 조정하기 위한 원리의 가능성을 논의하지만, 그것에 관해 쓴 부분이 너무나 불확실하고 수수께끼 같아서 그것은 그의 일반적 관점을 수정할 수 있는 어떤 지침도 제공하지 않는다. 아무튼 노직과 롤스에게는 사회가, 각자의 이해관계를 갖고 있지만 서로 결합해 공동의 삶의 규칙들을 고안해 내야만 하는 개인들로 구성되어 있다는 것은 분명하다. 노직의 경우에는 일련의 기본권에 의한 추가적인 부정적 제한들이 존재한다. 롤스의 경우에 유일한 제한들은 분별 있는 이성이 부과할 수 있는 제한들이다. 두 설명에서 개인들이 일차적이며, 사회는 이차적이다. 그리고 개인적 이해관계의 확인이 그들 사이의 모든 도덕적·사회적 유대의 구성보다 선행하고, 또 그것과 독립적이다. 그러나 우리는 공적의 개념이 오직 —— 인간선뿐만 아니라 공동체의 선에 관한 공유된 이해를 기초적 유대로 하고, 또 개인들이 그들의 일차적 이해관계를 이 선들과의 관계에서만 규정할 수 있는 —— 공동체의 맥락 속에 토대를 두고 있음을 이미 보았다. 우리는 무엇이 인간선인가에 관해 다른 사람과 합의에 이를 수 없다는 것을 예측해야 하며, 그렇기 때문에 우리가 정의의 원리를 서술하면서 가질 수도 있는 선에 관한 이해를 배제해야 한다는 점을 롤스는 자신의 견해의 분명한 전제조건으로 설정한다. 좋은 삶에 관한 자신의 견해와는 상관없이, 모든 사람이 관심을 가지는 선들만이 고려될 수 있다는 것이다. 노직의 논증에서도 역시 공적 개념의 적용을 필요하게 만드는 공동체에 관한 표상이 간단히 결여되어 있다. 이 점을 이해하기 위해서는 두 가지 점이 더 조명되어야 한다.

첫째 문제점은 롤스와 노직에 의해 공유되고 있는 사회적 전제조건들이다. 두 사람의 관점에 의하면, 마치 우리가 다른 개인들의 집단과 함께 어떤 무인도에 난파되었는데, 이 집단의 모든 사람이 나에게 낯설고, 또 각각 서로에게 낯선 것과 같다. 이러한 상황에서 우리 모두를 최대한 보호할 수 있는 규칙들이 만들어져야 한다. 권리와 관련된 노직의 전제는 강한 제한들을 도입한다. 우리는 서로에 대한 특정한 유형의 간섭이 엄격히 금지된다는 사실을 알게 된다. 그러나 우리 사이의 유대관계에는 일종의 한계가, 즉 우리의 경쟁적이고 사적인 이해관계에 의한 일련의 한계가 있다. 이러한 개인주의적 관점은 물론 내가 앞서 언급한 바와 같이 특별한 선조들을 갖고 있다. 홉스, 로크(노직은 그의 견해를 대단한 존경심을 가지고 대한다), 마키아벨리와 그 외의 다른 사람들. 그리고 이러한 관점은 현대 사회에 관한 일종의 사실주의를 함축하고 있다. 현대 사회는 종종, 적어도 표면적으로는, 낯선 사람들의 집합에 지나지 않는다. 이들 각자는 최소한의 제한 속에서 자기 자신의 이익을 추구한다. 우리는 여전히 현대 사회에서조차 가족, 대학 또는 다른 공동체들을 이런 방식으로 생각하기 힘들다. 그러나 이들에 대한 우리의 생각마저도 이제는 상당 정도 개인주의적 관념들에 의해, 특히 법정에서, 침투되어 있다. 이렇게 롤스와 노직은 사회생활로의 진입을 —— 적어도 이상적으로 —— 적어도 잠재적으로는 자기 이익을 추구하는 합리적인 개인들의 자발적 행위로 파악하는 공통적 견해를 강력하게 서술하고 있다. 이 개인들은 다음과 같이 질문해야만 한다. "다른 사람과 어떤 종류의 사회 계약을 맺는 것이 나에게 합리적인가?" 이의 필연적 결과는 그들의 견해가 —— 공동선을 추구하는 데 공동체의 공동 과제에 대한 기여와 결합된 공적의 개념이 덕과 정의에 관한 판단을 제공할 수 있는 —— 인간 공동체에 대한 어떤 설명도 배제한다는 사실이라는 것은 놀라운 일이 아니다.

공적은 또한 다른 방식으로 배제된다. 나는 롤스의 재분배의 원리가 과거와의 관계를 어떻게 배제하고, 또 그렇게 함으로써 과거의 행위와 고통에 토대를 두고 있는 공적에 대한 권리 주장을 어떻게 배제하고 있는가를 언급했다. 노직도 마찬가지로 권한의 정당성에 대한 관심을 정의의 문제와 결합되어 있는 과거에 대한 관심의 유일한 토대로 설정함으로써 그러한 권리 주장의 근거로 기능할 수 있는 과거를 배제한다. 이 점을 중요하게 만드는 것은 노직의 설명이 — 과거에 관한 특별한 신화를 우리의 시야로부터 은폐하는 것을 통해 — 바로 이 신화의 이익에 종사한다는 사실이다. 왜냐하면 노직의 설명의 중심에는 모든 정당한 권한은 원초적 취득의 정당한 행위로 환원될 수 있다는 명제가 자리 잡고 있기 때문이다. 그러나 만약 그것이 사실이라면, 정당한 권한이 실제로는 거의 없으며, 세계의 몇몇 거대한 영역에서는 정당한 권한이 전혀 존재하지 않는다. 현대 세계의 재산 소유자들은 원초적 취득의 유사 로크적 행위를 실행한(노직에 의한 로크 견해의 수정을 고려하기 위해 '유사'라는 말을 쓸 수 있다) 로크적 개인들의 정당한 상속인들이 아니다. 그들은 예를 들면 평민들로부터 영국의 공유지를, 미국의 인디언들로부터 거대한 북미의 영역을, 아일랜드인에게서 아일랜드 땅의 많은 부분을, 그리고 본래 비게르만적인 프러시아인들에게서 프러시아 땅을 훔치거나 폭력을 사용해 강탈한 사람들의 상속인들이다. 그것은 로크의 명제에 의해 이데올로기적으로 은폐되고 있는 역사적 현실이다. 그러므로 수정원리의 결여는 노직의 것과 같은 명제들에서는 결코 부차적인 문제가 아니다. 그것은 이론 전체를 무효화할 수 있다. 우리가 비록 양도할 수 없는 인권에 대한 믿음에 관해 중대한 이의 제기를 억눌러야 한다고 할지라도 그렇다.

A와 B는 비일관성의 대가로 롤스와 노직과 구별된다. 두 사람은

롤스의 원리 또는 노직의 원리를 공적에 대한 호소와 결합시킴으로써 그들이 더 오래되고 더 전통적이고 더 아리스토텔레스적이고 더 기독교적인 정의관을 추종하고 있음을 보여준다. 이러한 비일관성은 여전히 남아 있는 전통의 힘과 영향력에 감사의 표시로 바쳐야 하는 공물이다. 이 힘과 영향력은 두 가지 상이한 원천을 갖고 있다. 오늘날 도덕적 사유와 실천의 개념적 혼합물 속에서 전통의 파편들이 — 주로 덕의 개념들이 — 권리 또는 유용성의 개념들과 같은 전적으로 현대적·개인주의적 개념들과 함께 여전히 발견된다. 그러나 전통은 그들의 과거와의 역사적 결속이 여전히 강하게 남아 있는 특정한 공동체의 삶 속에서는 훨씬 덜 파편화되고 훨씬 덜 일그러진 형식으로 살아남아 있다. 이렇게 오래된 도덕적 전통은 미국과 다른 곳에서, 예를 들면 가톨릭적 아일랜드인들, 몇몇 그리스 정교회인들, 정통 종파의 유대교인들에게서 식별된다. 이 모든 공동체들은 그들의 도덕적 전통을 종교를 통해서만 계승하는 것이 아니라, 직계 선조들이 거주했던 현대 유럽 주변부의 시골 마을과 농부 가계의 구조를 통해서 계승한다. 내가 중세적 배경에 부여했던 무게로부터, 프로테스탄티즘이 몇몇 영역에서 이와 같은 도덕적 전통의 담지자가 되지 않았다는 결론을 도출하는 것은 아무튼 잘못된 것이다. 예를 들면, 스코틀랜드에서는 아리스토텔레스의 《니코마코스 윤리학》과 《정치학》이 1690년까지 대학의 세속적 도덕 교재였다. 그리고 그 이후에도 그것들은 다른 곳에서는 그것들에 대해 종종 적대적인 칼뱅주의적 신학과 다행스럽게 공존했다. 그리고 오늘날 미국에는, 덕의 전통 속에서 자신들의 문화 유산의 핵심적 부분을 발견하는 흑인 프로테스탄트 공동체와 백인 프로테스탄트 공동체들이 있는데, 이들은 특히 남부에 있거나 남부 출신의 공동체들이다.

그러나 이와 같은 공동체에서도 공공 토론에 참여할 수밖에 없는 필연성은, 모든 사람이 사용하고 또 모든 사람이 호소할 수 있는 공통의 개념과 규범들을 찾아가는 과정에서 문화적 혼합물에의 참여를 강요한다. 이의 결과로서 이러한 주변적 공동체들의 전통에 대한 복종의무는 점차적으로 침식당할 끊임없는 위험에 처해 있으며, 그리고 이것은, 만약 나의 논증이 옳다면, 실현될 것 같지 않은 꿈, 즉 키메라의 탐구를 통해 일어난다. 왜냐하면 A의 입장과 B의 입장에 대한 분석이 다시 한번 폭로하는 것은 우리가 너무나 상이하고 상호 경쟁적인 도덕 개념들을 가지고 있으며, 이 경우에는 정의에 관한 상이하고 경쟁적인 개념들을 가지고 있고, 또 문화의 도덕적 자원들이 이들 사이의 갈등을 합리적으로 해결할 수 있는 방법을 제공해주지 않는다는 사실이다. 주로 이해되고 있는 도덕철학은 문화의 논쟁과 의견 불일치를 너무나 충실하게 반영하는 까닭에, 정치적 논쟁과 도덕적 논쟁들과 마찬가지로 그들의 논쟁들 역시 해결 불가능하다는 것이 드러난다.

이러한 사실로부터 우리 사회는 도덕적 합의의 성취를 희망할 수 없다는 결론이 도출된다. 마르크스가 1860년대 영국 노동조합주의자들에 대립해 적대적 그룹의 삶을 통해 형성되고 또 이 삶을 특징 짓는 정의에 관한 경쟁적 견해들이 존재하기 때문에 정의에 호소하는 것은 무의미하다고 주장했을 때, 그는 비마르크스적 이유에서 옳았다. 마르크스는 물론 그와 같은 정의에 관한 의견 불일치가 단순히 이차적인 현상에 불과하고, 그것들은 적대적 경제계급의 이해관계만을 반영한다고 가정하는 오류를 저질렀다. 정의에 관한 표상들과 이러한 표상들에 대한 충성은 부분적으로 이 사회 집단의 삶을 구성하며, 경제적 이해관계들은 종종 이와 같은 표상들을 통해 부분적으로 정의되는 것이지, 그 역은 성립하지 않는다. 그럼에도 마르크스는 현대 사회 질서의 핵심에서 합의보다는 갈등을 보았다는 점에서 근본적으로 옳다. 그것은 우리가 너무나 파편화된 개념들의 다양성과 다수성 속에서 살아가기 때문만은 아니다. 그것은 이 개념들이 서로 양립할 수 없는 경쟁적 이상들과 정치를 표현하는 데, 또 우리에게 다원주의적 정치적 수사학을 —— 이 수사학의 기능은 우리의 갈등의 심각성을 은폐하는 데 있다 —— 제공하는 데 동시에 사용되기 때문이다.

헌법 이론에 중요한 결론이 도출된다. 로널드 드워킨과 같은 자유주의적 저자들은 우리에게 미국 대법원의 기능이 일련의 일관성 있는 원리들에 호소하는 데 있다고 보도록 요청한다. 특정한 법과 특정한 결정들을 평가할 수 있는 관점을 제공하는 이 원리들의 대부분은 도덕적으로 중요하다. 이런 견해를 주장하는 사람들은 이와 같이 추정된 원리의 관점에서 대법원의 몇몇 결정들을 부적절한 것으로 간주해야만 한다. 내가 여기서 염두에 두고 있는 유형의 결정은 바키Bakke 사례를 통해 서술된다. 이 경우에 법관들은 첫눈에는 전혀 양립할 수 없는 두 견해들을 대변했다. 그리고 판결문을 작성한 루이스 파월Lewis Powell 판사는 두 견해를 대변한 재판관이었다. 그러나 만약 나의 견해가 옳다면, 대법원의 기능은 판결의 공명정대함으로 구성된 공정을 보여줌으로써 양립할 수 없는 경쟁적 정의 원리들을 추종하는 경쟁적 사회 집단들 사이의 평화를 유지하는 것이어야만 한다. 그렇기 때문에 대법원은 바키의 경우에 인종에 따른 정확한 대학

입학 할당 인원을 금지했지만, 불리한 처지에 있는 소수 집단을 위한 차별화는 허용했다. 이와 같은 판결 뒤에는 일련의 일관성 있는 원리들이 있다고 떠올리려고 시도한다면, 영리한 감각은 우리로 하여금 대법원은 형식적 비일관성의 책임이 없다고 생각하는 것을 허용할 —— 또는 허용하지 않을 —— 것이다. 그러나 이러한 시도 역시 핵심을 비켜 갈 것이다. 대법원이 바키의 경우에, 그리고 때에 따라서는 다른 경우에 평화 유지 또는 정전 유지의 역할을 담당했던 것은 갈등의 난관으로부터 벗어날 수 있는 길을 제시함으로써이지, 결코 우리가 공유하고 있는 최고의 도덕원리에 호소함으로써가 아니다.

이러한 사실이 밝혀주는 것은 현대 정치가 순수한 도덕적 합의의 문제가 될 수 없다는 사실이다. 실제로도 그렇지 않다. 현대 정치는 다른 수단으로 수행되는 시민전쟁이다. 바키의 경우는 하나의 전투로서, 그 선행된 역사는 이미 게티즈버그와 실로에서 이루어졌다. 이 문제에 관한 진리는 애덤 퍼거슨에 의해 서술되었다. "우리는 어떤 나라의 법이 많은 도덕적 교훈들과 같이 서술되어야 한다고 기대해서는 안 된다. (…) 법들은, 그것이 시민적이든 정치적이든, 정당들의 주장을 조정하고 사회의 평화를 보장하기 위한 정치의 보조 수단들이다. 이 보조 수단은 특별한 상황에 맞춰져 있다."(*Pinciples of Moral and Political Science*, ii, 144) 그렇기 때문에 어떤 사회의 본질은 그 사회가 갖고 있는 법으로부터만 읽어낼 수 있는 것이 아니라, 그 사회가 갖고 있는 갈등들의 지표로서 이해된 법들로부터 해독될 수 있다. 법이 우리에게 보여주는 것은 갈등이 억압되는 범위와 정도다.

그런데 만약 그것이 사실이라면, 다른 하나의 덕이 배제된 것이다. 우리가 가장 포괄적인 의미에서의 **파트리아**patria(조국)를 결여하고 있기 때문에 애국심은 더 이상 그것이 한때 의미했던 것일 수가 없다. 내가 말하고자 하는 것이 애국심에 대한 통상적 자유주의적 거부와 혼동되어서는 안 된다. 자유주의자들은 종종 —— 항상은 아니지만 —— 애국심에 대해 부정적이고 때로는 적대적이기까지 한 태도를 취했다. 그 부분적 이유는, 그들의 복종의무는 그들이 지역적이고 특수적인 것이 아니라 보편적인 것이라고 생각하는 가치들에 해당하기 때문이고, 또 다른 이유는 현대 사회에서 애국심은 종종 쇼비니즘과 제국주의를 조장하는 외관과 허울에 불과하다는 근거 있는 의심 때문이다. 그러나 지금 나에게 중요한 관점은 애국심이 감정으로서 좋은 것인가 나쁜 것인가 하는 문제가 아니라, 하나의 덕으로서의 애국심의 실천이 선진 사회에서는 그것이 한때 존재했던 방식으로는 더 이상 불가능하다는 사실이다. 국가가 시민들의 도덕적 공동체를 표현하거나 구현하는 것이 아니라, 진정한 도덕적 합의가 결여되어 있는 사회에 관료제화된 통일성을 강요하기 위한 일련의 제도적 협정들을 서술하는 모든 사회에서는 정치적 책무의 본질이 체계적으로 불투명해진다. 애국심은 일차적으로 정치적·도덕적 공동체에 대한 소속에 토대를 두고 있고, 오직 이차적으로만 공동체의 정부에의 구속에 토대를 두고 있는 덕이고 또 덕이었다. 그러나 애국심은 전형적으로 그러한 정부에 대한 책임을 수행하고 또 책임을 정부에 전가함으로써 수행된다. 그러나 도덕적 공동체와 정부의 관계가 변화된 국가의 본질뿐만 아니라 사회의 도덕적 합의의 결여를 통해 문제시될 때, 애국심에 관한 분명하고 간단하고 교육 가능한 표상을 가진다는 것은 더욱 어려워진다. 나의 국가, 나의 공동체에 대한 충성은, 변함없이 여전히 하나의 핵심적 덕으로 남아 있는, 나를 우연히 지배하고 있는 정부에 대한 복종으로부터 분리된다.

　애국심의 배척에 대한 이러한 이해가 도덕적 특수성에 대한 자유주의적 비판과 혼동되어서는 안 되듯이, 현대 국가의 정부로부터의 도덕적 자아의 필연적 분리가 국가에 대한 무정부주의적 비판과 혼동되어서는 안 된다. 나의 논증의 어느 것도 특정한 형식의 정부들이 필요하고 정당하다는 사실을 부정할 수 있는 정당한 근거를 주장하지도 함축하지도 않는다. 물론 나의 논증이 필연적으로 수반하는 것은 현대 국가가 결코 그와 같은 형식의 정부가 아니라는 사실이다. 덕의 전통은 현대 경제 질서의 핵심적 특징들과 대립 관계에 있으며, 더욱 자세하게는 그것의 개인주의, 탐욕, 시장의 가치를 사회의 핵심적 지위로 고양시키는 것과 대립 관계에 있다는 사실이 나의 논증의 앞부분으로부터 분명해졌을 것이다. 이제는 그것이 현대적 정치 질서에 대한 부정도 함축하고 있다는 사실이 분명해진다. 물론 그것은 정부를 통해 수행되고 또 여전히 수행되어야 하는 많은 과제들이 없다는 것을 의미하는 것은 아니다. 법의 통치는, 그것이 현대 국가 내에서 가능한 한 옹호되어야 하고, 불의와 부당한 고통은 보상되어야 하고, 관대는 실행되어야 하고, 그리고 자유는 방어되어야 한다. 이 모든 것은 때때로 정부 제도의 사용을 통해서만 가능하다. 그러나 모든 개별적 과제와 모든 개별적 책임은 그들의 공로에 따라 평가되어야 한다. 현대의 체계적 정치는, 자유주의적이든 보수주의적이든, 급진주의적이든 사회주의적이든, 덕의 전통에 진정으로 충성할 의무가 있는 관점에 의해 간단히 거부되어야 한다. 왜냐하면 현대 정치는 스스로 그것이 갖고 있는 제도적 형식들을 통해 이 전통에 대한 체계적 부정을 표현하고 있기 때문이다.

제18장

덕 이후: 니체인가 아리스토텔레스인가,
트로츠키 그리고 성 베네딕트

나는 제9장에서 아주 차가운 물음을 제기했다. 니체인가 아리스토
텔레스인가? 이 물음을 제기하도록 인도했던 논증은 두 가지 핵심적
전제를 갖고 있다. 첫째 전제는 오늘날 도덕의 언어가 —— 그리고 동
일한 정도에서 실천이 —— 심각한 무질서의 상태에 처해 있다는 것
이다. 이러한 무질서는 특정한 언어의 지배적인 문화적 힘으로부터
발생하는데, 우리 과거의 다양한 단계들로부터 유래하는 서로 잘 어
울리지 않는 개념적 파편들은 이 언어를 통해 사적인 논쟁과 공적인
토론에서 함께 전개된다. 그리고 이 토론들은 주로 제시된 논쟁들의
해결 불가능성과, 서로 싸우는 당파들 각각이 갖고 있는 명백한 자의
성을 통해 감지될 수 있다.

　둘째 전제는, 아리스토텔레스의 목적론에 대한 믿음이 회의되기
시작한 이래로 도덕철학자들이 도덕의 본질과 지위에 관한 합리적
이고 세속적인 대안적 설명을 제공하려고 시도했지만, 이 모든 시도
들이, 그것들이 아무리 다양하고 인상적이라고 하더라도 궁극적으
로는 실패했다는 사실이다. 이 실패는 니체에 의해 가장 명료하게 지
각되었다. 따라서 전래된 도덕적 신념과 논증의 구조들을 철저하게

파괴하자는 니체의 부정적 제안은 ── 우리가 일상적 도덕적 신념과 논증을 고려하든, 아니면 도덕철학자들이 구성한 이론들을 바라보든 간에 ── 그것이 갖고 있는 절망적이고 과정적인 성격에도 불구하고 특정한 설득력을 갖고 있다. 그것은 물론 덕에 관한 아리스토텔레스의 학설이 핵심적 위치를 차지하고 있는 도덕 전통에 대한 최초의 부정이 하나의 오해와 오류로서 판명되지 않을 경우에만 그렇다. 만약 이러한 전통이 합리적으로 방어될 수 없다면, 니체의 태도는 엄청난 설득력을 가지게 될 것이다.

그것은 물론 현재의 세계에서 지성적인 니체주의자로 존재한다는 것이 쉬울 것이라는 사실을 의미하는 것은 아니다. 현대의 사회적 삶의 연극들 속에서 인정된 성격들은 아리스토텔레스주의자나 니체주의자가 모두 거부하는 데 동의할 수밖에 없는 도덕적 신념들과 논증들의 개념과 양식들을 너무나 잘 구현한다. 관료제적 경영인, 소비하는 심미주의자, 치료사, 항의자, 그리고 이들과 유사한 수많은 사람들은 문화적으로 인식 가능한 역할들을 소유하고 있다. 소수의 전문가적 지식의 표상들과 모든 사람의 도덕적 행위의 표상들은 이러한 성격들이 실행하는 연극의 전제조건들이다. 황제가 옷을 하나도 걸치지 않았다고 외치는 것은 적어도 그 밖의 다른 사람들을 즐겁게 하기 위해 한 사람을 선택한다는 것을 의미했다. 거의 모든 사람들이 넝마를 걸치고 돌아다닌다고 천명하는 것은 훨씬 인기가 없을 것이다. 그러나 니체주의자들은 적어도 ── 다시 말해, 만약 아리스토텔레스적 전통의 부정이 오류로 판명되지 않는다면 ── 인기가 없지만 정당하다는 위안을 가질 수도 있을 것이다.

아리스토텔레스적 전통은 나의 논증에서 두 가지 상이한 자리를 차지했다. 첫째는, 내가 주장한 바와 같이 현대 도덕의 상당 부분은 이 전통으로부터 유래하는 일련의 파편화된 잔재로서만 이해될 수 있으며, 현대 도덕철학자들이 분석하고 정당화하려는 자신들의 기획을 수행할 수 없는 무능력은 실제로 그들이 작업할 때 사용하는 개념들이 파편화된 잔재와 별 설득력 없는 현대적 발명들의 혼합물이라는 사실과 밀접하게 관련이 있다. 그런데 그 밖에도 아리스토텔레스적 전통에 대한 거부는 전혀 다른 종류의 도덕성에 대한 거부였다. 이 도덕성에 따르면, 도덕에 관한 현대적 표상에서 지배적인 규칙들은 덕들이 핵심적 자리를 차지하고 있는 더 커다란 체계 내에서 자신의 자리를 가지고 있다. 그렇기 때문에 규칙의 현대적 도덕성에 —— 공리주의적이든 칸트적이든 —— 대한 니체의 거부와 부정의 설득력은 반드시 예전의 아리스토텔레스적 전통에까지 확장되는 것은 아니다.

이 전통에 대한 니체의 논쟁이 전적으로 성공적이지 않다는 것이 나의 중요한 논증들 중 하나다. 이 주장에 대한 근거는 두 가지 상이한 방식으로 서술될 수 있다. 첫째 논거는 내가 이미 제9장에서 서술했다. 니체는 그가 적으로 삼는 모든 사람들이 실패할 경우에만 성공한다. 다른 사람들은 그들이 갖고 있는 긍정적 논증의 합리적 힘 덕택에 성공할 수도 있다. 그러나 만약 니체가 승리한다면, 그는 결함 때문에 승리하는 것이다.

그러나 그는 승리하지 못한다. 나는 제14장과 제15장에서 아리스토텔레스의 도덕적 텍스트와 정치적 텍스트가 규범적인 전통을 옹호할 수 있는 합리적 경우를 개략적으로 서술했다. 니체 또는 니체주의자가 성공하기 위해서는 이 경우가 반박되어야 한다. 그것이 왜 반박될 수 없는가는 니체 주장의 거부가 정당화될 수 있는 두 가지 방식을 고찰함으로써 가장 잘 서술될 수 있다. 니체적 인간, 즉 **위버멘쉬**는 오늘날에 이르기까지 사회세계의 어느 곳에서도 자신의 선을 초월하거나 발견하지 못하고, 오직 그 자신의 새로운 법과 그 자신의 새로운 덕 목록을 명령하는 자기 자신 속의 세계에서만 자신의 선을 초월하거나 발견한다. 왜 그는 오늘날까지 사회세계에서 그에게 권위를 갖고 있는 객관적 선을 발견하지 못하는가? 이에 대한 대답은 어렵지 않다. 니체의 서술은 초월하는 위버멘쉬가 관계와 활동의 양 측면을 결여하고 있다는 점을 분명히 한다. 《권력에의 의지 *Wille zur Macht*》의 한 단편(962)의 한 부분을 고찰해보자. "위대한 인간 — 자연이 위대한 양식으로 건립하고 발명한 인간 — 그는 도대체 무엇인가? (…) 만약 인도할 수 없다면, 그는 홀로 걸어간다. 그가 도중에서 만나는 많은 것들에 호통을 치는 일이 일어날 수 있다. (…) 그는 결코 동정하는 마음을 원하는 것이 아니라 하인과 도구들을 원한다. 그는 사람과 교유하면서 항상 그들로부터 무엇인가를 **만들어내려고** 한다. 그는 자신을 전달할 수 없다는 것을 안다. 그는 그가 친숙하게 되는 것을 품위 없는 것으로 생각한다. 사람들이 그렇게 생각할 때도 그는 대개 그렇지 않다. 그가 자기 자신에게 말하지 않을 때에는 가면을 쓴다. 그는 진리를 말하기보다는 오히려 거짓을 말한다. 그것은 보다 많은 정신과 의지를 필요로 한다. 그의 내면에는 고독이 있으며, 그것은 칭찬하거나 비난할 수 없는 것으로서 어떤 상위의 법정도 가지고 있지 않은 자기 자신의 재판관이다."

이와 같은 '위대한 인간'의 성격 규정은, 고대 그리스 이래로 유럽 사회의 도덕성은 권력의지에 대한 일련의 위장에 불과하며, 이러한 도덕성에 대한 객관성 주장은 합리적으로 유지될 수 없다는 니체의 주장에 뿌리를 내리고 있다. 그렇기 때문에, 위대한 인간은 공동의 기준 또는 덕 또는 선들에 대한 호소를 통해 매개되는 어떤 관계에도 들어갈 수 없다. 그는 자기 자신의 유일한 권위이며, 다른 사람들에 대한 그의 관계는 이러한 권위의 적용일 수밖에 없다. 내가 변론한 덕에 관한 나의 설명이 유지될 수 있다면, 우리는 고독과 자기 몰두가 '위대한 인간'에게 자기 자신의 자족적인 도덕적 권위로 존재해야 하는 부담을 지운다는 사실을 분명하게 알아차릴 수 있다. 왜냐하면 만약 어떤 선의 개념이 실천, 인간 삶의 설화적 통일성, 도덕적 전통과 같은 개념들을 통해 해명되어야 한다면, 오직 선들에 관한 공통의 비전과 이해를 핵심적 유대의 끈으로 하는 공동체를 구성하는 관계에 진입함으로써만 선들, 그리고 법과 덕들의 권위에 대한 토대들이 발견될 수 있기 때문이다. 도제가 배우듯이 우리가 처음에는 순종적으로 배우려 하는 공통의 활동으로부터 자신을 분리시키는 것, 그와 같은 활동 속에서 의미와 목적을 가지고 있는 공동체들로부터 자신을 고립시키는 것은 자기 자신의 바깥에서 선을 발견할 수 있는 가능성에 빗장을 치는 것을 의미한다. 그리고 그것은 니체적 위대함을 구성하는 도덕적 유아론唯我論의 선고를 자기 자신에게 내리는 것을 의미한다. 그렇기 때문에 우리는 니체가 아리스토텔레스적 전통에 대한 논증을 자동적으로 이기지 못한다는 결론을 내려야 할 뿐만 아니라, 아마 더욱 중요하게는, 우리가 니체적 입장의 핵심에 도사리고 있는 오류를 가장 잘 이해할 수 있는 것은 바로 이 전통의 관점에 서라는 결론을 내려야만 한다.

니체 입장의 매력은 그것이 갖고 있는 분명한 진실성에 있다. 내가 수정되고 새롭게 서술된 정의주의를 위한 근거들을 서술했을 때, 진실한 사람은 적어도 과거의 도덕의 언어의 대부분을 그것이 가지고 있는 오도적 성격 때문에 더 이상 사용하지 않을 것이라는 것이 정의주의의 진리를 수용함에 따른 필연적 결과로 나타났다. 그리고 니체는 이러한 결론에 겁을 먹고 물러서지 않은 유일한 주요 철학자였다. 더욱이 현대 도덕의 언어는 유용성과 자연권과 같은 유사 개념들로 가득 차 있기 때문에 니체의 결단만이 그와 같은 개념에 말려드는 것으로부터 우리를 구원해줄 수 있는 것처럼 보였다. 그러나 이와 같은 해방을 위해 치러야 할 대가는 다른 종류의 오류에 얽혀드는 것이라는 사실이 이제는 분명해졌다. 니체의 '위대한 인간'의 개념은 비록 그것이 ─ 불행히도 ─ 내가 앞에서 허구라고 명명했던 것은 늘 아니라고 할지라도 마찬가지로 유사 개념이다. 그것은 자기 자신의 필연적 결과로부터 도피하려고 하는 개인주의의 마지막 시도를 서술한다. 그리고 니체의 태도는 자유주의적 개인주의의 현대성의 개념체계로부터의 도피 또는 이에 대한 대안으로 판명되기보다는 오히려 이 현대성의 내면적 전개에서의 대표적인 계기라는 사실이 드러난다. 그러므로 우리는 자유주의적 개인주의 사회들이 때때로 '위대한 인간'을 산출할 것이라고 예견할 수도 있다. 아아, 슬픈 일이다!

따라서 니체를 여러 의미에서 아리스토텔레스적 전통의 극단적 반대자로 보는 것은 옳았다. 그러나 결과적으로 니체의 태도는, 그 자신이 그것의 화해할 수 없는 비판자라고 간주한 바로 그 도덕적 문화의 다른 일면에 불과하다는 사실이 이제 드러난다. 그러므로 결정적인 도덕적 대립은 여러 유형의 자유주의적 개인주의와 여러 유형의 아리스토텔레스적 전통 사이에 존립하고 있는 것이다.

양자 사이의 차이들은 매우 깊다. 그것들은 윤리와 도덕을 넘어서 인간행위의 이해에까지 이르기 때문에 사회과학에 관한 —— 그 한계와 가능성들에 관한 —— 경쟁적 표상들은 인간세계에 관한 저 두 가지 대안적 시각과 밀접하게 관련되어 있다. 이러한 사실이 바로 나의 논증이 사실의 개념, 인간사에서의 예측 가능성의 한계, 이데올로기의 본질과 같은 주제들로 확장될 수밖에 없었던 이유다. 이런 주제들을 다룬 장들에서 나는 자유주의적 개인주의의 사회적 구현들에 **대립하는** 논증들을 수집했을 뿐만 아니라 사회과학과 사회 양자를 새롭게 볼 수 있는 대안적 방식, 즉 아리스토텔레스적 전통이 쉽게 친숙해질 수 있는 방식을 위한 토대를 설정했다는 것이 이제 —— 희망하건대 —— 분명해질 것이다.

나의 결론은 매우 분명하다. 한편으로 우리에게는 3세기에 걸친 도덕철학과 1세기의 사회학의 노력에도 불구하고 여전히 자유주의적 개인주의 관점에 대한, 합리적으로 대변할 수 있는 어떤 정합적 서술도 결여되어 있다. 다른 한편으로 아리스토텔레스적 전통은 우리의 도덕적·사회적 태도들과 책무들에 대한 이해 가능성과 합리성을 복원할 수 있는 방식으로 재서술될 수 있다. 그러나 비록 내가 두 가지 논증의 무게와 방향을 합리적으로 설득력 있다고 간주할지라도, 세 가지 매우 다른 관점으로부터 이와 같은 결론에 대해 제기될 세 가지 매우 다른 종류의 반박을 인식하지 않는다면 그것은 매우 사려 깊지 못한 일일 것이다.

철학에서 논증들은 좀처럼 증명의 형식을 띠지 않는다. 철학의 핵심적인 주제들에 관한 가장 성공적인 논증들도 결코 그렇지 않다(증명의 이상은 철학에서 비교적 비생산적이다). 따라서 특정한 결론에 반박하고자 하는 사람들은 마찬가지로 의지할 곳이 거의 없다. 내가 이렇게 말한다고 해서 철학의 핵심적 문제들이 전혀 해결될 수 없다는 것을 의미하지는 않는다는 점을 서둘러 덧붙이고자 한다. 오히려 그 반대다. 우리는 종종 아무런 증명들이 주어지지 않은 영역에서 진리를 근거지을 수 있다. 그러나 어떤 문제가 해결되었을 때, 그것은 종종 논쟁하는 당사자들이, 또는 그들 중 누군가가 토론에서 물러서서 이 특별한 논쟁을 조정하기 위해 적절한 합리적 절차들이 어떤 것인가를 체계적 방식으로 묻기 때문이다. 도덕철학을 위해 이런 과제를 실행하는 것이 긴박하게 필요한 시간이 다시 한번 찾아왔다고 나는 생각한다. 그러나 나는 지금 이 책에서 이 과제에 착수했다고 감히 말하지는 않겠다. 특정한 논증들에 대한 나의 부정적·긍정적 평가들은 실제로 합리성에 관한 하나의 체계적인 — 그러나 여기서는 서술되지 않는 — 설명을 **전제한다**.

이러한 설명은 — 다른 한 권의 책에 유보되어 있는 — 주로 또는 전적으로 논증에 대한 상이하고 양립할 수 없는 평가들에 기초해 나의 핵심 명제들을 평가하는 사람들에 대립해 내가 전개하기를 희망하고, 또 확실히 전개해야만 하는 것이다. 자유주의적 개인주의의 방어자들이 다양하게 섞여 있는 일련의 집단이 이런 종류의 이의 제기를 하고자 할 것이다. 그들 중 몇몇은 공리주의자이고, 몇몇은 칸트주의자이고, 또 몇몇은 내가 정의한 바 있는 자유주의적 개인주의의 주장을 자랑스럽게 공언하고, 다른 사람들은 그들을 자유주의적 개인주의에 관한 나의 설명과 결합시키는 것은 그릇된 해석이라고 주장할 것이다. 그리고 이들은 모두 서로 의견을 달리할 것이다.

이의 제기의 두 번째 집단은 내가 아리스토텔레스적 또는 고전적 전통이라고 명명한 것에 대한 나의 해석과 확실히 연관될 것이다. 왜 냐하면 내가 제시한 설명은 다양한 방식으로, 그리고 때로는 아리스 토텔레스적 도덕적 태도에 대한 다른 수용 및 해석과 확실히 차이가 난다는 것이 분명하기 때문이다. 여기서 나는 내가 깊이 존경하고 또 많이 배운 다른 철학자들과(아직 충분히 접근하지 않았다고 그들의 추 종자들은 말할 것이다) 어느 정도 의견을 달리한다. 아주 최근의 자크 마리탱Jacques Maritain, 그리고 현재의 피터 기치가 그들이다. 그러나 만약 도덕적 전통의 본질에 관한 나의 설명이 옳다면, 전통은 그것에 내재된 논쟁들과 갈등들을 통해 보존되고 발전할 것이다. 그리고 나 의 해석의 많은 부분들이 설령 비판을 견뎌내지 못한다고 할지라도, 이러한 사실의 입증은 내가 보존하고 확장하고자 노력하는 바로 그 전통을 강화할 것이다. 내가 방어하고 있는 도덕적 전통에 대해 내가 내면적이라고 간주하는 비판들에 대한 나의 태도는 순전히 외면적 비판에 대한 나의 태도와는 전적으로 구별된다. 후자가 물론 중요하 지 않은 것은 아니지만, 그것은 전혀 다른 방식으로 중요하다.

셋째, 내가 자유주의적 개인주의에 관해 말한 것에 일단 본질적으 로 동의하지만, 아리스토텔레스적 전통이 생존력 있는 대안임을 부 정할 뿐만 아니라, 우리가 자유주의적 개인주의와 이 전통 사이의 대 립을 통해 현대성의 문제들에 접근할 수 있음을 부정하고자 하는 전 혀 다른 비판자들이 있을 것이다. 우리 시대에 핵심적인 지성적 대립 은 자유주의적 개인주의와 몇몇 유형의 마르크스주의 또는 네오마 르크스주의 사이의 대립이라고 이 비판들은 천명할 것이다. 이러한 관점에 대한 지성적으로 가장 설득력 있는 대변인들은 아마 칸트로부터 헤겔을 거쳐 마르크스에 이르는 이념의 계보학을 추적하고 나서, 마르크스주의를 수단으로 하여 인간 자율의 개념은 그것이 본래 갖고 있는 개인주의적 서술들로부터 해방될 수 있고, 또 그것은 —— 소외를 극복하고, 허위의식을 제거하고, 평등과 형제애의 가치들을 실현하는 —— 하나의 가능한 공동체 형식에 대한 호소를 통해 복원될 수 있다고 주장하는 사람들일 것이다. 첫 번째 두 가지 종류의 비판들에 대한 나의 대답은 내가 이미 서술한 것 속에 함축적·명시적으로 상당 부분 포함되어 있다. 세 번째 유형의 비판에 대한 나의 대답은 조금 더 상세하게 서술될 필요가 있다. 그것은 두 부분으로 나뉜다.

첫째 대답은 도덕적으로 특별한 관점에 대한 마르크스의 주장은 마르크스주의의 도덕적 역사 자체에 의해 침식당한다는 사실이다. 마르크스주의자들이 명시적인 도덕적 태도를 취해야만 했던 많은 위기에서, 예를 들면, 세기 전환기에 독일 사회민주주의에 있었던 에두아르트 베른슈타인Eduard Bernstein의 수정주의 또는 1956년 헝가리 봉기와 스탈린에 대한 니키타 흐루쇼프Nikita Khrushchyov의 부정과 같은 위기에서 마르크스주의자들은 항상 칸트주의 또는 공리주의의 비교적 단순한 형식으로 빠져버렸다. 이것은 놀라운 사실이 아니다. 마르크스주의에는 처음부터 특정한 급진적 개인주의가 숨겨져 있다. 마르크스는 《자본론》의 제1장에서 "인간의 일상생활에서 실천적 관계들이 완전히 이해될 수 있는 이성적 상호관계와 자연과의 관계를 서술한다면" 어떻게 될 것인가를 언급한다. 그는 생산 수단에 대한 공동 소유와 생산과 분배의 다양한 규범들에 모두 자발적으로 동의하는 "자유로운 개인들의 연합"을 강조한다. 이 자유로운 개인은 마르크스에 의해 사회화된 로빈슨 크루소로 서술된다. 그러나 그가 어떤 토대 위에서 다른 사람들과 자유로운 관계를 맺을 수 있는가에 관해서는 마르크스는 우리에게 아무런 말도 해주지 않는다. 마르크스주의의 이 핵심 부분에 생겨난 공백은 후기의 어떤 마르크스주의자에 의해서도 메워지지 않는다. 추상적 도덕원리와 유용성들은 실제로 마르크스주의자들이 의존한 결합의 원리들이었으며, 그들의 실천을 통해 마르크스주의자들은 정확하게 그들이 다른 사람들에게서 이데올로기적이라고 비난한 도덕적 태도를 보여주었다는 사실은 그리 놀라운 것이 아니다.

둘째, 마르크스주의자들은, 내가 이미 언급한 바와 같이, 권력을 추구할 때면 항상 베버주의자가 되는 경향이 있다. 내가 여기서 말하는 것은 물론 최선의, 말하자면 유고슬라비아와 이탈리아의 마르크스주의자들이다. 모스크바에서 지배하고 있는 집단적 차르[러시아 황제]의 야만적 전제정치는, 보르지아 교황의 삶이 기독교의 도덕적 실체에 아무런 의미가 없는 것과 같이, 마르크스주의의 도덕적 실체의 문제에 대해 무의미한 것으로 간주될 수 있다. 그럼에도 마르크스주의는 실천의 지침으로서, 즉 특별히 계몽적인 종류의 정치로서 추천되어왔다. 삶의 말년에 소비에트 연방이 어떤 의미에서든 과연 사회주의 국가인가 하는 문제와 직면했던 트로츠키는 마르크스주의의 범주들이 과연 미래를 해명해줄 수 있는가 하는 문제와 함축적으로 부딪혔던 것이다. 그 자신은 모든 것을 소비에트 연방에서 일어날 수 있는 미래의 사건들에 관한 일련의 가설적 전제조건들, 즉 트로츠키가 죽고 난 후에 비로소 검증된 전제조건들의 결과로 돌렸다. 이 전제조건들이 가져온 대답은 분명했다. 트로츠키 자신의 전제조건들은 소비에트 연방이 사회주의가 아니며, 인간 해방에 이르는 길을 해명해야 했던 이론이 실제로는 어둠 속으로 인도했다는 사실을 포함한다.

마르크스적 사회주의는 그 핵심에서 철저하게 낙관주의적이다. 왜냐하면 자본주의적·부르주아적 제도들에 대한 사회주의의 비판이 아무리 철저하고 비타협적이라고 할지라도, 그것은 이러한 제도들로 구성된 사회 속에서 보다 좋은 미래를 위한 모든 인간적·물질적 전제조건들이 축적된다고 주장할 수밖에 없기 때문이다. 만약 선진 자본주의의 도덕적 빈곤화가 많은 마르크스주의자들이 동의하는 것처럼 실제로 그렇다면, 미래를 위한 그러한 자원들은 도대체 어디에서 나와야 한단 말인가? 마르크스주의가 바로 이 지점에서 자기 자신의 **위버멘쉬**를 생산하려고 한다는 사실은 그리 놀라운 일이 아니다. 루카치Georg Lukacs의 이상적 프롤레타리아와 레닌주의의 이상적 혁명가. 마르크스주의가 베버적 사회민주주의 또는 천박한 전제주의로 변질되지 않는 곳에서 그것은 니체적 환상이 되려는 경향이 있다. 트로츠키의 냉철한 결단의 가장 경탄할 만한 측면들 중 하나는 그와 같은 모든 환상들에 대한 그의 거부였다.

트로츠키의 마지막 저서들을 진지하게 받아들이는 마르크스주의자는 마르크스적 전통에는 매우 낯선 비관론에 빠질 수밖에 없게 된다. 그리고 비관주의자가 된다면, 그는 중요한 방식에서 마르크스주의자로 존재하는 것을 중단하게 될 것이다. 왜냐하면 그는 발전한 자본주의의 구조들을 대체할 수 있는 정치적·경제적 구조들의 어떤 용인 가능한 대안적 세트를 더 이상 발견하지 못할 것이기 때문이다. 이런 결론은 물론 나 자신의 것과 일치한다. 왜냐하면 나는 마르크스주의가 **정치적** 전통으로서 고갈되었다고 생각할 뿐만 아니라 —— 마르크스주의의 깃발을 드는 서로 갈등하는 수많은 정치적 추종자들에 의해 입증된다는 주장이다. 이는 물론 마르크스주의가 여전히 현대 사회에 대한 이념들의 가장 풍부한 원천들 중 하나가 아님을 의미하는 것은 아니다 ── 우리 문화의 거의 모든 정치적 전통들이 이와 같은 고갈을 공유하고 있다고 믿기 때문이다. 이것은 앞장의 논증들로부터 끌어낼 수 있는 결론들 중 하나다. 그렇다면 이러한 사실로부터 내가 현재 방어하고 있는 도덕적 전통이 의미 있는 어떤 현재의 정치도 결여하고 있다는 결론이 추론되는 것은 아닌가? 또 더 일반적으로 말하자면 나의 논증은, 나와 그것을 수용하는 다른 사람들을 일반화된 사회적 비관주의를 수용할 수밖에 없도록 만든다는 결론이 추론되는 것은 아닌가? 결코 그렇지 않다.

어떤 역사적 시기와 다른 역사적 시기를 너무 긴밀하게 비교하는 것은 항상 위험하다. 이들 중에서 우리를 가장 오도하는 비교들에는 유럽과 미국의 우리 시대와 로마제국의 몰락부터 초기 중세의 암흑시대에 이르는 시대 사이의 비교가 있다. 그럼에도 특정한 유사점들이 존재한다. 선의를 갖고 있는 남자들과 여자들이 로마제국을 지지하는 과제로부터 등을 돌리고, 문명과 도덕적 공동체의 지속을 이 제국의 유지와 동일시하는 것을 중단했을 때, 그것은 고대 역사에서 결정적 전환점을 이루었다. 그들이 그 대신에 성취하고자 했던 것은 ── 그들은 종종 그들이 행하고 있는 것을 완전히 인식하지 못했다 ── 도덕성과 문명이 도래하는 야만과 암흑의 시대를 극복할 수 있도록 도덕적 삶이 보존될 수 있는 공동체의 새로운 형식들을 건립하는 것이었다. 만약 현재의 도덕적 상황에 관한 나의 설명이 옳다면, 우리 역시 얼마 전부터 이 전환점에 도달했다는 결론을 내려야만 한다. 이 단계에서 중요한 것은 이미 우리 위에 그림자를 드리운 새로운 암흑시대를 거쳐 문명과 지성적·도덕적 삶이 보존될 수 있는 공동체의 지역적 형식들을 건립하는 것이다. 그리고 만약 덕의 전통이 지난 암흑시대의 공포를 극복할 수 있었다면, 우리가 희망을 걸 수 있는 근거가 전혀 없는 것은 아니다. 그러나 이번에는 야만인들이 경계선 바깥에서 기다리고 있지 않다. 그들은 이미 오래전부터 우리를 지배하고 있다. 그리고 이러한 곤경의 일부를 구성하는 것은 다름 아닌 이러한 사실에 대한 의식의 결여다. 우리는 고도를 기다리고 있는 것이 아니라 다른 — 의심의 여지 없이 전혀 상이한 — 성 베네딕트를 기다리고 있는 것이다.

제19장　제2판에 부치는 후기

나는 이 책의 제1판에 대한 다양한 비판들에 많은 빚을 지고 있다. 몇몇 비판들은 이름의 혼동부터 조토에 관한 사실적 오류에 이르는 많은 오류를 지적했다. 몇몇 비판들은 이 책《덕의 상실》에 논증적 연속성을 부여하는 역사적 이야기의 부적절성을 꼬집었다. 몇몇 비판들은 현대 사회 그리고 더욱 특별하게는 현재 사회의 상황에 대한 나의 진단에 이의를 제기했다. 그리고 몇몇 비판들은 다양한 방식으로 특별한 논증의 본질과 방법에 물음표를 붙였다.

첫째 종류의 비판에 응답하는 것은 그렇게 어렵지 않았다. 이제까지 알려진 모든 오류가 제2판에서는 수정되었다. 이 점에서 나는 특히 휴 로이드 존스와 로버트 워치브로이트Robert Wachbroit에게 감사하게 생각한다. 다른 유형의 비판들에 대답하는 것은 더욱 어려운 과제일 뿐만 아니라, 그것은 내가 비판자들의 다양한 분과학문적 관심에 맞춰진 많은 장기적 연구 계획을 수행할 것을 요구한다. 왜냐하면 내가《덕의 상실》을 집필하면서 두 가지 중첩된 문제에 몰두했다는 것은 이 책의 장점인 동시에 약점이기 때문이다. 그것은 인간의 삶 내에서의 덕들의 위치에 관한 유일하지만 복잡한 명제의 전체 구조를 서술하고 ── 그것이 비록 이 명제에 속해 있는 종속적 논증들을 상세하게 서술하는 대신 개략적으로 윤곽을 그리는 결과를 초래하기는 하지만 ── 또 나의 명제가 관습적인 학문분과의 통상적 경계들과 얼마나 일치하지 않는가 하는 점을 분명하게 보여주는 방식으로 그것을 서술하는 것이다. 이 학문분과의 경계들은 본질적인 상관관계들을 파괴하거나 은폐하는 방식으로 우리의 사유를 ── 그것이 비록 개개의 자율적인 분과학문들이 묶여 있는 관점에서 보아도 커다란 부적절성을 함축한다고 할지라도 ── 분할하는 효과를 가져온다. 희망컨대 적어도 요구되고 있는 몇 부분은《인콰이어리*Inquiry*》,《아날뤼제 운트 크리틱*Analyse und Kritik*》,《사운딩스*Soundings*》와 같은 학술 잡지에서 몇몇 비판자들과의 의견 교환을 통해 제공되리라고 생각한다. 그리고 내가 지금 작업하고 있는《덕의 상실》의 속편인《정의와 실천적 추론*Justice and Practical Reasoning*》에서 더욱 많은 것들이 교정될 수 있을 것이라고 희망한다. 그러나 몇몇 비판들은《덕의 상실》의 독자들이 가지고 있는 즉각적인 불만의 일부는 논증의 전체 구조에 핵심적 의미를 가지고 있거나 이 전체 구조에 의해 전제되고 있는 입장들을 재서술함으로써, 비록 완전히 제거되지는 않는다고 할지라도, 적어도 완화될 수 있다는 점을 나에게 확신시켜주었다. 이러한 필요가 가장 긴박하게 요구되는 곳은 아마 세 가지 독립적인 영역일 것이다.

1. 역사와 철학의 관계

"나를 괴롭히는 것은 '역사와 철학'을 구분하지 않는 것과, 매킨타이어가 행하고 있는 것처럼 역사적 탐구가 철학적 관점을 근거지을 수 있다는 인상을 주는 것이다"라고 W. K. 프랑케나w. K. Frankena(*Ethics*, 93, 1983, 500)는 쓰고 있다. 프랑케나는 여기서, 비록 다른 학문적 정통들과 마찬가지로 긴장의 징후를 보이고 있지만, 여전히 학문적 정통으로 존립하고 있는 것을 대변하고 있다. 이 견해에 따르면, 철학과 역사는 전혀 별개의 것이다. 정치사가에게 제국의 흥망을 서술하는 과제가 주어지는 것처럼, 이념사가에게는 이념들의 부침을 서술하는 과제가 할당된다. 철학자에게 유보된 과제들은 두 가지 종류다. 철학 자체보다는 다른 주제 대상들, 예를 들면 도덕과 연관된 곳에서 철학자들에게 떨어지는 과제는 이 특수 영역 내에서 적절한 합리성과 진리의 기준을 규정하는 것이다. 그리고 철학 자체가 연구 대상이 된 곳에서는 최선의 합리적 방법을 수단으로 무엇이 실제로 진리인가를 규정하는 것이 철학자들의 과제다. 프랑케나가 하나의 철학 이론으로서의 정의주의에 관해 다음과 같이 말할 때, 그가 전제하고 있는 것은 바로 이와 같은 학문적 분업에 관한 표상인 것처럼 보인다. "만약 내가 올바른 개념적 장치를 가지고 있다면, 나는 어떤 견해를 역사적 발전의 결과로 보지 않고서도 그 견해가 어떤 것인가를 이해할 수 있다. 그리고 내가 볼 수 있는 한, 나는 그것을 그러한 결과로 보지 않고서도 그 견해의 지위를 참 아니면 거짓, 또는 합리적이라고 믿을 수 있다고 평가할 수 있다. 매킨타이어는 실제로 정의주의에 대한 그 자신의 반대 논증을 분석철학으로부터 끌어냈다. 그리고 도덕을 정당화하고자 하는 현대적 시도들이 실패하고, 또 실패할 수밖에 없다는 그의 주장은 역사와 같은 것에 의해서가 아니라 오직 분석철학에 의해서만 확립될 수 있는 주장이다."(같은 곳)

이러한 견해들에 대해 나는, 분석철학이 선호하는 것과 같은 종류의 논증들은 비록 우리가 소홀히 할 수 없는 힘을 소유하고 있지만, 그러한 논증들은 오직 특정한 양식의 역사적 탐구의 맥락 안에서만 철학자들이 전형적으로 정당화하고 싶어 하는 유형의 진리와 합리성에 관한 주장을 뒷받침할 수 있다고 계속 말할 수밖에 없다. 프랑케나가 언급하고 있듯이 나는 물론 이렇게 주장하는 최초의 철학자는 아니다. 그는 헤겔과 콜링우드의 이름을 드는데, 그는 아마 비코의 이름을 언급할 수도 있을 것이다. 왜냐하면 적어도 도덕철학의 주제 대상들, 즉 도덕철학자들이 연구하는 가치평가적이고 규범적인 개념들, 준칙들, 논증과 판단들은 다른 어느 곳에서가 아니라 특정한 사회적 집단의 역사적 삶이 구현된 곳에서만 발견되기 때문에 역사적 실존의 전형적 특징들을 소유하고 있다는 부정할 수 없는 사실의 의미와 중요성을 최초로 강조한 것이 바로 비코였기 때문이다. 이 특징들은 시간을 통한 정체성과 변동, 담론뿐만 아니라 제도화된 실천 속에서의 표현, 다양한 활동 형식을 지닌 상호작용과 상호관계 등이다. 특정한 사회의 도덕으로 존재하지 않는 도덕은 어디에서도 발견되지 않는다. 기원전 4세기 아테네의 도덕이 있었고, 13세기 서부 유럽의 다양한 도덕들이 있었고, 또 수많은 그와 같은 종류의 도덕들이 있다. 도대체 도덕 자체라는 것이 어디에 있었고, 또 어디에 있단 말인가?

　칸트는 물론 이 물음에 성공적으로 대답했다고 믿었다. 프랑케나가 변호하는 분석적 도덕철학뿐만 아니라 내가 대변하는 유형의 역사주의가 본질적 부분에서 칸트의 초월적 대답의 비판에 대한 응답이라는 사실은 중요하다. 왜냐하면 사유와 의지 모두에서 합리적인 존재가 필연적으로 동의해야만 하는 원리와 표상이 존재한다는 것이 인간 이성의 본질이라는 칸트의 명제는 두 가지 상이한 결정적 반박에 부딪히기 때문이다. 헤겔과 그 이후의 역사주의자들이 매우 중요하게 생각한 하나의 비판은 칸트가 인간 정신의 보편적·필연적 원리로 제시한 것이 실제로는 인간행동과 연구의 특정한 시간과 장소, 단계에 고유한 원리들로 판명되었다는 사실이다. 칸트가 자연과학의 원리와 전제조건으로 간주한 것이 궁극적으로는 뉴턴 물리학에 고유한 원리와 전제조건들이라는 사실이 마찬가지로 밝혀졌다. 그리고 칸트가 도덕 자체의 원리와 전제조건으로 간주한 것은 매우 특별한 도덕, 즉 현대의 자유주의적 개인주의를 자신의 근본 헌장의 하나로 만든 세속적 프로테스탄티즘의 원리와 전제조건으로 판명되었다. 그렇기 때문에 보편성에 대한 주장은 완전히 실패한다.

두 번째 반박들은 칸트의 초월철학적 기획에 의해 요구되는 필연성, 아프리오리a priori, 경험의 개념과 범주의 관계에 관한 표상들이 유지될 수 없다는 결과를 가져왔다. 그리고 본래의 칸트적 입장에 대한 철학적 비판의 연속의 역사는 ―― 처음에는 신칸트학파에 의해, 나중에는 논리적 경험론자들에 의해 더욱더 철저하게 재서술되었고, 이 재서술에 대한 비판의 역사는 ―― 분석철학이 현재 모습으로 발전해온 역사에서 핵심적이다. 칸트적 기획과 그의 추종자들에게 핵심적인 구분이 최근에 콰인, R. W. 셀라스R. W. Sellars, 넬슨 굿맨Nelson Goodman과 다른 사람들에 의해 최종적으로 파괴되었다는 것은 리처드 로티Richard Rorty에 의해 연대기적으로 서술되었다. 리처드 로티는 그것이 무엇이 철학의 핵심 문제인가에 관한 분석철학자 공동체의 합의를 상당 부분 축소시키는 결과를 가져왔다는 점을 언급했다.(*Consequences of Pragmatism*, Minneapolis, 1982, 214~217) 그러나 이것만이 유일하고 가장 중요한 결과는 아니다.

왜냐하면 분석철학이 진보하면서 보편적 필연적 원리들에 대한 신념에는 —— 순수 형식적인 연구들의 영역 바깥에서는 —— 일련의 가정들과 관계없는 어떠한 토대도 존재하지 않는다는 것을 근거짓는 데 성공했기 때문이다. 데카르트적 제일 원리들, 칸트의 아프리오리적 진리들, 그리고 그렇게 오랫동안 경험주의에 끊임없이 붙어 다녔던 관념의 유령들은 모두 철학으로부터 추방되었다. 그 결과는 분석철학이 추론의 연구에만 자신의 과제를 제한시키는 하나의 분과 —— 또는 하부 분과? —— 가 되었다는 것이다. "그것들 상호 간의 모든 추론적 관계 속에서 가능한 주장들의 전체 우주를 인식하고, 또 그렇게 함으로써 어떤 논증을 구성하거나 비판할 수 있게 되는 것이 철학적 능력의 이상이다"(219)라고 말함으로써 로티는 그런 주장을 한다. 그리고 데이비드 루이스David Lewis는 다음과 같이 쓰고 있다. "철학적 이론들은 확정적으로 반박되지 않았다(아니면 결코 반박된 적이 없다. 쿠르트 괴델Kurt Gödel과 에드먼드 게티어Edmund Gettier는 아마 그렇게 했을지도 모른다). 이론은 반박에도 불구하고 살아남는다. 하나의 대가를 치르고 (…) 우리의 '직관들'은 의견에 지나지 않는다. 우리의 철학적 이론들도 마찬가지다. (…) 그것들의 평형 상태를 유지하는 것이 철학자의 이성적 과제다. 우리의 공통 과제는 시험을 견뎌낼 수 있는 평형 상태가 어떤 것인가를 알아내는 것이다. 그러나 우리는 각자 이러한 평형 상태들의 이것 또는 저것에서 안정을 취할 수도 있다. (…) 언젠가 잘 이루어진 이론들의 메뉴가 우리 앞에 펼쳐지면, 철학은 의견의 문제가 된다."(*Philosophical Papers*, Volume I,

Oxford, 1983, x~xi)

다시 말하자면, 분석철학은 부정적 종류의 실천적 결론들을 우연히 산출할 수 있는 것이다. 몇몇의 경우 분석철학은 어떤 입장에는 어떤 이성적 인간도 그것을 계속 주장할 수 없을 정도로 너무 많은 비정합성과 비일관성이 들어 있음을 보여줄 수 있다. 그러나 사용 가능한 모든 경쟁적 대안적 입장이 충분한 타당성의 영역과 규모를 가지고 있고, 또 모든 입장의 추종자들이 정합성과 일관성을 보장하기 위해 필요한 대가를 치를 용의가 있는 경우들에서, 분석철학은 어떤 특정한 입장의 합리적 수용 가능성도 정당화할 수 없다. 그렇기 때문에 로티와 루이스보다 철학적으로 덜 자기의식적인 저자들의 현재의 분석철학적 글들 속에는 독특한 맛이 있는 것이다. 이 글들 속에는 최대의 엄밀성을 보장하기 위해 가장 발전된 논리적·의미론적 기술들이 사용되는 논증의 구절들이, 느슨하게 연관된 자의적 선호체계들을 서로 결합시키는 일만 하는 듯 보이는 구절들과 교차하고 있다. 현재의 분석철학은 프레게와 카르나프에게 많은 빚을 지고 있는 용어와, 단순한 실존주의의 형식들로부터 유래하는 용어의 묘한 결합을 보여주고 있는 것이다.

이러한 결과가 역사주의자들에게 시사하는 것은 무엇보다도 로티와 루이스, 그리고 실제로는 프랑케나에 의해 대변되고 있는 분석철학자들이 논증들을 —— 그들이 본래 뿌리를 내리고 있거나, 있었고, 또 특징적이게도 그들의 중요성을 도출해내는 —— 활동과 탐구의 사회적·역사적 콘텍스트로부터 추상화된 연구 대상들로서 계속해서 보려고 결심한 것처럼 보인다는 점이다. 그러나 만약 그렇게 한다면, 분석철학자들은 칸트 자신의 선험철학적 기획에 대한 첫 번째 핵심적 반박으로부터 발생한 오해들을 그들의 칸트적 선조들로부터 물려받기 쉽다. 왜냐하면 우리가 만약 뉴턴 역학의 원리와 범주들을 합리성 자체의 요청들을 충족하는 것으로 간주한다면, 우리는 17세기 말과 18세기 초 물리적 탐구의 실질적 맥락에서 당시 가용한 다른 경쟁적 대안들보다 그것들을 합리적으로 우월하게 만들었던 것을 알기 어렵게 할 것이기 때문이다.

뉴턴 물리학을 갈릴레이적·아리스토텔레스적 선조들과 데카르트적 경쟁자들보다 합리적으로 우월하게 만들었던 것은, 그의 선조들과 경쟁자들이 과학적 진보에 관해 갖고 있는 그들 자신의 기준으로서는 어떤 진보도 성취할 수 없었던 영역에서 문제들을 해결함으로써 그들의 한계를 넘어설 수 있었다는 사실이었다. 그렇기 때문에 우리는 뉴턴 물리학이 도전하고 대체했던 선조들과의 관계의 맥락에서가 아니라면 그것의 합리적 우월성이 어디에 근거하고 있는지 말할 수 없다. 만약 우리가 뉴턴 물리학을 그것의 콘텍스트로부터 추상화하고 난 다음 다른 것에 대한 하나의 합리적 우월성이 어디에 근거하고 있는가를 묻는다면, 우리는 해결할 수 없는 불가공약성의 문제에 부딪히게 될 것이다. 그렇기 때문에 뉴턴과 그의 추종자들이 그들의 견해를 어떻게 수용하고 방어하게 되었는가를 아는 것은 뉴턴의 물리학이 왜 합리적으로 우월하다고 간주되어야 하는가를 인식하는 데 본질적이다. 물리과학의 철학은 물리과학의 역사에 의존한다. 그런데 도덕의 경우도 이와 다르지 않다.

도덕철학은, 그것이 아무리 그 이상의 것을 성취하고자 하는 열망을 가지고 있다고 할지라도, 항상 특정한 사회적·문화적 관점의 도덕성을 서술한다. 아리스토텔레스는 기원전 4세기 아테네인들의 한

계급의 대변인이다. 칸트는 내가 이미 언급한 바와 같이 막 출현하는 자유주의적 개인주의의 사회적 힘들에 합리적 목소리를 제공한다. 그러나 사태들을 이런 식으로 보는 것은 적절치 않은데, 그것은 여전히 도덕과 도덕철학을 별개의 것으로 다루기 때문이다. 그런데 모든 도덕성은 그 핵심에 행위의 근거가 더 적합하다거나 덜 적합하다고 평가할 수 있는 판단의 기준을 가지고 있으며, 또 성격의 특징들이 행위의 특성들과 어떤 관계에 있으며, 규칙들은 어떻게 서술되어야 하는가 하는 문제와 관련된 판단들과는 어떤 관계에 있는가에 관한 표상들을 갖고 있다. 비록 모든 특별한 도덕에는 그 속에 철학 이상의 것이 함축되어 있기는 하지만, 그것에 대한 복종의무가 명시적이든 함축적이든 특정한 철학적 태도를 포함하지 않는 도덕은 없다. 도덕철학들은 무엇보다도 합리적 복종의무에 대한 특정한 도덕의 주장들을 명시적으로 서술한 것이다. 그렇기 때문에 도덕의 역사와 도덕철학의 역사는 하나의 동일한 역사다. 따라서 경쟁적인 도덕들이 경쟁적이고 양립 불가능한 주장들을 제기하면, 도덕철학의 차원에서는 항상 다른 것에 대한 합리적 우월성의 근거 있는 주장을 제시할 수 있는 능력과 관련된 문제가 발생한다.

이 주장들은 어떻게 판단되어야 하는가? 자연과학의 경우와 마찬가지로 일반적 초시대적 기준은 존재하지 않는다. 특정한 도덕철학과 특정한 도덕의 합리적 우월성은 경쟁자 또는 경쟁자들의 한계를 ── 그것들이 실제로는 확인되지 않는다고 할지라도 ── 확인하고, 다시 말해 경쟁적 도덕의 주장자들이 복종하기로 되어 있는 합리적 기준을 수단으로 확인하고 극복할 수 있는 "특정한 도덕의 주장을 표현하는 특정한 도덕철학"의 능력 속에서 나타난다. 도덕과 도덕철학의 역사는 기존의 도덕적 질서에 대한 지속적인 도전의 역사다. 그것은 또한 어느 편이 합리적 논증에서 다른 편을 이겼는가 하는 물음이 항상 어느 편이 사회적·정치적 지배권을 유지하거나 획득했는가 하는 물음에 달려 있는 역사다. 그리고 오직 이 역사와의 관계에서만 합리적 우월성의 문제들은 해결될 수 있다. 이러한 관점에서 쓰인 도덕과 도덕철학의 역사는, 과학의 역사가 오늘날 과학철학의 기획에 필수적인 것처럼, 현재의 도덕철학의 기획에 필수적이다.

이제는 프랑케나와 내가 왜 의견을 달리하고 있는가 하는 점이 더욱 분명해졌기를 희망한다. 그는 분석철학의 방법들이 무엇이 옳고 그르며 도덕철학에서 이성적으로 믿을 수 있는 것이 무엇인가를 정당화하는 데 충분하며, 또 역사적 탐구가 별로 중요하지 않다고 주장하고 있는 것처럼 보인다. 이와는 반대로 나는 어떤 특수한 관점을 정당화하기 위해서는 역사적 탐구가 요청된다고 생각할 뿐만 아니라, 모든 관점이 특수한 콘텍스트 속에서 다른 개별적 경쟁자들에 대한 자신의 합리적 우월성을 근거짓거나 또는 근거짓는 데 실패하는 것은 바로 역사적 대립을 통해서라고 주장한다. 이 과정에서 분석철학의 많은 숙련과 기술들이 전개될 것이다. 그리고 몇몇 드문 경우에만 이 기술들은 어떤 견해를 충분히 문제시할 수 있을 것이다. 그렇기 때문에 내가 어떤 특정한 이론 또는 일련의 이론들이 실패하고 있다는 사실을 정당화하기 위해 이따금 분석철학으로부터 끌어온 논증들을 사용하고 있다는 프랑케나의 말이 정확하다고 할지라도, 그것이 나의 역사주의와 일치하지 않는다거나, 분석철학은 도덕철학 내에서 어떤 긍정적 관점을 주장할 수 있는 충분한 근거를 제공할 수 없다는 견해에 대한 나의 부정과 그것이 일치하지 않는다는 죄를 그는 나에게 씌울 수 없는 것이다.

그러므로 직관주의적 도덕적 이론화와 특정한 도덕적 판단의 실천이 특정한 형태로 역사적으로 결합한 것에 대한 대답으로서 정의주의가 발생했다고 이해한다면, 우리는 정의주의의 주장들을 도덕적 판단에 사용되는 문장들의 초시간적 의미에 관한 명제로서(별로 설득력이 없는 명제로서) 이해할 수 있을 뿐만 아니라, 특히 역사적 상황들의 보다 넓거나 좁은 틀 안에서 타당성을 가질 수 있는 도덕적 판단들의 사용과 기능에 관한 경험적 명제로서 이해할 수 있다. 그렇기 때문에 이론이 어떤 상황에서 어떻게 발전해왔는가를 이해 가능하게 만드는 것은 이 이론의 이해와 평가에서 매우 중요한데, 그것이 중요해지는 방식은 프랑케나가 철학적 탐구와 역사를 예리하게 구분함으로써 은폐되고 있는 것이다.

이 구분에 대해 나는 다음과 같이 응답하고자 한다. 만약 우리가 내가 염두에 두고 있는 종류의 역사를 — 그것은 내가 《덕의 상실》에서 쓰고자 시도한 바로 그것이다 — 쓸 수 있다면, 합리적 우월성과 관련해 어떤 이론의 패배와 다른 이론의 승리를 연대기적으로 서술함으로써 연대기 편찬자인 우리는 다른 이론에 대한 어떤 이론의 합리적 우월성을 판단할 수 있는 기준들을 이 역사에 설정해야 한다. 이 척도들은 합리적 정당화를 필요로 한다. 그리고 이 정당화는 이 척도들에 대한 정당화가 제공되고 난 다음에야 비로소 쓰일 수 있는 역사에 의해 제공될 수 없다. 그렇기 때문에 역사주의자들은 은연중에 비역사적 척도들에, 즉 추측건대 초월적 정당화 또는 분석철학적 정당화를 통해 — 다시 말해, 내가 거부한 정당화를 통해 — 제공되어야 하는 척도들에 호소한다.

이러한 반박은 실패한다. 왜냐하면 무엇이 어떤 이론을 다른 이론에 대해 합리적으로 우월하게 만드는가에 관한 이론들과 연관된 우리의 상황은 과학 이론 또는 도덕과 도덕철학과 연관된 우리의 상황과 다르지 않기 때문이다. 후자의 경우와 마찬가지로 전자의 경우에도 우리는 완벽한 이론을 추구해서는 안 된다. 우리가 갖고자 열망해야 하는 것은, 그 이론이 이의 제기를 통해 논파할 수 없거나 거의 논파할 수 없기 때문이 아니라 이런 부류의 이론의 역사에서 이제까지 있었던 최선의 이론이기 때문에 모든 합리적 존재가 필연적으로 동의할 수밖에 없는 이론이다. 그렇기 때문에 우리는 이제까지의 최선의 이론이 그래왔던 것처럼 어떤 유형의 이론이든 최선의 이론을 제공하려고 추구해야만 한다. 그 이상도 이하도 아니다.

이러한 사실로부터 이런 종류의 철학사의 집필은 결코 완성될 수 없다는 결론이 도출된다. 특정한 영역에서 — 자연과학이든, 도덕과 도덕철학이든, 이론의 이론이든 간에 — 이제까지 최선이었던 기존 이론에 대한 새로운 도전이 나타나서 그것을 대체할 수 있는 가능성이 항상 열려 있어야 한다. 그렇기 때문에 이러한 종류의 역사주의는 헤겔의 역사주의와는 달리 반증주의의 형식을 포함하고 있다. 그것은 절대적 지식에 대한 모든 주장을 배제하는 역사주의의 종류다. 그럼에도 만약 몇몇 특별한 도덕체계가 그 선조들의 한계를 성공적으로 극복하고, 그렇게 함으로써 선조들을 이해하는 데 필요한 최선의 수단들을 제공했다면, **그리고** 일련의 경쟁적 관점들에 의한 성공적 도전에 직면했지만 모든 경우에 이 관점들의 약점과 한계들을 피하면서 동시에 이 관점들의 강점을 수용하는 데 필요한 방식으로 스스로를 변화시킬 수 있다면, **그리고** 이 관점들의 약점과 한계들에 관한 최선의 설명을 제공했다면, 우리는 미래의 도전들 역시 성공적으로 대처될 수 있고, 어떤 도덕체계의 핵심을 이루는 원리들은 계속해서 원리들로 남을 것이라고 확신할 수 있는 충분한 근거를 갖고 있는 것이다. 그리고 바로 이러한 사실들이 내가 《덕의 상실》에서 아리스토텔레스의 기초적 도덕체계에 부여한 업적이다.

내가 이와 같은 유형의 역사주의적 주장을 했고, 또 하고 있다는 사실은 충분히 분명하게 서술되지 않았다. 그리고 내가 그것을 지지하기 위해 전개한 논증의 형식은 적절하게 구체화되지 않았다. 왜냐하면 내가 계몽주의적 기획이라고 명명한 것에 관해서 이 기획의 주창자들이 유일하게 정당화될 수 있는 일련의 도덕원리들을 구체적으로 서술하는 데 성공하지 못했기 때문이다. 그들이 자기 자신의 기준에 의해 실패했다고 주장하거나 혹은 니체의 도덕철학 역시 자기 자신의 기준에 의해 실패했다고 주장했기 때문만은 아니다. 나는 이 실패들을 이해할 수 있는 토대들이 덕에 관한 아리스토텔레스적 설명에 의해 산출되는 자원으로부터만 제공될 수 있다고 주장했다. 내가 서술한 방식에서의 아리스토텔레스적 설명은 그것이 대처해온 특별한 역사적 대립들 중에서 이제까지 최선의 이론으로 판명된다. 그러나 나는 이러한 주장을 이제까지 유지하고 있다고 《덕의 상실》에서 주장하지도 않았으며, 또 지금도 주장하지 않고 있다는 사실에 주목해야 한다. 무엇이 더 이루어질 수 있단 말인가?

아네트 바이어Annette Baier는 내가 흄의 입장의 감정들을 이해하지 못했다고 《아날뤼제 운트 크리틱》에 발표된 한 논문에서 비난했다. 오노라 오닐Onora O'Neill은 칸트에 관한 나의 설명이 선별적이며 단순화되어 있다고 《인콰이어리》의 한 논문에서 논박했다. 나는 두 사람의 불평에 깊이 공감한다. 왜냐하면 흄과 칸트에 의해 제시된 실천적 추론에 관한 두 가지 상이한 설명들은 실제로 아리스토텔레스적 체계와 그 속에 포함된 실천적 추론에 관한 설명에 대한 핵심적인 도전을 서술하기 때문이다. 이 세 설명들의 관계가 명료하게 밝혀지기 이전에는《덕의 상실》의 핵심적 주장이 이 책의 논증적 이야기에 의해 전제되는 역사주의적 지식 이론이 요청하는 방식으로 정당화되지 않을 것이다.

끝으로《덕의 상실》에서 철학과 역사가 결합되는 방식에 대한 전혀 다른 종류의 비판도 언급되지 않고 넘어갈 수는 없을 것이다. 프랑케나는 내가 분석철학을 충분히 평가하지 않고 있다고 생각한다. 에이브러햄 에델Abraham Edel은 내가 너무나 분석주의적이라고 생각하고, 나를 "나의 이단적 학설이" 분석철학적 전통의 끈에 의해 여전히 묶여 있는 "이단적 분석주의자"에 지나지 않는다고 비난한다.(*Zygon*, 18, 1983, 344) 그의 비판의 요점은 첫째, 내가 명시적 이론화의 차원, 서술된 개념들, 그리고 다양한 민족들이 그들의 상황에 관해 말하고 있는 이야기들에 너무 많은 주의를 기울이고, 이 민족들의 실제적인 사회적·제도적 삶에는 별로 주의를 기울이지 않는다는 것이다. 둘째 요점은 나의 당파심이 실제로는 매우 복잡한 도덕의 역사를 나 자신의 아리스토텔레스적 관점을 위해 왜곡하도록 만들었다는 것이다. 프랑케나가 나를 역사에 대한 전혀 중요하지 않은 추가적 관심을 가진 부적절한 분석철학자로 보고 있는 곳에서, 에델은 분석철학을 불필요하게 끌어들이는 부적절한 사회사가로 보고 있는 것이다. 그렇기 때문에 에델의 비판은 프랑케나의 비판의 경상鏡像에 지나지 않는다. 그리고 그것은 그렇게 놀라운 일이 아니다.

왜냐하면 내가 서술하고자 하는 철학사가 특정한 곳에서 분석철학의 교의와 단절하는 것과 같이 그것은 다른 곳에서는 강단적 사회사의 교의와 —— 그것도 아마 두 가지 방식으로 —— 결별하기 때문이다. 첫째, 내가 취하고 있는 관점에 의하면 이론적·철학적 기획들은, 그리고 그것의 성공과 실패들은 역사에서 강단 역사학자들이 일반적으로 추정하는 것보다 훨씬 커다란 영향력을 가지고 있다. 이 영역에서 해결되어야 하는 문제들은 인과적 영향과 관련된 사실의 문제들이다. 그것들은 스코틀랜드 계몽주의 사상가들이 영국, 프랑스, 미국의 사회적·도덕적·정치적 변동에 미친 영향의 성격에 관한 물음들과 같은 것을 포괄한다. 이러한 물음에 대한 대답들은 예를 들면 이념의 담지자로서의 대학과 학부의 사회적 기능과 효율성에 관한 연구들에 의존한다. 물론 이러한 역사적 연구가 결국에는 명시적 이론화, 서술된 개념들, 이야기 서술에 관한 나의 집중적 주목이 잘못되었다는 것을 보여줄 수도 있을 것이다. 그러나 이제까지는 나는 납득하지 못했다.

둘째, 강단 사회사의 이야기들은 대개 사실의 물음과 가치의 물음의 논리적 구분을 전제하는 방식으로 쓰이는 경향이 있다. 그러나 《덕의 상실》에서 서술된 이야기에 관한 설명에 의하면, 나는 이와 같은 구별을 부정해야 한다. 그리고 《덕의 상실》의 핵심적 이야기를 구성하는 철학사는 이 이야기가 도달하고 지지하는, 또는 만약 그 이야기가 내가 《덕의 상실》의 속편에서 확대하고자 하는 방식으로 확대된다면 지지하게 될 결론의 관점에서 쓰였다. 따라서 《덕의 상실》의 이야기가 스스로 충분히 의식하고 있는 일면성을 가진 편파적 이야기인 것은 우연 때문도 아니고 태만 때문도 아니다.

그러나 에델의 두 가지 비난은 물론 어느 정도 옳다.《덕의 상실》이 기껏 해야 주변적으로만 언급하고 있는 사회적·제도적 역사의 많은 부분은 실제로《덕의 상실》에서 내가 언급하기만 하고 서술하지 못한 이야기에 매우 중요하다. 그리고 덕에 관한 아리스토텔레스적 설명과 플라톤주의로부터 현재에까지 이르는 다른 도덕체계들 사이의 상호관계의 역사는 물론 내가 생각한 것보다 훨씬 복잡하다. 그렇기 때문에 프랑케나와 에델은 내가 적어도 충분히 주의를 기울이지 못한 문제들을 확인시켜줌으로써 나와 나의 독자들에게 유익한 경고를 표명했다.

2. 덕들과 상대주의의 문제

새뮤얼 셰플러Samuel Scheffler는 내가 제시한 덕의 설명에 대해 중요한 의문을 제기했다.(*Philosophical Review*, 92, No. 3, 1983년 7월) 스탠리 하우어워스Stanley Hauerwas와 폴 워델Paul Wadell도 마찬가지다.(*The Thomist*, 46, No. 2, 1982년 4월) 로버트 워치브로이트는 이와 같은 설명이 함축하고 있는 것은 상대주의는 피할 수 없다는 사실이라고 서술했다. 내가 셰플러, 하우어워스, 워델의 물음에 성공적으로 답할 수 있을 때에만 워치브로이트의 논박에 적절히 대답할 수 있기 때문에 나의 구성적 논증의 핵심 관점에 대한 그들의 회의를 함께 고찰하는 것이 가장 효과적일 것이다.

덕에 관한 나의 설명은 세 단계로 진행되고 있다. 첫째 단계는 실천에 내재적인 선들을 성취하는 데 필요한 성질들로서 덕들을 고찰한다. 둘째 단계는 전체 삶의 선에 기여할 수 있는 성질들로서 덕들을 다룬다. 그리고 셋째 단계는 덕들을 인간존재를 위해 좋은 선, 즉 지속되는 사회적 전통 내에서만 우리가 그 표상을 해명하고 소유할 수 있는 선의 추구와 결합시킨다. 그런데 나는 왜 실천으로부터 출발하는가? 다른 도덕철학자들은 무엇보다도 정념 또는 욕망에 관한 고찰로부터 시작하거나 의무 또는 선한 본성의 설명으로부터 시작했다. 두 경우에 토론은 이때부터 수단과 목적의 구별에 관한 특정한 견해에 의해 지배되는 경향이 있다. 이 견해에 따르면, 모든 인간의 활동들은 이미 주어진 목적 또는 결정된 목적에 대한 수단으로서 실행되거나 아니면 그 자체로서 가치 있는 것이며, 또는 두 가지 다일 수도 있다. 이러한 이론틀에 의해 은폐되어 우리가 보지 못하는 것은 그 속에서 목적과 목표들이 발견되고 재발견되고, 이 목표들을 성취할 수 있는 수단들이 강구되어야 하는 지속적 인간 활동의 양식들이다. 그렇기 때문에 이 이론틀은 이러한 활동 양식들이 새로운 목표들과 목표에 관한 새로운 표상들을 산출하는 방식의 중요성을 은폐한다. 나의 정의에 의하면, 다양한 종류의 실천들은 바로 이와 같은 활동 양식들이다. 그리고 왜 어떤 것들은 실천의 부류에 속하고, 다른 것들은 이 부류로부터 배제되는가("왜 건축은 하나의 실천이고, 벽돌 쌓기는 실천이 아닌가?" 하고 그들은 물었다) 하는 하우어워스와 워델의 물음에 대한 가장 간단한 대답은 배제된 것들이 바로 그와 같은 종류의 활동들이 아니라는 사실이다.

덕에 관한 고찰을 실천으로부터 시작하는 것의 중요성은 덕의 실행이 그 자체를 위해 가치 있을 뿐만 아니라 —— 우리가 덕 그 자체를 위해 덕을 가지려고 애쓰지 않는다면 우리는 결코 용기 있을 수도, 정의로울 수도, 그리고 그 밖의 어떤 것일 수도 없다는 사실이 드러난다 —— 그 이상의 다른 목적과 목표를 가지고 있으며, 우리가 이 목적과 목표를 포착할 때 비로소 덕의 가치를 처음으로 평가할 수 있다는 사실에 있다. 그러나 덕들이 자신들에게 그 이상의 목적과 목표를 제공하는 선들과 결합되어 있는 방식은, 숙련이 우리 욕망의 대상, 즉 우리가 이 숙련 기술을 성공적으로 사용함으로써 성취할 수 있는 욕망의 대상과 결합되어 있는 방식과 같지 않다. 그러므로 도덕의 명법은 자신의 정의에 따르면 숙련의 명법도 아니고 영리함의 명법도 아니라는 칸트의 가정은 전적으로 옳은 것이다. 그러나 도덕적 명법들은 자신의 의미에 있어서 정언명법들이 되어야 한다는 사실이 유일하게 남아 있는 가능성이라고 가정함으로써 칸트는 오류를 범한다. 그러나 그것은 우리가 덕들을 실천의 콘텍스트 바깥에서 이해하고자 시도하면 칸트 자신의 추가적 이유 없이도 도달할 수 있는 결론이다. 왜냐하면 덕의 실천 없이는 성취될 수 없는 실천 내재적 선들은 특정한 사람들이 특정한 경우에 추구하는 목표들이 아니라 이러한 실천에 고유한 탁월성들이기 때문이다. 우리는 특정한 경우에 특정한 목표를 추구하는 방식을 통해 이러한 탁월성들을 성취하거나 성취하지 못하며, 또 이 탁월성들을 향해 나아가거나 나아가지 못할 수도 있다. 이 탁월성들에 관한 우리의 표상들은 우리의 시대가 변하는 정도에 따라 역시 변한다.

이를 이해하는 것은 덕과 실천의 결합에 관한 나의 명제에 대한 셰플러의 반박에 응답하는 데 필요한 전제조건이다. "위대한 장기 기사가 악덕할 수 없다는 결론이 이러한 설명으로부터 도출된다는 것을 매킨타이어가 비록 부정하고 있지만, 나는 그가 이를 부정할 권한을 가지고 있다는 사실을 전적으로 확신하지 못한다. 아무튼 그는 나에게는 전혀 설득력이 없다고 느껴지는 것, 즉 덕이 없는 위대한 장기 기사는 장기의 내재적 선들을 성취할 수 없다고 말하면서 기뻐하는 것처럼 보인다."(446) 셰플러는 나의 탓으로 돌리는 견해에서 전적으로 옳다. 그러나 그가 이해하는 '내재적 선'이 내가 말하고자 하는 것을 의미할 때만 옳다. 만약 사람들이 내가 말하고자 하는 뜻으로 말한다면, 셰플러에 대한 대답은 명료하다.

오직 이기는 것에만 관심을 가지고 있고, 또 이기려고 무척 애쓰는 상당히 기술이 좋은 한 명의 장기 기사를 상상해보자. 그의 숙련된 기술은 그를 대가들과 동등한 위치에 서도록 만든다. 간단히 말해, 그는 위대한 장기 기사다. 그러나 그가 관심을 기울이는 것은 오직 승리이기 때문에 —— 아마 명성, 특권, 돈과 같은, 승리와 우연히 결합되어 있는 선들일 수도 있다 —— 그가 관심을 가지는 선은 장기 경기 또는 이와 유사한 경기들에 고유한 것이 아니다. 다시 말해 그것은, 내가 '선'이라는 표현을 사용하는 의미에서, 장기의 실천에 내재적인 선이라면 어떤 선이라도 그래야만 하는 방식으로 이 장기 경기에 고유한 것이 아니다. 왜냐하면 만약 그가 해당 영역에서 이에 상응하는 숙련 기술을 가지고 있다면, 그는 동일한 선을, 즉 경기에 이기는 것과 이와 함께 주어지는 우연적 보상들을 경쟁과 승리자가 있는 다른 어떤 영역에서도 성취할 수 있기 때문이다. 그렇기 때문에 그가 염려하는 것과 그가 자신의 선으로서 성취하는 것은 자기에게 고유한 탁월성과 같은 종류가 아니며, 또 이와 같은 탁월성을 수반하는 기쁨과 같은 종류의 것이 아니며, 훨씬 기술이 없는 기사들이 그들의 수준에서 성취할 수도 있는 선이 아니다. 따라서 셰플러의 반박은 실패한다. 실천에 대한 덕의 관계는, 그것이 실천과 숙련의 관계와 내가 앞의 설명에서 행한 것보다 더 분명하게 구별되기만 하면, 셰플러가 그것에 부과하고자 하는 불행한 결론을 결코 함축하지 않는다.

셰플러의 이의 제기는 내가 그것을 더욱 명료하게 표현하지 못했던 탓인 것처럼 보인다. 왜냐하면 그는 나의 견해에 관해서 "덕들의 성격이 실천 개념과의 관계에서 잠정적으로 규정되고, 이 잠정적 설명은 나중 단계에서 변형되고 보완된다"(446)고 쓰고 있기 때문이다. 실천을 수단으로 한 처음의 덕 설명이 우리에게 덕에 관한 적절한 표상을 우선 제공하고 난 다음, 덕성의 내용은 그것이 전체 인간 삶의 선이라는 개념과 지속적 전통의 개념과 결합됨으로써 단순히 풍부해지고 보완된다는 사실을 암시할 — 비록 내가 그렇게 한 것이 분명하기는 하지만 — 의도가 없었음을 나는 분명히 밝혔어야만 했을 것이다. 내가 말하고자 한 사태는 오히려 어떠한 인간적 특성도 **그것이 세 단계들 각각에서** 구체적으로 규정된 조건들을 충족하기 이전에는 결코 덕으로 간주될 수 없다는 사실이다. 이는 매우 중요한데, 그것은 적어도 실천의 개념으로부터 도출된 조건들을 충족하는 것으로 이해되지만 결코 덕들이 아닌 특성들이 존재하고, 또 첫째 단계의 시험을 통과하지만 둘째 또는 셋째 단계에서 실패하는 특성들이 존재하기 때문이다.

예로써 무자비함과 무정함과 같은 성질들을 고찰해보자. 그리고 언제 사람들이 무자비하고 무정한가를 아는 실천지혜적 특성으로부터 이들을 분리해보자. 자기 자신과 다른 사람들에 대해 무자비하고 무정할 수 있는 능력이 단순히 성취뿐만 아니라 생존의 조건일 수 있는 실천들이 — 황야의 탐험이 한 예다 — 분명히 있다. 이러한 능력은 경우에 따라서는 그것을 실행할 수 있는 조건으로서 다른 사람들의 감정에 대한 무감각을 키울 것을 요청한다. 그들의 감정에 대한 염려가 그들의 생존에 대한 염려에 방해가 될 수 있는 것이다. 가정의 삶을 건립하고 유지하는 실천에 참여하면서 이러한 복합적 특성들을 적용하면, 우리는 대재난의 처방을 갖게 된다. 한 콘텍스트에서 덕인 것처럼 보이는 것이 다른 콘텍스트 속에서는 악덕인 것처럼 보인다. 그러나 이러한 특성은 나의 설명에서 덕도 아니고 악덕도 아니다. 그것은 덕이 아니다. 왜냐하면 그것은 '덕은 전체 인간 삶의 선에 기여한다'는 요청에 의해 부과된 조건을 충족할 수 없기 때문이다. 이 전체 인간 삶의 선을 통해 특정한 실천들이 추구하는 선들은 "어떤 종류의 삶을 사는 것이 나와 같은 인간존재에게 최선의 삶인가?"라는 물음에 하나의 대답을 제공하는 목표들의 전체 패턴 속으로 통합된다. 이 두 번째 유형의 요청들을 성공적으로 충족하지만 세 번째 단계의 요청들을 충족하는 데 실패하는 성질들이 존재하는 것이 물론 가능하다. 이 단계에서는 특정한 삶이 추구하는 선들이 **선 자체와 최선의 것 자체**에 대한 추구로 충만해 있는 전통의 전체 패턴 속으로 통합되어야만 한다.

덕에 관한 나의 설명에서 내가 이 세 번째 단계를 서술하는 방식이 부분적으로는 나에게 상대주의를 비난할 수 있는 원인을 한 명 이상의 비판가들에게 제공한 것처럼 보인다. 로버트 워치브로이트는, 선의 탐구에 토대를 둔 인간선에 관한 나의 성격 규정이 —— 나의 설명의 앞 두 단계에 의해 제공된 제한에도 불구하고 —— 구별되고 양립할 수 없고 경쟁적인 덕 전통들에 대한 인정과 양립할 수 있다고 논박한다. 이 점에서 그는 옳다. 그다음에 그는 나의 입장을 하나의 딜레마 속으로 몰아넣어 꼼짝 못하게 하려고 한다. 두 개의 양립할 수 없는 경쟁적 도덕 전통들이, 한 도덕 전통의 주장들을 수용하는 것이 다른 전통의 주장들과의 갈등을 의미하는 특별한 역사적 상황에서 서로 부딪친다고 가정해보자. 그렇다면 두 경쟁 당사자들과는 무관한 합리적으로 정당화된 일련의 원리들에 호소하는 것이 가능하거나, 그들의 의견 불일치에 대한 어떤 합리적 해결도 가능하지 않거나 둘 중 하나일 것이다. 만약 전자의 경우라고 한다면, 전통들의 사회적 특수성과는 무관한 합리적 토대를 갖고 있는 기초적인 도덕적 문제들에 관해 우리가 호소할 수 있는 원리들이 실제로 존재한다. 그리고 만약 후자의 경우라고 한다면, 몇몇 특수한 전통과 관계도 없고 내재적이지도 않은 도덕적 합리성은 존재하지 않는다. 그러나 이 경우에 우리는 왜 다른 전통을 따르지 않고 어떤 특정한 전통을 따르는가에 관한 정당한 근거를 제시할 수 없다. 그리고 계몽주의적 기획에 대한 나의 거부로 말미암아 나는 두 대안들 중 첫째 대안으로부터 도출되는 결론을 필연적으로 거부할 수밖에 없기 때문에, 나는 둘째 대안의 필연적 결론을 인정할 수밖에 없는 것처럼 보인다.

이 논증의 힘은 과연 이 대안들에 대한 분리 서술이 철저한가 아닌가에 달려 있다. 철저하지 않다. 왜냐하면 어떤 전통이 자기 자신을 지지하고 경쟁자를 반대하는 판단에서 서로 경쟁하는 두 전통들 속에서 이미 무게를 갖고 있는 고찰들에 호소하는 것이 적어도 가능하기 때문이다. 이것들은 어떤 유형의 고찰들일 수 있는가?

두 도덕적 전통들이 중요한 문제에 관해 경쟁적 주장들을 제시하고 있다는 사실을 인정할 수 있다면, 그들은 공통된 특징들을 필연적으로 공유해야만 한다. 실천들에 대한 어떤 종류의 관계, 인간의 선들에 관한 특정한 표상들, 전통의 본질 자체로부터 나오는 몇 가지 특성들이 양자의 특성들일 것이기 때문에, 이것은 놀라운 사실이 아니다. 어떤 한 전통의 추종자들이 호소하는 기준들이 경쟁적 전통의 추종자들에 의해 요청되는 기준들과 단순히 불가공약적인 문제들은 그러한 상황에서 등장할 수 있는 유일한 문제들이 아닐 것이며, 또 그럴 수도 없다. 그렇기 때문에 서로 다른 전통의 추종자들이 그들의 경쟁자들에 의해 제시되는 입장들의 성격을 자신들의 기준에 따라 이해하고 평가하는 것이 적어도 종종 가능할 것이다. 이러한 성격 규정이 이제까지 그들의 눈에 띄지 않은 특징들을 그들에게 폭로하거나, 자신의 기준에 의하면 그들이 고려했어야 하지만 실제로는 고려하지 않은 고찰들을 드러낸다는 사실의 발견을 불가능하게 만드는 것은 실제로 아무것도 없다. 그리고 경쟁적 전통이 자기 자신의 전통 내에 있는 약점, 문제를 적절히 서술하고 해결할 수 없는 무능력 또는 다양한 비정합성들을 — 자신의 전통의 자원들은 이러한 것들에 관해 설득력 있는 설명을 제공할 수 없다 — 설득력 있게 설명해준다는 사실을 발견하는 것을 막는 것은 실제로 아무것도 없다.

전통들은 종종 사라져간다. 다시 말해 전통은 부흥과 몰락에 관한 자기 자신의 기준에 따라 사라져간다. 그리고 경쟁적 전통과의 대립은 이런 방식으로 자신의 전통을 철저하게 재구성하는 시도를 해야 하거나 또는 그것을 포기해야 하는 정당한 근거를 제시할 수 있다. 그러나 내가 앞에서 언급한 바와 같이, 그와 같은 대립들 속에서 어떤 특정한 도덕적 전통이 — 전통으로부터나 전통의 외부로부터 이 전통의 추종자들에게 강요된 합리적 고찰들이 그것을 요청했을 때 — 스스로를 성공적으로 재구성했다면, 또 이 전통이 일반적으로 자기 자신의 결함과 약점뿐만 아니라 경쟁적 전통의 결함과 약점에 관해 경쟁자가 제공할 수 있는 것보다 더 설득력 있는 설명을 제공할 수 있다면, 그리고 이 모든 것이 이 전통에 내재하는 척도들, 다시 말해 이와 같은 영고성쇠의 과정에서 다양한 방식으로 수정되고 확대될 기준의 관점에서 이루어진다면, 이 전통의 추종자들은 그들이 그 속에서 살고 있을 뿐만 아니라 그들의 도덕적 삶의 실체를 빚지고 있는 전통이 미래의 도전들을 성공적으로 대처할 수 있는 수단들을 발견할 것이라는 사실에 상당한 신뢰를 보낼 수 있는 권한이 있다. 왜냐하면 이와 같은 사유와 행위의 양식들 속에 구현되어 있는 도덕적 현실의 이론은, 내가 이 표현에 부여한 의미에서, **이제까지 최선의 이론**으로 입증되었기 때문이다.

이에 대해 워치브로이트는 아마 내가 그의 이의 제기에 아무런 대답을 하지 않았다고 응답할 것이다. 왜냐하면 내가 말한 어느 것도, 서로 경쟁하는 두 개의 도덕적·인식론적 전통들 사이의 의견 불일치를 조정할 수 있는 합리적 방법을 발견하는 것이 불가능하다고 입증되어서 상대주의적 명제를 지지하는 긍정적 이유들이 생겨나는 상황이 발생할 수 없음을 보여주지 않기 때문이다. 나는 이를 부정할 마음이 없다. 왜냐하면 그러한 상황이 발생할 수 없음을 미리 보장할 수 있는 어떤 성공적인 선험적 논증도 존재하지 않는다는 것이 나의 입장에 포함되기 때문이다. 칸트의 초월철학적 기획의 성공적 부활을 포함하지 않는 어떤 보장도 실제로 우리에게 주어질 수 없다.

그 추종자들이 그 인식론적·도덕적 자원에 대한 높은 합리적 신뢰를 가질 수 있는 그런 전통의 최선의 예는 바로 아리스토텔레스적 도덕 전통이라는 것이 《덕의 상실》의 핵심 명제라는 사실을 반복할 필요는 없을 것이다. 그러나 아리스토텔레스에 대한 역사적 변호는 모순적일 뿐만 아니라 돈키호테식의 비현실적 기획이라는 회의적 비판을 야기할 수밖에 없다. 왜냐하면 비코와 헤겔을 포함한 몇몇 유명한 역사주의자들이 비록 어느 정도는 아리스토텔레스주의자라고 할지라도, 내가 그의 덕 설명에 관해 토론에서 지적한 바와 같이 아리스토텔레스 자신은 전혀 역사주의적이지 않기 때문이다. 따라서 여기에 아무런 모순도 없다는 것을 보여주는 것은 또 하나의 과제다. 그러나 그것은 오직 《덕의 상실》의 속편이 허용할 수 있는 대규모의 연구를 통해서만 성취될 수 있을 뿐이다.

3. 도덕철학과 신학의 관계

많은 비판가들이 《덕의 상실》에 핵심적인 논증적 이야기에서의 부적절성을 지적했다. 이들 중에서 가장 주목할 만한 것은 아리스토텔레스적 덕의 전통과 성서의 종교 및 그 신학의 관계에 관한 적절한 서술이 결여되어 있다는 것이다. 제프리 스타우트Jeffrey Stout는 《새로운 체계적 신학과 종교철학Neue Zeitschrift für systematische Theologie und Religions-philosophie》에 실린 〈폐허 속의 덕Virtue among the Ruins〉이라는 논문에서 이러한 사실이 미칠 수 있는 불행한 효과들을 감지했다. 그중 하나는 상당히 중요하다. 성서적 종교와 아리스토텔레스주의가 서로 대립하게 되는 순간부터, 인간 덕에 관한 주장과 신적인 법 및 신적인 명령에 관한 주장의 관계에 관한 물음은 하나의 대답을 요청한다. 성서적 신학과 아리스토텔레스주의를 화해시키고자 하는 어떤 시도도, 본질적으로 법에 대한 복종으로 구성되어 있는 삶만이 — 만약 그것이 없다면, 인간존재가 자신의 **텔로스**를 성취할 수 없는 그런 — 덕들을 완전히 보여줄 수 있다는 명제를 변호해야만 할 것이다. 그리고 이러한 화해에 대한 어떤 정당화된 부정도 이 명제를 부정해야 하는 정당한 근거를 제시해야 할 것이다. 이 명제의 고전적 서술과 방어는 물론 아퀴나스에 의한 것이다. 그리고 이에 반대하는 가장 설득력 있는 서술은 부당하게 경시되고 있는 현대 고전, 즉 토마스 아퀴나스에 관한 해리 자파Harry Jaffa의 주석《니코마코스 윤리학, 토머스주의, 그리고 아리스토텔레스주의*Nicomachean Ethics, Thomism and Aristotelianism*》(Chicago, 1952)에 들어 있다.

토마스 아퀴나스가 모세 오경의 제5서에 대한 신학적 복종의무와 아리스토텔레스에 대한 철학적 복종의무를 결합시킴으로써 제기한 문제들을 회피함으로써, 나는 나의 이야기의 후반부에서 핵심적이었어야 할 것의 상당 부분을 은폐하거나 왜곡했다. 아리스토텔레스주의적 전통에 대한 프로테스탄트적·얀센주의적 반응들의 변화하는 복잡한 성격, 그리고 이에 대한 후세의 속편으로서 신의 실존을 전제하지만 아리스토텔레스주의에 대한 부정뿐만 아니라 아리스토텔레스주의를 도덕적 오류의 주 근원으로 규정하는 결과를 초래하는 법 도덕을 세속적·합리적 토대 위에서 정당화하고자 하는 칸트의 시도. 만약 내가 이 이야기로부터 추론해내는 핵심적 결론들이 합리적으로 정당화되어야 한다면, 나의 이야기의 내용은 다시 한번 다양한 방식으로 추가되고 수정될 필요가 있다.

그러므로《덕의 상실》은 이런저런 측면에서 여전히 진행 중인 하나의 작업으로 읽혀야 한다. 그리고 만약 내가 이 작업을 지금 계속 수행할 수 있다면, 그것은 본질적으로 많은 철학자들이, 그리고 사회

학자들, 인류학자들, 역사학자들과 신학자들이 그들의 비판을 통해
이 작업에 기여한 방식의 관대함과 예리한 통찰력 덕택이다.

1. 약전

알래스데어 매킨타이어는 1929년 1월 12일 스코틀랜드에서 태어났다. 비록 그 뿌리가 북아일랜드와 서부 스코틀랜드이기는 하지만, 대부분의 교육을 영국에서 받았다. 1949년 런던 대학의 퀸메리 칼리지에서 고전학 학사학위를 취득하고, 1951년 맨체스터 대학에서 학위과정을 마쳤다. 1970년 미국으로 이주할 때까지 옥스퍼드와 에식스를 포함한 영국의 여러 대학에서 강의했다. 1966년《윤리학 소사》를, 1967년에는 뉴캐슬어폰타인 대학의 리델Riddell 강연《세속화와 도덕적 변동Secularization and Moral Change》을 출판했다. 1970년 이래 미국의 여러 대학에서 강의했다. 1982년부터 1988년까지 밴더빌트 대학 철학과에서 W. A. 존스W. A. Jones 석좌교수로 활동한 바 있으며, 1989년부터 1994년까지는 노트르담 대학 철학과에서 맥마흔/행크McMahon/Hank 석좌교수로 재직했다. 1988~1989년에는 예일 대학의 휘트니 인문과학연구소의 교환교수로 활동했다. 대표 저서로는《덕의 상실》(1981),《누구의 정의인가? 어떤 합리성인가?》(1988),

《제일 원리, 최종 목적, 그리고 현재의 철학적 문제들*First Principles, Final Ends and Contemporary Philosophical Issues*》(1990), 그리고 1988년 에든버러 대학의 기퍼드Gifford 강연인《도덕적 탐구의 세 가지 경쟁적 입장들*Three Rival Versions of Moral Enquiry*》(1990) 등을 꼽을 수 있다. 1984년에 미국철학회 동부지회의 회장직을 역임했다. 스와스모어 칼리지, 벨파스트 대학, 에식스 대학, 윌리엄스 칼리지, 뉴욕의 신사회과학연구소로부터 명예박사학위를 취득했다. 보스턴 대학, 밴더빌트 대학, 듀크 대학, 노트르담 대학 등에서 교수로 재직했으며, 2010년 노트르담 대학에서 은퇴한 후 동 대학 및 듀크 대학 명예교수로 활동하고 있다.

2. 저서

1953   *Marxism: An Interpretation*. London: S. C. M. Press; revised and
        reissued as *Marxism and Christianity*. New York: Schocken Books,
        1968.

1955   *New Essays in Philosophical Theology*. Edited with A. G. N. Flew.
        London: S. C. M. Press.

1958   *The Unconscious: A Conceptual Analysis*. New York: Humanities Press.

1959   *Difficulties in Chirstian Belief*. London: S. C. M. Press.

1966   *A Short History of Ethics*. New York: Macmillan.

1967   *Secularization and Moral Change*. London: Oxford University Press.

1969   *The Religious Significance of Atheism*. With P. Ricoeur. The Bampton
        Lectures in America, delivered at Columbia University, 1966. New York:

Columbia University Press.

1970   *Herbert Marcuse: An exposition and a polemic.* New York: Viking Press.

1970   *Sociological Theory and Philosophical Analysis.* Edited and introduced
        with Dorothy Emmet. New York: Macmillan.

1971   *Against the Self-Images of the Age: Essays on Ideology and Philosophy.*
        London: Duckworth; reprinted by University of Notre Dame Press,
        1978.

1976   *Hegel, A Collection of Critical Essays.* Editor. Notre Dame: University of
        Notre Dame Press.

1979   *Hume's Ethical Writings: Selections from David Hume.* Editor. Notre
        Dame: University of Notre Dame Press.

1981   *Experimentum in the Law: Report of the Federal Judicial Centre
        Advisory Committee on Experimentation in the Law to Chief Justice
        Warren Burger,* co-authored with twelve others. Washington: Federal
        Judicial Center.

1981   *After Virtue: A Study in Moral Theory.* Notre Dame: University of
        Notre Dame Press.

1983   *Revisions: Changing Perspectives in Moral Philosophy.* Edited with
        Stanley Hauerwas. Notre Dame: University of Notre Dame Press.

1988   *Whose Justice? Which Rationality?* Notre Dame: University of Notre
        Dame Press.

1990   *First Principles, Final Ends and Contemporary Philosophical Issues.*
        Milwaukee: Marquette University Press.

1990   *Three Rival Versions of Moral Enquiry: Encyclopedia, Geneology,*

Tradition. Notre Dame: University of Notre Dame Press.

1998 *The MacIntyre Reader*, Edited with Kelvin Knight. Notre Dame: University of Notre Dame Press.

1999 *Dependent Rational Animals: Why Human Beings Need the Virtues.* Chicago: Open Court.

2001 *Kierkegaard After Macintyre: Essays on Freedom, Narrative, and Virtue.* With Anthony Rudd and John Davenport. Chicago: Open Court.

2005 *Edith Stein: A Philosophical Prologue, 1913-1922.* Rowman & Littlefield Publishers.

2006 *The Tasks of Philosophy: Selected Essays, Volume 1.* Cambridge University Press.

2006 *Ethics and Politics: Selected Essays, Volume 2.* Cambridge University Press.

2009 *Alasdair MacIntyre's Engagement with Marxism: Selected Writings, 1953-1974.* Edited with Paul Blackledge and Neil Davidson. Haymarket.

2009 *God, Philosophy, Universities: A Selective History of the Catholic Philosophical Tradition.* Rowman & Littlefield.

2016 *Ethics in the Conflicts of Modernity: An Essay on Desire, Practical Reasoning, and Narrative.* Cambridge: Cambridge University Press.

참고문헌

본문에 직접 언급되거나 인용된 작품들을 정리했다. 특정한 번역본이나 판본일 경우에만 언급된 철학과 사회과학의 고전 작품들은 제외했다.

J. L. Ackrill, *Aristotle on Eudaimonia*, 1974.

A.W. H. Adkins, *Merit and Responsibility*, 1960.

S. Andreski, *Social Science als Sorcery*, 1973.

G. E. M. Anscombe, "Modem Moral Philosophy", *Philosophy*, 33, 1958.

R. Aron, "Max Weber", *Main Currents in Sociological Thought*, translated by R. Howard and H. Weaver, 1967.

Peter Berger, Brigitte Berger, Hansfried Kellner, *The Homeless Mind*, 1973.

Egon Bittner, "The Concept of Organization", *Social Research*, 32, 1965: 239~55.

_____, *The Functions of the Police in Modern Society*, 1970.

Gene Brucker, *The Civic World of Early Renaissance Florence*, 1977.

Tom Bums, "Industry in a New Age", *New Society*, 31 January 1963.

Tom Burns, G. N. Stalker, *The Management of Innovation*, 1968.

Stephen R. L. Clark, Review of *The Aristotelian Ethics* by Anthony Kenny,

Philosophical Quarterly, 1979: 352~5.

Richard Cobb, "The Revolutionary Mentality in France", *A Second Identity*, 1969

James C. Davies, "Towards a Theory of Revolution", *American Sociological Review*, 27, 1962: 5~13.

Alan Donegan, *The Theory of Morality*, 1977.

Ronald Dworkin, *Taking Rights Seriously*, 1976.

Rosalind and Ivo Feierabend, "Agressive Behavior Within Politics, 1948~1962: A Cross-National Study", *Journal of Conflict Resolution*, 10, 1966: 249~71.

M. I. Finley, *The World of Odysseus*,1954.

Hermann Fränkel, *Early Greek Poetry and Philosophy*, translated by M. Hadas and J. Willis, 1973.

David Gadd, *The Loving Friends*, 1976.

John Gardner, *The Life and Times of Chaucer*, 1977.

William H. Gass, *Fiction and the Figures of Life*, 1971.

Peter Geach, *The Virtues*, 1977.

Bernard Gert, *The Moral Rules: A New Rational Foundation for Morality*, 1970.

Alan Gewirth, *Reason and Morality*, 1978.

Erving Goffman, *The Presentation of Self in Everyday Life*, 1959.

_____, *Encounters*, 1961.

_____, *Interaction Ritual*, 1957.

_____, *Strategic Interaction*, 1969.

J. Y. T Greig, ed., *The Letters of David Hume*, vol. 1, 1932.

Samuel Guttenplan, "Moral Realism and Moral Dilemmas", *Proceedings of the Aristotelian Society*, 1979~80: 61~80.

Barbara Hardy, "Towards a Poetics of Fiction: An Approach Through Narrative", *Novel*, 2, 1968, 5~14.

R. M. Hare, *The Language of Morals*, 1951.

Philip Hobsbaum, *A Reader's Guide to Charles Dickens*, 1973.

T. Irwin, Review of *The Aristotelian Ethics and Aristotle's Theory of the Will*, by A. Kenny, *Journal of Philosophy*, 77, 1980: 338~54.

Herbert Kaufman, *Administrative Feedback*, 1973.

Anthony Kenny, *The Aristotelian Ethics*,1978.

Walter Laqueur, "A Reflection on Violence", *Encounter*, 38, April 1972: 3~10.

Michael E. Levy, "Constraining Inflation: Concerns, Complacencies and Evidence", *The Conference Board Record*, 12, October 1975: 8~14.

R. Likert, *New Patterns of Management*, 1961.

Hugh Lloyd-Jones, *The Justice of Zeus*, 1971.

Louis Mackey, *Kierkegaard: A Kind of Poet*, 1971.

Donald G. Macrae, *Max Weber*, 1974.

Gregor Malantschuk, *Kierkegaard's Thought*, translated by Howard V. Hong and Edna H. Hong, 1971.

James G. March and Herbert A. Simon, *Organizations*, 1958.

James Miller, *History and Human Existence*, 1979.

Jeffrey S. Milstein and William Charles Mitchell, *Computer Simulation of International Processes: the Vietnam War and the Pre-World War I Naval Race*, 1968.

Louis O. Mink, "History and Fiction as Modes of Comprehension", *New Literary History*, 1, 1970: 541~58.

Oscar Newman, *Defensible Space*, 1973.

F. Nietzsche, *The Gay Science*, translated with commentary by Walter Kaufmann, 1974.

_____, *The Will to Power*, edited and translated by Walter Kaufmann, 1967.

Robert Nozick, *Anarchy, State and Utopia*, 1974.

J. A. Passmore, "John Anderson and Twentieth-Century Philosophy", Introductory essay in *Studies in Empirical Philosophy* by John Anderson, 1962.

K. Polanyi, *The Great Transformation*, 1944.

W. V. O. Quine, *Word and Object*, 1960.

John B. Rawls, *A Theory of Justice*, 1971.

Lewis F. Richardson, *Arms and Insecurity*, 1960.

P. Rieff, *The Triumph of the Therapeutic*, 1966.

_____, *To My Fellow Teachers*, 1975.

Anne Righter, *Shakespeare and the Idea of the Play*, 1962.

S. P. Rosenbaum, ed., *The Bloomsbury Group*, 1975.

D. J. C. Smyth and J. C. K. Ash, "Forecasting Gross National Product, the Rate of Inflation and the Balance of Trade: the O. E. C. D. Performance", *The Economic Journal*, 85, 1975, 361~4.

Derek J. de Solla Price, *Little Science, Big Science*, 1963.

Robert Solomon, ed., *Nietzsche: a Collection of Critical Essays*, 1973.

C. L. Stevenson, *Ethics and Language*, 1945.

Bas C. Van Fraasen, "Values and the Heart's Command", *Journal of Philosophy*, 70, 1973: 5~19.

S. Weil, "The Iliad or the Poem of Force", *Revisions*, edited by S. Hauerwas and A. MacIntyre, 1983.

옮긴이 이진우

연세대학교 독문과를 졸업하고 독일 아우크스부르크 대학교에서 철학 석사와 박사 학위를 취득했다. 아우크스부르크 대학교 철학과 전임강사, 계명대학교 철학과 교수 및 동대학 총장을 역임하고 현재 포스텍 인문사회학부 교수로 재직 중이다.

저서로는《마키아벨리 정치사상에 나타난 권력과 이성》(1987),《허무주의의 정치철학, 니체에 의한 정치와 형이상학의 관계 재규정》(1992),《탈이데올로기시대의 정치철학》(1993),《탈현대의 사회철학》(1993),《도덕의 담론》(1997),《테크노 인문학》(2013),《니체의 차라투스트라를 찾아서》(2010),《니체의 인생 강의》(2015),《의심의 철학》(2017),《니체: 알프스에서 만난 차라투스트라》(2018),《한나 아렌트의 정치 강의》(2019) 외 다수가 있다.

엮은 책으로는《포스트모더니즘의 철학적 이해》(1993),《하버마스의 비판적 사회이론》(1996), 옮긴 책으로는《책임의 원칙: 기술시대의 생태학적 윤리》(한스 요나스, 1994),《현대성의 철학적 담론》(하버마스, 1994),《새로운 불투명성》(하버마스, 1995),《비극적 사유의 탄생》(니체, 1997),《담론윤리의 해명》(하버마스, 1997),《전체주의의 기원》(한나 아렌트, 2006),《글로벌 위험사회》(울리히 벡, 2010),《인간의 조건》(한나 아렌트, 2017) 등이 있다.

덕의 상실

제1판 1쇄 발행	1997년 8월 20일
제1판 11쇄 발행	2020년 8월 10일
개정판 1쇄 발행	2021년 4월 9일
개정판 3쇄 발행	2023년 9월 20일

지은이	알래스데어 매킨타이어
옮긴이	이진우
펴낸곳	(주)문예출판사
펴낸이	전준배
출판등록	2004.02.12. 제 2013-000360호
	(1966.12.2. 제 1-134호)
주소	04001 서울시 마포구 월드컵북로 21
전화	393-5681
팩스	393-5685
홈페이지	www.moonye.com
블로그	blog.naver.com/imoonye
페이스북	www.facebook.com/moonyepublishing
이메일	info@moonye.com
ISBN	978-89-310-2148-6 03160

잘못 만든 책은 구입하신 서점에서 바꿔드립니다.

♣문예출판사® 　　상표등록 제 40-0833187호, 제 41-0200044호